教育社会学

―― 第三のソリューション ――

A. H. ハルゼー／H. ローダー／P. ブラウン／A. S. ウェルズ［編］

住田正樹・秋永雄一・吉本圭一［編訳］

九州大学出版会

EDUCATION
Culture, Economy, and Society
© in this selection A. H. Halsey, Hugh Lauder,
Phillip Brown, and Amy Stuart Wells, 1997
This translation of Education: Culture, Economy, and Society
originally published in English in 1997 is published
by arrangement with Oxford University Press
Japanese edition rights © 2005 by Kyushu University Press

編者序文

　本書は，実際のところ，教育社会学の研究成果について，その視座とトレンドを点検する3度目の試みである。最初の試みは，*Current Sociology*（vol. 7, no. 3, 1958）の特集号でその概要を示したが，そこでは，ヨーロッパとアメリカの両大陸における戦後の社会学の勃興という現実の中でその研究を評価しようとするものだった。当時専門職主義が待望されていた時代における教育の解釈として，それが産業化と連動するというのがかつての理論であった。社会学におけるこの下位分野の研究の可能性に多くの人材が興奮し惹きつけられていった。そして，多くの著名な研究者が欧米に登場することとなった。

　第2の試みは，1976年であるが，この時には過激な学生運動を反映する主題を掲げることとなった。「新しい教育社会学」が1970年代初頭に産声を上げた。それは，エスノメソドロジーや現象学の方法論と結びついて，「古い教育社会学」に対して学級や教授法改革をブラックボックスにしていると批判したが，かれらの成果としてはさほどめざましいものではなかった。主要な刺激として，マルクス主義者によるものがあった。つまり，かれらの関心は，教育を労働者や農民に対する社会的選抜と統制の装置として位置づけるものであり，それまでの選抜統制論がフェミニズムには必ずしも容易に適用できないものであり，また階級とか人種に対しても実際には無関心であったことに挑んだ。ただし，特に，教授・学習のミクロ分析を文化的な再生産というマクロ分析に連結していこうとする関心が強かった。そして，われわれは，バーンスティンやブルデューの理論に基づいた方法論の総合を目指していた。しかしながら残念なことに，結局こうした流れを引き継ぐ者は現れなかった。その代わりに，古い方法論といわれたものが再び活気を取り戻してきた。たとえば，エディンバラ大

学では，アンドリュー・マクファーソンやデイヴィッド・レイフらを中心に教育社会学センターが繁栄していったし，シカゴ大学では，ジェームス・コールマンとその弟子たちが洗練された多変量解析法を開発していった。そしてマンハイムでは，ウォルター・ミューラーは先進産業社会の比較分析に先駆的な仕事をした。概して，こうした進歩は，理論的というよりも統計学的な面が強かった。ハーベイ・ゴールドスタイン，ピーター・モーティモア，ロバート・エリクソン，ジャン・ジョンソン，ウィリアム・スーウェルなど，かずかずの著名な研究者が現れた。

　教育のもっとも顕著な変容は，1970年代中葉に，第2の試みがちょうど書かれて以後に生じることになった。学生の急進主義は，瞬く間に消えていき――今や影も形もない。その間隙に，経済発展に対する教育の重要性を再評価しようという動きが生じ，1970年代の自由主義的なプログラムの成果に対する悲観論から，大衆的な機会均等に向けての改革がそれに変わっていった。多くの先進諸国で現実に到達しえたことには矛盾が含まれていた。すべてのレベルで教育拡大は顕著であり，特に女性や少数民族などに対して，より広い機会を効率的に提供することができた。とはいえ，そこには予期せざる副産物があった。労働力の質を高めよという厳しい批判がなされ，同時に，国家支出を可能な限り経済的なものにするようにという要請もなされていたのである。そして，実際教育予算が危機的になった国ではどこでも，選抜・学級サイズ・選択・多様性といった古いテーマが甦り，声高に主張されることになる。そこで，われわれは混沌と葛藤の蔓延する背景に対抗して，本書を刊行することとした。

　本書の知見を通して明らかになるわれわれの立場というのは，教育社会学が政治算術という手法によって現代民主主義という偉大な価値に貢献していくことは，困難ではあるがしかし極めて賢明なアプローチだということである。階級構造が変動し，フェミニストの要求は執拗であり，民族的な要望は自由なキャンパスに問題を投げかけるという点で，極めて困難である。しかし同時に賢明なアプローチである。つまり，自由と平等とは，われわれのこれまでの研究の限りで，祖父母の世代よりもずっと拡大したし，コミュニティにおいて帰属の原理よりも選択の原理が重要であるという信念が，次に，21世紀における学校教育の偉大な目標となるだろう。われわれ社会が辿ろうとする道筋の障害

は，もはやわれわれの祖父母たちが嘆いていた「アダムの原罪」ではない。われわれは，物質世界に対しては前代未聞の力を持っている。しかし，反面，われわれは，まだ適切な社会科学と，政治的意思，道徳的勇気を持っていないのである。われわれは，いまやポストモダニズムがいたるところを自由に飛び交うという不合理な信念世界に囚われがちになっている。いまや当惑と懐疑が交錯し，数世紀前の啓蒙思想の進展に背を向け，それが学校や大学を脅かしている。教育社会学は，これからの合理的な啓蒙主義のための主要な手段であるはずである。

われわれは，教育社会学の歴史に関心をもつ読者のみなさんに，ぜひこの論集をその以前の論集と比較しながら読みとってほしいと思っている。ことに，教育社会学のマクロ的視座での貢献が要約されていることは注目に値するであろう。これら3つの論集は，とくに戦後の草創期にはいろいろな挑戦的なものもあるので，ぜひ専門職としての教育社会学研究集団の連続性と不連続性とを確かめてもらいたい。その当時からの，主要な理念や，研究者，そして諸活動などの面で，いろいろな連続性がある。われわれは，さらに，労働者・市民の学習プロセスの今後の変容を予想している。最後に，われわれの専門分野に多大の貢献をしてくれたジェームス・コールマンとバリー・トロヤーナの逝去に深く追悼の意を表したい。

最後に，ニコラ・ケリー，スーザン・マクギガン，シェリー・ロベイに対して，この第3論集のための秘書，事務サポートの感謝を述べておきたい。また，オックスフォード大学出版局のティム・バートンとジェニー・スコットにも感謝を捧げたい。かれらは，いろいろなアドバイスでわれわれを勇気づけてくれ，辛抱強く，しかし確信を持って，そしてじつに巧みに仕事を進めてくれたのだから。

　　1996年オックスフォードにて

　　　　　　　　　　　　　　　　　　　　　　　　　　A. H. ハルゼー

原典一覧

第 1 章: Phillip Brown, A. H. Halsey, Hugh Lauder, and Amy Stuart Wells. 'The Transformation of Education and Society: An Introduction', 本書初出 © 1997 by Oxford University Press.

第 2 章: James S. Coleman, 'Social Capital in the Creation of Human Capital', *American Journal of Sociology*, 94 (Supplement, 1988), S95-S120. © 1988 by The University of Chicago.

第 3 章: Krishan Kumar, 'The Post-Modern Condition', *From Industrial to Post-Modern Society: New Theories of the Contemporary World* (Blackwell, 1995), 1–4, 121–37, 172–8, and 201 より抜粋.

第 4 章: Henry Giroux, 'Crossing the Boundaries of Educational Discourse: Modernism, Post-modernism, and Feminism', *Border Crossings: Cultural Workers and the Politics of Education* (Routledge, 1992), 39–88 より抜粋.

第 5 章: Phillip Brown and Hugh Lauder, 'Education, Globalization, and Economic Development', *Journal of Education Policy*, 11 (1996), 1–24, Taylor & Francis Publishers.

第 6 章: David N. Ashton and Johnny Sung, 'Education, Skill Formation, and Economic Development: The Singaporean Approach', 本書初出 © 1997 by Oxford University Press.

第 7 章: Maureen Woodhall, 'Human Capital Concepts', G. Psacharopoulos (ed.), *Economics of Education: Research and Studies* (Pergamon Press, 1987), 21–4 より抜粋.

第 8 章: Henry M. Levin and Carolyn Kelley, 'Can Education Do It Alone?', *Economics of Education Review*, 13 (1994), 97–108. Elsevier Science Ltd., Oxford, England.

第 9 章: Andy Green, 'Educational Achievement in Centralized and Decentralized Systems', 本書初出 © 1997 by Oxford University Press.

第 10 章: Geoffrey Whitty, 'Marketization, the State, and the Re-Formation of the Teaching Profession', 本書初出 © 1997 by Oxford University Press.

第 11 章: John E. Chubb and Terry M. Moe, 'Politics, Markets, and the Organization of Schools', *American Political Science Review*, 82 (1988), 1065–87, American Political Science Association.

第 12 章: Hugh Lauder, 'Education, Democracy, and the Economy', *British Journal of Sociology of Education*, 12 (1991), 417–31, Carfax & Francis Ltd., Oxfordshire, England.

第 13 章: Peter Mortimore, 'Can Effective Schools Compensate for Society?', 本書初出 © 1997 by Oxford University Press.

第 14 章: Peter McLaren, 'Multiculturalism and the Post-Modern Critique: Towards a

Pedagogy of Resistance and Transformation', H. A. Giroux and P. McLaren (eds.), *Between Borders: Pedagogy and the Politics of Cultural Studies* (Routledge, 1994).

第 15 章: Michael W. Apple, 'What Postmodernists Forget: Cultural Capital and Official Knowledge', *Curriculum Studies*, 1 (1993), 301–16.

第 16 章: Gaby Weiner, Madeleine Arnot, and Miriam David, 'Is the Future Female? Female Success, Male Disadvantage, and Changing Gender Patterns in Education', 本書初出 © 1997 by Oxford University Press.

第 17 章: A. H. Halsey, 'Trends in Access and Equity in Higher Education: Britain in International Perspective', *Oxford Review of Education*, 19 (1993), 129–40. Carfax Publishing Company.

第 18 章: John H. Goldthorpe, 'Problems of "Meritocracy"', R. Erikson and J. O. Jonsson (eds.), *Can Education be Equalized? The Swedish Case in Comparative Perspective* (Westview Press, 1996), 255–87.

第 19 章: Andrew McPherson and J. Douglas Willms, 'Equalization and Improvement: Some Effects of Comprehensive Reorganization in Scotland', *Sociology*, 21 (1987), 509–39. © B.S.A. Publication Ltd., Cambridge University Press.

第 20 章: Phillip Brown, 'Cultural Capital and Social Exclusion: Some Observations on Recent Trends in Education, Employment, and the Labour Market', *Work, Employment and Society*, 9 (1995), 29–51. © B.S.A. Publication Ltd., Cambridge University Press.

第 21 章: A. H. Halsey and Michael Young, 'The Family and Social Justice', 本書初出 © 1997 by Oxford University Press.

原著者一覧

A. H. HALSEY*, Nuffield College, Oxford University, UK
HUGH LAUDER*, University of Bath, UK
PHILLIP BROWN*, University of Kent, UK
AMY STUART WELLS*, UCLA, USA

JAMES S. COLEMAN, University of Chicago, USA
KRISHAN KUMAR, University of Virginia, USA
HENRY GIROUX, Pennsylvania State University, USA
DAVID N. ASHTON, University of Leicester, UK
JOHNNY SUNG, University of Leicester, UK
MAUREEN WOODHALL, University of Wales, UK
HENRY M. LEVIN, Stanford University, USA
CAROLYN KELLEY, Stanford University, USA
ANDY GREEN, Institute of Education, University of London, UK
GEOFFREY WHITTY, Institute of Education, University of London, UK
JOHN E. CHUBB, the Brookings Institute, USA
TERRY M. MOE, Stanford University, USA
PETER MORTIMORE, Institute of Education, University of London, UK
PETER McLAREN, UCLA, USA
MICHAEL W. APPLE, University of Wisconsin, Madison, USA
GABY WEINER, South Bank University, UK
MADELEINE ARNOT, Cambridge University, UK
MIRIAM DAVID, South Bank University, UK
JOHN H. GOLDTHORPE, Nuffield College, Oxford University,
ANDREW McPHERSON, Edinburgh University, UK
J. DOUGLAS WILLMS, University of British Columbia, Canada
MICHAEL YOUNG, Institute of Community Studies, UK

＊は原著の編者，所属は原著刊行時のもの。

目　次

編者序文 ………………………………………………………………… i

1 序論: 教育と社会の変容 ……………………………………………… 1
　　フィリップ・ブラウン／A. H. ハルゼー／ヒュー・ローダー／
　　エイミ・S. ウェルズ

2 人的資本形成に関わる社会的資本 …………………………………… 91
　　ジェームズ・S. コールマン

3 ポストモダンの条件 …………………………………………………… 121
　　クリシャン・クマー

4 越境する教育言説 ……………………………………………………… 161
　　──モダニズム・ポストモダニズム・フェミニズム──
　　ヘンリー・ジルー

5 教育・グローバリゼーション・経済発展 …………………………… 197
　　フィリップ・ブラウン／ヒュー・ローダー

6 教育・技能形成・経済発展 …………………………………………… 235
　　──シンガポールの取り組み──
　　デイヴィッド・N. アシュトン／ジョニー・スン

7 人的資本の諸概念 ……………………………………………………… 257
　　モーリーン・ウッドホール

8 教育が単独でできること ……………………………………… 267
　　ヘンリー・M. レヴィン／キャロリン・ケリー

9 教育における集権化‐分権化と教育達成 ……………………… 291
　　アンディ・グリーン

10 市場化・国家・教職の再編 ……………………………………… 321
　　ジェフリー・ウィッティ

11 政治・市場・学校組織 …………………………………………… 345
　　ジョン・E. チャブ／テリー・M. モー

12 教育・民主主義・経済 …………………………………………… 381
　　ヒュー・ローダー

13 効果的な学校は社会の償いをすることができるのか？……… 403
　　ピーター・モーティモア

14 多文化主義とポストモダン批評 ………………………………… 427
　　──抵抗と変革の教育学をめざして──
　　ピーター・マクラレン

15 ポストモダニストが見落としたもの …………………………… 471
　　──文化資本と公的知識──
　　M. W. アップル

16 将来は女性の時代か？ …………………………………………… 493
　　──女性の成功・男性の不利益・教育におけるジェンダー・パターンの変化──
　　ギャビー・ウィーナー／マデリン・アーノット／
　　ミリアム・デイヴィッド

17 高等教育におけるアクセスと公正の趨勢 ……………………… 517
　　──国際的視座の中のイギリス──
　　A. H. ハルゼー

| 18 | 「メリトクラシー」の諸問題 | 533 |

ジョン・H. ゴールドソープ

| 19 | 平等化と改善 | 563 |

──スコットランドにおける総合制への再編成の効果──

アンドリュー・マクファーソン／J. ダグラス・ウィルムズ

| 20 | 文化資本と社会的排除 | 597 |

──教育・雇用・労働市場における最近の傾向に関するいくつかの考察──

フィリップ・ブラウン

| 21 | 家族と社会正義 | 623 |

A. H. ハルゼー／マイケル・ヤング

編訳者あとがき ……………………………………………………… 653

1

序論：教育と社会の変容

フィリップ・ブラウン／A. H. ハルゼー／
ヒュー・ローダー／エイミ・S. ウェルズ

　われわれがこれまで当然のものとして受け入れてきた教育の役割に関する諸前提は，今日，あらためてその意義が問い直されている。この問い直しは，ポスト産業化の段階に到達した社会が，経済・文化・社会生活の面で構造的な変容を経験していることから生じたものである。経済のグローバル化の進展によって国家が国民経済をコントロールする基盤は崩され，その力は揺らぎつつある。国民教育の成立と産業の効率化を促してきた官僚制は，今日では逆に非効率的な時代遅れの組織原理とみなされている。また，教育は社会を構成する各集団に固有の宗教的・文化的価値にしたがって行うべきだという主張の台頭によって，国民文化の共有による社会的連帯の確立という従来の考え方は，否定されるべきものとみなされている。

　このような社会の変化は，産業社会からポスト産業社会，近代からポスト近代，フォーディズムからポスト・フォーディズムへの移行というように，さまざまなことばで語られている。しかし，こうした捉え方はいずれも荒削りであり，現在われわれが経験している社会の基底的な変動を表現するのに適切なものとはいえない。本書に収録した諸論文の議論の背景を描き出すためには，われわれの生きているこの時代の教育が，過去とどのように連続し，どの点で断絶しているかを分析する必要がある。われわれは，第二次大戦後の教育と文化・経済・社会との関わりの歴史をたどることによって，これを明らかにしていくことにしよう。この問題をもっと長い歴史的スパンで考察する必要があれば，デュルケムやウェーバーといった社会学の創始者たちの議論に立ち戻ることにする。たとえば，ウェーバーによれば，中国における国家の形成は，高度な教育を受けた教養文人層（リテラーティ）を国家官僚として登用し，広大な国土統治の任に当

たらせることによって成し遂げられたという。また，われわれにとってわかりやすいヨーロッパの例を挙げれば，デュルケムが『フランスにおける教育の進化』（Durkheim 1977）で行っている分析の実質的な中心部分は，カトリック教会に代わる世俗勢力がいかにして新たな国民国家の道徳的基盤を形成し，産業技術の勃興に適応していったのか，という問題の解明に充てられている。この本の初版が刊行された1938年の7年後に第二次大戦は終結し，ヨーロッパは経済的ナショナリズムの時代を迎える。以後，1945年から1973年までのあいだにヨーロッパの諸社会は，デュルケムの予測どおりに「産業社会」として生まれ変わり，急速な経済成長と教育拡大を経験する。しかし，それは同時に，社会の調和が突き崩されてゆく過程でもあった。

経済的ナショナリズムの基盤（1945–73年）

戦後，教育は国家経済の帰趨を左右する重要な担い手とみなされるようになり，教育を通じた経済と社会の「進歩」への期待感が，人々のあいだに広く浸透した。この期待感を支えたのは，めざましい経済成長の持続である。先進資本主義社会では，生産高は1950年から1973年までのあいだに180%の増加をみた。この期間，成長率の高さのみならず，増加した富が各所得階層に均等に分配されていた事実にも注目すべきであろう。労働者にとって，それは年率3.5%の実質賃金の上昇を意味していた。この間の人口増加が年1%だとすれば，各世代は父母世代の2倍，祖父母世代の4倍豊かになったことになる（Armstrong, Glyn, and Harrison 1991: 117）。戦後の経済的成功の鍵は「経済的ナショナリズム」というドクトリンが発展したことの中にひそんでいる。それは，労働者やその家族の生活は国民経済の成長を通じて向上する，という考え方である。

20世紀の第3四半期における人々の生活を保証するものとして繁栄・安全・機会の3つの原則を一体化したことに，経済的ナショナリズムの独自性がある。比喩的に言うならば，これらの3原則と，政府・企業・家族・教育の4領域をそれぞれ経糸・緯糸として，「日常生活」の布地が織りなされていたのである（Brown and Lauder 2001）。この3つの原則を結びつけていたのは，国家は繁栄と安全と機会を提供する力を有するとともに，そうすることが国家の責務でも

ある，という考え方である。そして，この考え方を支えていたのは，完全雇用による経済的安定と教育・社会福祉・職業移動を通じた機会の提供こそ，経済成長と収益を達成するもっとも効率的な方法だ，という国家と大企業の認識であった。第二次大戦後，西欧諸国の政府は，経済活動の大半が国民国家という「壁」の内側でおこなわれ，資本や財・サービスの移動を「国境」でコントロールできるあいだは，経済的ナショナリズムを追い求めることができた（Panic 1995）。大企業は，完全雇用を実現することによって大衆消費市場を創出し，そこから利潤を得る必要があった。しかし，完全雇用の維持は，同時に，労働組合による賃上げ圧力の高まりと生産のコントロールという脅威にも晒される。このような関係があるにもかかわらず，戦後20年以上にわたって経済的ナショナリズムは，繁栄・安全・機会を三本柱にして，資本と労働の利害関係を調停することに成功してきたのである。

　経済的ナショナリズムは，ハバーマス（Habermas 1976）のいう「技術的合理性」を共通文化に仕立て上げ，それへの同化を倫理的に強制することによって，さらに強化された。このことは，近代資本主義の本質に触れる2つの重要な問題を提起する。第1の問題は，資本主義の下における社会連帯と社会統制という問題である。報酬と地位の不平等を前提とする資本主義社会では，社会の凝集性と秩序はいかに維持されうるのか？　この問いに対し，繰り返し提示されてきたひとつの回答は，自由市場は，とどのつまり，それを生み出した社会の基盤を浸食する，というものである（Hirshman 1992）。市場は人々の関心を富の蓄積に収斂させる文化を助長し，それによって，合理的な絆以外の人間の絆は解体されていく。次第に社会の個人化が進行し，究極的に社会はアトム化される，と論じられる。しかし，議論の余地はあるにせよ，戦後期の社会の個人化・アトム化の進行を押し止める役割を果たしたのは，技術的合理性の理念である。それは，職場，そして家庭内における役割のヒエラルキー的秩序体系に基盤を置き，第二次大戦期の軍隊の中で人々が経験し形成された秩序志向の態度によって裏打ちされたものである。

　経済的ナショナリズムの時代には，官僚制のパラダイムは労働組織の効率を高めるものと理解され，それゆえに社会の中心的な組織原理であるとみなされていた。マックス・ウェーバーは，官僚制の特徴を次のように説明する。「課業

の固定的な分割，ヒエラルキー的な監督，詳細な規則や規制の制定，そして，それらを通じた課業遂行の正確さ，迅速さ，明晰さ，規則正しさ，確実性，効率」を要求する組織が官僚制組織である（Morgan 1986: 24-5）。官僚制組織では，ヒエラルキーの頂点に近い少数の人々の手に権力が集中して知識や資源がコントロールされ，組織全体がコントロールされる。したがって，効率的な官僚制組織が成立するためには，ブルーカラー，ホワイトカラーを問わず，規則や手続きに従ってあらかじめ決められた課業をルーティンとしてこなすことのできる人材が不可欠であり，そうした人材は，一定の標準的パターンにしたがった社会化・社会統制機能を果たすことのできる教育システムを通じて養成される。大きな組織の中で出世するには，人びとはみずからを組織に合わせていかなければならない。「期待される役割を演じる能力が重要な資質になる」（Fromm 1949: 82）。

　家庭については，一家の稼ぎ手としての男性と家事の担い手としての女性という役割分業が家父長制家族の再生産に貢献した。家父長制家族の存在が性別役割分業と福祉国家成立の礎になっている。もちろん，家父長制は古くから存在する。ヴィクトリア時代に鉱山労働から女性と子どもは解放されたが，その一方で，工場生産の発展は，農業経済中心の社会よりも厳格な性別・年齢別分業の進展を促したことも確かである。また，20世紀の2つの世界大戦は，職場と家庭におけるヴィクトリア時代の秩序を崩壊させた。1940年代末には，アメリカの既婚女性で雇用労働に従事していたのは5人に1人にすぎず，イギリスでもそれより若干多いという程度であった。たしかに，子どもの養育をめぐる家庭と学校の役割の見直しは行われた。にもかかわらず，家長たる男性が生計を支え，女性は子どもの養育に専念すべき，という考え方が家庭内のジェンダー役割を規定し続けたことに変わりはなかった。

　安定した家庭生活の保障は，福祉国家の発展と社会的賃金（ソーシャル・ウェイジ）という考え方によって補強された。社会的賃金の概念は，第二次大戦後に生みだされたものである。分配の方法や水準は国によって異なるものの，すべての先進国において，福祉関連支出は1952年から1973年のあいだに15%から24%へと，著しく上昇した（Armstrong, Glyn, and Harrison 1991: 195）。また，累進税率を高くし，福祉関連支出は貧困者により多く振り向けられた。しかし，この程度の支出で実現

できたのは，貧困の除去ではなく，貧困の程度の緩和にすぎなかった。アメリカでは，底辺の 20% の人々の所得の総額が全体の所得総額に占める割合は，1959 年から 1968 年のあいだに 4.9% から 5.6% に上昇した。これによって貧困層に属する人々の割合は 22.4% から 12.1% に減少し (Levy 1987: 56)，フランスとほぼ同じ水準になった。しかし，イギリスの 7.5%，ドイツの 3% よりは依然として高かった (Armstrong, Glyn, and Harrison 1991: 197-8)。いずれにせよ，家族に対する国家からの福祉的支援は，収入格差の縮小を目指すものであった。

社会的賃金の概念は，企業と労働組合の合意にもとづいてつくりだされたものであり，労働市場と(男を世帯主とする核家族を典型とする)社会の基礎構造を連結する要の役割を果たしていた。当時，家族は大多数の人を包摂し，安定した制度とみなされていた。第二次大戦直後のアメリカでは，人口の 94% は家族とともに暮らしており，そのうちの 80% の人は，配偶者の年齢が 65 歳以下であった (Levy 1987: 34)。この時期，家族制度が安定していたことは，離婚申し立て件数の変化を調べることによって確認することもできる。イギリスでは，第二次大戦直前，離婚件数は夫婦 100 組のうち 1.9 組，1950 年までに 7.9 組に増加し，その後 1968 年までこの数字で安定的に推移し，それ以降再び増加し始めている (Rollet and Parker 1972: 49)。

近代資本主義社会が直面する第 2 の問題は，文化の同質化によって引き起こされる疎外の問題と，共通文化への同化の過程で生じるアイデンティティの喪失という問題である。共通文化の理念は，近代における国民国家の発展の中に，その起源を有している。グリーンは次のように言う。「国民教育システムの形成を促した主たる原動力は，第 1 に，訓練された行政官・技術者・軍人を国家に供給する必要性，第 2 に，支配的な国民文化を広め，国民としての自覚を促すイデオロギーを教化すること，そして第 3 に，それをとおして，芽生えつつある国民国家に政治的・文化的一体性を付与し，支配階級のイデオロギー的ヘゲモニーを確立すること，この三点である」(Green 1990: 309)。もちろん，グリーンの用いるマルクス主義的な表現には留保をつける必要があろう。マルクス主義が国民的連帯の成立根拠の説明に失敗したことは明らかだからである。今日，「労働者に国家なし」という教義を受け入れるひとは，ほとんどいない。宗教上の信念や民族的な慣習は，子どものものの見方の基礎をかたちづくり，その影

響力は，学校よりも強いからである（Gellner 1983; Smith 1995）。

ここで再び官僚制，とくにフォーディズムの発展段階において，官僚制の原理に貫かれた学校教育（Brown and Lauder 1992; Darling-Hammond 1995）の果たした役割の重要性が浮かび上がってくる。というのも，それがナショナリズムと共通文化と共通言語を互いに結び付けつつ近代世界に導入する重要な役割を担ったからである。ゲルナー（Gellner 1983: 1996）も，同じく次のように指摘する。科学技術および官僚制も含むもろもろの社会的技術を支えている技術的合理性への信念は，迷信や宗教にまったく頼ることなく，思考の一貫性を保ち，個々の事例や個々人を特別扱いせずに対等に扱い，与えられた目標の達成にもっとも効率的な最適手段を導き出す能力と関わりをもっている。技術的合理性を構成するこれらの要素が官僚制の原理と密接なつながりをもっているという事実は，多数の国々でその痕跡をたどれば明らかになる。

官僚制と学校教育は家族と対極に位置する。パーソンズの用語でいえば，前者は普遍性や感情中立性に立脚し，後者は特殊性や感情依存性に基盤を置く（Parsons 1949, 1959）。家族のなかでは身びいきは許容されるが，学校では業績（メリット）が強調される。そこでは，人々は成文化された規則の下で平等に扱われることが大前提となっている。さらに，官僚制はメリトクラシーの理念と密接な関わりをもち，個人の業績を「客観的」な基準によって評価し，処遇することを原則としている。教育の場面では，個々人は，社会階級やジェンダー，人種といった属性ではなく，その人の能力によって処遇されるということを意味する。この原則から機会均等の概念が生まれてきたが，この概念には，国民国家の発展という文脈に則してみれば，3つの機能が含まれている。第1に，（理論上は）能力に基づいて人材を選抜し，労働市場に配分するという機能，第2に，正義の理論に基づいて生徒を選抜しているという，道徳原理としての機能，そして第3に，同化手段としての機能である。これら3つの機能を併せ持つ機会均等の概念は，階級やエスニシティなど，同じ国家の中にあって異質な属性をもつ多様な人々に対して，産業社会の提供する報賞獲得の意欲を掻き立て，努力すべき道筋を指し示すのである。こうして，個人主義に立脚した産業社会において，個人としての成功を測定する単一の尺度が作り出されていく。つまり，官庁・私企業を問わず，官僚制組織の中で専門職や上級管理職に昇進

して富や地位を獲得することが共通の目標とされるに至るのである。戦後の教育が果たしてきた役割は，このような経済的・文化的・社会的諸条件を背景に置くことによって，はじめて正しく理解することができるだろう。

教育と経済的ナショナリズム

　戦後，はじめて教育は先進産業社会において中心的な位置を占めるにいたり，社会的正義を実現する手段であると同時に，経済成長の進展を左右する投資とみなされるようになった。しかし，このような位置づけが定着した理由は，先進産業社会において教育が果たす役割に関する次の2つの考え方が暗黙の前提に置かれ，しかも混同されてきたからである。まず第1に，先進産業社会においては，社会的出自に関わりなく有能な人材かつ高度な技術を必要とする重要な仕事に適正に配置することが，経済的効率の達成条件になる，という考え方である。成功する能力のある人にとって，社会階級というような古めかしい障壁は梯子にかかった蜘蛛の巣のようなもので，社会のラダーを上昇するときに取り払うべき邪魔物にすぎない。知性こそ社会的上昇の鍵である。しかし，高い知性を備え，産業発展の原動力となり得る人材は社会の中にわずかしか蓄積されていない。それゆえに，能力のある人材を選抜し，社会的上昇のルートに乗せる役割が教育システムに求める，という考え方である。ハルゼーとフラウドは次のように述べている。「教育はテクノロジーの開発にとって不可欠な投資である。主要産業社会に共通して教育の発展がみられる背景には，このような認識が潜んでいる。……教育は技術革新の源泉として，かつてないほど経済的に重要な役割を付与されている」(Halsey and Floud 1961: 1)。

　第2は，教育機会拡大の必要性を説く立場である。その根拠とされたのは次のような考え方である。大多数の仕事は次第に高度化し，より長期の学校教育を必要とするようになる。半熟練・不熟練の労働は次第に機械が代替し，多くの者が技術的職業・管理的職業に従事し，さらに，プロフェッションの拡大によって専門的職業にも従事するようになる。その結果，すべての人がミドルクラスに属するにいたる，というものである (Clark 1962; Kerr *et al.* 1973)。

　この時期，教育は民主主義の基盤の形成に貢献するともみなされた。教育と

民主主義のかかわりについての認識は，長い年月をかけて西洋思想のなかで育まれ確立してきたものであるが，20世紀に入ってから急速にその認識が強まった。それは，なによりもアメリカのジョン・デューイ，イギリスのR. H. トーニーの思想の影響によるものであり，加えて，1950年代・60年代のアンソニー・クロスランドやA. H. ハルゼーらの著作の影響を挙げることもできよう。「民主主義は単なる統治の形態ではない。それはなによりもまず社会生活の様式であり，経験の共有による結合の形態である」（Dewey 1916: 101）というデューイの基本テーゼが，教育と民主主義のつながりに関する考え方の前提に置かれ，民主主義の下での「社会生活」の形成にもっとも合致する教育の形態は，当時の「コモン・スクール」あるいは総合制の学校である，と論じられた。出身階層，エスニシティ・ジェンダー・能力が異なる多様な生徒の混在する学校での教育をつうじて，異なる他者への寛容と敬意という，民主主義にとって不可欠な資質が育まれ形成される，とみなされたのである。

「コモン・スクール」の理念は時代精神を体現していた。「進学」コースと「職業」コースへの振り分けを在学期間の終わり近くまで引き延ばし，隠れた能力の発現チャンスを生徒に与えることによって，より多くの平等な教育機会を保証する，というのがその理念であった。ジェンダーや文化的背景の異なるすべての生徒が同じように学び，平等な扱いを受けることによって，すべての者がその恩恵を享受できるようにする。そして，共通の処遇と経験をつうじて，民主主義に不可欠な基礎が形成される。コモン・スクールの理念は，これらを目指していた。当時の民主主義左派は，コモン・スクールが階級やジェンダー・エスニシティの障壁を打破する重要な推進力になりうると期待していた。今日もなお，その意義を擁護する立場は存在する。しかし，ポストモダニストにいわせれば，それらは，所詮，当時の同化主義の延長線上にあるものにすぎない，ということになる。これについては後述しよう。

経済的ナショナリズムの時代に教育に寄せられた楽観的な期待は，政府の支持による1950年代・60年代の教育拡大にも反映している。教育を拡大し，「総合制」に再編することによって経済的効率性と社会的正義の双方を同時に実現する，という方針を全政党が支持し，それを背景にして，政治家・ジャーナリスト・政策立案者がこぞって「教育からの政治の排除」を美徳として賞賛する

光景は，当時，随所で目にするありふれたものであった．

結果的に，西側欧米諸国の教育システムは拡大を遂げ，産業化によって拡大したミドルクラスの職業に必要な人材（1950年代半ばから，それは「人的資本」と呼ばれるようになった）を供給する新たな役割を担うにいたった．イギリスでは，1938年の時点で，11歳から18歳までの子どものうち，公立の中等学校に在籍しているのは8.4%にすぎなかった．それが，1951年に30%，1968年には37%に達した．高等教育の拡大も同様である．高等教育機関に在籍するフルタイムの学生は，1938年の69,000人から1963年の215,000人，そして1970年には，さらにその数は倍増した．ただし，他のヨーロッパ諸国と同様に，教育拡大の始まる時点でのイギリスの進学率，とくに高等教育への進学率が低かったことは留意しておくべきであろう．いずれにせよ，すでに始まっていた教育拡大によって教育への公的支出は実質的に増加し，その効果は進学率の上昇に反映されると同時に，先進資本主義社会における教育の重要性への新たな認識を生み出した．イングランドとウェールズでは，教育支出が公的支出に占める割合は，1940年の2.1%から1965年の4.1%に上昇した．以前から中等教育修了者や高等教育進学者の数がヨーロッパに比べればはるかに多かったアメリカでも同様の経過をたどり，4年制大学を卒業した若者の割合は，1930年の7%から1960年の18%に増加している．

たしかにミドルクラスの職業の範囲は拡大し，教育を受けた労働力も増加した．にもかかわらず，誰もがいつかはミドルクラスの職業に従事し，業績によってその人の職業と地位が決定されるようになるという民主主義の嚮導理念は，神話にすぎないことが明らかになった．ミドルクラスの職業が増加し，教育の機会が拡大し続けているかぎり，この神話は事実として受け入れられていた．しかし，労働者階級の仕事はなくならず，特権層の特権もそのまま維持され続けた．大学は専門的・管理的職業従事者の子弟によって占められていた．知的能力の高さが重視されているにせよ，社会的背景の如何が，その人のライフ・チャンスを左右する重要な要因として働いていることに変わりはなかった．結局，職業構造の変化によって労働者階級の出身者が職業ヒエラルキーの頂点や中間部分に入り込む余地が生まれたことは確かだが，その一方で，特権再生産の仕組みもそのまま残存したのである．

経済的ナショナリズムの崩壊

1970年代初頭の第一次「石油ショック」をきっかけにして，経済的ナショナリズム崩壊の歩みが始まった。それは，シュンペーター（Schumpeter 1976）が「創造的破壊の嵐」として描き出したような，経済的ナショナリズムに立脚した繁栄・安全・機会の保証という前提への根源的な問い直しの過程に重なり合っている。石油価格の高騰が引き起こした世界不況は，フォーディズムの特徴である規格化された財・サービスの大量生産という様式が，グローバル化した経済の下では，もはや自国の労働者とその家族の生活を支える力を喪失しつつあることを人々に実感させた（Piore and Sable 1984）。多国籍企業は，新たなテクノロジー革命と輸送コストの削減を背景にして，比較優位を保つことのできる条件を備えた国々に生産拠点を移し（本質的な解決策ではないが），経済的に困難な局面を切り抜けようとした（Cowling and Sugden 1994）。熟練を必要としない労働によって規格化された財やサービスの大量生産がおこなわれる場合，労働コストの占める比率が重要になる。したがって，多国籍企業が生産拠点を北アメリカや西欧の諸国から労働コストの低い新興工業諸国（NICs）に移すのは当然のことであった（Wood 1994）。実際，フィリピンやベトナムでは，フランスの労働者1人分の賃金で47人の労働者が雇用できるのである（Goldsmith 1995: 125）。こうした動向への対抗策を講じる必要に迫られた欧米諸国では，賃金コストの切り下げという困難な方法でアジア・アフリカ諸国と競争すべきなのか，それとも，「品質」で市場における比較優位を勝ち取るべきか，という議論が盛んにおこなわれた。この議論の前提に置かれていたのは，企業や労働者が新たなテクノロジーの潜在的可能性を開花させて財・サービスの新市場の創出に成功すれば，企業は利潤を，労働者は収入を確保することができる，という考え方である（Thurow 1993）。

企業が国家の枠に捉えられることなく，重要な投資先の決定をおこなう力を備えていくにつれ，投資や仕事・新たなテクノロジーをめぐる「グローバル・オークション」とでも呼ぶべき地球規模の競争が生じた（Brown and Lauder [本訳書第5章]）。このような状況の下では，企業は，国境を越えて，税金や労働コストが低く，質の高い労働力を蓄積し，交通・金融のインフラストラクチャー

が整備されている国に競って投資するようになる。国家は，これに対抗して国内のインフラストラクチャーを整備し，法人税や公的扶助関連経費の負担軽減といった企業への優遇措置を講じることを迫られた。

これまでの研究によれば，グローバル化した経済は1970年代初頭から始まって次第にその性格を変え，国民国家の力を弱体化させてきたといわれている(Held 1995)。資本の国際移動に対する規制の撤廃やグローバルな活動を展開する企業の影響力の増大，そして，エレクトロニクス革命がもたらしたコミュニケーション手段の高度化は，従来の経済運営方法に代わる新たな手法を開発する必要性を生み出した。需要創出を基調とするケインズ的手法は，もはや有効な政策手段ではなくなった。にもかかわらず，越境するビジネス活動の影響がどの程度まで国民生活や経済政策に波及するかという問題は，いまだほとんど議論されていない。国民国家は，いわば後ろ手に縛られた状態で，新たな経済状況の出現から派生した「問題」への対処を求められているのである(Hirst and Thompson 1996)。とはいえ，英語圏の国々では，1970年代後半から，競争的個人主義や市場競争を賞揚するイデオロギーに立脚して貿易の自由化が奨励されるようになった。それにとどまらず，福祉国家や社会的賃金の政策理念，労働組合に与えられた権限など，それらすべてが，グローバル化した経済の下で欧米諸国の競争力を支えている企業文化の崩壊を招く元凶である，という主張が，ニューライトの立場から提出されるまでにいたった。

生活の隅々にまで市場競争の原理を貫徹させることを，ニューライトは声高に求めた。その結果，社会的賃金の理念を支えていた福祉手当は削減された。さらにかれらは，労働組合の活動を抑圧する法律を制定してその力を削ぎ，組合による「作為的」な賃金引き上げを押さえ込むことに成功した。これらの政策が，ライシュ(Reich 1991)が指摘するように，労働市場のグローバル化への現実的な対応としてなされたものなのか，それとも，ブラウンとローダー(Brown and Lauder [本訳書第5章])が主張するように，単なるイデオロギー的な反応にすぎないのか，その答えはまだ定かでない。しかし，これらの政策の実施によって，「経済成長」と「分配の平等」の両立関係が崩れ去ったことは確かである(Krugman 1993)。アメリカとイギリスでは，財産・所得の格差が拡大し，非大卒者の所得の著しい低下(Murnane and Levy 1993)と失業率の大幅な上昇

がみられた。福祉手当の支給額も減額されて貧困層の比率が急上昇し，その深刻な影響が子どもたちを直撃した（Halsey and Young［本訳書第21章］）。

　競争のグローバル化，技術革新，規格化された財・サービスの大量生産からの転換（Piore and Sable 1984）は，官僚制組織の効率性を自明視する通念に対する執拗な攻撃も生み出した。官僚制組織は，「付加価値」のある財やサービスを追い求める市場競争の急速な変化に対応できないとみなされるようになった。ロザベス・モス・カンターなどの経営のコンサルタントは，「伝統企業に企業者精神を導入し，企業者の創造性と企業の規律と協働，チームワークを合体させること」の必要性を説いている（Kanter 1989: 9-10）。「ネットワーク」「エンパワーメント」「リーダーシップ」「チームワーク」「ダウンサイジング」「ライトサイジング」「リエンジニアリング」「コントラクティング・アウト」といった新造語を用いて，職場における情報技術の集積と統合，スムーズな情報伝達と意志決定の迅速化，チームワークやプロジェクト方式の重視，フレックス制の導入などの必要性が説かれ，柔軟性・適応性に富む組織の新たなパラダイムがつくりだされた（Brown and Scase 1994）。これによって，新しいテクノロジー導入のための重点的投資にとどまらず，職能・職階の体系から人事採用・社内コミュニケーション・報酬・昇進にいたるまで，システム全体の再考・再編に動き出す企業が次々と登場した。これらの動きは，カンターによれば，ポジションからパフォーマンスへ，地位から業績へのシフトであり，賃金は，企業組織内での昇進能力ではなく組織への貢献に対して，あるいはまた，組織内の職位ではなく組織に付加した「価値」の大きさに応じて支払われるべき，という考え方への転換であった（Kanter 1989）。

　官僚制型組織から柔軟型組織へのパラダイムの転換によって，公共セクター・民間セクターを問わず，企業組織の大規模な再編が行われた。市場からの競争圧力や市場の気まぐれ，テクノロジーの変化やコスト削減圧力への組織の対応はさまざまである。職場の進歩性の程度を示す職場内の民主主義や仕事への満足，社会的正義の実現に関しては，柔軟な組織のパラダイムは，ほとんどの場合，いまだ見込みの段階にとどまっている。アメリカとイギリスの民間・公共双方の企業が「軽量化（ダウンサイジング）」を合い言葉に推し進めてきた組織再編からもたらされたのは，雇用の不安定化と失業の増加，それまでの組織内キャリアの消去以

外のなにものでもない。レイオフや「希望」退職，採用凍結，外部委託などによる賃金コストの削減が，その内実である。アメリカでは，1985年から89年までの雇用の急拡大期にも，勤続年数3年以上の従業員430万人が，工場閉鎖や経営の失敗，「余剰労働力」という理由で解雇された (Herz 1991)。1992年にはアメリカ企業によるレイオフは1992年に1,224,000人，その1年後には1,314,000人に達している (Mishra and Mishra 1994)。イギリスの大企業1,000社は，コスト削減を求めて，1993年3月までに総計150万人の労働者を馘首にした (Cassell 1993)。

　長期雇用を前提にした正社員を多く抱える組織が姿を消し，余剰労働力として解雇され失業することを恐れて短期契約や自営，低賃金労働に甘んじる人々が増えていった。それにつれて，雇用契約上の身分の如何にかかわらず，すべての労働者は，労働市場の変化にみずからを「合わせて」いかざるを得なかった。大規模・中規模企業組織内部のキャリアに依存しているミドルクラスの人々も，みずから従事する職業の将来見通しが不安定であることを認めざるを得なかった (Newman 1993; Butler and Savage 1995)。戦後の規模拡大の全盛期にあった教育システム自体も，「象牙の塔」として安閑な場所に留まることは許されなくなった。それどころか，大学での「低賃金」の短期雇用スタッフ，学校での「非常勤」講師の増加は，教育の世界における雇用形態として，ごくありきたりのものになった (Halsey 1995)。こうした先行き不安定の状態は，家計を直撃する。未婚の母や離婚した女性は，収入の減少によって転居と子どもの転校を余儀なくさせられる。こうして，コミュニティ(地域共同体)としての学校という特質が失われてゆく。暮らし向きのよい「共稼ぎ」家庭でも，職業上の身分保障の先行きに不安を抱かざるを得なくなっているのである。

　結局のところ，経済的ナショナリズムの崩壊により，それが支えてきた教育機会と社会移動の保障という戦後の理念もまた崩壊してしまった。しかし，教育の財源や統制，組織をめぐる政治的軋轢が高まっていく中から，逆説的にも，一国を超えて教育の役割をめぐる新たな合意が成立してきた。教育は，個人にとっても国にとっても，将来の経済的繁栄をもたらす上で，これからますます重要な役割を担ってくる，という認識の共有である。

教育とグローバル経済——新たな合意の成立——

　1970–80年代，教育は経済や社会の問題の解決に対して無力であると非難されたが，政治エリートのメッセージの伝達という点に関しては，オフィシャルな場面で，その有効性に疑義が唱えられることは決してなかった。そして，いまや，左右の政治的立場を問わず，教育は将来の経済的繁栄の鍵を握っているという「合意」が新たに成立した (Drucker 1993; Avis 1993; ただし Avis *et al.* 1996 も参照のこと)。この合意は，20世紀中葉の，国民国家の「壁」で隔てられていた経済が次第にグローバル化し，経済競争の結果の成否を国家がコントロールできなくなってきた，という共通認識に基づいている (Reich 1991)。このため，国家の経済政策に厳しい制限が課せられている現状の中で，教育により多くの役割を求める主張が登場してくるのは，政治的にみて当然のことであろう。実際，国家間競争のなかでの一国の優位性は，国際基準による国民教育・教育訓練システムの質の評価に準拠して再定義されるようになる (Carnevale and Porro 1994)。アメリカ合衆国大統領ビル・クリントンの「教育に関する教書」に，この主張の本質が姿を現している。

> 今日のアメリカ経済の強さの鍵は，その生産性の高さにある。……1990年代以降，教育，コンピュータ，高速通信技術はすみずみまで普及した。ということは，つまり，学習の成果を仕事の場で活かすことの重要性が増し，それにどの程度成功するかによって，われわれが手にすることのできる利益の大きさが決まる，ということである。大卒者の初任給が高卒者の1.7倍であることはよく知られているが，その理由は，まさにここにある。高校中退あるいは高卒後になんの教育訓練も受けていない若年労働者の収入が，この10年間だけでも20%以上も落ち込んだのも，このためである。

　新たなテクノロジーへの投資，人的資源の質の向上，海外からの国内投資の促進とそれによる雇用の創出，その前提条件としての労使関係の整備・改善——国家は，これらの施策を実施して自国の競争優位を確保することを迫られている。それに失敗すれば，生活水準の急激な低下と経済の停滞，失業の増加は免れない (Thurow 1993; ILO 1995)。教育に関する新たな合意の成立によって，経済的ナショナリズムの時代と同様に，世界の多くの国々で義務教育段階以降

の教育は急速な拡大を続けた。高等教育に関していえば，多くの国々で大学進学率が 8% から 30% に上昇した（Halsey［本訳書第 17 章］）。教育に関する新たな合意の成立と高等教育（ターシャリー・エデュケーション）の拡大が，どのような政治的判断に基づいておこなわれたのか，その理由はさまざまであろう。しかし，いずれにせよ，ポスト産業社会において教育が中心的な位置を占める根拠については，研究や分析を進めるべき課題が多々残されている。この中には，教育と労働市場との関係の変容の問題も含まれる。とりわけ，教育は本当に生産性の向上や個々人の創造性の向上，雇用の拡大を導くことができるのかどうか，という問題は重要な研究課題であろう。

教育と経済的生産性——新たな合意への疑念——

　教育と経済的生産性の関係については，両者の結びつきを強化させるという 20 世紀に入って以来変わることのない考え方は，新たな「合意」においてもそのまま引き継がれている。1961 年にハルゼーらが編集した論文集の序章で，ハルゼーとフラウドは次のように述べている。

> 過去四半世紀以上にわたって中等教育と高等教育は著しく拡大したが，それは，職業教育を強く志向するものであった。教育は「訓練」としての性格を強め，より早い段階での専門化を徹底しておこない，ますます現在の一般的・専門的職業に直結するものになってきている（Halsey and Floud, 1961: 9）。

　高度に専門的な職業教育よりも質の高い普通教育のほうがテクノロジー変化の激しい環境に対して適合的であるという考え方が広く浸透している。しかし，「職業」教育と「普通」教育の関係がいったいどのようなものであるのか，いまだにほとんど明らかにされていない（Pring 1989; Carnevale and Porro 1994）。アシュトンとスン（［本訳書第 6 章］参照）によれば，新たな局面に入った今日の経済競争の下では，これまで欧米世界でみられた以上に，教育と労働とのつながりの緊密化が求められるようになる，という見解が近年の主流を形成している。だとすれば，この問題をめぐる議論はいましばらく続くであろう。というのも，このような見解の中には，経済的効用という基準に教育システムが全面的に従

属することによって，はじめて21世紀の経済的繁栄は得られる，という前提が含まれているからである。教育と労働市場の関係についてのこのような考え方が，ポスト産業化の段階に入ったすべての国の経済モデルになるかどうかは，今のところ定かではない。しかし，すくなくとも，このような国々において，より高度な教育を受けた労働力への需要が高まることに疑問の余地はない。ガリーとホワイト（Gallie and White 1993）によれば，イギリスでは，ITの導入によって，不熟練労働によって支えられている分野を除く，ほとんどすべての分野において，より高度なスキルが求められるようになったという。また，リドリーとウィルソン（Lidley and Wilson 1995）の試算によれば，管理・経営・専門に携わる仕事の比率は，1981年の20%から94年に26.4%に増加し，2001年には28.7%に達すると見込まれている。アメリカについては，ブロックは，1960年代後半以降の職業変化の趨勢を分析し，アメリカの雇用者の大半は「かなりのスキルを必要とする」仕事に従事しており，技術革新が進むにつれて「ブルーカラー，ホワイトカラーを問わず，必要とされるスキルの水準は高くなる」と述べている（Block 1990: 86）。さらに，アメリカ労働省が公表した数字によれば，「管理的」職業の比率は1990年から2005年のあいだに1.8倍になると予測されている（Silvestri 1993）。

　教育を受けた人材への需要の高まりは，多くの場合，製造業からサービス産業への雇用の変化をともなっている。1950年には，アメリカでは就業者の33%が製造業で，53%がサービス産業で働いていた。イギリスではそれぞれ46.5%，48%であった。ところが1987年になると，アメリカではその数字は27%，70%，イギリスでは30%，68%に変化した（Maddison 1991）。製造業の重要度が低下したわけではないが（Cohen and Zysman 1987），製造業の現業部門の就業者の数は激減したのである。もっとも，サービス産業といっても雑多であり，「がらくた」の仕事も数多く含まれているので，レヴィ（Levy 1987）によれば，アメリカではサービス産業に転職したブルーカラー労働者の賃金は前職の60%程度だという。これらは身分の安定した就業者に限定した数字である。しかし，すでに指摘したように，ホワイトカラーの身分もしだいに不安定になってきており，単調なオフィスワークのかなりの部分は，「リエンジニアリング」と呼ばれる新たなテクノロジーによって代替されてきている（Head 1996; Hammer and

Champy 1993)。アロノヴィッツとデファジオは，近年の動向から判断すれば，スキルの解体と失業の増加は，過去10年よりもさらに急速に進むと予測している (Aronowitz and De Fazio 1994)。このように，「スキルの向上」や「再スキル化」
アップ・スキリング　　　リ・スキリング
「スキルの解体」という3つの概念が互いにどのような関係にあるのかについては，曖昧なままに議論が行われている (Braverman 1974)。この関係を明らかにする研究を早急に進める必要がある。ポスト産業社会においては，職業構造の変化は階級構造の性格の変化をもたらす重要な要因であり (Esping-Andersen 1994)，どの子どもが教育で成功を収め，誰が失敗するか，に大きな影響を及ぼす要因でもあるからである。
ディ・スキリング

学歴インフレと社会的コンフリクト

教育を経済的生産性に連動させる見取図を描き出す試みは，これまで盛んにおこなわれてきたものの，理論的にも経験的にも失敗に終わってきた。このような経緯を背景にして，教育をめぐる近年の動向を理解しようとする研究が増えてきた (Klees 1986)。研究課題の中心は，教育と経済的生産性のあいだの因果関係を明らかにすることにある。しかし，これは，不可能ではないにしても，解明することの非常に困難な課題である。これには2つの理由があり，それらは互いに関連している。第1に，教育と生産性の関係は権力に媒介されているということ。学歴インフレというような現象は権力が介在しなければ生じない。第2に，必要とされるスキルへの需要は技術的要因のみならず社会的要因によって変化し，それゆえに利害関係や社会的コンフリクトの影響を受けやすい，ということである。

学歴は地位財である。地位財とは，本来，稀少であるがゆえに社会的に認知され，「最高値をつけた入札者」 (Hirsch 1977: 28-9) に落札・配分されるものであるから，コリンズ (Collins 1979) がいうように，学歴に対する過剰需要を生み出して学歴インフレが進行し，ふるい分けの必要性が生じてくる。まず，学
スクリーニング
歴インフレの進行によって学歴のヒエラルキー化が促進され，ヒエラルキーの上位に位置する稀少価値のある学歴の獲得をめぐって，ひとびとの熾烈な投資競争が生じる。これによって，より多くの資源を調達した者が最高学歴を得て，より良い職業の獲得競争に勝ち残る，というスクリーニングの機能が作動し始

める。とはいえ，職を得るために必要なのは知的資質にかぎらない。学歴を基準にしたスクリーニングは，認知面での達成度のみならず，その人のパーソナリティにも基づいている，と考える研究者もいる（Collins 1979; Bowles and Gintis 1976）。この問題は近年の状況に密接な関わりをもっているので，のちにまた立ち戻ることにしよう。

　学歴インフレに関するハーシュの分析は，学歴の高い人ほど生産性が高いというクリントンの大統領教書にも反映されている人的資本論の考え方を拒否し（Woodhall［本訳書第7章］），学歴インフレは，上位の社会経済的集団がエリート的職業への入職条件として教育水準を引き上げ，それによって，みずからの特権を維持・再生産しようとする争いの所産にほかならない，という仮説を提示する（Brown［本訳書第20章］）。もし，この仮説が正しければ，高等教育拡大の理由の一端は，教育と経済的生産性との直接的な関連よりも，むしろ学歴獲得をめぐる競争に求めるべきであり，学歴への需要の高まりは，子どもの将来の地位の安定の確保に熱心な，増加しつつあるミドルクラスの圧力によるものだ，ということになる。また，一握りのエリートしか恩恵を受けられないという理由で高等教育の拡大に反対するはずの右派の政府が，なぜ教育の拡大政策を推進したのか，その理由も明らかになるだろう。高等教育の拡大を求めるミドルクラスの意向を，右派の政権も無視することができなかったからである。しかし，教育拡大の結果生じたのは，高等教育を受けて高度な技術的・学問的能力を身につけている人材の需給関係のミスマッチである。このような「能力の浪費」が続けば，やがて，高等教育学歴をもちながら，望み通りの職業に従事することのできない人材の不満をどう抑えるかが，重要な政治的課題として浮上してくるだろう。

社会的コンフリクトとスキルの意味の変化

　「スキル」の定義も大きく変わった（Block 1990）。この変化は，より高度な技術的スキルが必要だという一般世間の考え方よりも，雇用主側の能力観の変化を反映するものだった。官僚制型組織より柔軟な組織のほうが組織効率は高いというパラダイムの転換によって，雇用主は，技術的「ノウハウ」だけでなく，対人関係の処理能力や社会的スキルを身につけている人材を求めるようになっ

た。少なくとも組織の「コア」(Atkinson 1985) となるべき人材には，めまぐるしく変化する環境の中にあって，「ルールに従う」だけでなく，「ルールを創り出し」つつ行動できること，プロジェクトを組んで仕事ができること，そして，同じ組織の人たちと「息を合わせて」うまくやっていける能力を備えていることを期待するようになった (Brown and Scase 1994)。

したがって，企業の側からみれば，企業の組織効率は組織成員のコミュニケーション能力や交渉能力，チームワークといった対人関係能力に依存している以上，官僚制の遺物のような学校や大学が生み出しているのは「訓練された無能力」(Merton 1957: 197-8 参照) にすぎない，ということになる。また，学歴から企業が得られる情報は，試験の関門を上手にくぐり抜ける能力とモチベーションの高さにすぎず，チームを組んで仕事する能力や社会的スキル・対人関係能力といった，採用時に企業がもっとも知りたい手掛かりはほとんど得られない，ともみなされる。

その結果，企業が声を大にして学校に求めているのは，特殊個別的な職業訓練プログラムの実施ではなく，学生のビジネス意識やコミュニケーション能力，自己管理能力を高めるプログラムの充実である。試験による学力評価だけでなく，学生の能力・資質・達成度のすべてを包括する「人物情報(プロファイリング)」の効用を重視する動きが学校側にみられるが，これは，対人関係能力や社会的スキルという言葉を多用する企業側の声を意識したものである。いまのところ，学生の人物情報を作成し活用する動きは，教育の伝統的なあり方を変えるほどのインパクトを与えてはいないが，外部からの教育への介入が強まれば，知識の類別・枠づけ，組織構成員の行動の様式や相互の関係のあり方をめぐる，教育システムと企業組織とのあいだのズレが解消する，というものでもない (Bernstein 1978)。なぜならば，教育と労働市場の関係は，ボウルズとギンティスのいうような「対応」関係 (Bowls and Gintis 1976) ではなく，矛盾の関係，意図せざる結果を生み出す関係，「強制的」な統合という関係として理解すべきものだからである。たとえば，教育の場面ではグループワークは基本的に支持されない。なぜならば，教育機会の民主化は，成功・失敗の自己責任原則を基礎にしているからである。能力やパフォーマンスも，メリトクラシーの概念と同様に，個人をベースにして構成された概念である。また，チームワークを奨励する方法とし

てグループ評価の考え方を導入しようという試みがしばしばなされているが，それが教育の場面で定着することもあり得ない。なぜならば，個人の成績評価とグループ評価は，そもそも原則的に相容れないからである。

　教育をつうじて対人関係能力や社会的スキルを身につけさせようという考え方が近年重視されてきているが，それが支持を広げていくとも思えない。とくにエリート校や大学からの支持は得られないだろう。というのも，学歴の信頼性は，依然として外部からは「見えない」試験の成績として示される「知識」の「客観的」評価に基づいているからである。このような状況の下では，学校教育をつうじて対人関係能力や社会的スキルを育成させる試みは，かつての「補償」教育の焼き直しにすぎない (Halsey 1975)。ミドルクラスの子どもがインフォーマルな人とのつきあいのなかで「ごく自然に」身につける資質を，別の階級の子どもに無理矢理教え込むようなものだからである (Bourdieu and Passeron 1977)。とはいえ，家庭環境や教育，資格，ジェンダー，エスニシティに基づいて獲得された文化資本は，労働市場で評価される「個人的資質」にいま一度「姿」を変えなければならない。ひとびとは，それを自己の「内面」としてさらけ出してアピールし，希望する職業に就くことができるのである (Brown [本訳書第20章])。

変わりゆく労働市場におけるジェンダーとスキル

　サービス産業部門への雇用の重点移行にともない，女性の労働市場参入率も高まってきた。このことは，これまでの社会化・社会統制のパターンが前提にしていた性別役割観に揺らぎが生じてきたことを示している。「寛容の時代」といわれる1960年代ですら，男子は「一家の稼ぎ手」，女子は「主婦」として社会化されるべき，という見解が公式の場で表明されることは，なんらめずらしいことではなかった。イギリスでは，平均もしくは平均以下の能力の学生に対する教育について論じているニューザム報告も，成人の世界での明白な性別役割分業が存在するため，男子の理科系への関心は必然的に女子よりもずっと強くなる，と述べている。「男の子は，たいていの場合，理科系コースを志望する。……かれは，そこで自然の驚異と力の感覚を経験する。小麦の成長，子羊の誕生，雲の動き……これらに接してかれは自然への畏敬の念を抱く。かれに

とって機関車とは人間の意のままに動くものであり,スイッチやスロットルは魔法の杖である。ところが女の子は,いつの日か家庭でいろいろな機器に触れなければならなくなるのに,男の子ほど理科の授業に関心を示さない」(Deem 1978: 60)。

しかし,1980年代に入るまでに理科教育に関する公式の見解は変化した。1982年に作成された教育科学省の理科教育に関する審議資料は,つぎのように記している。「中等義務教育段階の学校では……すべての生徒に幅広い理科のプログラムを提供するという方針の下に,……男女まったく対等に,同じカリキュラムで理科を学ぶ機会を与えるべきである。」

これと同じような,女の子・男の子にふさわしい教育についての公式見解の変化は,それぞれ時期に違いはあるものの,すべての先進欧米諸国に共通してみられる。しかし,過去20年間の教育研究者の関心が女子の社会化に集中してきたのに対して,近年とみに関心を集めているのは男子の社会化の問題である。ポール・ウィリス(Willis 1977)は,労働者階級子弟の「野郎(ラッズ)」たちが学校に抵抗する様を活写したが,それは,鉄鋼業をはじめとする重工業部門できつい肉体労働に従事し,男らしさを誇示することができた1970年代半ばまでの光景である。その後のサービス産業への雇用の移行は,「英雄」に憧れる労働者階級の男の人生を困難なものにさせつつある。資格をもたないかれらが長期失業者にならずに職に就くことができたとしても,それはガードマンや荷役,ファーストフード店のコックといった非正規雇用の仕事にすぎない。しかし,男性の社会化の「問題」は労働者階級にかぎらない。フェミニズム研究者は女性が男性と同等の学歴を取得するまでの道のりは依然として長い,と主張するが(Weiner, Arnot, and David [本訳書第16章]),ミドルクラスの男性は,将来,女性との学歴競争に敗れるだろうとも指摘されている。いずれにせよ,職業構造が変化し,学校で優秀な成績を収める女性が増えてくるにつれ,男性のアイデンティティや社会化・社会統制の問題が深刻化してくることは確かである(Connell 1993)。近年は女性に対して「向かい風」が吹いているが,この流れが大きく変わることはないだろう。女性は「チームプレイ」に向いているとよくいわれるので,雇用構造の変化や,社会的スキル重視への再定義の動きは,女性にとって有利に働くかもしれない。しかし,ブラックモア(Blackmore 1992)も指摘するよう

に，スキルの定義の変化は，女性にとって両刃の剣でもある。というのも，女性が身につけている社会的スキルへの期待の高まりは，介護や育児に必要な資質の形成を促す手段として活用されるよりも，いまや企業にとって利潤を生み出す手段としての価値を認められているからである。

教育と社会統制

　過去20年のあいだに制度としての家族の基盤は大きく揺らぎ，不安定になった。社会化や社会統制に対する家族の影響力は弱体化し，代わって教育が広範囲にわたって大きな役割を担うことになった。家族の弱体化につれて，学校や大学が人々の人生のあらゆる局面に関与し，多様な教育を提供することを求める声が，雇用主や企業家，親，地域の人々のあいだで高まった (Chisholm 1996)。それは，職業準備のための教育から「生涯を通じて」雇用可能性を高めるための教育への転換を求めるものであった。ここで求められている「雇用可能性」とは，単なる技術的能力ではなく，個々人の情動面における対人関係能力を含む意味合いが込められている。そして今日，在学中の子どもであれ成人の学習者であれ，個々人の雇用可能性を包括的かつ完全に把握する必要性が声高に主張されるとともに，個々の社会的・個人的スキルにとどまらない雇用可能性それ自体を高めるために，自己規律や自己啓発の価値を教え，自己管理の技法を習得させることの重要性が，ことさらに強調されている (Rose 1989)。これらの価値や技法は，じつはこれまで教育システムの「隠れたカリキュラム」によって教えられてきたものである。それを教育システムに付託された正式の活動としておこなうことが，今日，期待されてきているのである。

　20世紀末になって教育・訓練の範囲がこのように拡大した理由については，別の解釈もあり得る。教育範囲の拡大を技術的理由によって説明する立場は，それを「学習」社会への不可避的変化の一部としてとらえ (Ranson 1994; Hughes and Tight 1995 を参照)，ひとびとの生活の中で，能力評価の対象範囲が拡がっていくことは，むしろ，社会的正義の実現範囲が拡がっていくことの証しだと解釈する。たとえば，勤務の時間を減らしてそれを育児に充てている女性は，じつは，育児を通じて忍耐や交渉能力，時間管理，妥協といった種々のスキルを習得している。それらは労働市場で評価されるスキルに「移転可能」だから，

それを「すでに習得」している女性の能力は，企業や教育機関によって正式に評価されて然るべきものだ，と解釈される。あるいはまた，たとえ学業は不振でも，組織能力を発揮して大規模なチャリティ・コンサートを成功させた高校生は，企業によって正式に評価されるべき「スキル」をもっている，という考え方である。しかし，次のような逆の解釈も可能である。教育範囲の拡大は，個人に対する監視と規律の押し付けを強化し (Foucault 1977; Cohen 1985)，ひとびとの生活が隅々まで公的「権威」による評価の眼差しに晒されることを意味する，という解釈である。イリイチとヴェルヌは『「グローバル化した教室」という牢獄』のなかで，このような技術本位の考え方を拒否して次のように主張する。「教育の専門家は，「教育に終わりはない」という理念を制度化することによって，能力不足の強迫観念をひとびとに植え付けることに成功した。学校教育の完成形態は，学校が，若者に対する教育の独占から始まって，その対象をあらゆる年齢層の人たちに拡げ，さらに生活のすべての領域を守備範囲に収めて教育を独占している状態を指す」(Illich and Verne 1976: 14)。

　教育の重要性に対する認識の高まりについて論じてきたが，その背後には2つの重要な問題が潜んでいる。第1は，貧困にあえぐ子どもたちが増加しているなかで，教育の水準をどのように高めていくか，という問題である (Brown and Lauder [本訳書第5章])。過去20年のあいだに教育社会学は，所得と教育達成について分析し，家計収入が少ないほど子どもの教育は不利になる，という関連を立証した。第2の問題は，欧米諸国の経済変容がもたらした不安定化に関わる問題である。知識が経済的生き残りの核心であるならば，将来の知識の源泉は現在の子ども世代の教育の中にある。しかし，子どもの教育の成否は家庭や仕事の安寧と安定にかかっている。多くの人たちが不安定な仕事に従事するようになったとき，問われるべき問題，とくに失業との関連で問わなければならないのは，労働市場の不安定化が次世代の子どもの成長や教育にどのような影響を与えるか，という問題である (Flanagan 1993)。レヴィンとケリー (Levin and Kelley [本訳書第8章])の「教育が単独でできること」という問いかけは，まさに的を射ている。経済システムの変化に合わせ，効率化を目指して再編された教育システムは，所期の期待に沿った成果を上げることができるのか，それとも，ハルゼー，ヒース，リッジ (Halsey, Heath, and Ridge 1980)のいうように，

難しい問題の「ゴミ捨て場」にされてしまうのか,ここに問題の核心がある。

社会の変容と闘争の場としての教育

ここまでわれわれは,過去 20 年にわたる欧米社会の変容を主導した経済的・社会的要因について説明し,さらに,現代社会において教育が果たすべき役割に関する,新たな政策的合意が成立していることを指摘してきた。しかし,「上から」の政策形成だけに焦点を当てて事態の推移を解釈すると,利害や価値・権力の対立の構図を見過ごしてしまう恐れがある。事実,今日の教育システムが直面している重要な問題の多くは,財源,試験,カリキュラム,学校経営,選抜,教員養成のいずれをとってみても,「合意」よりも「対立」の構図で捉えるべきものである。教育システムが闘争の場であり続けている理由は,デュルケムが観察し,パーソンズが定義したように,それが「社会化」と「選抜」が二重に錯綜するせめぎ合いの場だからである (Parsons 1959)。教育へのアクセスと教育の場における選抜は,社会的正義と地位獲得競争の問題と不可分の関係にある (Hirsch 1977)。メリトクラシーの原理にもとづく競争は,敗者になる機会も平等であるべきという原則を盾にして職業的・社会的不平等を正当化する。したがって,教育の場でおこなわれる選抜も,収入や地位,職業を労働市場で「購入」するために必要な学歴を手に入れようとする地位獲得競争の様相を呈することになる。コンフリクトを生み出すこれらの要因に注目して,マイケル・ヤングは,かつて次のように述べた――教育システムは,数世紀にもわたり,出自による選抜と業績による選抜をめぐるコンフリクトに,絶えず直面してきた (Young 1961)。

啓蒙期以降,教育は人類の進歩にとって必要なものとみなされるようになった。ここにいう進歩とは,単に技術的・経済的な意味での進歩にとどまらず,人間の解放を促すという意味を含んでいる (Giroux [本訳書第 4 章])。それゆえにまた,欧米の民主主義の思想と深い関わりをもっている教育は,特定の知識に正統性を付与することのできる人たちと,教育に関する意志決定から排除されている人たちとのあいだの闘争の場でもあった。

19 世紀後半の公教育制度の成立から 1970 年代初頭に至るまで,学校で教え

るべき知識をめぐる争いは，もっぱら階級間の軋轢という様相を呈していた。しかし，その争いは，近年では，ふたたび息を吹き返したフェミニズムの運動（Weiner 1994）や植民地支配崩壊の影響を受けて，女性や有色人種の解放をめぐる争いとしての性格を強めている。また，これまでは教育へのアクセスや選抜，機会の平等といった問題が教育社会学における研究の中心課題とされてきたが，今日では，教育研究を闘争の一環とみなす立場の人たちにとって，知識や教授法，差異の政治学といった諸問題が重要な研究課題として位置付けられている。この傾向は，ポストモダニズムや差異の文化政治学をめぐって社会科学一般の広い文脈の中でおこなわれている，最近の議論を反映している。

ポストモダニズムと差異の文化政治学

「文化の政治学」（カルチュラル・ポリティクス）（Jordan and Weeden 1995）は，機会の不平等だけでなく，教育も含めた日常生活における文化的抑圧の問題に注目することによって，女性や有色人種による闘争の重要性を浮かび上がらせた。文化の政治学の登場に大きな影響を与えたのは，ポストモダニズムと総称される思想的立場である（Docherty 1993; Kumar 1995）。多種多様な理論を包摂して成立しているポストモダニズムの思想は，戦後社会をかたちづくってきた経済的ナショナリズムを崩壊させる社会の変化とともに生まれてきた。この知的潮流はフランスに起源をもち（Kumar［本訳書第3章］），「自己と社会」の枠組みをかたちづくるうえで，イメージ・記号・言語がもつ意義の重要性を強調する。文化の政治学はこの潮流のなかから生まれてきたものであり，その批判の鉾先を従来の社会理論・経済理論と社会像・経済像に向け，これらが，暗黙裡に白人・男性・都会優位の立場に身を置き，女性や有色人種を抑圧する役割を果たしてきた，と激しく糾弾する。この批判の前提に置かれているのは，特定の理論や考え方が他の理論・考え方よりも現実を正しく把握していると主張し得る正当な根拠は，ほとんど，あるいは，まったく存在しない，という立場である。したがって，「客観的真理」の認識可能性を主張する科学の立場も否定される。ここにはフーコー（Foucault 1977; Rainbow 1991）の色濃い影響がみてとれる。かれは「言説」分析の方法を駆使し，人間の行動と自我は「支配／被支配」の絶えざる対立のなかから構築されていくものであり，真理と権力は不可分である，と主張した。こ

の認識を基礎にして啓蒙主義やとくにマルクス主義の理論を「大きな物語（グランド・ナラティブ）」とみなし，それが人間解放のための実践的行為に資するものでは決してなく，支配のための理性的な認識行為の一形態にすぎない，と批判した。

　真理のための知識など存在しない。知識は闘争の武器としてのみ存在し得る。「個人」とは社会的に構成されたものであって，支配者の抱く表象にすぎない。このようなフーコーの思想は，たしかに一部のフェミニストや旧植民地の人びとにとって魅力的であろう。白人・男性・都市優位の知識など支配の道具にすぎず，周辺に追いやられてきた女性や旧植民地の人たちの知識こそ，正当な知識である。したがって，「不利な立場」に置かれている人びとは救済されるべき存在であり，能力不足による犠牲者であるという自由主義に基づく考え方は，かれらにとって批判すべきものとなる。たしかに魅力的な立場ではある。しかし，この立場には，容易に解決しがたいやっかいな問題が内包されている。土着の人びとのなかにいて教育に携わる人は，真理と権力の関係を相対化して捉えるみずからの立場が，独自の文化の歴史性や真正性，重要性を主張するかれらの立場と，正面から衝突することを認めざるを得ないからである。また，相対主義の立場は，みずからの依拠する抑圧理論の正当性の基盤を突き崩すことにもなる。知識が権力者のフィクションに過ぎないものであるならば，植民地抑圧に関する理論とは，一体いかなる立場から主張されるものなのだろうか？　また，そもそも，「差異の政治学」が相対主義に依拠する理論であると主張し得る根拠は何なのか？　啓蒙主義の一つの遺産は，教育が人間解放の手段であると同時に，社会や個人の進歩を促す手段でもある，という考え方を後世に遺したことにある。それゆえ批判的教育学者にとっての中心的な問題は，社会進歩の可能性を否定する相対主義やニヒリズムの理論と，女性や有色人種の人びとの解放を希求する「差異の政治学」との折り合いを，どのようにつければよいのか，ということになる (Lather 1989; McLaren 1994; Giroux [本訳書第 4 章]; Apple [本訳書第 15 章] 参照)。ポストモダニズムの視点が，教育研究を取り巻く政治に対して重要な洞察を与えたことは間違いない (Lather 1991; Bird 1992)。しかし，たとえばラザーの研究は，量的分析によって質的分析を補完することの意義を完全に見過ごしている。その問題点については，「新しい政治算術」の節であらためて論じることにしよう。

しかし，最近の教育理論には，ポストモダニズムの主張から離脱する動きもみられる。ベル・フックスは，ポストモダニズムに依拠する批判的教育学者の使用する用語を批判して次のようにいう。「ポストモダニストの用いていることばは排他的だ。……排他的な経験について語るときですら，「差異」や「他者性」といった排他的なことばを用いている。……これを言説行為としてみるならば，かれらの行為は，白人男性の知識人や学問的エリートの仲間うちで認められたコードに従う行為にほかならない」(Jordan & Weedon 1995: 540)。ケンウェイも皮肉を込めてつぎのようにいう。ポストモダニズムの論者がグランド・セオリーの存在意義を否定する声を上げていた，まさにそのとき，彼女のお膝元のオーストラリア・ヴィクトリア州では，旧くからのグランド・セオリーの代表格である「自由市場」の理論に基づいて，8,200人の教員が馘首になった。彼女にいわせれば，フェミニスト教育政治学を成立させる試みは，始まったばかりなのである (Kenway 1995)。

　たしかに，ポストモダニズムやポスト構造主義の思想に立脚して登場した「文化の政治学」には種々の難点がある。しかしながら，この知的潮流を通じて，教育の再編過程で顕在化した階級・ジェンダー・エスニシティのあいだの関係の複雑さに人びとの眼が向けられ，それを理解することの重要性が示されたことの意義は否定できない (Giroux [本訳書第4章]; Davies 1993)。ケンウェイの提示した方向性が今後の一つの在り方であるとするならば，ポスト近代への転換は，啓蒙主義の時代に共通のルーツをもつ「テクノロジー」と「人間解放の思想」という2つの近代の産物 (Wallerstein 1995) をめぐるコンフリクトから生じたものだ，ということになる。つまり，経済的ナショナリズムの時代には，「テクノロジー」と「人間解放の思想」の2つは，歩調を合わせて社会の進歩と人間の解放を推し進めた。その結果，それらは，進歩と安定，そして機会の平等というかたちで実現した。しかし，この2つは1960年代の後半に対立し，その対立状態は今日まで続いている。こうした流れに即してみれば，ポストモダニズムの思想は，近代の「解放思想」が希求し，そしていまだ十全に実現されていない人間の解放を希求する闘いの，一つの局面として理解することができる。

社会階級と教育

19世紀から20世紀初頭にかけては産業労働者階級は，社会変動を推進する担い手であった。しかし，今日のポスト産業期の社会においては，その帰趨を決するのはミドルクラスである。経済的ナショナリズムの時代に台頭したミドルクラスは，福祉と雇用保障，総合制化と義務教育後の教育機会拡大の恩恵を最大限に享受した。戦後の長い間，教育社会学にとって階級対立や不平等の問題といえば，労働者階級の教育へのアクセスや機会の問題を意味していた。しかし，今日にあっては，階級間の軋轢は，ネオ・マルクス主義者が予言したような，労働者階級による教育への抵抗から生じているのではなく，地位の安定を脅かされているミドルクラスの排他的行動に起因している。経済的ナショナリズムの崩壊によって，ミドルクラスの人びとは，それまで努力して蓄積してきた組織内のキャリアを消し去られ，下降移動の危機に晒されている。この危機に対抗する戦略としてかれらが主張し始めたのが既得権益の擁護であり，それによって，みずからの階級的優位性を最大限に再生産することを目指したのである。

ミドルクラスの不満は，税の過剰負担への不満というかたちで国に向けられた。1960年代半ば以降，西欧諸国では，着実に税収が増加し（Esping-Anderson 1990），これを教育や保健の分野への支出の財源に充てて，社会的保護の一層の充実を図ることが目指されていた。ところが，その後の長びく不況により，結局このお金は大量の失業者への給付の財源に充てられた。その一方で，競争のグローバル化により，アメリカとイギリスは，公共支出の削減と効率性の維持・向上の同時実現を迫られた。「税の過剰負担」の問題が政治的争点として浮上してきた背景には，このような状況があった。政府は，福祉関連経費の負担を望まないミドルクラスの意向を無視することができなくなった。政府の判断が，しっかりとした根拠に基づくものであったかどうかは定かでない（Heath 1994）。しかし，「税の過剰負担」という問題の政治的争点化が，政権内の右派勢力の描き出したシナリオであったことだけは確かであろう。そもそも保守党右派が高課税の方針を掲げるはずはない。重税は労働意欲を低下させ，福祉税引き上げの恩恵に与るのはミドルクラスの公務員だけで，その恩恵に浴さない人びとは福祉税引き上げの名目に利用されるだけ，というのが，かれらの基本

的立場だからである。ガルブレイス（Galbraith 1992）はミドルクラスの人びとの姿を「満足の文化」という巧みなことばで表現したが，20世紀末のミドルクラスの人びとが置かれている状況は，このことばでじゅうぶんに言い尽くされるものではない。かれらもまた，非熟練労働者と同様に，国家の庇護が縮小するなかで，失業の増加と雇用の不安定化の脅威に晒されているのである。

保健・教育・社会保険・年金のコストの上昇とともに，それを負担するのは国家ではなく個人の責任である，という考え方が生まれ，ミドルクラスの人びとのあいだに，重税は自分たちにさらに大きな負担を背負わせるものだ，という不満が高まった。税金は「援助するに値しない」人びとのために使われているにすぎない，という不満である。

ミドルクラスの地位の不安定は，教育システムにも影響を及ぼしていった。ミドルクラスの人たちにとって，学歴は「生存競争」を勝ち抜くために欠くことのできないもの，ブルデュー（Bourdieu 1986）の表現を借りれば，みずからの特権の再生産に不可欠の文化資本である。それゆえに，教育における選抜の問題をめぐって階級間に激しい軋轢が生じた。しかし，問題の焦点は，従来の「機会の平等」から，教育における「選択肢」の拡大の問題へと移行した。この移行の中にミドルクラス（だけではないにせよ）の主張が反映しているが，その理由を説明するために，さまざまな仮説が提出されている。たとえば，ミドルクラスの人たちは教育における排除と選抜のメカニズムを自分たちに有利な方向に変えようとしているからだ，という仮説（Brown［本訳書第20章］; Wells and Serna 1996; Lareau 1987）や，ミドルクラスは公立の学校からの離脱を求めているからだ，という仮説などである。しかし，これらの仮説の妥当性は，それぞれの社会的文脈によって異なるだろう。たとえば，ミドルクラスの公立学校離脱という仮説に関していえば，イングランドでは，確かにこのことが論議の的になっているが，スコットランドでは，総合制の公立学校（あるいはコモン・スクール）への信頼に揺らぎはみられない。

この軋轢を，ミドルクラスと労働者階級の対立というような，ありきたりの概念で把握するのは間違っている。「新しい」ミドルクラスは経済的ナショナリズムの時代に幾何級数的に拡大し，それとともに子どもへの教育期待も高まった（Bernstein 1978）。それは，高等教育へのアクセスに対する要求の急激な高ま

りをみればわかる。しかし,「新しい」ミドルクラスの人たちが高等教育へのアクセスの拡大を要求していたとき,「旧い」ミドルクラスに属する専門職従事者層は,エリート大学への独占的アクセスを保持しようと努めていた。したがって,教育をめぐって繰り広げられている「地位」獲得競争は,20世紀末には,広い意味でのミドルクラス内部の対立というかたちに,その性格を変化させた。

　教育をめぐるミドルクラス内部の対立に関しては,興味深い仮説がある。ライシュ (Reich 1991) は,デザイン・エンジニアや研究者・バイオ技術者・エンジニア・PRの専門家・投資ブローカー・国際弁護士・経営コンサルタントなどを総称して「シンボリック・アナリスト」と命名し,これらの人たちは,国が関与する教育・保健・福祉の領域から次第に身を引いていくだろう,と予測する。その理由を,ライシュは次のように解釈する。かれらの行動は,地位の不安定化に対抗するためのミドルクラスの「防衛」戦略的な行動なのではない。かれらは,グローバル化した労働市場で自分たちのスキルや洞察力・知識を売り込み,グローバル企業で活躍することを目指しているから,地球上のどこでも通用する健康保険や福祉制度に加入し,国際的評価の高い私立の学校や大学に進学することを希望し,国税や州税・地方税を納めることを次第に嫌がるようになるのだ,というのである。ライシュの説明は経験的な裏付けがほとんどないので,仮説の域を出るものではない。しかし,経済のグローバル化によって,教育の変容を促す新たな諸力が出現したことを指摘するかれの議論は,示唆に富んでいる。

ジェンダーと教育

　ここまでわれわれが検討を加えてきた先行研究では,教育システム内部の知識や教授法の問題は,ほとんど論じられていない。これらの研究は,おおむね,公教育のシステムはミドルクラスとの親近性を有し,ミドルクラスの世界観や知識観を反映している,という考え方を前提に置き,階級間の対立がジェンダーによって分断されている事実を見過している。女性の目からみれば,女性が民主主義社会の自立した市民になることを国家は許容してきたか,という問いの立て方それ自体が,男性が支配し,男性の利害にしたがって運営される家

父長制的な国家観に染まっている，ということになる (Pateman 1989; Franzway, Court, and Connell 1989; Connell 1990)。加えて最近は，働く女性の増加と女性に皺寄せされる貧困の問題が，自立を目指す女性にとって，新たな構造的障害として認識されるようになった。こうした中で，カリキュラムや教授法の問題にも目が向けられるようになってきた。男性優位のカリキュラムは女性の関心を周辺に追いやり，支配的な男性文化を反映するイメージやメッセージ，表象を伝達していると，フェミニストの教育学者は主張し (Weiner, Arnot, and David [本訳書第16章])，どのようにして女性の関心や視点を，教授法やカリキュラム・評価法のなかに正しく反映させるべきかが，問われるべき問題として浮上した。学校の共学化や総合制化は必ずしも男子優先のカリキュラムや女子生徒を疎んじる教室の雰囲気の変化を促進しないということが研究によって明らかにされるにつれて，男女別学を求める声が高まった。しかし，男女別学にすれば女子生徒は男性優先の社会イメージに囚われなくなる，というわけではない。総合制学校は家父長制のイデオロギーや，そのイデオロギーに捉われた子どもを再生産するに過ぎないという批判は，総合制学校に対する数ある批判の氷山の一角にすぎない。教育を民主主義の実現に結びつける従来の自由主義に対しては，次の2つの立場からの批判が存在する。

　第1は，ヨーロッパの伝統であるリベラルな教育を重視する立場である。この伝統は，ほとんどが男性の手になる(だからといって，男性の視点だけに囚われているわけではないだろうが)文学や哲学の古典を念頭に置いている。この立場を擁護する人たちにとってリベラルな教育とは，民主主義に必要な人びとの性向を形成するものにほかならない。ブルームはいう。「すべての教育制度は道徳的な目標を有し，それを達成するためのカリキュラムを備えている。その目的は，一定のタイプの人間をつくりだすことにある。……民主主義の教育は，それへの賛否は別にして，民主主義の体制を好み，それを支持する知識と性向を有する人びとの形成を目指す」(Bloom 1987: 26)。フェミニズムの立場からこれを批判する人たちは，ヨーロッパの「偉大」な哲学や文学を重視する男性優位の自由主義思想が高校や大学のカリキュラム編成の規準(カノン)に置かれている，と論難する。リベラルな教育は，ヨーロッパ文明の知の形式や理性的認識への手ほどきをするものではなく，むしろ家父長的な権力を行使するものとして捉え

るべきだ，リベラルな教育とは真理の仮面を被った権力にほかならない，というのが，かれらの批判の論点である。

　これと密接に関連しているのは，民主主義の問題を議論するときに，盛んにもちだされる「公共圏」概念への批判である。公共圏はつぎの考えにもとづいて理論的に構成される。「人間は，自然権というものを認識し，それを受容することによって，人間の統一性と同等性の基盤を見いだした。階級も人種，宗教，国籍も，自然権の光に照らされたとき，その姿を消し，その存在は霞んでしまう。自然権は人びとに共通の利害を与え，人びとを真の同胞にする」（Bloom 1987: 27）。注目すべきは，この考えも，教育におけるメリトクラシーとおなじく，普遍性の原理に立脚し，ジェンダー・エスニシティ・階級といった個人の属性よりも，民主主義や平等という，より広い国家次元の原理を重視する，という点で，共通していることである。

　民主主義を支えるものはなにか，ということについて，ブルームは十分な回答を提示していない。ナンシー・フレイザー（Fraser 1992a, 1992b, 1996）は，ハバーマスの議論に立脚して，ブルームに代表される自由主義の公共圏概念は，民主主義的参加を拡大するよりも制限するものだ，と批判する。彼女によれば，多元的社会においては，公共圏は多様な文化を反映しつつ併存するのが望ましいし，それは可能だともいう。また，多文化主義の下で民主主義は可能か否かという問題は，原理的・理論的に問われるべきものではなく，経験的に検証されるべき問題だ，ともいう。しかし，このようなフレイザーの主張にも，検討の余地は残されている。なぜならば，ものの見方も価値観も異なる集団（Gray 1995）はお互いに対話可能かという問題は，いまだ解き明かされていないし，エスニシティ・社会集団ごとの学校の設置を求める運動が多くの西欧社会で勢いを増しつつある今日，その成否を握るきわめて重要な問題となるからである。文化の多様性を前提にして教育と民主主義を結びつける試みは，フレイザーの見解の正しさが示されたとき，はじめて具体化への歩みを始めることになるだろう。

　男女別学の議論は，ジェンダーと教育達成の関連の問題にも関わりをもっている。女子の学業成績が男子のそれを上回る傾向が次第に顕著になってきているが，これを，白人労働者階級の男子生徒の反学校的傾向や「男っぽい男」へ

の憧れ，右傾化の問題と絡めて論じる議論が多い（Davis 1995）。男子生徒のこれらの「傾向」が，脱産業化の進展による非熟練労働への需要の減少と，それに伴う労働者階級の若年失業者の増加とともに現れてきたことは，明らかである（Bettis 1996; Weis 1990）。労働者階級の少年が置かれている，このような状況の変化と，男女別学を求める声の高まりとのあいだに，関連があるかどうかについては，研究が緒についたばかりの現段階では，明らかにされていない。しかし，女子生徒に自分の生活や興味についての正確な認識を与えることを旗印にした男女別学の主張が，実際には，労働者階級の男子生徒を忌避する態度と分かちがたく結びついていることは，じゅうぶん予想される。コンネル（Connel 1993）がいうように，「男らしさ」の内容は，時代とともに変化する。したがって，労働者階級の少年たちのサブカルチャーが，新たな現実に適応できているのかどうか，ということが問題なのである。階級に関わりなく見られる女子生徒の高い教育達成は，労働者階級の男子生徒たちが置かれている状況の裏返しにすぎない。21世紀は女の世紀だ，教育で成功を収めるのは女性だ，来たるべき新世紀には女性向きの仕事が増える，といった主張は，このような文脈のなかで語られている。労働者階級の男子の状況だけではなく，新たに登場した，このような女性像についても，批判的に研究する必要がある。ウィーナー，アーノット，デイヴィッドは，その論文（Weiner, Arnot, and David [本訳書第16章]）の中で，このような女性像が提示されるに至った背景を明らかにする必要がある，と指摘している。

　西欧社会では，おおむね，女性の労働参加がめざましく増加した。しかし，その多くが，パート・タイムや低賃金の労働であることについては，すでに指摘したとおりである。英語圏の社会で女性の雇用が増えた背景には，経済のグローバル化へのネオ・フォーディズムの対応戦略がある（Brown and Lauder [本訳書第5章]）。企業は，低賃金・臨時雇用の女性を数多く採用することによって，コストの削減と利益の増加を図ったのである。その一方で，女性は，西欧社会におけるもう一つの重要な趨勢，すなわち「貧困の女性化」という問題にも直面した（Halsey and Young [本訳書第21章]; Wilson 1991）。英語圏の社会では，所得格差の拡大・二極化が進行し，同時に，女性世帯主の世帯も増加した。この2つは絡み合っており，貧困の問題は，女性に皺寄せされたかたちで顕在化し

た。この過程の中で，貧困にあえぐ女性は，そもそも自立した市民として民主主義社会に十分に参加することができるのだろうか，という一般的な問題が提起された (Pateman 1989)。また，より具体的に，労働市場への自由な参入を促す諸条件が不備な中で，家庭を持った女性は，仕事を見つけ，スキルアップする時間と資源をもっているのか，という問いかけもおこなわれた。

　これらの問題に対して，教育は次の点で大きな関わりをもっている。すなわち，労働市場への女性の参入を可能にする決定的な条件は，すべての子どもに早期から質の高い教育を受けられるようにすることである。にもかかわらず，いまだにその是非が論じられていて，依然として女性は，その条件の獲得に向けての闘いを余儀なくされている (Leira 1992)。その理由は比較的単純である。つまり，この問題をめぐる議論の中で，社会における女性の役割や幼児教育の在り方をめぐる複数の争点が，互いに絡み合い交錯しているからである。たとえば，母親が育児で果たすべき「正しい」役割とは何か，とか，母としての仕事は職業に就くことと両立しないのではないか，といった，複数の争点が錯綜しているのである。この種の議論がおこなわれる場合，往々にして，働くかどうかの選択権は女性と母親にある，という考え方が暗黙のうちに前提に置かれている。しかし，現状では，そのような選択権が多くの女性に与えられていないことは明らかである。にもかかわらず，サービス・セクター中心のポスト産業化の社会では，それを名目上の理由に掲げて，これまで男性に支給されてきた伝統的な「扶養家族手当」が廃止されていく趨勢にある。

旧植民地社会の教育
（ポスト・コロニアル・ソサエティ）

　国家は強者の利害に合致する姿勢に偏してきた，と女性たちが考えているのであれば，植民地主義のあおりを受けてきた歴史をもつ人たちもまた，同じ考えをもっているだろう。「ポスト植民地主義」の概念は，有色人種と教育の関連について論じるときに，広く用いられている理論的概念である。この概念は，500年以上に及ぶ西欧諸国の植民地主義の歴史が経済・文化・政治の領域にわたって人種主義（レイシズム）の歴史に大きな影を落としているという事実に，人びとの目を向けさせた。さらにまた，この概念は，地球規模での相互依存関係が強まるなかで，あらためて経済と文化の関わりについての問題や経済のグローバル化が

旧植民地に突き付けている諸問題を具体的に浮かび上がらせた（Mohanty 1991; West 1990）。

　この20年のあいだに，植民地経験をもつ人びとによる自分たちのアイデンティティや文化と自立を求める政治活動が再び高まり（West 1990），教育に対しても大きな影響を及ぼした。北アメリカの先住民やニュージーランドのマオリ族，オーストラリアのアボリジニ，そしてイギリスやアメリカの大都市に集住する旧植民地の人びとは，欧米支配のモノカルチャー社会や同化主義社会を打破する闘争に立ち上がり，その衝撃が教育にも波及した。ジョーダンとウィードンが述べているように，文化闘争とは，モノを命名し，何が常識かを表現し，歴史や出来事についての「公式」の見解を提示し，他者のために代弁する「力」を掌握しようとする闘争にほかならない（Jordan and Weedon 1995: 13）。ポスト植民地主義の歴史は，旧植民地国と，旧植民地の有色人種の人たちとの間の，このような「力」のせめぎ合いから生じる「ものの見方」の正統性をめぐる争いの歴史であった。このような文脈のなかでは，自分たちのエスニシティや宗教に基づく教育をおこなう教育制度を確立することが，歴史や文化の支配力を掌握する戦略の中心に置かれた。その根底には，文化的アイデンティティの確立と自尊心，教育達成の間には密接な関連があり，自分たちの文化的環境のなかで，自分たちの母語を使って学ぶほうが，エスニシティの混在する学校で学ぶよりも，良好な教育成果が得られる，という考え方が前提に置かれている（たとえば，Deyhle 1995参照）。

　近年の教育をめぐる議論では，この理論的見解は広く浸透し，ほとんど自明視されている。しかし，その妥当性に関しては，検証すべきいくつかの点が残されている。マクファーソンとウィルムズは，スコットランドの教育達成度の高さは，総合制の教育システムによる，生徒の社会経済的背景の多様性から生み出されたものだ，と主張している（McPherson and Willms［本訳書第19章］）。もしこの主張が正しければ，生徒の学業成績は，エスニシティが同質で，労働者階級の子弟が多い学校よりも，エスニシティも階級構成も「多様」な総合制学校のほうが高くなるはずである。しかし，かれらが，近年の議論にみられる理論的前提への批判を暗に込めて，このように簡単に主張できるほど，この問題は単純なものではない。かれらの議論には，権力と教授法と知識のあいだの

関係について論じる視点が欠落している（Delpit 1993; Mohanty 1990）。文化的に自立した自分たちの学校を設立する試みが実現し，その評価が定まるまでには長い時間がかかるだろうが，このようにして設立された学校が，果たして同時代の文化や言語をきちんと伝えているのかどうか，あるいは，生徒たちを社会の「底辺から脱出」させる手段として有効に機能しているのかどうか，という観点からの評価が不可欠である。つまり，生徒たちに対して，権力にアクセスし，民主主義社会に十分に参加していけるだけの力量を形成しているのかどうか，という観点から，その学校の教育を評価することが重要なのである。

　自分たちの学校を設立するまでは，かれらの大半は，国の設置する学校に通わざるを得ない。それは，かれらにとって，制度的不利益を被ることを意味する（Ogbu 1994）。アメリカでは，大学を卒業する黒人やラテン系の子どもは，いまもって非常に少ない（Thomas 1992）。イギリスでは，世代間の移動パターンはエスニック・グループによって大きく異なり，有色人種の人たちのライフ・チャンスは，エスニシティに由来する不利な条件によって狭められていることが，明らかにされている（Heath and McMahon 1997）。

　「マイノリティ」の人たちの生活機会を直接脅かしているのは貧困である。1980年代から90年代にかけて，貧困は，集中的に有色人種の人たち，とくに，都市中心部の有色人種の女性たちを脅かしてきた（Jencks and Peterson 1991）。貧困の問題に対して国家が果たすべき役割については，さまざまな議論がある。しかし，福祉の後退が，貧困に喘ぐ人たちに，さらなる苦しみを与えることは明らかである。とくに，税制・福祉の政策転換によって国家のサポートが後退すれば，その皺寄せをもっとも被るのは子どもたちである（Halsey and Young [本訳書第21章]）。貧困層の子どもたちは，学校のなかで次第に不利な立場に立たされ，教育資源が乏しい都市中心部ゲットーの学校の劣悪な教育環境の中に追いやられて，ますます不利を被ることになるだろう（Kozol 1991）。ところが，欧米諸国は都市中心部で顕在化している貧困・教育問題への政策的な取り組みから手を引いてしまったのである。欧米諸国は，なぜこの問題に重点的・組織的に取り組まなかったのだろうか？　ほかに適切な対応の仕方はなかったのだろうか？　これらが疑問として浮かび上がってくる。

教育の再編

　過去10年以上にわたって，欧米社会では教育の抜本的な再編が行われてきた。しかし，この再編を引き起こした複雑な原因を理解するには，ポスト産業化社会すべてに共通する要因と，特定の国のみに該当する要因とを区別する必要がある。欧米社会のすべてに共通して，同じような教育の変化が起きており，それは，それぞれの国のイデオロギー・政策・権力関係の差違とは無関係に，同じ方向に「収斂」する傾向を示している。たとえば，義務教育後の進学者の増加がもたらした大学進学率の急上昇による高等教育の大衆化や，生涯教育の重視，アカデミックな教育と職業教育との区分の曖昧化，教育に関わる決定権限の移譲，教育財政の見直しなどは，各国に共通してみられる（Halsey［本訳書第17章］）。しかし，国家主導による教育の再編，とりわけ英語圏の国々におけるそれを，スコッツポルのいう「随伴現象」，つまり，単なる経済的・社会的変化への対応として理解することはできない（Skocpol 1994）。

　英語圏の社会における教育の再編は，1980年代の「ニューライト」（Levitas 1986）あるいは「新保守主義」（Aronowitz and Giroux 1986）と呼ばれるイデオロギー主導の経済・文化の刷新が，決定的な要因となっている。このイデオロギーは，アメリカとイギリスでは，それぞれレーガン政権とサッチャー政権の指針になったが，ニュージーランドも同様であった。オーストラリアとカナダは，部分的にこのイデオロギーの影響を受けている。ニューライトと新保守主義も，個人の自由と自由市場に価値を置く新自由主義の立場に，道徳的・政治的秩序の維持を国家に求める伝統的保守主義の立場を結合させたイデオロギーである（Gamble 1994）。その政治的な意図は，独自の理論的前提に基づき，経済や文化の領域における根底的な変化を欧米社会の危機（あるいは欧米社会が以前から抱えてきた危機）から派生したものと解釈し，この解釈を盾にして，現状の再編を促すことにある。これをポストモダニストの用語でいえば，市場と競争の原理に立脚した個人主義という「大きな物語」を文化刷新の手段に用いようとするモダニストたちの意図の「集大成」，ということになる。ここだけみれば，1980年代に出現したニューライトの狙いは，1920年代・30年代に台頭したヨーロッパの極右・極左勢力やソビエト連邦の政治的野望に似ている。

ニューライトの理論も,独自のイデオロギーに基づいて社会を再構築するためには,変動する社会における人びとの日常的な経験と接点をもつ必要があった。人心を摑む理論の構築に失敗していたならば,ニューライトの勢力は,民主主義の下で選挙に敗北していたはずである。しかし,レーガンもサッチャーも選挙で勝利を収めた。ニューライトのイデオロギーは,労働・家族・教育の変化に直面する人びとに目配りする一方で,1980年代の経済を取り巻く環境の変化,たとえば,競争のグローバル化が進展する状況のなかでは,必要不可欠のイデオロギーでもあった(Marchak 1991)。

教育の再編を理解するときに重要なのは,経済と社会の根本的な変化と,英語圏の社会で教育の再編を主導したニューライトのイデオロギーを区別し,この2つの関連を明らかにすることである。それは,単なる学問上の理由からなのではない。現実の政策にとっても,決定的に重要な意味をもっているからである。というのも,両者を区別して分析しなければ,現実の政策がもたらす結果を予測することはできないし,それに代わるべき政策に必要な条件をみつけることもできないからである。

教育社会学にとって重要な課題は,ポスト産業社会・ポスト近代社会への移行に起因する社会の変化と,ニューライトのイデオロギーに導かれた教育・社会の変化が,それぞれどれくらいのウェイトを占めているのか,を明らかにすることである。しかし,これは容易に答えの見つかる問題ではない。中道左派が掲げている政策は,たしかに有望な政策だといえよう。しかし,政治による社会の変革可能性の把握が不十分であるために,いまだ現実性を欠くものにとどまっている,といわざるを得ない。とはいえ,この問題に関しては,注目すべき研究もないわけではない。たとえば,スキデルスキー(Skidelsky 1995)は,ニューライトの政治的な狙いと西欧社会の変化との関係について,次のような重要な理論的視点を提示している。かれによれば,西欧社会は,グローバルな経済競争のなかで生き残るために,ニューライトの提示した経済再編の処方箋に従わざるを得なくなっているのだ,というこの仮説が正しければ,西欧諸国が,ニューライトの提示する「現実」の解釈に沿った政治経済論を採用した内在的な理由が明らかにされたことになる。それは,ある意味で,「ほかに選択肢はない」というサッチャーの主張の妥当性を裏付けることにもなる。かれの仮

説の妥当性を比較分析によって検証する作業を，早急に進める必要があるだろう。そこから得られる結果は，教育にとっても非常に重要な政治的意味をもつものになるはずである。

　ニューライトが教育の再編に与えた影響について詳細に検討するまえに，つぎの2つの点について付言しておこう。第1に，これまで述べてきた経済・社会の根底的な変化は，すべての西欧社会に一様にあてはまるものではない。たとえば，環太平洋の社会では，これがほとんどあてはまらないことは，アシュトンとスン（Ashton and Sung［本訳書第6章］），グリーン（Green［本訳書第9章］）によって，明らかにされている。社会科学者は，東欧の社会主義社会の消滅以降，文化的背景の異なる資本主義諸社会の差異に細心の注意を払い，慎重な態度をとるようになった（Clegg et al. 1990）。すべての現代社会はすべて西欧社会と同じ道を歩むと考えることがどれほど危険であり，西欧の政策をそのまま別の社会に移植しても，なんの「問題」もない，と考えることがいかに危険か，ということに，社会科学者がようやく気づいたことを示している。

　第2に，ニューライトが口にする教育の「再構築（リストラクチャリング）」という用語についても，上述と同様の注意を払う必要がある。「教育の再構築」は，おおむね，市場原理に依拠した教育改革を主張するイデオロギーを表現することばとして用いられているが，その正確な意味は，社会によって異なっていることに注意しておかなければならない（Dale and Ozga 1993）。新自由主義も含めてニューライトのイデオロギーは，人間性・社会・社会進歩に関する新古典派経済学の理論的前提に基づいている点で共通している。とくにアメリカやイギリスでは，これらの前提は，さまざまな形態の保守主義と結びついている（Whitty 1990）。しかし，ウィッティが指摘しているように，ニューライトのイデオロギーを構成するこの2つの要素がどのように結合しているのかを検討する必要がある。「ニューライト」と一括されるイデオロギーにはさまざまな違いがあるが，その理論的前提を解釈し，実行する方法も社会的文脈によってそれぞれ異なる。たとえば，ニューライトのイデオロギーは，イギリスやアメリカでは大衆の支持を得たが，ニュージーランドでは，支持の有無に関わりなく政策の実施が強行された。しかし，それぞれ違いはあるものの，ニューライトの思想には，英語圏の社会における議論を方向付ける共通の論点が存在する。以下，この共通の

論点について述べ，それが，それぞれの社会の教育政策に与えたインパクトについて，適宜，言及することにしよう。

ニューライトの政治経済学

1980年代の初期，ニューライトの勢力は，アメリカとイギリスが衰退した根本的原因の一つは文化的要因にあり，個人の生活への国家の介入が，人びとの競争意識や進取の気性を削いだ，と主張した。かれらによれば，国家の干渉は，次の2つの経済的弊害をもたらしたという。第1は，国の資金が民間投資に向けられなかったことによる弊害，当時のことばでいえば，国家による民間セクター「締め出し」の弊害である。それによって，企業者精神の発露が妨げられ，貧富の感覚が麻痺した。過重な税負担が富裕層の力を削ぎ，可処分所得の減少した富裕層は，製造業への投資を手控えた。かれらは，税負担の重さに耐えかねて負担回避の姿勢に転じ，その結果，国家の税収は減少した。貧困層は，国の福祉的「施し」への依存体質に染まった（Murray 1984; Galbraith 1992）。1970年代以降の英語圏社会で進行した財産・収入の格差拡大について，ニューライトは，貧困は個人の責任であり，人びとの境遇の改善に国家が積極的に関与するのは逆効果である，と主張した。このことを，ギルダーは次のことばで表現した——「貧困層も，貧困をバネにして成功すべきである」（Gilder 1981）。ギルダーのことばは極端に過ぎるとしても，マレー（Murray 1984）や，ヘアンスタインとマレー（Herrnstein and Murray 1994）も，これと同じ主張をより体系的に展開した。国家は個人の失敗を補償する必要はないという考え方は，国家は個人の生活に関与すべきではないというニューライトの立場の本質をなす。かれらは，この考えに依拠して，経済的ナショナリズムの時代の主流派の考え方，つまり，国家は完全雇用の政策によって貧困を減らし，安定と機会の創出に努めるべき責任を有しているという考え方からの転換を図った。しかし，強い国家を主張するニューライトの保守的な立場は，教育の例からもわかるように，人びとの生活への国家権力の関与を減らしたのではなく，関与の仕方を変えたにすぎない。にもかかわらず，かれらは，国家主導ではなく個人にインセンティブを与えることによって，階級・性・人種に基づく差別の基本構造を変革し，経済・社会の刷新を図るべきだと主張する。新たなグローバル経済のなか

で経済的成功を収めるには，個々人が進取の気性を抱く文化を創造しなければならない。経済の改革は，マクロ経済政策，とくに経済ナショナリズムの時代にケインズが唱えた完全雇用政策のような経済政策では実現できない。必要なのはミクロ経済的な改革であって，規制緩和によって市場の力を解放し，それを梃子にして世界的競争力をつくりだすことが重要だ。新古典派が想定するユートピア的な完全競争に近似する経済を目指して改革を推し進めるには，このような考え方が不可欠だ。かれらは，このように主張した。「市場は善/政府は悪」は教義(カテキズム)（Gamble 1986）なのだから，かれらが教育システムに市場競争の原理を持ち込もうとしても，なんら不思議ではない。

教育における市場改革

個人へのインセンティブの重視，ミクロ経済次元での改革，競争の奨励，国家予算の縮小，これらはいずれも，教育の再編を推進するにあたって強調された視点である。ニューライトのイデオロギーに基づく教育政策の礎は，あらゆる教育の分野に市場競争を導入することによって築かれた（Lauder［本訳書第12章］; Brown 1990）。これには3つの局面がある。市場競争の導入は，まず第1に，個々の教育機関への財政・人事・管理運営の権限移譲から始まった。その結果，公立の学校・大学も，中小企業と同様の経営方針を採用する必要に迫られた。これは，民間セクターに対するミクロ経済学的改革手法の，教育への適用にほかならない。そこでは，インセンティブの構造と市場規律を確立すれば，教育機関間の競争によって教育の質が高まり，「顧客」を引き付けることのできない学校は，市場からの退出を迫られる，というシナリオが描かれている。この場合，教育研究の研究課題は，学校の効率性を左右する要因の究明に置かれる（Mortimore［本訳書第13章］）。第2に，各学校の運営の成否は，受け入れる学生の質とは無関係だとみなされる。生徒の教育到達度が上昇するか否かは，学校の運営方法と授業の質にかかっている，というチャブとモー（Chubb and Moe［本訳書第11章］）の主張は，ニューライトの人たちにとって，とりわけ魅力的なものであった。つまり，各学校の教育の成功・失敗は，学校の運営方法と教師の力量によって決まる，という考え方である。実際，優れたリーダーシップの下で経営される学校が，相応の社会的責任を果たしていたことは事実であるか

ら（Grace 1997），家庭の貧困と子どもの教育達成は無関係という主張にも，それなりの根拠はある。ニューライトは，生徒の質は学校の成果(パフォーマンス)に影響する，という主張が現れるたびに，それは学校の責任逃れにすぎない，と即座に批判を加えた。学校の経営が適切におこなわれ，生徒の学習意欲も高ければ，生徒は主体的に自己の向上を図るはずだ。そして，それによって貧困を撲滅していくことも可能だ——これが，かれらの基本的な考え方である。第3に，親の選択権を認めることに何ら問題はない，とみなされる。コールマンは，この点について次のように述べている。

> 選択を認める動きは，教育の場にさまざまなインセンティブを与える動きの第一歩である。それは，教育サービスの提供者である学校や教師と，教育の消費者である親や子どもの双方に与えられる。学校に対して与えられるインセンティブは，優秀な生徒を引きつけ，引き留める努力を促すためのものであり，親と学生に対するインセンティブは，志望する学校に入学して学ぼうとする努力を促すためものである（Coleman 1960: 260）。

しかし，第4部に収録されている研究［本訳書第11〜13章］をみれば，教育への市場原理の導入は，学業達成・機会の平等・民主主義・教職再編への影響など，すべての面にわたって大きな問題を孕んでいることがわかる。

市場化・平等・民主主義

ボールら（Ball *et al.* 1995）によれば，親の行う選択は，必ずしも全員が文化的・物的資源を対等に保有した状態で行われているわけではない。また，ワスランダーとスラップ（Waslander and Thrupp 1995）が示しているように，親と学校の利害が一致しているわけでもない。さらに，入学する生徒を自由に選ぶことができる特権的な学校は，他校と競争する必要がほとんどない。教育の市場化という考え方の一つの大きな弱点は，各学校の教育成果は，入学する生徒の質とは無関係である，と想定していることにある。学校効果の研究が進み，生徒の出身背景の多様性は，その学校の教育成果に大きな影響を及ぼす，というコールマン（Coleman 1966）の仮説は，すでにその正しさが裏付けられている（McPherson and Willms［本訳書第19章］）。しかし，未解明の問題も残されている。

競争を導入すれば，教育水準は全体として上昇するのだろうか，それとも，人気の低い学校はますます人気が低下し，生徒の達成水準は下降の一途をたどっていくのだろうか。いいかえれば，競争の導入によって，入学する生徒の質と教育達成が学校間で分極化し，総合制学校やコモンスクールのエートスが損なわれる一方で，競争に勝った学校の人気だけが高まっていくのかどうか，という問題である。この問題は，機会の平等の問題にも関わりをもっている。貧困のせいで学力の低い生徒ばかりが入学してくる学校では，社会から付託された教育責任を十分に果たすことが難しい，という事実が明らかになり，生徒の社会-経済的背景のバランスがとれている学校は，良好な教育成果を上げている，という研究結果が出てくれば，機会の平等の原則に従って学校制度全体を再編することが必要になるだろう。

しかし，ニューライトは，「機会の平等」を「公平（イクウィティ）」の概念に置き換えた。「公平」の概念には，より高い水準の義務教育を受ける権利，グローバル化した労働市場での競争に耐え得る能力を身につける権利，という意味合いが込められている。かれらは，国家の介入による学歴獲得競争の規制と，社会的不利の縮小に対しては，否定的な立場をとる。かれらのいう「公平」は，コールマン（Coleman 1968）による厳密な意味での「公平」の定義から，かなり後退している。コールマンは，「教育へのアクセスの平等」と「処遇の平等」という従来の概念に加えて，「結果の平等」の概念を提起した。「結果の平等」という概念の意義は，それが，個人ではなく社会集団に適用される概念であり，国家の積極的介入を前提にした，社会集団間の結果の平等化を含意していることにある。

しかし，国家の積極的介入に対して否定的なニューライトの「公平」の概念は，それを逆手にとって，よりラディカルな概念として利用することもできる。この点は，留意しておく必要があるだろう。たとえば，文化的自立を目指す集団は，自分たちの文化を教える学校を正規の学校として認知させる戦略を練るときに，このような意味での「公平」概念を最大限に利用することができる。学歴の均等評価（パリティ・オブ・エスティーム），つまり，自分たちの学校が付与する学歴も，他の学校で付与される学歴と同等に評価されることが「公平」だ，と主張することが可能だからである。しかし，「公平」がこのような意味で使われれば，もはやコールマンのいう「結果の平等」とは無縁の概念だというべきであろう。コールマ

ンは，学歴取得後の「結果の平等」も念頭に置いて，この概念を用いている。「結果の平等」から「公平」へという用語の変化は，各教育段階で一種類の学歴を付与する単線型(リニア)の構造から，多種類の学歴を付与する複線型(パラレル)の構造への教育システムの変化を反映している。それはまた，官僚制と同化主義の原理に立脚した社会から，ラディカルな多元主義の社会への移行をも反映している。このような社会変動の趨勢は，じつは，ニューライトの予想から，大きく食い違っている。

　民主主義の観点から教育の市場化を批判する論点は，大きく2つに分けられる。一つは，民主主義と教育の結びつきを否定していることへの批判である（Lauder［本訳書第12章］）。自由は私的消費の領域に限定されるべきであり，学校が人びとの解放を目指す政治過程に関与すべき余地はまったくない，というのがニューライトの立場である。しかし，この主張には，自己成就的予言に似たロジックが含まれている。隠れたカリキュラムとしての市場競争的な教育環境の中で社会化されれば，生徒が自己の利得の最大化を図る市場的行動をとるようになるのは当然のことである（Apple 1982参照）。したがって，教育の市場化は，知識を経済的な意味での生産的な知識に組み替え，市場で売買される「商品」に変えたという意味で，歴史上きわめて重要な画期をなしている。「どんな知識も，一千年くらいの時を隔てれば，その本来的な意味から離脱し，文字どおり脱人間化(ディ・ヒューマナイズ)される」と，バーンスティンは述べているが（Bernstein 1990: 136），これは，資本主義社会に内在するロジックは人間活動の商品化のロジックであるという近代のマルクス主義者の見解にも通じるものである。

教職に与える教育再編の衝撃

　教育への市場原理の導入は，教師の行動を能力給によってコントロールし，十分な成果を上げられない学校の教師に失職の脅威を与えるメカニズムを教育システムに組み込むものである。しかし，市場原理を教育の場に導入することには，大きな問題が内在している。第1に，生徒の獲得した学力は，一人の教師の手柄に帰せられるものではなく，多年にわたる集団としての教師たちの努力の成果である。第2に，学校が生徒に付与した学習の成果が，学校評価の記録に，ほとんど反映されない可能性もある。したがって，教職の専門的(プロフェッショナル・)

自律性(オートノミー)を考慮しない市場システムの導入は,はたして教職の水準の向上に,有効に機能するものなのかどうか定かでない。

　市場システムは教師の意向を無視して導入された。市場原理導入のメリットを認めようとしない教師が改革に抵抗するのは火を見るよりも明らかだからというのが,導入を推進したニューライトの言い分である。かれらは,それを「公共選択」の理論を援用して次のように説明した (Lauder [本訳書第12章])。教師は,これまで公務員として国家が独占する活動の一翼を担い,ぬくぬくと過ごしてきた。顧客としての生徒を独占的に囲い込み,それによって,みずからの業績を問われることもなく,職域を確保してきた。これは,公共選択論のいう「供給側の支配」(プロバイダー・キャプチャー)にほかならず,公教育は,消費者(生徒・親・雇用主・納税者)ではなく,ミドルクラスに属する教師の利害に沿って運営されてきたというのである。ニューライトの政権は,これを根拠にして,ただちに改革に取り掛かり,教師集団の力の源である教員組合や専門職団体への攻撃を開始した。ハーグリーブスは,この改革が教師たちの同意なしに「上から」強行されたという意味を込めて,「構造的」変化と呼んでいる。従来の学校に代わるものとして教師に提示されたのが,「ポストモダン」時代の学校 (Hargreaves 1993),「ポスト・フォーディズム」時代の学校 (Whitty [本訳書第10章]) であり,いずれも「自主裁量に基づく運営」を謳い文句にしている。ただし,学校組織の比較研究をおこなったウィッティによれば,この謳い文句は看板倒れにすぎないという。ダーリング=ハモンドも,アメリカの教育財政や教員養成に関する現在の教育政策は,ポスト官僚制組織の時代の教育システムに適合しないという (Darling-Hammond 1995)。これらの主張には,教育再編の性質と戦略や,それが教師や学生に与えるインパクトに関わる重要な論点が含まれている。ハーグリーブスが述べているように,教育再編の方法には,次の2つの選択肢が存在する (Hargreaves 1994)。第1は,教育の再編を官僚制的統制の下で進めるという選択肢である。この場合,教師は,他者のコントロールと規制の下で,その指示に従って行動することになる。第2の選択肢は,専門職としての教職に権限を付与して教育の再編を進めるという方法である。ここでは,教師は,新たに制度化されたさまざまな機会(エンパワーメント)を活用して自らの力量を向上させることができる」。国が「指示」すれば,それだけで教育はおのずから良くなる,というも

のではない。国の政策意図は，教室における教職の専門性を教師がどのように考えるかによって変化したり，覆されたり，あるいは教師の意向に添うものに変えられたりするものなのである。

教育における「自由」な市場と強い国家

市場は，国家の強い影響下にある制度的文脈のなかに埋め込まれている (Dale 1997)。教育への市場政策の導入によって，ニューライトの立場に立つ国家は，教育に対する強大な権力を手中に収めた。ニューライトの提案がほぼ全面的に実施されている国では，一定程度の自主的経営の決定権限を学校に与える一方で，国家の規制も強化された。これもまた，強い国家と自由な市場の併存というパラドックスの一例である。

ニューライトの支配する社会では，教育に対する規制の強化は3つの形態をとる。第1に，国家は，グローバル化による競争圧力の高まりと公的支出が増加していくなかで，教育への国家支出増を求める制度的圧力を弱めようと努めた (Codd, Gordon, and Harker 1990)。そのために，国家は，教育資源分配の権限を分権化して市場原理の貫徹を促し，雇用上の身分を公務員（それが教員組合の連帯の基盤であった）から各学校の雇用者に変えることによって，教員組合の弱体化を図った。その結果，アメリカでは1980年代に連邦の教育支出は大幅に後退し，ニューライトが政権を握っている他の国では，教育費の削減やシーリングが設けられた。

ニューライトの掲げる分権化政策のキャッチフレーズは，親や地域社会による選択とコントロールの拡大である。しかし，そもそも教育の選択を市場における選択になぞらえて理解するのが適切かどうかは，定かでない。それ以上に，親やコミュニティが学校をコントロールするという考え方の妥当性についても，検討の余地が残されている。そもそも，ここでいう「コントロール」とは，権限に基づく官僚制的統制という意味ではなく，親や地域社会による学校の運営(マネージメント)を意味するものとみなすべきであろう (Spring 1993)。それは，教育システムの管理運営に携わる人員を低コストで調達し，中央の政策に対抗する力量を備えた教育公務員を一掃する手段として考え出されたものである。このような条件の下では，親や地域社会は，国家の意志を伝達する技術的な道具とし

ての位置付けを与えられているにすぎない。しかし，地域社会の教育参加に関するケース・スタディに基づいてファイン（Fine 1993）が指摘しているように，教育のコントロールやマネージメントの問題は，単なる技術的な問題ではなく，常に政治的な次元に関わりをもつ問題である。したがって，地域社会は，政治的な影響力を行使する力量を備えていなければ，学校運営の主導権を握ることはできない，と彼女はいう。

コントロール権限の移譲という公約を額面どおりに受け取ることができないもう一つの理由は，学校に資源配分と選抜方針に関する従来よりも大きな「裁量権」を与える一方で，カリキュラムの集権化が推し進められていることである（ちなみに，アメリカでは州や連邦レベルでの集権化，イギリスやニュージーランドではナショナル・カリキュラムの制定として具体化している）。これがニューライトが目指す教育の統制の第2の形態である。カリキュラム集権化への動きは，経済生産性の問題と必ずしも連動していない。グッドソンは，カリキュラムの集権化は，経済のグローバル化によって弱体化した国民国家によるナショナル・アイデンティティ復権の試みとして理解すべきであり，そのことは，「歴史」教科の重視とIT関係の教科の軽視をみればわかるという（Goodson 1990）。また，ボールは，イギリスのナショナル・カリキュラムは，復古主義と保守的近代主義の争いの産物であり，ナショナル・アイデンティティの形成を重視する復古主義が，ポスト・フォーディズムの経済に適合させることを主張する保守的近代主義に対して勝利を収めて導入されたものだ，と述べている（Ball 1994）。しかし，その一方で，ナショナル・アイデンティティの強調を白人男性エリート層の利害の反映とみなす解釈もある（Apple［本訳書第15章］; Aronowitz and Giroux 1991）。いずれにせよ，以上の解釈は，教育は国民国家の形成に不可欠というグリーンの一般的な歴史解釈（Green 1990）を今日の状況にあてはめたものと言えよう。もちろん今日における問題の焦点は，国民国家の「形成」ではなく，国家と教育の関係再編による国民国家の「再形成」にある（Dale 1997）。だとすれば，今日のカリキュラムはどのような知識を教え，いかなるナショナル・アイデンティティを形成しようとしているのか，ということが次の問題となる。

しかし，ナショナル・カリキュラムの導入には，もうひとつ別の側面もある。

つまり，生徒の学ぶべき教育内容が階級・ジェンダー・エスニシティに関わりなく同一になれば，それによって機会の平等化が促進されるという側面もある。つまり，特定の教科の履修を認められた生徒だけに地位獲得のチャンスが与えられるという，履修教科と地位獲得の機会の繋がりを，このカリキュラムが断ち切る可能性もあるからである。かつては，ステータスの高い教科を履修するのは，出身階層の高い生徒に偏っていた。しかし，今日の大学について言えば，このことはあてはまらない（Apple［本訳書第15章］）。これまで大学のなかではステータスの低かった工学や商学が重視されるようになり，今日では，これらの分野の評価によって，その大学の格が決められる傾向すらみられる。その結果，工学や商学を学ぶ学生の出身階層やエスニシティも，これまでとは大きく異なってきている。

　学校レベルでみれば，カリキュラムの集権化は，学校に対して親や地域社会が行使できる影響力の範囲を学校運営の技術的な側面に限定し，教育の重要な側面から排除した。これにより，中央からの統制強化は，第3の形態をとって，さらに推し進められることになった。ニューライトは，アカウンタビリティと業績を評価するための新指標を導入した。この「改革」の意図は，生徒の達成度評価によって，個々の教育機関と（可能であれば）個々の教師のアカウンタビリティを把握することにある。その理由は次のとおりである。第1は，教育再編の目標に関わる理由である。この評価システムの導入は，トーランスが指摘しているように，教師たちの授業を変えることを目指していた（Torrance 1997）。第2に，一定の評価基準にしたがって各教育機関を競わせることである。この意図がもっとも明確に実現されたのはイギリスである。学校ごとの達成度の評価一覧表（リーグ・テーブル）と各学校に投入された教育資源のデータが作成・公表された。教育システムに選択と競争の原理を導入すれば，生徒は評価の高い学校を選択するようになり，下位の学校の生徒数は減少し，上位の学校の生徒は増加するだろう。それに応じて，各学校に配分する教育資源の量を決めればよい，というのがその基本的な考え方である。第3に，生徒の教育達成度にリンクさせて学校・教師の教育評価をおこなうアカウンタビリティ・システム導入の政治的意図である。これはかなり明確であり，国家は国民に代わって閉鎖的な教職のプロフェッショナリズムを打破し，わかりやすい指標を用いて各学校の達成度を

明らかにする，ということが謳われた。しかし，公共セクターで用いられている種々の業績指標は，ポリット（Pollitt 1990）も指摘するように，「効率性」の代替指標にすぎない。したがって，これらの指標は教育の「効果」や「質」を評価するものではない，とトーランスは主張する。はたして新指標による教育の「効果」や「質」の評価という謳い文句は，「効率性」を高めるための政治的口実にすぎなかったのだろうか。そうだったとすれば，これらの指標の導入によって，各教育機関は大きくその姿を変えたのだから，十分な効果があったというべきであろう。実際，ピータース（Peters 1990）が述べているように，ヨーロッパのリベラルな教育を重視していた伝統的な大学では，教育の目的が，経済的に役に立つ知識を教える方向に大きく変化した。その意味では，業績指標の導入は変化を促すための手段として有効に機能した，ということになるだろう。

教育・不平等・社会的正義

　産業化の進展によって，教育が拠って立つ基盤は属性主義から業績主義へ，ドグマから民主主義へ，そして不平等から社会的正義へと確実に変化する——これは，パーソンズ（Parsons 1959）やカー（Kerr *et al.* 1973）によって広まり，いまもなお，その影響をわずかに残す産業化論のテーゼである。これまでの議論を通じて，われわれはこのような産業化論の誤謬を払拭できたはずである。実際，20世紀末の教育は，そもそも啓蒙主義の時代に提起された問題の再考をわれわれに迫っている。そのためには，ポスト近代ではなく，近代の世界において教育が果たしてきた役割，つまり平等・自由・共同性（コミュニティ）の均衡ある発展を促すという役割について考えてみることが有効である。ここでは，そのそれぞれについて再検討していこう。これまで社会学者は平等の問題に強い関心を示してきた。しかし，この問題は社会学のみが取り上げてきたわけではない。1651年，ホッブスは次のように記している。

　　自然は，身体面でも精神面でも，人間を平等に創った。人並み以上に強靱な肉体をもつ人や鋭敏な精神をもつ人は，確かに存在する。しかし，総じてみれば，人びとのあいだの差など，大したものではない。ほかの人が手にすることのできない利益

を，自分だけが要求できるほどの違いは，人間のあいだには存在しない（Hobbes 1934: 63）。

平等主義者と反平等主義者の対立は，17世紀の頃よりも今日のほうが，そして，とりわけ社会学のなかで，より一層激しくなっているといえるだろう。しかし，ホッブスの言明は，300年の時を隔てた今日にもそのままあてはまる。その議論はそれぞれ遺伝学と社会学から導き出された経験命題を含んでいる。つまり，人間の自然的差異に関する遺伝学の命題と，社会的権利を認識する人びとの社会心理に関する社会学の命題である。しかし，この命題の中心には，いかにあるべきかという評価的な主張が含まれている。というのも，そもそも議論とは価値をめぐっておこなわれるものであり，そこには，社会における男性と女性の関係の在りようが必ず反映しているからである。

論争は，本来関わりはあるものの，実際には必ずしも関連づけられてはいない3つのレベルで行われている。第1に，実現可能な複数の価値の優先順位をめぐる論争，第2に，議論における使用言語を明確化するという哲学的・論理学的にやっかいな知的作業に関わる論争，そして第3に，刻々と変化する社会的世界の経験的現実に即して，どのようにして理論を構築していくかという辛気くさい作業をめぐる論争である。社会学が独自の貢献をなし得るとすれば，それは第3のレベルに関わるものである。もちろん，多くの欧米の社会学者の政治的信念が，生物学者や心理学者の典型的な考え方とは対照的に，ハーバート・スペンサーや社会ダーウィン主義の登場とそれに対する批判をつうじて，平等主義を支持する方向に大きく傾斜してきたことは，周知のとおりである。おそらく，異なる学問分野から政治的立場を異にする社会意識が生み出されてくるのはなぜなのか，学問分野の一般的イメージが学生の専攻分野の選択にどのような影響を及ぼしているのか，という問題は，知識社会学によって部分的に解明されるであろう。いずれにしても，その人の倫理的な根拠がどこに置かれているにせよ，どの人もまず初めに「平等」の価値を道徳的に肯定し，それとの関わりで自由や効率・繁栄・共同性（コミュニティ）といった価値概念をめぐって議論してきたことだけは確かである。その意味で，この議論に決着はあり得ない。あるとすれば，R. H. トーニーが反平等主義者に放った「蓼喰う虫も好き好き」といった類の暴言を論敵に浴びせかけるしかないだろう。

しかし，単純に平等を前提に置いて議論すれば事足りるというわけでもない。議論で使われる用語の意味を概念的に明確にする作業の重要性は決してなくならない。その作業に携わったジョン・ロールズの『正義論』は，すでに古典と呼ぶべき作品であろう (Rawles 1971)。かれのいう「原初状態〔オリジナル・ポジション〕」とは，社会関係や分配のシステムについては知っているが，その中で自分が占めている位置を知ることのできない人がいたとすれば，その人はどのような「合理的」な選択をするだろうか，という「仮想」のストーリーの下で設定された概念である。かれは，これを手掛かりにして人間の価値選択の問題について論じた。ブライアン・バリーの『政治論』(Barry 1965) も，用語の混乱をなくし，厳密に使用することの重要性について論じている (Sen 1992 も参照)。しかし，バリーの簡潔な『自由主義の正義論』(Barry 1973) やロールズの浩瀚な『正義論』(Rawles 1971) をみればすぐにわかることだが，いくら用語を磨き上げて学問的に明晰な概念に仕立て上げても，第1のレベルでの論争，つまり，優先すべき価値をめぐる論争に決着がつくわけではない。バリーも当然そのことに気づいていた。だからこそ，ロールズの社会的・心理的前提に，最小限どの程度の修正を加えれば，自由主義に立脚する社会を平等主義の社会に転換させることができるのか，という問題に，詳細かつ厳密な哲学的分析を加えたのである。しかし，こうした努力にもかかわらず，依然として，第1のレベルの問題が解消されたわけではない。かれ自身，そこに示されているのは，結局のところ自分の好みに依拠した考えであって，他人に強制できるものではないと述べ，次のことばでこの小論を閉じている。「わたしは自由主義の思想に強い愛着を抱いている。その一方で，政治的・社会的・経済的な組織の問題に関しては，効率性原理のかなりの部分は利他的協働の原理によって置き換えるべきだと信じている。しかし，人間の心には，ヒエラルキーを志向する性向が，想像を超えるほど強固に根付いているのではないか，という懸念を捨て去ることができない」(Barry 1973: 168)。かれのこの言葉には，第1と第2のレベルでの議論を成立させる前提としての，第3のレベルに関わる論点も含まれている。つまり，概念を事実に照らして検証することの難しさ，とりわけ，経験的研究が社会の変化と理論家の理論構築のペースについていくことの困難さ，という問題である。

政治家の関心は，当然，第1のレベルの問題に向けられている。たとえば，

イギリスの労働党,アメリカの民主党に所属する政治家が,私学の教育は基本的に好ましくないが,私学廃止に伴うコストが重い財政負担をもたらすので,当面これには手を着けない,と発言したとすれば,議論の余地はあるにせよ,政治的信条に従って政策の優先順位がつけられているといえよう。しかし,イギリスの保守党,アメリカの共和党の政治家が,すべての子どもは知能を身につけ,自分の才能・能力を十全に開花させる平等な機会をもつべきである,と述べた上で,自分は教育システムの市場化に賛成だ,と発言したとすれば,それを耳にした有権者は,かれの中で政策の優先順位はどのようにつけられているのだろうか,と訝しく感じるに違いない。かれの発言の真意を理解するには,前段の主張を単なる美辞麗句として聞き流すか,後段の意見を,知能発達の機会は市場競争のシステムや総合制の教育システムの中で平等に与えられている,という(間違った)個人体験に頼った提案にすぎないもの,とみなすしかないだろう。後段の意見の真偽は,明確な概念を用いた経験的な研究によって,確かめることのできるものであり,その経験的真偽を検証し,不毛な論争に終止符を打つことが,社会科学者に与えられた責務である。この問題については,新しい政治算術について手短に述べるときに,ふたたび立ち戻ることにする。

　これまで多くの人びとは,教育の改革による平等な社会の実現という考え方に,幾度となく幻滅を味合わされてきた。しかし,今日,教育への期待が,人びとのあいだで,装いを新たにして再び蘇ってきつつある（Mortimore [本訳書第13章]）。そうしたなかで,どのような教育を受ければ,人びとは富裕な社会の物質的・文化的豊かさを享受できるようになるのか,その方途を明らかにする研究が,社会学に求められている。ユートピア的な主張はいたるところに満ち溢れており,それらは人びとの心を惹き付けて止まない。イヴァン・イリイチの描き出した「共生社会（コンヴィヴィアル・ソサエティ）」なども,その最近の例である（Illich 1971, 1973）。イリイチのものであれ,ほかの誰のものであれ,かれらの処方する妙薬（ノストラム）に人びとが惹かれるのは当然である。しかし,理論と政策の関係をどのように考えるべきか,どのようにすれば,われわれの夢を,適切かつ効果的に実現することができるのか,これらの問題をめぐって,意見が激しく対立することは避けられない。われわれの基本的な考えは,次のとおりである。平等な社会は,

経済と政治の改革を通じて造り出すべきものであり，教育の主たる役割は，そのようにして造り出された社会を維持することにある。

　この10年間の平等と教育の関係をめぐる議論から，われわれは多くを学ぶことができる。また，1960年から1980年までの，アメリカとイギリスの対貧困政策の変遷を分析したシルヴァーの研究 (Silver 1991) などをみれば，この問題をめぐって思想と政治がどのように関わり合ってきたのか，その姿が鮮明に浮かび上がってくる。しかし，政策の拠り所とされてきた理論の系譜は，その源を19世紀にまで遡ることができる。

教育のブルジョア化に関する自由主義の理論

　ヨーロッパとアメリカの政策の歴史を振り返ってみると，その底流に平等主義(エガリタリアニズム)の思想が脈々と流れていることがわかる。にもかかわらず教育を手段にして平等主義を実現する夢は叶わなかった。この失敗の歴史が今日に及ぼしている影響は，ことのほか大きい。教育をめぐる今日の論争が，失敗の歴史への嫌悪のまなざしの中でおこなわれていることが，その影響の強さを証明している。失敗の根本的な原因は，欧米の政策を支えてきた基礎理論が，歴史の試練をくぐり抜けていない自由主義の諸概念から構成されていたことにある。

　自由主義の理論は，少なくともイギリスでは，経済学と社会学の境界が現在ほど明確ではなかったころの，政治経済学(ポリティカル・エコノミー)の伝統から生まれてきたものである。この理論的立場を宣言する古典的文章が，120年以上もまえにアルフレッド・マーシャルが執筆し，ケンブリッジの改革クラブで配布された「労働者階級の将来」である。あまりにも有名なこのエッセイは，教育と社会階級の関係に関する自由主義の立場の「典拠」とみなされている。このエッセイは，本章でこれまで述べてきた現代の社会変容にも匹敵する当時の大きな社会変動について言及しており，ここで改めて再検討するに値する内容を含んでいる。当時の「社会変動」の捉え方を検討することによって，今日われわれが置かれている社会的状況を，より鮮明に理解することができるであろう。もちろん，マーシャルが執筆し発言した時代は，父親・夫だけが仕事することを当然視する当時の性別役割分業に基づく階級制度の中で，女性たちが従属的な位置に置かれ

ていた時代であり，女性による知的貢献など，まったくあり得ぬこととして無視されていた時代であった。そんな時代を生きていたかれは，熱烈な自由主義者，時代の固定観念に囚われないという意味も含めた，紛れもない「自由」主義者であった。かれは，このエッセイのなかで，奇しくもかれと同名の書を著わしたジョン・スチュアート・ミルの『経済学原理』へのミル夫人の貢献を高く評価していた。そんなかれにとっての「問題」とは，次のようなものであった。

> 資源が足りないから，教育や職業といった，ジェントルマンになるために必要とされる諸々のものを，限られた一部の人びと以外にも与えることは無理だ，というのは，はたして本当だろうか……すべての人は究極的に平等なのかどうか，ということが問題なのではなく（そのようなことはあり得ない），たとえゆっくりとした歩みであっても，労働している人とジェントルマンの公的な区別がなくなるかどうかということ，少なくとも職業に関しては，すべての人がジェントルマンとみなされるようになるかどうかということが問題なのである（Pigou 1925: 194-5）。

マーシャルが抱いていた，崇高なるヴィクトリア朝の時代精神に由来する階層システムのイメージは，人間の文化と性格(キャラクター)に焦点を当てたものであった。この2つは階級を定義する属性とみなされ，政策が取り組むべき対象として位置付けられていた。かれの理論は，独立変数としての教育が，媒介変数としての職業・労働経験を経由して人間の文化と性格を形成する，という関数関係の存在を想定していた。つまり，「ジェントルマン」の従事する職業こそが高級な文化の形成を促して人間の品位を高めるものであり，その「ジェントルマン」としての資質の形成に不可欠のものが長期にわたる優れた教育だ，とされた。さらにかれは，当時の職業が，上位に位置するプロフェッションから，中位の「中間階級(インターミディエート・クラス)」の職業，そして底辺の「社会の影の部分に追いやられている多数の不熟練労働者……長時間の単純な重労働に耐え，くたくたに疲れ切った身体と摩耗した心を引き摺りながら，ちっぽけな自分の家に帰っていく男たちの大群」が従事している職業に至るまで，（人間の資質の良し悪しを軸にした）微細なまでの上下の等級付けによって構造化されている，ととらえた。

19世紀中葉の悲惨な状況にある人びとの解放をめざすマーシャルの提案は，かれが提示した「想像上の国(ファンシード・カントリー)」のなかに描き出されている。すべての人が長時間の過酷な重労働の軛から逃れ，「ジェントルマン」として育成するにふさわ

しい職業に就いているような世界こそ，まさにかれの描いていた「想像上の国」であった。そして，このような国を実現する必須の条件として提示されたのが，技術の進歩と教育の拡大，そして労働時間の短縮である。

　かれは，そのような教育と経済，社会を実現することは可能であると述べている。

> 想像上の国を創るために必要な条件が何なのか，われわれはよく知っている。それは，公平な富の分配と適正な人口規模である。すべての人は，若いときに十分かつ継続的な教育を受け，その効果をその後の人生まで持続させることができる。昼間に激しい肉体労働に従事する必要がなくなり，夜中に知的なことや芸術を楽しむ時間と習慣もできる。粗野で無骨な人間がいなくなれば，社会も粗野で無骨ではなくなり，洗練されてくるはずだ（Pigou 1925: 207）。

　しかし，そのような社会を維持していくことは，はたして可能なのだろうか？　マーシャルは，ヴィクトリア時代のイングランドで繰り返し提出されたこの批判に，飽くこともなく反論し続けた。肉体労働に費やされる時間が大幅に短縮されれば，経済は破綻するのではないか，という懸念は，19世紀中葉以来，イギリスの雇用主たちが繰り返し口にしてきた常套文句であり，それは，1930年代の不況期どころか，1990年代に至っても，ヨーロッパ統合に懐疑的な立場からマーストリヒト条約の締結に反対する人たちが口にしているものである。R. H. トーニーもまた，1918年，フィッシャー法案が国会に上程された際，この法案に反対するイギリス産業連盟教育部会の覚書きに対して，マーシャルの主張に依拠しつつ，繰り返し反駁を加えなければならなかった。この法案は，14歳以下の子どもに対する就学義務免除の例外規程を廃止するというものであった。イギリス産業連盟は，「一挙に週に8時間も労働時間が減らされれば，多くの産業は深刻な打撃を受けてしまう。子どもの労働時間を徐々に減らしていかなければ，企業は持ちこたえられない」と主張した。このような類の主張は，まさに「徐々」にしか姿を消していかない。マーストリヒト条約に反対して国民国家を擁護しようとする保護主義的な主張はいまだ健在である。

　トーニーは，悲憤慷慨の念を痛烈な皮肉に込めて，次のように批判した。

> イギリス産業連盟の諸君はこんなことをいっている——イギリスの産業は年少者の労働という細い糸によって支えられ，かろうじて底知れぬ深い淵に転落するのをま

ぬがれている，子どもたちの学校に行く時間が週8時間増えれば，その糸がぷっつりと断ち切られてしまう，と。つまりは，科学上の発見と経済進歩の時代から1世紀を経た今日でも，わが国の産業と繁栄と「ゆとり」という貴重な賜物は，相も変わらず14歳の子どもの折れ曲がった背中によって担われている，というわけだ。そのくせ，自分たちはその上に乗っかって安閑としている。まあ，そこまでは申すまい。でも，少しは心の痛みでも感じないのだろうか？（Hinden 1961）

　マーシャルはトーニーよりも冷静に論争する。しかし，それを除けば，2人の見解は一致している。技術が進歩して資本は高度な技術に姿を変え，それをうまく活用する頭脳労働から高い収益が生み出される，という考え方である。マーシャルは，すでに言い古されていた「知は力なり」に代えて，「知は力の源なり」と言った。これは，それまでの常識を打ち破る画期的な考え方であった。それに続けて，かれは次のように言う。「それゆえに，1人当たりの総労働量は以前よりも増加する。すべての労働は高度化し，スキルを必要としない仕事に従事することには何の価値もなくなる。多くの発明がおこなわれ，それらはたちどころに実用化されるだろう」。この点だけみれば，かれの主張は，今日すでにお馴染みの「人的資本投資こそ万能薬」という産業社会・産業化社会のテーゼと，なんら変わらないようにもみえる。しかし，人間性と社会に高い望みを寄せるかれは，人間がみずからの能力を高め，最大限に発揮することが重要であり，それはなによりも礼儀と感性（シビリティ・センシティビティ）を磨くためであって，物質的富の増大は結果に過ぎないと考えた。20世紀に入ってからはトーニーがこの考えを継承し，より明確に，経済的価値に対する社会的価値の優位性を強調した。

　マーシャルは，ひとたび実現した新たな社会を維持する条件について，「子どもへの義務を果たさない親もいるから，教育の水準を高くしても，その水準を維持することは不可能」という意見に答えるなかで，次のように述べている。

　　将来ふたたび不熟練労働の階級が増大することは，可能性としては当然あり得るだろう。もしそうなった場合，せっかく上昇した社会の水準も，現在と同程度のところまでふたたび低下してしまうことになる。なぜならば，競って重労働に従事し，みずからの教養を高める手だてを放棄して，より多くの賃金と肉体的快楽を手に入れようとするかれらは，思慮なしの結婚をして無計画に子どもを生み，生計が圧迫されて子どもに高等教育を受けさせることもできなくなるからだ。親には，子どもの

結婚前に，あらかじめ必要な肉体面・精神面での教育をきちんと与える義務がある。にもかかわらず，それがまったく果たされていないのが現在の社会である。そのような現在の状態にふたたび戻る余地を許容するならば，そのとき自然の女神は，悲しみの微笑みを湛えつつも決然と，その若者の人生に見切りをつけ，かれを悲惨な貧困の淵に追いやってしまうであろう (Pigou 1925: 212)。

ここには，1870年代までヴィクトリア時代の人びとが信奉して止まなかったマルサスの亡霊が，部分的にその姿を現している。しかし，マーシャルの信念は，マルサスとは異なり，人間の自尊感情(教育がそれを育む)と外的拘束(「社会は，教育の失敗をみずからの存立を脅かすものとして敏感に感知し，国家への反逆の一つとみなして制裁を加えるだろう」)という，2つの力の存在を前提にしていた。そして，新たな社会を維持する条件について，かれは次のような結論を述べる——「この2つは，われわれの描く国家の繁栄が継続し，向上し続けるための必要条件である。2つの条件はいずれ充たされ，それによって，国家の物的・精神的な富も増大するであろう」。

マーシャル理論の今日的意義

今日，グローバル化した経済競争下での労働者保護と社会保障の問題をめぐって，保守主義者と社会主義者のあいだで激しい論議が闘わされている。ヨーロッパにおけるマーストリヒト条約批准の可否が問題の焦点である。イギリスとアメリカは，ドイツ，フランス，スカンジナビア諸国が優先する政策に反対している。フランスの大統領シラクは，雇用創出を保健・社会保障・最低賃金に関する勤労者の既得権保護に優先させるべきではない，と強く主張している。しかし，その主張を支えるマーシャルの思想は，生みの親であるアングロ・サクソンの世界ではまったく無視されている。一世紀を経た今日のイギリスとアメリカを眺めると，マーシャルのいう「想像上の国」を成立させる条件は，経済的ナショナリズムの時代に生きていた若き日のかれが予想していた以上に，厳しいものであった。社会の退行と野蛮さの尺度にされていた不熟練労働者の比率は，イギリスでは，1931年の14.8%から1971年には8%未満にまで低下した(Halsey 1971)。事実，ホワイトカラー層(かれは，それを中間階級と呼んだ)は，1911年から1966年のあいだに1.76倍に増加し，今日では全体の50%

を超えている。さらに，ホワイトカラー層のうち，科学的・技術的職業に従事する者の数が，人的資本投資の増加と科学的・資本集約的技術の発展を反映して，急速に増加した。

その間，第一次世界大戦終結後から1970年代の半ばまで，労働時間は週54時間から40時間に短縮され，有給休暇の制度は，とくに第二次大戦後，目覚ましく改善された。イギリスでは，3週間の有給休暇を取った者の比率は，1951年の1％から，1972年には肉体労働者の4分の3に上昇した（HMSO 1973: 78）。居住環境も衛生状態も格段に良くなった。要するに豊かになったのである。1972年の国民総生産は1900年の4倍である。物質的な面からみれば，一般の人びとの暮らし向きは，マーシャルの時代のジェントルマン層のそれを上回っているといえる。さらに，社会における女性の地位も，家父長制の崩壊にともなって女性の個人的・経済的・社会的自立が進むにつれて，根本から変化した。

その一方で，ヴィクトリア時代のイギリスでは，富の大半は富裕層（生産手段の所有者というマルクス主義の単純な階級の定義に該当する人たち）に集中していたが，その後の再分配の歩みは遅々としていた。上位5％が保有する富は，1911年の86％から1950年代の67％，そして1970年は55％となっている（HMSO 1973）。しかし，その後，イギリスとアメリカでは，この傾向は反転し，富裕層への富の集中が進んでいる（Commission on Social Justice 1994; Phillips 1991）。さらに，ごく少数の大富豪が所有する富の総量は，多数の貧困マイノリティ層のそれに匹敵している。1971年末に，イギリスで生活給付を受けた人の数は300万人，扶養家族を含めれば450万人にのぼる。うち16歳以下の子どもの数は約100万人である。フィールド（Field 1995）によれば，1990年代初頭では，人口の半数はなんらかの給付を申請し，それによって生計を立てている。その一方で，収入・権力・特権のヒエラルキーが厳然と存在しているにせよ，その中で「ミドル・マス」を構成するホワイトカラーと豊かな労働者は，そこそこの物質的繁栄を享受している。しかし，アメリカでは，「中間」に位置する多くの人たちの生活水準は，この20年に低下した（Levy 1987; Peterson 1994）。

16歳までの義務教育制が確立し，中等教育やさらにその先の教育の機会も，急激に拡大した。しかし，教育の不平等も依然として残存している。それを資料によって裏付ける仕事は，これまで繰り返し教育社会学の研究課題とされて

きたが，教育の拡大にもかかわらず格差がなくならない原因の解明が，今日の教育社会学が取り組むべき重要な研究問題となっている。これまでの研究によれば，子どもの教育に対する労働者階級のアスピレーションが高まったことは明らかにされているが，それは，ミドルクラスへの同化では決してないということ，つまり，少なくとも教育に関するかぎり，労働者階級のミドルクラスへの同化，というマーシャルの予想ははずれたのである。

　マーシャルは，自由主義理論全盛のヴィクトリア時代の視点から，教育と職業，階級の関係の問題を理解した。ハルゼーは，この伝統とそれに立脚する理論のその後の歴史的歩みをたどり (Halsey 1972)，そもそも用語の使い方からして，完全な誤りであったと述べる。「教育機会の平等」という理念そのものが，政策決定者の理解を得られなかった。ジェームズ・コールマンがいうように，この概念は，「入口の平等」であれ「出口の平等」であれ，どのように定義しても，それを純粋なかたちで政策目標に掲げても意味はない。もちろん，すべての段階の教育をすべての人たちに開放するというのであれば，この理念は十全に達成されたことになるだろう。しかし，実際には，ジェンダー・階級・エスニシティの違いによって選抜の度合いや教育到達度が異なっており，それが，次の段階の教育やヒエラエルキー上位の職業に到達できるかどうかの決定的な関門になっているからである。

　のちに触れるが，マーシャル自身は，のちの自由主義経済理論が積極的に取り上げたメリトクラシーの問題を避けて通った (Young 1961; Herrnstein 1973)。そして，自由主義の経済理論は，技術の進歩を与件とする各労働の需要・供給と価格に関する理論を構築した。戦後，技術は進歩し，ヒエラルキーの最上位に位置する職業にも，さまざまな階層出身者が数多く見受けられるようになった。しかし，その一方で肉体労働従事者層の自己充足傾向も強く，この2つの傾向はいまもなお併存している。

　産業社会における教育は，なによりもまず世代間で地位を伝達する確実な手段であった。とはいうものの，職業によってはこのことがあてはまらない場合もあった。たとえば熟練職は，技術の進歩によって拡大したので，その世代間同職率は当然低かった。また，上層階級の子どもは常に「不足」していたが（上の階級ほど出生率は低い），だからといって，その「不足分」を他の階級の子ど

もが「代替」したわけではなかった。しかし，それ以外にも大きな理由がある。下層階級に生まれた子どものうち，少数の者は，教育や職業をめぐる競争に打ち勝って階級移動を達成していた，という理由である。エリクソンとゴールドソープは，20世紀の産業社会における社会移動率の変遷を詳細に分析し，「流動率の不変性」が存在すると指摘した（Erickson and Goldthorpe 1992）。統計の数字によれば，大きな不平等はいまだに残存しており，上層ミドルクラスの子どもには，平均の3倍ものチャンスがあるのに，下層労働者階級の子どもには，平均の半分以下のチャンスしか与えられていない。しかし，ヒエラルキーの頂点部分でチャンスが減少し，底辺部分で相対的な改善もみられたので，不平等の格差が徐々に縮小してきたことは確かである。教育の平等に関しても同様である。

マーシャルのいうブルジョア化のテーゼは，本質的には，特定の視点に基づくものというべきであろう。つまり，産業化の進展によって富と収入の水準が上昇し，それにつれて労働者階級はミドルクラスに限りなく同化し，階級が消滅していく，という産業化仮説に立脚している。マーシャルにとって，同化のプロセスは，技術の進歩が仕事の経済環境を改善し，仕事以外の場における労働者階級の社会的機会と態度を向上させるプロセスにほかならなかった。規範面での同化も，かれの理論の中で重視されていた。つまり，職業経験を通じて「ジェントルマン」らしい人間の性格と文化を形成し，それを継続的な教育の普及によって定着させることを，かれは重要視した。

しかし，マーシャル自身はとりたてて言及していないが，1960年代末に，自由主義の観点に立つブルジョア化仮説の誤謬を理論的・経験的に立証したゴールドソープらと同様の視点を，かれもまた共有していた。

ゴールドソープらは次のように述べている。

> 収入の増加，労働条件の改善，開明的で自由主義的な雇用政策などなど——これらの変化が起きたからといって，それ自体が今日の社会における産業労働者の階級状況を根本的に変えるわけではない。収入などが増加したからといって，産業労働者がみずからを労働力として雇用主の意志に委ね，それと引き換えに労賃（出来高払い，時間払い，日払いのかたちで）を得て生計を立てていることに，変わりはないのだ（Goldthorpe et al. 1969）。

肉体労働従事者と非肉体労働従事者のあいだの雇用条件の差は，依然としてそのまま残存している。それゆえに，ゴールドソープらは，欧米の産業社会論が提示する「『ミドルクラス』社会の出現は，程度の差こそあれ，持続的な経済成長が自動的に生み出す変化の中心をなすものだ」という，広い意味での進化論的な発展論に対して懐疑的な目を向ける。豊かになり，技術を基礎にした産業の組織化が進展しても，それによって，ヒエラルキー的階層システムの急激な再編が引き起こされる見込みはない。せいぜいのところ「無階級不平等社会」が出現するだけだ。ゴールドソープはこのようにとらえて，次のような解釈を提示する。諸々の発展がもたらした帰結は「肉体労働者の規範と非肉体労働者の規範の収斂」である。

マーシャルのブルジョア化の予言は，したがって，まだ事実によって裏付けられたとはいえない。労働者階級の性格と文化が「一方的」にミドルクラスのそれに同化したわけではないし，ヴィクトリア後期のケンブリッジの名士(ドン)たちのライフスタイルが広く浸透していったわけでもない（Halsey 1992）。マーシャル自身は，社会意識の理論の精緻化という，やっかいな仕事に本腰を入れて取り組むことはなかった。かれが前提にしていたのは，あくまでも同時代の「ジェントルマン」の文化であって，社会が豊かになれば，それが男女双方にとって共通文化になるだろう，ということであった。テクノロジーをベースにした経済成長によって極端なまで分業化が進めば，文化的な意味での「コスト」が高くつくことになるだろう，と漠然と認識していたにすぎない。同様に，植民地主義の崩壊を予想することもできなかった。したがって，かれは，社会的・民族的な多元主義に立脚する社会，同化主義の政策や教育プログラムを否定し，文化やライフスタイルの多様性を主張する社会，あるいは，「想像上の国」にポストモダン的解釈を施したような，多元主義の社会の発展を予知することができなかった，ということになろう。しかし，「自由」との関係は複雑であるものの，「平等」が共同体の強固な社会的基盤の上に成り立つ理念として位置付けられていることは否定できない。コールマン（Coleman［本訳書第2章］）やベラーら（Bellah *et al.* 1985），ガンス（Gans 1988）などのアメリカの研究者が，個人主義・地域共同体(コミュニティ)・社会といった概念の相互の関係について検討を加えてきたのも，これと同じ理由によるものである。教育に関わる文脈では，ジョ

ン・デューイが『民主主義と教育』(Dewey 1916) で取り上げている論点が，今日の議論と深い関わりを有している。友愛の理念に立脚する社会主義の立場 (Terrill 1973) がトーニーからティトマスにいたるイギリス政治思想の本流をなしているのも，これと同じ理由による。コミュニティ・スクールを地域共同体と平等の双方を実現する教育手段とみなす考え方も，この伝統に立脚している (Dennis and Halsey 1988)。

社会変動の決定論と開放性

自由主義の政策には学習理論が欠落していた。アメリカの補償教育運動やイギリスの教育優先地域 (EPA) 政策は，不平等が人生の初期段階ですでに生じているという認識を定着させた。しかし，自由主義への批判は，最終的にはマーシャルと，それに続く自由主義の理論家たちの階級概念に向けられた。近年の自由主義理論，とくに自由主義経済論者（エコノミック・リベラルズ）の主張する理論では，階級は取るに足らない概念とみなされており，階級による親の態度の違いが子どもの労働と社会的環境に及ぼしている決定的に重要な影響にはまったく目を向けていない。せいぜいのところ，子どもの進路の違いに影響を及ぼしている「要因」といった程度の認識である (Mohanty 1990参照)。経済や収入のレベルが異なれば，それに応じて，意欲の内容やアスピレーションの高さに違いがあるのは当然のことだし，事実，そうであった。教育に対する親の態度や動機づけこそ，まさに子どもの教育経験に及ぼしている階級の影響そのものなのであって，階級とは別個の別の独立した要因なのではない。教育達成を個人的諸属性の結果とみなす理論で使われる「階級」概念には，この概念が本来有している「構造的な力」という意味合いがまったく欠落している。理論に妥当性を求めるのであれば，資源配分の構造的不平等の問題に目を向けなければならない。これが階級社会の決定的条件だからである。

したがって，階級システムの条件と結果がもたらす影響から，教育を解き放とうとするのであれば，個人的属性の問題だけでなく，そこに働いている構造的な力に着目しなければならない。学校教育システム内外で特定のタイプの学習経験を得ることが，教育面での成功と有利な職業的地位の獲得につながる，

という構造的連関が存在している。それが，労働者階級の子どもに対して，不利に働く社会的力となっているのである（Bernstein 1978; Delpit 1993）。たとえば，家族や近隣からの言語的刺激の質はどの程度か，教師の期待はどれくらいか，教師と親は息が合っているか，自分の知らない職業の世界に触れる機会はどれくらいあるか，といった教育環境の違いによって，子どもの学習経験の型は異なってくる。それは，結局のところ，利用できる資源の問題に帰着する。どの時点でも，そしてまた，学校の内部でも外部でも，労働者階級の子どもは，恵まれたミドルクラスの子どもに比べれば，圧倒的に学習の機会が乏しい。したがって，社会階級と教育達成の関連について説明する理論や，その関連を断ち切ろうとする政策は，次の視点を含むものでなければならない。家族や近隣における学習への公的サポートの変化，教員養成の方法，適切なカリキュラムの編成，親の参加の奨励，居住環境や雇用見通しの改善，そしてなによりも，教育資源の配分の問題である。これらの視点を取り込んだ理論を構築し，それを実地に移すためには，従来の自由主義の伝統の枠を超えようとする，強い意志に裏打ちされた政治的リーダーシップが必要であろう。

平等への障害 1: 職業的ヒエラルキーの不可避性の主張

　平等主義の理論の構築を妨げる 3 つの主張について，ここでとくに考察を加えておこう。第 1 は，職業的ヒエラルキーはなくならない，という主張である。マーシャルは，技術が進歩すれば職業の格差はなくなると期待していた。しかし，嫌な職業や報われない職業，身体に良くない職業がなくなることは，事実上あり得ない。技術の進歩は，むしろ逆の影響を及ぼす。このような前提に立つ考え方である。経済のグローバル化と，競争によって国内労働力の能力開発投資を促す政府の戦略は，実質的には，職業ヒエラルキーのグローバル化を意味した。広い意味でのライフ・チャンスが職業によって決定されるのであれば，社会的な有利・不利が生じることは避けられないし，「機会の平等」と対立する意味での「平等」を実現することも不可能であろう。しかし，たとえこの前提を受け入れたとしても，社会学的にみれば，もっと平等主義的な社会の実現が不可能になるわけではない。不平等の縮小に有効な社会政策を策定することは，決して不可能ではない（とりあえず，ここでは，累進課税や富裕税のよ

うな，自由と経済的効率性の観点からの反対論が噴出している社会政策は，除外しておこう）。ブライアン・バリーは次のようにいう。

> 手始めになすべきは，世の中には，誰もやりたがらない仕事がある，ということを，人々に広く知らしめることである。そのためには，たとえば，高等教育に進学するまえ，あるいは，職業に就くまえに，必ず3年間は，指示されたところで働くよう義務づける，という方法がある（これには教育上のメリットもある）。これに加えて，スイスやイスラエルの徴兵制のように，毎年1ヵ月くらい召集して，平和な仕事に従事させるのもよいだろう。このようにすると，人びとの職業選択は，ある程度まで，確実に影響を受ける。しかし，そのほうが，むしろ公正の理念に適っているだろう（Barry 1973: 164）。

このほかにも，教育の内外で，さまざま有効な制度改革の方法もある。それらは，「人間性（ヒューマン・ネイチャー）」に関する乱暴な前提を置くこともなく，社会で受け容れられている既存の価値に抵触することもなしに，実現できる方法である。たとえば，労働市場に参入することが唯一の社会参加ではなく，それ以外の社会参加の形態もあるのだから，そのような活動の価値を，社会的賃金の考え方に基づく「市民所得（シチズン・インカム）」や「参加所得（パーティシパトリー・インカム）」として評価する，という方法もあるだろう（Porijs 1992）。これなどは一つの例にすぎないが，これが実施されれば，世界的規模での平等主義の実現に向けて，大きな第一歩を踏み出すことになるはずである。

価値選択の問題は，ここでも焦点になってくる。平等社会の追求が，必ずしも，自由と平等の理念の正面衝突を招くとは限らない。リカレント教育や生涯教育などの考え方，あるいは，スウェーデンの経済学者ゴスタ・レーン（Rehn 1972）の考え方をみれば，そのことがわかるはずである。

フルタイムの産業労働者の生涯平均労働時間は，約10万時間にすぎない。人間の生涯生活時間の総枠からみれば，平等主義・自由主義の理念を適用できる余地は，まだまだ充分残されているはずである。個人の自由に対して責任を負っている政府は，自発的に結ばれた契約の履行を強制する役割や，自由市場の冷厳なメカニズムに耐えかねて，とかく掟破りの共謀行為に走ろうとする人間を取り締まる役割に止まらないで，一歩先に足を踏み出す必要がある。ポスト産業社会は，豊かさの効率的生産や完全雇用の維持，不要労働の全廃といっ

た課題に取り組まざるを得ない。だとすれば，教育や仕事，余暇，退職などに関する多様なライフ・プランを用意し，その中から人びとが自分で選べるような，多数の選択肢を示す必要も生じてくるだろう。どの選択肢を選ぶかは，組織の一員としてではなく，可能なかぎり個人としての観点からおこなわれるようにする。その底流にあるのは，修正された社会契約観である。個人は，生涯にわたって，みずからの仕事と引き換えに，物的報酬と社会的安全を手に入れる契約を社会と結ぶ。そのような社会では，個々人は，互いに合意したルールの広い枠の中で，毎週，毎年，あるいは生涯にわたって，いつどこで仕事と報酬・安全の交換をおこなうべきか，決定を求められることになるだろう。産業化以前の社会では，ライフサイクルの各段階は厳密に分割され，従うべき教育・余暇・仕事のパターンはあらかじめ決められていた。それらは，貧困という苛酷な現実の必要に迫られて次世代に継承されてきた生活様式であり，就学年齢や週労働時間，年次休暇，退職年齢が法令によって厳格に決められてきた社会の制度であった。しかし，このような制度はポスト産業社会では消滅し，代わって，裁量労働制，学習の自己裁量権，休暇の自由取得権，年間有給休暇制，一時退職の随時化など，さまざまな制度がつくられていくだろう（Handy 1994）。

　豊かな国々では，部分的ではあれ，このような新しい形態の「自由」が徐々に現れてきている，それが，実効性のあるものとして定着するには，絶対的な条件ではないにせよ，雇用労働に従事していない就学中の若者，失業者，妊娠中の女性，病気療養中の人，高齢の退職者を対象にしてそれぞれ別々におこなわれている諸施策をシステム化し，一元化する必要がある。新たに普遍化された権利を具体的な形で個々の市民に付与する決定を下すことが，現在求められているのである（Halsey and Young ［本訳書第21章］参照）。たしかに，あとさきを考えない浪費や，欲求充足を先に延ばす忍耐力の欠如を防ぐ手だては必要だろう。しかし，組織の拘束を縮小し，個人の選択の余地を拡大させる方向に制度の改革を進めることが，現在の一般的な考え方になっている。たとえば，今後も義務教育の就学年齢に関する規定はなくならないだろうが，終了年齢の規定は，現在の豊かな国のそれよりも，低く設定されることになるだろう。その場合，いまの子どもやこれから生まれてくる子どもだけでなく，すべての人に

基礎的な学習の保障が与えられ，在学している期間は，生活費と授業料が支給されることになる。このような仕組みにすれば，人びとは，各自の人生設計にしたがって，好きなときに自分に与えられた教育の権利を行使し，いまのように，いつまでも「子ども」の時期を過ごすよう強いられることもなくなる。若いときには，むしろ，熟練したスキルを必要としない仕事に就くことが奨励され，職業上の地位が，階級ではなく年齢によって決められるような制度になるだろう。また，継続教育を受ける権利は，本人の希望に応じて，余暇のために使われたり，リタイア後の人生を豊かに過ごすために使われてもよいだろう。

　ここでのポイントは，生涯教育は基本的に平等と自由の拡大に資する可能性を秘めている，ということである。次世代になるほど平等化が進展することは確かである。しかし，生涯教育は，いとも簡単に，些末なものに形骸化されてしまう恐れがある。成人教育コースや年間有給休暇，時間有給休暇，遠隔学習プログラム等々の大盤振舞いをして事足れりとする，みせかけの「生涯教育」に変質してしまう危険性は，常に存在する。生涯教育が，社会保障や年金と同じく，市民の権利としての十分な認知を得たとき，平等主義の方向に沿った制度の変化が，はじめて可能になるだろう。そのためには，制度上の創意工夫が必要となる。仕事と教育の関係をもっと柔軟にすること，「学習組織」（Zuboff 1989）の創出を目指す動きをつくること，教育の可能性とカリキュラムについて，教師がもっと楽観的な考えをもつようになること，地域社会に即して学校教育を発展させること，教育にもっと予算を投入すること，などである。

　ここでわれわれは，正確な労働力需給の将来予測という，教育政策の中心課題に直面することになる。これまでの伝統的な理論は単純なものであった。労働力供給の問題とは，つまるところ，労働力需要の問題に帰着する，というものである。つまり，人間の欲望に限りはないから，産業システムは発展を続けて労働力需要が限りなく増大していく。だから，それに合わせて訓練された労働力の供給量を増やせばよいだけのこと，というものである。20世紀は，おおむね，この流れに沿って効率的な政策が実施されてきた時代である。だからこそ，「人間への投資」という考え方も，本来は公共支出の削減と抱き合わせの概念であるにもかかわらず，すんなりと受け容れられたのである。

　もう一つ，大きく見解が分かれているのは，モノの生産から外科手術にいた

るまで，あらゆる分野でテクノロジーが人間の労働に取って代わる，という理論をめぐるものである。ドーア (Dore 1976) によれば，いったん不況で高まった失業率，とくに，不熟練労働者や低学歴労働者の失業率は，好況になっても元の水準までは回復しない，という。これまでの政策は，やみくもに教育の拡大を求めてきた。この政策を転換し，完全雇用を実現する方策や，ワーク・シェアリングの方法を見つけていくことが必要になるだろう。そしてなによりも，ますます豊かになっていく社会において，所得の分配を平等化する新しいメカニズムを探ることが，まさに急務となってきている。

平等への障害 2: 学校教育の重要性

考察すべき第 2 の障害は，ジェンクスの悲観的な議論と関わりをもっている。ここでのわれわれの関心は，教育機会・教育達成・社会的出自という 3 つの要因間の閉じた連関の問題にはない。教育とその後のライフ・チャンスの関連，社会的分配を変える手段としての教育の有効性の問題である。この問題は，クリストファー・ジェンクス (Jencks 1972, 1977) の議論が起爆剤となって息を吹きかえした論争の中心的な争点である。ジェンクスは，アメリカの職業構造は開放的であり，社会的出自と獲得した職業的地位の関連はあまり強くなく，一部分は構造的要因によるものの，大部分は，その人に降りかかった「運」によって説明される，と主張した。かれの主張が，男性の勤労者を対象とするブラウとダンカン (Blau and Duncan 1968) の研究結果に依拠していることも念頭に置いておく必要がある。かれは，次のようにいう。

> 職業的地位は，われわれが測定したどの要因よりも，教育達成と強い関連をもっている。しかし，教育達成が同じ人たちのあいだにも，依然として大きな地位の差が存在する。教育年数だけでなく，家庭的背景と試験の成績をコントロールして比較しても，やはりこれと同じ結果になる。アメリカでは，従事する職業は家庭的背景と知能テストの点数，教育歴だけで決まる，と考える人がいたとすれば，勝手にそう思い込んでいるだけのことだ。職業的地位の分散がこの 3 つの要因によって説明される割合は，せいぜいのところ，半分程度にすぎない。少なくとも残りの半分の分散は，これとは無関係の要因に起因しているのである。

この，説明できない分散のいくらかは，世代内の職業移動によるものであろ

う。しかし，ジェンクスは別の原因を強調する。「分散のかなりの部分は運に因るものだ（ある製鋼所で，レイオフされて臨時塗装工になる工員もいれば，たまたま配属されていた工場が繁忙を極めていたために職を失わずにすむ工員もいる）。自分自身の選択によって説明される部分もある（ビジネスマンが下着メーカーを辞めて聖職者になる）」。所得の平等の問題に関しても，ジェンクスはこう続ける。「所得の多寡も運に左右される。偶然知り合った人との縁で仕事にありつく，というようなこともあれば，たまたま職探しをしていた場所によって，探せる仕事の範囲が決まってしまうこともある。そのほか，勤める工場の超過勤務の時間数や，悪天候によるいちごの収穫高への打撃の程度などなど——予測できない数多くの出来事に左右されるのだ」。

　ジェンクスの主張は，「教育改革こそ世代間の貧困の連鎖を断ち切る最良の手段」という，それまでのオーソドックスな考え方への批判を念頭に置いている。と同時に，経済的不平等は個人の遺伝的能力の差が原因だから仕方がない，という一般通念を打破することをも目論んで，『不平等』（Jenks 1972）を書いたのであろう。

> 経済的不平等の大きさに関していえば，知能テストの点数を統制変数に用いても用いなくても，たいして変わらない。経済的不平等は親から子に引き継がれていくから不当だ，と非難することはできない。なぜならば，親の経済的地位をコントロールしても，不平等の大きさは変わらないからだ。学校間に格差があるからといって，経済的不平等の存在を非難することもできない。なぜなら，学校間の格差は，いくら調べても，生徒の属性に，ほとんど影響を与えていないからだ。

　何人かの学者はジェンクスの統計分析の妥当性に疑問を投げかけた（*Harvard Educational Review*, 1973）。ジェームズ・コールマンのような大御所もその一人である。コールマンは，まず，ジェンクスが機会の不平等と結果の不平等の意味をきちんと区別していない，と批判した上で，ジェンクスは結果の不平等について論じるといっているが，実際には，機会の不平等の議論に終始している，と的確な批判を加える。また，ジェンクスは，学校教育の機会を平等化しても個人間の所得の不平等は変わらない，と主張するが，学校教育が所得の分散を説明できるのは12%程度にすぎない。所得の不平等を職業の違いによって説明しても，その職業に就く埋由が説明されたことにはならない。そもそもジェン

クスは機会の平等の問題についてもきちんとした検討を加えていない。かれは，所得の分布と学校教育や家族の特性の分布に関連がないことを示し，それに基づいて，貧困者の問題の根本は，かれらに金がないということだ，と（たいていの人が言いたがらないことを，敢えて）口にする。ところが，かれの分析で説明されていない所得の分散については，手を替え品を替えて，運のせいだといったり，恣意的とはいえないまでも気まぐれな能力分布のせいだ，といっている（市場社会における「運」と気まぐれに関しては，Goldthorpe [本訳書第18章]）。大要，このような趣旨の批判が，ジェンクスに向けられた。

その後，第2回目の分析がおこなわれた (Jencks 1977)。2回目の分析には，（ジェンクスによれば）40万ドルが投入されたという。しかし，これだけのお金を投入して得られた結果は，われわれにとっては既にお馴染みだが，決して好ましいとはいえない世界観の復活を促したことであった。かつて社会学者は，教育を介して平等を実現する可能性に対する虚無的な失望感が蔓延したとき，それに抗して発言した。今回も，このような過剰反応に対しては，きちんとした対応がなされるであろう。好意的にいえば，ジェンクスらのチームが，その著『不平等』(1972) に対して加えられた批判に誠実に向き合い，家族やパーソナリティ，学校教育という変数の厳密な再定義を経て再分析の作業に超人的努力を傾けたこと，質問文を練り直して回答の信頼性を高める努力をした点は，十分に賞賛されて然るべきであろう。社会科学はそのようにして進歩していくものだからである。

こうした努力にもかかわらず，『不平等』におけるかれの主張の正しさが裏付けられたわけではない。家庭的背景によって説明される職業的地位の分散は，1回目の分析では全体の32%だったが，2回目の分析では48%になった。学校教育で説明できる職業的地位の分散は，1回目の42%から2回目の55%，家庭的背景・IQ得点・学校教育年数・パーソナリティ特性の各変数を合成して作成した合成変数（初職入職時の本人の資質を示す変数）によって説明される現職の職業的地位の分散は55%から60%，年収の分散は33%から41%となり，いずれも各変数の説明力は高まった。

しかし，『不平等』に加えられた手厳しい批判は，再計算の結果によって乗り越えられたわけではない。たとえば，『不平等』では，職業的地位をきょうだい

間で予測する場合の分散は，他人同士のときの分散に比べれば，その大きさは82％であったが，2回目の再分析の結果は72％に縮小している。しかし，分散が小さくなったからといって，それでわれわれの社会を観る目が劇的に変わるものでもなかろう。2つの著書のあいだには，その語り口に大きな違いがある。2回目の研究成果をまとめた『誰が出世するのか』(1977)は，公共政策の問題にほとんど触れていない。それも理由の一つであろう。しかし，もっと基本的なことをいえば，統計の提示の仕方が大きく変わっているからである。1972年の前著では，集団内の分散(平均)に注目した分析がおこなわれていた。

　『不平等』は，教育工学的な手法を用いて広範な改革を成し遂げようという「偉大な社会」(グレート・ソサイティ)政策の，ユートピア性を批判した。この批判の破壊力は確かに大きかった。しかし，その理由は，もっぱら社会的行為の限界を示したことが衝撃的だったからである。たしかに，職業的地位や収入の分散は，家庭的背景・知能テストのスコア・学校教育年数をコントロールしても，コントロールしない場合の分散の4分の3程度にしか減少しない。この分析結果をみれば，アメリカは，くじ引き社会・運が左右する社会のようにみえる。計画的に人びとにライフ・チャンスを配分する社会工学の技術が悲惨なまでに欠落した社会，と解釈することもできるはずである。学校教育が男性の所得の分散の12％程度しか説明できない，という結果から，かりに学校教育の内容をまったく同じにしても，それによる所得の不平等減少の効果は，12％程度に過ぎない，と主張するのはよい。複数の因果関係を想定したモデルで，他の変数をコントロールして一つの変数の効果を予測する統計分析の方法は，たしかに便利な手法かもしれない。しかし，だからといってこれらの分析が，必ずしも社会学的に意味のある分析になるとは限らない。かりに，アメリカで，すべての人に同じ学校教育を与えることになったとしよう。しかし，それが実現していく過程は，同時に，階級構造も労働市場も，そして，社会そのものも根底から変貌していく過程でもあるだろう。

　『誰が出世するのか』では，これらの反対意見も受け容れている。ジェンクスらは，「運」に不当なまでに重要な意味を与えているという前著に対する批判を受け容れ，変数の定義を厳密にして，「運」ではなく，労働市場における人的資本の強制的な平等配分の効果という観点から論じている。しかし，1990年代の

社会生活の一つの特徴は，それとは逆に，どの社会集団も，より強い経済的不安定を実感した(あるいは，その現実に直面した)ことである。その結果，職業上の経歴もキャリアも，皮肉なことに，今度こそ本当に，「運」に左右される度合いが高まっていくのかもしれない。ただし，それは，個人の能力や企業へのコミットメントとは関わりなく，企業のリストラや合理化，ダウンサイジング，リエンジニアリング，買収などが，否応なしに自らの身に降りかかってくるという意味での「運」である（Brown [本訳書第 20 章]）。

平等への障害 3: 遺伝的な能力差

第 3 の障害は，教育達成の差は人種や階級間の遺伝的な違いに根ざしている，という考え方である。アメリカのジェンセン，ヘアンスタイン，マレー，イギリスのアイゼンクは，これを，「構造的特徴(ストラクチュラル・フィーチャー)」という，真偽の疑わしい概念を使って説明する。この主張を定式化して提示したのが，*Harvard Educational Review* に発表されたアーサー・ジェンセンの「IQ と学業成績は，どのくらい押し上げることが可能か？」という有名な論文（Jensen 1969）である。かれの著書『遺伝と教育』（Jensen 1972）は，この論文を敷衍したものであり，一般向けの本として書かれたのが，ハンス・アイゼンクの『人種・知能・教育』（Eysenck 1971）である。ジェンセンが提示した広範な証拠の大半については，論争の余地はない。アメリカのどの社会階級，どの人種的マイノリティ集団の間にも，IQ の平均値には，明らかな差がある。これを基礎にして学問的な議論をするためには，測定した各種能力との関連を科学的に描き出すことが必要であろう。しかし，知能テストの得点の差の説明も，ましてや，知能テストの得点と「知性」（IQ テストで測定される「知能」以外のもの）の分布との関係についても，いまだまったく説明されていないのが現状である。

知能テストの得点の分布と相関が，論点の中心なのではない。ジェンセンの議論で重視すべきことは，それが原因に関する理論であると同時に，分析結果に基づく助言をしている点である。この 2 つが別物であるくらいのことは，分別のある人ならば，すぐにわかるであろう。原因と説明という，理論的な議論に関しては，かれは，アメリカの黒人と白人の IQ 得点の平均の差(10 ポイントから 15 ポイントの差)が遺伝によるものなのか，それとも，遺伝と環境の交

互作用なのか，あるいは，環境だけが原因なのか，という問いを立てる。アイゼンクは，あえて論争的にするためだろうが，2番目の理論も遺伝説に分類し，3番目の理論を環境説として位置付けている。第1の理論が遺伝説，第3の理論は環境説で，第2の理論は，両者を結合した理論ということになる。ジェンセンは，集団内での遺伝可能性の問題を，集団間の遺伝可能性の問題に形式的に一般化することに対しては，慎重な態度をとった。しかし，結局のところ，結論として次のように述べている。「教育達成にみられる人種集団間・社会集団間に存在する差を，主に遺伝的要因によって説明するほうが，遺伝的要因に由来する心理特性の違いは存在しないと仮定する説明や，集団間にみられる行動の多様性を文化の違いや社会的差別・機会の不平等によって説明する理論――長い間，社会科学や教育学で正統とみなされてきた考え方――よりも，ずっと科学的な説得力があるはずだ」。

ジェンセン自身は，このような考えに基づいて，純粋遺伝説を斥け，純粋環境説もほとんどあり得ない疑わしい立場とみなして除外し，2番目の説明を採用する。しかし，われわれの考えでは，純粋な環境説はそれほど受け入れ難いものではない。われわれは，ジェンクスが『不平等』の中でおこなった遺伝可能性の計算結果を重視するが，不思議なことに，ジェンセンは，IQ値の分散のうち，遺伝的要因によって説明できる部分の割合をずっと低く見積もっているジェンクスの数値を無視している。

さらに重要なのは，この結果がもたらす影響である。この結果は，科学の場での議論を政治の場に引きずり込んだ。ジェンセンは典型的なアメリカの個人主義者であり，機会と処遇の仕方は多様であるべきだ，という信念を強く抱いている。この信念があるからこそ，遺伝的資質の多様性もまた，かれにとっては，人類に必要不可欠のものとして評価（過大評価かもしれないが）されるべきものなのであろう。分別を弁えている人ならば，そのことを非難したりはしない。しかし，アイゼンクと同様，ジェンセンも，心理学者の色眼鏡でものを見過ぎており，IQの重要性を過大評価している。かれ自身はこのことに半ば気付いていて，IQと学校での教育達成の水準との関係にも目を向けている。しかし，それでもなお，かれは，環境説反対論者と歩調を揃え，IQはその人の経済的地位を決定する上で，圧倒的な重要をもっている，と主張する。アメリカの

1. 序論：教育と社会の変容

所得分布に即していえば，これは必ずしも真実ではない。ジェンクスに加えて，ボウルズとギンティスも (Bowles and Gintis 1976)，IQ は，社会的経済的背景や学校教育年数と比べれば，職業的地位と所得によって測定される経済的成功の決定要因としては，大して重要ではない，ということを示した。かれらの分析結果をもっと真摯に受け止めていれば，ジェンセン論争が，アメリカの黒人や労働者階級にとって政治的・経済的な正義とは何かという，根本的な問題とは何の関わりもない論争だ，ということがわかったはずである。ジェンセン支持者の論争などは，単なる「学問」というコップの中の嵐に過ぎない。

しかし，知能の遺伝説をめぐる論争は，1994年，リチャード・J. ヘアンスタインとチャールズ・マレーの著書『ベル・カーブ――アメリカ人の生活における知能と階級構造』の刊行をきっかけにして再燃した (Herrnstein and Murray 1994)。この本は，じつに狭猾な本である。一見したところ公平で筋が通っているようにみえるが，その実，右派勢力の考え方を露骨なまでに受け入れている。遺伝と環境の問題について議論するときに，新しいデータはまったく使われていない。バーンスティン (Bernstein 1978) やブルデュー (Bourdieu 1986)，ブードン (Boudon 1974) といったヨーロッパの学者の研究成果も，まったく無視している。階級の定義もなく，階級移動の国際比較研究にも言及していない。唯一提示されているのは，教育システムの中で IQ を基準にした選別が進むと，「認知エリート」と最下層無学歴者に二分されていく，という2つの階級への分極化論である。かれらは，アメリカの黒人は最下層に属す運命にあるとみなしている。その根拠として挙げられているのは，黒人の IQ 得点が白人に比べて低く，標準偏差も小さいこと，IQ のスコアで示される知能の 60%（とかれらはいう）は遺伝的要素によるものだ，ということが根拠に挙げられている。

スティーブン・フレイザーが編集した批判的検討のための論文集『ベル・カーブ戦争』(Fraser 1995) は，ヘアンスタインとマレーの議論の歪みを指摘して，議論の中和化に十分成功している。すでに，スティーブン・J. グールドは，『人間の測りまちがい』(Gould 1981) の中で，この類の論争で予想される主要な争点を示していた。それによれば，『ベル・カーブ』の著者たちは，まさしくグールドのいう「4つの怪しげな前提」に依拠している。第1に，知能には1種類しかない，第2に，知能という一元尺度上に人びとを位置付けることがで

きる，第3に，知能は遺伝的なものである，第4に，知能は事実上変化しない。教育社会学を学ぶ者，とくに，平等の追求を強く志向する文化を有するアメリカの人たちは，教育と社会の中に存在する遺伝と環境の相互作用の問題を，常に念頭に置いておく必要がある。

新しい政治算術(ポリティカル・アリスメティック)をめぐる議論

　新しい政治算術という考え方は，社会的説明責任(ソーシャル・アカウンタビリティ)を果たす一つの有力な研究の立場だと思われる。ここ20年ほど，政治家やジャーナリストが主張してきた経験的「事実」を念頭に置けば，その主張の真偽を確認する研究を独立した立場からおこなうことが，民主主義の将来にとってきわめて重要であることがわかる。政治算術は，同時に，社会や社会制度の本質について研究する重要な「方法論」でもある。この方法論の淵源は，17世紀のウィリアム・ペティにまで溯らないまでも，ブースやウェッブ夫妻に求めることができる（Halsey 1994）。さらに時代を下れば，この方法論は，戦後イギリスの家族と階級，教育の関係に関する1950年代のデイヴィッド・グラースや，1970年代のハルゼーらの研究も含め，数多くの社会政策・社会階層の研究のなかで多用されてきた。ハルゼーらは，政治算術の初期の唱道者らの関心について，次のように述べている。

> ［かれらは］社会の状態，とくに恵まれない人たちが置かれている状態を，正確かつ詳細に描き出すことに関心を寄せていた。しかし，この問題への関心は，単なる学問的な関心から発しているものでは決してなかった。社会の状態を記述する作業は，政治的な改革に向けての準備段階として位置付けられていた。かれらが社会的不平等の様相を事細かに描き出したのは，そうした状況を変えようとしていたからである。したがって，政治算術の伝統には二重の意図が存在する。一方における，「社会の状態」を記述し具体的に描き出すという，もっぱら社会学的な研究関心と，他方における，社会的・政治的な解決を迫られている中心的課題への実践的な関与である。政治算術は，「価値自由」な学問として自立する資格を十分備えていたにもかかわらず，その道を歩むことは決してなかった。むしろ逆に，課題解決に向けた価値的な選択行為をデータ収集の客観的方法に結合させることを目指したのである（Halsey, Heath, and Ridge 1980: 1）。

　拡大する社会的な不平等と不公平(インジャスティス)，市場の「自動調節」機能によって突き

崩されていく社会的連帯の基盤，戦後推し進められてきた福祉政策の後退，自由主義に立脚する民主主義社会を主導してきたメリトクラシー・イデオロギーの衰退，そして，それと時を同じくして登場してきた，右派の政治家による「無階級社会」到来の宣言。これら一連の事態が進行する時代にあっては，新しい政治算術は，単なる社会学の手法であるにとどまらず，民主主義の死活にもかかわる重要な道具であるということを，強く主張する必要がある。人びとが政治算術の手法を活かすためには，まず第1に，「政府に依存しない自前の知識を入手して，それを共有すること」(Halsey 1994: 440)，そして第2に，刻々と変化する複雑なポスト産業社会の姿と矛盾を果敢に「描き出」そうとする気概と能力を備えた研究者が多数いることが条件となる。この2つの条件が必要とされることには，それ相応の理由がある。いくつかの先進経済社会にみられる不平等の拡大が，政治算術に代表される立場・手法のすべてを否定するポストモダニズムの運動とともに現れてきたことは，明らかである。ラザー (Lather 1991) をはじめとするポストモダニズムの研究者たちは，計量的研究の意義を否定することによって，国家の政策責任を問い質すという研究者にとって欠くことのできない重要な視点を欠落させてしまった。政策が統計の数字によって示されるものである以上，その立案や成果の裏付けとして持ち出される数字を批判的にチェックする必要があるはずである。

今日，われわれが拠り所にしている研究の方法論は，それが置かれている社会的文脈も，それに対する理解の仕方も，かつて政治算術の手法が現れたころに比べれば，まったく一変している。しかし，研究の目的それ自体の社会的責任の大きさに変化があったわけでは決してない。ポストモダニストの主張には，人間の認識が自己再帰的な性格を有していることについての重要な洞察が含まれている。ベック (Beck 1992) やギデンズ (Giddens 1991, 1994) のいう再帰的近代化の概念は，ポストモダニストたちの考察の対象を個人から社会に拡張し，近代以降に特徴的な社会変化の様相を把握するためのものである。ギデンズは次のようにいう。

> 社会的再帰性は，伝統社会に引き続く新たな社会を成立させる必要条件であると同時に，その所産でもある。諸々の決定は，程度の差こそあれ，行為を規制する諸条件についての絶え間ない反芻を経たのちに下される。ここにいう「再帰性」と

は，行為を規制する諸条件に関する情報を手掛かりにして，その行為の意味を繰り返し整理し定義し直す一連のプロセスを指す。それは，社会を観察する者は同時に社会から観察される者でもある，という行為の世界の特質を指す概念である。そしてこの世界は，いまや文字どおりグローバルな範囲にまで拡大している（Giddens 1994: 86）。

新しい政治算術の立場は，このような広範な変化への洞察の意義を認めるのに，やぶさかではない。しかし，それが計量的研究の忌避に通じるのであれば，断固としてこれを拒否する。計量的方法が，そのまま理論(セオリー・フリー)に囚われない観察という前提に立つ経験主義者の方法論を意味するわけではない。計量的研究の方法とその方法論的前提は，区別すべきものである。新しい政治算術は，その役割の社会的責任を自覚するとともに，その自覚に基づいて政策に積極的に関与し，同時に，自分たちの研究が依拠する諸前提に対しても，自覚的であろうと努める。

さらに，新しい政治算術は，単なるインプット・アウトプットの計算に止まることなく，「なにが重要か」「なぜそうなのか」の分析にも力を注ぐ。1970年代の政治算術的研究に対しては，インプットとアウトプットの間が「ブラックボックス」のまま放置されているという批判が，繰り返し加えられた。この批判を乗り越えるには，「なにが重要か」「なぜそうなのか」の分析を避けることはできない。「なにが重要か」の解明には，アウトプットのみならず，それを産み出す「プロセス」の研究が不可欠である。また，急激な社会的・経済的・制度的変化が起きている状況においては，量的研究と質的研究を結びつける方法をみつけることも，ますます重要になる。人間は知識を備えた行為主体であり，それゆえに，社会の産物とは，人間の抱いているさまざまな考えに基づいてかたちづくられた行為の所産にほかならない。このことを正しく認識しなければならない。だからこそ，社会や教育を研究する者は，研究から得た知識を活用して，自分たちの生きているポスト産業社会の可能性について，人びとと対話することを求められているのである。新しい政治算術も，理論の構築を通じて「制度の構築」（Dahrendorf 1985）を目指す政治的営為の一角に，積極的に関与しなければならない。この意味で，新しい政治算術は，教育・社会・経済・政治が大きく変動していく20世紀末のこの時代に，政治経済学(ポリティカル・エコノミー)の伝統を引き継

ぎ，時代の抱えている課題に，積極的に取り組むことを期待されている。

　たとえば，教育の目標や目的に対する信頼が大きく揺らいでいる現状は，20世紀後半の社会変動に対する人びとの不安から生じたものである。イギリスやアメリカで，過去十数年のこのような混乱した状況に向きあい，それなりに対応する姿勢を示してきたのはニューライトである。「われわれは，いまのこの社会がいかなる社会であるのか，理解できなくなっている。しかし，すくなくともそれが市場経済の社会であること，そして，市場経済を機能させるための最良の方法は政府の干渉を最小限に止めること，これくらいのことは確実に知っている」(Block 1990: 3)。この考え方が，過去十数年の両国における教育の意志決定を特徴づけてきた。教育システムをどのように組織すれば，市場の命令に沿うようにさせることができるか，という観点からの議論が，繰り返しおこなわれてきた。これに対して社会学者や教育学者は，教育の道徳的・政治的基盤を「自由市場」のメカニズムに委ねることに反対し，それが福祉国家の将来に及ぼす悪影響を記述し評価することに，そのエネルギーを傾注してきた。そのため，ポスト産業化への移行がもたらす可能性についての新たな理論的・経験的研究の展開が遅れてしまったことは確かである。このような研究の重要性は，今後，ますます増していくだろう。第1に，20世紀の社会学に優れた洞察力を与えてきた産業社会とその制度的基盤に関する理論の記述力・分析力が著しく低下してきたこと，そして第2に，最近の東欧・ソ連の崩壊という事実を踏まえ，資本主義に代わる社会体制のあるべき姿の再検討が喫緊の課題となっていること，この2つがその理由である (Giroux [本訳書第4章]; West 1990)。目下のところ，新たな社会を展望する首尾一貫した改革のプログラムを提示することは難しい。しかし，「社会科学の基礎概念に結び付けて教育改革の提言を試みる人よりも，今後の社会のあるべき姿について，多くの人びとが抱いているイメージに沿って教育改革の提言をなし得た人のほうが，はるかに多くの成功を収めてきた」(Block 1990: 8) のである。ブロックが述べたこの事実を，われわれは，常に，念頭に置くべきであろう。

参考文献

Apple, M. (1982), 'Curricular Form and the Logic of Technical Control: Building the

Possessive Individual', in Apple, M. (ed.), *Cultural and Economic Reproduction in Education* (London: Routledge).

Armstrong, P., Glyn, A., and Harrison, J. (1991), *Capitalism Since 1945* (Oxford: Basil Blackwell).

Aronowitz, S., and Giroux, H. (1986), *Education Under Siege: The Conservative, Liberal and Radical Debate over Schooling* (London: Routledge).

―――― and Giroux, H. (1991), *Postmodern Education: Politics, Culture and Social Criticism* (Minneapolis: Univ. of Minnesota Press).

―――― and De Fazio, W. (1994), 'The New Knowledge Work', in *The Jobless Future: Sci-Tech and the Dogma of Work* (University of Minnesota Press) [原著書第11章, 本訳書未収録].

Ashton, D., and Green, F. (1996), *Education, Training and the Grobal Economy* (Cheltenham: Edward Elgar).

Atkinson, A. B. (1995), *Incomes and the Welfare State: Essays on Britain and Europe* (Cambridge: Cambridge Univ. Press).

Atkinson, J. (1985), 'The Changing corporation', in D. Clutterbuck (ed.), *New Patterns of Work* (Aldershot: Gower).

Avis, J. (1993), 'A New Orthodoxy, Old Problems: Post-16 Reforms', *British Journal of Sociology of Education*, 14: 245–60.

Avis, J., Bloomer, M., Esland, G., Gleeson, D., and Hodkinson, P. (1996), *Knowledge and Nationhood: Education, Politics and Work* (London: Cassell).

Ball, S. (1990), *Education, Inequality and School Reform: Values in Crisis!* (Inaugural Lecture, Center for Educational Studies, Kings College, London).

―――― (1994), *Education Reform: A Critical and Post-Structuralist Approach* (Milton Keynes: Open Univ. Press).

―――― and Bowe, R. (1992), 'Subject Departments and the 'Implementation' of National Curriculum Policy: An Overview of the Issues', *Journal of Curriculum Studies*, 24/2: 97–115.

――――, ―――― and Gewirtz, S. (1995), 'Circuits of Schooling: A Sociological Exploration of Parental Choice of School in Social Class Contexts', *The Sociological Review*, 43: 52–78 (Blackwell Publishers) [原著書第27章, 本訳書未収録].

Barnett, C. (1986), *The Audit of War: The Illusion and Reality of Britain as a Great Nation* (London: Macmillan).

Barry, B. (1973), *The Liberal Theory of Justice* (Oxford: Oxford Univ. Press).

Beck, U. (1992), *Risk Society: Towards a New Modernity* (London: Sage). 東廉・伊藤美登理訳『危険社会――新しい近代への道』法政大学出版局 (1998).

Bellah, R., Madsen, R., Sullivan, W., Swidler, A., and Tipson, S. (1985), *Habits of the Heart: Individualism and Commitment in American Life* (Berkeley: Univ. of California Press). 島薗進・中村圭志訳『心の習慣――アメリカ個人主義のゆくえ』みすず書房 (1991).

Bernstein, B. (1978), 'Class and Pedagogies: Visible and Invisible', in Karabel, J. and Halsey, A. H. (eds.), *Power and Ideology in Education* (Oxford University Press). 佐藤智美訳「階級と教育方法──目に見える教育方法と目に見えない教育方法」潮木守一・天野郁夫・藤田英典編訳『教育と社会変動』(上) 東京大学出版会 (1980) [原著書第 3 章, 本訳書未収録].

─── (1990), *The Structuring of Pedagogic Discourse:* vol. iv. *Class Codes and Control* (London, Routledge).

Bettis, P. (1996), Urban Students, Liminality and the Postindustrial Context, *Sociology of Education*, 69, April, 105–25.

Bird, L. (1992), 'Girls taking positions of authority at primary school', in S. Middleton and A. Jones (eds.), *Women and Education in Aotearoa 2* (Wellington, NZ: Bridget Williams).

Blackmore, J. (1992), 'The Gendering of Skill and Vocationalism in Twentieth-Century Australian Education', *Journal of Education Policy*, 7: 351–8, 366–77 [原著書第 14 章, 本訳書未収録].

Blau, P., and Duncan, O. D. (1968), *The American Occupational Structure* (New York: John Wiley).

Block, F. (1990), *Postindustrial Possibilities: A Critique of Economic Discourse* (Berkeley: Univ. of California Press).

Bloom, A. (1987), 'Introduction: Our Virtue', in *The Closing of the American Mind: How Higher Education Has Failed Democracy and Impoverished the Souls of Today's Students*. 菅野盾樹訳「われわれの徳」『アメリカン・マインドの終焉』みすず書房 (1988) [原著書第 32 章, 本訳書未収録].

Bourdieu, P. (1986), 'The Forms of Capital', in Richardson, J. (ed.), *Handbook of Theory and Research for the Sociology of Education* (Greenwood Press) [原著書第 2 章, 本訳書未収録].

─── and Passeron, J.-C. (1990), *Reproduction* (London Sage). 宮島喬訳『再生産──教育・社会・文化』藤原書店 (1991).

Boudon, R. (1974), *Education, Opportunity and Social Inequality* (New York: John Wiley). 杉本一郎・山本剛郎・草壁八郎訳『機会の不平等──産業社会における教育と社会移動』新曜社 (1983).

Bowles, S., and Gintis, H. (1976), *Schooling in Capitalist America* (London: Routledge). 宇沢弘文訳『アメリカ資本主義と学校教育──教育改革と経済制度の矛盾』(I)・(II), 岩波書店 (1986–87).

Braverman, H. (1974), *Labour and Monopoly Capital* (New York: Monthly Review Press). 富沢賢治訳『労働と独占資本──20 世紀における労働の衰退』岩波書店 (1978).

Brown, P. (1990), 'The "Third Wave": Education and the Ideology of Parentocracy', *The British Journal of Sociology of Education*, 11: 65–85 [原著書第 26 章, 本訳書未収録].

―――― and Scase, R. (1994), *Higher Education and Corporate Realities: Class Culture and the Decline of Graduate Careers* (London: UCL Press).

―――― and Lauder, H. (1992), 'Education, Economy and Society: An Introduction to a New Agenda', in Brown, P., and Lauder, H. (eds.), *Education for Economic Survival* (London: Routledge).

―――― and Lauder, H. (2001), *Capitalism and Social Progress: The Future of Society in a Global Economy* (Basingstoke, Palgrave).

Butler, T., and Savage, M. (eds.) (1995), Social Change and the Middle Classes (London: UCL Press).

Canevale, A., and Porro, J. (1994), *Quality Education: School Reform for the New American Economy* (Washington: US Department of Education).

Cassell, M. (1993), 'Top 1,000 groups "have cut 1.5 million jobs"', *The Financial Times*, 1 Nov.

Chisholm, L. (forthcoming), 'From the Knowledgeable Individual to the Learning Society? Schooling and Contemporary Modernisation Processes', *Pedagogiska Magasiket* (Institute of Future Studies: Stockholm).

Chubb, J., and Moe, T. (1990), *Politics, Markets and America's Schools* (Washington: Brookings Institute).

Clark, B. (1962), *Education and the Expert Society* (San Francisco: Chandler).

Clegg, S., and Redding, S. G. (eds.) (1990), *Capitalism in Contrasting Cultures* (Berlin: de Gruyter).

Codd, J., Gordon, L. and Harker, R. (1996), 'Education and the Role of the State: Devolution and Control Post-Picot', in Lauder, H. and Wylie, C. (eds.), *Towards Successful Schooling* (Falmer Press)［原著書第 16 章, 本訳書未収録］.

Cohen, S. (1985), *Visions of Social Control* (Cambridge: Polity Press).

―――― and Zysman, J. (1987), *Manufacturing Matters: The Myth of the Post-Industrial Economy* (New York: Basic Books).

Collins, R. (1979), *The Credential Society* (New York: Academic Press). 新堀通也監訳『資格社会――教育と階層の歴史社会学』有信堂高文社 (1984).

Coleman, J. (1968), 'The Concept of Equality of Educational Opportunity', *Harvard Educational Review*, 38 (Winter): 7–22.

―――― (1990), *Equity and Achievement in Education* (Boulder: Westview Press).

―――― (1992), 'Some Points on Choice in Education', *Sociology of Education*, 65: 260–2.

――――, Campbell, E., Hobson, C., McPartland, J., Mood, A., Weinfeld, F., and York, R. (1966), *Equality of Educational Opportunity* (Washington: US Government Printing Office).

Commission For Social Justice (1994), *Social Justice: Strategies for National Renewal* (London: Vintage).

Connell, R. (1990), 'The State, Gender and Sexual Politics', *Theory and Society*, 15/5: 507–44.

Connell, R. (1993), 'The Big Picture: Masculinities in Recent World History', *Theory and Society*, 22: 597–623 [原著書第 40 章, 本訳書未収録].

Cowling, K., and Sugden, R. (1994), *Beyond Capitalism: Towards a New World Economic Order* (London: Pinter).

Dahrendorf, R. (1985), *Law and Order: The Hamlyn Lectures* (London: Stevens and Son).

Dale, R., and Ozga, J. (1993), 'Two Hemispheres, Both New Right? 1980s Education Reforms in New Zealand and Wales', in Lingard, R., Knight, J., and Porter, P. (eds.), *Schooling Reform in Hard Times* (London: Falmer Press).

—— (1997), 'The State and the Governance of Education: An Analysis of the Restructuring of the State-Education Relationship' [原著書第 17 章, 本訳書未収録].

Darling-Hammond, L. (1995), 'Restructuring Schools for Student Success', *Daedalus*, 124: 153–62 [原著書第 23 章, 本訳書未収録].

David, M. (1993a), *Parents, Gender and Education Reform* (Cambridge: Polity Press).

—— Edwards, R., Hughes, M., and Ribbens, J. (1993b), *Mothers and Education: Inside Out? Exploring Family-Education Policy and Experience* (London: Macmillan).

—— West, A., and Ribbens, J. (1994), *Mother's Intuition? Choosing Secondary Schools* (London: Falmer Press).

Davies, B. (1993), *Shards of Glass* (Cresskill, NJ: Hampton Press).

Davis, S. (1995), 'Leaps of Faith: Shifting Currents in Critical Sociology of Education', *American Journal of Sociology*, 100/6: 1448–78.

Deem, R. (1978), *Women and Schooling* (London: Routledge).

Delpit, L. (1993), 'The Silenced Dialogue: Power and Pedagogy in Educating Other People's Children', in Weiss, L. and Fine, M. (eds.), *Beyond Silenced Voices: Class, Race and Gender in United States Schools* [原著書第 11 章, 本訳書未収録].

Dennis, N., and Halsey, A.H. (1988), *English Ethical Socialism: Thomas More to R. H. Tawney* (Oxford: Clarendon).

Department of Education and Science (1982), *Science Education in Schools* (London: HMSO).

Dewey, J. (1910), *How We Think* (Boston: D.C. Heath and Co). 植田清次訳『思考の方法』春秋社 (1950).

—— (1916), *Democracy and Education* (New York: Macmillan). 松野安男訳『民主主義と教育』(上)・(下), 岩波書店 (1975).

Deyhle, D. (1995), Navajo Youth and Anglo Racism: Cultural Integrity and Resistance, *Harvard Educational Review*, 65, 3: 403–44.

Docherty, T. (1993) (ed.), *Postmodernism: A Reader* (New York: Harvester / Wheatsheaf).

Dore, R. (1976), *The Diploma Disease* (London: George Allen and Unwin). 松居弘道訳『学歴社会――新しい文明病』岩波書店 (1978).

Drucker, P. E. (1993), *Post-Capitalist Society* (London: Butterworth-Heinemann). 上田

惇生他訳『ポスト資本主義社会——21世紀の組織と人間はどう変わるか』ダイヤモンド社 (1993).

Durkheim, E. (1977), *The Evolution of Educational Thought* (London: Routledge). 小関藤一郎訳『フランス教育思想史』行路社 (1981).

Erickson, R., and Goldthorpe, J. (1992), *The Constant Flux: A Study of Class Mobility in Industrial Society* (Oxford: Clarendon).

Esping-Andersen, G. (1990), *The Three Worlds of Welfare Capitalism* (Cambridge: Policy Press). 岡沢憲芙・宮本太郎監訳『福祉資本主義の三つの世界——比較福祉国家の理論と動態』ミネルヴァ書房 (2001).

——— (ed.) (1994), *Changing Classes, Stratification and Mobility in Post-Industrial Societies* (London: Sage).

Eysenck, H. (1971), *Race, Intelligence and Education* (London: Temple Smith).

Field, F. (1995), *Making Welfare Work* (London: Institute of Community Studies).

Fine, M. (1993), '[AP]parent Involvement: Reflections on Parents, Power, and Urban Public Schools', *Teachers College Record*, 94: 682–710 (Teachers College, Columbia University)［原著書第30章, 本訳書未収録］.

Flanagan, C. (1993), 'Gender and Social Class: Interesting Issues in Women's Achievement', *Educational Psychologist*, 28, 4: 357–78.

Foucault, M. (1977), *Discipline and Punish* (London: Tavistock). 田村俶訳『監獄の誕生——監視と処罰』新潮社 (1977).

Fox, A. (1974), *Beyond Contract: Work, Power and Trust Relations* (London: Faber and Faber).

Franzway, S., Court, D., and Connell, R. W. (1989), *Staking a Claim: Feminism, Bureaucracy and the State* (Cambridge: Policy Press).

Fraser, N. (1992a), 'Rethinking the Public Sphere: A Contribution to the Critique of Actually Existing Democracy', in Calhoun, C. (ed.), *Habermas and the Public Sphere* (Cambridge, Mass.: MIT Press).

——— (1992b), 'Sex, Lies and the Public Sphere: Some Reflections on the Confirmation of Clarence Thomas', *Critical Inquiry*, 18 (Spring): 595–612.

Fraser, S. (1995) (ed.), *The Bell Curve Wars* (New York: Basic Books).

Fromm, E. (1949), *Man for Himself* (London: Routledge). 谷口隆之助・早坂泰次郎訳『人間における自由』東京創元社 (1995, 1972).

Galbraith, J. (1992), *The Culture of Contentment* (London: Sinclair-Stevenson). 中村達也訳『満足の文化』新潮社 (1993).

Gallie, D., and White, M. (1993), *Employee Commitment and the Skills Revolution* (London: Policy Studies Institute).

——— (1996), *Conditions of Liberty: Civil Society and its Rivals* (London: Penguin Books).

Gamble, A. (1986), 'The Political Economy of Freedom', in R. Levitas (ed.), *The Ideology of the New Right* (Cambridge: Polity).

―――― (1994), *The Free Economy and the Strong State* (2nd edition, London: Macmillan). 小笠原欣幸訳『自由経済と強い国家――サッチャリズムの政治学』みすず書房 (1990).
Gans, H. (1988), *Middle American Individualism: The Future of Liberal Democracy* (New York: Free Press).
Gellner, E. (1983), *Nations and Nationalism* (Oxford: Blackwell). 加藤節監訳『民族とナショナリズム』岩波書店 (2000).
Giddens, A. (1991), *Modernity and Self-Identity: Self and Society in the Late Modern Age* (Cambridge: Polity).
―――― (1994), *Beyond Left and Right*: *The Future of Radical Politics* (Cambridge: Polity). 松尾精文・立松隆介訳『左派右派を超えて――ラディカルな政治の未来像』而立書房 (2002).
Gilder, G. (1981), *Wealth and Poverty* (New York: Basic Books). 斉藤精一郎訳『富と貧困――供給重視の経済学』日本放送出版協会 (1981).
Goldthorpe, J., Lockwood, D., Bechhofer, F., and Platt, J. (1969), *The Affluent Worker in the Class Structure* (Cambridge: Cambridge Univ. Press).
Goodson, I. (1990), 'Nations at Risk and National Curriculum: Ideology and Identity', in *Politics of Education Association Yearbook* (London: Taylor and Francis).
Gould, S. J. (1981; rev. 1996), *The Mismeasure of Man* (New York: W. W. Norton). 鈴木善次・森脇靖子訳『人間の測りまちがい――差別の科学史』河出書房新社 (1989; 増補改訂版 1998).
Grace, G. (1997), 'Politics, Markets, and Democratic Schools: On the Transformation of School Leadership' [原著書第20章, 本訳書未収録].
Gray, J. (1995), *Enlightenment's Wake* (London: Routledge).
Green, A. (1990), *Education and State Formation* (London: Macmillan).
Habermas, J. (1976), *Legitimation Crisis* (London: Heinemann). 細谷貞雄訳『晩期資本主義における正統化の諸問題』岩波書店 (1979).
Halsey, A. H. (1971), *Trends in British Society Since 1900* (London: Macmillan).
―――― (1972) (ed.), *Educational Priority* 1, 2, 3, and (1974) 4 (London: HMSO).
―――― (1975), 'Sociology and the Equality Debate', *Oxford Review of Education*, 1: 9–23.
―――― (1994), 'Sociology as Political Arithmetic (The Glass Memorial Lecture)', *British Journal of Sociology*, 45: 427–44.
―――― (1995), *Decline of Donnish Dominion: The British Academic Professions in the Twentieth Century* (Oxford: Clarendon).
―――― and Floud, J. (1961), 'Introduction', in Halsey, A. H., Floud, J., and Anderson, J. (eds.), *Education, Economy and Society* (New York: Free Press). A. H. ハルゼー他編/清水義弘監訳『経済発展と教育――現代教育改革の方向』東京大学出版会 (1963).
―――― Heath, A., and Ridge, J. (1980), *Origins and Destinations: Family, Class and*

Education in Modern Britain（Oxford: Clarendon）.

Hammer, M., and Champy, J. (1993), *Reengineering the Corporation*（New York: Harper Business）. 野中郁次郎訳『リエンジニアリング革命——企業を根本から変える業務革新』日本経済新聞社（1993）.

Handy, C. (1994), *The Empty Raincoat: Making Sense of the Future*（London: Hutchinson）. 小林薫訳『パラドックスの時代——大転換期の意識革命』ジャパンタイムズ（1995）.

Hargreaves, A. (1994), *Changing Teachers, Changing Times: Teacher's Work and Culture in the Post-modern Age*（London: Cassell）.

―――― (1994), 'Restructuring Restructuring: Postmodernity and the Prospects for Educational Change', *Journal of Education Policy*, 9: 47–65［原著書第 23 章，本訳書未収録］.

Harvard Educational Review（1973）, Special Issue: Perspectives on Inequality.

Hayek, F. (1976), *Law, Legislation and Liberty*（London: Routledge）. 篠塚慎吾訳『法と立法と自由』2・3, 春秋社（1987–88）.

Head, S. (1996), 'The new, ruthless economy', *New York Review of Books*, 29 Feb.: 47–52.

Heath, A., Jowell, R., and Curtice, J. (1994), *Labour's Last Chance? The 1992 Election and Beyond*（Aldershot: Dartmouth）.

―――― and McMahon, D. (1997), 'Education and Occupational Attainments: The Impact of Ethnic Origins' in Karn, V. (ed.), *Education, Employment and Housing Among Ethnic Minorities in Britain*（HMSO）［原著書第 43 章，本訳書未収録］.

Held, D. (1995), *Democracy and the Global Order*（Cambridge: Polity Press）.

Herrnstein, R. (1973), *IQ in the Meritocracy*（London: Allen Lane）. 岩井勇児訳『IQ と競争社会』黎明書房（1975）.

―――― and Murray, C. (1994), *The Bell Curve: Intelligence and Class Structure in American Life*（New York: Free Press）.

Hertz, D. (1991), 'Worker displacement still common in late 1980s', *Monthly Labor Review*, 114: 3–9.

Hinden, R. (1964) (ed.), *The Radical Tradition*（London: George Allen and Unwin）.

Hirsch, F. (1977), *The Social Limits to Growth*（London: Routledge）.

Hirschman, A. (1970), *Exit Voice and Loyalty: Responses to Decline in Firms, Organisations and States*（Cambridge, Mass.: Harvard Univ. Press）. 三浦隆之訳『組織社会の論理構造』ミネルヴァ書房（1975）.

―――― (1989), *Rival Views of the Market*（Cambridge, Mass.: Harvard Univ. Press）.

Hirst, P., and Thompson, G. (1996), *Globalization in Question*（Cambridge: Polity Press）.

HMSO (1973), *Social Trends*（London: HMSO）.

Hobbes, T. (1934), *Leviathan*（London: Everyman）. 水田洋訳『リヴァイアサン』1–4, 岩波文庫（1954–85）.

Hughes, C., and Tight, M. (1995), 'The Myth of the Learning Society', *British Journal of Educational Studies*, 43/3（September）: 290–304.

Illich, I.（1971）, *Deschooling Society*（London: Calder and Boyars）. 東洋・小澤周三訳『脱学校の社会』東京創元社（1977）.

———（1973）, *Tools for Conviviality*（London: Calder and Boyars）. 渡辺京二・渡辺梨佐訳『コンヴィヴィアリティのための道具』日本エディタースクール出版部（1989）.

——— and Verne, E.（1976）, *Imprisoned in the Global Classroom*（New York: Writers and Readers）.

International Labour Organization（ILO）（1995）, *World Employment 1995*（Geneva: ILO）.

Jencks, C.（1972）, *Inequality: A Reassessment of the Effects of Family and Schooling in America*（New York: Basic Books）. 橋爪貞雄・高木正太郎訳『不平等——学業成績を左右するものは何か』黎明書房（1978）.

———（1977）, *Who Gets Ahead? The Determinations of Economic Success in America*（New York: Basic Books）.

——— and Peterson, P.（eds.）（1991）, *The Urban Underclass*（Washington: Brookings Institution）.

Jensen, A.（1972）, *Genetics and Education*（London: Methuen）. 岩井勇児監訳『IQ の遺伝と教育』黎明書房（1978）.

Jordan, G., and Weedon, C.（1995）, *Cultural Politics, Class, Gender and Race in the Postmodern World*（Oxford: Blackwell）.

Kanter, R.（1989）, *When Giants Learn to Dance*（London: Simon and Schuster）. 三原淳雄・土屋安衞訳『巨大企業は復活できるか——企業オリンピック「勝者の条件」』ダイヤモンド社（1991）.

Kenway, J.（1995）, 'Having a Postmodernist Turn of Postmodernist Angst: A Disorder Experienced by an Author Who is Not Yet Dead or Even Close to It', in Smith, R. and Wexer, P.（eds.）, *After Postmodernism: Education, Politics and Identity*（Falmer）［原著書第 7 章，本訳書未収録］.

Kerr, C., Dunlop, J., Harbison, F., and Myer, C.（1973）, *Industrialism and Industrial Man*（Harmondsworth: Penguin）. 川田寿訳『工業化における経営者と労働』東洋経済新報社（1963）.

Kless, S.（1986）, 'Planning and Policy Analysis in Education: What Can Economics Tell Us?', *Comparative Education Review*, 30/4: 574–607.

Kozol, J.（1991）, *Savage Inequalities*（New York: Crown Publishers）.

Krugman, P.（1993）, *Pedding Prosrerity: Economic Sense and Nonsense in the Age of Diminishing Expectations*（New York: W. W. Norton）. 伊藤隆敏監訳『経済政策を売り歩く人々——エコノミストのセンスとナンセンス』日本経済新聞社（1995）.

Kumar, K.（1995）, *From Post-Industrial to Post-Modern Society*（Oxford: Blackwell）.

Lareau, A.（1987）, 'Social-Class Differences in Family-School Relationships: The Importance of Cultural Capital', *Sociology of Education*, 60: 73–85［原著書第 46 章，本

訳書未収録].

Lather, P. (1989), 'Postmodernism and the Politics of the Enlightenment', *Educational Foundations*, 3/3 (Fall): 7–28.

———— (1991), *Getting Smart: Feminist Research and Pedagogy With / in the Postmodern* (New York: Routledge).

Leira, A. (1992), *Welfare States and Working Mothers: The Scandinavian Experience* (Cambridge: Cambridge Univ. Press).

Levitas, R. (1986) (ed.), *The Ideology of the New Right* (Cambridge: Polity).

Levy, F. (1987), *Dollars and Dreams: The Changing American Income Distribution* (New York: Sage).

Lidley, R., and Wilson, R. (1995), *Review of Economy and Employment: An Occupational Assessment* (Institute of Employment Research, Warwick Univ., UK).

McLaren, P. (1994), 'Multiculturalism and the Postmodern Critique: Toward a Pedagogy of Resistance and Transformation', in Giroux, H., and McLaren, P., (eds.), *Between Borders: Pedagogy and the Politics of Cultural Studies* (New York: Routledge).

Maddison, A. (1991), *Dynamic Forces in Capitalist Development: A Long Run Comparative View* (Oxford: Oxford Univ. Press).

Marchak, M. (1991), *The Integrated Circus: The New Right and the Restructuring of Global Markets* (Montreal: McGill-Queen's Univ. Press).

Marginson, S. (1993), *Education and Public Policy in Australia* (Cambridge: Cambridge Univ. Press).

Meade, J. (1964), *Efficiency, Equality and the Ownership of Property* (London: George Allen and Unwin).

———— (1973), 'The Inheritance of Inequalities: Some Biological, Demographic, Social and Economic Factors', *Proceedings of the British Academy*, 59 (London: Oxford Univ. Press).

Merton, R. (1957), *Social Theory and Social Structure* (New York: Free Press). 森東吾・森好夫・金沢実・中島竜太郎訳『社会理論と社会構造』みすず書房 (1961).

Mishel, L., and Teixeira, R. (1991), 'The Myth of the Coming Labor Shortage', *The American Prospect* (Fall) 98–103.

Mishra, A., and Mishra, K. (1994), 'The Role of Mutual Trust in Effective Downsizing Strategies', *Human Resource Management*, 33: 261–79.

Mohanty, C. (1990), 'On Race and Voice: Challenges for Liberal Education in the 1990's', *Cultural Critique* [原著書第 36 章, 本訳書未収録].

———— (1991), 'Introduction: Third World Women and the Politics of Feminism', in Mohanty, C., Russo, A., and Torres, L. (eds.), *Third World Women and the Politics of Feminism* (Bloomington: Indiana Univ. Press).

Morgan, G. (1986), *Images of Organizations* (London: Sage).

Murnane, R., and Levy, F. (1993), 'Why Today's High-School-Educated Males Earn Less than their Fathers Did: The Problem and an Assessment of Responses',

Harvard Educational Review, 63/1: 1–19.

Murray, C. (1984), *Losing Ground: American Social Policy 1950–1980* (New York: Basic Books).

National Commission on Education (1993), *Learning to Succeed* (London: Heinemann).

Newman, K. (1993), *Declining Fortunes: The Withering of the American Dream* (New York: Basic Books).

OECD (1985), *Education in Modern Society* (Paris: OECD).

Ogbu, J. (1994), 'Racial Stratification and Education in the United States: Why Inequality Persists', *Teachers' College Record*, 96: 264–71, 283–98 (Teachers College, Columbia University)［原著書第 50 章，本訳書未収録］.

Parsons, T. (1949), *The Structure of Social Action* (New York: Free Press). 稲上毅・厚東洋輔訳『社会的行為の構造』1–5，木鐸社（1976–89）.

―――― (1959), 'The School Class as a Social System: Some of its Functions in American Society', *Harvard Educational Review*, 29: 297–318. 丹下隆一訳「社会システムとしての学級」武田良三監訳『社会構造とパーソナリティ』新泉社（1973）.

Panic, M. (1995), 'International Economic Integration and the Changing Role of National Governments', in Ha-Joon Chang and Rowthorn, R. (eds.), *The Role of the State in Economic Change* (Oxford: Clarendon Press).

Parijs, P. V. (1992) (ed.), *Arguments for Basic Income* (London: Verso).

Pateman, C. (1989), *The Disorder of Women: Democracy, Feminism and Political Theory* (Cambridge: Polity Press).

Peters, M. (1990), 'Performance and Accountability in "Post-industrial Society": The Crisis of British Universities', *Studies in Higher Education*, 17/2: 123–39.

Peterson, W. (1994), *Silent Depression: The Fate of the American Dream* (New York: W. W. Norton).

Phillips, K. (1991), *The Politics of Rich and Poor* (London: Harper Collins). 吉田利子訳『富と貧困の政治学――共和党政権はアメリカをどう変えたか』草思社（1992）.

Pigou, A. (1925) (ed.), *Memorials of Alfred Marshall* (London: Macmillan). 永沢越郎訳『経済論文集』岩波ブックセンター（1991）.

Piore, M., and Sabel, C. (1984), *The Second Industrial Divide: Possibilities for Prosperity* (New York: Basic Books). 山之内靖訳『第二の産業分水嶺』筑摩書房（1993）.

Pollitt, C. (1990), *Managerialism and the Public Services: The Anglo-American Experience* (Oxford: Blackwell).

Pring, R. (1989), 'The Curriculum and the New Vocationalism', *British Journal of Education and Work*, 1: 133–48.

Ranson, S. (1994), *Towards the Learning Society* (London: Cassell).

Rainbow, P. (1991) (ed.), *The Foucault Reader* (London: Penguin).

Rawls, J. (1971), *A Theory of Justice* (Cambridge, Mass: Harvard Univ. Press). 矢島鈞次監訳『正義論』紀伊國屋書店（1979）.

Reich, R. (1991), 'Why the Rich are Getting Richer and the Poor, Poor', in *The Work of*

Nations: A Blueprint for the Future (Simon and Schuster) 中谷巌訳『ザ・ワーク・オブ・ネーションズ——21世紀資本主義のイメージ』ダイヤモンド社 (1991). [原著書第9章, 本訳書未収録].

Ringer, F. (1979), *Education and Society in Modern Europe* (Bloomington, Indiana Univ. Press).

Rollett, C., and Parker, J. (1972), 'Population and Family', in A. H. Halsey (ed.), *Trends in British Society since 1900* (London: Macmillan).

Rose, N. (1989), *Governing the Soul: The Shaping of the Private Self* (London: Routledge).

Schumpeter, J. (1976), *Capitalism, Socialism and Democracy* (London: Allen and Unwin). 中山伊知郎・東畑精一訳『資本主義・社会主義・民主主義』(上)・(中)・(下), 東洋経済新報社 (1951–62).

Sen, A. (1992), *Inequality Reexamined* (Oxford: Clarendon Press). 池本幸生・野上裕生・佐藤仁訳『不平等の再検討——潜在能力と自由』岩波書店 (1999).

Silver, H. (1991), *An Educational War on Poverty: American and British Policy-Making 1960–1980* (Cambridge: Cambridge Univ. Press).

Silvestri, G. (1993), 'The American Work Force, 1929–2005. Occupational Employment: Wide Variations in Growth', *Monthly Labor Review* (Nobember): 58–86.

Skidelsky, R. (1995), *The World After Communism: A Polemic for Our Times* (London, Macmillan). 本田毅彦訳『共産主義後の世界——ケインズの予言と我らの時代』(2003).

Skocpol, T. (1994), *Social Revolutions in the Modern World* (Cambridge, Cambridge Univ. Press). 牟田和恵監訳『現代社会革命論——比較歴史社会学の理論と方法』岩波書店 (2001).

Smith, A. (1995), *Nations and Nationalism in a Global Era* (Cambridge: Polity).

Smith, G., and Little, A. (1971), *Strategies of Compensation: A Review of Educational Projects for the Disadvantaged in the United States* (Paris: OECD).

Spring, J. (1980), *Educating the Worker-Citizen* (New York: Longman).

——— (1993), 'A Response to Michelle Fine's *[Ap]parent Involvement: Reflections on Parents, Power and Urban Public Schools*', *Teachers' College Record*, 94/4: 717–19.

Terrill, R. (1973), *R. H. Tawney and His Times: Socialism and Fellowship* (Cambridge, Mass.: Harvard Univ. Press).

Thomas, G. (1992), 'Participation and Degree Attainment of Afro-American and Latino Students in Graduate Education Relative to Other Racial and Ethnic Groups', *Harvard Educational Review*, 62/1: 45–65.

Thurow, L. (1993), *Head to Head: the Coming Economic Battle Among Japan, Europe and America* (London: Nicholas Brealey). 土屋尚彦訳『大接戦——日米欧どこが勝つか』講談社 (1992).

Titmuss, R. M. (1971), *The Gift Relationship: From Human Blood to Social Policy* (London: George Allen and Unwin).

Torrance, H. (1997), 'Assessment, Accountability, and Standards Using Assessment to

Control the Reform of Schooling'［原著書第 21 章，本訳書未収録］.
Wallerstein, I. (1995), 'The End of What Modernity?' *Theory and Society*, 24: 471–88. 松岡利道訳『アフター・リベラリズム――近代世界システムを支えたイデオロギーの終焉』藤原書店（1997）所収.
Warner, L. W., Havighurst, R., and Loeb, M. (1946), *Who Shall Be Educated?* (London: Routledge). 清水義弘ほか訳『誰が教育を支配するか――教育と社会階層』同学社（1956）.
Waslander, S., and Thrupp, M. (1995), 'Choice, Competition, and Segregation: An Empirical Analysis of A New Zealand Secondary School Market, 1990–93', *Journal of Education Policy*, 10: 1–26［原著書第 29 章，本訳書未収録］.
Weiner, G. (1994), 'Feminism and Education', *Feminism in Education: An Introduction* (Open University)［原著書第 8 章，本訳書未収録］.
Weiner, M. (1981), *English Culture and the Decline of the Industrial Spirit 1850–1980* (Cambridge, Cambridge Univ. Press). 原剛訳『英国産業精神の衰退――文化史的接近』勁草書房（1984）.
Wells, A., and Serna, T. (1996), 'The Politics of Culture: Understanding Local Political Resistance to Detracking in Racially Mixed Schools', *Harvard Educational Review*, 66: 93–118［原著書第 47 章，本訳書未収録］.
Weis, L. (1990), *Working Class Without Work: High School Students in a De-Industrialising Economy* (New York: Routledge).
West, C. (1990), 'The New Cultural Politics of Difference', *October*, 53: 93–109［原著書第 33 章，本訳書未収録］.
Whitty, G. (1990), 'The New Right and the National Curriculum: State Control or Market Forces', in Flude, M., and Hammer, M. (eds.) (1990), *The Education Reform Act*, 1988 (London: Falmer Press).
Wilensky, H. (1960), 'Work, Careers and Social Integration', *International Social Science Journal*, 12: 543–60.
Willis, P. (1977), *Learning to Labour* (Farnborough: Saxon House). 熊沢誠・山田潤訳『ハマータウンの野郎ども――学校への反抗・労働への順応』筑摩書房（1985）.
Wilson, W. (1991), 'Studying Inner-City Dislocations: The Challenge of Public Agenda Research', *American Sociological Review*, 56: 1–14［原著書第 23 章，本訳書未収録］.
Wood, A. (1994), *North-South Trade, Employment and Inequality: Changing Fortunes in a Skill-Driven World* (Oxford: Clarendon).
Young, M. (1961), *The Rise of Meritocracy* (Harmondsworth: Penguin). 窪田鎮夫・山元卯一郎訳『メリトクラシー』至誠堂（1982）.
Zuboff, S. (1989), *In the Age of the Smart Machine* (Oxford: Heinemann).

2
人的資本形成に関わる社会的資本

ジェームズ・S. コールマン

　社会的行為の記述と説明には 2 つの大きな知的な流れがある。ひとつは，多くの社会学者の仕事を特徴づけているもので，行為者を社会化されたものとして，また行為を社会規範，規則，義務によって統制されたものとみる。この知的潮流の原理的な価値は，行為を社会的文脈の中で記述できる可能性の高さ，行為が社会的文脈によって形成され，拘束され，変更されていく方法を説明できる可能性にある。

　もうひとつの知的潮流は，多くの経済学者の仕事を特徴づけるものである。それは，行為者を，独立に達成されるべき目標をもち，自己の利害に忠実に，独立に行為する存在とみなす。この原理的な価値は，効用を最大化するという，行為の原則を有している点にある。この行為の原則は，ただひとつの経験的一般化（限界効用逓減）をもとにして，新古典派経済学理論の広範な成長をもたらし，同時に功利主義，社会契約説，自然権などの多様な政治哲学の成長をともなった。

　著者の初期の研究（Coleman 1986a, 1986b）では，上記の知的潮流からの諸要素を含めて，社会学における理論的志向性の発展について議論し，追究してきた。そこでは，合理的なあるいは目的的行為の原則を受け入れ，いかにその原則が，特定の社会的文脈との関連で，特定の文脈での個人の社会的行為だけでなく，同時に社会組織の発達をも説明できるかということを示そうとしてきた。本稿では，この理論的な企画で用いるために，「社会的資本」という概念を導入したい。この概念の導入の背景には，先の 2 つの知的潮流に対する批判と修正の試みにおける有益性がある。

批判と修正

2つの知的潮流はいずれも重大な欠点をもっている。社会学的潮流には，行為者が「行為の動因」をもたないという致命的欠落とでも言えるものがある。行為者は環境によって形成されるが，行為者に目的や方向性を与えるような行為の内的動因がない。すべからく環境の産物であるという行為の概念化そのものが，ロング（Wrong 1961）の「現代社会における人間に対する過剰に社会化された概念」といったように，社会学者自身のこの潮流に対する批判を生み出している。

経済学的な潮流は，他方で，人の社会的行為が社会的文脈の中で形成され，方向転換し，拘束されること，また，規範や人間相互の信頼，社会的ネットワーク，社会組織は，社会だけでなく経済が機能するためにも重要であること，といった経験的な現実を公然と無視している。

両方の潮流からの多くの論者が，そうした困難を認識し，一方の洞察や指向性の一部を他方に伝えようとしてきた。経済学では，ベン・ポラス（Ben-Porath 1980）は，交換システムに関わる「F結合」と彼がよぶものの作用に関する考察を展開した。「F結合」というのは家族（family）・友人（friend）・企業（firm）の三者の関係であり，ベン・ポラスは人類学や社会学とともに経済学の文献を引きながら，こうした形態の社会組織が経済的交換に影響する道筋を示している。多くの著作の中でウィリアムソン（Williamson 1975, 1981など）は，異なる制度形態において，つまり企業内やあるいは市場の中で，経済活動が組織される条件を検討している。新古典派経済学理論の枠内で，特定の経済制度が生じる条件と，そうした諸制度（つまりは社会組織）がシステムの機能に及ぼす影響を明らかにしようとする経済学の総体として，「新制度派経済学」がある。

近年，社会学者たちは，社会組織が経済活動の機能に影響を及ぼす道順について検討しようとしてきた。ベイカー（Baker 1983）は，高度に合理化されたシカゴの株式オプション市場においても，現場トレーダーたちの社会関係が発達し，維持され，そして取引に影響を及ぼしていることを明らかにした。より一般的に，グラノベッター（Granovetter 1985）が，経済学者の経済活動分析にひそんでいる「社会化されていない人間概念」に広範な攻撃を加えている。グラ

ノベッターは，まず，経済諸制度の存在がその経済システムに対して達成している機能だけで説明されがちであるという理由で，新制度派経済学者たちを乱暴な機能主義者と批判する。新制度派経済学者の中でも，信頼関係が形成され，期待が確立し，規範が造られ，強化されていく，その具体的な人間関係やネットワーク——彼のいう「埋め込み (embeddedness)」——の重要性が認識されていないと，彼は論じる。

グラノベッターの「埋め込み」論は，経済システムの分析に対して，単に経済機能を実現するために突如出現する構造ではなく，経済システムを作用させるために独自の影響を及ぼす歴史と継続性を伴った構造として，社会組織と社会的関係を導入する試みであるとみることができよう。

経済学者や社会学者によるこうした研究は，すべて，経済システムの作用に関する修正主義的な分析を構成している。広くいえば，合理的行為の概念を維持しながらも，そこに社会組織・制度を持ち込むものであり，それは，新制度派経済学者の機能主義的な説明の中では内因的なものであり，より直接的な要因を探ろうとする社会学者にとっては外因的なものであろう。

私の目的とするところは，それらと異なっている。経済学者の合理的行為についての説明原理を，経済システムを含めて，さらに社会システムの分析にまで応用していこうとするものであり，その際に社会組織という概念を放棄しないで進めようとするものである。社会的資本という概念は，まさしくそのためのものである。本稿では，この概念の一般性を論じた後に，とくに教育という領域における固有の有効性を検討していきたい。

社会的資本

経済学と社会学の2つの知的潮流の基本要素を一つにまとめ上げるということはできない。一方の概念的に統合的な枠組みに沿って，その統合性を壊さない形で他方から基本要素を導入していくのである。

私は，社会学における「交換理論」を導入した初期の研究には，その革新的な性格にもかかわらず，2つの欠陥があると思う。それは，第1に，ミクロな社会関係に限定されており，二者間関係からシステムへ，ミクロからマクロへ

考察を展開していこうとする経済学の，原理的な価値を損なうものになっていることである。ホマンズ（Homans 1961）やブラウ（Blau 1964）などの研究にはそれが顕著である。第2には，ホマンズ（1964）の「分配的な正義」とかグールドナー（Gouldner 1960）の「互恵性の規範」といったように，付け焼き刃の原理がもちこまれていることである。前者は理論の有効性を限定してしまい，後者は単なる寄せ集めになってしまう。

さて，われわれが，合理的行為の理論から始めるとすれば，そこで各行為者は特定の資源にたいする影響力を有しており，そうした資源や現象に関心を有しているはずである。その場合，社会的資本も，行為者にとって利用可能なある種の資源ということができる。

社会的資本は，その機能によって定義される。それは単一の実在ではなく，複数の異質で多様な実在であり，2つの共通要素からなる。すなわち，それは社会構造の一面を構成し，その構造の中にいる行為者（個人であろうが団体行為者であろうが）の特定の行為を促進するということである。他の形態の資本と同様に，それが存在しなければ不可能であるような，特定の目的を達成させるという意味で，生産的なものである。物的資本や人的資本と同様に，完全に代替可能なものではなく，特定の活動に関係してのみ代替可能なものである。ある社会的資本が特定の行為を促進する価値を有しているという場合にも，別の行為に対しては無益だったり，有害だったりすることもあろう。

他方，他の形態の資本とは異なり，社会的資本は，二者あるいは多数の行為者間の関係の構造に内在している。行為者自身が持つ何かというのではなく，また生産のための何か物理的な道具を指しているわけでもない。一定の目的を有する組織というものは，個人がそうであるように行為者（団体行為者）でありうるし，さらに集合的行為者間の関係が同様に社会的資本を構成しうる（もっとも代表的な例は，産業内での価格固定化を可能にするような情報交換である）。しかしながら，本稿で直接取り扱う事例やその範囲としては，個人にとっての資源としての社会的資本に限定しておくことにしたい。

社会的資本が何から構成されるのか詳細に言及する前に，その多様な形態について，いくつか事例を通して記述していくことが有効だろう。

（1）ダイヤモンドの卸売市場は，外部者の目から見ると驚くべき特徴を持っ

ている。売買の交渉過程で，売り手の商人は買い手に宝石の袋を渡して，完全に買い手の自由に吟味をさせるのだが，その際に替わりの宝石をいくつか渡すとか模造品を渡しておくとかというような正式の保険の仕組みは全くない。売買価格の範囲は，数千ドルから数十万ドルまでに及ぶ。宝石の吟味のための自由な交換は，この市場が機能する上で重要なものである。もしそれがなければ，市場は，より面倒くさく，機能的でないやり方で運営されざるを得ない。

宝石の吟味は，その社会構造のある特性を明らかにしている。商人のコミュニティは，一般に，相互作用の頻度が高く，民族・家族という点で極めて類似している。例えば，ニューヨークのダイヤモンド卸売市場は，みなユダヤ人であり，高い比率で同族婚をしており，ブルックリンの同じ地域に住み，また同じ教会に通う。基本的に閉じたコミュニティなのである。

ダイヤモンド卸売市場の観察から，こうした家族，コミュニティ，宗派帰属を通して結ばれた密接な紐帯というものが，市場における交換を円滑にさせるために不可欠な保証機能を提供していることがわかる。もしメンバーのある者が，一時的に保管している宝石を盗んだり，別のものにすり替えて逃亡したりすれば，彼は家族と宗教とコミュニティの紐帯を失うのである。この紐帯の強さが，信頼関係を所与とし，スムーズな商売を行えるような取引関係を可能にするのである。もしそうした紐帯がなければ，詳細な契約や保証制度が必要であり，さもなければ取引は成立しないであろう。

(2) 1986年のインターナショナル・ヘラルド・トリビューン紙6月21–22日号では，その冒頭記事として韓国の過激派活動家学生たちを取り上げていた。そこでは，過激思想が秘密サークル内で伝えられて活動が展開してきたこと，そしてそのサークルのメンバーは高校の同窓生であったり，同じ郷里出身だったり，同じ教会に通っていたりするということが指摘されていた。こうした学習サークルは，デモやほかの抗議行動の基本的な組織単位となっている。発覚を恐れて，それぞれのグループメンバーは一堂に会することなく，特定の代表者を通してコミュニケーションが行われていたという。

こうした活動家の組織の基本構造の記述から，2種類の社会的資本をうかがい知ることができる。つまり，同郷，同窓，また同じ教会所属であることが，後に「学習サークル」が形成されるところの社会的関係を提供している。そし

て，学習サークルは，異議申し立ての困難な政治体制のもとでの抗議行動を行うための有効な「細胞」型の組織形態をとっており，つまりそれ自体が，また一種の社会的資本を構成しているのである。政治的な異議申し立てが可能な場合でも，そうした活動が政治的なテロを意図したり，単純な違法行為であったとしても，特定の活動が禁じられることもある。こうした活動を可能にする組織は，特に有力な形態の社会的資本ということができるのである。

（3）　最近，6人の子供をもつ母親が，夫や子供とともにデトロイト郊外からエルサレムに移住した，その理由として，エルサレムが子供たちにとってより多くの自由を与えてくれるということをあげている。いまでは，8歳の子どもが6歳の弟を連れて市バスで町から学校へ通ったり，街中の公園で監視がなくても子どもたちが安全に遊んでいたりしており，彼女は，それまで住んでいた場所では決して得られなかったような安心感を得ているという。この両都市の違いは，エルサレムとデトロイト郊外とで利用可能な社会的資本の差として記述することができる。エルサレムでは，未就学の子どもたちは隣近所の大人たちによって見守られるべきであるという規範構造があり，アメリカのほとんどの大都市ではそうした規範構造が存在していないのである。つまり，家族が，アメリカの大都市には存在しない社会的資本を，エルサレムでは利用できるということなのである。

（4）　カイロのカーン・エル・カリリの市場では，外部の者からは，居並ぶ商人たちのビジネスの境界を見つけるのは容易ではない。ある店の主人が革製品を商いしていたとして，もしどこかで宝石を売っているかと問われれば，早速に彼は宝石を取り出して売り始める。あるいは，ほとんど同じことだが，宝石を扱う仲間を連れてきて，問い合わせをした顧客を離さないのである。またある時には，本来の両替商ではないのに，両替商に変身したり，あるいは数区画離れたところにいる仲間の両替商に連れて行ったりする。つまり，顧客を友人の店に引き渡すといった活動を通して，彼らは手数料を得るかもしれないし，また両替などのような場合には，単なる貸し借りが発生するにすぎない。この市場において，経営の安定という意味でも，家族関係が重要である。市場全体に，上述のような関係が張り巡らされており，それはデパートと何ら変わりのないひとつの組織として見ることすらできるわけである。言い換えれば，市場

は個々の商人の一群から構成されているのであるが，それぞれが，市場の社会関係から引き出すことのできる広範な社会的資本を保有しているということである。

以上の事例は，社会的資本がさまざまの経済的および非経済的な効用をもたらすという意義を示すものである。しかしながら，社会的資本がどのように人的資本へと転化し，また人的資本形成に寄与していくのかということを理解するためには，社会的資本のある種の特質が重要となってくる。そのために，まず人的資本と社会的資本の比較からはじめ，つづいてさまざまの形態の社会的資本を検討していくことにしよう。

人的資本と社会的資本

教育経済学の30年にわたる展開の中でもっとも重要で独創的なものは，道具・機械・その他の生産設備といった形態で具象化している物的資本の概念に，人的資本の概念を加えていったことである（Schultz 1961; Becker 1964 参照）。物的資本が，素材を生産のための道具として変容させることで形成されるのと同様に，人的資本は，人間が新しい方法で行動できるように，彼らに技術と能力を付与し，彼らを変容させることを通して形成される。

ところが，これに対して社会的資本は，行為を活性化させるような，人間相互の社会的関係の変容を通して形成されるのである。もし，物的資本が，物質的な形態において観察可能であるという意味で，「モノ」として感得できるとすれば，人的資本は，個人に修得された技術や知識として具体化されているものであり，より有形性が弱くなり，社会的資本は人間相互の社会関係の中に存在するという意味で，有形性はさらに弱くなる。とはいえ，物的資本と人的資本が生産的活動を機能させているのと全く同様に，社会的資本もそうなのである。たとえば，広範な相互信頼関係の中にいるグループは，そうした関係を持たないグループと比較して，より多くのことを達成できるのである。

社会的資本の諸形態

　社会的資本概念の価値は，第1に，それが社会構造の特定の側面をその機能によって規定しているという事実にある。それは，「いす」という概念が，ある物体が形態・外見・組立てにおいて多様であっても，その機能によって定義できるのと同じである。社会的資本という概念で定義される機能というのは，行為者がその利害関心を実現しようとする際に社会構造の特定側面を資源として活用する際の価値を指している。

　この社会構造の特定側面がもつこうした機能を定義することで，社会的資本概念は，個々の行為者レベルでの異なる結果を説明する用具ともなるし，そうした現実の出現を通して，社会構造の詳細までいちいち説明することなしに，ミクロからマクロへの考察の展開を可能にする。例えば，韓国の急進的学生の極秘研究会の性格を，彼らの革命的活動に利用可能な社会的資本を構成するものとして特徴づければ，個人的異議申し立てから組織的な反抗を組織していくことを支援する資源として，このグループを論じていくことができる。もし，革命の理論においてこうした責務を達成するための資源が不可欠であると考えられれば，それぞれ異なる目的でできたさまざまの学習サークルが，異なる状況下でしかし同様に，個々人が革命的な目的を遂行するための組織構造を持つものとして，編成されていくのである。例えば，フランスの1968年の学生運動における「リセの行動委員会」や，帝制ロシアの時代にレーニンによって推奨された労働者の細胞組織などである。

　もちろん，別の観点でいえば，そのような組織的資源の詳細を究明したいとか，そのような目的に沿った資源としての有用性として重要だった具体要素を理解したいとか，いかにして個々の事例がそうした特別の状況下で発生したのかを明らかにしたいと考えるのも当然であろう。しかし，社会的資本という概念を使えば，そうした資源をとりあげ，それらが，システムレベルでの異なった行為を生み出し，あるいは個人に対して異なった結果をもたらす他の資源とどのように結びついていくのかという方法を解明していくことができるのである。ただし，こうした目的でいえば，社会的資本は分析されない概念となるが，そうした資源を利用できる行為者にとっての価値的なものが形成されていった

こと、またその価値が社会組織の在り方に左右されることについて、分析者と読者に対して指し示してくれるのである。そして、次の段階として、その概念を解読し、社会組織のどの要素が価値創出に寄与しているのかを探索するという、次の段階に進むのである。

リン (Lin 1988) やドゥ・グラーフとフラップ (De Graaf and Flap 1988) の以前の研究では、この論文で用いた方法的個人主義と同じパースペクティブから、アメリカにおいて、また幾分か狭い範囲であるが西ドイツとオランダにおいて、どのようなインフォーマルな社会資源が、職業移動の達成に有効なものとして用いられているかを明らかにした。リンはそうした役割を果たすものとして、社会的な紐帯、特に「弱い」コネクションに焦点を当てた。ここで私は、行為者にとっての社会的資本を構成するものとして、こうした様々な資源を検討することにしたい。

人的資本の創造における社会的資本の価値を実証的に検討する前に、個人にとって有用な資本的資源を構成するような社会的関係というのはどのようなものか、検討を深めていきたい。

義務・期待・構造の信頼性

もし、AがBに何かを行い、後で報いられるだろうとBを信頼したとするならば、ここでAの側での期待とBの側での義務が成立する。この義務は、Bがなすべき債務に関して、Aがもつ債権票と理解することができる。もしAが、多数の債権票を持っているのならば、Aが関係をもつ多くの人々にとって、それは直接に財的資本のアナロジーで語ることができる。つまり、それらの債権票は、信頼が不適切で不良債権となってしまわない限り、Aが必要としたときに回収できる信用の全体像を構成するものとなる。

いくつかの社会構造において、「人々は常にお互いのために何かをしている」といわれている。しばしば関係者の双方が、多数の未払いの債権票を持ち合っている(というのは、これらの債権票は、概して活動範囲を越えては完全に取り替えることのできないものと見られており、つまり、Bの債権票がAによって保持され、Aのそれが Bによって保持されており、ふつうお互いに相殺されてしまうことはない)。前述のカイロのエル・カリリ市場は、そのような社会構

造の極端な事例である。反対に，個人がより自給的で相互依存が少ないような社会構造では，どんなときでも払出し可能な債権票というのはより少ししかない。

　この形態の社会的資本を左右するのは，2つの要素である。それは，債務が履行されるという社会環境の信頼性と，現実に債務が保持されている程度である。さまざまの社会構造はこれらの2つの次元で異なっており，つぎに，同じ構造の中でもそれぞれの行為者が同様に異なっている。ある事例が説明しているのは，環境の信頼性の価値を示す事例として，東南アジアなどの債権交換のための集会(頼母子講)をあげることができる。これらの集会は，毎月会うことを特徴とするような友人や近所の人たちの集団であり，各人が一定額の金銭を拠出して，それをメンバーの中の特定の一人に(掛けや，くじで)与え，それは最終的に n 人のメンバーが n 回の拠出をして各自 1 回の支払いを受けるまで続けられる。ギアーツ (Geertz 1962) がここで指摘したのは，これらの集会が，わずかな拠出で一定の貯蓄を行う有効な制度を提供しており，経済発展に重要な助けとなっていくということである。

　しかし，集団の成員間で信頼性の程度が高くないと，その制度は存在することができない。というのは，早い時期の集会で支払いを得た者が逃げてしまえば他のメンバーが損害を蒙るからである。例えば，高度の社会解体で特徴づけられるような都市部では，そうした債券交換の組織がうまくいくとは想像できないだろう。まさしく社会的資本の欠如なのである。

　両次元における社会構造の相違は，様々な理由から生じるだろう。実際これらは，人が他者の援助を必要としているかどうか，(政府の福祉サービスのような)扶助の基盤があるかどうか，(他者から求められる援助を減少させるような)裕福さの程度，閉じた社会的ネットワークの中で援助を求めたり与えたりする傾向に関する文化的な相違 (Banfield 1967 参照)，社会的接触の方法論の相違 (Festinger, Schachter, and Back 1963 を参照)などによって異なってくるのである。しかしながら，どんな理由であるにせよ，たえず未払いの債務が多く蓄積しているような社会構造の中にいる個人は，彼らが引き出すことのできる社会的資本をより多く持っているといえよう。実際のところ，未払い債務の密度が意味しているのは，そうした社会構造の実質的な資源の全体的な有用性が，必要なときに他人が利用可能であることで，さらに強化されているということである。

社会システムにおける個々の行為者が持つ，常時引出し可能な未払い債権数は異なる。最も極端な例は，階層的序列のある拡大家族という環境であり，家長(あるいは'ゴッドファーザー')は膨大な債務を引き受けており，それを使っていつでも欲したことを手に入れることができる。この極端な例に近いものとして，伝統的なムラ社会がある。それは高度に階層化されており，一定の富を持った一族は，その富によっていつでも返済を要求できる大規模な債権を築き上げている。

立法府のような政治場面でも同様であり，特別な資源を持つ地位(アメリカの議会の下院議長や上院多数党の院内総務)の議員は，資源を効果的に用いて，彼らがそうしなければ頓挫するような議案を通過させることで，他の議員からの債務を積み上げることができる。債務の集中は，社会的資本を構成し，この権力を持った議員に有効なだけでなく，立法府の側にも採択議案数を増加させる上で有効なのである。従って，立法府の中でも，そのような債権を多く持つメンバーは，貸借が少ないメンバーよりもより権力をもつことになる。というのは，彼らは多くの問題についての集団的な投票行動を生み出すために債権を使うことができるからである。例えば，よく分かるものに，アメリカの上院で，何人かの上院議員は「上院クラブ」と呼ばれるものの会員であるが，一方では，そうでない人もいる。つまり，事実上，上院議員の一部がこうした貸借システムのなかに埋め込まれているのに対して，「クラブ」外の人はそうではない。クラブの人たちは部外の人たちよりも強い力があることもまたよく知られているところである。

情報の経路

社会的資本の重要な形態のひとつは，社会関係に内在している情報に関する潜在的な可能性である。情報は行為に対して基礎を提供する点で重要である。しかし，情報を獲得するにはコストがかかる。少なくとも，常に供給が少ない中で，注意力を要する。情報を獲得するための一つの方法は，別の目的で維持されている社会関係を利用することである。カッツとラザースフェルド (Katz and Lazarsfeld 1955) は，1950年頃の中西部の都市の女性について，いくつかの生活領域でこうしたことがどう機能しているのかを明らかにした。彼らが提示

したことは，ファッションには興味あるが，その最先端にまでは興味のないある女性が，しかし最先端を追いかけている友人を情報源として使っているということだった。同様に，現在の出来事に特別な興味はないが，その主な展開については知りたいと思っている人が，そのような問題に注意を払っている配偶者や友人に頼ることによって新聞を読む時間を節約することができるということだった。関連領域の最新の研究に興味のある社会科学者は，同僚との日常の相互行為を使ってそれをすることができるけれども，それは，多くの同僚が最新の情報を保持しているような大学でのみ可能なことである。

　これらの社会的関係の例はすべて，行為を促進する情報を提供するという形態の社会的資本である。この場合の関係は，他人が履行してくれる債務という形態で社会的資本が提供してくれる債権票の有用性ではなく，また社会的資本にもとづく他の集団の信頼可能性でもなく，単に，そこから提供される情報の有用性なのである。

規範と効果的なサンクション

　規範が，存在しそれが効果的であるとき，それは容易に瓦解しやすいものではあるが，しかし強力な社会的資本の一形態を構成している。効果的な規範は犯罪を抑制し，街で夜に自由に外出することや，年寄りが安全に心配することなく家を離れることを可能にする。コミュニティにおける規範は，学校での高い教育達成を支持し，またそれに効果的な報酬を提供することで，学校の課題遂行を容易する。

　集団内での命令的な規範は，社会的資本の特に重要な形態である。それは私利私欲を控えさせ，集団の利害に沿って行動させる。この種の規範は，社会的支持や，地位，名誉，その他の報酬によって強化されるものである。規範は，若い国家を建築し（そして，成長するにつれて消滅する），家族成員の「家族」利害に基づく無欲な行為を促すことで家族を強化し，献身的で内省的で互恵的な成員による小集団を通した社会運動の発生を助け，一般に，人々を公共財のために働かせる。ある場合には，規範は内面化されている。また他の場合には，規範は，無欲な行為に対しては外的な報償を与え，自己中心的な行為に対しては非難をするということを通して，基本的に維持されていく。しかし，内的・

外的サンクションのどちらで維持されているにせよ，この種の規範は，集団に存在する公共財問題を克服するうえで極めて重要なのである。

　これらの例のすべてで提示されていることは，効果的な規範は，社会的資本の強力な形態を形成することができるということである。しかしながら，この社会的資本は，先に述べたように，ある行為を促進するだけでなく，他の行為は抑制する。若い人の行動について，強力で効果的な規範を持つコミュニティは，彼らが「楽しい時を過ごすこと」も邪魔する。夜の一人歩きを可能にするような規範は，また，犯罪者の行為を抑えつける（そして，ある場合には犯罪者以外の者に対しても同様である）。一定の行為を報償する命令的な規範であっても，たとえばコミュニティにおける規範が，スポーツマンというものはフットボールをすべきだと命じていれば，他のスポーツにエネルギーが注がれることは実質的に抑止される。地域における効果的な規範は，地域における革新を抑制し，他人に有害な逸脱的行為ばかりでなく，すべての人に有益な逸脱的行為も減少させることもある（これがどのように現れているかは，Merton (1968: 195–203) を参照）。

社会的資本を促進する社会構造

　あらゆる社会関係と社会構造はいくつかの形態の社会的資本を促進する。社会資本が利益を提供し続けるとき，行為者は目的的にそうした関係を確立し，維持し続ける。しかしながら，いくつかの形態の社会的資本を促進するうえで，特に重要となる，ある種の社会構造がある。

社会的ネットワークの閉鎖性

　効果的規範にとって重要な社会関係の一つの特性は，ここで閉鎖性と呼ぶものである。一般に，効果的な規範の発現に対する十分条件ではないが必要条件となっているのは，他者に外部効果を与える行為である（Ullmann-Margalit 1977; Coleman 1987 参照）。規範というのは，負の外部効果を規制し，正の外部効果を奨励する試みとして生じる。しかし，こうした条件が生じる社会構造の多くで，規範は現実に生じていない。その理由は，社会構造における閉鎖性の欠如とし

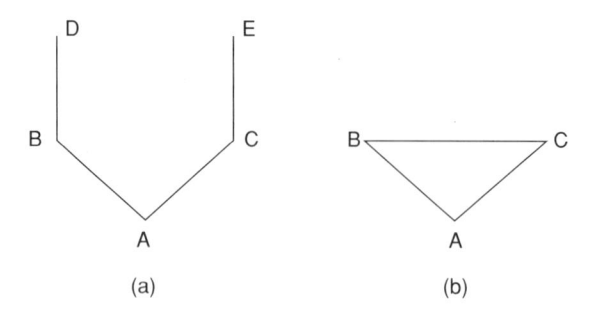

図 2.1 関係の閉じていないネットワーク (a) と閉じたネットワーク (b)

て説明できる。図 2.1 はその理由を説明している。図 2.1a のようなオープンな構造では，行為者 A は，行為者 B, C と関係を持ち，B もしくは C, もしくはその両方に負の外部効果を生じる行為を実行することができる。B と C はお互いに関係を持っておらず，その代わりに他の人（D や E）と関係をもつにすぎない。そのため，そうした行為を拘束するために A へのサンクションを合同で強制しようとしても，それができない。もし B か C のどちらかの単独で，A に対するサンクションが十分に効果的に強力なペナルティを与えられないかぎり，A の行為は弱まることなく続けられる可能性がある。図 2.1b のような閉鎖性の構造では，B と C は合同で集合的サンクションを行使しうるし，A へのサンクションに対して一方が他を報いることができる（メリー（Merry 1984）をみると，噂の伝達の事例では，それは，閉鎖性の社会構造に基づいており，集合的サンクションとして用いられている）。

親たちが子どもたちに課す規範の場合には，構造の閉鎖性は，わずかながらより複雑な構造を要求するものであり，ここではそれを世代間閉鎖性と呼ぶことにする。世代間閉鎖性は，親子関係と家族外との関係とで説明できる図で単純化して記述することができる。図 2.2 によって表されている 2 つのコミュニティの構造を検討してみよう。垂直な線は親子間という世代間の関係を表しており，一方，水平な線は同一世代内の関係を表している。図 2.2 (a) と図 2.2 (b) の両方の A が表しているのは，子ども B の親である。そして，D は子ども C の親をである。子ども B と子ども C のあいだの線は，どんな学校にも存在す

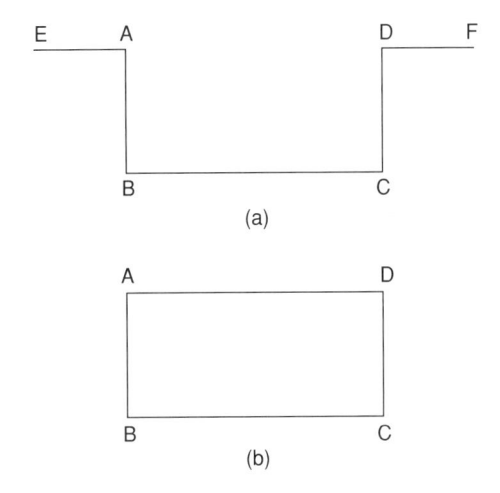

2. 人的資本形成に関わる社会的資本　　105

```
E    A              D    F
     |              |
     |              |
     B──────────────C
            (a)


     A──────────────D
     |              |
     |              |
     B──────────────C
            (b)
```

図 2.2　親（A と D）と子ども（B と C）を含み，世代間で閉じて
　　　いないネットワーク（a）と閉じたネットワーク（b）

る子どもたちのあいだの関係を表している。子どもたちの間の学校内での他のいろいろな関係はここでは示されてないけれども，毎日お互いに会っている仲間のあいだの閉鎖性は高く，お互いに対する期待を持ち，お互いの行動についての規範を発達させている。

　しかしながら，図の上下 2 つのコミュニティは，学校における子どもの親同士のつながりがあるかないかで異なっている。図 2.2（b）で示されている学校では，世代間の閉鎖性がある。そして，図 2.2（a）では存在しない。わかりやすく言えば，図 2.2（b）で表されているコミュニティでは，親の友人関係は，同時に，お互いが友人である子どもたちの，それぞれの親同士だということである。もう一方では，そうなってはいない。

　この閉鎖性の影響力の存在によって，ダイヤモンドの卸売市場や他の同様のコミュニティで，一連の効果的サンクションが行動を監視し指針となることができる。図 2.2（b）のコミュニティでは，親 A と親 D は彼らの子どもたちの活動について話し合い，行為の基準やサンクションについていくつかのコンセンサスが生じる。親 A は，自分の子どもの行為にサンクションを行う際に親 D の存在によってそれが強化される。つまり，親 D は，自分の子ども C だけでな

く，他人の子ども B の監視役も担うことになる。したがって，世代間閉鎖性の存在は，学校に関係する問題だけでなく，同様のその他の問題についても，それぞれの親が子どもたちをしつけることを可能にするような特質を持つ社会的資本を提供しているのである。

社会構造の閉鎖性は，効果的規範の存在にとって重要であるだけでなく，もう一つの様式の社会的資本，つまり義務や期待を増加させていくような社会構造の信頼性にとっても重要である。義務からの逃避は，他者に負の外部効果を発生させる形態である。だが，閉鎖性を持たない社会構造では，もし少しでも効果的なサンクションが行われるのならば，それは義務を負っていると考える人によってのみなされる。開放性のある社会構造では，ある行為が評判を高めるということはないし，信頼性を確実なものにするような集合的サンクションは適用することができない。したがって，閉鎖性が社会構造の信頼を生み出すということがいえるだろう。

転用可能な社会組織

ボランティア組織は，創始者たちのいくつかの目的実現を支援するために生まれる。第二次世界大戦中のアメリカ東部の都市で進められた住居整備プロジェクトでは，不完全な配管，壊れた歩道，その他の欠陥など，劣悪な土木建設による多くの物理的問題が引き起こされた。居住者は，建設業者に対抗しこれらの問題に取り組むために，独自の方法で団結をした。その後，問題が解決したときには，その組織は居住者にとって生活の質を向上させるために利用可能な社会的資本として残った。居住者は，以前に住んでいたところでは利用できなかったと思われる資源を利用できるようになった(例えば，コミュニティにおける青少年の数が事実として減っているにもかかわらず，居住者はより多くの青少年ベビーシッターが利用できることに，より高い満足を表明する傾向が見られた)。

ニューヨーク印刷労働組合で，植字工たちが，かつて社交クラブとして「モノタイプクラブ」を創立した（Lipset, Trow, and Coleman 1956)。その後，雇用者が植字工を探すときや，植字工が職を探すときのいずれも，この組織は効果的な職業紹介サービスの窓口だということが明らかになり，この目的での組織

拡充が進んだ。さらにその後，ニューヨーク労働組合の中で進歩党が権力を持ったとき，「モノタイプクラブ」は下野した独立党に対する組織的資源を提供した。「モノタイプクラブ」は，在野にあって，組織された野党としての独立党を支える，社会的資本の重要な源泉となったのである。

先に用いた，韓国の過激派学生の例では，学習サークルが，同じ高校か，同郷か，同じ教会から来た学生グループで構成されていることを述べた。前の例と同様に，一つの目的で編成された組織が，個々の成員にとっての利用可能で重要な社会的資本を構成し，その結果，他の目的にも転用できるということである。そして，メンバーにとっては，効果的な反抗を行うための組織的資源の必需品とすることができる。これらの例で一般的に説明されていることは，ある一連の目的で存在することになった組織は，他の目的をも援助することもでき，したがって，利用可能な社会的資本を構成しているということができるのである。

閉鎖性と転用可能な社会組織が社会的資本を形成していく方法については，グラックマン（Gluckman 1967）の「単一的関係」「複合的関係」という分類を用いることで，より深く洞察することができる。後者は，人々が，単一の文脈だけでなく多数の文脈で相互に関わり（隣人，同僚，同居親族，同じ宗教信条など）をもっていることを示し，前者はこれらの関係のうちわずか一つだけでしか関係していないということである。複合的関係の中心的特性は，一つの関係性の資源が他の関係性でも転用の余地のあることである。2組の両親が隣人同士だった時に，子どもたちについての情報を交換するとすれば，その資源は単なる情報である。しかし，またときには，それは債務であり，一方の人間Aが関係Xにおいて他方のBに負債があれば，逆にBは，関係YにおいてAの行為を制約することができる。しばしば，ある人が困難な問題状況にあったときに助けを求めることができるのは，別の文脈での債務を持つ対象であり，そうした他者という形態をとる資源の在り方もみられるのである。

人的資本の創出における社会的資本

これまで，社会的資本を一般論として定義し記述してきた。しかし，社会的

資本のある効果がここで特に重要である。それは，次の世代の人的資本を作り出す効果である。家族における社会的資本とコミュニティにおける社会的資本との両方が，若い世代の人的資本を作り出す役割を演じる。以下では，これらについて検証していこう。

家族における社会的資本

　通常，教育達成のさまざまな要因の効果に関する検証では，「家族的背景」は学校教育から分離されたそれ自体の効果をもつ，単独の本質であると考えられる。しかし，単独の「家族背景」がただあるだけではない。家族背景は少なくとも3つの構成要素に分析的に分離できる。それは，財的資本，人的資本，社会的資本である。財的資本は，おおよそ家族の財産や所得によってあらわされる。それによって獲得される物的資源は学業達成に影響を及ぼすことができる。つまり，家の中での勉強用スペース，学習の教材，家族問題に円滑に対処していく財的資本である。人的資本はおおよそ，親の教育によってあらわされ，子どもの学習の助けとなる認知的な環境を潜在的に提供する。家族の中の社会的資本は，そのいずれとも異なる。以下の2つの例は，社会的資本が何を意味しているのか，いかに作用しているのかを明らかにするであろう。

　ジョン・スチュアート・ミルは，多くの子どもたちの就学年齢よりも前に，父親のジェームス・ミルからラテン語とギリシャ語を教えられ，その後子ども時代には，彼の父親やジェレミー・ベンサムとともに，彼の父親の原稿の草案を批判的に議論したものだった。ジョン・スチュアート・ミルは，たぶん特別に非凡な遺伝的な能力を持っていたというのではなく，また彼の父親の学識も当時の他の人びとと比べてとくに広かったというほどでもなかった。主要な相違は，父親が知的な問題について子どもと一緒に費やした時間と努力である。

　アメリカのある公立学校区で，学校で使用するテキストが子どもたちの家庭によって購入された際に，学校関係者は，多くのアジア系移民の家庭が，子どもに必要なテキストを，それぞれ2部ずつ購入していることを知って驚いた。調査の結果明らかになったことは，それぞれの家庭が，子どもの学校での学習を手助けする母親の勉強のために，2冊目を購入しているということであった。この場合，伝統的な学校教育年数などで測定しているかぎりでは，親の人的資

本は低いことになるけれども，子どもの教育に利用できる家族の社会的資本は極めて高いということである。

　これらの例は，子どもの知的発達に対して家族の中にある社会的資本の重要性を説明している。子どもたちが，彼らの両親の所有している人的資本によって強く影響されていることは，もちろん真実である。しかし，もし子どもたちの生活にとって両親というものが格段に重要な部分でなかったならば，あるいは親の人的資本が本人の仕事時にだけ使われていたり，家の外で使われていたりしていれば，その人的資本が子どもたちの教育成果に関係していくことはないのかもしれない。家族における社会的資本というのは，子どもたちと両親との関係(そして，家族に他のメンバーが含まれるときには，彼らとの関係も同様に含めて)のことである。つまり，もし両親の保持する人的資本が，家族関係の中に埋め込まれている社会的資本によって補強されていなければ，その親がいくら多量の人的資本をもっていようが，少量であろうが，そのことは子どもの教育的発達とは無関係なものとなるのである。

　つぎに，これまで議論した諸々の形態の社会的資本について，ここでは厳格に識別することはせず，むしろ，子どもが両親から引き出すことができる社会的資本の測度としての，親子間の関係の強さを調べてみたいと思う。また，往々にして，人的資本概念は，「合理的な人間」を仮定して，そこでなされるであろう教育投資を検証するために用いられてきたが，本稿では，そうした合理的行為のパラダイムの文脈のもとでこの社会的資本の概念を用いようとも思わない。その理由の一端は，何らかの資本という形態で可視的に表示されにくいという，社会的資本のもつ固有の特性のためである(この点については，後の節で振り返ることにする)。つまり，その公共財的な性格が過少投資を導くのである。

　大人の人的資本に子どもがアクセスすることができるような，家族内の社会的資本というのは，家族内に大人が存在するかどうか，大人が子どもに注意を与えられるかどうかで左右される。家族内に大人がいないということは，家族における社会的資本の構造的欠如として説明されるのかも知れない。現代の家族における構造的欠如の最も顕著な要素は，ひとり親家族である。しかしながら，核家族自体も，一方，あるいは両方の親が家の外で働いているので，親が

表 2.1 人的資本，財的資本をコントロールした，社会的資本の異なる家族からの子弟の10学年春から12学年春までの中退率の比較

	中退率（%）	グループ間の差異（% ポイント）
1. 両親の存在		
両親あり	13.1	
片親のみ	19.1	6.0
2. 兄弟姉妹の有無		
1人	10.8	
4人	17.2	6.4
3. 両親と兄弟の組み合わせ		
両親と一人っ子	10.1	
片親と4人兄弟	22.6	12.5
4. 子供の教育への母親の期待		
大学進学を期待する	11.6	
大学進学を期待しない	20.2	8.6
5. 3つの要因の複合		
両親，一人っ子，母親が大学進学を期待	8.1	
片親，4人兄弟，母親は大学進学を期待しない	30.6	22.5

注1: 推計値は，付表4A1でより詳細に分析されているロジスティック回帰結果より算出（訳文では省略）。

一日中家にいたり，祖父母，叔父，叔母が家族内にいたり近所にいる場合のような社会的資本を欠いており，同様の構造的欠陥とみなすこともできよう。

さらに，たとえ家族内に大人がいても，もし，親子間の関係が強くなければ，社会的資本が欠如することがあるだろう。強い関係の欠如というのは，子どもが若者社会に埋め込まれていたり，両親が同世代だけで他の大人たちとの関係に埋め込まれていたり，もしくはその他の原因によるものである。どんな原因であっても，また両親にどんな「人的」資本があっても，「社会的資本」が失われていれば，子どもはそれから利益を得ることができない。

家族内の社会的資本の欠如の効果として，異なった教育的な成果が生じる。それが現れているものの一つとして，学校中退は特に重要である。表 2.1 は，「高校生将来調査」（High School and Beyond）の高校生サンプルを用いて，さま

ざまの尺度での家族内の社会的資本や人的資本，コミュニティ内の社会的資本を統計的にコントロールして，中退率を推計している。なお，兄弟数が社会的資本の欠如の尺度として用いられていることには補足説明が必要であろう。兄弟数が象徴するのは，ここでの解釈であるが，ひとりの子どもに対する大人の注意が薄められるということである。これは学業達成度と IQ を測定した調査結果とも整合的である。そこでは，テストの成績は兄弟順に沿って下がっていき，また家族規模がコントロールされたとき，家族における兄弟数が多いほど成績が下がるのである。両方の結果を総合してみると，大家族においては幼い兄弟と子どもたちに対して親の配慮が少なくなり，それが低い教育的成果を生み出している。

　表 2.1 の項目 1 が示しているのは，他の家族条件がコントロールされたとき，10 学年の春から 12 学年の春までの間での中退者の比率がひとり親家族の子どもでは両親のいる家族より 6% ポイント高い。表 2.1 の項目 2 では，他の家族条件を等しくした場合に一人っ子よりも 4 人兄弟の 10 学年の方が中退率は 6.4% ポイント高い比率を示している。さらにこれら 2 つを合わせることで，子どもに対する大人の比を，家族における教育に関わる社会的資本の測度として考えることができる。表 2.1 の項目 3 は，それ以外には平均的な背景のもとで，ひとり親で 4 人兄弟の 10 学年の中退率は，22.6% であり，両親のいる一人っ子では 10.1% である。その差は，12.5% ポイントに達している。

　大人の家族に対する注意力に関するもう一つの指標は，純粋に社会的資本として計測できないけれども，子どもが大学に行くことへの母親の期待である。表の項目 4 が示しているのは，この親の期待がない 10 学年生は，それがあるものよりも 8.6% ポイント高い。これら 3 つの家族の社会的資本を合わせたものを，表の項目 5 で示しているが，両親がある一人っ子で，母親が大学進学を期待している場合，8.1% が中退しており（他の家族資源はコントロールしていない比率で），ひとり親の 4 人兄弟で，母親が大学進学を母親が期待していない場合には 30.6% になっている。

　もし，この研究が，家族内の社会的資本の効果の解明を主目的になされていたとしたら，もう少し満足のいく検証ができたであろう。また，付表（省略）では，家族内で個人的な事柄を話し合うかどうかという，家族内の社会的資本に

ついてのもうひとつの変数の可能性も検証しているのだが，ここでは中退との統計的な関連は見られない。それにもかかわらず，すべてを総合してみると，このデータから，家族内の社会的資本が，子どもたちの教育に対する家族内の財的資源，人的資源と同様に重要な資源であることがわかるのである。

家族外の社会的資本

社会的資本は若者の発達にとって有効であるが，それは何も家族の中だけに存在するのではない。すなわち，家族の外側にも，同様に，親たちの間での社会的関係にもとづいたコミュニティとして，またこの関係の構造が閉鎖性を持っていることにおいて，そして親たちとコミュニティの諸制度との関係の中に，われわれは社会的資本を見いだすことができるのである。

家族外の社会的資本が教育的な成果に及ぼす効果は，子どもたちの親の，特に先に議論した，世代間閉鎖性という特定の社会的資本の差異に関して検証することで，容易に理解することができる。ただし，ここで直接に世代間閉鎖性を計測しているデータはないので，近似の指標を用いることにする。すなわち，家族の引っ越しによって，子どもが転校した数である。しばしば引っ越した家族では，引っ越しのたびに，社会的資本を構成する社会的関係が破壊される。そのコミュニティにおける他者が利用できる世代間閉鎖性がどの程度であれ，転勤族の親たちはそれをあてにすることはできないのである。

付表(省略)のロジスティック回帰分析によれば，第5学年以後の転居数を指標とすると，その回帰係数は標準誤差の10倍であり，家族(社会経済的地位)における財的資本，人的資本，そして前述の社会的資本を含めて，この回帰式の中でもっとも強い効果を示している。具体的な推計値に置き直してみれば，転居をしていない家族の場合の中退率が11.8%，1回の転居家族で16.7%，2回の転居家族で23.1%となる。

「高校生将来調査」データには，社会的資本の有効な指標となる学校間での特色も含まれている。それは，公立の高等学校と，宗教系の私立高等学校と，非宗教系の私立高等学校のあいだの差異である。宗教的組織に基づくコミュニティによって囲まれているのが，宗教系の高等学校である。これらの家族が持つ世代間閉鎖性は，複合的な関係に基づいている。つまり，彼らがもっている

表 2.2 立地学区の社会的資本量が異なるような，学校間での第 10 学年春から第 12 学年春までの中退率

	公立	カトリック	その他の私立学校
1. 粗中退率	14.4	3.4	11.9
2. 公立高校 11 学年における標準化した中退率[1]	14.4	5.2	11.6
	非カトリック	独立系	
3. 非カトリック宗派系私学，あるいは独立系の私学の生徒たちの粗中退率[2]	3.7	10.0	

注1: 標準化は，同一変数セットを使って 2 つのグループの学校類型間で別々にロジスティック回帰分析を行って推定したものである。
注2: この集計は，ウェイト付けしていないデータを使っているが，そのことが 1 行目の「その他の私立学校」の中退率(ウェイトづけした分析)と比較して，どちらのカテゴリーの学校の中退率もそれより低くなっていることにつながっている。

関係はどんなものでも，大人たちは同じ宗教団体のメンバーであり，また同じ学校に通う子どもたちの親同士なのである。これと対比すると，コミュニティによって囲まれているということが典型的に少ないのが，独立の私立学校である。というのは，学生は，それ以前にはほとんど接触がなかった家族からの生徒たちが集まっている。ほとんどの親たちにとって私立学校の選択は，個人主義的なものであり，彼らは子どもたちに人的資本を返していくけれども，彼らの子どもたちが送られたそれらの学校では，社会的資本は剥奪されている。

「高校生将来調査」のデータには，893 の公立学校と，84 のカトリックの学校と，27 の「その他の私立学校」が含まれている。「その他の私立学校」のほとんどは独立した学校であり，宗教的基盤を持っているのはマイノリティである。この分析においては，最初「その他の私立学校」を，家族外の社会的資本の効果を調べるための「独立の私立学校」としてみなすことにする。

これらの比較の結果，表 2.2 の項目 1 が示しているのは，10 学年から 12 学年までの間の中退率で，公立学校で 14.4%，カトリックの学校で 3.4%，「他の私立」学校では 11.9% である。注目すべきことは，カトリックの学校における中退率の低さである。その比率は，公立学校の 4 分の 1，「他の私立」学校の 3 分

の1である。

　カトリックの学校と「他の私立」学校の母集団を，公立学校の生徒全体の背景的プロフィールにあわせて標準化することで，3つの学校タイプ間での財的資本，人的資本，社会的資本の差異に基づいて中退率推計を調整したとしても，その影響はわずかで，学校タイプ間の差異は残ることがわかる。さらにその上，この差異は，生徒個々人の信仰や，宗教的慣習の度合いに帰されるものではないのである。公立学校では，カトリック教徒の生徒は，カトリック以外の生徒よりも中退率はわずかに低いだけである。宗教的サービスへの出席頻度は，それ自身，世代間閉鎖性を通した社会的資本の測度なのであるが，中退率と強く関係している。公立学校で，「稀に」，あるいは「全然」そうしたサービスに出席しない生徒は19.5%が中退しており，これと比較すると，「しばしば」出席している生徒では9.1%にとどまっている。しかし，この効果は，学校自体の宗教加入の効果とは独立に，それに追加するかたちで存在している。すなわち，カトリック学校の生徒で，対応する中退率を比較してみると，それぞれ，5.9%と2.6%となっている（Coleman and Hoffer 1987: 138）。

　カトリックの学校の低い中退率と，「その他の私立学校」での必ずしも低くない中退率と，そして宗教サービス出席頻度の独立した効果は，すべて，学校を囲んでいる大人社会という学校外の社会的資本が教育成果に及ぼす影響の重要性を示す証拠である。

　さらに，カトリック以外の宗教的基盤をもち，その宗教を持つ生徒が50%を超える私立学校(上述の分析における「その他の私立」)が8校あるので，これらについてより詳しく検証することができる。バプテスト系の3校と，ユダヤ系の2校，それ以外の宗教の3校である。もし，宗教的コミュニティが提供している世代間閉鎖性と，それにもとづく社会的資本，高等学校からの中退可能性を減少させる上での社会的資本の重要性，こうした推測が正しいとすれば，これらの学校もまた「独立した私立学校」よりも低い中退率を示すことになるだろう。実際に，表2.2の項目3は，3.7%という低い中退率を示しており，それは実質的にカトリックの学校と同レベルである。

　ここで示されたデータは，若者の教育に対する社会的資本の重要性，あるいは人的資本の創造における社会的資本の重要性を示している。とはいえ，社会

的資本と他の形態の資本の形態の基本的差異は，若者の発達にとって重要な含意を持っている。この差異について，次節で扱うことにしよう。

社会的資本の公共財としての側面

物的資本は一般に私的財であり，私的所有権は，物的資本を投資した者がその生み出す利益を取得することを可能にしている。従って，物的資本に投資するためのインセンティブは抑制されたりしない。つまり，投資者はその投資による利益を取得できるのだから，物的資本への投資が最適レベルを下回ることはない。人的資本――少なくとも学校において創造される類のもの――も，この資本を創造するための時間や資源を投資した者は，より高い収入の職務や，より満足できるより地位の高い仕事，周りの世界をより理解できるよろこび，といったタイプの利益を収穫できる。つまり，学校教育が個人にもたらす利益はすべて，当該の個人が取得できる。

しかし，多くの形態の社会的資本では，そうでない。例えば，社会規範が可能となるようなタイプの社会構造と，それらを強化するためのサンクションとは，それらを形成するために不可欠な努力をした個人や人々の利益にはならず，むしろ，その構造の中にあるすべての人々を利するものなのである。また例えば，親密な保護者団体がある学校をみると，それは，少数のメンバー，しかも普通は，家庭外にフルタイムの仕事を持っていない母親たちの努力のたまものである。しかし，これらの母親自身は，学校を支えるそうした社会的資本のもたらす利益のごく一部分を手にするにすぎない。もし彼女たちの一人が，例えばフルタイムの仕事を得るなどして，これらの活動を止めることを決心したならば，それは，個人的な視点からも，また子どもたちとの家計という視点からも，完全に道理にかなった行為であろう。新しい活動の利益は，学校に行っている子どもたちの他の親たちとの関係が少なくなることより生じる損失よりもはるかに重要である。しかし，これらの活動からの撤退することは，そうした活動に依存する団体や交流に関わっている他の保護者すべてにとっての損失となるのである。

同様に，コミュニティからの転居を決定することは，父親にとって，例えば

そうすることでよりよい仕事を得ることができるのであり，その家族の視点からは完全に正しいことかもしれない。しかし，社会的資本は人と人の関係のなかにあるものであり，それらの関係の断絶は，その他の人々にとっては，コントロールしようのない断絶であり，大きな痛手となるだろう。それらを失うことの帰結のひとつは，学校の課題遂行を助けるための規範やサンクションを弱めてしまうことである。おのおのの家族にとって，その家族と他の家族が行う決定の結果として生じる損失の全体は，その家族がコントロールできるわずかの決定からもたらされる利益をはるかに凌駕するものである。他方，同時に，ある家族の転居の決定の帰結としてその家族にもたらされる利益は，その家族がそのために蒙る若干の損失をはるかに上回っているかもしれないのである。

この種の過少投資が生じるのは，PTAのようなボランティア団体の場合だけではない。個人が他人に何か願いごとをするときには，かわりに何かの義務を生じることになるが，必要な利益が彼にもたらされるとなれば，彼はそうするだろう。彼は，必要な時に社会的資本の基金からの引き出しをしたとしても，それが同時に他人にも便益をもたらすといったことを考慮するわけではない。もし，最初の個人が，自給自足で，あるいは義務を生じないような公的な助力で，彼の必要を満たすことができるならば，彼はそうするだろう。しかし，そうすることで，コミュニティに蓄積された社会的資本の追加には失敗することになるのである。

社会的資本の信頼性という点に関しても，同様の説明が可能である。行為者が，信頼を繋ぎとめておこうとするか，そうしないのかという選択(もしくは，信頼を繋ぎとめようとして資源を投入するかどうかの選択)は，彼自身が経験するであろうコストと利益に基づいて行われる。彼の信頼性が他人の行為を促進することになることとか，あるいは彼の信頼性の欠如が他人の行為を制約することになることとかは，彼の意思決定には関係がない。社会的資本の形態としての情報についても，同様に，またいくぶん限定的な説明ができる。よく情報に通じているため他人に対する情報源となる人は，ふつう，彼自身の利益のためにそうした情報を収集するのであり，彼を利用する他人のためにそうしているのではない(これは常に真実であるというわけではない。カッツとラザースフェルド (Katz and Lazarsfeld 1955) が示しているように，ある地域の「オピニ

オンリーダー」は，一面では，彼らのオピニオンリーダーとしての地位を維持していくために情報を収集している)。

　規範についても，同様に，ただしこの説明は限定的になされるべきである。規範とは，実際に外部効果を減少させる手段として，意図的に作られたものであり，それらの利益はその確立に責任を持ってあたった人たちによって取得されるものである。しかし，効果的な規範を制定し，維持する能力は，（閉鎖性というような）社会構造の特性に左右されている。つまり，一人の行為者がコントロールできないにもかかわらず，一人の行為者の行為の結果によって影響を受けるという社会構造の特性である。これらは，その構造が効果的規範を維持していく能力に影響する特性であり，しかし，個人の意思決定によってはそうした規範に影響することができないといった特性である。

　いくつかの形態の社会的資本は，それらに投資している人々が利益を取得できるという特性を持っている。結果として，合理的な行為者たちは，この形態の社会的資本への投資を控えることはないだろう。私的財を作りだす組織は，その典型例である。その結果は，市場に流通する私的財を生産する組織と，利益が回収できない団体や社会的関係と，それぞれへの相対的な投資の不均衡が社会的に生じるということである。もし，後者の形態の社会的資本から作りだされるであろう正の外部効果が内部化されれば，投資はもっと生じたであろうという意味での不均衡である。

　ほとんどの社会的資本が公共財という性格をもつことは，他の多くの形態の資本と比較して，目的的行為ということに関して，基本的に異なった位置にあるということを意味している。それは個人にとって重要な資源であり，彼らの行為能力と彼らの認知する生活の質に大きな影響を与えるかも知れない。彼らは，それを創りだす能力を持っている。それにもかかわらず，社会的資本を創りだす行為の利益は，当該の行為者よりも他の人たちによって広く享受されるので，それを創出しようというのは彼の関心に入ってこない。その結果，多くの様式の社会的資本が，他の活動の副産物として創出されたり，破壊されたりするのである。この社会的資本というものは，それを存在させようとか消し去ろうとかといった誰かの意思に関係なく現れたり，消えたりするので，その無形性の性格から推察される以上に，社会的行為の説明において認識され考慮さ

れることが少ないのである。

　子どもたちや若者の発達において社会的資本が果たす役割の公共財という側面には重要なインプリケーションがある。公共財における供給問題を克服するための社会構造的な条件，つまり強力な家族や強力なコミュニティというのは，過去よりも，いま現在の方がはるかに少なくなっており，将来は現在よりもさらに希になりそうである。そのため，他の条件が同じならば，今後各世代に受け継がれてきた人的資本の質の低下に直面すると予測することができよう。その明白な解決策は，子どもたちや若者の利益となるような社会的資本を，つまりそうした公共財の供給問題を克服する方法を見つけるための試みであろう。それは，まさしく，いくつかの種類のフォーマルな組織を，かつては若者が利用可能な社会的資本の主要な源泉であったボランタリーな自発的な社会組織によって置き換えていくことを意味するものである。

結　論

　この論文では，財的資本，物的資本，人的資本といった概念と並行して，人間関係の中に埋め込まれているものとしての「社会的資本」という概念を社会学理論に導入しようとした。この理論的戦略の重要な部分は，合理的行為のパラダイムを使用しながら，しかしその場合の社会的関係を剥奪された原子論的要素の仮定を排除したものである。人的資本の形成を助けるという点での，家族とコミュニティにおける社会的資本の効果を証明することを通して，この概念の利用のしかたを示した。このために用いた人的資本形成を測る尺度はただ一つであり，社会的資本の供給に特に敏感に反応すると思われるものとして，高校を卒業するまで在学するか中退するかという割合であった。家族における社会的資本も，学校をとりまく大人社会における家族外の社会的資本も，ともに，高等学校からの中退率を減少させる点で相当に高い価値をもつという証拠を示している。

　社会的資本の概念を解釈してみると，3つの形態が確認できる。ひとつめは義務と期待であり，それは社会環境の信頼性に左右されるものである，そしてふたつめに社会構造における情報流通能力である。そして3つめにサンクショ

ンを伴う規範である。ほとんどの形態の社会的資本が共有している特性として，他の形態の資本と異なるのは，その公共財としての側面である。社会的資本を創りだす行為者，行為者たちは，もともとその利益のほんの一部を得るだけであり，その事実が，社会的資本における投資不足を導くのである。

参考文献

Baker, W. (1983), 'Floor Trading and Crowd Dynamics', in *Social Dynamics of Financial Markets*, ed. P. Adler and P. Adler (Greenwich, Conn.: JAI), 107–28.

Banfield, E. (1967), *The Moral Basis of a Backward Society* (New York: Free Press).

Becker, G. (1964), *Human Capital* (New York: National Bureau of Economic Research). 佐野陽子訳『人的資本——教育を中心とした理論的・経験的分析』第2版，東洋経済新報社 (1976).

Ben-Porath, Y. (1980), 'The F-Connection: Families, Friends, and Firms and the Organization of Exchange', *Population and Development Review*, 6: 1–30.

Black, R.D.C., Coats, A. W., and Goodwin, C.D.W. (eds.) (1973), *The Marginal Revolution in Economics* (Durham, NC: Duke Univ. Press). 岡田純一・早坂忠訳『経済学と限界革命』日本経済新聞社 (1975).

Blau, P. (1964), *Exchange and Power in Social Life* (New York: Wiley). 間場寿一・居安正・塩原勉共訳『交換と権力——社会過程の弁証法社会学』新曜社 (1974).

Coleman, J. S. (1986a), 'Social Theory, Social Research, and a Theory of Action', *American Journal of Sociology*, 91: 1309–35.

———— (1986b), *Individual Interests and Collective Action* (Cambridge Univ. Press).

———— (1987), 'Norms as Social Capital', in *Economic Imperialism*, ed. G. Radnitzky and P. Bernholz (New York: Paragon), 133–55.

Coleman, J. S., and Hoffer, T. B. (1987), *Public and Private Schools: the Impact of Communities* (New York: Basic).

De Graaf, N. D., and Derk Flap, H. (1988), 'With a Little Help from My Friends', *Social Forces*, 67.

Festinger, L., Schachter, S., and Back, K. (1963), *Social Pressures in Informal Groups* (Stanford, Calif.: Stanford Univ. Press).

Geertz, C. (1962), 'The Rotating Credit Association: A "Middle Rung" in Development', 10: 240–63.

Gluckman, M. (1967), *The Judicial Process among the Barotse of Northern Rhodesia* (2nd edn., Manchester: Manchester Univ. Press).

Gouldner, A. (1960), 'The Norm of Reciprocity: A Preliminary Statement', *American Sociological Review*, 25: 161–78.

Granovetter, M. (1985), 'Economic Action, Social Structure, and Embeddedness', *American Journal of Sociology*, 91: 481–510. 渡辺深訳「経済的行為と社会構造」『転職』ミ

ネルヴァ書房 (1984).
Hofer, T. B. (1986), *Educational Outcomes in Public and Private High Schools* (Ph.D. diss., Univ. of Chicago, Dept. of Sociology).
Homans, G. (1974), *Social Behavior: Its Elementary Forms* (rev. ed., New York: Harcourt, Brace and World). 橋本茂訳『社会行動――その基本形態』誠信書房 (1978).
Katz, E., and Lazarsfeld, P. (1955), *Personal Influence* (New York: Free Press). 竹内郁郎訳『パーソナル・インフルエンス――オピニオン・リーダーと人びとの意思決定』培風館 (1965).
Lenin, V. I. (1902; 1973), *What Is To Be Done* (Peking: Foreign Language Press). 青野季吉訳『何を為すべきか』白楊社 (1926).
Lin, N. (1988), 'Social Resources and Social Mobility: A Structural Theory of Status Attainment' in *Social Mobility and Social Structure*, ed. R. Breiges (Cambridge Univ. Press).
Lipset, S., Trow, M., and Coleman, J. (1956), *Union Democracy* (New York: Free Press).
Merry, S. E. (1984), 'Rethinking Gossip and Scandal', in *Toward a General Theory of Social Control*: 1, *Fundamentals*, ed. D. Black (New York: Academic), 271–302.
Merton, R. K. (1986), *Social Theory and Social Structure* (2nd edn., New York: Free Press). 森東吾ほか訳『社会理論と社会構造』みすず書房 (1961).
―――― n.d. 'Study of World War II Housing Projects' (Unpubl. ms., Columbia Univ., Dept. of Sociology).
Schultz, T. (1961), 'Investment in Human Capital', *American Economic Review*, 51 (March): 1–17. 清水義弘・金子元久訳『教育の経済価値』日本経済新聞社 (1981) 所収.
Ullman-Margalit, E. (1977), *The Emergence of Norm* (Oxford: Clarendon).
Williamson, O. (1975), *Market and Hierarchies* (New York: Free Press).
―――― (1981), 'The Economics of Organization: The Transaction Cost Approach', *American Journal of Sociology*, 87: 548–77. 浅沼万里・岩崎晃訳『市場と企業組織』日本評論社 (1980).
Wrong, D. (1961), 'The Oversocialized Conception of Man in Modern Sociology', *American Sociological Review*, 26: 183–93.

3

ポストモダンの条件

クリシャン・クマー

　レッテルは，うわさと同じように，それ自身で生きている。知的な言説のなかで使われているレッテルも例外ではない。レッテルはいったん定着すると現実を，少なくとも学問的な現実を支配する。そうしたレッテルをめぐって，会議や本やテレビ番組が続々と企画され，つくりだされてゆく。とりわけ今日のように，アカデミックな世界に企業者精神が浸透し，学問的活動が多国にわたって展開されている時代には，そのレッテルをめぐる批判的探究をおこなう気運が，自己増殖的に高まっていく。「孤独な群集」，「豊かな社会」，「技術社会」，「隠れた説得者」，「パワー・エリート」などは，この数十年の間に，こうした類の活動を広めてきたレッテルの，よく知られている例である。

　こうした知的な活動はすべて自己耽溺にすぎないといっているわけではない。こうしたなかからすぐれた仮説が生まれてくることもよくあることである。たとえ意見が違っている場合であっても，むしろそのような対立の中からそれについてじっくりと検討できる機会が生まれる。しかし，そうした言葉が自己宣伝的になることは避けられない。だからそうした言葉のもつ価値を評価する際には，自己宣伝に陥らないように留意する必要がある。

　1960年代から1970年代初頭にかけて，何人かの著名な社会学者が現代社会をポスト産業社会論と名付けて詳しく説明している。そのなかでもハーバード大学の社会学者，ダニエル・ベルの著書『ポスト産業社会の到来』(*The Coming of Post-Industrial Society*, 1973) は，その典型である。ベルは，国際会議や「パブリック・インタレスト」誌のような準大衆的なジャーナルを通して自分の見解を広く伝えようとする活動的で有能な研究者でもあった。しかしポスト産業主義論は，さらに，ピーター・ドラッカーの『断絶の時代』(*The Age of Disconti-*

nuity, 1969)やアルヴィン・トフラーの『未来の衝撃』（*Future Shock*, 1970）などの著作を通して大衆化していき，広く流布するようになった。西側の教育を受けた人々は，そうした著作を通じて，農業社会から移行して成立した産業社会とは大きく異なる来るべき新しい社会への移行に備えることを求められた。

　ポスト産業化論は，これまでにもずっと激しい論争の的になってきた。ポスト産業化論の刺激的な問題提起のみならず，その欠点についても，これまで広く言及されてきた。そして一部はその結果として，また一部は1973年のオイル・ショック以降の西側諸国を覆う雰囲気が変化してきたことの結果として，人々はポスト産業主義論はもう廃れてしまったのではないかという印象をもつようになった。1970年代後半に論争の的となったのは，すべて「成長の限界」とか産業主義のダイナミックな可能性を抑制——その可能性を切り開くのではなく——する要因に関するものであった。産業社会は，その急速な成長によって収益を生み出してきたのだが，もはや収益を生み出していくことができなくなったという認識の下で，収益の配分を巡る意見の対立が再び燃えさかり，このことが論争の的となった。1960年代の楽観主義に代わって危機的なムードが広がった。右派の政党は，このムードに乗じて，自助の精神やレッセフェール[訳注1]といったヴィクトリア時代の価値や実践への復帰を唱えた。これらの政党は，中央の計画や国家の介入を放棄するように求めた。しかし，それらは1945年以後の体制の中心的な特質であり，かつポスト産業化論の鍵となる前提でもある。

　産業社会の未来がどのようなものであろうと，産業社会は未だに過去数百年にわたって悩まされてきたと全く同じ困難とジレンマに陥っている。産業主義の歴史のなかで，幸福な出来事という例外的なエピソードのように見えたのは成長が持続していた戦後期だけだった。その終焉とともに産業主義をめぐる伝統的な対立や論争が復活してきた。いわば，過去が再び主張し始めたのである。「反産業化（de-industrialization）」や経済的衰退が取り組むべき問題として浮かび上がってきたとき，ポスト産業社会のビジョンは，無責任とは言わないまでも，全く空想的なものとみなされるようになったのである。

　マルコム・ブラッドバリーは1970年代を「かつて経験したことのない10年」と呼んだ。しかし1980年代は（1960年代が1950年代から出てきたのと同

じように)もちろん 1970 年代から出てきたのだ。われわれは今になって，その 10 年の間にさまざまなタイプの新しいポスト産業化論が形成されていたことに気づく。概して，これらのタイプのポスト産業化論は多様であるが，それらには共通して自信に満ちた 1960 年代の楽観主義は見られない。そうしたポスト産業化論は，アルヴィン・トフラーが予期したような，幸福感にあふれた「超産業化」社会の到来は期待していない。左派の思想と同様に──右派の思想も同じなのだが──，ポスト産業化論は将来の大きな緊張や対立を予想している。しかしそうした新しいタイプのポスト産業化論は，初期のポスト産業化論者と同じように，産業社会は既に分岐点を越えていると強く主張している。古典的な産業主義，例えばマルクスやウェーバーやデュルケムが分析したような社会，つまり過去 1 世紀半にわたって西洋人が経験したような社会はもはや存在しないのである。

　初期のポスト産業化論との連続性は，現代社会を「情報社会」と見る視点のなかに見いだすことができる。ここでもダニエル・ベルが代表的な人物である。彼のポスト産業化論には，既に未来社会の極めて重要な点──価値や成長の源泉──として「理論的知識」が取り上げられている。後の著作のなかで，ベルはこの理論的知識を新しい情報技術の発達や社会のあらゆる部門への適用可能性と結びつけて考えている。新しい社会は，情報の獲得・処理・分配という新しい観点から定義され，命名されている。ベルは，これらが近代社会の革命的な変化をもたらした，という初期の分析に今でも自信をもっている。

　情報社会の概念は，西洋思想のリベラルな進歩主義者の伝統と完全に一致している。そうした進歩主義の伝統が合理性や進歩という啓蒙思想の信念を支えているのである。進歩主義の現在の唱道者たちは，イデオロギー的には，大体が中道の立場にある。この進歩主義の考え方は，社会的制度は根本的に変化したと述べているにもかかわらず，知識や知識の成長が効率性を高め，自由を拡張していくのだという点では，サン゠シモンやコントや実証主義者たちが唱えた産業主義の思想的系譜を継承している。

　意外なのは，新しい社会の見方が左派の思想から生まれてきたことである。マルクス主義は，後期のブルジョア・イデオロギーに明確に示されているように，初期のポスト産業化論を厳しく批判してきた。しかし今ではマルクス主義

者のなかにもポスト産業化論について独自の考えを述べる者もいる。そうした考えは「ポスト・フォーディズム」[訳注2]の旗じるしのもとでごく一般的に述べられている。だがこうした考えを持っているマルクス主義者も，他の多くのマルクス主義者たちと同じように，資本主義の発達を変革の原動力と捉える考え方に固執している。しかしマルクス主義者は古い形態の資本主義と新しい形態の資本主義の相違に大きな衝撃を受け，そのために現代を「新しい時代」とか「産業主義の第二期」の時代と呼ばざるを得ないと思っている。マルクス主義者にとって，マルクスは資本主義についての絶対的な理論家として，なおも重要な思想家なのである。しかし20世紀後半の社会の変化は極めて重大な出来事であったし，また初期の資本主義の形態や実践とは明らかに違っていたから，マルクス理論の有効性を保とうとすれば，マルクス主義理論のかなり重大な修正が必要になるだろう。そのことは，マルクス主義者にとっては明らかなことである。

　ポスト産業化論の第3の系譜はあまり知られていないが，「ポストモダン」社会の理論である。ポストモダニズムは最近の理論のなかでもとりわけ包括的な理論である。ポストモダニズムのなかには文化的，政治的，経済的な，あらゆる形態の変化が含まれている。ポストモダニティへの移行を促す特別の「担い手」と見なされるものは何もない。他の理論が「ポスト・フォーディズム」とか「情報社会」の根拠と見なしているものを，ポストモダニズムは，現代の発展を大胆に概念化するための構成部分としてそのまま理論の中に取り入れている。現代世界の特徴となっている折衷主義のように，ポストモダニズムはイデオロギー的に組み立てられたなかから取捨選択して構成されているので——そのために分かりにくい——，現代理論のなかでも評価することが最も難しい理論である。ポストモダンの理論の用語は，われわれを自己言及という戸惑いの渦の中に引き込んでいく。それにもかかわらず，それは，イデオロギー的立場の異なるあらゆる領域の理論家に対して訴えかける魅力を有しており，そのためにわれわれの関心は否応なしにポストモダニズムに向けられているのである。

　さらにいえば，その理論に十分な説得力があるにもかかわらず，ポストモダニズムが西側世界の教育を受けた人々の間で反響を呼んだことは確かである。つまりポストモダニズムが，そうした人々の置かれている状況，少なくとも状

況についての主観的経験を物語っているように感じられたのである。社会学者は，これまでそうした人々の感情は，社会構造の決定要因と比べれば全く取るに足りないものと見なしてきた。だが，それゆえにこそ社会学者は，今，そうした人々の感情にかかわることがらに関心を向けているのである。もし多くの人々が，自分たちはそうした条件のなかで生きているのだと信じているのであれば，あるいは，そのように思いこんでいるとすれば，ポストモダニティというものは神話といえるのだろうか？

ポストモダンの条件

　われわれは，ポストモダンの文化に向かってだけではなく，ポストモダンの社会に向かって一体どこまで移動しているのだろうかという問題について考えようとするとき，既に指導的な理論家たちがさまざまに述べているポストモダニティについて大まかな輪郭を描いてみることから始めてみるべきだろう。一般によく知られている特徴から始めてみよう。

　理論家のなかには，現代社会は全く未経験な社会であり，高度に断片化し，多元主義化し，個人主義化している社会だと主張しているものが多い。このことは，一部分はポスト・フォーディズムの理論家たちが強調している労働組織や技術の変化と関連しているし，また国民国家の衰退や支配的な国民文化の衰退とも関連している。政治的，経済的，文化的な生活は，今では，世界的規模での発展に大きな影響を受けるようになっている。しかし意外なことに，このことが，その影響の一つとして，地方（the local）の重要性を再認識させ，地域文化を活性化させるようになったのである。

　国家の典型的な制度と慣行も同じように衰退していった。大衆政党は，ジェンダー，人種，地方，セクシャリティを基盤にした「新しい社会運動」に取って代わられた。階級や労働体験を共有することから形成される「集合的アイデンティティ」は分解して，多元化し，私化された形のアイデンティティへと変化していった。国民文化やナショナル・アイデンティティという考え方は，「マイノリティ」の文化――特定の民族集団の文化，宗教的信仰，そして年齢，ジェンダーあるいはセクシャリティを基盤にした共同体――という権威によって非

難されるようになった。ポストモダニズムは多文化社会や多民族社会であることを明言している。ポストモダニズムは「差異の政治学」という視点を強調する。アイデンティティは統一されたものではないし、本質的なものでもない。それは流動的で変化するのであって、さまざまな資源を与えられ、さまざまな形態を取るのである(「女性」とか「黒人」というようなものではない)。

　ポストモダンの社会は、典型的には地方と全世界を結びつけている。世界的規模での発展——経済の国際化や文化の国際化——は、国家という枠組みを弱体化させる一方で地方的な枠組みを推進させ、国民社会に影響を及ぼしている。エスニシティは再び新たな刺激を受けるようになった。地方分権主義や「周辺的ナショナリズム」——イギリス、フランス、スペイン、その他の歴史上重要な国家群といった大きな単位のなかに組み入れられている小国家のナショナリズム——の高まりである。「グローバルな次元で考え、ローカルな次元で行動せよ」という1960年代のスローガンは、かなり多くの新しい社会運動、とりわけフェミニストの運動やエコロジーの運動に当てはまる。プロテスタントやイスラムの原理主義のような宗教的復活の新しい運動のなかにも同じような動きがある。

　ポストモダニティは、モダニティの特徴的な空間的移動や空間的配置を入れ替えたり、修正したりする。大都市の人口集中は、分散 (de-concentration)、離心 (de-centralization)、拡散 (dispersal) といった移動によって逆方向に向かうのである。その多くがポスト・フォーディストの発展と関連している。それはまた西欧社会の多くの地域で見られる「反産業化」——製造業の非西欧社会への移転——の結果であり、そしてまた先端技術や研究活動が郊外地域や準郊外地域の新しい場所、特に大学都市に近い場所を好むために、そうした先端技術や研究活動を基盤にしたポスト産業化という、いわば「再産業化 (re-industrialization)」の結果でもある。仕事も人も大都市から移動していく。小さな町や村には再び人が住むようになる。ポストモダンの建築様式は、それまでの高層のオフィスや高層アパートの建築へ向かっていた傾向を変えてしまった。今では小規模建築に重点が置かれるようになっている。それは人々を近隣に結びつけ、特定の場所や特定の地域文化のエートスを育成していくことを目的にしているからである。新たな、あるいは装いを新たにした[生活の]場が重視されるよう

になったのである。地域的アイデンティティ，地域的伝統，地域の歴史の再発見である。たとえそれらがナショナリズムと同じように，想像され，作り上げられたものであったとしてもである。

　こうしたポストモダン社会の特徴は，現代の西欧社会の事情によく通じた説明から得られたさまざまな要素を混ぜ合わせたものだということである。こうしてポストモダン社会は，多くの理論に見られるように，ポスト・フォーディズムの社会，情報社，「後期」資本主義あるいは「解体的」資本主義と完全には一致しなくても，かなり共通しているのである。これらの理論家のなかには，ポストモダニティの考え方とは何の関係もないものが多かったが，たとえそうだとしても，これまでのところはポストモダニティの記述に目立って異議を唱えたものは多くはない。ポストモダニズムを一つのアプローチとして区別するものは，ポストモダニズムが，このようなよく知られている特徴よりも，むしろ社会の本質や客観的リアリティについての広範囲にわたる主張であり，多くの人々にとっては実に途方もない主張だというところにある。ポストモダニズムは，ただ新しい社会とか社会的リアリティというだけではなく，リアリティそのものをわれわれが理解しなければならないということを主張しているのである。そして今や，ポストモダニズムは歴史や社会学から真理と知についての哲学的問題へと移っていった。

　さて，ここでよく知られている一般的理論を，しかし未だあまり知られていない解釈の面から見ていこう。多くの現代社会の理論は，現代がテレコミュニケーションの時代であるとして，マス・コミュニケーションのメディアとコンピュータが重要な役割をもっていると考えている。こうした考えは情報社会の理論では既に明らかであるが，ポスト・フォーディズムの理論や後期資本主義についてのマルクス理論でも有力である。

　多くの理論家にとって見れば，情報が実際に知らされるように——情報の使われ方がどのようにゆがめられようとも——，マス・コミュニケーション・メディアは，それがどのような不快な結果をもたらそうとも，あるいはどのような有害な結果をもたらそうとも，実際に情報を伝達しているのである。しかしポストモダニストは——ここでは，マーシャル・マクルーハンの説にしたがうが——，全く違った方法でマス・メディアの効果について考えている。ポストモ

ダニストにとって，今日のメディアは，もはや伝達するものというよりは構築するものとなっている。メディアは，いかなるところであろうと，われわれにとって新しい環境を構築するが，その上で新たな社会的認識論と新たな反応形式を築き上げることを要求するのである。メディアは，すべてがイメージとシンボルによる新たな「エレクトロニック・リアリティ」を作り出した。だが，それはシンボルの背後にある客観的リアリティの意味を消し去ってしまったのである。ジャン・ボードリヤールが「コミュニケーションのエクスタシー」と呼んでいるような状況のなかでは，世界，つまりわれわれの社会は完全に「シミュレーション」の世界となるのである。それは「起源もリアリティもないリアルなもの，すなわちハイパーリアルの世界」を生み出すのだ。ハイパーリアリティのなかでは，もはや仮想と現実，記号とその指示物，実在と虚構を区別することができない。シミュレーションの世界は，〈シミュラークル〉の世界，イメージの世界なのである。しかし，〈シミュラークル〉は，これまでの型にはまったイメージとは違って，オリジナルのないコピーであるか，あるいはオリジナルが失われてしまったコピーでしかない。シミュラークルは「リアルなものの殺人者，シミュラークル自身のモデルの殺人者」であるというイメージなのである。そうした状況のもとでは，イデオロギーという観念もないし，記号とかイメージによる「リアリティの裏切り」というような観念もあるはずがない。ただ記号とイメージのみの，ハイパーリアルの世界があるだけだ。「歴史は何物に対しても意味を持つことを止めてしまったし，言及することも止めてしまった——歴史を社会的空間と呼ぼうとリアルと呼ぼうと。われわれは物事が〈限りなく〉再生されているハイパーリアルな世界に入ったのだ」（Baudrillard 1987: 69; 1988: 166, 170, 182）。

　電子的に媒介されたリアリティが増大していくにしたがって，ハイパーリアルは現代世界の全体的状況を構成していく。しかしポストモダニストはアメリカを，いわばハイパーリアリティの中心地として，われわれの未来のモデルとして（再び）描いている。サン・シメオンのハースト城とかカリフォルニアのフォーレスト・ローン墓地のようなアメリカ的記念建造物，またディズニーランドやディズニーワールド，そしてラスベガスやロサンゼルスのような砂漠都市は，ハイパーリアルが支配している最も顕著な例だといってよい。ここでは

3. ポストモダンの条件　　129

コピー(あるいは偽物)がそれ自身をリアルなものに変えてしまうか,あるいはリアルなもの以上にリアルにしてしまう。「アメリカ人の関心はリアルなものに向けられている。だから,そのために完全な偽物を作り上げなければならないのだ」とウンベルト・エーコはいう。こうした場所で作り出されるリアリズムの,あたかも実在するかのような幻影のなかで,またあらゆる国々やあらゆる歴史から寄せ集められた風変わりなスタイルや目的の〈仕事〉のなかで,「コピーとオリジナルの融合」が生じ,事実上「モデル以上に説得力がある」コピーとなるのである(Eco 1987: 8, 19)。

エーコにとっても,多くの理論家と同じように,ディズニーランドはハイパーリアルの典型であった。ディズニーランドは「完全に現実的であると同時に完全に空想的」であり,「リアリティ以上にリアルな空想の世界」であった。それは正にアメリカの芸術作品であり,アメリカの「システィナ礼拝堂」[訳注3]だといってよい(Eco 1987: 43-8)。またボードリヤールにとっても「ディズニーランドはあらゆるものを巻き込んだ形のシミュレーションの完全なモデル」であった。ディズニーランドをモデルにして,われわれは特に〈シミュラークル〉な国であるアメリカの「客観的プロフィール」の跡をたどることができる。だがそれは正に「アメリカ人の生活様式のダイジェスト版」だといってよい。

> ディズニーランドは,それ自体が「リアルな」国であり,「リアルな」アメリカの全体なのであって,そのリアルなアメリカの全体がディズニーランドであるという事実を隠そうとしているのだ(ちょうど社会全体が牢獄であって,そのなかの,どこにでも監獄はあるという事実を隠そうとしているのと同じように)。
>
> ディズニーランドは,ディズニーランド以外の場こそがリアルなのだということをわれわれに信じ込ませるために想像上のもののように見せているが,実のところ,ロサンゼルスやそれを取り巻くアメリカ全体は,もはやリアルなのではなく,ハイパーリアルなのであり,シミュレーションの世界となっているのである(Baudrillard 1988: 171-2; Marin 1984 参照)。

ディズニーランドが単に一つの表現物ではなく,アメリカの(ハイパー)リアリティを代表するものだということが強調されているが,こうした視点がアメリカの都市を典型的なポストモダニストだと見なしている所見のなかに反映されている。初期のモダニティ論が全世界をパリやニューヨークのような主要な

近代都市を通して解読していったように，ポストモダニティの現代理論は，ポストモダンのパターンを最も明瞭に具体化していると思われるラスベガスやロサンゼルスのようなアメリカの都市を通して現代の世界を解読していこうとしている。エーコにとって（ロバート・ベンチュリにしたがって），ラスベガスは「都市計画では全く新しい現象であり，完全に記号から構成されている『メッセージ』都市であり，機能するためにコミュニケートするような他の都市とは異なり，むしろコミュニケートするために機能するような都市なのである」（Eco 1987: 40）。

ラスベガスは砂漠の「幻影」のように姿を現わしているが，その幻想的な性質は，ボードリヤールによれば，ロサンゼルスと類似している。ロサンゼルスは「ただ無数のネットワークと非現実的な循環過程があるだけという正に謎に包まれた町である。途方もない巨大な町であって，空間や寸法というものがないのだ」（Baudrillard 1988: 172; 1989: 102-4, 123-8 参照）。エドワード・ソージャにとっては，ロサンゼルスは「ポストモダニティの中心的世界」であり，経済的・文化的生活を凝縮して表現している都市であって，そうした経済的・文化的生活を通してグローバルなポストモダニティに対して指導的な役割を担っているのである。世界の都市のなかでもロサンゼルスほどポストモダニティの都市的形態を表している都市はない。ロサンゼルスの「ハイパースペース」は公式に指定された 400 以上にも及ぶコミュニティの「目もくらむような……パッチワーク・モザイク」から構成されている。これらのなかには，――ベニス，ナポリ，ハワイアン・ガーデン，オンタリオのように――，他の文化や他の歴史を想起させるような名称や民族を有しているコミュニティが多い。第一世界（企業資本）と第三世界（移民労働）が混然と入り交じっているのである。歴史と地理がごちゃごちゃになっているのだ。「『かつて』とか『そこで』といった時間と空間はますます軽視され，ここといま（傍点―訳者）の必要を満たすためにパッケージ化されているのである。時間と空間は都市の生活体験の代わりに〈シミュラークル〉を通して拡げられていくのだ……」。

もう一度いうが，幻想が現実を模倣しているのではない。幻想が事実となるのである。ロサンゼルスは，都市，郊外，コミュニティ，近隣といったような伝統的な記述の仕方を拒否しているとソージャはいう。「ロサンゼルスは，実際

には，想像上のコミュニティや都市の風変わりな表現に過ぎないものをこれ見よがしに表しているような，記号の入り交じったコラージュに都市を解体してきたのである」。そうしたロサンゼルスの「記号の絨毯」の下には，実際には——世界の殆どの先進国に見るように——経済的秩序が存在している。しかし「見るものすべてが断片的で，風変わりな寄せ集めばかりだとすれば，資本主義の決定的な強味も人種主義的な家父長制の風景もまるで空中に溶け込むように消滅していくことだろう」。

> 皮肉っぽくいえば，今日のロサンゼルスは，以前でさえテーマ・パークの巨大な塊，つまりディズニーワールドから構成されている空間であったが，いまやそれ以上のものになってきている。ロサンゼルスは，グローバル・ヴィレッジ（地球村）の文化や模倣したアメリカの景色，あらゆる商品の揃っているショッピングモール，芸術的に作られた大通り，企業がスポンサーになっている魔法の王国，高度な先端技術に基盤をもつ未来の実験的なモデル地域，休息とレクリエーションのために魅力的に組み合わされた空間というさまざまなショーケースに分割されている世界なのだ（Soja 1989: 245-6）。

ハイパーリアリティという状況は，厳密にいえば客観的リアリティの解体を意味しているわけではない。それは記号やイメージが指示している「世の中の」ものが消滅することを意味する。ハイパーリアリティはまた，人間の主体，言い換えればモダニティがこの世で自律的な思想家や行為者であると考えてきた人間の自我が消滅することを意味する。フーコーにとってもそうだが，ボードリヤールにとっても，人間の主体——「男」——は近代というほんの数世紀の間続いただけの一時的な構築物でしかなかった。彼——それは全く純粋な男性的概念であるが——は，モダニティについてのデカルトやベーコンの「語り」のなかに出てくるファウストのような，あるいはプロメテウスのような英雄だったのだ（Foucault 1970; Abercrombie 編 1986）。

「コミュニケーションのエクスタシー」は，そうした自律的な主権者としての人間という想定を不可能にしてしまった。ボードリヤールは，人間はもはや周囲の環境との客観的な関係のなかでさえ存在することができないし，周囲の環境に対して「疎外された」人間であることさえもできないと述べている。人間は，もはや「行為者でもなければ，劇作家でもなく」，カプセルのなかの宇宙飛

行士のように,電子のコンピュータにコントロールされたメッセージが流れている「複合回路のネットワークの末端」に位置しているに過ぎない。「テレビは,今日のような新しい時代にとっては究極的で,完璧な物体であるが,そのテレビの造り出すイメージのために,われわれ自身の身体やわれわれを取り巻く全世界はコントロールスクリーンになってしまうのである」(Baudrillard 1983: 127–8)。

　ボードリヤールは,「バーチャル・リアリティ」や「サイバースペース」の賞賛者とは違って,こうした状況を喜んでいるわけではない。彼は,そうした状況を「猥褻」だと見ている。というのも,そうした状況は「あらゆる表現を止めさせてしまい」,自己と環境との間のあらゆる区分や距離を取り除いてしまうからである。こうなると,主体と客体,公と私といった対立は,あらゆる意味を失ってしまうことになる。こうした対立は互いにもたれ合いながら崩れてしまうのである。もはや秘密も内面性も親密性も何も残らない。人間も含めてすべてのものが「情報やコミュニケーションのなかで完全に溶けてしまう」のだ。これが「コミュニケーションのエクスタシー」であり,「あらゆる機能がコミュニケーションという単一尺度のなかで失われてしまうのである」。ボードリヤールにとって,コミュニケーションのエクスタシーは「新たな形の精神分裂病」を産み出すものなのだ。コミュニケーションのエクスタシーは「精神分裂病特有の恐怖の状態を引き起こす。すべてのものがあまりにも急激に押し迫って来るのだ。つまりもはや自分を守ってくれるようなプライベートな保護者という後光が射しているわけではないし,自分自身の身体さえ守れないような状況のなかで,接触してきたり,取り囲んできたり,抵抗できないために奥深く侵入してきたりするようなものがすべて不潔なままに混乱している状態」である。

> 人間を特徴づけているものは,一般にいわれているように,現実の喪失でもなく,現実から大きく隔たった疎隔でもなく,距離や完全な分離のパトスでもない。むしろそれとは全く逆に,完全な近接性であり,物事の完全な同時性であり,防御するものもないし避難するところもないという感覚なのである。それは人間の内面性や親密性が消滅したために,世界はもろに露出して透明性が高まり,そのために人間を何の障害もなしに徹底的に考察することができるのだ。人間は,もはや自分自身の境界を作り出すこともできないし,自分らしく振る舞うことも演出することもで

きない。さらに鏡のように忠実に自分自身を表現することもできない。人間は今や，透明なスクリーンに過ぎず，あらゆる影響のネットワークのスイッチング・センターに過ぎないのだ（Baudrillard 1983: 132-3; 1987: 70-1 参照）。

　こうした絶望的なイメージを聞けば，——これはボードリヤールが著書のなかで一貫して主張しているイメージとはっきり違うのだが——われわれは，多くのポストモダニティの理論家が現に診断している状況を賞賛してはいないということを思い出す。彼らは大体が諦めの態度であり，自信に満ちた近代という時代が過ぎ去っていくことに皮肉めいた後悔の気味さえ帯びている。マーティン・ジェイ（Jay 1993）は，こうしたポストモダニティの理論家の感情を，フロイトが分析したように，臨床的な憂鬱状態にたとえている。マクルーハン（1967）は，新しい電子化された環境の影響について述べているが，その意見のなかには確かに繁栄のことなど何も見られないし，サイバースペースを舞台にした新しい空想科学小説の探検家のような陽気さも全然見られない（例えば，Gibson 1984）。

　ボードリヤールは，新しいコミュニケーション技術の影響について分析しているが，それは，ベル，ストニィア，マスダのような情報社会論者とは全く違った方向を示している。情報社会論者が，人間の能力や力は拡大して，プロメテウスのように地球的規模にまで拡大していくだろうと考えているのに対して，ボードリヤールは人間は情報のネットワークのなかに消失してしまうだろうと考えている。しかしポストモダニティの理論家のなかには，こうした個人に対する抑圧こそが将来の解放の可能性の種を孕んでいるのだと考えているものもいる。ポストモダニティの理論家にとって，モダニティの主体中心的理論に立ち戻ることは間違いであるか，あるいは不可能なことなのである。われわれは，新たな時代の潜在的可能性の基礎を築き，新たな方法で自由を発見していかなければならない。

　例えば，マーク・ポスターは，ボードリヤールと同じく，ベルの情報社会論を否定している。ポスターは，ベルの情報社会論が「全体化」して時代遅れのモダニストの方法になってしまい，情報やコミュニケーションの言語的次元に対する配慮も不十分だとしている。またポスターは，人間についての旧来の理解に対して新しい電子メディアがどのような影響を及ぼしたかについて，ボー

ドリヤールと全く同様の考え方をしている。ポスターが「情報様式」——マルクスの生産様式に対応しているのだが——と呼んでいる点からいえば，現代は既に「電子メディアによる交換」という新しい段階に達しているのであって，口述とか印刷を媒介とする交換を伴いつつも，それは既にかなりの部分が電子メディアによる交換に代わっている。このような第3の電子の段階では「自己は常に不安定なままで脱中心化され，分散化され，多様化されていく。……電子メディアによるコミュニケーションのなかでは，主体は浮遊しつつ，対象の各ポイント間をさまよっているのであり，状況の言説的な配置と関連させていうと，異なった配列で構成あるいは再構成されている」のである。

> 情報様式の［新しい段階］では，主体はもはや絶対的な時間／空間の一点に位置しているわけではないし，物理的で固定された視点をもって合理的に何をするかを選択するわけではない。その代わりに，主体はデータベースによって増殖され，コンピュータによる通信や会議によって分散され，テレビ広告によって前後の文脈から切り離されたり再確認されたりし，そしてまた電子的シンボル転送によって絶えず溶解されたり有形化されたりするのである。……だから身体はもはや主体の位置の事実上の限界とはならない。あるいはコミュニケーション設備が神経組織を地球全体にまで拡大し，ティヤール・ド・シャルダン[訳注4]の言葉を借りれば，言語の人智圏にある惑星をも包み込むような点にまで拡大しているといった方が多分いいだろう。もし私がカリフォルニアにいながらにしてパリの友人に直接話しかけたり電子メールによって話しかけたりすることができるとすれば，もし私が自分の家を離れずに地球上のどこかで起きた政治的・文化的出来事を目撃することができるとすれば，もし遠く離れたところにあるデータベースに私のプロフィールが含まれていて政府機関にそのプロフィールの情報が提供され，政府機関がこうした出来事について私が何も知らないうちに私の生活に影響するような決定をしたとすれば，もし私がテレビやコンピュータを使って自宅にいながら買い物ができるとすれば，いったい私はどこにいる誰なのだろうか。こうした状況のなかでは，私は私自身が理性的で自律的な主観性の中心をなしているとか，あるいは明確に定義された自我によって境界づけられていると考えることはできない。しかし私は社会的空間を越えて分裂されており，破壊されており，分散されているのである（Poster 1990: 6, 11, 15-6）。

こうした評価がポスターを，ボードリヤールの場合と同じように，憂鬱な状態に追いやっていくだろうと誰もが思っていた。確かにポスターは決して満足

してはいなかった。しかしポスターは，ベルと同じように，ボードリヤールが全体化していることを非難している。ハイパーリアルの現象は不法に拡大していって社会生活の全体を組み入れていくのである。「ボードリヤールの全体化した立場のために新しい動きの可能性が妨げられている。ボードリヤールは，ハイパーリアルという憂鬱な状態に陥っているために，未だ想像もされたことがないし，まして書かれたこともないような物語の結末を既に知っているかのように，完全に悲観的な見解を示している批判的言説の域を越えているのである」。新しい情報様式における主体の溶解は，ポスターにとっては，解放のための潜在力と映ったのである。例えば，テレビの広告では，主体は一部分は視聴者/消費者として再構成されるけれども，彼または彼女は「中心化されたオリジナルな行為者」として脱構築されたりもする。古典的なモダニティ論では，そのような行為者は「合理的で男性的なブルジョアジー」であるという傾向があるから，こうした脱構築という行為は解放的なのである。「言語/実践としてテレビ広告は，資本主義的生産様式を連想させるような，また家父長制とエスノセントリズムとの結合形態を連想させるような，そういうこれまでのタイプの主体を徐々に弱めている」のだ。このことは，解放ということを保証しているわけではない。しかし「テレビ広告のなかで，言語は，視聴者が自分自身の主体性を構築された構造と見なし，自分自身を自己構築者のコミュニティのメンバーと見なしたりするが，同時にそのように見なすようにせき立てるのである。……テレビ広告が(そして明確な傾向としてメディア一般は)主体を自己構築者として構成している程度に応じて，自己構築の支配的な形態は問題視されるようになる」(Poster 1990: 66-8)。

　ポスターは，明らかにポスト構造主義者の思想に立脚して論じている。ポスターの説明には，ポスト構造主義者や脱構築主義者が示しているようなポストモダニティに対するアンビバレンスが反映している。ポスターの立場は，一方では，フーコー，デリダ，バルト，ラカン，クリスティヴァ，リオタール，ボードリヤールのようなフランスの思想家グループを含んでいるが，他方では，フランスの思想家の影響もロシアの理論家であるミハイル・バフチンの著作の影響も受けているポール・ドゥ・マン，スタンレー・フィッシュ，ヒルズ・ミラーといったアメリカの文芸評論家のグループも含んでいる。

最初から，つまり 1960 年代からだが，ポスト構造主義はポストモダニズムやポストモダニティの理論と結びつけられてきた。しかしこうした文脈のなかでポスト構造主義を考察していくとさまざまな問題に遭遇する。第 1 に，ポスト構造主義は，自身の問題を文学と哲学の領域に限定してしまう傾向があったということである。社会や政治との関わりは他の学問領域に任せていたのである。第 2 に，ポスト構造主義のなかには——例えばボードリヤールのように——，ポストモダニストの立場に深く関わることなく，ポスト構造主義や脱構築主義を支持しているものが多いということである。そうした関係にも大抵の場合は他の思想家たちが関わっている。第 3 に，ポスト構造主義者の著作は，とりわけフランスの思想家の場合には，緻密ではあるが難解だということである。とくに翻訳の場合，引用が殆ど明らかにされていない。

　ポスト構造主義の思想家とポストモダニティの理論との結びつきは主に「人間の死」（フーコー）とか「主体の死」（デリダ）とか「作者の死」（バルト）といった用語と関係している。人間科学の発達についてフーコーは，科学の主体としての人間は，一般に考えられているように，古代ギリシャにまで遡って考えることはできないと述べている。それは，わずか 18 世紀後半から 19 世紀初頭にかけての，モダンの時代の誕生という，ごく最近にまで遡れるに過ぎない。その時から人間は，現在の真実，過去や未来の運命を解き明かすために，その説明の中心に位置づけられるようになったのである。

　フーコーにとって，こうした知識の発達というものは実体のないものであって，リアリティの見せかけの「人間学化」に基づいたものである。人間科学の基盤となるべきものは，人間ではなく，「知識を有する主体」なのだ。すなわち研究されなければならないものは人間を構成し，人間を構築している人間科学の論証的な実践なのである。フーコーは「人間も神も同時に殺した」ニーチェに対して惜しみない賞賛を送っている。フーコーは行為者としての，また主体としての人間の全体性に疑問を呈し，本質的に重要な点は言語の問題であることを示している。人間は言語的実践の構築物なのであって，知識や価値の本質的な基盤ではないのだ。

　　人間について，人間の支配について，あるいは人間の自由の問題についてなお語りたいという人々にとって，また人間とは要するに一体何なのかについてなお疑問を

提起している人々にとって，さらに人間を出発点と見なして真理に近づきたいという人々にとって，……こうした偏った，歪んだ思考形態に対しては，われわれは哲学的な笑いでしか応えることができない（Foucault 1970: 342-3）。

フーコーは，人間の条件についての研究のなかで言語が首位の座を取り戻すことを期待していたのである。そのとき「人間は，人間というものは波打ち際の砂に描かれた顔のように消し去られてしまうものだということを確認するのである」。

> われわれの思考の考古学が端的に示しているように，人間は最近になって発明されたものなのである。そして人間は恐らくその終焉に近づいている。……言語の存在がわれわれの地平線上で強く輝き続けていくにしたがって，人間は消滅への過程を歩んでいるのだ。人間は言語が分散の運命をたどったときに成立したものであるから，言語がその統一性を取り戻したとき，人間は分散させられることはないのだろうか（Foucault 1970: 386-7）。

フーコーは近代の人間科学が人間中心的であることを批判しているが，その批判は主体中心的な近代哲学や近代西欧思想一般に対するデリダの批判とよく似ている。デリダは，フーコーと同様に，ニーチェやハイデガーに負うところが大きいと述べている。デリダの目標は，ニーチェ研究のなかで述べられているハイデガーについての見解にはっきりと示されている。

> われわれがモダンと呼ぶ時代は，人間が万物の中心であり，尺度になったという事実に規定される。人間は「基体」（subjectum）であり，あらゆる存在の基底，つまりモダンの時代においては，あらゆる対象化や表現の基底に置かれているのである（Habermas 1987: 133）。

知の現代的パラダイムに対応して，デリダはラディカルな「主体の脱中心化」を提示しようとした。言語は統一性のある，安定したアイデンティティを身につけている話し手を持っていない。テクストも目的のはっきりとしたデザインや意図を有する作者を持っていない。テクストと同じように，主体や作者も言語の産物なのである。つまり，ポール・ドゥ・マンが指摘しているように，われわれは主体を「単なる文法的な代名詞の地位」にまで「正当に格下げしている」のである。文学と哲学との間には何の区別もない。あらゆる言説は流動し

ており,相互に浸透し合っている。あらゆるものは一様に「虚構」なのであり,特定の意味を表す行為の産物なのである。テクストとか,あるいは他のどのような文化的行為にも特別な読み方があるわけではないし,それに割り当てられた普遍的な,確かな意味があるわけでもない。テクストは開かれて「対話」の構造を呈するようになるが,そこには「アポリア」(分岐する矛盾)や「異種注解の混在」(多数の声)が入り混じっている。意味が一致するとしても,それは特定の「意味解釈コミュニティ」——批評家とか市民の——においてのみであり,そうした場合にのみ内的なものとして彼らのなかに残るのである。いずれにしても,いかなる作者であれ読者であれ,またいかなる行為者であれ主体であれ,意味についての特別の運搬人ではありえない。ボードリヤールが自己は電子メールで伝えるメッセージの交差点にすぎないとしたように,そしてまたフーコーが自己を権力の流動(あるいは言説)の合流点だとしたように,デリダや脱構築主義者たちは自己を言語が,いわば螺旋形をした不確定性という円弧(あるいは底知れない深淵)のなかで行ったり来たりしている場所だとしたのである。

　このような思想とポストモダンの政治的・社会的理論との間にはっきりとした関連があるのだろうか。このことに疑問を持っている人々もいる。そうした人々が主張するところによれば,脱構築主義は徹底して破壊的なために,それ自身までをも破壊しているのだ。そうした意見の相違が主張されているにもかかわらず,脱構築主義は,どんなエネルギーもまったくない,平坦で,深みのないエントロピーの世界を思い浮かばせる。主体とか行為者といった概念を徹底的に拒否したために社会とか歴史は何の指導力もないままにされているのである。そうしたことが政治的な無関心や諦め,また滑稽な人間ドラマの皮肉や娯楽といった態度につながっていくのである (Alexander 1994: 181)。

　さらにいえば,脱構築主義は,「テクスト性」という概念は書物に対してはまったく適用できないが,世界に対しては適用できると明言しているけれども,リアリティを美化したり,書き言葉に実際に執着しているために,どちらかといえばポストモダニズムというよりもモダニズムに近いように思われる。脱構築主義は自律的な,分割された文化世界というモダニストの原理を共有しているのだ (Huyssen 1992: 60; Connor 1989: 226 も参照)。したがって,例えばデリダ

のような代表的な脱構築主義者のポリティクスのなかにかなりの曖昧性や不確実性を見いだしたとしても驚くに当たらない (Poster 1990: 104-6; Derrida 1994 も参照)。

それにもかかわらず，少なくとも原理的には，ポスト構造主義や脱構築主義をポストモダニティの社会理論と関連づけることはそれほど難しいことではない。ポスト構造主義や脱構築主義は断片化や多元化を強調し，また中心化とか「全体化する」力がないことを一般に強調するが，それはあらゆるポストモダニティの理論の特徴なのである。ポスト構造主義や脱構築主義が個人的レベルで見ようとするものを，ポストモダンの理論は社会のレベルで見ているのである。脱構築主義のいう主体の崩壊は，——それが原因であれ結果であれ——ポストモダンのいう社会の崩壊と対応しているといってよい。それは，社会それ自体を否定するという意味ではなく，統合された集合体としての社会の力を否定するという意味なのである。脱構築主義では信頼できるような行為者とか活動的な行為者はどこにも存在しない——例えば，テクストの作者が存在しないように——。それと同じように，ポストモダンの理論では，社会は動くことができない。少なくともマルクスやデュルケムが仮定したような方法では社会は動かない。

こうしたことがポストモダンの理論家たちをラディカルな個人主義へと向かわせたのである。そのために現代の急進的な右翼が唱える個人主義とは容易に区別することができないのだ。だが，同時にそれはポストモダンの一部の理論家たちを左翼へと向かわせることにもなり，民主主義のような伝統的な概念を再構築させてきたのである。彼らが論じるところによれば，民主主義はもはや古典的なリベラル理論のように統一された普遍的で理性的な行為者，つまり普遍的権利の支持者から成るという「本質主義的な」観念に基礎をおくことはできないのである。民主主義はポストモダンの様式，複数のパースペクティブ，個人を成り立たせているそれぞれに異なったアイデンティティ（すなわち「個人の非個人性」とでも呼ばれるようなもの）を容認しなければならない。民主主義は，このような最小限に分化していることによる多元的共存という事実に合わせていかなければならない。そのために一つには，合意による政治という考えを断念しなければならないし，また国民「主権」国家が政治の唯一の舞台でな

ければならないという見方をも断念しなければならない。そうした民主主義の概念は，アイデンティティや差異の政治学を問題として取り上げてきた一部のグループにとっては興味をそそるものだろうし，実際，興味をそそってきた。それは特にフェミニストに対していえることだが，しかし従属的なエスニック・グループやポスト植民地主義の人々のために活動している人々に対しても興味をそそるものだったのである。それがアピールしているのは，解放という伝統的な左翼の目的を放棄するのではなく，その目的に新たな意味を付与し，その目的を達成するためにさまざまな方法を提案しようとしていることである (Laclau and Mouffe 1985; Mouffe 1993)。

さらに，ポスト構造主義者は基本的にはモダニストだと主張しているアンドレアス・ホイセンのような人々さえ，言語と文化に極めて大きな関心を示してはいるものの，古い形式の言説と新しい形式の言説との間に決定的な差異を認めているのである。モダニズムは芸術の力を信じていた。芸術は政治や商業といった，いわば外部からの考えに汚染されてはおらず，ある種の純粋な価値を持ち続けていると信じられていたのである。モダニズムは近代社会，特にそのブルジョワ的な形態の社会に対する批判を，常に明瞭とはいわないまでも，暗黙のうちに含んでいた。クレメント・グリーンバーグのようなモダニズムの熱烈な擁護者がマルクス主義者であったのは，こうした理由による (Clark 1982)。ポスト構造主義者は，このように文化は救済力をもっているという信念を否定する。芸術は個人を救うことはできないし，世界を変えることもできない。そうした救済観は実際には錯覚なのであり，もはや信頼できるものではない。

モダニズムをこのように「回顧的に解釈」していくと「モダニズムにも限界があることや政治的野心が実らなかったこと」に気づくが，その点でポスト構造主義はポストモダンの理論と類似しているのである (Huyssen 1992: 61)。しかし，恐らくこれ以上の理由もあるだろう。その，ラディカルなキリスト教懐疑論，何もかも分解し消滅させてしまいたいという衝動，根本的には反メシア的で反ユートピア的な性格といったような点で，ポスト構造主義はポストモダニティの中心的な教義の一つと直接関連しているのである。すなわちリオタールが「メタ・ナラティブに対する懐疑」と呼んだものである (Lyotard 1984: xxiv)。これがこれまで最もよく知られた，そして最も一般的に受け入れられてきたポ

ストモダンの一つの特質である。別の言い方をすれば，ポストモダンはそれまで何の処置もされずに拡散し，分散されたままであった一連の諸命題を一体化したのである。そうすることによって，ポストモダンの理論がその主な推進力をどこから獲得しているのかが分かる。それは，肯定的な意味でいうのだが，何か新しいことを発表するというところからではなく，古い考え方，つまりモダニティの過去を否定するというところからきているのだ。

　リオタールが語っている「メタ・ナラティブ」や「グランド・ナラティブ」は，モダンという時代が投げかけた進歩と自己完成能力という壮大な歴史哲学大系なのである。ナラティブは規範的かつ実践的で，リオタールによって「科学」とは区別されている。しかしナラティブは事実や未だ経験的に検証されていない仮説に関心を寄せており，モダニティに関するメタ・ナラティブのアピールの多くが科学や科学的方法との関連を中心問題としてきたことには疑いの余地がない。カントからヘーゲルやマルクスに至るまで，またサン＝シモンからコントやスペンサーに至るまで，理性と自由の発達は近代科学の進歩と結び付けられてきた。科学は世界を理解する方法であるとともに，世界を変革させる方法でもあるのだ。

　現時点でポストモダンの理論に引かれることを，一部分であれ，説明できるというのは，実は科学の危機だからである。「グランド・ナラティブ」を否定するというのは，少なくとも西洋においては，少し以前から始まっていた。ハイエクの『隷属への道 (*The Road to Serfdom*)』(1944)，カール・ポパーの『開かれた社会とその敵 (*The Open Society and Its Enemies*)』(1945)，ジャコブ・タルモンの『全体主義的民主主義の起源 (*The Origins of Totalitarian Democracy*)』(1952)，アイザイア・バーリンの『歴史的必然性 (*Historical Inevitability*)』(1954) のような既に 1940 年代や 1950 年代に書かれた本のなかで，彼らは 19 世紀の社会理論の哲学的・歴史的前提に対して非常に強力な，影響力のある批判を始めていたのである。特にマルクス主義は非常に著名で今日まで生き残った 19 世紀の思想であるが，そのマルクス主義のグランド・ナラティブは，その理論的な欠陥や歴史的に受け入れがたいことに対して激しい批判に晒されたのである。

　しかし，このような批判はリベラリズムのグランド・ナラティブを殆ど無傷のままにしておいただけではない。もっと重要なことは，科学について何も触

れずじまいだったということである。科学は，実際には，真実を探究する唯一の方法としてさらに高められてきたが，その一方では社会における科学の力こそが——科学は実際には科学者とか科学的機関という形をとる——将来の進歩と繁栄を保証する唯一のものなのだとチャールズ・スノウのような一部の人たちは断言している。したがって体系的な社会哲学という意味では，「イデオロギー」はもはや信頼されなくなってしまったのだと広く宣言されているけれども，しかしだからといって，そのために進歩という非常に強力なイデオロギーが「近代化」や「産業化」のような思想や実践と結びつかなくなってしまったというわけではない。こうして外見上は，グランド・ナラティブは西洋においても，また世界全体においても，華々しいキャリアを辿ってきたのである。

　東欧ではコミュニズムが衰退し，また世界的に見ても他の多くの地域でコミュニズムは退却しているので，当然のことながらグランド・ナラティブの信頼性はさらに弱化していくことになった(ナショナリズムがその衣鉢を継ぐためにすぐ近くで待機しているといわれているが)。しかし，恐らくもっと重要なことは近代化や産業化を支えてきた進歩という思想と合わせて，今また近代化や産業化が非難されているということである。これにはいろいろな理由があるが，最も大きな理由は環境保護意識が広まったことである。環境保護という思想は産業化を介しての進歩に関わるあらゆる理論に暗影を投げかけたのである。そうした進歩に対する信頼の危機は科学者たち自身にまで拡大している。科学者は今，世界に対して科学を大規模に適用することに疑問をもっているだけではない。科学者は科学者にだけ許された理解の方法としての科学の地位そのものにやっかいな疑問を提起しているのである(例えば，Griffin 1988)。「新たな不確定性」——それは社会学者の度重なる攻撃になっていることはいうまでもないが——が台頭してくるとともに，科学そのものはあらゆるナラティブの特徴である主観性や相対主義を支配下におくようになると思われる。「科学のゲームは……他のゲームと同じである……。科学は自分自身のゲームを演じているのだ。つまり科学は他の言語ゲームを正当化することはできないのである」(Lyotard 1984: 40-1; 53-60)。

　もしそれが事実なら，これは確かに画期的な方向転換だといえる。モダニティは——過去に遡ってみれば——17世紀の科学革命と結びついている

(Kolakowski 1990: 7)。そのために近代が古代文明の業績と対抗できるような，またときにはそれを凌ぐことさえできるような自信を近代に与えることができたのである。こうした自信から進歩，理性，革命，解放といった壮大なテーマや理論が生まれたのである。そうしたテーマや理論が何らかの形で，暗示的にしろ明示的にしろ，18世紀後半から20世紀中盤にかけての西欧世界の大部分の政治を支えてきたのである。

　ところで，もしポストモダニストたちのいうことが正しいとすれば，それらは空虚で仰々しい言葉であって，もはやコミットメントや行為に駆り立てるような能力はないといわねばならない。ジョン・オスバーンの1956年の劇『怒りをこめて振り返れ (Look Back in Anger)』の主人公が悲しみの口調で述べたように，簡単にはいえないが，これ以上戦うための「正当な，かつ勇敢に立ち向かっていけるような理由は残されていない」のである。重要なことは，戦うべきいかなる理由ももはや存在し得ないということだ。哲学は，ポパーの反歴史主義という形をとったり，あるいはデリダの脱構築主義という形をとって，世界を客観的，科学的に説明しようとする多くの社会理論の主張を徐々に弱体化させている。そして政治は，社会を再構築しようという明確なイデオロギー的実験という形をとるだけではなく，コミュニズムの失敗という形をとって，世界を再建するための政治の力という信頼を徐々に弱体化させている。そうした弱体化は今やリベラリズムにまで及んでいる。リベラル理論のいう合理的で自律的な個人は，それぞれに異なったアイデンティティや関心をもっているために互いに重なり合い，また互いに一致しないような大勢の諸個人へと解体──「脱構築」──されていくのである。利己的で，かつ最大の効用をあげようとする諸個人がそれぞれに設定した合理的な目的はキマイラ[訳注5]のようになるだろう。誰の利益で何の利益なのかという疑問は，複合社会の場合と同じように多くの頭をもった個人の場合にもきちんと当てはまるだろう。こうした状況では，「理性」とか「真実」というものは非現実的だとして，とてもあり得ない目標となってしまうだろう (Pangle 1992: 19-56)。

　ポストモダニストたちは，東欧の新興民主主義においても西側諸国の長い歴史のある民主主義においても，政治に対する無関心や幻滅感が蔓延していると指摘しているが，そうした指摘をすることで自分たちの立場を擁護しているの

である。このことは「グランド・ナラティブ」に対する信頼が失われているためにポストモダニストたちが身を引いたり，懐疑的な態度をとっていることを意味している。他の思想家もまた，自身の考え方のなかにポストモダンの判断を必ずしも受け入れるとは限らないが，しかしこうした状況のなかで，新しく，さらに深みのある「イデオロギーの終焉」を認識しているという点では一致している。フランシス・フクヤマの立場がそうである。彼は「歴史の終焉」(the end of history, 1992) について多々論じているが，彼の立場は，他のあらゆるイデオロギーに対抗して西欧リベラリズムは永遠不滅だという主張を支持するものだと一般に誤解されている。しかし実際は，フクヤマは，リベラリズムをその対抗者と同じように殆ど魅力のないものと見なしている。リベラリズムがコミュニズムとの闘争に実際に勝利したことは，自由と創造の新たな時代を告げるものではなく，歴史に意味を与えてきた弁証法的思考の終局を告げるものだったのである。それは消極的ではあるが，コンシューマリズムと私的生活が支配的になってきたことを意味する。「最後の人」というメランコリーで，ニーチェ哲学的な未来像のなかで，フクヤマは将来の世界を，ポストモダニストたちのシナリオと同じように，努力することの意味とか目的の意味が欠如しているものとして思い描いている (Fukuyama 1992: 287–339)。グランド・ナラティブが終わることは狂信的な言動が減少していくことを意味するだろうが，しかしそれは情熱の喪失をも意味するし，またイデオロギーの闘争から生まれるような文化的創造性の喪失をも意味するのである。

　リオタール自身はこうしたあらゆる事態にも平然と構えていた。高度なナラティブの正当性を立証するためには普遍的なメタ言語が必要であるが，そのメタ言語が欠けているために，実をいえば，われわれは啓蒙思想のいう普遍的解放といった目的や合理主義的な社会というものを断念しなければならないのだ。こうした目的はユルゲン・ハーバマスが試みようとした方法では何も守られない。彼は，自由で対等な立場にある行為者たちの間で意見の交換が行われ，そうした意見交換を通して合理的な「コンセンサス」が達成されることを期待していた。そのような期待は未だに「集合的(普遍的)主体」として啓蒙思想のヒューマニティ信仰に支えられているが，そのヒューマニティ信仰はあらゆる形態の相互行為を支配している規約とか通則の枠組みを通して「普遍的解放」

を達成しようとしているのである。しかし、そのようなゲームの――それこそあらゆるゲームの――一般法則などは存在しないし、そのためにコンセンサスの見込みもない。「ゲームのやり方を示すルールについてのコンセンサスも、ゲームのなかで演じる『行動』についてのコンセンサスも一定の限定的なものでなければならない。言い換えれば、いつかは中止することを現在のプレーヤーも主体も同意しておかなければならないのだ」(Lyotard 1984: 66)。このことをわれわれは認めなければならない。

ここにある種のオプティミズムの根拠がある。グランド・ナラティブを断念するのは「リトル・ナラティブ」(小さな物語)という自由な行動のために道を開いておくためである。リトル・ナラティブは、リオタールにとって、社会生活と同様に科学においても「創造的発明」の材料なのである。リトル・ナラティブは「習慣」知とか「場所」知という諸形式なのであるが、この知がコンテクスト性、一時性、有限性を示唆しているのである (Geerts 1983 参照)。リトル・ナラティブは――実のところ、あらゆるナラティブがその科学的主張を奪われているように――、外側から見た、客観的な確認によるのではなく、そのリトル・ナラティブが正に生まれているコミュニティの内側から見たものなのである。リトル・ナラティブは独自の適格性の基準を設定し、何が語られ、何がなされるべきかをはっきりと規定している――すなわち、リトル・ナラティブは自己の正当性を示しているのである。グランド・ナラティブは論理的に対応する一般概念で表現されているが、そうしたグランド・ナラティブの科学的主張とは異なり、リトル・ナラティブはいわば「誤謬推理」なのである。それは、科学的論理の規準にしたがっていえば、リトル・ナラティブが誤った推論とか筋の通らない論拠と見なされているものをも受け入れていることを意味している。リトル・ナラティブは「差異に対する感受性」を示しているが、また「性質のまるっきり違うものにも寛容である」という意志をも示している。他の多くの場合も同じだが、この点でもリトル・ナラティブは、ホメロス時代のギリシアのように、伝統的社会で語られている大衆小説に似ている (Lyotard 1984: xxv, 18-23, 60)。

この基調をなしている政治的ビジョンは、リオタールの著作によく見られるように、かなり漠然としたものである。その政治的ビジョンは、他にもいろい

ろあるが,「仮契約」をもとにした「開かれたコミュニティ」という理想に向けて努力しているというものである。リオタールが述べているところによれば,これは「社会的相互行為が現在も辿っている展開のコースと一致している。つまり実際には,仮契約は,政治的な出来事と同じように,職業的,感情的,性的,文化的,家族的,国際的といった諸領域の永続的な機関に取って代わっている」のである (Lyotard 1984: 66)。こうしたポスト・フォーディズムの影響が再び呼び起こされるようなことは全くない。このことはリオタール自身も認めている。そこには柔軟性や自由と同じように搾取や不安定が生じる余地が残されている。しかし,リオタールにとっては,それは将来の形を明快に説明しているように見えるのだ。もはや国民国家という強固な枠組みの内部に収められているような永続的な制度や組織というものは存在しない。科学的でなくても将来への青写真との関連のなかで遙かな目標を設定するような「全体的な」イデオロギーももはや存在しない。その代わりに緩やかに結びついたコミュニティのネットワークが生まれ,そしてそのコミュニティ独自の生活形態が作られ,その生活形態を表現するような独自の手段が見いだされていく。メタ言語によって支配された社会システムではなく,「言語ゲームの柔軟なネットワークに向けて社会の『原子化』が進んでいく」のだ (Lyotard 1984: 17)。科学的な社会の「法律」ではなく,地元の慣習や慣行が重要となる。すなわち,「立法者」ではなく,コミュニティを相互に理解可能なように形成していこうとする文化の「解説者」が重要となるのだ (Bauman 1987; 1992: 1–25 参照)。マルクスではなく——プルードンか。

モダニティ対ポストモダニティ

フレデリック・ジェイムソンは,ポストモダニズムについての考察の終わりで横柄な調子で次のように書いている。

> 誰でもそうなのだと思うが,私はときに「ポストモダン」というスローガンに全くうんざりしてしまうことがある。しかし私はポストモダンとの,いわば共犯関係を後悔し,ポストモダンが誤解していることやポストモダンの悪い評判を残念に思い,結局のところポストモダンが問題を解決するよりはむしろさまざまな問題を引き起

こしているのではないかと，いささか不本意ではあるが，結論づけようと思ったのである。だが，そのとき私は，どのような考えが非常に効果的で，かつ無駄のないやり方なのか，そしてそのようなやり方で問題を劇的に表現することができるのだろうかと思案している自分に気づいたのである（Jameson 1992: 418）。

ポストモダンについて論議するときにいつも悩まされるのは，こうしたジレンマである。ポストモダニティは単なるスローガンなのか，メディアで宣伝されているファッショナブルなディナー・パーティの名札なのか，網羅的で漠然としているために空っぽになってしまったがらくた入れの概念なのか。ポストモダニティの概念，あるいはその類似的な概念は，現代西欧社会の今日的状況のなかで本当に必要なのか。ポストモダニティは，新しい用語を必要とするような，本当に新しい社会状況を描いているのだろうか。

問題はそれだけにとどまらない。たとえ新しい用語が望まれているとしても，ポストモダニティは何を記述しようとしているのだろうか。ポストモダニティは，その名前の頭文字が示しているように，モダニティ「後」とかモダニティを「越えた」出来事の状況を指しているのだろうか。あるいは，ポストモダニティはむしろモダニティについての一つの考え方なのだろうか。つまりある論評者が指摘しているように「モダンの条件とその結果を関連させる」という新しい方法なのだろうか（Smart 1993: 152）。

われわれは，論理的に考えられるようにモダニティの概念の背景と対比させてポストモダニティについての議論を設定してきた。ポストモダニティがどのようなことを意味するとしても，それを何らかの方法でモダニティを理解することから引き出してこなければならない。

われわれはまた，多くの論者と同じように，モダニティとモダニズムとの区別をしてきた。モダニティは18世紀以降の時代における西欧社会の経済的な，技術的な，政治的な，そしてまたさまざまな点で知的な，創造に起因するとされている（この場合，「近代化」という概念は，このようなモダニティという概念が産み出されていく過程であり，したがって他の非西欧社会においても模倣できるものだと考えられている）。モダニズムは19世紀後半に始まった文化運動である。モダニティの衝撃はいろいろな点で続いているけれども，もっと重要なことはモダニズムはモダニティの特に顕著な点に対する反動という形を

とって形成されてきたということである。

このようにわれわれが述べてきた理由で、ポストモダニティとポストモダニズムを明確に比較区分することはできないのである。しかし、ポストモダニズムを「二重コード化」現象として説明したチャールズ・ジェンクスを忘れてはならない。「二重コード化」現象とは、モダニティとモダニズムの両方の性向を持ち続けていると同時に両方の性向を対立させる(すなわち両方の性向を「超克する」)という現象である。

意見の不一致、例えば出版社にとっては利益だが社会理論家に対しては悪夢といったような場合、そうした不一致が生まれる素地ができるのは、一つには、それぞれに意味が変化していくような多数の用語が存在しているからである。われわれがポストモダニティの思想に対してどのような判断を下そうとも、その判断はポストモダニティをわれわれがどのように定義するかという、その挑戦的な定義の仕方に大きくかかっているのである。このことをわれわれは認めなければならない。言い換えれば、出来事は情報社会やポスト・フォーディズムと共にあるというような形で存在しているわけではない。情報社会とかポスト・フォーディズムの場合には、そうした出来事の意味について相当程度の合意があるのだ。つまりどのような種類の出来事であっても、ポストモダニティには適用できないのである。結局、われわれがポストモダニティは役に立ち、かつ必要不可欠な用語でさえあるというジェイムソンの考えに同意するならば、それは、われわれがこれまでの章で述べてきたポストモダニティについての説明が特に前途有望で価値があると思われる理論の局面だけを大きく取り上げてきたからであろう。われわれがポストモダニティを取り巻いている「意味の範囲」を限定することは、われわれの現在的状況を示す地図のように、その使用法やパースペクティブを示唆することになるだろうが、しかしそれはこれまでの伝統的な記述とは合致しない。

ポストモダニティについての議論が混乱している状況は、ドイツの思想家ユルゲン・ハーバマスのポストモダニストに対する有名な反論のなかによく示されている。ハーバマスは啓蒙的なモダニティの約束が未だ果たされていないことに対してポストモダニストたちを敗北主義で現実逃避の保守主義だと非難している。しかし、ハーバマスが念頭においていた「ポストモダニストたち」と

は文化的な保守主義者たちとか，ポストモダニストの論文としてよく引用される『資本主義の文化的矛盾 (Cultural Contradictions of Capitalism)』を執筆したダニエル・ベルのような「新保守主義者たち」だった。こうした新保守主義者たちに加えてノスタルジアをおぼえるような「旧保守主義者たち」のグループをハーバマスは「若い保守主義者」と呼んでいる。このグループには，フーコーやデリダ，すなわちごく普通にポストモダニズムを連想させるような人々も含まれている。だが，ハーバマスにとって，これらの思想家たちはポストモダニストというよりむしろ反モダニストなのだ。ハーバマスは，こうした若い保守主義者たちを世紀の変わり目にあって，オリジナルな「美的モダニティ」の主唱者たちのあとを継ぐ人たちだと見ている。しかし，若い保守主義者たちは，主観性を中心から外そうという考え方をしているために，また理性に対して非難しているために「近代世界の外へ」と押し出されている。「若い保守主義者たちは，モダニストの態度を前提として，それと相いれない反モダニズムの正当性を示そうとしている」(Habermas 1981: 13) のである。

　ポストモダニティについての議論のなかで多くの論評者たちがハーバマスの考え方に従わなかったということは多分幸いなことだったに違いない。しかしながら多くの論評者たちが正に重大な問題だと考えたのは，ポストモダニティを，基本的には保守的で反モダンのイデオロギーだとしてハーバマスが非難したことである。ハーバマスがモダニティを放棄したのは早すぎたのだ。啓蒙的理性は多くの危険を孕んでいるが，そのうちのある種の危険についてはハーバマスの師であるマックス・ホルクハイマーとテオドア・アドルノが『啓蒙の弁証法』(1944) という共著書のなかではっきりと示している。ハーバマスはそれをそのままに受け入れているのだ。中心的な問題は「自己本位的理性」という，カントが精力的に発展させてきた概念に依存していることである。このことが，個人的な心の観点から全体的に世界を理解しようとしている，一人の個人的自我に特権を与えているのである。その危険性は理性というもっぱら手段的で，計画的な概念のなかに潜んでいる。理性は自然に対しても社会に対しても，それらを支配したり利用するような態度へと導いていくことができるのだ。しかし啓蒙思想は既に独自の解決手段を講じてきたのだとハーバマスはいう。既に，カントの批判，またシュレーゲル，シラー，フィヒテの批判，そして青年ヘー

ゲル派の全盛期の思想家たちやニーチェの思想のなかで，理性の概念は激しく非難されてきた。このようにモダニティはそもそも最初から独自の「反ディスクール (counterdiscourse)」を唱えていたのである。理性に対する今日のラディカルな批判者たち，すなわちフーコーやデリダのような脱構築主義者たちは「ほぼ 200 年にわたる反ディスクールがモダニティに内在していたことを伏せていた。……啓蒙思想を啓蒙思想の表現手段によって修正しようとする意図は……初めからカントの批判者たちを結束させることだったのだ」(Habermas 1987: 302–3; Giddens 1990: 48–9 も参照)。

　こうした批判的な伝統から，ハーバマスは，自己本位的理性に反対して，彼が「コミュニケーション的理性」と呼んでいるものの概念を発達させてきた。このなかでは，多くのことに熟知している個人的主観のパースペクティブよりも同等の人々の間でのコミュニケーション的相互行為を通して達せられる合意的一致の方に重きが置かれている。ハーバマスにとってみれば，こうした考え方のために自己本位的理性の潜在的な「暴力主義的」意味は回避されるし，現代のポストモダニストたちから攻撃されずにすむ。われわれの問題とするところは，現代のポストモダニストたちの主張するように，理性そのものではなく，これまでの，論拠の不十分な支配についてであり，その支配についての説明である。実際われわれは，過度の合理性ではなく「合理性の欠如」に悩んでいるのだ。だから，われわれの課題は啓蒙思想の遺産のなかに埋もれている理性の，全く別の伝統的な考え方を発掘することなのである。資本主義は，モダニティの中心的な伝達者であるが，こうした点ではアンビバレントである。「理性をコミュニケートできる可能性は，資本主義が近代化していく過程で開発されてきたけれども，同時に歪められてもきたのである」。ハーバマスは，思想家たちのなかでも最も現実的な思想家であるから，資本主義的合理性の強力な技術的・官僚的構造を考えると，こうした可能性をそのままにしておくことには大きな困難が伴うことに気づいていた。こうした構造の手段的な合理性は，コミュニケーション的相互行為の範囲である「生活世界」を開拓する上で大いに役立ったのである。しかしハーバマスは同じように「モダンな生活様式を全体的に拒否すること」も大きな危機であることを確信していた。われわれは，ポストモダニストたちが何といおうと，モダニティの終焉に位置しているわけでもない

し，またモダニティを簡単に断念することもできない。モダニティの「グランド・ナラティブ」を拒否すれば，われわれは手段的合理性の前では全く無力になってしまうだけである。われわれはモダニティのなかに生きている。モダニティはわれわれの運命なのだ。ヘーゲルに対する挑戦，そしてマルクスに対する挑戦が，本質的には未だ続いているのである。すなわち，普遍的な「自己意識，自己決定，自己実現」というモダニティの約束をどのようにして果たすのか (Habermas 1987: 338; Bernstein 1985; Ashley 1990 参照)。

ハーバマスは，啓蒙思想的なモダニティそのものが実はいろいろな難問題(「アポリア」)を処理するための道具をわれわれに提供しているのだと考えているが，そうしたハーバマスの考えは，ポストモダニティの理論に対して一様に反対している多くの著作家たちによっても共有されている。ヴェルマーは，ハーバマスと同じ批判理論学派の出身であるが，彼は現代ではモダニティを拒否したり，あるいはモダニティに取って代わることができるものは主として「自己批判的」モダニズムの一形態であると論じている。モダニティに対する批判は，その当初からモダンの計画のなかに事実上含まれていたのである。すなわち，ポストモダニズムはユートピア的理想主義や科学主義の形跡を取り除こうとしているが，せいぜい，こうした批判の矛先を変えたに過ぎない。しかしこのようにして取り除かれた後に「ポスト形而上学的モダニズム」が残ったのである。それは，ヴェルマーが「認知的な，美学的な，そして道徳的政治的な意味で限りなく広がる地平線」だと見なしている一つのモダニズムなのだ。しかも，ユートピア的な構成部分を否定したところで，モダニティのオリジナルな約束である一貫した道徳的アピール，あるいは政治的アピールが損なわれるわけではない。「ポスト形而上学的なモダニティとは，最終的な和解という実に夢のないモダニティなのであるが，しかしそのポスト形而上学的なモダニティは近代民主主義，近代芸術，近代科学，そして近代的個人主義といった合理的で，破壊的で，そして実験的な精神を未だなお保持しているのである」(Wellmer 1991: viii; 91–4; Bürger 1992: 44–5 も参照)。

モダニティを猛烈に弁護し，ポストモダニティをあからさまに拒否するのは，マーシャル・バーマンの場合にも見られる。ハーバマスの場合もそうだが，バーマンにとっても，モダニティは両刃の剣なのだ。その力とダイナミズムは，

正にモダニティが創造するだけモダニティが破壊することを意味している。「モダンであるということは，冒険，力，喜び，成長，自分自身と世界の変化を約束するような環境のなかに自分がいるのだということを悟ることなのである。と同時にわれわれが所有しているあらゆるもの，われわれが知っているあらゆるもの，われわれであるところのあらゆるものを破壊してしまいそうな環境に自分がいるのだということを悟ることでもある。モダニティは全人類を統合している。だがそれは「パラドキシカルな統合であり，不調和な統合なのだ。すなわち，モダニティは全人類を果てしない分裂と更新，闘争と反駁，曖昧さや苦悩といった激しい混乱のなかに陥れているのである」(Berman 1983: 15)。

しかし，われわれがモダニティの破壊力に感銘を受けようと，あるいは創造力に感銘を受けようと，われわれはモダニティを受け入れる以外に選択の道はない。それが「われわれのできる唯一の世界」なのである。反モダニズムもポストモダニズムと呼ばれているものも，運命に陥るのを免れるためにさまざまな企てを破壊することになっていたのだ。バーマンは，ポップ・カルチャーやカウンター・カルチャーを支持しているレズリー・フィードラーたちが述べているように，1960年代アメリカの熱狂的な「ポストモダニズム」にある種の共感を抱いていたのである。広く知られているモダニズムの擁護者たちに対するように，そうした支持者たちは，実際のところ「モダニズムの精神と名誉」となる資格があったのだ。しかし，バーマンはポストモダニズムの第2波に当たる1970年代と1980年代のフランスの思想家たちについては手厳しく批判している。彼はフランスの思想家たちがあらゆる政治的・社会的現実から遊離して，少数の内輪のものにだけ分かるような知的世界へと後退してしまったことを非難している。「デリダ，ロラン・バルト，ジャック・ラカン，ミシェル・フーコー，ジャン・ボードリヤール，そして彼らの大勢の信奉者たちは，ポストモダニズムの一大躍進のためにモダニストの言葉をすべて自分たちだけが使用するものにし，それを道徳的・政治的文脈からもぎ取って，完全に美学的な言語ゲームに変形させたのである」。現代のポストモダニストたちはフランスでの1968年5月の失われた希望の後継者たちなのである。現代のポストモダニストたちは「形而上学という壮大な墓に身を潜めて我が身を守っているが，墓石は厚くて堅いので春の無慈悲な希望にもかかわらず永遠の心の安らぎを十分に与

えてくれるのである」(Berman 1992: 42-6)。

　ポストモダニストたちは，いずれにせよ，もはや今日的な意義を持っていないとバーマンはいう。ポストモダニストは，いわば付け足しの出し物のようなものなのだ。世界の舞台での主要なドラマは未だなおモダニティであるし，われわれが理解している限りでは，モダニティはその地位を占めるように運命づけられているのである。われわれは実際には，恐らく未だなお近代化の初期段階に位置しているに過ぎないのだ。世界の大部分に近代化の衝撃の全容が現われ始めるようになったばかりである。こうした理由でバーマンは，われわれは未だモダニティについての19世紀の偉大な著述家たち——マルクス，ニーチェ，ボードレール，ドストエフスキー——からインスピレーションを得ることができるのだと考えている。彼らは，モダニティの最初期や最大の発展期の人たちであるから，モダニティの矛盾——すなわち失うことの可能性と前例のないほどの将来性——をわれわれ以上に深く捉えることができたのだ。「昨日のモダニティを当てはめることは同時に今日のモダニティに対する批判となり，明日や明後日の……モダニティの信念に基づく行為ともなる」(Berman 1983: 36; また 345-8)。ハーバマス，ヴェルマー，バーマンそして同様の考え方をしている思想家たちの立場を結びつけているのは，ハーバマスも指摘しているように，モダニティが未だなお未完成の仕事——「未完の計画」であるという確信なのである。モダニティにはなおも達成されるべき可能性がある。この点を，バーマンのように，お祭り気分で取り扱うこともできるし，ハーバマスのように，控え目に期待するぐらいで扱うこともできる。あるいは，単にモダニティについてプラグマティックに扱うこともできる。経験的事実の問題として，モダニティは——啓蒙思想の合理性の表現として見れば——，その他の思考様式や行動様式を除外して，殆どの世界が必要としているものなのだと主張することができるだろう。

　例えば，アーネスト・ゲルナーは，啓蒙的理性の信念は，結局のところは信仰形態であることを進んで認めようとさえした。啓蒙的合理主義は，18世紀の西洋文明という特定の時代の特定の文化の産物なのである。そうした啓蒙的合理主義を取り入れた人々に巨大な経済的・政治的権力を与えることができるようになったおかげで，啓蒙的合理主義は世界中の教育のある多くの人々に好ま

れるような思考様式になったのである。

「啓蒙的な世俗的ファンダメンタリズム」訳注6) は科学的・産業的文明へ通じる道となったが，それはまた世界中の多数の社会が選んできた道でもある。ポストモダニストたちの相対主義は，実際上は関連のないニヒリズムにつながっているという事実はさておいて，哲学的には筋道が立っている。そうした相対主義は西欧知識人の間で流行っている慰みもの同然のようなものだ。「合理主義者のファンダメンタリズム」への攻撃は耳を貸してもらえなかった。「[啓蒙的合理性という]一つの知のスタイルは，一つの文化から生まれたものにすぎないが，あらゆる人々によって並はずれたスピードとエネルギーで作りかえられていき，そして大勢の人々を混乱に陥れてしまったけれども，しかし人間が住んでいる環境を完璧なまでに変化させている。われわれはたまたまそのような世界に生きているのだ。これは単純な事実である」(Gellner 1992: 78)。

こうしたモダニティに対する見方とポストモダン論の少なくとも一つの重要な系列の立場との間にはある種の対応があることを確かめておくことは重要なことだろう。モダニティを擁護する立場からはっきりといえば——実際のところモダニティをストイックに受け入れているゲルナーのような場合であろうと，モダニティは依然として解放のための約束を果たすべきだという，いわば願望を込めた信念を抱いているハーバマスやバーマンのような場合であろうと——，モダニティは，少なくとも時間的な意味においても歴史的な意味においても，公然とは認められていないのである。しかし，そのことはモダニティが変化してこなかったということと同じではない。そのような理解の仕方が，特に資本主義的産業化の過程によって推進されてきたモダニティについてハーバマスやバーマンが説明しているなかに暗に含まれていたのである。200年という時間は，文明という点から見れば長い時間ではないかも知れないが，しかしモダニティがそのさまざまな特性を明らかにするには十分に長い時間だといってよいだろう。すべての人が同意するというのは近代資本主義文明の場合にはよくあることだが，それと同じように，モダニティのさまざまな特性は本来的には不安定で変化してやまないような社会形態の場合に特によく見られるのである。われわれは，バウマンやホイセンのようなポストモダニストたちの立場を忘れるべきではない。ポストモダニストたちは，ポストモダニティを新たな歴史的

段階として捉えるのではなく，むしろモダニティの頂点として，つまりそうした頂点からモダニティの成果とか，恐らくモダニティに残されている可能性があるとすれば，そうした可能性とかを批判的に評価しようという有利な視点として捉えているのである。こうした見解によれば，ポストモダニティは，モダニティがその原理や実践を意識するようになること，すなわち自己意識的モダニティのことなのである。そうした解釈は，ポストモダニティの理論と一般に対立している思想家，例えばアグネス・ヘラーのような思想家の解釈とぴったりと一致している。ポストモダニティの概念が何らかの意味を持っているとすれば，「モダニティの次の新しい時代」について言及することはできないとヘラーはいう。ポストモダニティはむしろ「モダンな時代と同時期に存在している歴史意識」と同じように理解されなければならない。「ポストモダンはモダンの時代の次にくるのではなく，モダニティが展開した後にくるものなのだ。モダニティについての主要なカテゴリーが明らかになりさえすれば，歴史的なテンポは遅くなり，ポストモダンの可能性についての研究が始まるのである」(Heller 1990: 168–9; また Heller and Feher 1988: 1)。

　私は，以上述べてきたような諸理論がわれわれの現在の状況に対して話しかけているのだということを明らかにしてきたように思う。どの理論もそうなのだが，理論というものは一方的で，かつ誇張されたものである。それは，理論というものが有用で刺激的なものだからである。確かに理論には多くの考慮されなければならない諸点が残されたままになっている。理論がいかに近年の西欧社会の経験から生まれてきたものであるとはいえ，理論はその始まりである特定の文化やさらに特定の階級をあまりにも強調し過ぎているのかも知れない。現在の10年間の変化のために，そしてその変化の結果は未だ確かめられないから，来るべき数年の間に，こうした諸理論は別の角度から明らかにされることになるだろう。それにもかかわらず，注目すべきなのは，そうした諸理論がどうにかして捉えようとしている世界の現状が如何に多様かということである。われわれは正に情報とコミュニケーションであふれ返っている世界に生きているのだ。労働や産業組織の本質は，実際に驚くほどの速さで変化している。現代社会は，たとえモダニティに見切りをつけなかったにせよ，モダニティの典型的な意見や仮定の多くに重大な疑問を持つようなところまで来ている。

最後にもう一つ，こうした諸理論にも強く引きつけるような別の側面がある。そうした諸理論は，自分たちの視野の及ぶ範囲のなかでは野心的であり，また歴史の動きの変化に対しては敏感であるが，しかし学問分野の境界によって制限されることに対しては反抗的である。職業的諸力や政治的諸力という影響力のために，社会科学の専門性は非常に狭い範囲に限られているが，しかし同時にこうしたことこそが本来の受け入れられるべき特徴なのである。ポスト産業化の理論は，その定義上からも明らかなように，少なくともその思想内容についていえば，19世紀社会学の伝統的遺産を捨てようとしているのである。しかしポスト産業化の理論は，19世紀社会学の伝統の精神を引き継いでいるし，たとえそれだけであったとしても，注目に値するし，尊敬に値するのである。

訳 注

1) レッセフェール（laissez-faire〔仏〕）は経済上の自由放任主義のこと。国民経済に対する国家の干渉を最小限にとどめようという主張。
2) 第二次世界大戦後の先進資本主義諸国に見られた大量生産・大量消費による経済成長体制をフォーディズムという。しかし1970年代以降は構造的危機によって大量生産・大量消費のバランスは崩れ，フォーディズムは危機に陥った。この危機的なフォーディズムを越えようとする動きをポスト・フォーディズムという。
3) システィナ礼拝堂は，ローマのバチカン宮殿にある教皇の礼拝堂のこと。ローマ教皇シクストゥス4世によって建立されミケランジェロの天井画があることで有名。
4) ティヤール・ド・シャルダン（Teilhard de Chardin〔仏〕1881–1955）はフランスの古生物学者・地質学者・哲学者・イエズス会聖職者・哲学者。主著として『現象としての人間』（1938–40執筆）がある。
5) キマイラ（chimera）は，ライオンの頭・ヤギの胴・竜の尾をもち口から火を噴くギリシャ神話の怪獣のこと。転じて生物の一個体内に異種の別個体の組織が入り混じってできる現象を意味するようになった。
6) ファンダメンタリズム（fundamentalism）は根本主義あるいは原理主義と訳される。宗教の根本原理である教義や規範を真実だと主張し，それを頑なに守ろうとする考え方。もとはキリスト教の一勢力を指す。聖書の無謬性を主張。天地創造を信じ，イエスを救済者キリストと信じる。1920年代以降アメリカを中心に広がった。

参考文献

Alexander, J. (1994), 'Modern, Anti, Post, and Neo: How Social Tried to Understand the "New World" of "Our Time"', *Zeitschrift für Soziologie*, 23/3: 165–97.

3. ポストモダンの条件   157

Ashley, D. (1990), 'Habermas and the Completion of the "Project of Modernity"', in Turner, B.S. (ed.), *Theories of Modernity and Postmodernity* (London: Sage).

Baudrillard, J. (1983), 'The Ecstasy of Communication', in Forster, H. (ed.), *The Anti-Aesthetic: Essays on Postmodern Culture* (Port Townsend, Washington: Bay Press). 室井尚訳「コミュニケーションの恍惚」ハル・フォスター編 / 室井尚・吉岡洋訳『反美学——ポストモダンの諸相』勁草書房 (1987) 所収.

——— (1987), *Forget Foucault and Forget Baudrillard: An Interview with Sylvère Lotringer* (New York: Semiotext(e)).

——— (1988), 'Simulacra and Simulations', in *Selected Writings*, ed. M. Poster (Cambridge: Polity Press). 竹原あき子訳『シミュラークルとシミュレーション』法政大学出版局 (1984).

——— (1989), *America* (London: Verso). 田中正人訳『アメリカ——砂漠よ永遠に』法政大学出版局 (1988).

Bauman, Z. (1987), *Legislators and Interpreters: On Modernity, Post-Modernity and Intellectuals* (Cambridge: Polity Press). 向山恭一訳『立法者と解釈者——モダニティ・ポストモダニティ・知識人』昭和堂 (1995).

——— (1992), *Intimations of Postmodernity* (London: Routledge).

Bell, D. (1973), *The Coming of Post-Industrial Society* (New York: Basic Books). 内田忠夫他訳『脱工業社会の到来——社会予測の一つの試み』(上)・(下)ダイヤモンド社 (1975).

Berman, M. (1983), *All That Is Solid Melts Into Air: The Experience of Modernity* (London: Verso).

——— (1992), 'Why Modernism still Maters', in Lash, S. and Friedman, J. (eds.), *Modernity and Identity* (Oxford: Basil Blackwell).

Bernstein, R.J. (ed.)(1985), *Habermas and Modernity* (Cambridge: Polity Press).

Clark, T.J. (1982), 'Clement Greenberg's Theory of Art', *Critial Inquiry*, 9/1: 139–56.

Connor, S. (1989), *Postmodernist Culture: An Introduction to Theories of the Contemporary* (Oxford: Basil Blackwell).

Derrida, J. (1994), *Specters of Marx* (London and New York: Routledge).

Drucker, P. (1969), *The Age of Discontinuity* (London: Heinemann). 林勇二郎訳『断絶の時代』(1969).

Eco, U. (1987), *Travels in Hyperreality* (transl. W. Weaver, London: Picador).

Foucault, M. (1970), *The Order of Things: An Archaeology of the Human Sciences* (London: Tavistock Publications). 渡辺一民・佐々木明訳『言葉と物——人文科学の考古学』新潮社 (1974).

Fukuyama, F. (1989), 'The End of History?', *The National Interest*, 16: 3–18. 渡部昇一訳『歴史の終わり』三笠書房 (1992).

Geertz, C. (1983), *Local Knowledge: Further Essays in Interpretive Anthropology* (New York: Basic Books).

Gellner, E. (1992), *Postomodernism, Reason and Religion* (London: Routledge).

Giddens, A. (1990), *The Consequences of Modernity* (Cambridge: Polity Press). 松尾精文・小幡正敏訳『近代とはいかなる時代か?――モダニティの帰結』而立書房 (1993).

Griffin, D.R. (ed.) (1988), *The Re-enchantment of Science: Postmodern Proposals* (Albany: State Univ. of New York Press).

Habermas, J. (1987), *The Philosophical Discourse of Modernity: Twelve Lectures*, transl. F. Lawrence (Cambridge: Polity Press). 三島憲一他訳『近代の哲学的ディスクルス』(I)・(II) 岩波書店 (1990).

Heller, A. (1990), *Can Modernity Survive?* (Cambridge: Polity Press).

――――, and Feher, F. (1988), *The Postmodern Political Condition* (Cambridge: Polity press).

Huyssen, A. (1992), 'Mapping the Postmodern', in Jencks, C. (ed.), *The Post-Modern Reader* (London: Academy Editions).

Jameson, F. (1992), *Postmodernism, or, The Cultural Logic of Late Capitalism* (London: Verso).

Jay, M. (1993), 'Apocalypse and the Inability to Mourn', in *Force-Fields: Between Intellectual History and Cultural Criticism* (London: Routledge), 84–98.

Kolakowski, L. (1990), 'Modernity on Endless Trial', in *Modernity on Endless Trial* (Chicago and London: Univ. of Chicago Press), 3–13.

Laclau, E., and Mouffe, C. (1985), *Hegemony and Socialist Strategy* (London: Verso).

Lyotard, J.-F. (1984), *The Postmodern Condition: A Report on Knowledge,* transl. G. Bennington and B. Massumi (Manchester: Manchester Univ. Press). 小林康夫訳『ポストモダンの条件――知・社会・言語ゲーム』水声社 (1986).

Marin, L. (1984), 'Utopic Degeneration: Disneyland', in *Utopics: The Semiological Play of Textual Spaces*, transl. R.A. Vollrath (Arlantic Highlands, NJ: Humanities Press International), 239–57.

McLuhan, M. (1967), *Understanding Media: The Extensions of Man* (London: Sphere Books). 栗原裕・河本仲聖訳『メディア論――人間の拡張』みすず書房 (1987).

Mouffe, C. (1993), *The Return of the Political* (London and New York: Verso).

Pangle, T.L. (1992), *The Ennobling of Democracy: The Challenge of the Postmodern Age* (Baltimore and London: Johns Hopkins Univ. Press).

Poster, M. (1990), *The Mode of Information: Poststructuralism and Social Context* (Cambridge: Polity Press). 室井尚・吉岡洋訳『情報様式論:ポスト構造主義の社会理論』岩波書店 (1991).

Smart, B. (1993), *Postmodernity* (London and New York: Routledge).

Soja, E.W. (1989), *Postmodern Geographies: The Reassertion of Space in Critical Social Theory* (London: Verso).

Toffler, A. (1970), *Future Shock* (New York: Random House). 徳山二郎訳『未来の衝撃』中央公論社 (1982).

Wellmer, A. (1991), *The Persistence of Modernity: Essays on Aesthetics, Ethics and*

Postmodernism, transl. D.Midgley (Cambridge: Polity Press).

4

越境する教育言説
――モダニズム・ポストモダニズム・フェミニズム――

ヘンリー・ジルー

　われわれは権力や家父長制，権威，アイデンティティ，倫理といったものの危機として特徴づけられる時代に入った。このような新しい時代をポストモダニズムの時代として，良きにつけ悪しきにつけ，多くの理論家たちが様々な学問の中で記述してきた(例えば，Foster 1983; Hassan 1987; Hebdige 1986, 1989; Huyssen 1986; Hutcheon 1988a, 1988b, 1989; Appignanesi & Bennington 1986; Aronowitz 1987/8; Connor 1989; Jameson 1990; Lash 1990; Flax 1990)。それはモダニズムの略奪と利益の間から現れた時代であり，科学や技術，理性といった観念が社会進歩だけでなく，アウシュビッツという組織や科学的な創造性がヒロシマへの原爆投下をもたらすという時代である(Poster 1989)。人文主義的主体はもはや運命の統制下には存在し得ないかのような時代であり，右派と左派，どちらから出現したにせよ，解放というグランド・ナラティブが恐怖や抑圧と親和的にさえ見える時代である。また，支配的なハイカルチャーを構成する芸術や文学，科学などの文化がもはや白人男性の独占物と見なすことのできない時代である。われわれは，知識がヨーロッパの文化や文明の型によって排他的に正統化されていた近代主義者の言説に対して強力な挑戦が払われる時代に生きている。部分的には，民主主義に向けての闘争はモダニズムの諸特徴に対する広い闘争の文脈のなかに位置づけることができる。すなわち，啓蒙主義的伝統の最悪の遺産を代表する諸特徴に対する闘争の文脈の中に。このような中から，民主主義とモダニズムの関係を書き直そうとする様々な対抗的運動の試みが現れてきた。モダニズムに対する2つの最も重要な挑戦は，ポストモダニズムとフェミニズムとに結びついた理論的言説から出てきた。

　ポストモダニズムとフェミニズムは様々な理論的・政治的側面についてモダ

ニズムに挑戦した。私はこれらを簡単に取り上げようと思う。もちろん，東欧で現在進行している闘争のように，それには別の側面もある。しかし，モダニズムとは単に普遍的な原理としての家父長制の誇示や歴史的発展に名を借りた人間による自然支配の増大を意味するわけではない (Lyotard 1984)。また，資本主義的生産諸関係を支配するイデオロギーや実践によって特徴づけられるような近代化の形式でもない。モダニズムとは，むしろ，民主主義の可能性についての過剰なイデオロギーを提供することによって，原理的で限定づけられた合理性を超越するものである。これによって私が述べようとしているのは，ラクラウとムフ (Laclau & Mouffe 1985) が既に指摘したことであるが，モダニズムは民主主義革命を進展させる重大な要素に関する決定的な準拠点となっているということである。

確実性や原理主義，認識論的本質主義に対する要求を超えて，モダニズムはある理論的要素を提供する。その理論的要素とは，自身の歴史的伝統の限界を分析するために，また民主主義的闘争の広がりや深まりが自由や正義，平等といった近代主義的な理想を通して広がるという政治的立場を発展させるのに，必要なものである。ハンナム (Hannam 1990) が指摘するように，モダニズムは進歩主義的な野心という伝統を持っている。そして，それは現実の社会変革に寄与した。また，このような野心は，民主主義の言説の発展の折りに再挿入されるためにも，記憶されなければならない。ハンナムにとって，これらは次のようなことを意味している。「平等に向けての経済的再分配，女性の解放，迷信や専制の除去，広い教育機会，科学や芸術の進展などである。民主主義はこのような野心の一つであり，同時に他の野心を実現するための適切な手段と見なされてきた」。

私は，モダニズム，ポストモダニズム，そしてフェミニズムがカルチュラル・ポリティクスや教育実践を発展させるのに，最も重要な言説の3つを代表していることを議論したいと思う。そして，そのようなカルチュラル・ポリティクスや教育実践こそがラディカルな民主主義のポリティクスを広げ，理論的に進展させることができる。これら3つの言説が内部に矛盾を抱え，イデオロギー的に多様であり，理論的に適合しないことは認めるが，その差異と共通点を関連づければ，それらは批判的教育者に学校と民主主義の連関について再

考するのに豊かな理論的・政治的機会を提供するものと信じている。3つの言説それぞれが，他の2つの言説の理論的な強みと弱みから学ぶべきところを大いに有している。これらの言説間の対話的な出合いは各々の視点の不完全さを再吟味する機会を提供するだけではない。そのような出合いは，広範でラディカルな民主主義のプロジェクトの一部として，最良の洞察を共有し統合する新たな可能性も有している。これらの多様な言説とともにあることによって，批判的教育者が他の文化的従事者とともに広範な政治的・集合的闘争を発展させる様々な運動へと参加する形態が明らかとなる。ここでの関心は政治的・理論的な言説を提供しようとする試みである。そしてそれは，ポストモダンの美学やフェミニズムの分離主義を超克する動きとなりえる。すなわち，差異の政治学が共有された民主主義的な公的生活の中で出現できるプロジェクトを発展させる動きとなりうる。同様に，モダニズム，ポストモダニズム，フェミニズムの境界や広範な政治的努力の一部としてそれらを追跡することがここでの課題である。そしてそれは，ラディカルなカルチュラル・ポリティクスと一致した批判的教育学に関する基礎的な前提を再考しようとするものである。

モダニズムにおけるポリティクスの位置づけ

「モダニズム」という用語を使おうとすれば，膨大な論争とほとんど得られていない合意という，定義を巡る不安定な状態に置かれる（Lunn 1982; Kolb 1986; Larsen 1990; Giddens 1990）。その語の時代区分に関して不一致が存在するだけでなく，それが実際に何に言及しているのかという点にも様々な議論が存在する。あるものにとってそれは，理性や科学，全体性に対するテロリスティックな要請と同義となる（Lyotard 1984）。他の者にとってそれは，良きにつけ悪しきにつけ，芸術の中での様々な運動を意味する（Newman 1985, 1986）。また，その頑迷な保持者にとってそれは，コミュニケーション的競争の進歩的合理性と自律的な個人の主体を示す（Habermas 1981, 1982, 1983, 1987）。たとえモダニズムに関する歴史的，イデオロギー的言説の詳細な歴史分析がそれを巡って現れてきたカテゴリーと議論の複雑さの感覚を提供するのに重要であっても，この論文の中でそれを記述することはできない（Habermas 1983, 1987; Berman 1988; Richard 1987/88)。代わりに，モダニズムのいくつかの中心的な前提に焦点を当てようと思う。このようなアプローチの価値は，モダニズム擁護の中でなされてきた重要な議論のいくつかに光を当てるだけでなく，様々なポストモダニズム，フェミニズム言説の中心的な特徴のいくつかを理解する上での理論的・政治的な背景を提供する点にある。これはポストモダニズムに関して特に重要なことである。なぜならそれはいくつかのモダニズムの思想を前提としているからである。同様に，フェミニズムにとっても重要である。なぜならそれはモダニズムの主要な前提，特に合理性や真実，主体，進歩といった観念に対抗する形で大部分が出てきたからである。

モダニズムの理論的，イデオロギー的，政治的複雑さは，3つの伝統に関するその多様な語彙を分析することによって把握することができる。その3つとは，社会的なもの，美学的なもの，政治的なものである。社会的な近代性という観念は，資本主義的生産諸関係のもとで築かれた新しい経済的，社会的組織のプロセスと一致する。社会的な近代性とは，マテル・カリネスクが近代性のブルジョワ的思想と呼んだものに近接する。それは次のように特徴づけられる。

> 進歩という教義，科学技術が利益をもたらすことに対する自信，時間への関心（測定可能な時間，売り買いすることのできる時間，したがって他の商品と同様に，計算可能な金と等価な時間），理性への信仰，抽象的なヒューマニズムという枠内で定義づけられた自由という理想，と同時に実践への志向や行動，成功への信仰（Calinescu 1987）。

このようなモダニズムの中で，歴史の広がりは「科学技術の持続的な進歩や産業労働の合理的な分割と結びつけられている。そしてそれは，社会生活に永続的な変化を，そして習慣や伝統文化の崩壊をもたらす」(Baudrillard 1987)。ここで問題となっているのは近代性の定義であり，それは経済成長と管理上の合理化というプロセスを経て，社会生活の絶え間ない差異化と合理化をもたらすものである。一方，社会的な近代性に関する別の特徴として，存在論的な地位へと向けて理性を向上させるという認識論的な企てを指摘できる。この観点から見たモダニズムは文明と同義であり，理性は産業や文化，社会進歩のモデルの基礎として認識的，教示的用語として普遍化される。ここで関心となる近代性の観念とは，歴史的記憶が単線的な進歩として装置化された個人的，集合的

なアイデンティティであり，人間主体は意味や行動の最終的な源泉となる。地理的，文化的領域性という観念は，特権化されたヨーロッパ中心的な文化の知識・権力を拡大することを通じて，正統化された中心と周辺という図式で特徴づけられる支配と従属のヒエラルキーとして構築される（Aronowitz 1987/88）。

　美学的な近代性というカテゴリーは，抵抗運動の伝統とフォーマルな芸術至上主義という2つで示されるような二元的な特徴を有している。しかし，美学的なモダニズムが最初にその評判を得たのは抵抗運動の伝統のほうであり，それはブルジョワ的な価値に激しい嫌悪感を抱き，様々な文学やアバンギャルドな運動を通して批判や反逆，抵抗の表象として芸術を定義付けようとした。19世紀から20世紀初頭にかけてこのような美学的な近代性が活気付いたのは疎外や否定的感情によった。それは，その目新しさがバクーニンなどのアナーキストの行動原理において最もよく捉えられるということからも分かる。すなわち，「壊すこととは，創造することなのである」（Calinescu 1987）。このような美学的な近代性の文化的，政治的表象の一端は，シュールレアリズムや未来主義から1970年代のコンセプチュアリズムに至るまでのアバンギャルド運動の中に最もよく表現されている。このような運動の中には，その多様なポリティクスや表現とともに，芸術と政治の区分を取り払い，生活と美学の境界をぼかそうとする共有性や試みも存在している。しかし，そのような抵抗的な傾向にもかかわらず，美学的な近代性は20世紀後半まで持続しなかった。その批判的なスタンスやブルジョワ的規範に依拠した美学的な在り方，そしてその終末論的色調は一部の階層を引き付ける芸術的にファッショナブルなものと見なされたにすぎなかったからである（Barthes 1972）。

　このようなモダニズムの2つの伝統をともにもたらした中心的な要素は学問的なディシプリンや教育理論・実践の言説を形作るだけでなく，様々なイデオロギー的立場に共通の地平を提供するのにも強力な力を発揮している。これらの要素は，ポピュラー・カルチャーを超克するようなハイ・カルチャーの優越性に対するモダニズムの要求，統一されていない主体を中心化しようとする主張，高度に合理的で意識的な精神の力に対する信仰，よりよい世界をという関心の基に未来を形作ろうとする人間の能力への信念といったもののなかに見いだすことができる。モダニズムに対する支援には長い伝統があり，それはマル

クスやボードレール，ドストエフスキーの中に表現されている。このような，理性の普遍化や解放という言説の全体化に基づく統一された自己という観念は，科学や歴史の不変的な進行の一部として必要とされ，文明それ自体や進歩と同義に西洋文化を賞揚するための文化的・政治的スクリプトを提供してきた。バーマンは，近代主義者の感覚についての表現の中で，モダニズムのスクリプトによって可能となったエクスタシーのめまぐるしい高揚について例証している。

> これまでに述べてきたように，近代主義者たちはこの世界の中で，家庭にいることとそこから離れていることを同時に行っている。彼らは近代科学や芸術，技術，コミュニケーション，経済，政治の勝利を賞揚し，同一化する。すなわち，聖書が「神のみが物事を新たにできる」といったことをできるようにした人類の活動や技術，感覚を賞揚する。しかしながら同時に，彼らは人間の前提や潜在能力についての近代化の裏切りには抵抗する。近代主義者たちはラディカルな更新を要求する。すなわち，近代人は近代化の主体と同時に対象とならねばならないのである。彼らを変革している世界を変革することを学ばなければならないのである。また，世界を彼ら自身のものとすることを学ばなければならないのである。近代主義者はこれが可能であることを知っている。すなわち，世界が十分に変革してきた事実はそれがまだまだ変わりうるということの証明なのだ。ヘーゲルの言葉を借りれば，近代主義者は「運命のネガティブな部分を見ることができ，それとともに暮らすことができるのだ」。「すべてが空中で固められた溶解物である」という事実は絶望ではなく，力強さと断言の源なのだ。すべての事物が進展しなければならないとするなら，進展させよう。近代人はかつて失った世界より良いものを創り出す力を持っているのだ (Berman 1982, 1988)。

もちろん，多くの批判によって，社会的な近代性と美学的な近代性のカップリングはそれ自体がかなり異なったものであるということが明らかとなった。近代主義者の芸術は美術館や企業のボードルームなどの商業的な市場や大学の中で制度化されて，政治色を取られた言説にすぎないと批判されている。加えて，多くの批判家が，モダニズムの御旗のもとに，理性や美学は美という観念と結びついた自己や文化のテクノロジーと結託してきたと論じている。すなわち，それは白人，男性，ヨーロッパ人のことを意味する。彼らは近代産業のテクノロジーや第二，第三世界の経済という「周辺」から莫大な労働力を搾取するこ

とを正統化する支配の観念とともにある。ロバート・メリルは，このような議論に，無誤謬性や終わりなき進歩などに対する要求という近代主義者のエゴはそれ自身の前提を疑いはじめていると主張することによって，独特の解説を加えている。例えば彼は，多くの卓抜した近代主義者自身が，支配の名の下で西洋人によって発展させられてきたものが実際には科学や技術，統制を通して自由を提供できる自己や権力のテクノロジーを産出することに失敗したと認識していると論じている。彼は次のように述べている。

> (モダニズムの前提における信念の喪失も，)モニュメント的にスタイリングされたオフィスビルや(男女共用の)ブルックス・ブラザーズのスーツやデザイナー・フードやシンボリックな力を行使するだけのビジネスの実践を通して近代主義者——白人，男性，クリスチャン，産業者——としての自己の美学化を必死に要求するアメリカの企業や政府の文化をみればやはり真実である。良いデザイン(かつ機能的)や美しいデザインの集大成としての，また産業調整の産物であり，労働力の搾取の産物でもあるメルセデス・ベンツは近代主義者が解放と修得に達した卓抜した記号であり，「それをトップへと押し上げるものである」(たとえそのスタイリッシュなラインがファシスト的な美学に過ぎないにしても) (Merril 1988)。

多様なポストモダニズムやフェミニズムがいくつかの強力な理論的・政治的批判を行ったのは，そのような社会的，美学的モダニズムの要求に対してである。次に，これらについて簡単に取り上げよう。しかし，モダニズムには第3の伝統も存在する。それは，フェミニズムによって熱心に取り組まれたが，ポストモダニズムからは一般に無視されたものである。その伝統とは政治的なモダニズムであり，それと関連する美学的，社会的な伝統とは異なり，それは多くの啓蒙主義の理想から導き出されたプロジェクトを発展させてきたほどには，認識論的，文化的問題に焦点を当てていない (Mouffe 1988)。政治的モダニズムは政治的なリベラリズムと経済的なそれとを区分するプロジェクトをつくりあげていることは明記されるべきである。後者に関しては，自由は資本主義的な市場のダイナミクスと結びつけられている。一方，前者においては，自由はこの3世紀の間に西洋で進行した民主主義革命に体現される原理や権利と結びついている。このような革命から登場した理想には，「人間は行動の道筋を決定し，未来を統制し，相互の同意を勝ち取り，行動や自分という存在に責任を持つた

めに理性を用いるべきであるという観念が含まれている」(Warren 1988)。一般的な用語では，モダニズムの政治的プロジェクトは，苦悩の原因を取り除き，平等や自由，正義といった原理に意味を与えるよう，苦悩によって動かされる個人の能力にルーツを持つものである。またそれは，人間が正統化され，支配関係の中に埋め込まれたイデオロギーや物質的形態に打ち勝つために必要な能力を発達させることのできる社会形態を増大させることを意味する。

ポストモダンによる否定

> もしポストモダニズムという語を場に位置づけるなら，もしそれがかつては禁止されていた探求への批判的言説への道筋を開くなら，もしそれが，新しく異質の疑問が投げかけられ，それに対する新しい別の答えが開かれるような，かつては許し難かったものへの探求の道筋を開けるなら，もしそれが流動的で多元的な社会的，性的アイデンティティを発達させることのできるような制度的，言説的空間に開かれていることを意味するなら，もしそれが知識と権力の先端にいる専門家と底辺にいる「大衆」というトライアングル型の構図を侵食することを意味するなら，もしそれが我々の集合的(民主的)可能性の感覚を高めるなら，私はポストモダニストの一人である (Hebdige 1989)。

ディック・ヘブディッジのポストモダニズムに関するコメントは，その語をつかうときに直面するいくつかの問題について指摘している。言説の多様性を企図して，その語は学問の内外でますます使用されつつあるが，繰り返される政治的，語彙論的流布は闘争の源や分出する傾向の対象となりつつある。ポストモダニズムはイデオロギー闘争に位置づけられてきたばかりではなく——左派と右派の両方から非難されてきたが——，多様な進歩的集団によって支持されてもきた。また政治に対するいかなる要求も放棄し，そのような態度によって賞揚された。その変転する形態はラディカルで反動的な要素も産み出した。ポストモダニズムの混乱する影響や矛盾する特徴は多くの文化的形態の中に存在している。すなわち，絵画や建築，写真，ビデオ，ダンス，文学，教育，音楽，マス・コミュニケーションといったもののなかに。それは生産や表示といった多様なコンテクストのなかに位置づく。その語は，伝統的な二元論的対置の中

にイデオロギー的，政治的に位置づけようとする一般的なカテゴリーのトポロジーは用いない。ポストモダニズムの場合，そのポリティクスは伝統的な右や左といったカテゴリーのもとでは位置づけられないのである。

多くの集団がポストモダニズムの使用に対して要求することは，それを最新の知的ファッションの流行語としての価値しかないとは見なすべきではないということである。対照的に，それが持つ広範なアピールや闘争的な性格はそれが何か重要なものと格闘しており，その社会的言説の新しい形態は，時代の知的，政治的，文化的境界が重大な歴史的変革，変転する権力構造，新たな政治的闘争の出現の中で再形成されつつある時代に構築されていることを示している。もちろん，これらの新たなポストモダニズムの言説が変革を反映するに留まらず，それらと適切に接合するかどうかは，重要な問題ではある。

ポストモダニズムの言説には格闘するだけの価値があり，単に正確な定義の難しさによる必要性から語彙上のカテゴリーとして価値があるのみではないと私は信じている。多元性や差異，多声性の言説として，ポストモダニズムは，支配のメカニズムや解放のダイナミクスを説明するために，単一の原理と接合され描かれることに抵抗する。ここでの関心は，ポストモダニズムの持つ矛盾や抵抗的な洞察がラディカルな民主主義の闘争のプロジェクトに給するように，それらについて考察を深めることである。ポストモダニズムの価値は，西側の先進国でますます顕著になりつつある不安定な文化的，構造的関係を反映し，その変転する意味を表すものとしての役割にある。ここで重要な点は，ポストモダニズムが特定のポリティクスのパラメーターの中でどのように定義されるかではなく，ポストモダニズムが持つ最上の洞察が進歩的で解放的な民主主義のポリティクスの中でいかに適正化されるかである。

ポストモダニズムは特定の政治的プロジェクトを定義するための特定の原理を提案しているのではない。そうではなく，それは「様々なポストモダニズムの言説や現在では不安定だが以前には特段問題でもなかった基礎的な問題」(Hutcheon 1988a)の一群に関して根本的に一貫性を有していることを論じたいと思う。ポストモダニズムは言説や文化的批判の境界を引き直し，再表現するような疑問を投げかけた。ポストモダニズムがその視角に持ち込んだ問題は，ある部分では，定義によっていかなるタイプの歴史的，規範的地平からも「逃

れよう」とする「自然権」や先験的な要求を拒否することを通して発現化したように見なすことができる。実際，もし多様なポストモダニズムの言説に基調となるものがあるとすれば，それは完全な本質というものを拒否している点である。同様に，ラクラウは，社会的，文化的批判の言説としてのポスト近代性は3つの基本的な否定，すなわち認識論的，倫理的，政治的意識の否定とともに始まると論じている。

> ポスト近代性の始まりは3つの意識への到達と見なすことができる。第1に認識論的な気付きであり，科学的進歩をアルゴリズム的な確実性に基づくものではない，移行や再配置のパラダイムの連続として捉えるということである。第2に倫理的な気付きであり，価値の防御や断定を論争的な動きの中に位置づけるということである（ローティによれば，保護主義的な運動）。それはいかなる完全な原理にも立ち戻らないということである。そして第3に政治的な気付きであり，歴史的な到達とは常に反転可能なヘゲモニックで偶発的な接合の産物と見なすことであり，歴史の内在的原則の結果と見ないということである（Laclau 1988b）。

ただし，ラクラウのリストはポストモダニズムが取り上げてきた否定の範囲をすべて取り出しているわけではない。例えば，すべての全体的な説明システムに対する拒否や現代の変転するイデオロギー的，構造的状態に呼びかけることを可能とする言語に対する要求などを。

ポストモダニズムと全体性，理性，原理主義の否定

　ポストモダニズムの中心的な特徴は，全体性や理性，普遍性などに対する批判である。このような批判は，リオタールによって最も精力的になされてきた。彼は全体性に関する啓蒙主義的観念への批判を進展させる中で，ポストモダニズムの観念こそがメタナラティブに対する懐疑と分かち難く結びついていると論じている。リオタール (1984) の見解では，「ナラティブの視点はその演者や偉大な英雄，大いなる危険性，偉大な航海者，大きな目的を失っている。それは多様なナラティブ言語の諸要素の中に消散している。ナラティブとは，直示的，規範的，記述的，等々のものである」。リオタールが言うには，グランド・ナラティブはそれ自身の正統性を問題化しない。それらは，その最初の原理が歴史

的, 社会的な構築物であるということを否定し, そうすることによって, 差異や偶発性, 特殊性を排除する。ハーバーマスやその他の者たちに対抗してリオタールは, 理性やコンセンサスに対する訴えは, 歴史や解放, 知識を統合するグランド・ナラティブの中に挿入される時, 知識や権力の生産に対するその含意を否定することになると論じている。さらに, リオタール (1984) は, そのようなナラティブの中に,「恐怖の復興や, リアリティを奪取するファンタジーの現実化に向けての欲望のひそめき声が聞こえてくる」ような支配や統制の要素があることを強調している。歴史的経験を一つの尺度やすべてを囲むロジックに向けてその多様性を減ずる全体的なメタナラティブに対抗して, リオタールは多様な言説の地平や言語ゲーム, ミクロ・ポリティクスの地勢を提起する。アイデンティティの公式なロジックや通歴史的な主体というものに対して, 彼は不確定性の対話や変転する正統性の言説,「差異の永続性」に基づいたポリティクスに向けて注意を喚起する。リオタールのメタナラティブに対する攻撃は, 社会批判の鋭い形態とともに, 歴史性, 規範性, 偶発性を否定するあらゆる形態の原理主義に対する哲学的挑戦を示している。ナンシー・フレイザーとリンダ・ニコルソンはこの点をうまくまとめている。

> リオタールにとってポストモダニズムは現代西洋文明の一般的な状態を描きだしている。ポストモダンの状態とは,「正統なものとしてのメタナラティブ」がもはや信頼できない状態である。「グランド・ナラティブ」という言葉によって彼は, 例えば, 徐々にかつ確実に進展する理性や自由という啓蒙主義的物語のような歴史哲学や絶対知に至るヘーゲルの精神の弁証法や, さらにはプロレタリア革命において頂点に達する階級闘争を通した人間の生産能力の向上に向けてのマルクスの物語などを意味している。リオタールが啓蒙主義やヘーゲル学派, マルクス主義に関して最も興味を持っていることは, それらがナラティブとなっていない他の哲学とも地平を共有していることである。歴史に無関心な認識や道徳理論のように, それらは, 特定の言説的実践がうまく形態化され, 真実や結果を生み出すことができるということを示そうとしている。真実とはここでは特定の科学的, 政治的ゲームのつくられたルールに忠実に追随することによって到達された結果を意味するにすぎない。それらは偶発性や歴史的, 社会的実践から独立しているような「真実」や「正義」と一致した結果であることを意味する。したがって, リオタールの見解では, メタナラティブは他のすべての言説を状況づけ, 特徴づけ, 評価することのできる特権

的な言説であることを主張し，その言説が本来的には歪んだ正統化の必要なものであるにもかかわらず，歴史性や偶発性によってつくられたものではないと主張する（Fraser & Nicholson 1988）。

フレイザーとニコルソンが述べていることは，ポストモダニズムは全体性に勝負を挑んできたということであり，権力行使の際の理性の使用，真理の科学や歴史の中で付与された権威を通して発話してきた知識人の役割，中央集権的に組織化された命令系統の中で統一とコンセンサスを要求するリーダーシップの形態，を問題化することである。ポストモダニズムは，公平で透明で普遍的なものとしての理性という観念を拒否する。歴史や場所，欲望の地勢から理性を区分するのではなく，理性や科学というものは言語と権力の関係を巡る広範な歴史的，政治的，社会的闘争の一部として理解しなければならないことを主張する。このような文脈の中では，感情と理性，客観性と解釈の区分は分離不可能であり，特定の言説や社会的権力の形態の効果を表象するだけである。これは単に認識論的な問題ではなく，深淵な政治的，規範的問題でもある。ゲイリー・ペラーはこのことを，このような批判の形態で問題となるのは啓蒙主義文化への支配的でリベラルなコミットメントに他ならないと論じることで，明確にしている。

> 実際，われわれがリベラルな進歩(真実の名のもとに偏見を克服すること，リアリティにふれて歪んだイデオロギーを見抜くこと，知識の獲得を通して無知や盲信を乗り越えること)とうけとるものは，疑問に付されることになる。ポストモダニズムは，知識や真実，客観性，理性としてわれわれの社会政治的また知的伝統の中で表されてきたものは，単に特定の社会的権力の形態の効果であり，解釈を超えるものとして，またそれ自体が真実として世界を表象するような特定の方法の勝利であるということを示す（Peller 1987）。

理性や権威，真実，倫理，アイデンティティの構築における歴史性や偶発性を第一義的に主張することによって，ポストモダニズムは表象のポリティクスや社会闘争のための基礎を提供する。ラクラウは，原理主義に対するポストモダンの攻撃は傑出した政治的行為であると主張する。なぜならそれは，議論や対話の可能性を拡大するからである。さらに，知識や主観の構築における権力や価値を疑問に付すことによって，ポストモダニズムは人種やジェンダー，階

級のような重要なイデオロギー的,構造的力を可視化することができる。ラクラウのような理論家にとって,原理主義の排除は陳腐な相対主義や危険なニヒリズムの始まりを意味するわけではない。ラクラウは,最終的な意味付けの欠如は人間というエージェンシーや民主主義のポリティクスのための可能性を開くと論じている。彼は次のように述べている。

> 敵がいかに攻撃してくるのかということの不確実性が消極性へと導かないのと同じように,原理という神話を捨て去ることもニヒリズムへと導くわけではない。それはむしろ,必要とされる言説的介在や議論の増大をもたらす。なぜなら言説が単純に反映されるような特別の言説的リアリティというものが存在しないからである。ゆえに,議論や言説が社会的なものになるにしたがって,その終わりなき特徴はより強いアクティビズムやラディカルな自由主義の源となる。人間は外的な力——神,自然,必然的な歴史の原則にいつも屈服しているが,今やポスト近代性の入り口に立っており,自らを歴史の創造者や構築者として考える時に入っている（Laclau 1988a）。

全体性や原理主義に対するポストモダニズムの攻撃に反動がないわけではない。それは,直接的にローカルなナラティブの重要性に焦点を当て,真実が表象という観念を超越するという考えを拒否する一方,単一的で規範的なものとして支配的なナラティブ間の差異をぼかす危険性も有している。しかし,それらこそが共通の地平に異なった集団やローカルなナラティブを歴史的,関係的に位置づける基礎を提供するものでもある。

政治的・倫理的実践としてのポストモダン・フェミニズム

　フェミニストの理論はつねにモダニズムとの弁証法的な関係にある。一方でそれは,解放のための文化的闘争という関心のもと,実質的な政治問題を進行させることを通して,ジェンダーの歴史的,社会的構築を書き直し,平等や社会正義,自由といったモダニズムの関心を強調してきた。他方でフェミニズムは,勝利への解放,特にエージェンシーや正義,ポリティクスといったカテゴリーの中に残存する実現化されていない潜在力の解放に向けて,自らの変革能力についてモダニズムの残骸との差をずっと明示してきた。また別の時には,

ポストモダン・フェミニズムは，特殊性や偶発性をだしにして普遍的な原理が高められるというモダニズムの側面を拒否してきた。さらに，それは歴史の単線的な見方に対抗している。そのような視点は主観や社会に関する家父長制的観念を正統化するものだからである。加えて，ポストモダン・フェミニズムは科学や理性が客観性や真実と直接に一致するという観念も拒否する。結果的にポストモダン・フェミニズムは，モダニズムとポストモダニズムの両方の言説をフェミニストの政治的プロジェクトのなかで適合させようとする広い理論的関心のもと，それらを二元論的に対置することを拒否する。

　フェミニストの理論は，モダニズムとポストモダニズムの両方にとって中心的な多くの仮定を批判的に流用し，またそこから利益を受けてきた。モダニズムに対するフェミニストの取り組みは第1に，自己批判の言説として取り出すことができる。そして，それはフェミニズム自身の中での位置の多元性をラディカルに拡張するのに役立ってきた。有色の女性，レズビアン，貧しい労働者階級の女性は，本質主義や分離主義，エスノセントリズムに挑戦してきた。彼女たちはフェミニストの理論化のなかで表現されてきたし，またそうすることによって運動において政治的に偏狭なものとなったヨーロッパ中心主義的，全体主義的言説を攻撃してきた。フレイザーとニコルソンは，このような議論の中で起こるいくつかの問題について簡潔な分析を行っている。特に，幾人かのフェミニストの「擬似的なメタナラティブ」の流用について。

　　彼女たちは，人間の性質や社会生活の状態に対する共通に保持された，しかし正統性をもたない本質主義を前提としている。しかも，彼女たちは時代や歴史によって変わることがなく，したがって探求のために永続的で中立的なマトリックスとして機能するような方法や概念を措定している。そのような理論はメタナラティブに関する本質主義者や歴史観を持たないものと地平を同じくする。すなわち，彼女たちは十分に歴史的，文化的多様性に注意を向けていないのである。彼女たちは理論家自身の時代や社会，文化，階級，性的志向，民族的・人種的集団の特徴を普遍化する失敗をおかしている。擬似的なメタナラティブはウーマンリブの活動を促すのではなく，それを妨げることは明らかである。なぜなら，それらは異なった女性は異なった主体であるという女性間での差異や性的志向間での差異を排除するからである。同様に，そのような理論が他の進歩的な運動との連携を妨げることも明らかである。なぜならそれは，ジェンダー以外の支配を削減しようとする動きを閉ざすか

らである。結果的に，フェミニストの間には，差異や文化的，歴史的特殊性に注意を向けようとする理論化のモードに大いなる関心が集まることになる（Fraser and Nicholson 1988）。

モダニズムに対して大いに批判された言語そのものを用いることは全体主義的フェミニズムと呼ばれるものを問題化するだけでなく，性的抑圧はあらゆる形態の支配の根源であるという観念にも疑問に付することになる（Malson, O'Barr, Westphal-Wihl, and Wyer 1989）。このような立場で含意されているのは，ほとんどの西洋の白人女性の議論を形作ってきた2つの仮定である。第1の仮定は単純に，他のものを二次的な問題へと追いやり，階級を第一義的な支配のカテゴリーと見なすオーソドックスなマルクス主義の議論をひっくり返したものである。ここでは，家父長制が支配の第一義的な形態となる一方，人種や階級といったものはその変形した反映にすぎないことになる。第2の仮定は，権力を巡る闘争は排他的に社会階級間でのそれであると仮定するオーソドックスなマルクス主義の別の側面を流用する。この議論でのフェミニストの立場は単純に階級の代わりにジェンダーを用い，そうすることによって，「彼ら」に対抗する「私たち」という形態を再生産する。それは，広範で多様な公的文化を構築するようなコミュニティを発達させるのとは正反対のものである。

このような議論の両方ともが，モダニズムのイデオロギー的な重荷を引きずっている。両方の議論とも，支配は二元論的な対置の中で枠づけられる。すなわち，労働者と女性は彼女らが言う抑圧の中では重なり得ず，支配は単独の形態を前提としている。このようなモダニズムのイデオロギー的な偏屈さに対するフェミニストにとっての課題は，ベル・フックスによってうまく表現されている。彼女はフェミニストが家父長制に対する特定の闘争を主張する中で果たす役割と彼女たちがより広範な解放に向けての闘争において果たしうる役割との間の重大な区分に注意を喚起し，分離主義のポリティクスを回避している。

> 家父長制的支配を終わらせようとするフェミニストの努力は，正確には第一次的な関心であるべきだ。なぜならそれは，家族という文脈や他のあらゆる原初的な関係性の中での搾取や抑圧の排除を主張しているからである。解放のための闘争として，フェミニズムはあらゆる形態の支配を除去しようとする広範な闘争と独立して，また同時に，その一部でもあらねばならない。われわれは，家父長制的抑圧が人種主

義や他の形態の集団への抑圧とイデオロギー的基盤を共有し，このようなシステムが残存するなら家父長制的支配は排除し得ないことを理解しなければならない。不幸にも，女性の間での人種差別主義や階級的エリート主義は，フェミニストの思想家にとって，このような連関を抑圧し，歪めてきた。したがって，多くの理論や運動の方向性を批判し修正するための努力が必要とされている。修正に向けての努力は，セクシズムや人種主義，階級的搾取が支配のシステムを連動して構成しているという現代の広い視野からの認識に最も顕著に表れている。すなわち，性や人種，階級は，性のみではなく，連動して女性のアイデンティティや地位，環境，彼女が支配される／されない程度，彼女が支配するための権力を持ちうる範囲を決定しているという認識である (bell hooks 1989)。

私は，イデオロギー的領域のいくつかを可視化するフェミニストによるモダニズムの批判はポストモダニズムのある部分と共有し，ポストモダン・フェミニズムは政治的闘争や変革を発展・拡大させる力を有していることに注意を向けたいと思う。フェミニズムとポストモダニズムのこのような出合いがポストモダニズムのポリティクスや教育学をフェミニストのポリティクスで置き換えるものと見なすべきではないということは明記すべき重要な点である。一方，フェミニズムはポストモダニズムにポリティクスやその他多大なものを提供するとも思う。ここで課題となっているのは，ミーガン・モリス (Morris 1988) の言葉を借りるなら，「ポストモダニズムがさらに考察を深め，発展し，変容していく（捨て去られる）ことについて議論する文脈」としてフェミニズムを使用することである。そのようなプロジェクトにとって重要なのはフェミニストの理論家たちが社会批判の形態を形づくる際にポストモダニズムを用いてきた方法に対する分析が必要とされる。彼女たちがとったジェンダーの問題に対する批判的なアプローチや，広範な民主的，教育的闘争の発展に役立つ理論的な洞察にこそ価値がある。

全体性，原理主義，文化，主観，言語に対する様々なポストモダン言説の理論的地位や政治的実効性は，多様なフェミニスト集団の間で熱心な議論が交わされている問題である。

ポストモダニズムとフェミニズムの関連は実り多きものであると同時に，問題を含むものでもあった (Kaplan 1988)。ポストモダニズムは様々なフェミニストの理論や実践と多くの仮定を共有している。例えば，両者とも，理性を多元

的で部分的なものとみなし、主観性を重層的で矛盾を持つものと定義し、様々な本質主義の形態に対抗して偶発性や差異を仮定する。

同時に、ポストモダン・フェミニズムは、ポストモダニズムの中心的な前提の多くを批判し、その適用範囲を拡大してきた。第1に、ポストモダン・フェミニズムは、なによりもまず社会批判を重視する。この観点に立って、言説の根拠や原理の普遍性への問い直しを重視するポストモダニズムの意義を定義しなおし、批判は認識のレベルではなく、政治的闘争として展開されるべきことを主張した。ドナ・ハラウェイ (Haraway 1989) は、「問題は認識論的なものではなく、倫理的、政治的なものである」というコメントでうまくその点をついている。第2に、ポストモダン・フェミニズムは、あらゆる形態の全体性やメタナラティブを拒否するポストモダンの見解を拒否してきた。第3に、それは、主体を脱中心化することによって人間というエージェンシーを消滅させるポストモダニズムの見解を拒否してきた。すなわち、意味の唯一の源泉として言語を位置づけることを拒否し、したがって単なる言説にではなく、現実の実践や闘争にも権力を結びつけてきた。第4に、ポストモダニズムの立場は、通常、差異をリベラルな多元主義の美的(パロディ)あるいは表現と位置づけ、権力の言語を用いないで差異を増殖させる手法を用いるが、ポストモダン・フェミニズムは、差異の重要性をイデオロギーや制度の変化という、より広い文脈における闘争の一部分としてとらえるべきことを主張する。

ポストモダンの教育へ向けて

人間が人間である限り、言葉の十分な意味での民主主義はつねに理想にすぎない。人は良かれ悪しかれその地平に近づくことはできる。しかしそれは決して十分には獲得されえない。この意味で、あなたがたも単に民主主義に近づいているにすぎない。あなたがたは何千という種類の問題を抱えているし、他の国も同じである。しかし、あなたがたには一つの大きな利点もある。あなたがたは200年以上にわたって、中断することなく、民主主義に近づきつづけてきた (Havel 1990)。

どうしてワシントンにいる特権的な人々が「歴史の終わり」についてあまり理知的でない方法で漫然と話すことができるというのだろうか。私が21世紀に期待するに

つれて，私の孫やその子どもが生きているであろう，その時代について頭を悩ますときがある。人口の増加に比べて，限界に向けてその資源を働かせるであろう普遍的な物質的期待はますます上昇するだろう。南北対立は確実に激化するだろうし，宗教やナショナリズムの原理主義はますます妥協なきものとなるだろう。適正な統制のもとに消費者に欲望をもたらそうとする戦い，不利や貧困という犠牲のない低成長や満足を得ようとする戦い，環境を守ろうとし，環境破壊を防ごうとする戦い，より平等に世界の資源を共有しようとする戦い，それらの更新を保証しようとする戦い，これらすべてが「歴史」の永続にとって大きな課題である（Thompson 1990）。

全体主義的システムの特徴は，人間の意気を消沈させることと大衆を脱政治化することの特別な結びつきである。結果的に，このようなシステムとの闘争は，道徳性への意識の覚醒や政治への不可避の関与を要求する（Michnik 1990）。

これらの引用はすべて，暗示的にせよ明示的にせよ，民主主義にとってのポリティクスや倫理の重要性を強調している。第1に，新しく選出されたチェコスロバキアの大統領であるバクラフ・ハベルの議会での呼びかけは，アメリカ人に民主主義は可能性に満ちた理想であるが，常に自由や人間の尊厳に向けての闘争の一部であり続けるということを思い出させる。劇作家であり，かつて政治犯であったハベルはそのような闘争を体現している。第2に，イギリスの平和運動家であり，歴史家であるE. P. トンプソンの言葉は，歴史は終わることなく，21世紀に人類が直面するであろう多くの問題や可能性に取り組むために開かれる必要があるということをアメリカ人に思い出させる。第3に，ポーランド労働組合の創始者であり，ポーランド議会の議員であるアダム・ミクニックの言葉は，それが右から出たものにせよ左から出たものにせよ，全体主義の中心的な特徴のひとつに対する不穏な洞察を加えている。彼は，民主主義的なポリティクスが恐怖に晒される社会について指摘していると同時に，大衆的な集合的絶望が再生産されることについても指摘している。これらの人々はすべて，自由やエージェンシー，民主主義といった啓蒙主義的モデルを再取得しようとする闘争に関与する一方，ポストモダンの世界状況についても扱おうとしている。

　これらの言葉は，東欧自身の民主主義の性質について明らかにしており，その地域における民主主義化の重大性を捉えることのアメリカ人にとっての難し

さに光を当てるのに役立つ。東欧でも他の地域でも，民主主義的な公的生活に向けての基礎としての政治的，倫理的なものの重要性に対する強い要求がある。一方，アメリカでは政治的，倫理的言説に対する拒絶が進行している。共和党であれ民主党であれ既存の政党から選出された議員は，アメリカの政治は「平凡化し，原子化し，停滞している」と不平を述べている。元共和党議長であったリー・アトウォーターや元副大統領であったウォルター・マンデラのような異色の政治家たちは，アメリカ人が「嘘や誇張があらゆることに浸透し，ポリティクスとは関連のないものを手に入れた」と考えるような時代に入ったことに同意している。同時に，多くの世論調査はポーランドやチェコスロバキア，ドイツの若者たちの間で，民主主義のフロンティアを拡大しようとする動きがある一方，アメリカの若者たちは21世紀に沿った民主主義に向けて闘争し，保持しようとすることに無関心で，大部分は準備不足の状態にあることを示している。

　アメリカは，いまや民主主義のモデルではなく，民主主義を，生命のない活動ではなく実質的なものにするための条件の整備に向けての闘争の必要性に無関心となりつつある。国民的，日常生活的と，どのレベルを問わず，民主主義的な関係性の広がりと深さは退行しつつある。民主主義を要求する社会ではなく，あまりそれを要求しない社会となった。ある地域においては，民主主義は確実に転覆しつつある。このような事態は，現在の危機の中での教育や批判的教育学の目的や意味を再考するための原理を発達させるのに，いかなることを示しているのだろうか。以下では，私がこの10年の間に批判的教育学を広い政治的闘争の中に位置づけることによって，それを進展させてきた仕事のいくつかを示してみたいと思う。すなわち，以下の原理は広い政治的闘争の中で位置づけられなければならない教育の問題について検討したものである。さらに，かような原理は，モダニズムやポストモダニズム，ポストモダン・フェミニズムの中にある様々な傾向の集合体から出ている。ここで明記すべき重要な点は，単純にこれらの様々な理論的傾向を他のものに対して意味がないと見なさないことである。そうではなく，ラディカルな教育学や政治的なプロジェクトに向けての可能性を深める状況を創りあげるのに，それらの理論はいかに貢献することができるのかという問題を立ちあげることによって，一連の理論的運動の

最も重要な側面を批判的に位置づけることをめざす。そして，そのような教育学やプロジェクトは社会のすべての局面に自由や正義，平等を広げられるような民主主義的な公的生活を再構築するものである。

　ここで問題となるのが，批判的な理性やエージェンシー，苦悩を克服する人間の力に対するモダニズムのコミットメントをどのように保つかということである。モダニズムは倫理的で歴史的で政治的な言説を構築することの重要性を思い出させる。同時に，ポストモダニズムはすべての全体主義的な言説に力強い挑戦をし，偶発性や特殊性を強調し，差異の政治学を発達させるのに必要な新たな理論的言語を提供する。さらに，ポストモダン・フェミニズムは政治的なプロジェクトにわれわれのビジョンを位置づけることを可視化し，具体的な政治的闘争を取り囲む周縁と中心の関係性を定義しなおし，正義や社会変革に向けての広い闘争の一部として個人的なものと政治的なものとの関係を切断することなく，それらを取り結ぶ声のポリティクスに対する機会を提供する。以下の原理すべてがこのような問題に触れ，教育学的なものと政治的なものの関係性を書き直すものである。そしてそれは，解放のための闘争や社会変革を効果あるものにしようとするいかなる社会運動にとっても中心的なものである。

　1. 教育学は伝統的な学問的観念へオルタナティブなものとともに注意を向けており，教育学へより多くの関心を払うよう，教育が再形成されることが必要である。これは，教育と教育学との重要な関係があることを評価するのとまったく同じように，教育学に対して学問としての高い価値を与えるというようなことではない。教育とは，特定の形態の知識や権力を命令し，表象し，正統化することの関係の中でのアイデンティティを生産することとして理解されなければならない。キャンドラ・モハンティが述べるように，教育についての問題は学問的なパラメータを減じていくことはできず，権力や歴史，自己アイデンティティの問題や集合的なエージェンシーや闘争の可能性を含まなければならない。ポリティクスの言語を拒否するのではなく，批判的教育学は公教育と批判的民主主義にとって緊急になされるべきこととを結びつけなければならない。批判的教育学は公的に定義された哲学や部分的には広大なマジョリティに対するエンパワーメントの活きた経験を創りあげようとする試みから知識を

授かることを必要としている。いいかえれば，批判的教育学の言語は，民主主義の公的な局面として学校を構築する必要がある。

　部分的にはこのことは，単なる良き市民ではなく，批判的な市民となるための知識や習慣，技術を教え，実践するためには教育者は批判的教育学を深めていく必要があることを意味している。これは，生徒たちに現存する社会的・政治的形態に適応するのではなく，それらに挑戦し，変革する批判的能力を提供することである。それは同時に，生徒たちに自身を歴史の中に位置づけ，自身の声を発見し，市民的勇気を実行し，リスクを取り，民主主義の公的形態にとって本質的な習慣や社会関係を推し進めるのに必要な罪の自覚や思いやりを提供することも意味している。

　結果的に，批判的教育学は政治的ビジョンを構築することの重要性に対する鋭い感覚の中に位置づけられる必要がある。それは，民主主義的な公的生活に活力を与えるための広い言説の一部として教育プロジェクトを発展させるものである。民主主義にとっての批判的教育学とは，幾人かの教育者や政治家や集団が論じてきたような，生徒たちに毎日の学校生活の始まりに忠誠の言葉を言わせたり，支配的な英語という言語のみで考えることを強制することで減ぜられることはない。それはテストのスコアとともに始まるのではなく，疑問から始まるのだ。すなわち，ポストモダン文化の中で，公的な教育を通していかなる種類の市民を創り出すことをわれわれは望むのか，現在の変転する文化的，民族的境界のコンテクストの中でいかなる社会を創りだそうと望むのか，差異や平等という観念を自由や正義といった緊急になすべきことといかに一致させるのかといった疑問とともに。

　2. 倫理は批判的教育学の中心と見なされなければならない。これは，いかに異なった言説が生徒たちに自分たち自身が広い社会との関係性を築く上で多様な倫理的準拠点を提供するのかということを教育者がもっと十分に理解しようとする試みを意味する。と同時に，教育者がいかに異なった倫理的言説の中で生徒の経験が形づくられるのかというポストモダンの観念を超えることも意味している。教育者は倫理や政治を自己と他者の関係として見なさなければならない。この場合倫理とは個人の選択や相対主義という問題ではなく，必要のない苦悩や搾取を受けることを拒む社会的な言説である。倫理は，人間の他者

に対する個人的,社会的責任というものを広く内包した実践となる。したがって,倫理とは不平等に対する闘争や人間の基本的権利を拡大するための言説として取り上げられる。これは,倫理という観念が抽象的な権利という問題と特定の物語や闘争,歴史を産み出す文脈という問題に注意を向けることを意味する。教育学的観点からいえば,倫理的な言説は,それが活動する権力や主体の位置,社会的実践という観点から取り上げられる必要がある。これは本質主義や相対主義といった倫理ではなく,歴史的闘争に基礎付けられた言説であり,不公正な社会関係に対する自由の構築に注意を向けることである。倫理的言説の質は単に差異によって基礎づけられるわけではなく,いかに正義が具体的な歴史的状況や公的闘争によって引き起こされるのかということに基礎づけられるものである。

3. 批判的教育学は,倫理的な挑戦,政治的な変革の方法という点で,差異の問題に焦点を当てることを必要とする。ここで取り上げるべき差異という観念には少なくとも2つのものがある。第1に,いかに生徒のアイデンティティや主体が多様で矛盾に満ちた方法で構築されるのかということを理解する試みの一部として組み込まれる。この場合,アイデンティティとはそれを有するものの歴史性や複雑な主体の位置を通して切り開かれるものである。生徒の経験というカテゴリーは教育学的には生徒が行う自己反映というものに限定されるべきではなく,人種やジェンダー,階級といった特定の構築物へと開かれるべきである。それは,生徒の経験やアイデンティティが異なった歴史的,社会的形態の中で構成されてきた多様な方法を含む。第2に,批判的教育学はいかに集団間の差異が構築され,可能的/不可能的な関係体として保持されるのかという点に焦点を当てる。この場合の差異とは,いかなる方法によって社会集団が民主主義的な社会へと機能的に統合するのかを理解する上での起点となる。このような文脈で差異を調べることは,支配の中で構造化されてきた空間的,人種的,民族的,文化的差異をチャート化することに焦点を当てるだけでなく,公的な闘争の中でそれ自身を明示するような歴史的な差異性というものを分析することにもなる。

批判的言語の一部として,教師たちは,いかに異なった主観の在り方がイデオロギーや社会的実践の歴史的に特殊な範列の中で位置づけられるのかを問題

にすることができる。それらは様々な主体の位置づけの中にいる生徒たちを記述するものである。同様に，そのような言語は，いかに社会集団の内外にある差異が支配や抑圧，ヒエラルキー，搾取の網の目の中にある学校の内外で構築され，維持されるのかについても分析することができる。このような可能性を持った言語の使用の一部として，教師たちは生徒たちに，多様なナラティブや社会的実践が創り出されるような知識・権力関係を発展させる機会を探求させることができる。それは，世界を異なった読み方で読み，権力や特権の悪用に抵抗し，オルタナティブな民主主義的コミュニティを構築する機会を提供する差異の政治学や教育学のまわりに生起するものである。この場合の差異とは単純に多元性の登録者や主張のポリティクスと見なしえない。そうではなく，公的生活にとって解放的な形態の中心である歴史的，関係的カテゴリーと接合するような差異が主張され，変転する実践の中で発展されるべきである。すなわち，民主主義や市民性，公的空間といったものとの接合の中で。政治的にも教育的にも，差異のカテゴリーは単純に認められるべきではなく，民主主義的コミュニティの観念にとって中心的な反人種主義，反家父長制，多中心性，環境的実践といったものの中で関係論的に定義されなければならない。

4. 批判的教育学は競争的な団結や政治的な語彙を認める言語を必要とする。そして，それは，権力や正義，闘争，不平等といった問題を研究の重要な対象としての偶発性や歴史性，日常性といったものを抑圧する単一のスクリプトや支配的なナラティブに減じることがないようにしなければならない。このことは，カリキュラムの知識は規準(カノン)として扱われるべきではなく，政治的に異なった用語で読み替えられ，再形成される多様なナラティブや伝統への進行する取り組みとして発展されるべきであることを示している。ここで問題となるのはテクスト的な権威の言説をいかに構築するのかという点である。それは，権力に敏感で，カリキュラムの知識や教授のレベルで，また制度的な権力の行使において闘われる文化を巡る闘争の広い分析の一部として発展されるものである。これは単にカノンに対する議論ではなく，カノンの意味や使用を再形成する議論である。知識は常にその限界という点に関して再吟味されなければならないし，生徒に伝達すべき唯一の情報の体系として見なすことを拒否しなければならない。ラクラウが指摘したように，価値を付与された伝統として(それも論議

となるところであるが）判断されるものによって与えられた答えに限界を設けることは，重大な政治的行動である。ラクラウが提示していることは，生きた対話やナラティブの多様性の主張の一部として過去を創造的に適正に位置づけることを生徒たちができるようにすることであり，歴史性を持たない単一的な言説としてではなく，よりよい民主主義的な公的生活をつくりあげようという関心のもとで再形成されうる社会的，歴史的な発明としてナラティブを判断する必要があるということである。ここでは，思考の開かれた交換や対話の増大，個人的，社会的自由の表現に対する物質的な状態によって特徴づけられるような，創造的な教育学的実践の可能性が開かれている。

5. 批判的教育学は，学問的な境界を壊し，知識が生産される新たな領域を創り出すことを強調することによって，新たな知識の形態を創りあげる必要がある。この点で，批判的教育学はカルチュラル・ポリティクスとして，また社会的記憶の形態として再主張されなければならない。これは単に認識論的な問題ではなく，権力や倫理，ポリティクスの問題である。カルチュラル・ポリティクスとしての批判的教育学は，多様で批判的な公的文化を創りだそうとする広い試みの一部として，知識の生産や創造を巡る闘争を主張する必要がある。社会的記憶の形態としての批判的教育学は，学習の基礎としての日常生活や特定のものとともにはじめなければならない。解放的な実践にとって無益／有害という点を超えて，沈黙してきた人々の声を批判的に適正に位置づけ，単一で全体的なナラティブの中に位置づけられてきた人々の声を動員するのを助けるような，進行する努力の一部として歴史的なものやポピュラーなものをそれは再主張する。ここで問題となるのは，より民主的で公正な生活を構築しようという関心のもと，生徒たちやその他の者たちが自分たちのアイデンティティを再主張できるような歴史を読む知識や技術，習慣を提供する教育学である。

このような闘争は，政治学的なものにおける教育学の意味を，また教育学的なものにおける政治学の意味を深める。前者の例として，それはいかに生徒たちやその他の者が特定の歴史や文化，社会関係の中でエージェントとして構築されるのかという重要な問題を引き起こす。単一的な文化に対抗して，非対称的な権力の関係性のなかで形づくられ，多様な歴史的闘争の中に位置づけられる葛藤する文化の地勢を措定する。同時に，文化は権力や不平等の言説の一部

として理解されなければならない。教育的問題として，文化と権力の関係性は，「誰の文化がわれわれ自身のそれとして位置づけられるのか」や「いかに周縁性は普遍化されるのか」といった問題の中でも明らかである。教育学的，政治学的問題として文化の重要性を主張することは，いかに学校が特定の文化的ナラティブや資源を生産・正統化することによって，特定のアイデンティティや価値，歴史を形成する機能を果たしているのかという問題を中心とすることである。後者の例として，政治学的なものにおける教育学的側面を主張することは，いかに差異や文化が単なる政治学的カテゴリーではなく，教育学的実践として取り上げられるかという問題を引き起こす。例えば，もし教育学者や文化的従事者が知識を批判にさらされ，変転的なものとなる前に意味のあるものとしなければならないとしたら，差異は教育学的なカテゴリーとしてどのような重要性をもつのだろうか。もしくは，理論的には正しくとも，教育学的には誤っているような場合に緊急に取り組むこととは何を意味するのだろうか。このような興味や緊張は，政治学的なものと教育学的なものとの間の関係を相互に教えあい，問題化する可能性を提供する。

6. 理性という啓蒙主義的な観念は，批判的教育学の中では再形成されなければならない。第1に教育者は，それ自身の歴史的な構築性やイデオロギー的な原理を否定することによって真実を明らかにすると主張するような，いかなる理性に対しても懐疑的になる必要がある。理性とは無垢なるものではなく，また批判的教育学は批判や対話を超えるように見える理性の全体主義的な形態に肩を並べるような権威を行使することはできない。このことは，知識の要求や方法論が歴史的，社会的に構築された性質を持つことを認める認識を採用し，客観性というものに対する要求を拒否することを意味する。この場合カリキュラムとは，生徒たちに特定の形態の理性を注入し，特定の生活の物語や方法を構造化する文化的スクリプトと見なすことができる。この意味での理性とは，権力や知識，ポリティクスの交差点を意味する。第2に，理性に対する本質主義者や普遍主義者の防御を拒否するだけでは充分ではない。人々が特定の主体の位置というものを学び，それを取り上げるような別のやり方を認識するところまで理性の限界を拡張しなければならない。この場合教育者は，具体的な社会関係や習慣や直感の構築を通して身体が位置づけられる方法，また欲望や感

情の生産や投資を通して，いかに人々が学習するかという点を十分に理解する必要がある。

　7．批判的教育学は，批判の言語と可能性の言語とを結び付けることによって，オルタナティブな意味を取り戻す必要がある。ポストモダン・フェミニズムはこの点を，家父長制への批判と新たなアイデンティティや社会関係の形態の構築という両面で，実証している。教師たちは多くの考察を巡ってこのような問題を取り上げられるということは明記する価値がある。第1に教育者は，限界という問題と自由や社会的責任についての言説を結びつける批判の言語を構築する必要がある。いいかえれば，自由という問題は個人の権利という問題からだけでなく，社会的責任についての言説の一部としても弁証法的に取り組まれなければならない。すなわち，自由が倫理的，政治的権利の状態を構築することにおいて本質的なカテゴリーとして残るとしても，エコシステムを脅かし，個人や社会に対して暴力や抑圧の形態を産み出すような，個人的，集合的行動のモードの中で表現されるならば，チェックされるべき力としても見なされなければならないということである。第2に批判的教育学は，危険な思想について考え，希望や「いまだかつてない」地平に向けてのプロジェクトに取り組むことができるような実践的言語を探求する必要がある。可能性の言語は，具体化されたユートピアニズムの形態へと解決される必要はない。それは，新しい公正な世界を想像し，それに向けて闘うための勇気を奮い起こさせる説得に活力を与えるための前状態として発展されうる。道徳的，政治的可能性の言語は，時代遅れのヒューマニスト言説の遺物以上のものである。それは，苦しみ敵対する人間に対する思いやりというだけでなく，現在ある支配のナラティブを闘うべき価値のある未来のイメージや具体的な例に再形成し，変革するポリティクスや教育実践にとって中心的なものである。

　左派の言語を特徴づけているのはシニシズムである。この立場にとって中心的なものは，すべてのユートピア的イメージやすべての「可能性の言語」に対する訴えを拒否することである。そのような拒否はしばしば「ユートピア的言説」は右派によって用いられた戦略であり，したがってイデオロギー的色彩を濃く持ったものであるという点で基礎づけられている。もしくは，可能性という観念自体を非実践的なものと消散し，したがって意味のないカテゴリーと見

なす。私の考えでは，このような立場は，消耗や絶望の言語を超克する運動の拒否に比べて，あまり重大な批判ではない。この立場に対応して発達する中心的なものは，可能性という観念を区分するということである。すなわち，「反理想郷的」言語とユートピア的言語の区別を行うことである。前者では未来に対する訴えは，過去への回帰を呼びかけるノスタルジックなロマンティシズムの形態に基礎づけられる。そしてそれは，支配や抑圧の正統化にかなりの程度給するものであると同時に，コンスタンス・ペンレー (Penley 1989) の言葉を借りれば，「しばしば個人主義かゲリラ的な小集団による抵抗というロマンス化された観念へと限界づける。ユートピア的想像の真の衰えとはこのようなものである。すなわち，われわれは未来を想像することはできるが，未来を変革し確かなものとするのに必要な集合的な政治的ストラテジーは決して持つことはできないのである」。反理想郷的な言語とは対照的に，可能性の言語は黙示録的な欠乏やノスタルジックな帝国主義を拒絶し，開かれたものとして歴史を見，オルタナティブな未来の想像に向けて闘う価値のあるものとして社会を見なす。これこそが「いまだかつてない」言語であり，想像の言語である。それは，社会とはいかなるものかやそれはどのようになるのかといった批判的な認識に基づき，集合的な抵抗のストラテジーから導き出された新たな関係性を構築しようとする努力の中で回復され，活力を与えられる。ヴァルター・ベンヤミンに準(なぞら)えていえば，これは歴史の微分に抵抗してそれを推し進める想像と希望の言説である。ナンシー・フレイザーはこの議論に，社会的変革のプロジェクトに向けての可能性の言語の重要性を強調し，光を与えている。すなわち，「そのような言語によって，内在的な批判や変転する欲望を他のものと混ぜ合わせるような，ラディカルで民主主義的なポリティクスの可能性が与えられる」と。

8. 批判的教育学は特定の政治的，社会的位置を占める変転する知識人としての教育者や文化的従事者の理論を発展させることを必要とする。批判的教育学では，教師の仕事は狭隘な専門職主義の言語として定義されず，イデオロギーや社会的実践の生産に取り組むものとして慎重に位置づけられることを必要とする。あるレベルではこれは，文化的従事者はまずもって客観性やまともさといった言説を捨て去り，その言説や意味を自己や社会，文化，その他のものに枠づける歴史的，イデオロギー的，倫理的パラメーターを暴くことのでき

る実践を行うということを意味する。文化的従事者は支配的な秩序を構造化しているイデオロギー的コードや表象，実践を読み解くだけでなく，われわれが住み占有する場所や空間を認識する必要がある。それは特定の仕方でわれわれの生活を枠づけ，物理的，地理的な場所性を持つゆえに，われわれの精神の大部分となっているのである。社会的批判の実践は，自己批判の行動と分離不可能なものとなる。すなわち，他者との関係性の中でしかその場を確保することができないし，他者に対する優越性も持たない。そのかわりに，自己と他者は関係的で相互的な構成体とみなされなければならない。

　一方で文化的従事者は非全体的なポリティクスを発展させることを必要とする。すなわち，部分的で，特殊な差異化されたコミュニティや権力の形態の文脈に注意を向けるようなポリティクスを。これはより大きな理論的，関係的ナラティブを無視することではなく，権力が操作可能なものとなり，支配がそれ自身を表現し，多様で生産的な方法で抵抗が作動する文脈の特殊性を明らかにすることによって，分析力を深めることである。この場合，教師や文化的従事者は倫理的，政治的言説の中で社会的批判を引き受けることができる。すなわち，彼らは自分たちが働いている文脈に意味を与えることができると同時に，自分たちをより大きな形成的なナラティブの重要性を認識する場へと接合することができる。この場合，批判や抵抗，移行は，ローカルかつグローバルなものを内包した知識のシステムや団結の網の目の中で組織化される。文化的従事者は，個人的な位置の政治学を認識するフーコーの特殊な知的モデルを真剣に受け止める必要がある。ただし，それは重要なことであるが，それだけでは充分ではない。なぜなら，自分たちの位置の直接性やより広いグローバルなコンテクストの両方に影響を与えるような広範な問題に関係し，それに呼びかけることができる公的な知識人として積極的に闘争もしなければならないからである。変転する知識人はローカルな経験やアイデンティティを共有する人々と団結の網の目を創りあげなければならないと同時に，すぐ隣の空間を占めていないがゆえにその問題を解決することのできないグローバルな世界に住む人々にも達するような団結のためのポリティクスも発展させなければならない。人間と地球両方にとって，人間の権利やアパルトヘイト，軍事主義，その他の形態の支配という問題は直接，間接にわれわれすべてに影響を与える。これは単に

政治学的な問題ではない。より広い団結や闘争という文脈で，自己と他者，周縁と中心，植民地主義者と植民化された人々の関係性に意味を与える深い倫理的な問題でもある。教育者は，批判的意識の高揚だけではなく，変革的な行動の高揚のためにも教育実践を発展させる必要がある。この観点に立つと，教師や他の文化的従事者は，批判的な言説や実践，民主主義的な社会関係の発明に関与することになる。批判的教育学は，単なる生き方の伝達ではなく，その積極的な構築として自身を代表することとなる。また特に，変転する知識人や文化的従事者，教師は以下のような言語の発明に取り組むことができる。すなわち，彼ら自身やその生徒，オーディエンスが抑圧の関係を名づけ，同時にそれを克服する方法について再考する空間を提供するような言語の発明に。

9. 批判的教育学という観念にとって中心的なものは，差異に関するポストモダニズムの観念と政治的なものの重要性に関するフェミニストの強調を結び付ける声の政治学である。このような取り組みは，人種主義やセクシズム，階級的搾取に寄与する制度的な形態や構造に対する呼び掛けを引っ込めるのではなく，それらに取り組むために，個人的なもののなかに政治的なものを取り除くことなく，両者の関係性を高める方法で，その両者の関係を取り上げることを意味する。またこのことはいくつかの重要な教育の介在を提示している。第1に，自己とは政治化の第一義的な場と見なされなければならないということである。すなわち，自己がいかに多様で複雑な方法で構築されるのかという問題は，主張の言語の一部として，またいかにアイデンティティは様々な社会的，文化的，歴史的形態の狭間で書き込まれるのかということを広く理解することの両方として分析されなければならない。自己の構築に関する問題に取り組むことは，歴史や文化，コミュニティ，言語，ジェンダー，人種，階級といった問題に呼びかけることである。生徒たちに自分自身や自分たちが住む世界のグローバルな文脈についての理解を主張し，問いただし，広げるような対話的な文脈で話すことを認めることは，必要とされる教育実践が何なのかという問題を引き起こす。そのような立場は，生徒は複数で多様なアイデンティティを有することを認めることであると同時に，彼・彼女らにより公正で信頼のできる社会秩序を創りあげる道徳的，政治的エネルギーを再構築することを認めること，ヒエラルキーや支配の関係を弱体化させる言語を彼・彼女らに提供するこ

第 2 に，声の政治学は，社会的なもの，間主観的なもの，集合的なものの第一義性を主張する教育学的，政治学的ストラテジーを提供しなければならない。声に焦点を当てることは単純に生徒が語る，その可能性を称えることを意味するのではない。そのような立場はしばしば怒りの下に横たわっている原因や抑圧的な社会関係に果たしている支配の構造を変革させる集合的な動きへ理論化するのに役立つことなく，怒りを名づけるというナルシズムやカタルシス的経験へと悪化させる。そのような意識を呼び起こすことはますます個人的経験の第一義に自己の提供を訴えることによって支えられた分離主義のヘゲモニックな形態を正統化する口実となる。そのような訴えの中でしばしば表現されることは，活力のある政治的取り組みの形態，特に多様な抑圧の形態に呼びかけ，それを変革させようとする取り組みから後退させる反知識主義である。単純に声の主張を要求することは，内部に目を転じる反動的な教育過程へと減ぜられてきた。よりラディカルな声という観念は，ベル・フックスが述べたように，広い政治的取り組みの一部として経験を理論化することに注意を向けることから始めなければならない。特にフェミニストの教育学に言及して彼女は，告白や記憶の言説が「単なる経験の名づけから文化や歴史，ポリティクスに関連のあるアイデンティティについて語ることへと焦点を移行させる」のに使用することができると論じている (bell hooks 1989)。フックスにとって，苦悩の物語を語ることや声を表すことだけでは充分ではない。そのような経験が団結や闘争，ポリティクスといった広い観念と切り離されるのではなく，結びつけられるような，理論的，批判的分析の対象であるべきことが同様に重要なのである。

結　論

　この章では，モダニズム，ポストモダニズム，そしてポストモダン・フェミニズムの中心的な前提のいくつかについて分析することを試みてきた。しかし，それを行うことによって，これらの動きを互いに敵対しあうものと位置づけるのではなく，いかにそれらが民主主義的な公的生活の再構築と結びついた広い政治的プロジェクトの一部として接合できるのかを分析しようとしている。同

時に，私はここで教育実践という問題を広い政治的取り組みの言説の内部に位置づけてきた。一方，いかに個人は学習し，知識は生産され，主体の位置は構築されるのかという問題を取り上げる政治的実践も中心的な課題と位置づけている。このような文脈では，教育実践は複雑な歴史性や政治性を持つ文化的生産へと及ぶこととなる。

　部分的には，教育学は道徳的，政治的規則の形態を生産・正統化し，人間に自身や世界についての特定の視点を構成し，提供する権力や知識，実践のテクノロジーである。このような視点は決して無垢なるものではなく，常に倫理や権力に関する言説や関係の中で含意される。教育学の重要性を喚起することは，単にいかに生徒たちは学ぶのかという問題を提起するだけでなく，いかに(広い意味での)教育者たちは彼らがそこから発話するイデオロギー的，政治的立場を構築するのかという問題をも提起することである。ここで重要なのは，人間を歴史の中に位置づけるとともに，そのイデオロギーや価値の限界を可視的なものとする言説である。そのような立場は，知識と権力の関係が常に対話や自己批判に開かれているように，すべての言説の特殊性を認める。教育学は知的なもの，感情的なもの，われわれがわれわれ自身を発見する世界と交渉し，調整し，変革しようとする試みの一部としてつくりだす倫理上の発明である。そのような教育学を動かす目的やビジョンは，権威に対するポリティクスや視点に基づいたものでなければならない。そしてそれは教えることや学ぶことを自己や社会的なエンパワーメントの形態と結びつける。そのようなエンパワーメントによって，解放や平等，正義，自由といった原理を広範な可能性をもった生産的で活力のある関係へと拡大するコミュニティ・ライフの形態が可能となる。

　モダニズムやポストモダニズム，ポストモダン・フェミニズムの伝統の中で定義されたように，教育学は教育者に政治的なプロジェクトを発展させる機会を提供する。すなわち，階級や民族，人種，ジェンダーといった特定のポリティクスを超越して動く人間の利益というものを内包する政治的プロジェクトを。このことは，統一の中での差異を強調するラディカルな民主主義のポリティクスを発展させようとすることほど，差異に対するポストモダンの強調を消散しようとする呼びかけではない。このような努力は，民主主義的闘争のポリティクスへと主張のポリティクスを移行させることのできる公的な言語を発

展させることを意味する。そのようなポリティクスや教育学にとって中心となるのは，社会正義や権利といったものを共有したコミュニティという観念である。このような観念は，正義や権利といったものに対する関心の価値が市場の優越性に従属し，貧乏人や失業者，ホームレスの対価として金持ちの利益が正統化される時代に特に必要とされるものである。ラディカルな教育学や変転する民主主義的なポリティクスは，個人の自由に対するリベラリズムの強調，特殊性に対するポストモダニズムの関心，そして日常生活のポリティクスに対するフェミニズムの関心が団結や公的生活に対する民主的な社会主義的歴史関心と結ばれるようなビジョンを構築するように，進展しなければならない。

われわれは，市民の責任が国境を越えて拡大する時代に生きている。中心と周縁，故郷と国外，家族と見知らぬ人といった古い近代主義者の観念は壊れつつある。地理的，文化的，民族的境界は権力やコミュニティ，空間，時間の移りゆく布置連関に道筋を提供している。市民性はもはやヨーロッパ中心主義や植民地者の言語の形態にそれ自身を位置づけられない。われわれが境界を越えて移動し，正義や社会的取り組み，民主主義的闘争の言説の一部として差異や他者性に取り組むことのできる新たな空間や関係，アイデンティティが創り出されなければならない。学問はもはや，まるでクラスルームやシンポジウムが思想の権力や権力の関係性について唯一取り組むことのできる公的な局面であるかのようなものへと退行することはできない。特定の問題や文脈と結びつけられた闘争を取り上げる特殊な知識人というフーコーの観念はグラムシによる知識人の観念，すなわちいかに人々は生活し，働き，生きるのかということに深い影響を与えるような広い社会的関心と自分たちの仕事を連関させることに取り組む知識人という観念と結びつけられなければならない。

知識や教授と民主主義的闘争の関係に関する役割を定義する以上に，まだ問題はある。人種主義や階級構造，セクシズム，他の抑圧の形態に対する闘争には，単純な批判の言語から抜け出し，それ自身を変革や希望の言語の一部として再定義することが必要である。このような変革は教育者と文化的従事者とが結びつくべきことを意味している。文化的従事者とは，言語を発信し，批判的で変革的な空間を提供するために，来るべき社会運動の機会を提供する学校の内外で公的な闘争に従事している者である。そうすることによって，われわれ

は，思いやりのある社会秩序に向けての基礎としての民主主義を再考し，再経験することができる。それは，人間の能力や可能性の地勢を拡大し，価値や実践，社会関係，主体の位置などを巡る闘争である。ここで問題となるのは，民主主義的闘争の多様な場に貢献するポリティクスをつくりだすための文化的従事者の必要性である。そのような場の中では文化的従事者は，民主主義の精神をすべての社会に広げると同時に生活や地球を向上させる広い問題を内包させる必要がある一方，特定の闘争にも従事することができる。

ここで提示された原理は完全なものではなく，いくつかの実行可能な教育学のイメージを提供したに過ぎない。すなわち，進行する闘争としての民主主義の重要性や生徒に支配することを教えることの意味，ラディカルな民主主義の再構築を支持する差異のポリティクスのなかで政治的な市民が教育される状態の重要性への呼びかけなどは，実行可能なものであろう。

参考文献

Ann Kaplan, E. (1988), 'Introduction', in E. Ann Kaplan (ed.), *Postmodernism and its Discontents* (London: Verso Press), 1–6.

Appignanesi, L., and Bennington, G. (eds.) (1986), *Postmodernism*, ICA Documents 4 (London: Institute of Contemporary Arts).

Aronowitz, S. (1987/8), 'Postmodernism and Politics', *Social Text*, 18: 94–114.

Barthes, R. (1972), *Critical Essays* (New York: Hill and Wang). 花輪光訳『新＝批評的エッセイ――構造からテクストへ』みすず書房（1999）．

Baudrillard, J. (1987), 'Modernity', *Canadian Journal of Political and Social Theory*, 11/3.

Berman, M. (1982), *All that is Solid Melts Into Air: The Experience of Modernity* (New York: Simon and Schuster).

―――― (1988), 'Why Modernism Still Matters', *Tikkun*, 4/11: 81–6.

Calinescu, M. (1987), *Five Faces of Modernity: Modernism, Avan-Garde, Decadence, Kitsch, Postmodernism* (Durham: Duke Univ. Press). 富山英俊・栂正行共訳『モダンの五つの顔』せりか書房（1995）．

Connor, S. (1989), *Postmodernist Culture: An Introduction to Theories of the Contemporary* (New York: Basil Blackwell).

Flax, J. (1990), *Thinking Fragments: Psychoanalysis, Feminism and Postmodernism in the Contemporary West* (Berkeley: Univ. of California Press).

Foster, H. (ed.) (1983), *The Anti-Aesthetic: Essays on Postmodern Culture* (Port Townsend,

Wash.: Bay Press). 室井尚・吉岡洋訳『反美学——ポストモダンの諸相』勁草書房 (1998).

Fraser, N., and Nicholson, L. (1988), 'Social Criticism Without Philosophy: An Encounter Between Feminism and Postmodernism', in A. Ross (ed.), *Universal Abandon? The Politics of Postmodernism* (Minneapolis: Univ. of Minnesota Press).

Giddens, A. (1990), *The Consequences of Modernity* (Stanford: Stanford University Press). 松尾精文・小幡正敏訳『近代とはいかなる時代か？——モダニティの帰結』而立書房 (1993).

Habermas, J. (1981), 'Modernity Versus Postmodernity', *New German Critique*, 8/1: 3–18.

—— (1982), 'The Entwinement of Myth and Enlightenment', *New German Critique*, 9/3: 13–30.

—— (1983), 'Modernity — An Incomplete Project', in H. Foster (ed.), *The Anti-Aesthetic: Essays on Postmodern Culture* (Port Townsend, Wash.: Bay Press), 3–16. 吉岡洋訳「近代——未完のプロジェクト」室井尚・吉岡洋訳『反美学——ポストモダンの諸相』勁草書房 (1998) 所収.

—— (1987), *The Philosophical Discourse of Modernity*, trans. F. Lawrence (Cambridge, Mass.: MIT Press). 三島憲一訳『近代の哲学的ディスクルス』岩波書店 (1999).

Hannam, M. (1990), 'The Dream of Democracy', *Arena*, 90.

Haraway, D. (1989), 'Situated Knowledges: The Science Question in Feminism and the Privilege of Partial Perspective', *Feminist Studies*, 14/3.

Hassan, I. (1987), *The Postmodern Turn: Essays in Postmodern Theory and Culture* (Columbus, Oh.: Ohio State Univ. Press).

Havel, V. (1990), in M. Oreskes, 'America's Politics Loses Way as its Vision Changes World', *New York Times*, 16.

Hebdige, D. (1968), 'Postmodernism and the Other Side', *Journal of Communication Inquiry*, 10/2: 78–99.

—— (1989), *Hiding in the Light* (New York: Routledge).

hooks, b. (1989), *Talking Back* (Boston: Southend Press).

Hutcheon, L. (1988a), 'Postmodern Problematics', in R. Merrill (ed.), *Ethics/Aesthetics: Post-Modern Positions* (Washington DC: Maisonneuve Press).

—— (1988b), *The Poetics of Postmodernism* (London: Routledge).

—— (1989), *The Politics of Postmodernism* (London: Routledge). 川口喬一訳『ポストモダニズムの政治学』法政大学出版局 (1991).

Huyssen, A. (1986), *After the Great Divide* (Bloomington, Ind.: Indiana Univ. Press).

Jameson, F. (1990), *Postmodernism or, the Cultural Logic of Late Capitalism* (Durham: Duke University).

Kolb, D. (1986), *The Critique of Pure Modernity* (Chicago: Univ. of Chicago Press).

Laclau, E., and Mouffe, C. (1985), *Hegemony and Socialist Strategy* (London: Verso

Press). 山崎カヲル・石澤武訳『ポスト・マルクス主義と政治――根源的民主主義のために』大村書店 (2000).
Laclau, E. (1988a), 'Politics and the Limits of Modernity', in A. Ross (ed.), *Universal Abandon? The Politics of Postmodernism* (Minneapolis: Univ. of Minnesota Press).
――― (1988b), 'Building a New Left: An Interview with Ernest Laclau', Strategies, 1/1: 10–28.
Larsen, N. (1990), *Modernism and Hegemony* (Minneapolis: Univ. of Minnesota Press).
Lash, S. (1990), *Sociology of Postmodernism* (New York: Routledge). 清水瑞久他訳『ポスト・モダニティの社会学』法政大学出版局 (1997).
Lunn, E. (1982), *Marxism and Modernism* (Berkeley: Univ. of California Press). 兼松誠一訳『モダニズム・瓦礫と星座――ルカーチ，ブレヒト，ベンヤミン，アドルノの史的研究』勁草書房 (1991).
Lyotard, J. -F. (1984), *The Postmodern Condition* (Minneapolis: Univ. of Minnesota Press). 小林康夫訳『ポストモダンの条件』水声社 (1991).
Malson, M., O'Barr, J., Westphal-Wihl, S., and Wyer, M. (1989), 'Introduction', in Malson, M., O'Barr, J., Westphal-Wihl, S., and Wyer, M. (ed.), *Feminist Theory in Practice and Process* (Chicago: Univ. of Chicago Press).
Merrill, R. (1988), 'Forward-Ethics/Aesthetics: A Post-Modern Position', in R. Merrill (ed.), *Ethics/Aesthetics: Post-Modern Positions* (Washington DC: Maisonneuve Press).
Michnik, A. (1990), 'Notes on the Revolution', *New York Times Magazine* (11 March), 44.
Morris, M. (1988), *The Pirate's Financee: Feminism, Reading, Postmodernism* (London: Verso).
Mouffe, C. (1988), 'Radical Democracy: Modern or Postmodern?', in A. Ross (ed.), *Universal Abandon? The Politics of Postmodernism* (Minneapolis: Univ. of Minnesota Press).
Newman, C. (1985), *The Post-Modern Aura* (Evanston: Northwest Univ. Press).
――― (1986), 'Revising Modernism, Representing Postmodernism', in L. Appignanesi and G. Benington (ed.) (1986), *Postmodernism: ICA Documents4* (London: Instit. of Contemporary Arts), 32–51.
Peller, G. (1987), 'Reason and the Mob: The Politics of Representation', *Tikkun*, 2/3.
Penley, C. (1989), *The Future of an Illusion: Film, Feminism and Psychoanalysis* (Minneapolis: Univ. of Minnesota Press).
Poster, M. (1989), *Critical Theory and Poststructuralism* (Ithaca: Cornell Univ. Press).
Richard, N. (1987/8), 'Postmodernism and Periphery', *Third Text*, 2: 5–12.
Tompson, E. D. (1990), 'History Turns on a New Hinge', *The Nation* (29 Jan.), 120.
Warren, M. (1988), *Nietzsche and Political Thought* (Cambridge, Mass: MIT Press).

5

教育・グローバリゼーション・経済発展

フィリップ・ブラウン／ヒュー・ローダー

　1970年代初頭の第一次オイルショック以降，西側諸国は社会的，政治的，経済的な変質を経験してきている。その変質はまだ終局には至っていない。グローバル経済の創造はその中核にあるものであり，企業，地域，国家間の経済競争を増大させている（Dicken 1992; Michie and Smith 1995）。経済活動のグローバリゼーションは，国家の将来の役割に疑問を呈し，経済成長と利益の分配とを国家がどのようにしてもたらすことができるのか疑いを差しはさんできている。このことは一見教育政策にはほとんど関係のないことと思われる。しかしながら国家の教育システムと訓練システムの質は将来の経済的繁栄の鍵をにぎっていると考えられる。この論文ではグローバリゼーションの影響のいくつかと，なぜ教育が将来の経済的繁栄に対して非常に重要なのかということについて概説する。本稿ではまた，教育が重要であるということについては国際的な合意があるものの，ネオ・フォーディズムとポスト・フォーディズムという，大いに異なる教育的な含意を持った，二者択一的で「理念型」的な経済発展への道筋と，教育と経済発展の諸戦略が結び付きうることが示されるだろう。

　このネオ・フォーディズムとポスト・フォーディズムのルートはまた，二者択一的な政治的プロジェクトとも結び付けることもできる。1970年代後半以降，経済のグローバリゼーションに応じてアメリカとイギリスはネオ・フォーディズムの道筋をたどってきた。その道筋は市場競争，私事化，競争的個人主義に対するニューライトの熱意によって形作られた。しかしながら，1992年アメリカ大統領選における民主党の選出やイギリス労働党の復活に伴って，ポスト・フォーディズム戦略への支持が強くなっている。教育や国家再生へのニューライトによるアプローチの欠点については，多くの著作があるが，われわれが

「左派近代化論者たち」と呼ぶものについてはまだほとんど書かれていない。左派近代化論者たちはニューライトに相対して改革のための有望なプログラムを提示したが、彼らの教育、技能形成、グローバル経済の説明は説得力のないことが論じられるだろう。この論文の重要な課題はそれゆえ、左派近代化論者たちの説明の弱点を強調し、もしポスト・フォーディズムの可能性が現実化されるとしたら、最近のグローバル資本主義における教育、平等、効率性についてのより綿密で政治的に困難なディベートに参加することが、左派の人々にとって重要になるだろうということを示すことである。

グローバリゼーションと経済競争の新しいルール

国家の教育の発展と経済発展の問題に対してグローバリゼーションの持つ意味は、資格、契約、富を生み出すルールにおける変化という点で要約することができる (Brown and Lauder 2001)。まず第1に、資格のルールの変化が起こってきている。スポーツクラブはクラブのメンバーシップが参加の要件となっている「閉鎖された」イベントを運営することもあるが、全員に「開かれた」トーナメントを実施することもあるだろう。同様に、戦後期の閉鎖され壁で仕切られた経済から、開放されたグローバルな経済への移行が起こってきている。資格のルールにおけるこの変化の結果、国内の経済はより広い海外での競争にさらされてきている (Reich 1991; ILO 1995)。資格のルールにおける変化はまた、多国籍企業 (MNCs) の力を強めた。MNCsは国境を超えて貿易が行われる割合を増加させるだけではなく、テクノロジー、職、技能における新しい投資の主要な供給源にもなっている。1970年代の半ば以降、MNCsは世界経済の変化よりも急速に成長してきている。1975年には、世界の上位50社は5,400億ドルを売り上げ、250億ドルの利益を享受した。1990年には、上位10社の売上高の見積もりは2.1兆ドルにのぼり、その利益は700億ドルに達した。実質上明確に、アメリカの経済が年率2.8%で成長していたのに対して（OECDの平均は2.9%であった）、MNCsの年毎の売り上げの増加は1975年から1990年の間にほぼ3.5%であった (Carnoy et al. 1993: 49)。

それだけでなく、フォードやIBM、ICI、メルセデス・ベンツのような国内

の古い「チャンピオン」たちはその国内との結びつきから逃げ出すことを試みてきており,投資,テクノロジー,職についての「グローバルな競争」を生み出している。資本の自由化が進むにつれて,規格化された財やサービスの大量生産は,低賃金で労働市場に対する法的規制が少なく,労働組合の力も弱く,「免税期間(タックス・ホリデイ)」や安い賃貸料(レント)といった「賄賂」が通用するような国や地域,コミュニティで行われるようになってきた。そのような投資は,シンガポール,台湾,中国,ブラジルのような新興工業諸国(NICs)において特に増大している(Cowling and Sugden 1994)。1980年には,700社のアメリカ企業が35万人以上の労働者をシンガポール,メキシコ,台湾だけで雇用した。また,イギリスのMNCsによって創られた雇用の40%は海外でのものであったと見積もられている(Marglinson 1994: 64)。

実際のところ,グローバルな競争は競り下げ競争のように作用する。競り下げ競争において企業の投資家たちは,利ざやを増大する手段として国家やコミュニティや労働者たちを偽ることができる。彼らは地方の雇用に投資することと引き換えに,賃金レベルや賃貸料,税金の譲歩を強いる。そしてそのことが地方のコミュニティや労働者たちを貧困にしている。アラバマにプラントを設立するために,メルセデス社は25年間で2億3,000万ドルと見積もられる減税措置とともに,頭金2億5,300万ドルを受け取った。スイス銀行はアメリカ本部をマンハッタンからスタンフォードに移転することによって,次の10年間に1,200万ドルのインセンティブをコネティカット州から受け取る。

アメリカとイギリスでは,グローバルな競争の創造は,政府や雇用者や労働者たちの間の契約に関するフォーディズム的なルールの崩壊とも関連付けられている。ある論者たちはフォーディズムの定義をもっぱら大量生産のシステムを参照することだけに制限してきたのだが,フォーディズムは戦後期のケインズ主義的有効需要政策にも同様に適用できる分類であり,大量生産と同様に大量消費の増大も参照している(Lipietz 1987; Harvey 1989)。大量生産の技術の導入を伴った経済的効率性の急速な改良は,ラジオや冷蔵庫,テレビ,自動車を含む耐久消費財の大規模な市場の創造を必要とした。経済成長を維持させるために,政府は利益や賃金の水準を調整し,経済成長が拠り所とする条件を維持しなければならなかった。このゆえに,西側産業諸国における福祉国家の発展

は，労使間のフォーディズム的な折衷案を維持するための政府の側の努力を反映しているとみなされた。福祉国家における労働者への保護の増大は，完全雇用や社会移動の水準の増加をともないながら，フォーディズムのもとで，分配の問題（Hirsch 1977）を一時的に「解決」した。分配の問題とは，機会や収入がどのように割り当てられるべきかを決定することである。これは資本主義体制において永遠に存在する問題である。なぜならば，資本主義は，その報酬と機会の分配において本質的に不平等なシステムだからである。しかしながらフォーディズムの時代の間には，社会保障制度の強化を伴って均等に分散された所得水準と，表面上はメリトクラティックな基準による職業移動や社会移動といったような経済成長の報酬の組み合わせとが，高い程度の社会の連帯を生み出した。だが，最近20年間にわたって，アメリカとイギリスは契約について「市場」のルールを導入してきている。ここで国民国家に求められているのは，市場が「自由」に作用しうる条件を生み出す役割である。それゆえ，国家は労使間の妥協を画策しようとするのではなく，むしろ，労働組合が「独占的な」権力を使って生産性の増大を必ずしも反映していないような賃金のせり上げを行うことを防がなければならない。それゆえ契約の市場ルールにしたがえば，労働者の成功は彼らの技能や知識，企業家的な洞察力を自由なグローバル市場において取り引きする能力にゆだねられることになるだろう。

　最後に，西側の資本主義の変質は，必然的に富の創造の新しいルールを伴ってきている。これらの新しいルールは，フォーディズム的な規格化された財やサービスの大量生産に基づく国家の繁栄の可能性を徐々にむしばんできている。フォーディズムの大量生産は製品やそれを構成している部品の規格化に基づいていた。「手仕事」でドアのパネルや車のエンジンの部品を作るといった，以前は熟練した技能工が引き受けていた仕事の多くは，半熟練の職人を使って，たとえ1日に数千回でないにしても数百回は同じ動作を行うことができるように設計されたジグやプレスによって機械化された。フォーディズムの生産ラインは，間隔をおいて製造されている製品の方に労働者が移動しなければならないというより，むしろ生産物がコンベアに乗せられて労働者に引き渡される移動生産ラインによって特徴づけられる。フォーディズムのさらに進んだ姿は精密な分業であった。そこでは，労働過程全体にわたる効率性と経営管理を最大化

するために，作業現場の職務課業はもっとも基本的な形態までに縮小された。それゆえフォーディズムは，実行から概念を分離するための「科学的」な正当化を行ったフレデリック・テイラーが輪郭を描いた「科学的管理法」の多くの原則に基づいていた。そこでは，経営者が労働過程の知識を独占し，生産の全工程を管理した。

しかしながら，富を創出する新しいルールにおいては，経済繁栄は，もはやフォーディズムの諸原則によっては説明することのできないような手段で，労働者の技能と知識と洞察力を利用することが可能な国家と企業とにゆだねられることになるだろう。企業が労働者に生活賃金を届けることができるかどうかは，価格だけではなく，財やサービスの質に依存し，また生産性と投資の新しい源泉を発見することができるかどうかにかかっている。そのような「付加価値」のある企業は，マイクロエレクトロニクスや遠距離通信，バイオテクノロジー，投資情報サービス機関，コンサルタント業，広告業，マーケティング，そしてメディアの領域で，「特別注文に応じて作られる」財やサービスを提供する企業においてもっとも見いだされがちである。

これらの新しいルールに応じて，すべての西側諸国はその国内経済や外交において直面するグローバルな挑戦に応じるため，その国家自身の社会制度や人的資源に注意を向けなければならなくなってきている（OECD 1989）。日本や「アジアの虎たち」から学んだ教訓は，「企業の人的側面」が今やグローバルな経済において競争優位を勝ち取るうえで重要なファクターであることである。それゆえ，優位性は人的資本の生産性や質の向上にかかっているとみなされるのである。知識，学習，情報，そして，専門能力は国際商業の新しい資源なのだ。

> それゆえ，知識それ自身は，最も質の高い力の源であるだけでなく，武力と富のもっとも重要な構成要素になってきている。言葉を換えれば，知識は金の力や筋力の附属物であることから，それらのまさにエッセンスになってきている。それは実に究極の増幅器である。このことは前途に待ちうけているパワーシフトの鍵であり，知識やコミュニケーションの手段をめぐる戦いがなぜ世界中で熱くなっているかを説明する（Toffler 1990: 18）。

このような記述は先進資本主義諸国における知識の重要性を大きく際立たせ

ているが，あらゆる政治信念の国家政府は例外なく，国際的な分業や国家の繁栄を決定的に形作るのは教育や訓練システムの質であるということを宣言してきている。それゆえ，経済的競争を支配する力の落ちた国民国家は，われわれがグローバルな知識戦争と呼ぶところで，競争することを余儀なくされてきている。たとえばイギリスでは，全国教育委員会はこう示唆している。

> われわれにとっては，知識や熟練が中心になってくるだろう。世界規模の競争やグローバルな低コストコミュニケーションの時代には，われわれのような国々で安い労働力や低い技術の製品やサービスに基づいてその生活の水準を改良できる国がないのはもちろん，維持することができる国もどこにもないだろう。この類の仕事が，われわれやその他の先進国の人々ができるのと同じように，しかもほんのわずかのコストで完全に遂行でき，またする意志のある，非常に多くの労働者や非常に多くの雇用者たちが非常に多くの国々に存在する（1993: 33）。

だが，教育政策や訓練政策の問題がどのように理解されるかということと，熟練労働者の需要がどのくらい増大するかということは，論争や政治的闘争になりやすい。例えば，新技術の導入が雇用者や経営者にとって可能な戦略的選択肢の幅を広げてきていることは疑いのないことである。しかしながら，新技術は組織文化や職務の設計，訓練の制度において，類似性よりもむしろ差異の増大をあらわにしてきている（Lane 1989; Green and Steedman 1993）。雇用者たちが「効率性」の可能性を成功裏に活用する保障はほとんどない。なぜなら彼らは慣例的に当然とみなしてきたものから脱却できないかもしれないし，定着した権威や地位や権力のヒエラルキーにしがみつくかもしれないからだ。ハーベイが理解していたように，「インドの大規模工場や，「第3イタリア」の協同組合の工場，ニューヨークやロンドンの搾取工場（スウェットショップ），香港の家族的労働制度では，同じシャツのデザインを何度でも生産できる」ということは，新しい技術や組織の統合形態とは，国家的，家族的，パターナリスティックな労働制度を許容するものだったのである（Harvey 1989: 187）。このことは，西欧におけるフォーディズムの終焉は必ずしも，労働者の大半が彼らの人的能力の知識範囲を行使することができる職を見つけるであろうということを意味しているわけではないとわれわれに警告している。企業にとって低い技術で低賃金の運営で利益を得ることがいまだに可能であるのだと仮定すれば，利益を最大化することを追

い求める雇用者と，職業生活の質と賃金とを高めることを追い求める労働者とは分裂する可能性を大きく秘めている。彼らの運命がほどけないほどにつながっているという事実にもかかわらず，グローバル経済に国家を応じさせるような見えざる手やポスト産業主義の論理も同様に存在しない。事実われわれは，教育や訓練制度を将来の繁栄の鍵を持つものとして強調している普遍的なコンセンサスが，グローバル経済に国家が応じるやり方が根本的に異なっているのを覆い隠してきたことを示唆するだろう。

それゆえ，西側諸国のフォーディズムの主な要素のいくつかがグローバル経済のなかで変質してきたことを理解すると同時に，詳細な経験的調査の問題を残しているに違いないこれらの変化の方向性を早まって判断しないことが重要である(Block 1990 を参照)。分析的な目的のためには，国家の経済発展の2つの「理念型的な」モデルをネオ・フォーディズムとポスト・フォーディズムという言葉で定義することが便利である(表5.1を参照)。ネオ・フォーディズムは社会経費や労働組合の力を縮減することを通して，より大きな市場の柔軟性を創出すること，公益事業や福祉国家の私事化を奨励すること，競争的個人主義をほめたたえることとして特徴づけられる。そのオルターナティブであるポスト・フォーディズムは，鍵となる経済セクターや人的資本への投資を通して国家の経済を方向付ける「戦略的な商人」として国家の発展を理解することと定義できる。ポスト・フォーディズムはそれゆえ，多能工労働者を用いた「高付加価値の」特別注文の製品やサービスへの移行に基づいている(Allen 1992 も参照)。

「現実」の世界では，教育と経済発展の間にある関係は，関係が対応していることを示す例と同じくらい，関係が矛盾していることの例を明らかにしている。それ以上に，ドイツ，日本，シンガポールのような国々がポスト・フォーディズムのモデルにより近くなり，アメリカとイギリスがネオ・フォーディズムの説明に近づくということは事実であるけれども，同じ地域や国において，「むらのある」両立しない発展の例が明確に存在していることを無視すべきではないだろう。そのような関係もまた，国民国家が民主主義や社会正義への遠大な含みを伴ってポスト・フォーディズムの経済へと移行するあり方が，非常に異なるという事実を強調している。

それにもかかわらず，それらを特徴づける支配的な経済思想においても，そ

表 5.1 ポスト・フォーディズムの可能性: 国家発展の二者択一的なモデル

フォーディズム	ネオ・フォーディズム	ポスト・フォーディズム
保護された国家市場	生産性の増大，コスト縮減（諸経費，賃金）を通じたグローバルな競争	技術革新，質，付加価値的な財やサービスを通じたグローバルな競争
	「市場の柔軟性」(社会的労働コスト，労組の力の縮減)に応じた内部への投資	「付加価値的な」生産・サービスに従事する高度に熟練された労働力に応じた内部投資
	相対する市場の位置付け: 市場競争の障害の除去。「企業文化」の創造。福祉国家の私事化。	目的に基づいたコンセンサス: 協調組合主義者の「産業政策」。政府, 雇用者, 労働組合の間の協力。
規格化された製品の大量生産 / 低熟練, 低賃金	規格化された製品の大量生産 / 低熟練, 低賃金, 「フレキシブルな」生産	フレキシブルな生産システム / 小さなバッチ / ニッチ市場; 高賃金, 高熟練の職への移行
官僚制的でヒエラルキーの組織	「量的」柔軟性を強調した無駄をそぎ落とした (lean) 組織	「機能的な」柔軟性を強調した無駄をそぎ落とした組織
断片化され，規格化された課業	組合別作業管掌区分の縮減	柔軟な特殊化 / 多能工
大量の規格化された(男性の)雇用	労働力の断片化 / 分極化。専門的に「中核で」「柔軟な」労働力(すなわち、パートタイム, 臨時社員, 契約社員, ポートフォリオキャリア)	あらゆる被雇用者のための良好な環境の維持。どの「中核」労働者も訓練, フリンジ・ベネフィット, 比較賃金, 正式な代表権を享受しない
経営者と労働者との分業, 低い信頼	「経営者」の経営する権利の強調, 低い信頼関係に基づいた労使関係	高い信頼, 高い裁量, 集合的な参加に基づいた労使関係
多くの労働者に対する少ない「OJT」	需要に導かれた訓練 / 産業訓練政策の利用の少なさ	国家の投資としての訓練 / 戦略的トレーナーとしての国家の役割

れらの基礎にある経済的社会的発展における技能形成の役割についての文化的な前提においても，これらのモデルは政策の方向性に明確な違いがあることを表わすものである (Thurow 1993)。左派近代化論者たちのポスト・フォーディズムで高技術，高賃金の経済のビジョンの詳細な評価に着手する前に，ニューライトのネオ・フォーディズムの戦略の一部分としての教育の解釈を評価することから始めよう。

ニューライト——ネオ・フォーディズム「市場」経済における教育——

　ニューライトによるフォーディズムの「危機」についての解釈は「福祉の足かせ」理論とわれわれが呼んでいるものに基づいている。19世紀においては，市場や自由企業に「足かせをはめるもの」として責められたのはヨーロッパの貴族主義やアンシャンレジームであった。20世紀後半においては，それは福祉国家である。ニューライトの論じているところでは，今日西洋国家が直面している問題は，20世紀の4分の3の期間に起きた政府の役割における絶大な変化に照らしてのみ理解することができる。西側政府が社会福祉プログラムへの支出を増大したのと同時に，高度なインフレーションや失業の増加，経済的な不振があったのは偶然の一致ではないと彼らは断言する (Murray 1984)。西洋社会は，広大で正当とは認められない国家による干渉のためにトラブルに至ってきているのである。インフレーション，高度な失業，経済的不況，そして都市の不安はすべて，ケインズ主義経済の伝説や，経済的再分配，機会の均等，全員のための福祉の権利を促進した人類平等主義のイデオロギーによって生じるのだ。したがって西洋資本主義国家が直面している問題を乗り越えるということは，市場の試練を再び課するということである。

　ニューライトによると，グローバルな知識戦争の文脈における国家救済への道筋は，学校の自由競争的な市場における親の選択権の拡大に基づき，もっともふさわしいカレッジや大学を選ぶ適者生存を通したものとなる (Ball 1993)。教育の場合，少なくとも資金供給が国庫からなされるような義務教育期間については，諸学校が競争する疑似的な市場を創造するという考え方になる (Lauder 1991)。この市場の運用への接近は，公的制度と私的制度の混合経済において多

様な学校を創造することを追い求めることによって到達される。時には，諸学校はエスニック・マイノリティや宗教セクト，あるいは「野心家たち」のように異なった顧客の集団に目標を定めるだろう。この「多様性」は親たちに異なる商品の真の選択権を供給するだろうと論じられる (Boyd and Cibulka 1989; Halstead 1994)。製品 (学校のタイプ) の選択権はすべての学校の水準を引き上げることができるものであるとみなされる。もし，学校が経済的に存続できるよう，十分に席を埋められなければ，彼らは廃業の危機にさらされるからである。それ以上に，国民の経済的ニーズは市場を通して満たされることになる。なぜなら，教育に支出しなければならないとき，人々は経済的見返りを実現するような投資決定をなす傾向があるからだ。このことは消費者たちを労働にとって需要があるような科目やコース，労働のための技能の不足の問題を克服するような科目やコースを選ぶように導くだろう。また，職業訓練が市場の状況に応じて「需要に導かれた」ものになるという傾向になるだろう (Deakin and Wilkinson 1991)。

それゆえ教育の市場化への批判者たちは，選択権の導入や競争の導入は，中産階級が資格の競争において確実に優位を得ることができるようなメカニズムを提供すると主張する (Brown 1995)。これは，すべての社会集団が同等の者として教育市場に参入するわけではないからである (Collins 1979)。文化資本や物質的な資本は階級やエスニック・グループの間で不平等に配分される。特に，子どもにもっとも役立つ教育の選択をなすための文化資本をより保有しがちなのは中産階級である (Brown 1990; Brown and Lauder 1992)。親の選択権と学校間の競争の導入は帰するところ，社会階級による教育的選別の隠れたシステムになるだろう。例えば中産階級の子どもが労働者階級が非常に多くいる学校を脱出するようにである。その結果は，学校制度が社会階級や民族差別，そして資源といった点で偏向することになるだろう。中産階級の子どもは労働者階級の子どもがいる学校から脱出しながら，大いに必要とされる資源をそれらの学校からとり，それを既に裕福な中産階級の学校に効率的に加えることになるだろう。

教育市場の働きについてはいくつかの証拠があるが，それらの証拠が示しているのは，批評家が示唆するよりもはるかに，教育市場が複雑だということで

ある (Lauder et al. 1994)。しかしそれにもかかわらず，選択権と競争が学校における社会階級と民族の分極化を導きやすいという予言をその証拠は裏づけている (Willms and Echols 1992; Lauder et al. 1994)。アメリカやイギリスのような国家においては，全体的な効果として社会階級やエスニシティ，宗教に基づく異なるタイプの学校によって生徒たちが分離されるようになるだろう。その最終的な結果は，有能な労働者階級の生徒たちが大学に行く機会を与えはしない学校に陥れられたことをもう一度発見する，という大規模な能力の無駄になるだろう (Halsey et al. 1980)。もしこれがすべての効果であるならば，教育の市場化は，ポスト・フォーディズムの時代に要求される類の効率性や柔軟性を提供するように見える一方で，実際は低いレベルの能力や熟練を要求するネオ・フォーディズムの経済のために多数の子どもたちを教育することになるであろうといえる。

教育の市場化は投資やテクノロジー，職の内部における質に関するグローバルな競争で国民国家が競争する能力について，不可避的に逆の効果を持つことになる。多国籍的な組織はいつでも労働コストを含む諸経費を縮小するために警戒しているが，「高付加価値」の製品やサービスにおける投資は，高い給料を要求する労働力の質やコミットメントや洞察力に決定的に依存する。国民国家が今直面している問題は，労働コストやその他の諸経費を縮小させようとする商業的な圧力のバランスをどのようにして取るかという問題であり，教育された労働力をどのように動員させ，洗練された社会的，財政的なインフラストラクチャーやコミュニケーションのインフラストラクチャーをいかに維持するかということである。この問題は悪化してきたが，悪化の原因は，北米やヨーロッパのフォーディズムに関連する低技能，高賃金の仕事が，労働コストが非常に低い NICs（新興工業諸国）に移転され，欧米に残された低熟練職の労働環境がかなり低下してきているといった事実にある (Wood 1994)。

グローバルな競争の文脈において，教育における市場改革は，グローバルな経済で繁栄するための人的資源もなしに，将来の労働人口の大多数を見捨てているかにみえる。この点では，1980年代にニューライトの政府によって支配されてきた諸国における市場改革とネオ・フォーディズムとの関係はかろうじて隠蔽されている。経済政策の原則的な目的は，特に賃金を彼らの「市場」価値

と一致させるために労働組合の力を制限することによって、労働市場の柔軟性を増大し、労働者の競争を改良することである。この哲学によって、被雇用者を苦しめることが予想される貧相な労働状況にもかかわらず、労働者にとって合法的なサポートを提供するマーストリヒト条約の社会条項を、イギリスは拒否した。なぜならそれは、国内の投資を喚起するにあたって、イギリスの競争力が損われると論じられたからである。それに対比して、教育と経済の市場改革は、高い報酬を得ている中産階級の専門職とエリート集団がその子どもたちにライシュ (Reich 1991) のいう「シンボリック・アナリスト」の地位に参加するための品定めに備えて「洗練された」（原文のまま）教育を与える諸条件を確実なものにしてきている。

別の批評は、同じ結論には達するのだが、義務教育後の教育や訓練における市場経済の導入に対して反対の感情を募らせているようだ。ポスト・フォーディズム経済にとって重要なポスト義務教育セクターの領域は、熟練した商業従事者や技術者の教育に関わりがある領域である (Streeck 1989)。ニューライトは、この領域への市場メカニズムの導入は訓練された労働者の需要と供給のより密接なマッチングを保証し、それゆえ、熟練労働者の配置におけるより大きな効率性を保証するだろうと論じている。その議論には、個人と雇用者が訓練のコストと責任を負うべきであるという前提がある。個人はそのような訓練から得られる利益のほとんどを得るのだから、彼らがコストのほとんどを負うべきであるということは当然のこととされている (Lauder 1987)。それ以上に、彼らは訓練のために十分に支払っているので、市場の需要がある領域での訓練を選ぶことになるだろう。雇用者が提供されたタイプの訓練の費用や責任を負うべきであるかぎり、雇用者たちは、要求された熟練労働者と彼らが所有すべきである熟練の種類を値踏みするもっともいい位置にいると論じられる。この所見の背後には、短期的な利益に走る雇用者たちの姿がある。彼らが熟練労働者のあるべき水準や種類を「最もよく知っている」という仮定があるとすれば、彼らは国家のような第三者の機関によって行われる訓練のために課税を支払うことに反抗するということになる。

その他のニューライトの見解と同様にこの見解はもっともらしいものであるのだが、批判を受け続けている。もっとも力強い批判はストリーク (Streeck 1989,

1992）のものである．彼は，自由資本主義社会において見いだされる，労働者に次から次へと企業を移動する権利を与える自由な労働契約のもとでは，雇用者側の目から見ると技能は集産主義的な財産になると論じる．これは，諸個人を訓練することに対する報酬は，最初の雇用者が訓練コストの埋め合わせを終えていないうちに，訓練を受けた労働者が他の仕事に移ってしまうという自己都合によって「社会化」されやすいからである．雇用者たちは自らの投資に失敗するという明白なリスクに直面するので，訓練には大きく投資したがらない．ストリークは，結果として，適当な訓練が起こることを保証するよう国家が介入しなければ，西洋経済は慢性の技能不足に直面する傾向にあると論じる．

それどころか，国家の介入がない限り，強力な競争的圧力におかれたとき，あるいは不況の時代におかれたときに，雇用者たちは訓練プログラムを縮小するだろう．ストリーク (1989) は，1970 年代の長引いた経済危機において，西洋経済は西ドイツという例外を除いて徒弟制度プログラムを縮小したと述べる．西ドイツでは，政府と労働組合の圧力が徒弟制度のプログラムの拡大を保証した．2 つの結論がその結果として起こった．それは，徒弟制度システムが若年者の失業を緩和したということと，徒弟制度システムが 1980 年代初頭における西ドイツの企業が享受した技術的経済の優位に貢献したということである．

市場が決定する訓練制度から，さらなる批判が起こりうる．個人の観点からすれば，熟練職や技術的訓練に参入する能力がある労働者階級やミドルクラス下層の学校の卒業生たちが，そのような訓練の費用やそれに含まれるリスクを引き受けるような経済的余裕があることはまれである．リスクは 2 つある．第 1 に，訓練プログラムに入るときとそれを完了する間にタイムラグがあるとすれば，特定のタイプの訓練に対する市場の需要は変化し，結果として職が失われるかもしれない．競争的でグローバルな市場においては，そのような支出は大変ありがちである．受けた訓練が柔軟な労働者を作り出すための十分に広い種類のものであれば，問題は少ないだろう．しかしながら，雇用者が導く訓練制度では，雇用者の特殊でさし迫ったニーズを満たすような訓練を行う圧力がいつも存在するだろう．結論として，そのような訓練制度はあまりに狭い焦点を置いたものになりがちなので，急速に変化している需要の状況に対処することができないということだ．第 2 に，さらなるポイントがこのことに引き続く．

すなわちそれは，今の企業も明日には時代遅れになりそうだということである。結果として，雇用者が導く訓練計画はポスト・フォーディズムの経済に必要な技術の土台を維持するためのビジョンや実践を含まないであろう。西ドイツの訓練制度の構造がポスト・フォーディズムの要求を満たし始め得るような選択肢の例を提示していることは明らかである。ストリーク (1992) が述べるように，これは国家と雇用者と労働組合のパートナーシップを含んでいるものである。それは雇用者の目下の利益が，中長期的な成果に関わる制度内に付託されるのを保障する制度である。それゆえに，社会的経済的制度における市場の淘汰の再言明の結果は，不安定性や一時的で低熟練，低賃金の多くの職の創出に特徴づけられるネオ・フォーディズムの発展になってきている。われわれはまた，「自己の利益」や「自由企業制」への懇請は，社会でもっとも特権のあるセクションの政治的利益を覆い隠すように働くと論じてきた。事実，国家の教育制度の概念は，専門職とエリート集団が公教育へのコミットメントや 20 世紀の公教育が見いだしてきたメリトクラシーの概念から脱退するのと同時に，異議を唱えられてきている。

左派近代化論者たち
―― ポスト・フォーディズムの「魅力的な」(マグネット・エコノミー) 経済における教育 ――

ここ 10 年間にわたって，ニューライトの優勢に対応して，中道左派の新しい計画が持ち上がってきている。これらの「左派の近代化論者たち」は，社会主義の先達が当然だと思っていたものを拒絶し，20 世紀の終わりの資本主義の変質は，左派が社会正義と経済的効率性の双方の追求において適用しなければならない戦略を大きく変化させてしまったということを主張している。このことは，左派が，分配や平等，社会政策の議題を取り扱うのと同じくらいに，経済政策や経営を含むグローバルな経済への確実な対応を発展させなければならないという認識を含んでいる (Rogers and Streeck 1994: 138)。彼らのアジェンダの冒頭は，人的資本への投資に対するコミットメントと，高熟練，高賃金の「魅力的な」経済へ移行する手段としての経済への戦略的な投資である。これらの投資の経済的な形態の下にあるものは，学習文化が普及した社会のビジョンであ

る。それは，将来の繁栄にとって重要なのは，人々の知識や熟練，洞察力であるからだ。「左派近代化論者たち」の考え方は，アメリカにおいてはライシュ (Reich 1993)，サロー (Thurow 1993) のような著書の中に見いだされる。また，イギリスでは Commission on Social Justice (1994) やブラウン (Brown 1994) の中に見いだされる。これらの研究の中に代表される考え方は，アメリカの民主党の政治力学において首尾一貫しており，また，イギリスの労働党の政策の方向を形作ってきている。

いかにしてポスト・フォーディズムの経済を作るかということについての近代化論者たちの説明は次のように要約することができるだろう。それは，財やサービスの質における競争ではなく，価格による競争を試みることによって繁栄を広く行き渡らせることは不可能であるという認識から始まる。それゆえ彼らは，物質的および人的資本双方における投資に関する政策の変化を弁護する。彼らは生産者資本主義として知られ始めてきているものを弁護する (Dore 1987; Thurow 1993; Hutton 1995)。それは，低コストで長期間の投資が人的資本の発展に結び付けられるというものである。生産者資本主義は，価格や短期間の利益が企業の重要な評価尺度となる市場資本主義と明確に対照した立場に立つ。驚くべきことではないが，彼らは，労働コストを切り下げることによって，また労働者保護法を廃止することによって，より大きな市場の「柔軟性」を創造することを通すことが繁栄への唯一の道筋であるという市場資本主義の論者たちの主張を拒否する。近代化論者たちは，新しい経済環境においては，労働市場の底辺にいる人々をより不安定にし，搾取的な雇用者たちに対して労働者たちをより弱い立場にすることは，労働者や国家がグローバルな競争に立ち向かうための方法ではないと理解する。彼らは，保護的な権利，資格，そしてグローバルな競争の文脈における労働者の環境の下限を規定することが，社会的に望まれているものであり，経済的に重要なものであると認識する。このことが実際に意味することは，不徳な雇用者のひどく行き過ぎた行為やグローバルな競争の予想のつかない変転に対して，労働法規を強化することである。このことはまた，最低賃金を保障し，長期失業者が仕事に戻るために様々な方法で国家が介入することも含むだろう。近代化論者たちにとって，このことは政府と雇用者と労働者の間の高い信頼のパートナーシップを建設することの一部である。

なぜならば，彼らは，高熟練，高賃金の経済を作り得るのは，このようなパートナーシップを通してのみであると論じているからである。このようなパートナーシップにおける国家の役割は，「勝者」を選別し，経済発展のために適当でもっとも重要なインフラストラクチャーを供給する産業の発展を導く「戦略的な商人」(Krugman 1993) の役割である。ここでは，高度に教育された労働力の発展が優先的なものとしてみなされることになる。

近代化論者たちが付与した教育の重要性は，ここ 10 年間にわたってアメリカとイギリスで増大している賃金の不平等は，職や賃金をめぐるグローバルな競争を勝ち抜くための技術度を反映しているという信条から由来する。この考え方のエッセンスは，ビル・クリントンの教育に関する主だった演説に取り込まれた。

> 今日のアメリカ経済の強さの鍵は，その生産性の高さにある。……1990 年代以降，教育，コンピュータ，高速通信技術はすみずみまで普及した。ということは，つまり，学習の成果を仕事の場で活かすことの重要性が増し，それにどの程度成功するかによって，われわれが手にすることのできる利益の大きさが決まる，ということである。大卒者の初任給が高卒者の 1.7 倍であることはよく知られているが，その理由は，まさにここにある。高校中退あるいは高卒後になんの教育訓練も受けていない若年労働者の収入が，この 10 年間だけでも 20% 以上も落ち込んだのも，このためである。

それゆえ，あらゆる西洋諸国にとって繁栄への道筋は，増大しているグローバルな労働市場の中で，魅力的な高熟練，高賃金の雇用を創出することを通すことなのである。これは，交通や電気通信，研究開発，その他，教育や訓練制度におけるそれに併行した投資を含んだ国家の経済的インフラストラクチャーへの継続した投資によって達成されるべきものである。近代化論者たちの説明においても，熟練で高給の職が全員に対して十分存在することはありそうもないということは認知されている。しかしながら，柔軟な仕事のパターンはより大きな職業移動を導き，人々をフルタイム就学時の低熟練の職から，キャリア中盤の高熟練へと移動させ，引退の年齢が近づくにしたがって低熟練の職へ戻ることを許容すると考えられる。もちろん，そのような観点は，上方下方双方のかなりの移動が存在することに依存する (Esping-Andersen 1994)。それゆえ，失

業が2,3ヵ月続くだけならば許容できるのと同様に，もっといい職への前進が提供されている限りは，低熟練で低給の職にいることも許容できるのである。

　教育と訓練の機会はそれゆえ，この競争的で公正な社会のビジョンにとって枢要なものである。教育は高付加価値的で「魅力的な」経済を届けることができるのみならず，失業の問題をも解決することができる。しかしながら，国家が雇用を「保障する」ことは間違いである。なぜならば，これは，国際的な競争から非競争的な企業を保護するという以前の試みを導くような退化した考え方を隠匿するからである。すなわち，彼らは単純に非競争的になってしまう。前進するための唯一の方法は，労働者たちを完全に雇用可能な人たちにするのに十分なほど，教育や訓練に投資することである。この説明では，すべての個人に職への資格を与える教育にアクセスする機会を供給するという意味が，社会正義に含まれている。柔軟性の考え方と最低賃金を保障し搾取から労働者を保護する必要性との間には明らかに緊張関係がある。近代化論者たちはこの点における注意を怠り，最低の保障として記述され得るものしか提供しないことになってしまうだろうと，どの指摘も述べている。長期的には，この議題に関する近代化論者とニューライトとの差異は重要なものではなくなるだろう。しかしながら，われわれが見ていくように，適切に社会的な保護を与えることが望ましい，優れて経済的な理由がある。

　「生産者」資本主義の導入の必要性を含め，われわれが同意する近代化論者たちの説明にはいくつかの特徴はあるものの，教育や経済発展の戦略的な政策としては欠陥がある。これらの欠陥を暴くわれわれの目的は，21世紀の最初の数十年間の教育，経済，社会についてのもっとラディカルで徹底的な討議のための道を開くことである。われわれの批評は関連した4つの問題へとまとめられる。第1は，高熟練で，高賃金の，魅力的な経済の考え方についてである。第2は，国民を再教育することは失業の問題を解決し得るかどうかということ。第3に，収入の分極化はグローバルな労働市場における熟練の「価値」の真の反映であるという仮定は正しいかどうかということ。最後に，近代化論者たちは，すべてが人的な潜在能力を全うする平等な機会を保障されるために人的資源の質を上げることをどのように約束するのかということである。

どのようにして，高熟練，高賃金，「魅力的な」経済を創造することができるか

　将来の国家の富は，先端的なテクノロジーの活用，企業の技術革新，人的資源の質の向上に依存しているという観点は，ほとんど異議を唱えられない。電気通信，エレクトロニクス，医薬，科学，自動車のような少なくともいくつかの工業分野において，国家が競争優位性をもたなければならなくなるのは確かであろう (Poter 1990; Thurow 1993)。このことが高度に熟練された労働者を要する職業に深刻なマイノリティを生み出すであろうこともまたほとんど疑いの余地はない。しかしながら近代化論者たちの説明に伴う問題点は，彼らが，高熟練で高給の職業へは，労働生活期についてはすべての人々が就けるだろうと仮定していることだ。事実，増大する不平等は国家の熟練度を上げることによって克服することができ，完全雇用は現実の目標であると彼らが示唆していることから，この仮定が彼らの議論に欠かせない主義信条だということになる。他の言葉で言うと，労働市場は，（職業的分業を通して）先進資本主義社会の分配の問題を解決するための合法的なメカニズムとして働くということを，近代化論者たちは信じ続けているのである。

　この説明のもっともらしさは，職業や企業のグローバルな競争が，西洋社会に高熟練で高賃金の「魅力的な」経済を創造する可能性を提供するという考え方にある。これは明らかに，多くの政治的有権者に訴える考え方である。それは，イギリスに引き続いてアメリカが世界支配の後の経済的衰退のスパイラルの中にあるということを悟る人々の精神を満たす。もはやグローバル経済はアメリカやヨーロッパの諸国によって支配されそうもないのではあるが，熟練や知識，洞察力を利用して良い収入を得ている成功した西洋労働者に特徴づけられるわれわれにとって慰めとなるようなグローバル経済の風景を提示されるのである。しかしながら実際にはこのグローバル経済についての特徴の描写は，革新的考え方が（まあまあの日本の例外を除いて）先進西洋社会の領分を残しているという帝国主義的な考え方への後戻りを意味する。例えば，低熟練の仕事は NICs や第三世界の経済に移行するけれども，アメリカ，ヨーロッパの EC 諸国や日本は高付加価値の職をめぐる彼らの間の戦いの中に残されるだろうと

ライシュは仮定している。この見方の問題点は，多くの西洋諸国よりも優れた経済や人的資本のインフラストラクチャーを既に発展させてきているアジアの虎たちが今実行している経済的戦略を完全に誤解しているということである (Ashton and Sung 1994)。このことは少なくとも彼らの高等教育セクターの拡大という点では，教育制度における国際的な収斂において部分的に反映されている。それゆえ，MNCs (多国籍企業) が内的にも外的にも投資決定を下しているときに，彼らが特定の国々で優秀だとされる人的資源の質を見極めようとする可能性があることを除外するべきではないが，少数の国家が高熟練，高賃金の仕事にとって「魅力的なもの」になるであろうということはとてもありそうにない。

彼らは，もっとも成功している近代の経済に関してさえ，高度に熟練された労働者の大量雇用に依存している程度を過大評価してきてもいる。実際には，大規模な高等教育の拡大の意図せざる結果は，自らの熟練，知識，洞察力への需要を見つけられないカレッジや大学の卒業生といった人材を，相当に消費しうる可能性がある。この新しい「人材の浪費」は，労働市場の規制撤廃や，企業のダウンサイジング，一時的または臨時の不安定な職の増大，労働者の自律性や認知的複雑性によって識別される高水準の仕事を殆ど生み出せない状況といった，ネオ・フォーディズムの軌道に乗ってきた国々で，特に先鋭化しがちである。

近代化論者たちにとっての問題は，技能が経済発展の軌道に結び付けられる方法よりも，技能形成の問題に集中することによって，教育された労働力に関する根本的な問題のいくつかを覆い隠すということである。例えば，労働市場の規制の弱いところでは，雇用者たちにとって，仕事の付加価値や質を上げる投資，新しいテクノロジーを利用するインセンティブはないと，ピオーリ (1990) は論じる。むしろ，弱い労働市場の規制は，利益が搾取労働や低賃金，低い生産性によって引き出されるという悪循環の輪を導く。要するに，規制された労働市場がすることとは，規制された労働市場によって設定された賃金水準を支払うための高付加価値を生み出すために，生産の資本集約的な形態において企業家たちに投資させるインセンティブを作り出すことなのだ (Sengenberger and Wilkinson 1995)。もしピオーリが正しいなら，われわれは労働市場が

規制されている程度に応じて様々な軌道を描きながら,将来の仕事のパターンが発展していくものと期待することになるだろう。労働供給の予測や職業の変化の予測はある程度懐疑的に見る必要があるが,この点に関する最近のOECDのレポート (1994) は,アメリカとオランダの比較において,ピオーリの立場を明確に支持している。社会的保護や労働市場の規制化に関するすべての指標において,オランダは労働者にとってより大きな社会的保護がある国の一例を提示しているのだが,そこで創出された新しい職のかなり多くは「熟練」と分類されるのである (OECD 1994)。アメリカでは,創出された職のほとんど半分が,ほとんど公的訓練を要さないサービス業であった。ここでの教訓は明らかである。高付加価値の経済への道筋は,教育された労働者の需要に影響を及ぼす要因の分析を含んでいなければならないということだ。労働者たちの雇用可能性（エンプロイアビリティ）に投資することを通して雇用者たちは自律的にこの可能性を認識し,彼らの人的資源の質を向上するのに投資するだろうという,近代化論者たちによっていだかれている暗黙の仮定は,明らかに愚直なものである。アメリカとイギリス両国の歴史的な記録は,人々への投資が自らの企業の中期的な成功にとって枢要であることを認識する会社がある一方で,いまだ同じように半熟練,非熟練,低賃金の労働者が気付かぬうちに多くの利益を掠め取れると考えている企業があることを示している。同様に,優良な多国籍企業から国内への投資をひきつけることによって,西洋諸国が地方の雇用者の失敗を保障することができるという考え方は,ネオ・フォーディズム経済からポスト・フォーディズム経済へ移行するのに十分ではなさそうであることは明らかである。それゆえに,いくつかの重要な局面について近代化論者たちは,雇用機会の質の改善に成功するであろうが,ポスト・フォーディズムの発展という目的が達成されないであろうことは,殆ど疑いがなさそうである。なぜならば,彼らの政策の焦点にある,教育や訓練への投資は,高熟練で高賃金の経済をもたらさないであろうからである。

国民の再熟練化は失業問題を解決するか

雇用よりもむしろ雇用可能性（エンプロイアビリティ）に焦点を置いている点も,現実には完全雇用へ

の回帰をなしえないとする批判に,近代化論者が晒されたままにしている。実際には,高熟練で高賃金の道筋は,高い失業を犠牲にして追求される。これが,新古典派経済学者たちが労働市場の規制撤廃こそが失業を解決する唯一の手段であると論じる所以である。その理論は,近代化論者たちによって奨励された労働市場の規制化は,働いている人々の価格を競り上げ,雇用者たちにより多くの労働者を雇うことを思いとどまらせるというものだ。労働者の価格の規制撤廃が行われれば,雇用者たちはより多くの労働者たちを「買う」であろう。労働市場の規制撤廃に関する討議は,すべての先進社会が今や失業に関して進退きわまっているという見解を浮上させてきた。アメリカのように労働市場が自由化され,公式には失業は 5% 以下だが,労働市場の最底辺の賃金では生活していくには不十分であることから貧困が広く存在しているところや,ドイツが辿った生産者資本主義の道のように,労働市場がより規制され,失業が多く,失業者には手当があるところもある (European Commission 1993; Freeman 1995)。ここから近代化論者たちが突き付けられた問題は,一方では,労働者の多数が質の良い職と適当な生活水準を期待することができるが,他方では,生産者資本主義の路線が避けている,市場から得られる収入の格差が,被雇用者と失業者の間で再生産されるということだ。社会における分裂は残っているが,その源泉が異なっている。

　戦後期に達成された低いレベルの失業率は,偶然置かれた環境に起因する,歴史的にユニークなものだった (Ormerod 1994)。21 世紀の早い時期に同じような環境を作る試み,政党によってでっち上げられた政治的捏造やそれに似たようなものは,不可能であるということが証明されるであろう。それはおそらく,近代化論者たちが完全雇用を完全な雇用可能性に置き換えてしまい,それゆえ職を見つけるための責任を個人になげかけているという理由のためである。

　もし,われわれがいくつかの OECD 諸国のプロフィールを調べてみると,2つの特筆すべき点がある。まず最初に,過去 20 年間の正に同じ時期,成長が繁栄を共にしてこなかったように,国内総生産 (GDP) は雇用と関係がなくなってきた。スペインでは,1970 年から 1992 年の間に経済が 93% 成長した。そして 2% の職が失われた (*Financial Times*, 1993 年 10 月 2 日)。このことは,収入と職が経済成長と結びついていた戦後期とは明らかに異なっている。成長は,あ

らゆる職業集団に，均質に収入の増加をもたらしたのである。第2に，インフレーション，成長，支出のバランスといった主要な指標の点で OECD 諸国がとった道は劇的に変化するが，公式統計によれば失業率は，アメリカや日本を除くすべての国々で，ほぼ 7% 前後にとどまっている。これはカナダやニュージーランド，オーストラリアのような高いレベルの成長をしている国々も含む。

過去 25 年の間に起こってきたらしいことは，経済的そして社会的勢力の集合が失業率の下限を，戦後期には OECD の平均で正に 5% 以下だったのが正に 7% 以上にまで押し上げてきたということだ。1970 年代初頭の石油価格の値上げが失業率の最初の飛躍に大いに関係があるのは明白だった。しかし，それ以降一連の偶発的な要因が同時に生じて，この高水準の失業が定着してきている。スペインの無業者の増加が示唆しているように，機械を労働者と置き換えるのに十分なテクノロジーが，ブルーカラー，ホワイトカラー双方の失業率に重大なインパクトを与えてきたようだ。同じように，発展途上国に取り逃した多くのブルーカラーの職がその問題に加えられた (Wood 1994)。しかしながら，これらの要因は，グローバルな経済に関わりのあるもっと広い経済的規制の文脈の中に位置づけられなければならない。現代の経済学の通説が，利率が経済成長とともに上がり，その結果，生産能力へのさらなる投資が止められ，それゆえ，雇用も止めると述べていることは全く意味がないことだ。特に抵当証書をもっている家庭の比率が高いアメリカやイギリスのような国々では需要をも縮小させるかもしれない。

利率と成長の間の関係についてのお互いに矛盾しない 2 つの説明がある。1 つ目は，規制撤廃された金融市場においては，特に成長しているときに投資資金が不足しているというものである。結局，先進国家と同じように途上国においても，投資可能性の増大とともに，投資競争は劇的に増大した。それどころか，グローバルな経済においては，先進国と途上国ビジネスのサイクルはより同調しやすいものになる。だからグローバルな経済における上昇は，増大する投資へのグローバルな需要によって満たされがちなのである (Rowthorn 1995)。2 つ目は，国家の中においてインフレーションを調整する重要な手段は利率であるということだ。経済が過熱すると同時に，利率は需要を止めるために中央銀行によって引き上げられる。利率の利用は，所得政策やマネーサプライのよ

5. 教育・グローバリゼーション・経済発展

うに1970年代と1980年代に試みられたその他の手段が成功しなかった過程で，インフレーションを調整する上策であると主張された。しかしながら再び，インフレーションの調整を定義することにおいて，新しいグローバル経済の役割をよくできた国家の競争戦略の中の重要な要素として注目するべきである。もし競争している国々のなかでかなり高いレベルのインフレーションがある一つの国家で起きると，その財はその市場の外で価格付けられる。それゆえに，グローバル経済におけるインフレーションの調整に重要性が与えられるのである。しかし，この目的のために利率を利用することの代償は，経済が恒久的に実際よりも能力が低い状態で運用されるということである (ILO 1995: 163)。利率の上昇はそれがかなりの影響を失業率のレベルに及ぼすことができる以前に，単純に需要を止めてしまうのである。

より最近の諸研究では，1973年以来OECD諸国は，失業の根本的な原因である経済成長の衰退の状態にあると論じられている (ILO 1995; Eatwell 1995)。すべてのOECD諸国の経済成長が衰退しているのがトレンドである一方 (ILO 1995: 133)，1960年から1973年までの間の期間の経済成長のレベルが，オーストラリアとカナダの例が示すように，失業率に今及ぼしているようなインパクトをもっていたかどうかは明らかではない。問題は，グローバル経済においては，成長が輸出を通じて達成され，成長の利益は国内で生産した財よりも輸入によって消費されるかもしれないということである。戦後のフォーディズムの経済では，需要の増大は経済を通して浸透し，それゆえに職を創り出したが，今や需要の増大は単純に世界のその他の部分で職を作り出す可能性があるのである。このことは特に，金銭を贅沢な舶来品に費やすような富裕層の所得が増大する国にあてはまるだろう。

この失業の原因のマクロ分析のオルターナティブは，何人かの新古典派経済学者たちのミクロ分析である。彼らは，失業を起こしインフレーションを支えているのは，既述したような類の労働市場の硬直性であり，特に労働組合の力と高度に規制された労働市場であると論じる。彼らの説明には2つの要素がある。1つ目は，これらの硬直が労働の価格を競り上げ，妥当な水準よりも高い水準にそれを維持し，労働市場から失業者を追い出すということである。2つ目は，それらが，他者が失業中の時でさえ賃金を引き上げて雇用される「イン

サイダーズ」を許容するということである (Lindbeck and Snower 1986)。この理論には2つの問題がある。まず最初に，社会的保護の程度と，労働市場の規制，失業との間の強い関係は，アメリカの例外を除いてどこにも見られない(とはいえ，Freeman 1995を見よ)。現在は最も低いレベルの保護と規制，そしてもっとも高いレベルの失業率を示しているが，歴史的に，1950年から1973年までの最も低い水準の失業率は，最も高い水準の社会的保護と労働市場の規制に関連している。それどころか，現代でさえ，規制や保護，経済的な能力に関する国家間の違いは，この命題をほとんど支持しない。例えば，イギリスはOECDの中で労働者の保護がもっとも低い水準である国の一つであり失業率は8.4%である(OECD 1994:155)。対照的に，平均以上の水準の保護と規制を行っているオランダは7.3%の失業率である。その上，そのインフレ率は大体変わらない。過去，イギリスでは年率2.4%だったし，オランダは3%であった。第2に，労働市場が規制撤廃されているところでは，それに起因するような利益に本当に到達しているかどうかは疑わしい。例えば，アメリカの低賃金の人々の貧困率は高く，失業者を幽閉する事実上の政策が存在すると論じられている (Freeman 1995)。

　概して，失業の問題はお決まりの治療法では，何をやっても解決されることはとてもありそうにない。別の方法を主張することはただ失業の世代に偽りの約束をするにすぎない。ニューライトの解決法は人々をそれぞれの職に応じて値踏みすることであった。近代化論者の解決法は高熟練，高賃金の「魅力的な」経済を創ることである。どちらの解決法も適当ではない。ニューライトの解決法は明らかに効果がなかったし，それは新たに低賃金の仕事が生み出されるサイクルを脅かす。近代化論者たちは，グローバルな経済的競争へのより適切なアプローチを持っているが，失業に対する答えを持たない。それゆえに，この討議から引き出されるもっとも重要な結論は，近代化論者たちは教育投資や国家の経済成長から生じる将来の繁栄を，いかにして全員に分け与えるのかについて，適切に説明できない。失業は西洋社会の構造的な姿として残るであろう。そして一時的にはフォーディズムでの完全雇用を通して解決した職業構造の全域での成長の成果の普及である「分配の」問題 (Hirsch 1977) は，今や近代化論者たちによって取り扱われなければならない。結論としてわれわれは他

稿（Brown and Lauder 2001）で，分配の問題は「基本収入」（Parijis 1992）の導入によってのみ解決され得るであろうと論じている。そして，職業の機会は分配されるべきであると論じている。それ以上に，失業の問題は社会正義の問題であるばかりでなく，経済的効率性の問題でもある。もし国家の経済的命運がその人的資源に大きく依存しているなら，人口の多数派である「下層階級」の存在を考慮の対象外とすることは不可能だろう。事実，長期間の失業の問題は，社会的・経済的な格差のより大きな問題の一部である。それゆえに，社会的な剥奪が学力に大いに負の影響を与えていることが研究によって証明されたなら，貧困の中で暮らしている人々が高熟練，高賃金の職を得るために適当な熟練をどのようにして得るのだろうかということを問う前に，近代化論者たちの技能と収入の格差についての説明を調べる必要がある。

収入の分極化はグローバルな労働市場における熟練や知識，洞察力の「価値」を反映しているか

近代化論者たちが「高熟練は高賃金と等しい」という等式に関する理解の仕方にはかなりの疑いが投げかけられなければならない。このことはわれわれの討議にとって重要なことである。なぜなら，増大している所得の不平等は「人的資本」が個人間で異なることを反映しているとみなされているからだ。ここでは彼らの議論は1970年代の後半にアメリカとイギリスの両国において劇的な増加をしてきた所得の不平等の広がりを示すトレンドのデータに基づいている。そのような証拠は労働者がグローバルな労働市場においてその知識，熟練，洞察力を取り引きする相対的な能力を反映していると解釈された。近代化論者たちによれば，より安価な労働力のある途上国に低熟練職を奪われると同時に，西洋の低熟練労働者の賃金は後退してきている。同じように，上に記述されたような新しい競争的状況の中では，グローバルな労働市場で「付加価値的な」研究，生産，コンサルタント，サービスデリバリーに貢献することができるような技能，知識，洞察力をもつ労働者たちは，その報酬における増大を示している。それゆえに，近代化論者たちの説明において，分析と治療法は密接に関連している。それは，もしあまりに多くの労働者たちがその熟練の欠如のため

に低給の職や失業の状態にあるとしたら，その解決は彼らに技能を与えることだというものだ。それは興味をそそる分析である。しかし，せいぜいそれは部分的な事実に基づくものでしかない。

もし所得格差の拡大がグローバル経済における中立的な作用の結果だとしたら，すべての先進経済に同じトレンドが見出されなければならない。しかしながら，証拠は所得における増大している分極化はその他の OECD 諸国においてよりもアメリカとイギリスにおいて非常によく言明されていることを示している (Gardiner 1993: 14; Hills 1995)。ドイツでは実際に所得の差異の減少が起こっている (OECD 1993)。

もし所得の分散の増大が職業における認知的な需要の変化や技能の需要の変化の結果だったとすれば，最も高い水準でテクノロジーや研究開発への投資をしている諸国が所得の不平等の表をリードするだろうということも予想される。だが，存在する証拠は全く反対を示している。「アメリカとイギリスが遅れがちである一方，日本とスウェーデンは新しいテクノロジーを応用する先導者である」とウッドは述べる (Wood 1994: 281)。彼はまた，1980 年の民間の研究開発の GDP に対する比率は，アメリカとイギリスよりも日本とスウェーデンの方が高かったとペイテルとパビットの研究 (Patel and Pavitt 1991) は示していると述べている。同様に，特許取得の点で，この時期に所得の不平等の減少を経験しているアメリカとドイツが，イギリスを大きくしのいでいた。

これらの考慮から引き出される結論は，グローバルな競争により敏感になっている技能に対する報酬よりもむしろ，技能と所得との関係は近代化論者たちが考えているほど直接的ではないということだ。これは，技能と所得との関係はいつも文化的，政治的，社会的要因によって媒介されているからだ。それは主として女性によって請け負われる，無給の保育を考慮に入れたときには，当然，明らかなものになる。それ以上に，ドイツとフランスのような隣接国の労働市場を比較している研究があるが，所得の不平等と経済的な能力に関する現在の討議で利用されているにもかかわらず，訓練のプロセス，キャリアの発達，技能への報酬が，2 国間で複雑で捉えがたく，相当な違いがあることを示している。だが，これがなぜなのかを説明する熟練の定義について合意に至るのは，非常に難しいことが明白になってきた (Maurice et al. 1986)。別の研究 (Dore 1987)

は，アメリカにおける仕事への報酬の分配の仕方が，日本とは反対であることを明らかにしている。アメリカでは，新古典派の経済学者たちによって，技能と所得の間には直接の関係があると仮定されている。しかしながら，生産者資本主義の典型である日本企業は，このように技能と所得との関係を築いてはきていない。だが，所得は「技能」よりも，幾分原始的なセンスである企業への忠誠心や勤続年数に基づいている。ドーアが記しているように，日本では，特筆すべき「技能の市場価格の意識の欠如」(Dore 1987: 30) がある。このことは，たとえアメリカで所得の格差が変容する技能の需要への反応だったとしても，それは日本のケースには当てはまらないだろうということが予想される事例になっている。OECD (1993) のデータのさらなる観察はまた，日本で幾分所得の差が増大しているが，それはアメリカやイギリスにおける特徴的な格差を反映してはいないことを語っている。

　この証拠が示すところでは，技能のレベルを上げることで，グローバルな労働市場を通して所得が同様の水準で増大するという近代化論者の前提は，明らかに間違っている。その答えはグローバル経済の中立的な作用の中に見いだされるべきではなく，ライシュとその他の人々が示すように，アメリカやイギリスがグローバル経済の状況に対応してきた方法の中に見いだされるべきである。グローバル経済それ自身であるかのようなこの対応は，レーガンやサッチャーのニューライトの政策プロジェクトの中で形作られてきた (Marchak 1991)。アメリカとイギリスに何が特徴的なのかということをめぐる議論はこの論文の領域を超えているけれども，所得の格差は熟練への対応よりもむしろ，労働市場の力における差異の点からより説得力のある説明をすることができる(それらは相互に両立しないものではないが)。市場の自由化の主要な結果は，縮小された組織における「中核の」労働者の力を高めてきたことだ。このことは所得の分配のもっとも劇的な変化は高所得から低所得までの並びのうち，両端において見いだされるべきだという事実によって支持されている。アメリカとイギリスの所得の分極化がまた明らかにしたものは，これらの国々の1980年代における「カジノ」経済は金融市場で働く人々とともに，企業の幹部や，首席経営者たちに，持続可能な「富の創出」の形態の発達よりも「富の抜き取り」に従事することを可能にさせる方法である (Lazonick 1993)。このことは，バウンドと

ジョンソンによって報告された研究 (Bound and Johnson 1995) が，アメリカにおける大学の学位への見返りの増大の大部分はビジネスや法律の分野で使われる増大したプレミアムに負っていたことを発見したのはなぜかということを大いに説明する。コンピューターのスペシャリストやエンジニアの賃金は実際，相対的に高卒者のものと同程度に落ちた。

しかし，もし富裕な仕事の収入の増大が「机上の起業主義」(Reich 1984) と企業のリストラによって説明のつくものであるなら，非熟練労働者の賃金の後退はグローバルな経済の中立的な作用によって説明できるのであろうか。この問題を取り扱う際，半熟練や非熟練の労働が途上国にどの程度移植されてきたかを測る尺度の問題がある。ある試算によれば，1990年までに，南側との貿易における変化は北側の熟練労働者に関連して，大体20%，非熟練労働者への需要を縮小させてきたという (Wood 1994: 11)。しかしながら，長年続く途上国への移転の脅威は企業のブルーカラーの職を失わせただけでなく，残された非熟練労働者の賃金をも下落させた。もちろんこの脅威が賃金を下げ続けてきたことについてどの程度重要だったのかを測ることは困難である。それにもかかわらず，製造業の競争と低い賃金との間には相関がないということは意味がないことである。もっとも成功している産業国であるドイツと日本では，製造業の賃金はその他のどこよりも高いのである。しかしながら，アメリカとイギリスのニューライトの政府は「教訓」を心に留め，労働市場の自由化によって賃金を下げることに助力した。例えば，イギリス (Goling and Machin 1993) とアメリカ (Blackburn, Bloom, and Freeman 1990) の試算では，1980年代の労働組合の加入の減少が賃金の不平等の20%を説明した。それに加えて，労働者を雇ったり，解雇したりしやすくすることは，企業にとってその賃金勘定書の数字の上での柔軟性を成就するのに十分である (Atkinson 1985)。好景気のときには労働者は雇われ，不況期には解雇されるだろう。たとえばイギリスでは，1994年の3ヵ月間で 74,120 のフルタイムの仕事が姿を消し，173,941 のパートタイムの仕事が創り出された。これは短期的な利益のみを考えて労働市場を組織するやり方の明快な例である。しかしそれはまた，企業が不安定な市場の環境に関連したリスクを具体化しただけでなく，労働コスト，特に低熟練労働者のコストを具体化してきていることも示す。そのような環境では，所得の不平等が，グロー

バル経済が中立的に作動していることを反映したものとみなされている場合，増大する所得の不平等の問題を近代化論者がどう解決しうるかを理解するのは困難である。

事実，所得の不平等の高い水準は，近代化論者たちによって，教育と訓練における投資によってのみ小さくできるグローバルな労働市場における教育と企業の非効率性の反映であると解釈されている。もし不平等が持続するとしたら，それは後者が人的資源の質を上げることに失敗しているからだ。国家の教育制度に関しては，不平等はその効率性のもっとも便利なものさしになる。しかしながらこのことは近代化論者たちに，教育が全員にとってより大きな機会均等と教育達成の高い水準を到達することのできるような社会状況における一連の疑問や問題点を持ち上げる。それがわれわれが今目を向けるこの4つめの問題である。

全員が人的能力を満たすための機会均等を与えられているところで，人的資本の質はどのようにしてあげることができるか

この問題に答える際，近代化論者たちは，国民の富は人的資源の質の上昇に依存すると認識する。フォーディズムの時代に行われていたよりも非常に大きい人口比率で完全な能力を発展させる方法が見つけられなければならないと彼らは認識する。彼らは高等教育へのアクセスを広げる必要性を指摘し，全員に生涯学習を提供する制度的枠組みを創造する必要性を指摘する。彼らはまた，アメリカとイギリスの学生たちが国際比較試験において後退している傾向がある中で，総合的に教育水準を改善する必要があると認識している。現在や将来の労働者の「雇用可能性」に投資することへの国家のコミットメントは，そのような投資が経済的効率性や社会正義の条件としてみなされる場合，個人と国家の新しい社会契約であると近代化論者たちは理解する。しかしながら，グローバルな経済において，どのようにして均等と効率性が到達されるべきかということの彼らの解釈は政治的に不毛なものにされている。部分的にはこれは，みんなに高熟練で高賃金の仕事を求めて競争させることを許容するため国家がグローバルな知識戦争の中で勝つことができるかどうかということと，国内の

機会の不平等とは関係がないという前提に基づいて，総合的な教育の質や訓練の質をどのようにして上げるのかという討議の中に，均等の問題が包含されてしまっているからである。それゆえに，メリトクラティックな競争の原則に基づいた生計のための古い国家の競争は，全体として教育制度の質をどのようにしてあげるかという競争に比べて，はるかに重要性が少ないものである。再びわれわれは，社会的教育的不平等の問題から政治的刺激を導き出しやすい高熟練，高賃金で魅力的な経済の思想を見いだす。

　社会正義の問題がグローバルな労働市場の作用によって解決することはできないというのが現実である。事実，もしポスト・フォーディズムの社会の創造が労働力の技能の広範な向上に基づいているのなら，国内の所得と機会の不平等の問題に取り組むことは，経済のグローバリゼーションとともにどちらかといえば重要ではなくなる。このことに対して少なくとも2つの理由がある。第1に，全員の技術水準を上げるための教育制度と訓練制度の利用は「地位の」優位の問題を解決しない（Hirsch 1977)。他の言葉で言うと，学歴資格の授与を伴う，エリートスクールやカレッジ，大学へのアクセスは労働市場の力を決定することにおける重要な要因を残している。付け加えると，もしわれわれの所得の不平等の分析が正しいなら，労働市場の力はそれがどんなものであれ，企業のリストラクチャリングや学歴の後退の結果として，より重要なものになってきている（Brown and Scase 1994)。それゆえに，社会正義の問題は，個々の国民国家がどのように生計のための競争を組み立てるかということに依存し続けるだろう。

　地位競争の問題はまた，教育選抜の性質が変化してきているので，より重要なものになってきている。今日では，教育におけるメリトクラティックな競争へのコミットメントを制度的に体現することは，ニューライトに捕らわれ，阻止されてきている。生徒たちが能力と努力に応じて教育される学校化の統一されたシステムは，親の「選択権」と市場原則に基づく教育に基づいた消費者の主権のために捨てられてきている。この教育選抜の組織における「能力」に基づく選抜から「市場」に基づく選抜（Brown 1995)への変化の結果は，上に論じられたように，貧困な人々には財源不足の傾いた学校を供給し，富裕な人々には「長所」を持った学校を供給することを励行するということである。それゆ

えに，アメリカとイギリスにおける学校制度はもはや，公開競争へのコミットメントを反映してはなく，教育の供給や機会，そして人生のチャンスにおいて大きな不平等を示している。ワシントンでは富裕者たちは，1年に1万2千ドルかかる私立学校に彼らの5歳時の子どもを入学させるために順番待ちしている。その一方で，ワシントンDCは実質的に破産していて教育予算のカットは避けられないのである。

　それゆえに，機会均等は経済的効率性の条件として認識されているけれども，純粋に均等な機会を皆が享受できるよう，生計を立てるための競争をいかに組織するかといった，20世紀の終わりに左派が直面した恐らく最も重要な問題を，近代化論者は巧みに避けてきた。グローバルな市場において全員の教育水準を上げる必要性を訴えることによって地位の問題を避けてきたことは，この問題に論及することができなかっただけでなく，——メリトクラティックな競争を制度的に体現するものが拠って立つ——社会的一体感の基礎がいかに再建されうるかについても，殆ど識見を示さなかった。事実，労働者の「雇用可能性（エンプロイアビリティ）」の増大におかれた彼らの焦点は20世紀の終わりの労働の不安定な性格を補強した (Newman 1993; Peterson 1994)。それは人々がいつも背後に用心するよう，そして最初に自らの子どもたちを教育や労働の市場といった非常な生存競争の場に送るよう助長している。物質的，社会的な安全性の適切な基礎なしに，競争的個人主義の文化の中で高められた雇用可能性（エンプロイアビリティ）を強調しても，ホッブズの「万人の万人に対する闘争」状態へと置き換えられてしまう。教育の地位が改善され，所得や，人生のチャンス，社会的地位といった意味での掛け金が絶えず増大しているところでは，力のある諸個人や集団は，試合でどんな手段を使っても掛け金があることが約束されるよう，自らの資源を最大化しようとするだろう。それゆえに，社会経済的に下層におかれている人々の不平等を縮減する目的でこの競争を規制するため，国家がどのように介入するかという問題は取り扱われなければならない。それは経済的効率性の問題だけではなく，ポスト・フォーディズム経済における社会正義の理由のためでもある。20世紀の終わりの均等と効率性の関係は，教育におけるメリトクラティックな競争の再言明にとどまらず，国家の人的資源の富が，逆に社会的不平等，特に所得と機会の不平等に関連していたことも認識させる。それゆえに，そのような不平等を小さくする

ことは，経済的効率性における改良を導くであろう人的資源に投資する費用に対し最も効率の良い方法になるだろう。それゆえに，われわれは1980年代のアメリカとイギリスのような国々の所得格差は，所得に殆どあるいは全く開きがない国々よりも，教育達成はよりばらつくことになると予測するだろう。われわれは現在，相対的な欠乏が国家の人的資源の質に絶対的な効果を及ぼすという仮説 (Wilkinson 1994) を調べるために比較の手法を用いて得られた証拠を分析している。もしわれわれの仮説が経験的証拠によって証明されるとしたら，不平等と学力との間にいつも密接な関係を見いだしていた社会学者たちは少々驚くであろう。アメリカとイギリスで少なくとも1/5の子供たちが，今貧困の中で暮らしているという事実は，高い失業率，犯罪，欠乏の中で暮らしているとき，不可避的に，これらの子どもたちの，教育機会に対応する能力や正式に学ぶことの妥当性を認識するための能力に好ましくないインパクトを持っているであろう。事実，社会的学習の問題に対する均等の問題は，ユリウス・ウィルソンのアメリカの都市の下層階級の研究 (1987) によって，写実的に描かれている。「かなりの数の労働者階級あるいは専門職の家庭を含む近隣における洞察力のあるゲットーの若者は，増大している失業と怠惰を目撃するだろう。しかし，彼はまた多くの個人が仕事に行き帰って来るのを見るだろう。彼は学校のドロップアウトの増加を感じるだろうが，また教育と意義ある雇用との関係を理解しもするだろう」と彼は述べている (1987: 56)。1970年代と1980年代の「かなりの数の」中流階級と労働階級の家庭の都心部近隣からの脱出は，その領域の基本的な制度(協会，学校，商店，レクリエーション設備など)がより経済的に安定してしっかりとした家庭が残っている限りは能力があるのだとすれば，長引き，増大する失業の完全なインパクトをそらすことのできた「社会的な緩衝機」をはずしてしまった，と彼は論を進めている。このゆえに，社会集団が他から孤立すればするほど，「機会の政治経済」によっては創られない，子どもたちに役割モデルを提供することのできる学習の機会はより少なくなる (Davis 1990)。

　それどころか，広がりつつある社会的不平等のインパクトはゲットーや貧しい家庭を背景に持つ子どもたちだけに限られるわけではなく，人口のもっと裕福な部分の社会的学習にも影響する。特徴的で洞察力のある討議の中で，ジョ

ン・デューイは社会の歴史上，拡大期にはおしなべて，「以前はお互いに隔たりのなかった人々と階級の間の距離をなくす」ようにする社会の趨勢が特徴的にみられると論じた (1966: 100)。それと反対のことが起こる時期には，交流，発想，役割モデルは狭められる。特権を付与された文化は，「それ自身で満足する不毛なものになりがちである。それらの芸術は派手な展示で人為的であり，それらの富は贅沢であり，それらの知識は過度に専門化されており，それらの礼儀は優雅というより潔癖である」(Dewey 1966: 98)。

それゆえに，不平等はいったん教育と訓練に適当な投資があれば狭められるだろうという近代化論者たちの仮定は，将来の国家の富は所得と教育機会の分配に横たわる権力の不平等への根本的な挑戦に依存しているのだということの認識を欠いている。それゆえに，国民国家の役割は，相対的な不平等の縮減を通じて全員の教育の質を向上させることに適応させた戦略を伴って，生計のための国内競争のバランスを取ることになりそうである。それ以上に，機会の均等へのコミットメントは，高熟練の経済戦略の活力にとって枢要なだけでなく，それはすべての社会のセクションにそれらがみな平等に価値があり，彼らの人としての潜在能力を全うする真の機会に値するという明白なメッセージを供給する。

結論

グローバル経済のもとで教育は重要性を増しつつあるが，国家がますます人々の人的資源の質といった観点から国の富を定義しなければならなくなるであろうという意味に取って代わったわけではない。ポスト・フォーディズムの経済の創造は，投資，規制，そして教育や訓練を通じた技能形成へのコミットメントを伴った経済的なインフラストラクチャーを含んだ積極的な国家に依存する。われわれはそのような経済的戦略が必要であることを論じてきた。なぜなら，「分配の」問題がもはや分業内の雇用を通じて解決できないのだとすれば，全員のための「基本所得」を供給するために使うことのできる社会的配当を創造するのが一番よい方法だからだ。貧困な家庭に運ばれる社会的賃金はそれゆえに，グローバルな競争的世界や社会的に公正な社会へのポスト・フォー

ディズムの道を追求するために設計された学習社会のもっとも重要な土台にな
る (Brown and Lauder 2001 参照)。このゆえに,もしポスト・フォーディズム経
済の創造における教育改革の可能性や限界に,近代化論者が適切に論及するの
であれば,左翼の人々はこの論文で模索した論点に取り組む必要が差し当たり
あるだろう。

参考文献

Allen, J. (1992), 'Post-Industrialism and Post-Fordism', in S. Hall et al. (eds.), *Modernity and its Futures* (Cambridge: Polity).

Ashton, D. N., and Sung, J. (1994), *The State, Economic Development and Skill Formation: A New Asian Model, Working Paper No. 3* (Centre for Labour Market Studies, Univ. of Leicester).

Atkinson, J. (1985), 'The Changing Corporation'in D. Clutterbuck (ed.), *New Patterns of Work* (Aldershot: Gower).

Ball, S. (1993), 'Education Market, Choice and Social Class: The Market as a Class Strategy in the UK and the USA', *British Journal of Sociology of Education*, 14: 1, 3–19.

Blackburn, M., Bloom, D., and Freeman, R. (1990), 'The Declining Economic Position of Less Skilled American Men', in G. Burtless (ed.), *A Future of Lousy Jobs?* (Washington DC: Brookings Institute).

Block, F. (1990), *Postindustrial Possibilities: A Critique of Economic Discourse* (Berkeley: California Univ. Press).

Bound, J., and Johnson, G. (1995), 'What Are the Causes of Rising Wage Inequality in the United States?' *Economic Policy Review*, (Federal Reserve Bank of New York, Jan.) 1/1: 9–17.

Boyd, W., and Cibulka, J. (eds.) (1989), *Private Schools and Public Policy* (London: Falmer).

Brown, G. (1994), 'The Politics of Potential: A New Agenda for Labour', in D. Miliband (ed.), Reinventing the Left (Cambridge: Polity).

Brown, P. (1990), 'The 'Third Wave': Education and the Ideology of Parentocracy', *British Journal of Sociology of Education*, 11: 65–85. 劉恩慈訳「『第三の波』——教育とパレントクラシーのイデオロギー」『教育・社会・文化』5, 京都大学教育学部教育社会学・生涯学習計画・社会教育・図書館学研究室 (1998).

—— (1995), 'Cultural Capital and Social Exclusion: Some Observations on Recent Trends in Education, Employment and the Labour Market', *Employment and Society*, 9/1: 29–51.

—— and Lauder, H. (1992), 'Education, Economy and Society: An Introduction to

a New Agenda', in P. Brown and H. Lauder (eds.), *Education for Economic Survival: From Fordismto Post-Fordism?* (London: Routledge).
―――― and ―――― (2001), *Capitalism and Social Progress: The Future of Society in a Global Economy* (Basingstoke, Palgrave).
―――― and Scase, R. (1994), *Higher Education and Corporate Realities* (London: UCL Press).
Carnoy, M., Caetells, M., Cohen, S., and Cardoso, F. H., *The Global Economy in the Information Age* (Pennsylvania: Penn State Univ.).
Collins, R. (1979), *The Credential Society* (New York: Academic Press). 大野雅敏・波平勇夫訳『資格社会』有信堂高文社 (1984).
Commission on Social Justice (1994), *Social Justice: Strategies for National Renewal* (London: Vintage).
Cowling, K., and Sugden, R. (1994), *Beyond Capitalism: Towards a New World Economic Order* (London: Pinter).
Davis, M. (1990), *City of Quartz* (New York: Verso). 村山敏勝・日比野啓訳『要塞都市 LA』青土社 (2001).
Deakin, S., and Wilkinson, F. (1991), 'Social Policy and Economic Efficiency: The Deregulation of the Labour Market in Britain', *Critical Social Policy*. 11/3: 40–61.
Dewey, J. (1966), *Democracy and Education* (New York: Free Press). 松野安男訳『民主主義と教育』(上)(下) 岩波文庫 (1975).
Dicken, P. (1992), *Global Shift: The Internationalisation of Economic Activity* (London: Paul Chapman). 今尾雅博・鹿嶋洋・富樫幸一訳『グローバル・シフト――変容する世界経済地図』(上)(下) 古今書院 (2001).
Dore, R. (1987), *Taking Japan Seriously* (Athlone Press, London).
Eatwell, J. (1995), 'The International Origins of Unemployment', in J. Michie and J. G. Smith (eds.), *Managing the Global Economy* (Oxford: Oxford Univ. Press).
Esping-Andersen, G. (1994), 'Equity and Work in the Post-Industrial Life-Cycle', in D. Miliband (ed.), *Reinventing the Left* (Cambridge: Polity).
Freeman, R. (1995), 'The Limits of Wage Flexibility to Curing Unemployment', *Oxford Review of Economic Policy*, 11/1: 63–72.
Gardiner, K. (1993), *A Survey of Income Inequality Over the Last Twenty Years ― How Dose the UK Compare?*, Welfare State Programme 100 (Centre for Economic and Related Disciplines, London School of Economics).
Gosling, A., and Machin, S. (1993), *Trade Unions and the Dispersion of Earnings in US Establishments, 1980–90*, Center for Economic Perfomance Discussion paper 140 (London School of Economics, London).
Green, A., and Steedman, H. (1993), *Education Provision, Educational Attainment and the Needs of Identity: A Review of Research for Germany, France, Japan, the USA and Britain* (London: NIESR).
Halsey, A. H., Heath, A., and Ridge, J. (1980), *Origins and Destinations* (Oxford:

Clarendon).
Halstead, M. (ed.) (1994), *Parental Choice and Education* (London: Kogan Page).
Harvey, D. (1989), *The Conditions of Postmodernity* (Oxford: Blackwell). 吉原直樹監訳『社会学の思想 3　ポストモダニティの条件』青木書店 (1999).
Hills, J. (1995), *Income and Wealth: Volume Two, A Summary of the Evidence* (York: Joseph Rowntree Foundation).
Hirsch, F. (1977), *Social Limits to Growth* (London: Routledge). 都留重人監訳『成長の社会的限界』日本経済新聞社 (1980).
Hutton, W. (1995), *The State We're In* (London: Jonathan Cape).
International Labour Organization (ILO) (1995), *World Employment 1995* (Geneva: ILO).
Krugman, P. (1993), *Peddling Prosperity: Economic Sense and Nonsense in the Age of Diminished Expectations* (New York: W. W. Norton). 伊藤隆敏監訳『経済政策を売り歩く人々　エコノミストのセンスとナンセンス』日本経済新聞社 (1995).
Lane, C. (1989), *Management and Labour in Europe* (Aldershot: Edward Elgar).
Lauder, H. (1987), 'The New Right and Educational Policy in New Zealand', *New Zealand Journal of Educational Studies*, 22: 3–23.
───── (1991) 'Education, Democracy and the Economy', *British Journal of Sociology of Education*, 12: 417–31.
───── et al. (1994), *The Creation of Market Competition for Education in New Zealand* (Wellington: Ministry of Education).
Lazonick, W. (1993), 'Industry Clusters Versus Global Webs: Organisational Capabilities in the American Economy', *Industrial and Corporate Change*, 2: 1–24.
Lindbeck, A., and Snower, D. (1986), 'Wage Setting, Unemployment and Insider-Outsider Relations', *American Economic Review*, 76: 235–9.
Lipietz, A. (1987), *Mirages and Miracles: The Crises of Global Fordism* (London: Verso). 若森章孝訳『奇跡と幻影』新評論 (1987).
Marchak, M. P. (1991), *The Integrated Circus: The New Right and the Restructuring of Global Markets* (Montreal: McGill-Queen's Univ. Press).
Marginson, P. (1994), 'Multinational Britain: Employment and Work in an Internationalized Economy', *Human Resource Management Journal*, 4/4: 63–80.
Maurice, M., Sellier, F., and Silvestre, J. (1986), *The Social Foundations of Industrial Power* (Cambridge, Mass.: MIT).
Michie, J., and Smith, J. G. (eds.) (1995), *Managing the Global Economy* (Oxford: Oxford Univ. Press).
Murray, C. (1984), *Losing Ground: American Social Policy 1950–1980* (New York: Basic Books).
National Commission on Education (1993), *Learning to Succeed* (London: Heinemann).
Newman, K. (1993), *Declining Fortunes* (New York: Basic Books).
OECD (1989), *Education and the Economy in a Changing World* (Paris: OECD).

―――― (1993), *Employment Outlook* (Paris: OECD).
―――― (1994), *Employment Outlook* (Paris: OECD).
Parijs, P. V. (1992) (ed.), *Arguments for Basic Income: Ethical Foundations for a Radical Reform* (London: Verso).
Patel, P., and Pavitt, K. (1991), 'Europe's Technological Performance', in C. Freeman, M. Sharp, and W. Walker (eds.), *Technology and the Future of Europe* (London: Pinter).
Peterson, W. (1994), *Silent Depression: The Fate of the American Dream* (New York: W. W. Norton).
Piore, M. (1990), 'Labor Standards and Business Strategies', in S. Herzenberg and J. Perez-Lopez (eds.), *Labor Standards and Development in the Global Economy* (Washington DC: US Department of Labor).
Porter, M. (1990), *The Competitive Advantage of Nations* (London: Macmillan). 土岐坤・小野寺武夫・中辻万治・戸成富美子訳『国の競争優位』ダイヤモンド社 (1992).
Reich, R. (1984), *The Next American Frontier* (Harmondsworth: Penguin).
Reich, R . (1991), *The Work of Nations* (London: Simon and Schuster). 中谷巌訳『THE WORK OF NATIONS――21世紀資本主義のイメージ』ダイヤモンド社 (1991).
Rogers, J., and Streeck, W. (1994), 'Productive Solidarities: Economic Strategy and Left Politics', in D. Miliband (ed.), *Reinventing the Left* (Cambridge: Polity).
Rowthorn, R. (1995), 'Capital Formation and Unemployment', *Oxford Review of Economic Policy*, 11/1: 26–39.
Sengenberger, W., and Wilkinson, F. (1995), 'Globalization and Labour Standards', in J. Michie and J. G. Smith (eds.), *Managing the Global Economy* (Oxford: Oxford Univ. Press).
Streeck, W. (1989), 'Skills and the Limits of Neo-Liberalism: The Enterprise of the Future as a Place of Learning', *Work, Employment and Society*, 3: 90–104.
Streeck, W. (1992), *Social Institutions and Economic Performance* (London: Sage).
Thurow, L. (1993), *Head to Head: The Coming Economic Battle Among Japan, Europe and America* (London: Nicholas Brealey). 土屋尚彦訳『大接戦――日米欧どこが勝つか』講談社 (1992).
Toffler, A., (1990), *Powershift* (New York: Bantam). 徳山二郎訳『パワーシフト――21世紀へと変容する知識と富と暴力』(上)(下) 中央公論新社 (1993).
Wilkinson, R. (1994), *Unfair Shares: The Effect of Widening Income Differences on the Welfare of the Young* (Ilford: Barnardo's Publication).
Wilson, W. (1987), *The Truly Disadvantaged* (Chicago: Univ. of Chicago Press).
Wood, A. (1994), *North-South Trade, Employment and Inequality: Changing Fortunes in a Skill-Driven World* (Oxford: Clarendon).

6

教育・技能形成・経済発展
——シンガポールの取り組み——

デイヴィッド・N. アシュトン／ジョニー・スン

はじめに

この論文の目的は,「アジアのトラたち」と呼ばれる諸国が,いかに,教育と訓練,経済発展の間に,より新しい,そしてより緊密な関係を創り出してきたかを示すことにある。旧西側諸国,とりわけイギリスやアメリカなどでは,教育システムが経済の要求とはある程度独立した形で発展してきたため,教育と経済発展の関係は非常に弱いといわれている。これに対して「アジアのトラたち」の間では,教育システムとその成果が経済の要求と強力かつ緊密な関係にあり,教育と経済発展は非常に密接に結びついてきた。

教育と産業の発展——イギリスの取り組み——

イギリスでは,産業が発展した後に教育システムが確立した。実際,1870年代にようやく,初等教育が国家システムとして導入された経緯がある。グリーン (Green 1995) は,国家の形成過程を参照することで一国の教育システムの発展が説明できると述べている。国家の形成過程が急速に,そして比較的短期間に生じた国(フランス革命後のフランスやプロシア)では,国の教育システムもまた急速に発展した。これに対して,国家の形成過程が長期にわたった,あるいは遅れた国では,教育システムの発展に対する圧力も緩やかであった。グリーン (1995) やキャステルズ (Castells 1992) は,ともに,国家存亡の危機というものがこうした国家の形成過程を加速させる条件となっていると指摘している。国家間に政治的な葛藤がある場合,指導者層は政治・経済的改革に専念し,

国民の間に強力な国家アイデンティティの感情を植えつけようとする。イギリスでは，19世紀に近代産業が発展する以前に，国家が国際社会における支配的地位を既に確立していたので，フランスやプロシアで国家の形成過程を加速させたような強い外的圧力は存在しなかった。イギリスでは，国家アイデンティティ形成のために教育システムを発展させる必要性がほとんどなかったのである（Green 1990）。

イギリスにおける外的圧力の欠如は，少なくとも19世紀初頭の段階では，雇用サイドの内的需要の欠如とも相乗していた。産業は18世紀末に，水そして後には蒸気を労働力と結びつけて利用する新たな工業形態を基盤として発展しおえていた。しかし，イギリスの産業の重要な部分を形成する新たな工業システム（例えば木綿，履き物，衣類）は，女性や子供といった大部分が非熟練の労働者を用いていた。エンジニアリングのような部門では，より高い能力を持った技術労働者が，中世の徒弟制を継承したシステムの中で供給されていた。最初の産業国家であるイギリスで発展した新しい生産形態は，少なくとも初期の段階においては，教育を受けた労働者をほとんど必要としていなかった。こうした新しい生産形態の下では，たとえ非熟練で読み書きのできない労働者を用いても，イギリスは海外市場において競争的優位を保つことが可能であった。必要な熟練労働者は，旧来の徒弟制で対応することができた。表6.1はイギリスにおける教育及び生産システムの発展関係を示したものだが，両者が非常に緩やかな関連しか持っていないことがわかる。

イギリスの場合，主として非熟練労働者を用いる効率的な生産システムが確

表6.1 イギリスにおける教育と産業発展の関係

	教育	産業
1980年代	高等教育の拡大，技術的能力の向上	情報テクノロジー，金融サービス
1940年代	中等教育	
1900年		化学，電気工学
1870年代	国家的システム	
1850年		産業の成熟
1780年		綿，織物

立されていたため,国家的な教育システムを導入する圧力はほとんど存在しなかった。産業が発展した後に政府が教育システムを導入する際,その主要な機能は産業の要求に応えるものではなく——その要求は既に満たされているのだから,新しい産業労働者階級を,規律や従順といった価値に基づいて社会化し道徳的な支配を確立することにあった。19世紀末から20世紀初頭になってようやく,化学や電気といった新しい産業が科学的,技術的な能力に対する需要を生み出し,教育を受けた労働者を養成するシステムに対する需要も生じた。当時の教育システムは,そうした需要とは相当かけ離れた性質を有していた。教育システムは,専門職や国の指導者的地位に就くための教養ある紳士を養成するよう方向づけられていたのであり,また下級のレベルにおいては,主な関心は新たな産業労働者階級を統制することにあった。そのために,産業のための教育は,別の目的のためにデザインされたシステムへと移植されねばならなかった。科学的知識は新しいタイプの大学で提供されたが,技術教育は学校教育システムの中で確固とした足場を築くことができず(Sanderson 1994),既就業者に対してパートタイム的に提供されていた(Lee 1968)。20世紀の後半になって初めて,ポリテクニクや継続教育カレッジによって,技術教育は正規の学校教育システムに組み込まれたのである。

20世紀後半になると,電気,航空宇宙,コンピュータ,投資・取引サービスといった新しい知識集約型産業が発展し,教育を通じて中度および高度な技能を身につけた労働力に対する需要が高まった。しかもそうした人材が,オックスフォードやケンブリッジといった貴族的な機関が依然として中核をなす高等教育システムや,帝国主義時代の「紳士的な」指導者を養成する19世紀の私立学校(パブリック・スクール)をモデルとした学校システムを通じて養成されなくてはならなかった。20世紀後半になってようやくナショナルカリキュラムが導入され,知識を基盤とする産業の要求に応えることになったのである。それ以前に支配的だった教養的な大学のカリキュラムは,職業教育サイドから痛烈な批判を浴びることとなる。その結果,全国職業資格(NVQ: National Vocational Qualification)が誕生し,続いて,産業界で必要な技能に依拠した新たな「カリキュラム」が創られたのである。

学校教育システムによって教授される内容の多くは産業界の要求に適合して

いなかったため，企業や団体は独自の訓練形態を発展させなければならなかった。19世紀，この課題への対処は，非熟練，半熟練の労働者しか必要としない労働集約型産業におけるインフォーマルなOJTと，様々な工業分野に熟練労働者を供給していた徒弟制とを組み合わせることで行われた。しかし20世紀の後半になると，企業の内部労働市場が成長し，継続教育カレッジが提供するサービス産業部門のビジネス教育が活発化し，伝統的な徒弟制は衰えていく。産業に必要な初期訓練費用の大半は，継続教育カレッジに資金提供を行う国家と，長期にわたり子どもの教育費を賄う親とが負担することとなり，企業は，職務特殊的な訓練費用のみを負担することになったのである。

教育と産業の発展──シンガポールの取り組み──

「アジアのトラたち」の場合には，教育システムと生産システムの発展の関係は全く異なる展開をみせてきた。最初の産業国家であるイギリスやアメリカの教育・訓練システムは，第一期の産業化のもとで発展した。この段階において，イギリスとアメリカの製品は，世界市場で競争的な地位を保ち得た。なぜなら，世界市場における彼らの競合相手は依然として手工業による生産を基盤としていたのに対して，彼らは他に先んじて工場制生産様式を確立していたからである。19世紀末から20世紀初頭の第二期に産業化したドイツ，フランス，日本といった国々は，既に世界市場を支配していた第一期の産業国家と競争しなければならなかった。しかしながら，20世紀の後半に産業化を遂げた「環太平洋のトラたち」の新興産業経済が直面した状況は，より厳しいものだった。彼らは世界市場において，イギリスやアメリカだけでなく，ドイツや日本といった第二期の産業国家とも競争しなければならなかった（Ashton and Green 1996）。このことは，教育システムと生産システムの展開過程に多大な影響を及ぼした。表6.2は，シンガポールにおける教育及び生産システムの発展過程を示したものである。教育─生産システム間の新しい関係を論じるにあたり，ここではシンガポールを取り上げる。というのも，4匹の「アジアのトラたち」の中で，シンガポールが最も洗練された訓練システムを有しており，しかも教育システムが生産システムの要求に最も密接に連結しているからである。

表 6.2 シンガポールにおける教育と産業発展の関係

	教育	産業
1980 年代	高等教育の拡大，技術的能力の向上	13 の重点産業（例えば金融サービス）
1970 年代	中等教育の拡張と職業教育	高付加価値生産「第 2 次産業革命」
1950 年代	初等教育	労働集約的な低付加価値生産

シンガポールは，競争の厳しい世界市場に参入しなければならなかったことに加えて，他の「アジアのトラたち」と同様，国家の存続をめぐって深刻な政治的脅威にさらされていた (Castells 1992)。近隣の巨大なイスラム諸国に囲まれた小さな島国であることから，シンガポールの指導者たちは，国家の政治的独立を確保し維持する必要性を痛切に感じていた。そのため彼らは強力な経済とともに，人口 300 万人のシンガポール人に，強力な国家へのアイデンティティと献身の精神を求めた。そのために教育システムは，2 つの重要な要素を満たす必要があった。一つは国家へのアイデンティティと献身の精神の形成，もう一つは経済発展の持続である。政治的指導者たちは，産業が発展する過程で，物的資本の効率的な活用のために人的資本を適切に配置することが彼らの使命と考えていた。こうして，教育システムと生産システムの間に非常に緊密な関係が生まれたのである。

イギリスの教育―生産システムの関係を特徴づけてきたのは，重商主義貴族階級の利益保持を目論むエリート支配によって長年をかけて拡大してきた教育システムの存在であった。生産システムの発展過程で変化する産業界から教育界への要望は，ほんの一部しか教育システムに組み込まれてこなかった。シンガポールの場合，両者の関係は全く異なる形態をとった。当初から，教育・訓練システムの変化は，生産システムの変化と連動したものだった。産業界の関心が教育から離れていくというようなことはなく，それが教育を発展させる核心であるとみなされた。表 6.2 からわかるように，教育・訓練システムは経済発展の変化に直接対応する形で，3 つの明確な発展段階を経験している。両システムにおける同期的な変化の多くは，資本や労働の直接的利害に囚われずに

活動する近代的エリートが支配する強力かつ効率的な国家の官僚機構がもたらしたものである。

第1段階

　国家が内部の既得権益から相対的な自律性をどこまで保てるかは，国の創設時期における政治的な脅威と深い関わりがある。これまでみてきたように，イギリスの植民地支配から独立した後，シンガポールの政治的指導者は，近隣のイスラム諸国からの脅威にさらされる中で，シンガポール社会の政治的存続を確保し，国家としてのアイデンティティを創出しようとした。これが，有能な役人を配置した強力な国家装置を確立する契機となった（Castells 1992; World Bank 1993）。この装置を統御することで，政治的指導者は既得権益からの自律性を維持することができたのである。

　政治面では，教育システムが強力な国家アイデンティティの精神を確立する役割を担っていた。経済面では，強力な産業基盤の確立を通じて，シンガポールの独立を確保することが目指された。そのため，シンガポールにおける発展の第1段階においては，政府は強力な生産基盤を確保するために，多国籍企業（MNC）からの国内投資を得ようと努めた（Low 1993; Tan 1995）。

　十分な教育を受けていない労働力と14％を超える失業率のもとで，政治的指導者は当初，多国籍企業の関心を惹くために，安価で規律のある労働力と強力で安定した政治システムを頼みとせざるを得なかった。こうした労働集約的な産業では，教育された労働力をほとんど必要としないので，教育が初等レベルに限定されていたことは問題にならなかった。政府は基本的な読み書き能力の水準を向上させ，数学や理科の教育を施す政策を採用した。だが政府の主たる狙いは，多国籍企業にとって欠かすことのできない，規律のある労働力の持続的な提供と労働コストの抑制にあった。政府は，共産主義的な労働団体を抑圧する一方（Deyo 1989），賃金要求を抑制するよう労働者を説得するために人民行動党（People's Action Party）を利用することで，その目的を達成したのである。政府は，安価な労働コストがさらなる国内投資を呼び込み，その結果より多くの仕事が生まれると唱えた。こうした政策の効果は，完全雇用という形になってあらわれた。

第2段階

1970年代には，他の地域でも魅力的な低コスト労働力の利用可能性が広がり，シンガポールは競争的な地位を失いつつあった。加えて，シンガポールの独立に対する政治的脅威も続いていた。政治的指導者は，自国の利益を確保しつつ競争相手も満足させるという方策をとり，第1段階における成功を他と共有していった。低コスト労働力を用いて低付加価値製品を生産してきた企業は，シンガポールから離れて直接後背地に移り，そこで低コスト労働力を利用するよう仕向けられた。一方シンガポール経済は，「第2次産業革命」段階に移行するために，次なる工業化を図っていた。その目的は，低賃金で労働集約的な産業への依存を減らし，それを資本集約的で高付加価値産業へと置き換えるために，国家資源を活用することだった (Wong 1993)。

こうした政治目標を達成するために，政府は資本の直接的利害とは独立した活動を行い，高付加価値生産をシンガポールに導入してくれる新たな企業を誘致する必要があった。と同時に政府は，既存の企業を低付加価値生産から脱却させるため，飴と鞭の政策で臨んだ。政府は労働コストを上昇させ，低付加価値生産へのさらなる投資を抑制する新たな政策を採用した。低付加価値生産下にある企業は，人民行動党の活動家によって，移転するよう働きかけられた。その間，労働組合は，ほぼ20%という大幅な賃金の引き上げを要求するよう奨励された。政府はまた，低賃金労働者に課税することで，企業が低付加価値生産を行い続けることを断念するよう仕向けた (Wong 1993)。この課税によって技能開発基金が誕生し，その資金が，労働者の技能開発や雇用者の訓練能力向上を狙いとする一連のプログラムに融資されることになった。

政府は資本の直接的利害にとらわれないことで，通商産業政策が中心課題とする「長期計画」の追求に向けてその権力を行使することができた。新しい産業を奨励する一方，旧来の産業は移転されねばならなかった。新たな産業を誘致しようとするならば，その産業が立ち行くための人的資源を適切に配置する必要があった。そのために政府は，シンガポールの教育・訓練政策の特徴であるダイナミズムの礎を築き，再び国家レベルで資本と労働の統合を進めたのである。

高付加価値型産業を誘致するために，学校教育システムが改革され，職業産

業訓練局（Vocational and Industrial Training Board）の助成により新しい訓練インフラが整備された。学校教育システムにおいては，学問的な内容から職業的な内容へとカリキュラムの重点の移行が試みられた。この時代にはまた，シンガポール技術学院（Singapore Technical Institute）が設立された（Yip and Sim 1994）。1979年のゴー報告は，初等・中等教育に能力別クラスを導入し，語学教育を最重視するよう勧告した。政府はカリキュラム統制を行っていたものの，中等教育の場合，共通カリキュラムは初めの2年間のみであった。

シンガポールの急速な発展で明らかになったのは，植民地時代そしてシンガポール独立初期の教育システムを経験した多くの人々に読み，書き，算の能力が欠如していることだった。ごく最近の1980年代になっても，シンガポールの非学生人口の61%は，初等の6年あるいはそれ以下の水準の教育しか受けていなかった（Ministry of Trade and Industry 1991）。彼らには技能を徐々に蓄積するための学校教育システムの改善を待つといった余裕はないので，次善の策が講じられた。既就業者の基礎的技能を改善するために，成人労働力が直接ターゲットとなり，成人労働者の技能向上を狙った一連のプログラムが発足した。そうしたプログラムは，教育機関と企業とが持ち寄るモジュール方式で実施され，労働者の学力を中等教育水準にまで高めるか，あるいは職業上の技能改善の基礎を提供するものだった。1990年までに，非識字率は全人口の10%にまで低下し，20-24歳の年齢集団においては，わずか1.4%まで低下したのである（Census of Population 1990）。

1983年に導入された「技能訓練のための基礎教育」プログラムは，1992年までに，総労働力人口140万人の中で適用対象となる22万5千人の労働者のうち，78%に対して実施された（ITE 1993: 25）。このプログラムを基盤にして，労働力の基礎的技能をより向上させるための一連のプログラムが実施された。1986年には，半熟練労働者の技能向上を狙いとした，モジュール方式の技能訓練プログラムが導入された。1987年には，「中等教育を通じた労働者の改善」プログラムが，中等教育資格試験（GCE）レベルで導入され，1992年までに，該当する対象者12万2千人のうち42%がそのレベルに到達した（ITE 1993: 25）。サービス部門をターゲットとする「効率化と変化適応のためのコア技能」プログラムもまた1987年に導入され，これは低賃金労働力の3分の2をカバーする

ものとなった。

第3段階

1980年代の後半にかけて、政治的指導者が描くシンガポールの将来像にはさらなる変化が生じた。近隣地域における競合諸国間での優位な地位を保つため、政府はシンガポールが最も優れた先進諸国の経済力と並ぶための政策を開始した。現行の「長期計画」は、「次なる発展」の中で謳われている (Government of Singapore 1991)。こうした国の経済発展に対する「長期計画」が持つ意味は、戦略的経済計画の中に詳述されており、そこではスイスと同様の生活水準をシンガポールで確立することが目標とされている (Ministry of Trade and Industry 1991)。

2020年あるいは2030年にスイス並みの地位と生活水準を達成するには、経済は高付加価値の製品やサービスの生産に投資意欲を持つ企業を誘致し続ける必要があった。しかしその一方で、経済成長を保つには、シンガポールの企業がアジア太平洋地域へと進出し、「第2の環」を形成することも必要だった。そうすれば、シンガポール以外の安価な労働力を利用できるだけでなく、経済成長を駆動させるための地域の中核としてシンガポールを位置づけることも可能となるはずである。シンガポールは、「シンガポール株式会社」から「シンガポール国際株式会社」への移行を図ろうとしたのである (Low 1993)。世界市場で競争的地位を保つために必要な領域として、13の産業分野が指定され、これらの産業が経済発展の牽引役になるとみなされた。

上述の目的を首尾よく達成するには、そうした産業の確立や発展を促進するため、人的資源の適切な配置を可能にする施策が講じられねばならなかった。これは、先進産業国家が持つ最も進んだシステムと肩を並べる程度にまで、教育システムを高度化しなければならないことを意味した。さらに、政府の訓練政策は、中間レベルの職業技能の改善に焦点を当てていくとともに、究極的には職場自体を学習資源として活用できるように、方向転換する必要があった。他の先進産業社会と同水準の技能を、雇用者が利用できるようになっているか否かという点が、決定的に重要であった。

教育システムの改善は3つの領域に照準を合わせていた。先進的産業社会で有効な労働力参加ができるために必要な基礎的技能の同定、中間レベルの技術

的熟練の供与，そして高等教育の拡充である。基礎的な技能を明らかにするため，政府は最も先進的と考えられるドイツや日本の教育実践に学び，そこでは実用的な言語と数学の教育が小学校のカリキュラム時間の 50% を占めていることを発見した（Ministry of Education 1991）。しかし，英語と母語の 2 言語使用という問題をシンガポールは抱えており，小学校の児童にドイツや日本のような言語教育を施そうとすると，それは他の科目を教える時間がなくなることを意味した。1990 年の改革で導入された解決策は，2 言語要求という過重な負担を補うために，5 歳児のすべてに準備的プログラムを導入するというものだった。学校を卒業した時点で，職場でさらなる成長を遂げるのに必要な基本的技能は獲得し終わっているようにするため，すべての若者は最低限 10 年間の普通教育を受けなければならないという決定がくだされた。中間レベルの技術的熟練については，職業教育の改善によって対処することになっていた。1992 年に職業産業訓練局（VITB）が技術教育機構（ITE: Institute of Technical Education）に改組し，技術教育の地位向上のために，基礎教育修了後の若者に技術訓練を施す役割を一手に引き受けている。現在 ITE はより高度な技術的内容を含むコースを提供しており，就業者がポリテクニクや大学で継続教育を受けることを可能にしている。1995 年には，既就業者を対象にした国家職業資格（National Trade Certificate）の最低水準（1992 年に国家技能資格（National Technical Certificate）に改名され，これはイギリスの NVQ のレベル 1 に概ね該当するもの）が消失した。今や最低水準は，有能な職人と同等のレベルにまでなっている。こうした一連の改革の狙いは，労働市場への参加者全員が，最新の技能や将来必要となる技能について基本要件を満たすことにあった。この目的に沿って，学校教育システムで教授される技能の性格は，「よりハードな」技術的内容から，「よりソフトな」事務的，ビジネス的な内容へとシフトしつつある（Felstead, Ashton, Green, and Sung 1994）。

　高い進学率(15–19 歳人口の 90% 以上)を実現するため高等教育が拡張され，1990 年代の前半時点で，20–24 歳人口の 26% が進学するに至っている (Felstead, Ashton, Green, and Sung 1994)。教育システムの現在の目標は，2000 年までに，短期大学や大学に進学該当年齢人口の 25%，ポリテクニクに 40% が進学し，25% が ITE のプログラムを利用し，ドロップアウトの比率が 10% というもの

である。なおドロップアウトは，システムにとって損失とはみなされていない。というのも，彼らが職場に参入すれば，職業技能の改善を狙った政府のプログラムの対象者となるからである。1990年代の前半までに，シンガポールの教育システムは，はるかに歴史のあるイギリスの教育システムに比肩し得るような進学水準を達成しようとしている（Felstead, Ashton, Green, and Sung 1994）。

第3段階においても，引き続き教育機関を通じた訓練と既就業者の訓練という両面政策が採用された。初等，中等教育を受けていない者の技能向上を目的とした政府のプログラム（「技能訓練のための基礎教育」と「モジュールによる技能訓練」）は，対象となる集団の減少に伴い衰退していき，その強調点は就業を通した学習過程（Work-based learning）を強化する方向へと移行しつつある。1980年代末には，雇用者が提供する訓練量が増加して改善がみられた一方で，1990年代に登場した新規の成長産業は，技術的な能力だけでなく，物事に柔軟に対応し，新たな予見できない課題に取り組む能力を労働者に求めていることが明らかとなった。こうした環境の変化を受けて職場における学習の重要性が増し，この目標を達成する手段として，ドイツのデュアルシステムや，日本，オーストラリアの職場内訓練システムの研究成果が利用されることになった。

ドイツのデュアルシステムから学んだ教訓の一つは，企業が世界市場で勝ち残っていくために必要な質の高い学習経験や高度な技能を提供するには，職場内の実地訓練と職場外の訓練の要素を統合する必要があるということだった。この政策の重要性は，高付加価値の製品やサービスの市場で競争するための技能を獲得するには，企業内及び企業外の経験の組み合わせが必要であることを示すいくつかの研究成果によっても支持されている（Streeck 1989; Koike and Inoki 1990）。

1990年の新徒弟制計画の導入により，徒弟制度が改革された。「デュアルシステム」のバーデン・ヴュルテンベルク版を周到に踏襲した新徒弟制計画は，配下の労働者に訓練を施す雇用者に対する能力開発を狙ったものだった。それはドイツのデュアルシステムと同様に，教育的な資格を有した訓練者（マイスター）と，職場内訓練（OJT）及び職場外の訓練（Off-JT）を要求するものだった。1991年の新徒弟制計画の開始に伴い，技術教育機構は「産業訓練者プログラム」（Industry Trainer Programme）を導入した。これは，徒弟制を支える教育

資格を有した訓練者を育成する企業を援助するものだった。1994年までに技術教育機構は，1,900名あまりの産業訓練者を養成した。この事業は，徒弟制計画に参画した600の企業をみた場合，1企業あたり平均して3人の訓練者によって行われている。

OJTとOff-JTを統合しようという考えは，新しい「複合型」徒弟制度を特徴づける際にも用いられてきた。これは1992年に始まったもので，伝統的に徒弟制訓練を行ってこなかった中小企業を対象としていた。1992年に導入された技術教育機構の「成人合同訓練計画」（Adult Co-operative Training Scheme）でも，熟練労働者（20歳から40歳までの中等教育資格試験Oレベル以下の者）をOJTとOff-JTで育成するという同様の方針の下に取り組まれてきた。これは，雇用者がそのスポンサーとなり，労働者が就業時間内にOJTとOff-JTを受けることができるという，新しい徒弟制モデルに立脚したものである（ITE 1993）。

徒弟制モデルが教育・訓練を施す望ましい形態ではあるが，すべての雇用者がそれを採用しようとしたわけではなかった。そのため，労働力全体の技能を向上させるには，訓練に関して別の方策を見いだす必要があった。技能開発基金は，「第2段階」時点で導入された技能プログラムを用いた企業ベースの訓練活動に対して助成を行ってきた。技能開発基金の支援を受けた訓練施設は，1981年の32,600から1991年には407,900へと，12倍以上も拡大した（NPB 1993: 44）。これは2つの方向でさらに発展を遂げた。一つは，雇用者が訓練をいかに組織化し実行すればよいかを学ぶために一連の助成プログラムを提供したこと，もう一つは，外国を研究することで，OJTの質を高めるための支援策を見いだしたことである。

雇用者が訓練を編成，実行するための方策を学ぶことを支援する役割は，国家生産力局の傘下にある訓練助成機構（Training Grants Scheme）が担い，技能開発基金が資金提供を行った。これは，雇用者が特定の訓練領域を改善することを補助する一連の仕組みから構成されている。訓練助成機構は，技能向上を狙いとする工場内プログラムを通じて，労働者の訓練（再訓練）に要する費用の30％から90％を雇用者に助成している。中でも最大規模を誇る「労働者訓練プラン」は，企業が年間計画を通じた組織的な訓練を行うよう奨励している。

1991年に技能開発基金が助成した訓練施設のうち61%は労働者訓練プランによるもので，技能開発基金の総支出額の88%を占めている(SDF 1992: 12)。これらの訓練の対象者は，平均あるいは平均以下の教育水準にある労働者の場合が多い。訓練施設の72%は，中等教育資格試験のOレベルかそれ以下の労働者が占めている(SDF 1992: 38)。

その他の諸計画は，企業が社員訓練に投資する際の資金繰りを緩和したり，企業全般にまたがる訓練への需要分析に基づいて組織的な訓練に着手するのを可能にしたり，独自の訓練プログラムを展開する資源を持たない小規模企業が，良質の訓練提供者のサービスを利用できるようにする目的で設けられた。さらに，経営者の訓練能力を高めるための援助や，サービス産業における訓練方法の質的改善といった，訓練インフラの整備も実施された(Ashton and Sung 1994)。

国家生産力局がその他に訓練の質を高める方法とみなしたのは，最も費用効率的な訓練形態である構造化されたOJTの広範な利用であった。1986年に国家生産力局が行った研究によると，シンガポールの企業の90%が何らかの形でOJTを導入しているが，それは必ずしも構造化されたものではなかった。その結果，「OJTは往々にして，労働者が労働の過程で技能を獲得するのを成り行きに任せておくこと」を意味することになってしまった(NPB 1992: 9)。そのため，OJTを通じて育成する必要のある中核的な技能を明らかにするために，経済開発局と技術教育機構に対策委員会が設置され，それに従って国家生産力局は，産業ごとの，青写真的なモデルとなるOJTを抽出するためのプログラムを導入した。このプログラムは，様々な産業分野の優良企業が開発した手法を用いて1993年に開始されたもので，他の企業が模倣するための基本モデルとして利用された。長期的な計画としては2000年までにOJTに10万人を参加させることになっており，1995年の5月までに，36,000人の労働者がOJTプログラムを修了している(NPB 1995)。さらに，技術教育機構が行うOff-JTを補足し，製造業だけでなくサービス業の企業も利用できる，OJT指導員を育成するための方策も講じられてきた。

良質のOJTは，現在企業で必要な技能を労働者に付与するものであっても，必ずしも，新たな市場やそれに伴う産業再編成にもとづく需要に対処する能力を授けるものではない。2020年までのシンガポールの将来構想に従って，政府

の OJT に対する関心の焦点は，柔軟で多様な技能を備えた労働者から，技能深化的な職務を担える人材の育成へと推移してきた。その結果登場したのが，技能深化プログラムである。

　スイスの労働者は非常に優れた技能訓練が施されて，「思いきった再訓練を施すための基金の存在があるため，産業の再構成も行いやすい」（NPB 1993: 51）とみなされている。1992 年のスイスへの調査派遣団の成果を受けて，国家生産力局は他の政府部門と協力して，技能深化の可能性を持った最先端の企業を特定する作業に取りかかっている。こうした企業は，周辺地域や世界市場で競争力を持った急成長産業とみなされている。国家生産力局はこれらの企業と協力して，OJT に基づくコア職業技能の深化のための訓練プログラムの設計，開発に取り組んでいる。この目的は，労働者に対して，技術的な能力だけでなく，産業の変化や再構成に対処でき思い切った再訓練にも適応可能なより深化した知的能力を付与することにある。例えば精密工業といった経済の中核領域が，技能深化プログラムの実践対象となってきたのである。

　先行する産業国家の訓練政策や実践を模倣することに加え，政府は最新の知識や技術を自国の労働力に直接移転することにも積極的に取り組んでいる。第 2 段階の時期に政府が設立した多国籍企業とドイツ，フランス，日本の 3 国政府による合同訓練センターがそうである。1980 年代の半ば，経済開発局は，知識・技術集約型産業が，合同訓練センターに関わる単一パートナーが提供し得る内容以上の資源を必要としていると判断した。一つの国ではなく多様な国にまたがる専門知識，技術を取り入れることが必要であり，これを達成するために，3 国の政府に他の多国籍企業も組み込むことに同意してくれるよう求めた。こうした戦略を首尾よく導入することで，経済開発局の国家横断的な手法は実を結んだのであった。各国政府や多国籍企業との協力を確たるものにすることで，知識・技術集約型産業の設立と発展に必要な「ハードウェア，ソフトウェア，視聴覚教材」を提供することが可能となった。このようにして経済開発局は，新規産業のニーズを見越した訓練を提供し続けている（Wong 1993: 262）。

教育，訓練と産業発展の協調

　これまで教育・訓練と経済成長の緊密な関係をみてきたが，続いてそれがど

のように達成されてきたかを問うことにしよう。再び，アジアモデルが特色ある構造を持っていることがわかる。第2期の産業化において，日本とドイツは教育システムの変容と産業構造の変容とを大まかに一致させることに成功してきたが (Ashton and Green 1996)，シンガポールで発展したような両者のタイトな結合にまで到達したことはなかった。政府の通商産業政策に教育・訓練システムが直接応えるメカニズムを作り出したという点で，シンガポール人は非常に有能だった。

それを可能にした第1のメカニズムは，資本や労働に対してある程度自律性を保って行動する能力を政府が有していたことである。これまでみてきたように，経済発展の進む方向を常に市場に委ねてきたイギリスやアメリカの政府とは異なり，シンガポールは，進むべき方向の決定を常に政府自身で引き受けてきた。第2のメカニズムは，先行する産業国家の経験に学ぶ能力を有していたことである。シンガポール政府には，次なる経済成長のプロセスを見極めるのに役立つ，より先進的な経済モデルが存在した。政府は，諸外国との共同ベンチャー事業や諸外国への訪問からも学んだのである。

第3のメカニズムは，政府部門の組織自体にある。政府の「長期計画」によって次なる段階の経済成長が設定されると，「長期計画」に定められた目標が，通商産業省や投資局の業務の規範となる。通商産業省の権限は大きく，経済を国際市場の需要に沿うよう方向づけ，経済が政府の「長期計画」を実現するよう監督している。教育や国家生産力局といった他の部門は通商産業省に従属しており，人的資源開発のための資源配分を決める際には，産業側の要請が常に反映される仕組みになっているのである。

第4のメカニズムは，人的資源の開発を産業界の要請に一致させるための制度的仕組みを充実させ，政策を実施する省庁の活動を点検・評価するための諸目標を設定したことである。政府は，将来国家にとって必要な人的資源を予測する際，投資局のような機関に依頼する。投資局は，シンガポールへの投資が利益を生むと宣伝する一方で，外国資本と交渉する際に，彼らの投資が生み出す将来的な人的資源の需要を算出する役割を担っている。他方で，通商産業省は，そうした情報を整理するとともに，学者たちによる労働力(人的資源)供給の予測とを対比して，需給バランスを検討する。そして，そこで得られた結果

が,国家の技能ニーズを同定する根拠となるのである。

経済開発局は,国の技術要求に関するこの情報を,専門・技術教育審議会の目標として設定する。専門・技術教育審議会は1979年に設置された通商産業省の大臣を議長とする政府組織で,あらゆるレベルの教育及び訓練に関して目標の設定を行う。通商産業政策と教育・訓練システムの関係を制度化するのが専門・技術教育審議会の役割なので (Selvaratnam 1989),新規産業の人的資本需要に基づいて教育・訓練サイドの目標が設定される仕組みが整備されている。

専門・技術教育審議会は,全体の目標を大学,ポリテクニク,学校,技術教育機構という個別の目標に振り分け,その目標が既存の枠内で達成可能なのか,あるいは新たな教育機関を創設したり政策を導入したりすることが必要か否かのチェックを行う。そのために,彼らは教育・訓練を行う関係機関に意見を求める。国内の機関だけでは政府の目標に沿えない場合,必要な技能は外国から輸入されることになる。このようにして,高等教育,学校,技術教育機構という個々の部門が,学生数や教育・訓練の到達水準に関して独自の目標設定を行う。

他の政府部門や機関もまた,政府の「長期計画」達成のために必要な人的資源を適所に配置する役割を担っている。そのため,国家生産力局は,雇用主主導の訓練に関して他とは異なる役割を有し,独自の目標を設定している。国家生産力局の「長期計画の目標」の一つは,1995年までに企業の訓練投資額を給与総額の2%から4%へと倍増することである。この値は,世界で有力視されている企業が訓練に投資している比率と同等の水準である (NPB 1993)。

高等教育機関,学校,技術教育機構,国家生産力局は,それぞれ独自の計画に基づいて,受け入れの定員や教育及び訓練のあり方を設定する。そして個々の機関のパフォーマンスは,それぞれの目標に照らして評価される。技術教育機構の場合,訓練計画は5年間をベースに設定されるが,実際の実施は2年おきである。更新の必要性が生じた場合には,通商産業省が重要な役割を果たす。これにより,将来の経済需要が継続的にフィードバックされ,いかなる目標の更新にも対処することが可能となる。このようにして,教育及び訓練システムは全体として,将来的な人的資源開発のニーズに応えているのである。

シンガポールのケースは，技術教育と訓練システムの背後にある推進力が，個人のニーズ，あるいは個々の雇用者のニーズでもなく，経済全体のニーズに基づいたものであることを示している。政府のプログラムは，個々人の訓練への参加を促進しているが，標準的な訓練・教育プログラムの目標は，個人的な必要性ではなく，将来の経済的必要性に照らして設定されている。雇用者はプログラムの提供に関して決定的な役割を果たすが，プログラムの狙いが，労働者個人の学習能力の向上だけでなく，訓練を組織化し実践する雇用者の技能の改善にもあることは明白である。個人や雇用者が行う訓練の量や質を改善することに加えて，技能や技術的知識を先進的な大企業から自国民や小規模企業へと移転させる上で，国家は決定的な役割を演じている。要するに，国家は社会全体のために人的資源の開発に責務を負い，それを実践しているのである。

結　論

　結論を述べるにあたって，最初に産業化を遂げた国，特にイギリスとの比較に立ち返ることにしたい。イギリスでは政府は，経済の進むべき方向の決定や，近年ではいかなる訓練を提供すべきかの決定まで，市場に委ねてきた。結果的にそれは，生産システムの発展を，市場における雇用者間の競争の成果に委ねることを意味している。国家は，単に法律的な枠組みを保証するだけなのである。教育の領域においても制度の方向性は，「市場的枠組み」の下で大学や学校を運営する専門家に委ねられており，それは結果的に教育的不平等を助長している（Brown 1990）。教育システム全体の発展に関する決定と，生産システムの発展に関する決定の間には，ほとんどあるいは全く関係がない。実際に政府は，経済発展の方向性を決定することはできないと述べており，そこには教育と経済を結びつける発想は存在していないのである。

　これは，政府が市場の働きを促進し，政府の将来構想に市場が従うよう資源を用いてきたシンガポールとは全く対照的である。イギリスは，政府が計画を策定し，その計画に基づいて生産システムの資源配分が決まるという中央統制方式を採用していない。シンガポールの実体はこれとはかなり異なり，政府が介入する新しい形態として最も良く概念化されている。政府は，市場の働きを

理解し，それを政治的目的の実現に利用しようとしてきた。企業内や特定の市場レベルにおける生産要素の配分に関わる決定は，雇用者に委ねられている。しかし，どのタイプの雇用者が市場に魅力的であるかを決定する際には，国家が権限をふるう。だから通商産業政策を通じて政府は，高付加価値の製品やサービスを生産する企業を専ら誘致しようと努力する。こうした企業を軌道に乗せ，しかもその費用を抑制するために，政府は適切な技能を有する労働力を企業に供給しようと試みる。このように政府は，市場の働きが政治的ビジョンに沿うような文脈を構築し，政治的目標を達成するために市場を利用しているのである。

シンガポール政府が行ってきたのは，生産要素としての資本と労働とを調和させる方策を見いだすことである。アメリカでは20世紀の初頭に，巨大企業が出現し，以前には市場が行っていた生産諸要素を調和する手段を見いだした。シンガポールで行われてきたことの多くは，その手法を想起させるものである。チャンドラー（Chandler 1977）が明らかにしたように，市場という見えざる手に代わって，経営という目に見える手，つまり資源を製品の製造，流通と調和させることによって，アメリカの企業は効率的に大きな利益をあげることができた。シンガポール政府は，多くの点でそれに類似した過程を国家というレベルで採用している。

1960年代後半には，経済が進むべき方向を市場に委ねることが可能であった。しかし市場に任せておいた場合，シンガポールは依然として低付加価値の製品やサービスを生産し続けることになっていたかもしれない。その代わりに政府が採ったのは，低付加価値生産を行う産業を排除することだった。高付加価値生産へと誘導する適切な手だてを講じつつ，低付加価値生産型の企業を離脱させる状況を創出したのである。しかし，このようなタイプの資本を効率的に利用するには，単に規律があるだけでなく実践的な技能を身につけた労働力が必要だった。教育システムは，いかにそれが効率的であったとしても，労働力全体を底上げすることはできず，新規労働力の能力を向上させるにとどまった。生産設備を効率的に運用し，熟練労働者を適切に配置するため，（既存労働者の）ストックとしての技能を向上させる方策が採られたのである。このようにして国家は，経済全体が政治的目標に沿って進むよう，資本と労働の投入の調和

を図っているのである。

　同様の過程は，現在でも見てとることができる。政府は，知識基盤産業の地域的センターにシンガポールを据えるために，人口の相当数に高等教育を受けさせるだけでなく，教育機関は創造力の育成をめざした教育を行わねばならないという決定をくだした。重要なのは，高等教育システムが，知識集約型産業を維持するのに必要な研究・開発の水準を保てるように，科学者やエンジニアを育成していかねばならないということだった。こうした文脈があるので，政府は人的資源の適切な配置に寄与する一連の施策を講じることができる。例えば政府は，高等教育に進学する際，若者がどの分野を選択するかに影響を及ぼすことができるし，高等教育の進学機会を定める入学定員制度を統制することもできる。政府は，専門・技術教育審議会を通じて，雇用者と教育システム双方の意思決定者の間で意見交換を行う場を設定する手段も有しており，これを通じて雇用者の要求に沿うことが可能となる。このようにして，首尾よく産業を確立するために必要な人的資源が適切に配置されるのである。政府は，今日的課題に対処するために様々な要素の配分を調整するだけでなく，新たな環境を創出するための調整も行うという点で，巨大企業が備えている機能とは異なり，それに例えることも適切でない。こうした状況下では，西側諸国で行われているような教育の自律性は決して許されない。教育は常に，国家建設とりわけ経済発展のニーズに従属しなければならないのである。

　このように教育と訓練が生産システムの要求に対応していることから，教育及び訓練に対する投資と経済成長との関連は，シンガポールのような社会の方が，西側先進産業国家よりも緊密であることがわかる。この点については何ら驚くにあたらない。なぜならば，旧来の産業システムは，教育を受けた労働力なくして発展したからである。産業に遅れて発展した教育は，経済の領域で生じていることと緩やかな関連しか持たなかった (Ashton and Green 1996)。これまでの分析が示唆していることは，新興工業経済地域（NIEs）が増加するにつれ，統計的にみれば教育投資と経済成長との間に非常に緊密な関係を見いだせるのだが，それは，そうした社会では教育と経済の関係を制度化するメカニズムが組み込まれているという，まさにその点によるのである。

参考文献

Ashton, D. N., and Green, F. (1996), *Education, Training and the Global Economy* (Cheltenham: Edward Elger).

—— and Sung, J. (1994), 'The State Economic Development and Skill Formation: a New East Asian Model', Working paper 3 (Univ. of Leicester, Center for Labour Market Studies).

Brown, P. (1990), 'The "Third Wave": Education and the Ideology of Parentocracy', *British Journal of Sociology of Education*, 11/1: 65–85.

Castells, M. (1992), 'Four Tigers with a Dragon Head: A Comparative Analysis of the State, Economy and Society in the Asia Pacific Rim' in Appelbaum, R., and Handerson, J., *States and Development in the Asia Pacific Rim* (London: Sage).

Census of Population (1990), Singapore, Government of Singapore.

Chandler, A., Jr. (1977), *The Visible Hand: The Managerial Revolution in American Business* (Cambridge, Mass.: Harvard Univ. Press).

Deyo, F. C. (1989), *Beneath the Miracle: Labour Subordination in the New Asian Industrialism* (Berkeley: Univ. of California Press).

Felstead, A., Ashton, D. N., Green, F., and Sung, J. (1994), *Vocational Education and Training in the Federal Republic of Germany, France, Japan, Singapore and the United States* (Leicester Univ., Center for Labour Market Studies).

Government of Singapore (1991), *The Next Lap* (Singapore: Times Editions Pte Ltd.).

Green, A. (1990), *Education and State Formation: The Rise of Education Systems in England, France and the USA* (London: Macmillan).

—— (1995), 'Education and the Developmental State in Europe and Asia' (London Univ. Institute of Education, mimeo).

ITE (1993), *Institute of Technical Education, Annual Report 92/93* (Singapore: Institute of Technical Education).

Koike, K., and Inoki, T. (eds.) (1990), *Skill Formation in Japan and Southeast Asia* (Tokyo: Univ. of Tokyo Press).

Lee, D. J. (1968), 'Class Differentials in Educational Opportunity and Promotion from the Ranks', *Sociology*, 2/3: 293–312.

Low, L. (1993), 'From Entrepot to a Newly Industrialising Economy', in Low, L., Heng, T.M.H., Wong, T. W., Yam, T. K., and Hughes, H., *Challenge and Response: Thirty Years of the Economic Development Board* (Singapore: Times Academic Press).

Ministry of Education (1991), *Improving Primary Education* (Report of Review Committee, March, Singapore: Ministry of Education).

Ministry of Trade and Industry (1991), *The Strategic Economic Plan: Towards a Developed Nation* (Singapore: Economic Planning Committee).

NPB (1992), *Productivity Digest* (June, Singapore: National Productivity Board).

NPB (1993), *Productivity Statement* (Singapore: National Productivity Board).
——— (1995), *Productivity Digest* (June, Singapore: National Productivity Board).
Sanderson, M. (1994), *The Missing Stratum: Technical School Education in England 1900–1990s* (London: Athlone Press).
Selvaratnam, V. (1989), 'Vocational Education and Training: Singapore and Other Third World Initiatives', *Singapore Journal of Education*, 10/2: 11–23.
SDF (1992), *The Skills Development Fund Annual Report 1991/1992* (11 November), 126.
Streeck, W. (1989), 'Skills and the Limits of NeoLiberalism: The Enterprise of the Future as a Place of Learning', *Work Employment and Society*, 3/1: 89–140.
Tan, Gerald (1995), *The Newly Industrializing Countries of Asia* (2nd edn., Singapore: Times Academic Press).
Wong, S. T. (1993), 'Education and Human Resource Development', in Low, L., Heng, T.M.H., Wong, T. W., Yam, T. K., and Hughes, H., *Challenge and Response: Thirty Years of the Economic Development Board* (Singapore: Times Academic Press).
World Bank (1993), *The East Asian Miracle: Economic Growth and Public Policy* (New York: Oxford Univ. Press).
Yip, J.S.K., and Sim, W. K. (1994), *Evolution of Education Excellence: 25 Years of Education in the Republic of Singapore* (2nd edn., Singapore: Longmans).

7
人的資本の諸概念

モーリーン・ウッドホール

　人的資本の概念とは，人間が，教育や訓練その他の活動によって自分自身に投資するという事実を表すものである。これらの活動は，人間の生涯所得を増やすことで将来の収入が増大する。経済学者は，「投資」という言葉を，将来収入をもたらすであろう資産に関わる支出として用い，これを消費，すなわち，即時的な満足や便益を生み出すけれども将来の収入はもたらさない行為と対比させる。将来収入をもたらす資産が資本と呼ばれるのである。伝統的に，投資と資本についての経済学的な分析は，物的な資本，すなわち機械や設備，建物といった，生産能力を創出することで将来の収入を生み出すものに集中する傾向があった。しかしながら，多くの古典派経済学者たち，特にアダム・スミスは，新しい機械やその他の形態の物的資本が工場や企業の生産能力を増大させるのと同じように，教育が労働者の生産能力の増大をうながすことを指摘した。このようにして，物的資本による投資と人的資本による投資の間の類似性が指摘されたのである。

　人的資本の概念は，しかしながら，1960年代にアメリカの経済学者セオドア・シュルツが教育的支出を一つの投資形態として分析するまで，完全な発展をみることはなかった (Schultz 1961)。アメリカの学術誌 *Journal of Political Economy* は，1962年に「人間に対する投資」と題する増補を出版し，また，ゲーリー・ベッカーは『人的資本』(Becker 1964, 1975) というタイトルの本を出版した。この本は，人的資本形成の理論を発展させ，教育と訓練における投資に対する収益率の分析を行ったものである。

　このとき以来，人的資本の概念は教育経済学を席巻し，労働市場や賃金決定の分析，さらには経済成長の分析，保健分野に対する支出や移住に関する研究

といった，教育以外の分野の経済学にも強い影響を与えた。これは，これらの活動が個々人の収入獲得能力を決定し，それゆえ生涯収入の増大を助長することができるため，同じく人的資本に対する投資を表現するものと認められるからである。

　他方，人的資本に対する投資には，議論すべき点が残されている。投資に対する収益率を測定しようとする試みは，次のような批判の攻撃にさらされてきた。教育は労働者の生産能力を増大させるのではなく，ただ「スクリーニングの装置」としての役割を果たしているだけだ，という主張である。雇用主は，この装置によって，労働者の生産性が向上するような高い生まれつきの能力や個性を見つけだすことができる。以下に述べるのは，この論争についての概要と，教育における投資及び，人的資本の概念の教育以外への応用例についての簡単なレビューである。

人的資本投資に対する収益率の測定

　経済学者たちが教育や訓練を人的資本における投資だというとき，彼らは教育投資と物的な投資との間の類似性を指摘しているだけではない。経済学者たちは費用・便益分析や投資評価という，伝統的に物的資本に適用されるのと同じ手法を用いることで，人的資本投資による利益を測定することが可能だと主張しているのだ。

　収益性，つまり投資の収益率とは，投資に対して期待される収益の測度である。これは，その資産を獲得するための費用とくらべての将来の便益，あるいは資本によって生み出された収入となる。費用・便益分析は，一つの投資プロジェクトに関してのすべての費用と便益を，収益率という一つの数値で表現するように設計されている。収益率は，将来の収入を，一定の利率に換算して割り引いた現在時点での価値が，現在時点での費用の割引価値と等しくなるような利率を示す。収益率によって，異なるプロジェクトの間の比較が可能になる。同時に，最も高い収益率ないし収益性を与えるプロジェクトを識別してそれに投資することで，最適な投資戦略が可能となる。

　教育や訓練，健康管理に使われたお金が人的資本投資とみなされるなら，よ

りよい教育や訓練を受けた労働者や，より健康な労働者の生涯所得が高まる。そこで，費用・便益分析を用いてさまざまな種類や段階の教育における経済的な生産性を比較したり，OJTとOff-JTあるいは異なる種類の医療処置における生産性を比較したりできる。また，人的資本への投資と物的資本への投資の収益率を比較することで，人間への投資と機械への投資のどちらのほうが，より利益があるかを知ることができる。

　人的資本への投資は，個人にも社会全体にも便益をもたらす。教育や職業訓練に参加する個人は，仕事につける可能性が高まったり，生涯所得が増えることで便益を得る。これらの追加的な所得は，税の支払いを差し引いた上で，個人が負担する教育の直接費用及び間接費用と比較することが可能である。教育の直接費用と間接費用には，学費，本やその他の用具の費用，さらに，大学や学校に通うために放棄しなければならない所得が含まれる。これによって，教育やその他の形の人的資本の私的収益率の推計が行われる。

　教育の費用と便益は，ともに社会全体にも影響を及ぼす。社会は教育を受けた労働者の生産性が上昇することによって便益を得るからである。世界中のどの政府もこのことを認識しており，それゆえに政府は，教育費用の全部または一部を支払い，学校や高等教育機関における学費の無償化や助成を行う。社会に対する費用と便益は，社会的収益率によって比較することが可能となる。

　異なる種類や段階における教育訓練の生産性の問題，そして，人的投資と物的投資の収益の比較の問題については，1960年代以降膨大な研究が行われた。同時に，経済学者と教育計画の立案者との間で，きわめて激しい意見の対立が見られた。サカロポラスは，32ヵ国における教育投資の社会的収益率と私的収益率との計測を試みたレビューを行った（Psacharopoulos 1973）。そして，その後この研究を更新して，44ヵ国の教育の費用・便益分析の結果を分析し，収益率を調べた。かれは，1958年から1978年の44ヵ国における異なる教育段階別の労働者の所得の調査に基づく社会的収益率と私的収益率の計測を行い，次の4つの基本的なパターンを明らかにした（Psacharopoulos 1981: 326）。

1. 初等教育に対する収益率は，私的であれ，社会的であれ，すべての教育段階の中で最も高い。

2. 私的収益率は社会的収益率を上回る。この傾向は，特に大学レベルにおいて顕著である。
3. 教育投資の収益はすべて，その機会費用と較べて 10% 以上高い。
4. 発展が進んでいない国の教育の収益率は，それぞれ対応する先進国の収益率よりも高い。

収益性——人的資本 vs 物的資本——

サカロポラスによってレビューされた収益率は，表 7.1 のように要約される。この表は，低開発国，中進国，そして経済的な意味での先進諸国における初等，中等，高等教育の私的収益率及び社会的収益率の平均を示している。これらの収益率はもともと単年次のデータに基づくもので，20 年以上にわたる範囲の推定値によって計算されており，時間がたつにつれて収益率がどのように変化するかを示したものではない。しかしながら，歴史的な時系列のデータに基づいて収益率を計算することが可能な国はほとんどない。アメリカ合衆国については，1939 年からの教育レベル別の労働者所得のデータが存在する。1939 年から 1976 年までの間の中等教育と高等教育の収益率の推定から，教育の収益率はそれほど大規模にではないが低下してきていることが推測される。コロンビアのデータからも，1963 年と 1974 年の間に教育の収益率は低下しているが，それ

表 7.1 地域・国の類型別教育収益率（%）

国・地域の類型	N[a]	私的収益率			社会的収益率		
		初等教育	中等教育	高等教育	初等教育	中等教育	高等教育
アフリカ	9	29	22	32	29	17	12
アジア	8	32	17	19	16	12	11
ラテンアメリカ	5	24	20	23	44	17	18
低開発国平均	22	29	19	24	27	16	13
中開発国	8	20	17	17	16	14	10
先進国	14	[b]	14	12	[c]	10	9

注: a N: それぞれのグループの国の数。b, c 比較のための非識字人口が存在しないため計測不能。
出典: Psacharopoulos (1973: 86)

でもまだ収益性が残されていることが示されている。

これらすべての研究の結果は，教育への支出が人的資本における投資となることを裏付けるものである。教育を受けた労働者の所得が教育の経済的便益の適切な尺度となるかどうかには否定的な見解が存在するものの，これらの研究は，個人と社会の両方にとって，教育への支出が，収益性のある投資であることを証明している。それでも，人的資本と物的資本のいずれが投資として収益性が高いかといった疑問に答えることは難しい。

この疑問に答えようと初期に試みたのが，「人間への投資 vs 機械への投資」である (Harberger 1965)。そして，この問題は，未だ経済学者と教育計画の立案者にとってきわめて重要な関心事である。サカロポラスは先進国と発展途上国の物的資本への収益率の推定値を調べ，次のような結論を出した。(a) 人的資本投資の収益率と物的資本投資の収益率は，いずれも発展途上国のほうが高い。これは，先進国と発展途上国との間でのそれぞれの形の資本の稀少性の違いを反映したものである。(b) 人的資本は発展途上国ではすぐれた投資であるが，先進国ではそうではない。このことは，表7.2における不等号の逆転によって示されている (Psacharopoulos 1973: 86)。

表7.2 経済発展段階別の物的資本と人的資本の収益率

発展段階	物的資本		人的資本
1人あたりの収入 1,000 ドル未満(7ヵ国)	15.1	<	19.9
1人あたりの収入 1,000 ドル以上(6ヵ国)	10.5	>	8.3

出典: Psacharopoulos (1981: 329)

人的資本はどのようにして労働者の生産性を上昇させるか？

人的資本の概念についての初期の説明は，教育や訓練は有用な知識と技能を授けることで労働者の生産性を上昇させ，それゆえ，彼らの生涯所得を増大させるというものであった。しかしながら，この仮定は，間もなく次のような批判による攻撃を受けることになる。すなわち，教育を受けた労働者が高い所得を得るのは，ただ彼らの優れた能力を反映した結果であり，教育のプロセスで習得された特定の知識や技能のためではないという主張である。さらに，高い

教育を受けた労働者は，高い社会階級の出身であることが多く，また，どちらかと言うと，地方よりも都市で働く傾向が強いことが論じられた。それゆえ，教育の収益率の多くの推計は，所得に対する他の要因の影響を考慮して教育を受けた人々の所得の違いの調整を行っている。

能力は所得を決定する主な要因の一つと思われることから，これはしばしば「能力調整」あるいは「α 係数」と呼ばれる。この係数は，教育を受けた人たちが，おそらく教育を受けたために所得が割増される割合を表す。回帰分析と所得関数により，α 係数の適切な値は，0.66 と 0.8 の間であることが示されている（Psacharopoulos 1975）。

さらに最近では，批判はさらに進み，教育は必要な知識や技能を与えて生産性を上達させるのではなく，ただスクリーニングの装置として働いていると主張するようになっている。このスクリーニング装置によって雇用主は，生まれながらの優れた能力や個性をもつ個人を特定することが可能となる。ここでの個性とは，権威に対する態度，時間に正確であることや動機づけなど，雇用主が価値を見いだし，それゆえに高い所得によって報酬を与えるような個人的性格である。

この議論は，それぞれの文献において様々な名前で呼ばれている。すなわち，「スクリーニング」ないし「フィルタリング」仮説，あるいは「資格」ないし「卒業証書」論などである。これは，教育がただ資格，学位，あるいは「卒業証書」を授けるのみであり，このことによって教育は，その保有者の生産性に直接影響を与えることなしに給料の良い仕事を得られるようにすると述べているからである。この議論は重大な論争を引き起こしたが，次のような形で多くの経済学者による反駁が行われた。彼らは「弱い」スクリーニング仮説，すなわち，雇用主が従業員を選ぶ際に，他の性格の代理指標として教育資格を使うことは疑いようのない真実であるとした。その一方で，「強い」スクリーニング仮説，すなわち，教育は生産性に対する直接の効果を全く持っていないことについては，それを支持する証拠は何もないと否定した。雇用主が教育を受けた労働者に対して彼らの生涯の労働を通して教育を受けていない労働者に対してよりも多くの給料を払いつづけるという事実は，この「強い」スクリーニング仮説の誤りを証明するものである（Psacharopoulos 1979）。

7. 人的資本の諸概念

たとえ「強い」スクリーニング仮説が棄却されるとしても，また，もし教育が本当に生産性に対する効果を持っていなかったなら，なぜ労働者の望ましい性質を特定するもっと安価な手段が開発されなかったのかという理由を見つけることは難しい。しかし，そうだとしても，スクリーンあるいはフィルターとしての教育という考え方が，教育経済学における研究の最近の方向性に影響を与える重要なものであったことは本当である。ブローグは，彼が人的資本理論の経験的な地位についての「わずかに偏見を持った調査」と記した人的資本投資の研究レビューにおいて，次のような予言を行っている。

> ゆくゆくは，スクリーニング仮説は「経済学思想における人的投資革命」における転換点を印すものとみなされるようになるであろう。個人の連続的なライフサイクルの選択についてのより豊かな，いっそう包括的な見方への転換点である（Blaug 1976: 850）。

スクリーニング仮説が重要である理由は，人的資本における教育やその他の形の投資が生産性に影響を及ぼす道筋そのものに注目したこと，そして教育が，知識や技能を与える以外にずっと多くのことをするということを思い起こさせたことにある。雇用主が教育を受けた労働者を好み続ける理由は，単に教育資格を所有することが個人の特定の能力や資質や態度を示すだけではなく，教育のプロセスがこれらの特質に影響を与え，発達するのを助けるからである。換言すれば，今や，教育は知識や技能を与えるのと同様に，態度や動機づけその他の個人の性質に影響を与えることが，ますます認識されるようになってきているのである。

このことが意味するのは，人的資本投資の概念は未だ妥当性を有していることである。しかしながらこの概念は，技能に対してだけではなく，個人の特質に影響を与える活動をも含むものとして拡張されなくてはならない。さらに，このような投資活動が労働者の生産性を上昇させる方法は，複雑なものであることが認識されなくてはならない。

人的資本投資のその他の形態

　その他の形の人的資本投資も，労働者の生産性の決定に寄与する個人的特性を発達させる。OJT や労働経験，あるいは移住を含めた仕事探しのプロセスは，健康管理と同様，所得能力を増大させ，またそれゆえに人的資本投資と見なされうる。ブローグによる人的資本研究の文献調査ではこれらのすべての活動が関係付けられている。

> 人的資本の概念，あるいは人的資本研究プログラムの「中核」にあたるのは，次のような考え方である。人々は自分たちの時間を，現在の楽しみのためではなく，将来の金銭的，あるいは金銭とは関係のない見かえりのために様々な形で費やす。……健康，教育，職探し，情報検索，移住，在職中の訓練といったすべての現象は，個人により自分自身のためのものとして行われるか，あるいは社会によってその社会の成員のために行われるかにかかわらず，消費よりもどちらかと言うと投資だと見なされるものであろう。これらの現象を結びつけるものは，誰が何を行うかという問題ではない。それよりもむしろ，誰であれ，意思決定を行う者が，彼(原文のまま)の現在の行動の正当化のため将来に期待を託すという事実である。……人的資本研究のプログラムは，その初期の純粋な形から着実に変化してきている……[しかし]，人的資本研究は，次のことを証明しようというもともとの目的を完全に失ったわけではない。すなわち，世の中における様々な，一見関係のない広範な事象が，将来のために現在の利得をあきらめるという共通の特徴を持つ，個別の決定の明確なパターンの結果であることである (Blaug 1976: 829, 850)。

　人的資本の研究は，今や一見共通点がない活動を結び付けるだけではない。若い人々の間での高水準の失業に答えるために近年発達した多くのプログラムは，教育や訓練，労働経験の間のより緊密な結びつきを作り上げることに，より大きな関心を払うようになってきた。イギリスの Youth Opportunities Programme や Youth Training Scheme など，ヨーロッパにおける若い人々のための多数のプログラムは，職業教育，訓練，そして労働経験を失業の代わりに与えようというもので，これはこれらのすべての活動が人的資本における投資にあたることを認識したものである (CEDEFOP 1982)。

参考文献

Becker, G. S. (1964, 1975), *Human Capital: A Theoretical and Empirical Analysis, with Special Reference to Education* (1st edn., 1964; 2nd edn., 1975, Princeton, NJ: Princeton Univ. Press). 佐野陽子訳『人的資本——教育を中心とした理論的・経験的分析』東洋経済新報社 (1984 年).

Blaug, M. (1976), 'The Empirical Status of Human Capital Theory: A Slightly Jaundiced Survey', 3. *Econ. Lit.*, 14: 827–55.

CEDEFOP (European Centre for the Development of Vocational Training) (1982), *Alternance Training for Young People: Guidelines for Action* (Berlin: CEDEFOP).

Harberger, A. C. (1965), 'Investment in Men Versus Investment in Machines: The Case of India', in Anderson, C. A., and Bowman, M. J. (eds.), *Education and Economic Development* (Chicago: Aldine).

Psacharopoulos, G. (1973), *Returns to Education: An International Comparison* (Amsterdam: Elsevier).

—— (1975), *Earnings and Education in OECD Countries* (Paris: Organization for Economic Cooperation and Development).

—— (1979), 'On the Weak Versus the Strong Version of the Screening Hypothesis', *Econ. Letters*, 4: 181–5.

—— (1981), 'Returns to Education: An Updated International Comparison', *Comp. Educ.*, 17: 321–41.

Schultz, T. W. (ed.) (1961), *Investment in Human Beings* (Chicago: Univ. of Chicago Press).

8
教育が単独でできること

ヘンリー・M. レヴィン／キャロリン・ケリー

はじめに

　経済学などの社会科学の研究者は，長い間，教育を，様々な社会的な課題への解決策と考えてきた。この社会的課題には，生産性，不平等，経済成長，健康状態，過剰人口，政治参加，犯罪行為の減少，福祉への依存状況の改善などが含まれる（例えば，Haveman and Wolfe 1984）。教育は人的資本への投資であるとみなされてきた。この人的資本は，教育を受けた個人に対しては直接的な報酬をもたらし，同時に社会全体に対しても外的な便益をもたらす。1980 年代には，教育はアメリカ経済をよみがえらせるための目玉であると考えられていた。合衆国教育長官指名による全国委員会の報告書などは，アメリカが「危機に立つ国家」であると断じさえした。これは，アメリカが他の国のようには，学校システムの厳格な教育要求に見合う生徒を生み出しえていないことを根拠にしたものであった（National Commission of Educational Excellence 1983）。この報告書の結論は，もしアメリカが標準テストの得点で表される生徒の学習達成度を向上させなければ，アメリカ経済は西ヨーロッパや日本に対抗することができないというものである。教育による経済不安を解決するために，今までよりも多くの科目の履修を要求し，登校日数を増加させ，学校に通う年数を増やすと同時に，高校卒業のための試験の水準を高めることが求められた。

　本章では，あまりに明白なのでわざわざ言う必要がないようにみえることを証明してみたい。教育は，より生産性の高い労働者に対して雇用機会が存在する場合にのみ生産性を向上させることができる。このことは，犯罪行為や福祉への依存を減らすことについても同じである。教育が福祉へのニーズや犯罪行

為に向かわせる誘因を減少させる機会へとつながる場合にのみ，教育は犯罪行為や福祉への依存を減らす効果をもつ。また，教育は，情報を持った投票者，すなわち，複雑な諸問題によく精通した上で投票を行う人々を生み出す。しかしながら，投票を行う可能性をもつ人が，選挙によって政策に影響を及ぼすことができないと感じれば，投票行動が増加することはない。

　この章のテーマは，教育が潜在的に，教育に対して要求されていることの多くを成し遂げる上で効果的であることである。しかし，この教育の効果は，教育以外の投入が存在することにより，はじめて成立する。この補足的な投入が欠けている状態では，教育は，その効果を主張する人が期待するほど強力とは言えない。残念ながら，教育の効果に注目する政策立案者も経済学者も，教育の効果を規定するこの補足的な投入を大部分無視してきた。教育の潜在的な重要性が誇張されているわけではない。ただ，教育がこうした潜在的な力を発揮できるような環境条件についてだんだん意識されることが少なくなり，教育があたかも社会を悩ますすべてのことを解決する魔法の薬のように見られている。この章では，教育を成功させるための補助的ないし補足的な条件を考慮せずに教育のおよぼす影響を誇張して話すことの危険性について，議論を行う。

教育の効果は誇張されているか？

> 経済を急速に成長させ，アメリカの会社が世界のリーダーシップを再び握るためには，アメリカの学校の教育水準を劇的に向上させなければならない。簡潔に言えば，生徒はもっと長い時間学校に行き，もっと勉強し，もっと上級の学科内容を含んだもっと難しいテストを受けなければならない（Johnston and Packer 1987）。

　これは，アメリカ労働省の『2000年の労働力――21世紀の仕事と労働者』と呼ばれる報告書から引用したものであり，米国労働省だけではなく，アメリカ教育省と多くの教育改革に関する国家委員会の見方を代表している。これは，アメリカのビジネス・リーダーの間で有力な見方でもある。彼らは，もし自分たちの労働力がドイツや日本のような十分な教育を受けていなかったら，世界経済の中で効果的な競争を行うことができないと主張している。そして，アメリカの生徒のテストの得点が他の国よりも低いことを，自分たちの見方が正し

いことの証拠としてあげている。

　しかし，このような論理的かつ自明に思える結論には，少なくとも2つ問題がある。第1に，テストの得点は所得とも生産性とも強い関連性を示したことがない。第2に，アメリカに製造工場を設立した日本の会社は，アメリカの工場よりもはるかに効率的な生産活動を行うことができており，これは同じものを生産している日本国内の工場にひけをとらない水準である。以下でこのことを簡単に見ておこう。

テストの得点と生産性

　労働力——あるいは少なくとも新規参入労働力——が受けるテストの得点を単純に上昇させることで，労働者の生産性を高める抜本的な効果があると信じることができるなら，これはとても魅力的なことである。『危機に立つ国家』は，西ドイツや日本の経済力の強さの源が，教育達成の国際比較においてテストの得点が最も高い国々に属し (Bishop 1989)，アメリカよりも学校教育の日数や年数がはるかに長いことにあるにちがいないと主張している。しかしながら，テストの得点の上昇が，労働者の生産性に大きな影響力を持っていないことを示す直接的な証拠が2つある。第1に，経済学者は，労働者のテストの得点を説明変数として含んだ所得関数を計測できていた。第2に，多くの研究がテストの得点にもとづいて労働者の生産性や人事上の等級を予測している。

テストの得点および生産性に関する経験的な証拠

　数十年間の研究により，教育水準を一定とした場合のテストの得点と労働者の所得との間の関連性はきわめて限定されたものであることがわかった。同じ教育水準で同じ人種の労働者たちのテストの得点に大きな違いがある場合でさえも，所得の違いとの関連は，通常は大変小さなものである。たとえば，テストの得点がまん中（50%）のところから上位16%のところへ上昇した時に，それに伴う所得の変化はたった3-4%か，それ以下である（Bishop 1989）。

　マーネンとウィレット，レヴィによる最近の経験的な研究では，最近数年間の間に，テストの得点と所得との関係は急速に高まっている（Murnane, Willet and Levy 1992）。それでも，この新発見を詳細に検討してみると，特に教育改革の観

点から見れば，このテストの得点と所得との関係は未だに非常に限られたものであることがわかる。マーネンとウィレット，レヴィは，高校卒業後6年経った1978年と1986年の卒業生をサンプルとして，時間あたりの所得の対数方程式を推定した。この方程式では，家族背景や人種，労働経験などの多様な指標が統制された。その結果，数学のテストの得点の1標準偏差の違いに伴う賃金の違いが，男性については1978年には3%だったものが1986年には7.4%になり，女性については同じく8.5%から15.5%に上昇したことが見いだされた。

アメリカでは，1970年代と80年代を通じて，賃金や年間所得は実質的に下がっていた。そこで，テストの得点の上昇がこの趨勢をどのようにして逆転させたのかを考えることにしよう。マーネンとウィレット，レヴィは，1978年グループの男性の平均賃金を1988年価格で時間あたり9.49ドルであると計算した。1986年グループの同じような属性を持つ男性の間では，平均賃金は時間あたり7.92ドルに減少した。テストの得点が平均値よりも1標準偏差高いテストの得点を持つ男性でさえも，彼の時間あたりの賃金は，1978年の男性全体の平均値より約1ドル低いのである。

そして，どの国の教育改革も，高等学校卒業者のテストの得点を1標準偏差でもきちんと上昇させた例はないことを考える必要がある。実際，教育バウチャーを要求する議論の多くは，コールマンとホッファーによって報告された私立学校のテストの得点の業績報告に基づくものである（Coleman and Hoffer 1987）。彼らが発見したのは，カトリックの学校の2年生が3年生になるまでに，初めのテストの得点がだいたい同じで人種や社会経済指標が似ている公立学校の生徒よりも平均で0.06標準偏差成績が上がった，ということであった。これは，マーネンとウィレット，レヴィの研究における賃金格差では，1時間あたり4セントの違いにあたる。

生産力に対する影響がこれよりも大きいと考えている研究者たちは，利潤の最大化をめざす雇用主が生産性とテストの得点との本当の関係について無知であり，雇用主の主張を支持する産業心理学者たちの研究を利用しているのだと主張する。しかしながら，以下に述べるように，テストの得点予測の妥当性についての研究に対して行われた公平な評価によって，テストの得点と監督者による生産性の評価との間には，非常に限定された関連しか存在しないことがわ

かっている (Hartigan and Wigdor 1989)。実際，テストの得点を雇用の採否のために用いることの潜在的な経済効果について総括すると，産業心理学者による経済学的な主張は，無効であり，また非常に誇張されたものであることがわかる (Levin 1989)。

他方，労働者が最小限の教育レベルに達している場合，労働者の生産性を予測する上で重要な様々な教育の特性はこのほかにも存在する。たとえば，ケンタッキー州のトヨタの自動車工場についての調査では，1990年にその工場が求職者に対するテストと面接とに約26時間かけていたことが明らかになった。このうち，認知的なテストに費やされたのは3時間足らずで，これはその労働者が最低限の水準に達しているかを確かめることだけを目的としていた。これに対して，そのほかの選考項目には約23時間が費やされ，これには仕事へのコミットメントや，チームワークの中での生産性などの項目が含まれていた。ブラウンとライシュ，スターンは，大変成功した多国籍の電機会社についての報告を行っている (Brown, Reich, and Stern 1990)。その会社では，中学1年のレベルの読解と小学5年のレベルの数学とに相当するテストの最低限度の得点を雇用の条件として設定している。さらに彼らは，従業員のテストの得点の成績が，その会社の生産性にとって重要な2つの要素である「チームワークの技能」や「労働習慣」と相関がなかったと報告している。

彼らは同じく，アメリカにある非常に生産性の高い日本の自動車の一貫生産型の工場が，雇用基準として高校卒業を要求せず，それ以前の労働経験を主に重視していることを発見した。労働者は，1日半かけられる審査全体の中で，30分の機械的な適性検査と20分の基礎的な数学のテストを受けるだけなのである。この審査には，実際の組立ラインと同じような形でチームワークや仕事の遂行を行うシミュレーションが含まれる。志願者たちはチームワークにおけるチームへの態度や対人関係の技能，課題を追求する態度，そして製造上の効率や質について得点を与えられる。シミュレーションでの得点は，会社が労働者の訓練可能性や将来の生産性を評価するのに使われる。これらの結果はまた，ハイテク関係の製造を専門とする5つの企業の調査結果とよく一致する。これらの会社では，労働者は単に比較的低い最低限の数学と読解技能を持っていることを要求されるのみである (Levin, Rumberger, and Finnan 1990)。

バーリンとサムは，1979年の18歳から22歳までの若者の国勢サンプルで，当時学校にはすでに通っておらず，12年以下の学校教育を受けた人々の，1979年から1981年の間の年間所得は約5,100ドルであることを見いだした（Berlin and Sum 1988）。多変量分析を用いて個人と労働市場の状態についての人口上の特性を統制すると，テストの得点で計測される基礎的な技能で1学年相当が追加されるごとに約185ドル追加的な年間所得があり，約3.6%の上昇となる。しかし，実際には1学年修了するごとに，715ドルの所得が追加され，これは約14%の上昇にあたる。そして，高校の卒業資格を得れば，927ドルが追加され，これは18%の上昇となる。大まかに言えば，高校の最終学年を修了することによって，テストの得点の1学年分の上昇に相当する所得の約10倍年間所得が増大するのである。

　テストの得点と所得との間に見られる関連性の弱さは，テストの得点と労働者の生産性の評価との間の関連が経験的に弱いことによっても裏付けられる。たとえば，米国雇用局は一般能力テスト（General Ability Test Battery: GATB）を用いて候補者が将来の雇用者として見込みがあるかを確かめている。このテストはいくつかの職業における生産性と，数百に及ぶ多様な職種についての人事査定とを直接推定する尺度として用いられてきた。このテストは，知能，言葉遣い，計算能力その他の多様な尺度の部分から成り立っている。GATBと多様な職業の従業員に対する人事査定との間の単純相関は，ナショナル・リサーチ・カウンシルによるGATBに関する研究に依拠してサンプルの誤差や信頼性を修正した場合においても約0.25である（Hartigan and Wigdor 1989）。

　実際，この結果は，採用テストと仕事の業績についての予測の妥当性に関する経験的な結果の要約を試みた他の諸研究の結果と似通っている。相関は0.2から0.3の間にだいたい収まる(たとえば，Schmitt, Gooding, Noe, and Kirsch 1984を参照のこと）。つまり，監督者により観察される生産性のうち，テストの変動と関連しているのはその変動のだいたい4–9%だけである。これでは，将来の労働力の生産性が生徒の学業達成の向上に決定的に依存していることを示す確固たる証拠にはほとんどならない。さらに，この研究の基礎となっている妥当性の検討では，教育達成が統制されていないという事実が考慮されておらず，その意味でこの単純な相関でさえも，事実を誇張してとらえていることになる。

つまり，テストの得点と生産性の尺度との間に見られる相関のいくらかは，高い教育を受けている人ほどテストの点数が高いという事実が考慮されていないことに起因すると考えられる。それゆえ，テストの得点による「予測の妥当性」のもととなるテストの得点と生産性との間の単純相関は，労働者の教育達成との共変動によって増幅されているのである。

労働者たちが仕事を適切に行うために最低限の教育達成を満たしている必要があることは，雇用主への複数の調査から経験的に明らかになっている。労働市場に参入する高校卒業者たちが何を必要としているかについてのナショナル・リサーチ・カウンシルの報告書は大変有益な情報ではあるが，ここでの最低限の教育達成のレベルがどんなものであるのかについての正確な合意があるわけではまったくない。この報告書の委員は雇用主の代表者によって構成されており，彼らは自分たちの会社から直接データを得ていた（National Academy of Sciences 1984）。この報告書は，すべての労働者に対してコンピュータ技能，コミュニケーション技能（リスニング，会話，読解や作文を含む），そして読解技能において有能であることが求められていることを示唆している。正規の仕事を獲得し，訓練をすることで利益を得て，転職や昇進の機会を得るためには，おそらくこの最低水準は下層レベルの仕事においてさえも満たされなければならない。

これは高い水準の達成では全くないが，たぶん現在のアメリカの生徒の3分の1を占めるいわゆる危機的な生徒はこの水準に達していない。このグループは主にマイノリティや移民の家庭または貧困家庭出身の生徒によって構成されている（Pallas et al. 1989）。総学生人口のうちでこれらの生徒が占める割合は増加しており（Pallas et al. 1989），高校中退者の中で異様に高い割合を占めている（Rumberger 1983）。そして，彼らは他の生徒に比べてテストの得点がずっと低く，多くは安定した雇用や職業移動のために必要な水準に達していない。

要するに，アメリカが経済的に競争力のある地位を保つためには他の国々からの生徒をテストの得点で打ち負かすしかないという一般的な考えは，単純すぎてほとんどすべての経験的データから支持されない。テストの成績はこれらの危機的な生徒についての関心事であり，このような生徒を教育のメインストリームへと導くためには特別な努力が不可欠となる。これらのすべての知見は，

テストが何を計測しているのかを考えればそれほど驚くことではない。テストで評価されるのは，大部分は生徒が基本的な技能のレベルで成功する能力があるかどうかである。つまり，そこで評価されるのは様々なことがらを理解したり情報として用いたりするというよりは，単に記憶しなければならないことである。コンピュータなどの電気的な記憶媒体へのアクセスがほとんど無制限に行われる時代において，記憶をためこむことが，大部分必要なくなるかどうかは，明らかではない。しっかりした基礎的な技能の最低水準がいったん達成されたあとは，問題を解決し資源配分の意思決定を行うためにどのようにその情報を利用するかがより重要になる。この問題には後で再びふれるが，国際比較が生産性を推定する上で有効ではないようなテストに基づいて行われている一方で，テストの専門家が現在，より実際的な評価に着目していることは注目に値する（Office of Technology Assessment of the US Congress 1991）。

この点に関して最後に，「情報経済」（Berryman and Bailey 1992）において急速に高まっている認知的技能への要求についてのよく見られる議論についてふれておこう。このような主張とは反対に，仕事上の技能の要求における変化について行われたもっとも包括的な研究は，認知的技能への需要が時間とともに加速度的に高まっているという見方を支持していない。ハウウェルとウォルフは，職業ハンドブックに載っている職業構造と技能要求における細かな変化を検討することによって，1960年から1985年にかけて労働力に対して要求される技能がどのように変化したかについての評価を行った（Howell and Wolff 1991）。彼らは，職業上要求される経済的な認知的技能の平均成長率は，1960年代には年間約0.7%であったものが，1970年代には0.5%未満，そして1980年代前半には0.3%未満というようにかなり低下したことを見いだしたのである。

アメリカにおける日本的生産

アメリカ経済の相対的に貧弱な業績の原因をその貧弱な労働力に求める見方に対する強力な反例として，日本の自動車と電機の製造業がアメリカの工場において成功を収めていることがあげられる。最近のアメリカでの最大の販売量を誇る自動車のひとつはホンダのアコードである（Honda: is it an American car? 1991）。この車の大部分はオハイオ州のメリズビルで生産されており，そこには

1万人の労働者が雇われていて，そのうち日本人は約 300 人にすぎない．メリズビルで生産されているホンダ・アコードと新しいミニバンの質は非常に高く，ヨーロッパと日本を含む 18 ヵ国に出荷されている．ホンダの取締役社長によれば，「オハイオで生産されている車の質は，日本で作られているものよりも優れている」(Castillo 1991)．さらに，日産，マツダおよびトヨタもまた，地元の労働力を用いた組立工場をアメリカにもち，収益をあげている．

カリフォルニア州フレモントにおかれたニュー・ユナイテッド・モーター・マニュファクチャリング（NUMMI）と呼ばれるゼネラル・モーターズ（GM）とトヨタとのジョイント・ベンチャーの生産性については，多くの研究が行われている（Brown and Reich 1989; Krafcik 1986; New United Motor Manufacturing Inc. 1991)．この工場は 1982 年に GM によって閉鎖され，その理由は，貧弱な生産性，高い長期欠勤率，製品の貧弱な質，そして労働争議であった．この工場は，GM の工場の中で生産性で最底辺にランクされ，欠勤率は 20% を超え，一千件を超える苦情が未処理のまま残されていた．

NUMMI は 1985 年に生産を開始し，輸入されていたトヨタ・カローラの 4 ドアモデルに相当するシボレー・ノヴァを生産した．工場では，その後トヨタ・カローラ FX の製造を行い，1988 年からはジオ・プリズム，1991 年 8 月からはトヨタのピックアップ・トラックを生産している．この工場は 1991 年 1 月に 100 万台目を生産した．

生産はトヨタが責任を持ち，マーケティングは GM が担当した．トヨタは工場を完全に設計しなおし，全米自動車労働組合との合意により NUMMI で雇用する労働者の 80% 以上を閉鎖された GM 工場にレイオフされた労働者から採用した．生産は 1984 年の 12 月から行われ，1986 年の春までに月間 2 万台を超えるフル稼働を達成した．

NUMMI の生産プロセスは 4 人から 8 人のチームを利用して行われた．チームは作業の課題を設定し，それをチームの構成員の間でローテーションさせる．また，これらのチームは定期的に会合を持ち，どのようにして労働プロセスを改善し，生産の質を高めるかを議論する．チームはできる限り，エンジニアや経営代表者を呼ばないで生産上の諸問題を解決することが期待されている．労働者は組立に関連する問題を解決するために，組立ラインをいつでも止める権

利を有している。労働者のフレキシビリティと，労働プロセスへのコミットメントが強調される。

　NUMMI は在庫に関してジャスト・イン・タイムのシステムを用い，チーム・レベルでの生産で 100% の品質の要求を強調する。工場の経営組織はフラットな階層構造を基礎としていて，主な監督と品質のコントロールはラインの監督よりも作業チームによって担われている。

　人的資本の観点から言えば，その雇用契約は長期のものである。すなわち，工場が経済的な破局に脅かされない限りレイオフを行う方針はない。その結果，労働者と経営者の両方が人的資本投資を長期的な見返りがあるものととらえ，両者がともに企業特殊的訓練への投資に対して大きなインセンティブを持つ。すべての労働者は相当量の OJT を受け，チーム・リーダーやグループ・リーダーにあたる 5 分の 1 の労働者は 3 週間のクラスでの授業とトヨタの生産システムにおける OJT を受けるために日本へ派遣される。フレキシブルな作業上の役割分担という方針は，NUMMI と全米自動車労働組合とが共同して導入し，チームの構成員により多くの責任が与えられ，チームの構成員一人一人が多能工として位置づけられた。

　これらの取り決めが生産性におよぼした結果は顕著なものであった。生産性は昔の GM 工場よりも 50% 向上し，日本の高岡市の姉妹工場と同等となった (Krafcik 1986)。無断欠勤は約 0.5% のみとなり，品質の水準は輸入されたトヨタ・カローラに匹敵することが，消費者と産業アナリストの双方によって確認された。これらすべてのうちでもっとも注目すべきことは，昔の工場と新しい工場との間の生産性の極端な上昇は，労働者の教育水準が上がったからではないということである。80% を超える NUMMI の労働者は昔の GM の労働力から採用されたのであり，これは GM がその生産システム全体の中で最悪であると考えた人たちなのである。

補完的な投入を無視することの費用

　この節で示そうとしてきたのは，教育が，ほとんどそれだけでアメリカ経済の生産性と競争力の問題を解決できるという現在の見方は，経験的に示された

証拠とは一致しないということである。この見方によれば，日本と西ドイツの成功は，両国の合理的な学校システムと試験の高い得点によるものとなる。それゆえ，テストの得点を「世界レベル」に上昇させようという政策が，世界経済において効果的に競争する上で必要ということになる。

しかし，最低限の達成レベルを満たしていない危機的な生徒を例外とすれば，この見方は絶望的にあさはかで危険ですらある。あさはかであるというのは，テストの得点と所得との間の関連について，統計的な関連がきわめて小さいことが研究により示されているからである。さらに，米国で自動車生産工場を設立した日本の企業は，既存の労働力で，世界標準からみても効率的な製品生産が可能であることを見いだしている。

この見方は危険である。なぜなら，教育がより高い利益を生み出すために必要なその他の条件や投入を無視しているからである。では，その条件や投入とは，どのようなものであろうか？

1. 新たな投資は明らかに，より生産的なアプローチや新しい技術を利用するための主な要件である。アメリカが行っている新たな投資や資本形成の比率は，自分たちの競争相手が行っているものの何分の1かにすぎない。

2. 教育を受けた労働者が持つ，より大きな生産能力を利用するためには，新しい手法による労働組織が必要となる（Levin 1987）。すなわち，会社はチームワークやその他の参加型アプローチを基礎とした労働機会を提供しなくてはならない。このことによって，労働者は自らの裁量で意志決定を行い，このようなアプローチにとって不可欠な情報，インセンティブやアカウンタビリティをもつ機会を保証される（Levin 1987）。多くの点から考えて，これらの新しい形の労働組織は，労働者が情報に富んだ環境の中で，配分に関わる決定を行う可能性が作り出されることを前提としたものであるといえる。この情報に富んだ環境こそ，おそらく教育を受けた労働者が会社の生産性を改善する最も大きな可能性を持つ（Schultz 1975; Welch 1970）。アメリカ労働力技能委員会は，オスターマンが「高生産性労働組織」と呼んだ組織は，雇用の約5％を占めるにすぎないと主張している（Commission on the Skills of the American Workforce 1990;

Osterman 1992)。

3. 研究，訓練，製品開発，マーケティング，生産及び財務へのより統合化されたアプローチを創り出すと同時に，労働参加への生産的なアプローチへの支援を行うためには，新たな経営上のアプローチに着手しなければならない。GMはNUMMIシステムをベースにして自社工場の一つでチームワークの利用を導入しようとした。ただし，それは，NUMMIの経営組織や雇用契約，訓練，発展型の生産といったNUMMIのその他の特徴を一体化させたものではなかった（Brown and Reich 1989）。この試みは失敗し，工場は現在閉鎖が計画されている。同じような実験で，もっと良い結果がでたのは，GMがテネシー州の独立工場で生産した自動車サターンが達成したものと考えられる。しかしながら，GMのもっと大きな組織やこの他の自動車メーカーは，日本の自動車メーカーのアメリカ工場が出した結果に近づくことができない。これは，アメリカのメーカーが少しずつ変化させるアプローチをとるためである（漸次的変化の失敗の議論については，Levy and Murnane 1992を参照のこと）。

　危険なのは，アメリカの会社が，成功への主な障害が労働力の教育レベルが低いことにあるという信念を強めていることである。このことは，単にこのような会社が，その他の競争的になるために不可欠な要素への考慮を怠っていることにとどまらない。この信念は，多国籍企業が生産的な労働力を獲得するためにはアメリカ以外の国で生産を行うしかないという自己成就的な予言を促進させることになる。このように，生産性を向上させる要因をただ一つ，教育の水準とテストの得点を上昇させることだと考えるアプローチは，国家政策と産業政策の両方を，国家の生産性を向上させない方向に，また判断を遅らせる方向へとゆがめることへとつながる。われわれがしていなければならないことは，国の生産性を増大させるのに必要な変化の絶対的な範囲を認識し，教育を，政策の組み合わせの中での関係する補完的諸要因の一つとしてのみ位置づけることである。教育における変化を，大部分関連性を持たない独立の現象としてではなく，これらの他の次元の変動との関連の中でとらえるべきである。

諸研究の中に見られる教育の効果の誇張

いっそう生産的な社会を作る上での教育の役割を誇張して話してきたのは，政治家や教育政策担当者，産業界のスポークスマンだけではない。経済学者やその他の社会科学者もまた，その推定の前提となるその他の投入や条件を無視し，教育の増大に伴う便益を推定することでこの役割を演じてきたのである。教育が収入や健康，政治参加を向上させ，犯罪や公的扶助といった公的費用を減少させるという教育の効果についての分析はほとんどすべて，個人の教育を個人の経済などの成果に関連づける横断的な研究に基づいている。しかし，これらの関係についての横断的な研究は，一時点での教育における違いがもつ見かけ上の効果が，長期にわたっての教育における変動の効果を評価するのに使えるものと想定している。実際には，教育を改善するどのような政策でも，長い時間をかけてはじめて実現されるものである。そのため，教育についての社会の投資の評価にあたっては必然的に，横断的サンプルにおける教育による違いが，長期間にわたる教育の変動の影響を予測する上で役に立つものと解釈せざるを得ない。この節では，もし教育が教育の便益を左右するその他の投入や条件が同時に改善されることなしに増大するとしたら，横断的研究は必然的に，長時間にわたる教育水準の向上の効果を誇張してとらえることになることを明らかにする。具体的な結果を検討するために，3つの簡単な例を示そう。

公的扶助

教育を受けている量が少ないほど，失業したり，低い賃金で雇われたり，貧困状態にある可能性が高いことはよく知られている。収入が低いことが公的扶助を受けるかどうかの主な基準であることから，このような援助を受ける可能性が，教育に対して負の関係をもつことは驚くにあたらない。例えば1967年に行われた30歳代半ばの黒人女性についてのある研究でわかったことは，教育年数が1年増えるごとに公的扶助を受けている可能性が3-4%減少することであった (Owens 1990)。その年齢グループの黒人女性の教育人口はその後数年間の間に若干増加したので，公的扶助を受け取る可能性が減少したことが期待される。ところが，表8.1に示されたように，15年間に教育達成は向上したにもかかわ

らず，黒人女性の生活保護の発現率は，1967年の29.5%から1982年の46.2%に増加した。さらに，生活保護の発現率は，教育達成のすべての水準において増加した（Owens 1990）。

なぜ教育の向上が公的扶助への依存の減少と結び付かなかったのか？ ひとつの理にかなった仮説は，後年になって公的扶助を受ける可能性が教育に対して以前ほど敏感に反応しなくなったというものである。しかしながら，オーウェンズ（Owens 1990）の知見によれば，1982年には，教育年数が1年増加すると，公的扶助の対象となる可能性が7%ポイント下落していた。すなわち，1年間の教育による違いがもたらす福祉の対象になる限界的な可能性は，1967年に比べて1982年には約2倍の大きさになっている。それゆえ，公的扶助を受けることの教育への依存度は減少するどころか，むしろかなり高まったのである。

残念ながら，オーウェンズが入手可能なデータで行った分析は，経済が比較

表 8.1 教育達成が生活保護の発現率と片親である確率に与える効果
（30歳代黒人女性，全国追跡調査データ（National Longitudinal Survey Data); %）

教育年数	生活保護の発現率	片親である確率	生活保護の発現率	
			片親	非片親
A. 1967年コーホート				
9年未満	43.0	24.7	79.8	31.0
9–11年	34.3	27.3	64.4	23.0
12年	18.1	23.3	39.9	11.5
13年以上	9.2	22.3	15.4	7.4
16年以上	5.4	22.0	4.3	5.0
平均	29.5	24.9	57.6	20.3
N	1,190	1,190	305	885
A. 1982年コーホート				
9年未満	81.5	56.4	97.0	61.1
9–11年	62.4	54.1	80.1	41.9
12年	42.4	43.7	65.2	24.2
13年以上	24.3	34.8	44.1	14.3
16年以上	10.4	23.2	18.7	8.3
平均	46.2	45.1	69.0	27.5
N	916	916	402	514

出典: Owens (1990)

的繁栄期にあった 1967 年と，景気後退期である 1982 年とを比較したものであった。それゆえ，劣悪な経済がもたらした効果を，貧困と教育についての構造的な変化から切り離すことが不可能となっている。しかしながら，これが景気後退だけに起因するものとは考えられない。アメリカの労働力の教育年数がかなり増大したにもかかわらず，景気回復の絶頂期にあった 1989 年のアメリカ全体の貧困率は，1967 年と同じ高さであった（US Department of Commerce 1991: 11）。

公的扶助の支払いの削減についての教育の経済価値（明らかに一種の支払の振替）を推定するか，生活保護の支払の削減についての教育投資の便益・費用の研究を行うかしていたとしたら，どうなっていたであろうか。もし 1967 年のデータを使っていたならば，将来教育が増大することによる利益を，実際の利益と比較して非常に誇張して言うことになっただろう。これは実際，一時点に限定された人口に関する結果を，長期の現象へと当てはめる場合に必要となるその他の条件を考慮に入れないことによって，これらのタイプの研究が直面する危険である。教育を増大させることによって 1967 年のデータで示されるような形で公的扶助を減少させるためには，時系列的な社会人口の変化に対してこの横断的な状況を，生活保護資格や雇用される可能性，所得水準，所定の所得水準にある夫との結婚の可能性などの要因に注意して精査したうえで適用する必要があるだろう。これらの要因は，効果についての時系列的な予測では実質的には全く考慮に入れられないのである。

教育と所得

考えられる 2 番目の分野は，所得に対する教育投資の効果の予測である。収益率や便益・費用に関する研究は，常に所得パターンの横断的分析と，それを教育における時系列的な変化へ応用することに基づいている。エクハウス（Eckhaus 1973）は，それをこのようなアプローチが基づいている将来の所得パターンが全く無効であるかもしれないことを示した。このような可能性を認識していたとしても，実際に分析するときにはこのことはすぐに忘れられてしまう。

表 8.2 は，1987 年を基準とした実質価格において，25 歳から 34 歳の男性が

獲得する年収を教育達成別に示している。1968年における収入の中間値は，1987年価格でほぼ24,000ドルであった。もしそれぞれの教育水準に対する見返りが同じまま，教育水準の分布がより高い水準へと移行したならば，1987年において期待される収入の中間値は，およそ25,267ドルに上昇したと考えられる。実際にはこの年齢グループの男性の収入の中間値は20,112ドルまで下がっており，これは1968年の水準をほぼ4,000ドル下回り，予測された値に対しては5,000ドル以上，あるいは20%も下回っている。さらに，すべての教育段階のグループがこの時期に実質的な収入の下落を経験している。例外は，最も高いカテゴリー(大学院)であるが，これは19年間で約1%実質収入が改善している。

表8.2に示した1968年の所得の違いをみると，教育に対する社会的投資は，高い収益率が期待されていたにもかかわらず，現実には損失がもたらされたことがわかる。増大する教育への投資に伴う便益と費用の現在価値は，1968年の所得水準を推定される便益として，また，1974年における教育費用を直接的な教育支出として，そして，高等学校の教育を受けた18歳から24歳までの男性の1972年における所得を大学進学による放棄所得として推定される。男性の教育分布を1987年の教育達成レベルへと引き上げることの1968年における現在価値は，8%の割引率においてほぼ均衡する。すなわち，1968年からの所得の

表 8.2 25–34歳男性の年間収入(教育水準別，1968年及び1987年)

教育水準	1968年 教育達成	1968年 収入中央値	1987年 教育達成	1987年 収入期待値	1987年 収入中央値
0–7 年	6.2%	$13,611	2.8%	$13,611	$9,978
8 年	6.0%	$18,100	1.5%	$18,100	$9,843
9–11 年	16.5%	$20,457	9.6%	$20,457	$12,990
12 年	39.3%	$24,166	40.4%	$24,166	$18,366
13–15 年	13.2%	$25,753	20.7%	$25,753	$20,920
16 年	10.8%	$30,568	16.0%	$30,568	$27,423
17 年以上	8.0%	$29,736	8.9%	$29,736	$30,035
総計	100.0%	$23,934	100.0%	$25,267	$20,112

収入はすべて1987年価格
出典: US Department of Education, OERI, NCES, Digest of Education Statistics: US Department of Commerce, Bureau of the Census, Current Population Reports, Series P-20, Nos. 182 and 428; US Department of Commerce, Bureau of the Census Statistical Abstract of the United States, 1990, Table No.756

パターンが 1987 年まで維持されたなら，この投資の内部収益率は 8% であったことになる。もし労働力生産性における歴史的な改善が起こったならば，これはおよそ 10% にもなったであろう。実際，1968 年から 1987 年までの間の所得の低下が意味するのは，この時期を通じた教育の増大は価値の獲得ではなく損失を伴っているということであり，これは直接費用と放棄所得におけるおよそ 580 億ドルに匹敵する。横断的分析の結果からは，1968 年と同じ各段階の教育市場の状態は，時間とともに向上する教育に対する報酬を推定するのにもまた利用できるということを示唆している。しかし，それどころか，これらの条件は時間とともに変化し，一方で社会的収益を減少させる。それでも教育段階間の差は 1987 年においても大きいままであることから，私的収益率は高いものとなる。労働力の教育水準を引き上げるための社会による投資は，実際には便益よりもどちらかと言うと相当程度の社会的費用に結びついたのである。

教育と政治参加

最後の例は，教育と政治参加の分野のことである。教育がもたらす重要な社会的便益のひとつは，政治参加及び選挙民の知識を向上させることへの影響であると考えられる。投票行動についての研究に共通する知見は，投票する可能性に対して教育が果たす役割が増大しているというものである（Wolfinger and Rosenstone 1980）。表 8.3 は，1968 年と 1988 年の大統領選挙の投票者数を教育水準別に示したものである。1968 年の結果が示しているように，最も低い教育段階から最も高い教育段階に至るまで，投票の可能性はある程度上昇している。例えば，1968 年の大統領選挙で投票した大卒者の割合は，高校中退者よりおよそ 20% 高い。

これらの割合を 1988 年における 25 歳以上の人口の教育分布に当てはめた場合に予想されるのは，投票を行う人口の割合が 69.4% から 75% 近くまで上昇することである。実際には，1988 年の選挙で投票した住民の割合は，61% にすぎなかった。この違いは，選択された年による偶然ではない。というのは，この時期を通じた長期的傾向として，大統領選挙に対する参加の低下が示されているからである。一つの仮説は，教育の違いが投票行動における違いの決定要因としてあまり重要でなくなったというものである。現実は，正反対であった。

表 8.3 1968 年及び 1988 年アメリカ大統領選挙投票率(25 歳,教育水準別)

教育水準	1968 年教育達成	1968 年選挙投票率	1988 年教育達成	1988 年投票率期待値	1988 年実際の投票率
0–4 年	5.6%	38.5%	2.5%	38.5%	25.2%
5–7 年	8.9%	53.2%	4.3%	53.2%	35.7%
8 年	13.7%	63.2%	5.1%	63.2%	46.7%
9–11 年	17.7%	64.2%	11.3%	64.2%	46.7%
12 年	33.0%	75.5%	38.4%	75.5%	59.1%
13–15 年	10.1%	81.2%	17.6%	81.2%	68.7%
16 年	6.7%	84.4%	12.1%	84.4%	75.8%
17 年以上	4.2%	86.0%	8.6%	86.0%	82.7%
総計	100.0%	69.4%	100.0%	74.7%	61.0%

出典: US Department of Commerce, Bureau of Census, Population Report Population Characteristics, Series P-20

　すなわち,1988 年の結果は,1968 年の結果よりも教育の相違に対して大きく反応することが示されている。その一方,すべての教育グループにおいて,1968 年時点よりも 1988 年時点における参加の可能性が低くなっているのである。1992 年の選挙において投票者数が若干増加しているが,専門家はこの増加の原因を,政治参加における歴史的傾向における恒久的変化というよりはむしろ,貧弱な経済状態,キャンペーンでの多様なメディアの利用の増加,可能性のある第 3 の候補の存在によって関心が生まれたことに求めている。1992 年の投票者は,この増加にもかかわらず,1960 年よりもまだ 8% ポイントも低かったのである (Teixera 1993)。

　繰り返しになるが,教育と投票行動との間の関係を見る時には,前提となるその他の条件を考慮しなければならない。それまでの結果に基づく予測はどのようなものでも,個人が政治参加に対して同じインセンティブを持ち続け,そして将来にわたって現在と同じ投票のための費用に直面すると想定している。実際には,このようなインセンティブは,住民感情において投票することが以前ほど生活上有意義なことだと思われなくなったり,あるいは,投票するにあたっての(例えば複雑な問題についての知識を得ることなどの)費用が相当程度上昇したと感じたりすることで,劇的に変化したかもしれない。

何が欠けているのか？

ハーヴマンとウォルフ（Haveman and Wolfe 1984）が要約したその他の社会的成果と同様，所得に対する教育投資の効果を確認しようと試みた広範な研究において欠けているのは何であろうか？　第1に，どの研究も横断的データを用いて現象をモデル化し，効果を推定することで教育の効果を主張している。横断的比較において想定されるその他の条件や投入の変化の影響の可能性については，ほとんど全く関心が払われていない。

第2に，これらの文献の中には，各教育段階で起こった実際の変化に対して諸研究が示した予測がどれくらい正確であるかを体系的に評価しようという試みが実質的に全くない。つまり，教育が時間とともに高まってきたことは知られており，これは部分的には経済学者たちが好む人的資本の話によって促進されたものである（Becker 1964）。けれども，予測結果は，長期間にわたって予測の妥当性をテストするよりもずっと以前に公表されてしまう。教育が拡大したことによって，実際に起きた所得や犯罪，公的扶助，家族の大きさや政治参加などにおける変化について，振り返って以前の研究での教育に関する係数による予測結果と比較することが可能となった。これは実質的にほとんど既存の文献がない見過ごされてきた研究領域である。

第3に，これらの比較から，実際の結果と予測された結果との間の相違の原因についての研究を始めることが可能である。このことによって，以前の研究で説明されなかったか，あるいは正確に説明されなかった諸要因の分離を試みることが可能となり，また，その要因の影響を考慮する研究に対して新しい方法論を取り入れることが可能になる。例えば，所得，犯罪，健康，公的扶助，政治参加についてのデータに対して予備的な吟味を行えば，横断的な研究が教育の影響を誇張してきたことが明らかになる。この誇張のいくらかは，限界的な個人に対する個人的な効果が，より大きな集団に対する社会的効果へと一般化されたことに原因を求められるだろう。これは，限界値における変化を足しあわせることで生じる誤差である。しかしながら，この他の誤差は，教育の成果に影響を与える教育以外の投入や条件における歴史的変化の潜在的効果を無視したために引き起こされたことは確かである。

要　約

　ここでは，多くの最も重要な社会のニーズに対する教育の可能性について，社会的，そして科学的な熱情が存在していることを示そうとしてきた。この熱情の中で失われてしまったのは，教育の可能性について教育が期待通りの成果を上げるために必要な多くの条件やその他の投入を前提とした上でより注意深く分析することである。現在，国の政策は，テストの得点が高くなれば経済が救われるという前提に基づいている。テストの得点と生産性との間の関連についての証拠から，この前提に対して重大な疑問が提示されることは明らかである。クラーク・カー（Kerr 1991）は，教育が国の競争力の鍵であるという主張に関連する広範な証拠を検討した。彼が出した結論は，「アメリカの政策立案過程においては強固な確信が得られていることはほとんどなく，大変多くの場合はその根拠はほとんど証明されていない」というものであった。

　残念なことに，大多数の経済学者たちは，この問題を静観していたか，あるいは教育がその大部分の成果を収めるために必要なその他の条件はすでに整えられており，その責任は商品を供給する学校にあるという見方を支持してきた（例えば Bishop 1989; Berryman and Bailey 1992; Johnston and Packer 1989）。例えば，アメリカの労働力における技能の変化について書かれた1992年の出版物においては，高卒者と大卒者の間の所得格差の増大が，「技能の不足」の証拠であると解釈されていた（Packer and Wirt 1992）。この著者たちは，表8.2が示しているように，若年大卒者の実質収入が長期にわたって下落したことを見落としている。同じ時期に，米国労働統計局は，大卒者のおよそ5人に1人が就職に当たって学士号を必要としない仕事に甘んじて就かなければならず，その割合は時を追うごとに上昇することが見込まれることを発見した（Hecker 1992）。教育の社会的収益についての多くの経済学的研究でさえも，主に横断的分析の結果に基づいており，教育の時系列的な影響予測を誇張させる傾向をもっている。しかしながら，自分たちの方法の予測の妥当性を検討し，基礎知識と方法論との矯正を行うためのフィードバックのしくみを準備することについては，ほとんど関心が払われてこなかった。

　実際，教育は確かに重要であるけれども，さまざまな複合的条件のなかのひ

とつの要因にすぎない。そして，この複合的な条件によって，生産性や経済的競争力，さらには犯罪や公的扶助，政治参加，健康などの水準が定まる。教育は，教育を支える適切な条件と投入が存在すれば，これらの分野で強力な影響力をもつ可能性がある。この補完的な必要条件が整わない場合には，その影響の可能性は単に名ばかりのものになる。政策と研究の双方における一連の事実を無視することで，教育が社会を改善する可能性について誇張する傾向が生じる。教育が何をすることができるか，そして教育以外のどのような変化が教育のもつ効果を最大化し，経済および社会の改善という願いを実現するために必要であるかについて，現実を直視しなければならない。

参考文献

Becker, G. S. (1964), *Human Capital* (1st. edn., New York: Columbia Univ. Press), (第2版訳)佐野陽子訳『人的資本――教育を中心とした理論的・経験的分析』東洋経済新報社 (1976).

Berlin, G., and Sum, A. (1988), *Toward a More Perfect Union: Basic Skills, Poor Families and Our Economic Failure*. Occasional Paper 3. Ford Foundation Project on Social Welfare and the American Failure (New York: Ford Foundation), 41.

Berryman, S. E., and Bailey, T. R. (1992), The Double Helix of Education and the Economy (New York: Institute on Education and the Economy, Teachers College, Columbia Univ.).

Bishop, J. (1989), 'Incentives for Learning: Why American High School Students Compare so Poorly to their Counterparts Overseas', in Commission on Workforce Quality and Labor Market Efficiency, *Investing in People*. Background Papers, i (Washington DC: US Department of Labor), I-84.

Brown, C., and Reich, M. (1989), 'When does Union-Management Cooperation Work? A Look at NUMMI and GM', Van Nuys, *California Management Rev.*, 31: 26–44.

―――, ―――, and Stern, D. (1990), *Skills and Security in Evolving Employment Systems: Observations from Case Studies*. Paper prepared for presentation at the Conference on Changing Occupational Skill Requirements: Gathering and Assessing the Evidence (5–6 June, Providence, RI: Brown Univ.).

Castillo, C. (1991), 'Honda Boss Talks at GSB about 'World Car' Concept', *Campus Report* 24/8 (13 Nov., Stanford Univ.), 4.

Coleman, J. M., and Hoffer, T. (1987), *Public and Private High Schools* (New York: Basic Books).

Commission on the Skills of the American Workforce (1990), *America's Choice: High Skills or Low Wages* (Rochster, NY: National Centre on Education and the Economy).

Eckaus, R. S. (1973), *Estimating the Returns to Education: A Disaggregated Approach* (Berkeley, Calif.: Carnegie Commission on Higher Education).

Hartigan, J. A., and Wigdor, A. K. (eds.) (1989), *Fairness in Employment Testing: Validity Generalization, Minority Issues, and the General Aptitude Test Battery* (Committee on the General Aptitude Test Battery, Commission on Behavioral and Social Sciences and Education, National Research Council, Washington DC: National Academy Press).

Haveman, R. H., and Wolfe. B. L. (1984), 'Schooling and Economic Well-Being and Economic Well-Being: the Role of Nonmarket Effects', *J. of Human Res.*, 19: 377–407.

Hecker, D. E. (1992), 'Reconciling Conflicting Data on Jobs for College Graduates', *Monthly Labor Rev.* (July), 3–12.

'Honda: Is it An American Car?' (1991) *Business Week* (18 Nov.), 105–12.

Howell, D. R., and Wolf, E. N. (1991), 'Trends in Growth and Distribution of Skills in the US Workplace, 1960–1985', *Industrial and Labor Relations Rev.*, 44/4 (April), 3–13.

Johnston, W. B., and Packer, A. (1987), *Workforce 2000: Work and Workers for the 21st Century* (Indianapolis, Ind.: Hudson Institute).

Kerr, C. (1991), 'Is Education Really all that Guilty?' *Ed. Week* (27 Feb.), 30.

Krafcik, J. (1986), *Learning from NUMMI* (International Vehicle Program Working Paper, Cambridge, Mass: Massachusetts Institute of Technology).

Levin, H. M. (1987), 'Improving Productivity through Education and Technology', in *The Future Impact of Technology on Work and Education*, ed. by Burke, G., and Rumberger, R. W. (New York: Falmer Press).

────── (1989), 'Ability Testing for Job Selection: Are the Economic Claims Justified?', in *Test Policy and the Politics of Opportunity Allocation: The Workplace and the Law*, ed. by Gifford, B. R. (Boston: Kluwer Academic Publishers).

──────, Rumberger, R. W., and Finnan, C. (1990), *Escalating Skill Requirements or New Skill Requirements?* Paper prepared for presentation at the Conference on Changing Occupational Skill Requirements: Gathering and Assessing the Evidence (5–6 June, Providence, RI: Brown Univ.).

Levy, F., and Murnane, R. J. (1992), 'Where will all the Smart Kids Work?', *J. Am. Planning Assoc.*, 58: 283–7.

Murnane, R. J., Willett, J. B., and Levy, F. (1992), *The Growing Importance of Cognitive Skills in Wage Determination* (October, Cambridge: Harvard Graduate School of Education).

National Academy of Sciences (1984), *High Schools and the Changing Workplace*, Report of the Panel on Secondary School Education for Changing Workplace (Washington DC: National Academy Press).

National Commission on Educational Excellence (1983), *Nation At Risk* (Washington

8. 教育が単独でできること 289

DC: US Government Printing Office).
New United Motor Manufacturing, Inc. (1991), Fremont, CA: New United Motor Manufacturing, Inc.
Office of Technology Assessment of the US Congress (1991), *Testing in American Schools* (Washington DC: US Government Printing Office).
Osterman, P. (1992), *How Common is Workplace Transformation and How Can We Explain Who Adopts It?* Results from a National Survey: Draft (December, Cambridge: Sloan School, Massachusetts Institute of Technology).
Owens, J. D. (1990), 'The Social Benefits of Education: An Intertemporal Analysis' (Detroit, MI: unpubl. Manuscript, Economics Dept. Wayne State Univ.).
Packer, A. H., and Wirt, J. G. (1992), 'Changing Skills in the US Work Force: Trend and Supply and Demand', in *Urban Labor Markets and Job Opportunity*, ed. by Peterson, G. E., and Vroman, W. (Washington DC: Urban Institute Press), 31–65.
Pallas, A. M., Natriello, G., and McDill, E. L. (1989), 'The Changing Nature of the Disadvantaged Population: Current Dimensions and Future Trends', *Ed. Researcher*, 5 (June–July), 16–22.
Rumberger, R. W. (1983), 'Dropping out of School: The Influences of Race, Sex and Family Background', *Am. Ed. Research J.*, 20: 199–200.
Schmitt, N. Gooding, R. Z., Noe, R. A., and Kirsch, M. (1984), 'Meta-analysis of Validity Studies Published between 1964 and 1982 and the Investigation of Study Characteristics', *Personnel Psychology*, 37: 407–22.
Schultz, T. W. (1975), 'The Value of the Ability to Deal with Disequilibria', *J. of Econ. Lit.* 13/3 (September), 827–46.
Shelley, K. J. (1992), 'The Future of Jobs for College Graduates', *Monthly Labor Review* (July), 13–21.
Teixeira, R. A. (1993), 'Turnout in the 1992 Election', *The Brookings Review* (Spring), 47.
US Department of Commerce, Bureau of the Census (1990), *Statistical Abstract of the United States* (Washington DC: US Government Printing Office), Table 756.
────── *Poverty in the United States:* 1988 and 1989, Current Population Reports, Series P-60, 171 (Washington DC: US Government Printing Office).
────── selected years, Current Population Reports, Series P-20, 182, 192, 428 and 440 (Washington DC: US Government Printing Office).
US Department of Education, OERI, selected years. *Digests of Education Statistics* (Washington DC: US Government Printing Office).
Welch, F. (1970), 'Education in Production', *J. of Pol. Econ.*, 78/1 (Jan. Feb.) 35–59.
Wolfinger, R. E., and Rosenstone, S. J. (1980), *Who Votes?* (New Haven: Yale Univ. Press).

9
教育における集権化−分権化と教育達成

アンディ・グリーン

　学校分権化の論議は，世界の多くの国々において，特に英語圏の国家において教育改革のレトリックとして(つまり実践ということではなく)広く受け入れられている。分権化が学校教育システムの効果を高めるだろうとする主張は，多くの優れた学校改革の支持論者の著作における綱領のごときものとなっている (Chubb and Moe 1990)。しかしながら，これらの主張を支える前提となった論理の多くは，異論を唱えられており (Ball 1990; Carnoy 1993; Green 1994; Whitty 1992)，いまだお粗末で，実証の伴うものになってはいない。イギリス，ニュージーランドやアメリカでの「学校選択」や「分権的な運営 (local management)」などの，分権化の方途としての教育政策は，あまりにも部分的であり，また実施されたばかりで，それらが国家全体の成果に与えた影響というものを分析することは到底できない。そして国内での学校比較により支持者たちから提供された事実も，自らの立場を支持するにしてはあまりにも説得力に乏しい。たとえば，チャブとモーが，アメリカにおける教育効果を生み出す学校特性をみると，私立学校(つまり集権化していない)の方が公立学校よりも高い比率を占めていることを明らかにしている。しかし，これは，私立学校が，高い成果を上げそうな生徒を選び出す能力が高いということを，単純に反映しているのかもしれない。比較研究でも，私立学校のほうが，公立学校システムで集権的と思われる学校よりも，相対的に高い付加価値を生みだすということについては，必ずしも十分に立証されてない (Carnoy 1993)。さらに，分権化支持者はめったに言及しないが，国際比較においては「集権化されたシステム」の方がむしろ優位な教育効果を示すという事実が多く示されている。もっとも，それは，これらの「集権化」・「分権化」の区分をそれぞれの国際比較研究がどうとらえて

いるかによるのだが。

　本論の目的は, 先進国における「集権化」した学校教育システムと「分権化」したそれとの相対的な有効性に関して国際比較研究の成果を検討し, 集権化と分権化という特性と関連づけて, 国家間の教育成果における様々な差異を説明する一群の仮説を立てることである。ここで, われわれは, 現在データが得られる対象国に限って教育の成果を比較することとする。すなわち, 多くの高度に達成されたシステムには当然備わっていると思われる制度的(かつ文化的な)特徴を取り上げ, これらが, どのように国家の総合的な教育達成レベルに影響を与えているかを, 資格を基準にして分析することが必要となる。

　データは不十分であり, 手続きも明らかに極めて暫定的なものであり, われわれは仮説を完全には検証することができない。各国の教育達成の様々な差異の背後に潜む諸要因について何らかの分析的な統計的検討をしようとすれば, その教育達成と制度的・文化的特徴に関して信頼できる比較データのある, もっと多くの国々のサンプルが必要となるだろう。制度的・文化的特徴に関するデータは, 精確に定義され, かつ, 代替的な指標により適切な評価を受けやすくなければならない。現在のところ, これらの条件はいずれも満たされていない。広範囲な国家間での教育達成に関する諸データも, 完全に信頼性があるわけではない。そこで使用されている教育達成の定義が十分に精確なものではなく, あるいは十分に比較できるものではなく(例えば1995年のOECDが実施した調査のISCEDのレベルに対して), あるいは使用されている各国の調査事例が必ずしも代表的なものとは限らないからである。国家制度の特徴に関して, 比較しうる十分な量のデータは不足している。OECDは, 各指標の定義づけや, 特徴の範囲に関する比較データの収集を始めているが, その作業はまだ緒に就いたばかりであり, 各指標はこういった目的で使用される前に, かなりの修正を要するだろう。

　しかしながら, 少数の国をサンプルとするなら, 国家の教育達成に関する極めて充実した比較データもあり, 制度構造に関して豊富な比較分析の作業がなされている。教育達成に関する比較データは学歴資格に関連しており, それは所与のレベルにおいて各国で主要な学歴資格の水準を設定し, 何年間にもわたるこれらの資格のストックとフローについてのデータを収集して構成されてい

る。また，国家資格制度や，毎年の資格授与数・取得者の年齢などの資格授与の公的記録，そして最高学歴資格に関する就労人口調査データなどを有している国々では，最も信頼性のある比較が可能となる。そういった国々には，フランス，ドイツ，シンガポール，イギリスがあげられる。また，それ以外にも，それほど総合的な国家資格制度を有しているわけではなく，比較の上で様々な問題も生じるのだが，教育達成レベルについて広範囲に研究されている国々があり，これらもまたわれわれの比較検討の対象になりうる。そこに日本，スウェーデン，アメリカが含まれる。

これらの国々に関するこれまでの比較研究によれば，一貫して，フランス・ドイツ・日本・スウェーデン，そして近年のシンガポールで，学歴資格が比較的高い平均レベルに達しているのに対して，イギリスやアメリカはいくらか停滞していることがわかる。フランス，ドイツ，日本，スウェーデン，シンガポールは，比較的集権的な教育システムを有していると伝統的に認知されている。しかし，ドイツの場合は州レベルで集権的であると言っておくのが適切であろう。そしてイギリスとアメリカは，現在は変化しつつあるが，伝統的に教育分権化の古典的事例と見做されている（Archer 1979; Green 1990）。

フランス，ドイツ，日本，シンガポール，スウェーデン，イギリス，アメリカにおける教育達成

7ヵ国の教育達成のデータの出典は以下の3つである。①「教育達成の国際評価研究」（the International Evaluation of Achievement Studies, IEA 1988），②「世界成人識字率調査」（the International Adult Literacy Survey, IALS）（OECD / Statistics Canada 1995），③グリーンとヒラリー・スティードマンの調査研究（Green and Steedman 1993および近刊）である。これらの研究は，異なった方法で，さまざまな年齢層におけるちがった事項を比較している。ここで使用されているIEAの研究は，多くの国々で，1981年から1986年にかけて，10, 13–14, 18歳の学齢児童生徒を対象に実施された数学と理科の知識と能力（skill）に関するテストに基づいている。IALSの研究は，1994年に，カナダ，ドイツ，オランダ，ポーランド，スウェーデン，アメリカで成人を対象に実施されたそれぞれ異なる識

字テストに基づいている。グリーンとスティードマンの研究は，対象国の数年にわたる資格のストックとフローの分析に基づいている。これらは本質的に異なる手法を用いており，様々な研究成果を比較する許容程度は制限されている。それゆえ，ここでなされる国際比較では，主として学歴資格動向に関するものとする。ただし，日本・スウェーデン・アメリカについては，そのデータでは結論できないので，調査やテストの結果も使用することにする。

　グリーンとスティードマンの国家資格の取得に関する調査研究は，フランス，ドイツ，シンガポール，イギリス，アメリカを含み，初期の調査研究では日本も対象として含んでいる (Green and Steedman 1993)。研究手法は，イギリスの資格レベルに対応させて，これらの諸国で援与される主要な国家資格のレベルを対応させ，各国でのこれらの資格のストックとフローについて実質的な比較をし，資格授与に関する公開データを用い，また就労人口調査データを用いて16-65歳人口の様々な年齢層における最高学歴を扱う。この調査研究では，義務教育修了時点(すなわち，およそ15あるいは16歳)，後期中等教育修了時点(すなわち，17-19歳の間)で一般に取得される学歴資格に焦点をおいた。これらは，イギリスの全国職業資格審議会（NCVQ: National Council for Vocational Qualification）の資格レベル2と3にそれぞれ相当する。NCVQレベル2とは，GCSE (General Certificate of Secondary Education 中等教育修了一般資格)試験の5教科でCからAの，あるいはそれ以上のレベル成績を獲得したことを意味する。また，全国一般職業資格 (General National Vocational Qualification, GNVQ) のレベル2，あるいは全国職業資格 (National Vocational Qualification, NVQ) のレベル2に相当するものである。NCVQ レベル3とは，GCSE 試験でAレベル以上の成績を2教科で獲得したことを意味し，(G)NVQ ではレベル3に相当する。これらのレベルは，おおまかには OECD の ISCED レベル3と4に相当する。とはいっても，後者は，かなり一般的な用語で定義されているだけで，ここで採用されているような基準を設定して分類するというより，むしろ各国政府がそれぞれ独自に作成した報告書に基づいて分類されたものである。

　各国の主要な国家資格(すなわち，国家認定の)は，イギリスのレベルに対応させて選択され，該当する水準を設定した。資格のレベルに関する評価は，各

9. 教育における集権化-分権化と教育達成　　　295

国から選ばれた各分野の専門家に依頼し，シラバス，試験の基準，試験問題の分析をとおしてなされた。レベルの評価は下記の基準にもとづいている。

1. 関係する国家的資格の階層序列の中での当該資格の位置づけ
2. 当該コースの学習時間・形態
3. 学生の標準的な入学と資格授与の年齢
4. コースへの入学のための資格要件
5. コースに特化した学習内容の範囲とレベル
6. 使用された評価の方法と要求される達成水準
7. 当該資格を有することで可能になる他のコースへのアクセス権
8. 雇用・進学・職業訓練などの典型的な修了者の進路

　この調査は，民間団体によって授与された資格や国家認定されない資格を対象に含めることはできなかったし，獲得されても資格が授与されない技能を評価することはできなかった。したがって，技能が往々にして非公式に獲得され，資格が授与されない国々，あるいは技能が国家認定ではない資格として認証される国々では，学歴資格に関するデータは本来の技能の普及度を過小評価してしまうかもしれない。そこで，必然的に，さまざまな国々の資格の間に釣り合いをとるために，総合的な評価をすることにした。例えば，ある資格で確認された知識の幅や広さと，他の資格における知識の深さや複雑さとを，比較考量して釣り合いをとらねばならなかった。それゆえ，最終的な評価は，上述の基準に応じて，かつ専門家の評価グループの合意によって判断されたものである。
　各国の資格を評価した結果，イギリスの NCVQ レベル 2 に相当するとされるのは，フランスではブレヴェ（the Brevet），職業適任証（the CAP, certificat d'aptitude professionnelle）と職業教育修了免状（the BEP, brevet d'études professionnelles）である。ドイツではハウプトシューレ修了資格（Hauptschulabschluss）と実科学校修了資格（Realschulabschluss）（このレベルには事前の資格を取得せず直接アビトゥアを取得した者も含む）。シンガポールでは，5 教科で普通レベル，あるいは事務業務資格（the Certificate of Office Studies），国家貿易資格（the National Trade Certificate）でレベル 2 相当である。同様に，イギリスの NCVQ レベ

3に相当するのは，フランスではバカロレア資格（the Baccalauréats）（普通，技術，職業バカロレアを含む）。ドイツでは，アビトゥア，職業学校修了資格（Fachhoschulreife）と，徒弟資格（the Apprenticeship）（2年以内で獲得されるものはのぞく）。シンガポールでは，2教科以上の成績がAレベル，経営業務資格（the Certificate in Business Studies），国家貿易資格レベル1である。それぞれの国で，上述の資格は，現段階で若者たちのために設けられた一般的でかつ代表的な免状となっている。

　日本とアメリカは，比較の上で困難な問題があった。なぜなら，どちらの国も，現時点で国家資格がほとんどないからである。アメリカのハイスクール修了資格は個々の学校から授与され，多くのコースの履修を証明してはいるが，ある教科領域で一定のレベルに到達したのかどうかの保障はしてくれないし，それゆえこれらの比較には使用できない。この場合，われわれは，学位（degree）と準学位（associate degree）のデータのみを使用することができる。それらもまた個々の教育機関が発行するものではあるが，より一定の水準をもつと思われたからである。アメリカと同様，日本もまた高等学校修了資格を後期中等教育修了時の教育達成尺度としている。しかしながら，これらは外部の調整なしに個々の学校で発行されるにもかかわらず，そして各機関には水準のばらつきがあるとしても，日本のばらつきはアメリカよりもそれほど大きいわけではないように思われる。さらに，日本の職業高校に関する1982年のNEISRによる調査は，その教科書や教育内容を，イギリスの類似分野での職業コースのものと比較し，学習水準や学習領域（職業教育教科と数学）が，イギリスの国家資格（National Diploma）レベル3に近いと結論を下していた（Prais 1987）。それゆえ，日本における高等学校修了に関するデータは提示されてはいるが，注意して取り扱われなければならない。これら資格の対照に基づいて，また2つの国について特に注意をして，われわれは以下，近年のストックとフローに関するデータを用いて7カ国の資格レベルを比較することができる。

　資格のストックに関する情報は，フランス，ドイツ，シンガポール，イギリスとアメリカについては就労人口調査報告書に収められている（日本の就労人口調査データも使用可能だが，まだ分析されていない）。これらの報告書は，一般に成人人口の最高位の学歴資格から，大多数が有する資格にいたるデータを含

んでいる。シンガポールに関するデータは，個々の資格レベルに細分化することはできないし，「中等」という広義のカテゴリーはわれわれのレベル 2 の分類には直接対応しないし，それゆえ比較には使用できない。しかしながら，「中等後」以上の分類区分は，厳密にレベル 3 と同等であると見做しうる資格により構成されており，有効な比較の基礎となりうる。アメリカに関しては，使用され得る唯一のカテゴリーは「学位」と「準学位」で表現されたものである。就労人口調査データにより，各国間で，年齢層・性差・職業別に，就労人口・非就労人口・総人口における資格レベルを比較することができる。1994 年の 25–28 歳の総人口データを取り上げると(現段階において，設定された大半の資格を取得可能な最年少の年齢層)，各国で，少なくともレベル 2 あるいはレベル 3 の資格取得者の，当該年齢層に占める割合には，顕著な違いが見てとれるのである(表 9.1)。イギリスやシンガポールと比較して，フランス・ドイツの両国では，25–28 歳年齢層でレベル 2 以上，レベル 3 以上の資格を獲得している比率がかなり高くなっているようである。しかしながら，シンガポールの場合，近年資格取得率が急速に高まっているのを反映して，19–24 歳年齢層のほうが，年長の年齢層よりもかなり資格レベルが高くなっている。全体的に，ドイツが他の国より資格レベルでみて優勢であるのは，デュアルシステムによる職業資格（apprentice qualification）をもつ者が相当数いるからである。そして，これらすべてがレベル 3 資格の水準に達しているといえば反論があるかもしれない。しかしながら，たとえもしわれわれが最終の学歴資格がハウプトシューレ修了資格(すなわち，低いランクの中等教育機関)取得者からの職業資格取得者を除外したとしても，イギリスの 36% に対して，当該年齢層の 52% がレベル 3 まで到達しているといえるだろう。

　ストックに関するデータはおそらく，国家認定資格のレベルを比較する最も直接的な論拠となる。しかしながら，それは，ある国が資格取得者を輩出してきた歴史を映し出しているにすぎないという弱点がある。25–28 歳年齢層に所属する者は，ふつうは 18 歳あるいは 19 歳でレベル 3 の資格を獲得しており，この調査では 1980 年から 1984 年の間に取得していることになる。一方，資格のフローに関する比較データは，一般に前年に集められ，本論執筆時点では 1994 年のものである。ここから，われわれは，様々な国々の近年の学位資格に

表 9.1 25–28 歳のレベル 2, 3 以上の学歴資格所有者比率, 1994 年 (%)

	レベル 2 以上	レベル 3 以上
フランス	79	42
ドイツ	80	75 (52)
シンガポール 25–29 歳	–	35
19–24 歳	–	41
イギリス	53	36
アメリカ		32[1)

注 1) 学位と準学位数のみ

関する動向や政策変化の結果を明確に読みとることができる。さらにデータは，総計に基づいており，標本調査によるものではない。それゆえ，標本調査につきものの誤差の可能性を回避できる。

しかしながら，妥当な年齢コーホートの割合から，一国の資格のフローを計算するための確立した手法はまだない。フランスの国家統計で用いられているのがおそらく最も単純な手法である。1 年以内に授与された資格総数(あるいは類似の資格群)を，最も代表的な年齢層の人口で除算する(たとえば，18 歳人口に対するレベル 3 資格数の比率)のである。この，いわゆる「年齢コーホート資格取得率」は，ある年にある年齢の人々が実際に資格を取得している割合には言及しない，一つの統計的抽出となっている。しかしながら，所与の年齢層の現実の人々の資格取得割合に対応する代替指標を提供するのである(もし，資格取得の量と取得年齢の分布が多年にわたって安定し，また各資格の構成が一定年数スパン内で安定していれば，上述の年齢コーホート資格取得率は，あるコーホートが各年齢段階で取得していった資格取得率を一定年齢スパンの期末まで累積していったものと同じになるだろう)。その手法は，比較のための公平な基準となる。つまり，各国が同様の方法でそれを用いて，所与の資格レベルを回避し，より高いレベルで資格を獲得する個々人を含む配慮を提供するだろうし，同様のレベルで 2 つの資格を獲得した個人を繰り返し計算してしまうことが避けられる。

この方法は，表 9.2 で適用されているが，各国の様々な種類のデータのために，いくつかの修正が必要だった。ドイツに関して，われわれはレベル 3 資格

表 9.2 年齢コーホート別のレベル 3 の学位資格取得率(1994 年)

イギリス		
A レベル 2 科目以上	(イングランド)	28.0
一般国家職業資格上級[1]	(イングランド・ウェールズ・北アイルランド)	0.34
BTEC の国家ディプロマ	(イングランド・ウェールズ・北アイルランド)	7.36
BTEC の国家サーティフィケート	(イングランド・ウェールズ・北アイルランド)	1.16
BTEC の国家職業資格レベル 3	(イングランド・ウェールズ・北アイルランド)	0.07
シティ・ギルドのレベル 3	(イギリス)	2.28
その他	(イギリス)	1.05
計		40.26
フランス		
バカロレア[2]		58
ドイツ(西独)		
アビトゥア,専門大学資格 (1993)		31.7
徒弟訓練[3]		31.6
計		63.3
シンガポール		
A レベル 2 科目以上		23.5
高等技術[4]		5.3
ディプロマ[5]		21.7
計		50.5
日本 (1992)[6]		92.2
スウェーデン (1992)[7]		83

注 1) ここには,NVQ,シティ・ギルド,その他の職業的に特化したレベル 3 相当の資格が含まれる。数値は,労働力調査から取り出された 19–21 歳人口に対するストック指標である (Helm & Redding 1992, 方法論を参照)。
　2) 普通,技術,職業の各バカロレアを含む。データは国民教育省発表。
　3) アビトゥア,専門大学資格を持って徒弟資格に合格した者(20%),訓練前の基礎資格がレアルシューレ以下の者 (25.7%) を除く。データは連邦統計局。
　4) 経営学サーティフィケート,国家商業サーティフィケートのレベル 1,産業テクニシャンサーティフィケートを含む。データはシンガポール教育省,技術教育研究所による。レベル 3 を持たない者に対するポリテクニクのディプロマに関するデータは,個々のシンガポールのポリテクニクから得られたものである。
　5) ポリテクニクのディプロマは一般に 19 歳で取得される。この数値には,すでに何らかのレベル 3 の資格保有者を除外している。
　6) OECD の『図表で見る教育』(1995: 214) の高等学校卒業率である。
　7) 高等学校卒業率について,上の注と同様。

として，アビトゥア，上級職業学校修了資格と上級徒弟修了資格を含めている。アビトゥアと職業学校修了資格については，一定のレベルの資格を獲得して所与の年に学校を離学した者の割合に基づいた数字が使用されている。徒弟修了資格保有者数に関しては，すでにレベル3を獲得したか，以前に取得した資格がハウプトシューレ修了資格以下である者について減算してある。シンガポールについては，われわれはレベル3資格としての，Aレベル2教科以上の取得，レベル3相当の職業資格，レベル3未取得でのポリテクニク修了資格取得を含めている。各事例で，取得率は18歳の総資格取得者数を同年齢コーホートの総数で除して求めてある。イングランドについては，われわれは公式の教育雇用省（DFEE: Department of Education and Employment）のAレベルの資格取得率を使用し，18歳に達した年かその前年に2教科でAレベルを獲得した者の割合を算出してある。この方法では，いくらか年齢層資格取得率を引き下げている。なぜなら19歳以上2教科のAレベル取得者を除いているからである。しかしながら，頻繁な留年のためバカロレア受験者の30%は18歳を超えているフランスに比べればこれはイングランドにおいては無視できる数字である。そこでわれわれは，イングランドのレベル3取得率の比較における誤差を最小限にとどめるため，イングランドの数字にはGNVQやNVQを獲得している19歳人口も加えた。

　日本とスウェーデンについては，現時点で国家資格がないので，われわれは後期中等学校からの大学入学資格取得者の比率を提示できるのみである。これは比較するのにそれほど安全な方法とは言い難い。なぜなら，これらの国々における高校で取得する大学入学資格の水準は，職業的なものから一般的なものまで様々で，ある程度教育機関によっても異なるからである。しかしながら，少なくとも日本については，われわれは，職業高校の要求水準（たいていが普通高校よりも低い）が，一般的に少なくとも，われわれの基準となるイギリスのレベル3の職業コースのものと同等であるという根拠を有している（Prais 1987）。

　これらの手法を用いて，われわれはレベル3の年齢コーホートによる資格取得割合が国家によって随分と異なることを見いだしている。繰り返すが，ドイツとフランスはこのレベルで資格取得者を高い比率でだしていることが明らかであり，今回，シンガポールがフランスのすぐ後に続いていることも分かって

表9.3 各レベルでの教育達成度の各国ランキング

国[1]	10歳層の順位	14歳層の順位
イングランド	12	11
日本	1	2
シンガポール	13	14
スウェーデン	4	6
アメリカ	8	14

注1) IEA『17ヵ国の科学教育: 第一次レポート』
（Pergamon Press 1988: 3）

きた。イングランド(およびウェールズの職業資格)はかなり遅れをとっている。もしわれわれが高校修了資格をレベル3相当と認めれば，スウェーデンと日本の両国とも他のすべての国々よりも高い比率で資格保有者がいるといえよう。

　IEAの調査と成人の識字に関する近年のIALS調査から得たデータを用いて，各国の教育達成のもっと詳しい比較ができる。IEAの「17ヵ国における科学の学力（1988）」の研究は10, 14, 18歳の子どもたちのサンプルで実施したテストに基づいていた。18歳年齢の国別調査の結果は，実際には比較できない。なぜならこの年齢で学校に通学している人口は，ある国では他の国よりも，もっと高い基準で精選されているからである。しかし，10歳および14歳の人口については平均値を比較することができる。表9.3は，調査対象となった全部の国の中で，各年齢の国別の順位を示している。日本とスウェーデンが，両年齢層で高い平均値を出している一方，イギリスとアメリカは相対的に低い。シンガポールもまた低いが，それは比較的近年の資格取得者比率の伸びについてのストックとフローから判明する様相と一致する。IEAの調査からまた明らかなのは，イギリスとアメリカの記録数値に，かなりの程度ばらつきが見られ，下位25%の達成度は両国において特にひどい。これは，1965年のIEA数学調査から，イングランドは調査対象となった国の中で生徒の教育達成に最も大きな開きがあると，ポッスルスウェイトが下した結論を裏づけるものである（Postlethwaite 1982）。

　IALS調査は，ドイツ，スウェーデン，アメリカを含む8ヵ国で実施された成人層への識字テストに基づいている。テストは3領域(文章理解能力，書

類・説明理解能力, 数的(算術的)能力)での達成度を確認するものであり, レベル1から5までの5段階評価をつけることになっていた。調査報告は, 国家ランキングをつけてはいないが, 各国について各レベルのパーセンテージの平均をとってランクづけすることはできる。これを基にすると, スウェーデンの場合, 36.96%は標準領域を超えて, レベル4, 5(最高レベル)に評価され, ドイツは29.44%, アメリカは26.26%である。一方, アメリカの21.83%はレベル1に評価され, ドイツは9.98%, スウェーデン6.75%となっている (OECD / Statistics Canada 1995: 84)。

教育達成の総合的な水準は, 他の国々(ドイツ, フランス, 日本, スウェーデンを含む様々な国)と比べて, イギリスとアメリカでは比較的低いが, それは入手可能な事実を検証した他の研究でも立証されている (Finegold and Soskice 1988: Ashton and Green 1996)。

高得点の国々にみる教育達成への影響要因

上記に述べたデータから, 一群の国家グループ(フランス, ドイツ, 日本, スウェーデン, シンガポール)では, その教育システムは伝統的に「集権的」と位置づけられているが (Archer 1979; Boucher 1982; Gopinathan 1994; Green 1990; Schoppa 1991), 他方, 伝統的に「分権的」であるとされている国々(イギリスとアメリカ)よりもより良い教育達成を果たしていると思われる (Archer 1979; Green 1990; Keastle 1983)。これは, 集権的教育システムが, 分権的教育システムよりも一般的に良好な教育達成を果たすことを論証しているのだろうか。明らかに, 解答は否である。まず第1に, 一般化するには, サンプルとなる国の数が少なすぎる。たとえサンプル数が多くても, より集権的なシステムが比較的機能していなかったり, いくらか分権的なシステム(たとえば, おそらくオランダ)が, 比較的高い平均水準を達成していたりといった, 反対事例も含まれるであろうことは疑いようがない。第2に, 「集権化」と「分権化」という用語自体が曖昧すぎて, 国家の教育達成程度に影響を与えるシステム要因をそれほど分析できるわけではない。このわれわれのサンプルの中で伝統的に集権的であるとされた国々においても, 中央統制の方法はかなりの程度異なっている。ド

イツでは，州の諸政策が州間の機関によって調整されているが，学校システムに対する「中央」統制は(徒弟制度とは対照的に)各州の段階でなされ，連邦レベルではみられない。日本では，確かに，学校システムに対して強固な中央政府の統制がとられている。すなわち文部科学省が教育課程や教科書を統制している。しかし，塾，高等学校，大学を含めて，非常に多くの私立学校が存在する。塾や，私立の高等学校・大学は完全に独立していて，部分的に政府から財政的支援とともに規制を受けてはいるが，公立の諸機関に比べれば一定の範囲で大きな自律性を有している。スウェーデンやフランスは両国とも，歴史的には高度に集権化された教育システムを持っていたが，現在はいくぶん変化してきている。もっとも，最近のことなので，これまで検討してきた教育達成にそれほど影響を与えてはいない。両国とも「学校選択」をある程度実施している。これはいまだにフランスでは制限されているが，スウェーデンは教育課程に関して学校に裁量権を与えてきた。フランスも，中央から地方および市町村レベルに一定程度権限を委譲してきた(もっとも個々の学校に対してはそれほどでもないが)。これらの国々は，いまだに比較的中央集権的と見做してよいかもしれないが，そうだからといって把握できることは限られている。それでは，より高い達成を示している国々における教育達成の要因について何を導き出し得るのだろうか。

　国家間での教育達成の差異の原因となるものは，個々人についてと同様に，複雑である。比較研究者たちは，各国間での達成レベルの相違を説明する教育システムに特有の性質を見つけようとしていたが，無駄骨に終わっている。しかし，国家の教育達成に系統的に相関のある唯一の要因は，子どもたちによって費やされた学習時間のように思われる (IAEP 1992; Inkeles 1979)。学校組織，学級規模や財政状況といった基準に関して国家規模の議論を支配していると見える多くの要因は，各国の到達水準の相違の原因について，ほとんど説明できないように思われる。

　先進国における教育費のレベルと教育達成の間にはなんら重要な統計的関連は見られなかった (Lynn 1988)。本研究の国々の中では，日本は生徒1人当たりの公的支出が，シンガポールに次いで2番目に低く，議論の余地があるといってもよいくらい最も教育達成が高かった。アメリカは，生徒1人当たりの

公的支出が最も高く，かつ最も教育達成が低い国のひとつである(教育支出に関するデータは 1995 年 OECD)。

様々な国々の高い教育達成レベルは，特殊な学校組織に一貫して関連しているわけではない。義務教育期間に，総合制学校を有している国々には，非常に高い達成を見せている国々もあるが(日本，フランス，スウェーデン)，一方でさほどでもない国々もある(イギリス，アメリカ)。同様に，選抜システムが成功している例もあれば成功していない例もある。IAEP 調査 (1992) でも，国家の教育達成と実施されている政策との一貫した関係を見いだすことはできなかった。高い達成を果たしている国家において，教師は一般に高い社会的威信を持っているように思われるが，ある国の教育達成と，その国における他の職業と比較しての教師の給与水準との統計的な注目すべき相関はない。さらに，学級規模と教育達成の国家水準との間になんら統計的相関を打ち立てることはできない (Lynn 1988)。日本は，本研究ではほとんどの他の国々に比べてかなり大きい学級規模を有しているが，明らかに達成のレベルには否定的な影響を与えてはいない。

様々な国々で教育の成果は，多くの要因がもたらしたように思われる。そしてその中には，教育システムの内部の特質に関連しているものもあり(制度・構造，教育課程編成，教授方法，評価形式と資格)，教育システムが組み込まれている社会的文脈に関連しているものもある(社会全般のまた保護者の態度や期待，就労機会，労働市場の性格)。異なるシステムで達成レベルを特徴づけるのは，特定の教育実践というよりもむしろ，これらの要因の相互作用である (IAEP 1992; Altback et al. 1982)。

ドイツ，フランス，日本，そして近年のシンガポールのように教育と職業訓練が高い水準に達している国々には，共通して基本的なことが一つあるように思われる。すなわち教育達成を強く重視する国々は，個々の学習者に高い教育アスピレーションを生み出すのである。それらの国々は「学習文化」を有する傾向があって，国内では，保護者や教師は子どもたちの教育達成に対して高い期待をもち，教育システムはあらゆる能力の学習者に対して機会と動機づけを提供し，労働市場と社会全体が成績のよい者に報いるようになっている。

教育は，ドイツ，フランス，シンガポールなどの近代国民国家の歴史的発展

に特に重要な役割を果たしてきた。教育は，これらの国々各々の産業化における決定的な要因の一つであった。革命後のフランス。ナポレオン侵攻後のプロシア。明治維新後の日本。そして最近では，シンガポールにおいて（Green 1995）。日本とドイツでは，教育が，第二次世界大戦後の政治的かつ経済的再編の過程にとって極めて重要であったということも確認できる。これらを含めた歴史的な諸条件によって，これらの社会は，国家の発展のために教育が潜在的な貢献をするために，個々人の機会を増やそうとして，例外的なほど教育に高い価値を置いている。

この教育に対する文化的強調の影響は，今でも，これら国々にはいろいろな点で多く見いだされる。若者の大多数は18歳までそしてそれ以後も，教育を延長しより高い学歴資格を得ようとして，賃金労働を喜んで延期している。保護者は，喜んで子どもたちに延長された中等教育を受けさせておくし，日本の場合は，かなりの資源を投入して塾や高等学校の費用を支払っている。そして，雇用者は進んで職業訓練に大きく投資し，資格を取得した若者たちには報償を与える。

これらの国々の高い期待はまた，教育システムの中で制度化されている。規定されたカリキュラムは，様々な種類の学校と様々な年齢に対しての教育内容を統制している。これらはすべての子どもたちに対する規範と期待を確立しているし，教育過程を明確にし，教育目的を与える。カリキュラム開発と教育研究は，イギリスのような国よりも，もっと体系的に組織化され，焦点が絞られている。そしてこれには，規定された教育課程，教育方法，専門的に編纂された教科書と教材とともに，より統一された教育実践を奨励する傾向があり，教師と保護者と生徒の間で教育目的の理解が共有されている。IEAデータ（1982）を検討して，ポッスルスウェイトは，体系的なカリキュラム開発とカリキュラム評価の重要性は強調されすぎることはない，と結論を下している。

これらの各々のシステムにおいては，構造が総合的であれ選抜的であれ，各教育機関には明確なアイデンティティと目的があり，子どもたちは各段階において自分たちに期待されていることをよく知っているように思われる。どのコースに進んでいても，すべての子供たちのための標準が設定されていて，それらは定期的な評価と報告により効果をあげている。留年は，ドイツやフラン

スでは普及しているが,一定の水準が各段階においてすべての子どもたちに要求されているという期待を強調するものなのである。その実践は,これまで「レッテルづけ」が生徒たちの自信や動機に与える,とくにその負の効果で非難されてきた。しかしながら,フランスでの最近の調査では,中等教育段階では,留年はそれほど生徒の自尊心を損ねてはおらず,同じ学年を繰り返した生徒が,同じくらいの学業成績で留年しなかった生徒よりも,その後の進歩の点で良好であることが指摘されている (Robinson, Tayler, and Piolat 1992)。それゆえ,留年は,各人が力をつけるための重要な教育の原理原則を体現している実践と見なされるかもしれない。子どもたちのある者は他の者よりも時間的に長くかかるかもしれないが,すべての者が到達できるのである。

　厳格に統制された構造と制度化された学習の規準はまた,教室での実践にも影響を与えると思われる。ドイツ,フランス,日本の教室を観察したイギリスおよびアメリカの研究者たちは,授業が比較的秩序だっていて,目標に沿ったものとなっていることを書き留めていることが多い (HMI 1986, 1991, 1992; White 1987)。これは,部分的には,全学級的な活動に強調をおく傾向がある教授方法の結果であるかもしれない。しかし,また上述した構造によってもたらされた明確な目的に起因するかもしれない。いずれの場合にしても,これらの国々における教師の仕事は,一斉授業をとおして,国家の規定する教育課程,規格化された評価手順,推薦された教授法や教科書などによって提供される支援的な構造により,より容易になっているのではないかと思われる。授業内容の計画や,学習教材の作成,そして授業で個々の学習を組織化することに,それほどエネルギーを傾けなくてもよい分,学習過程により時間と労力を費やすことができるのである。

　ポッスルスウェイトが行った IEA データ (1982) の再分析もこのことを支持している。すなわち,各国の「課業」に費やす授業時間の割合と,国家の教育達成および達成のばらつきの双方に一定の相関があることを示している。彼は日本について,カミングスのデータを使いながら,高い達成レベルを示している国の一例として取り上げ,日本では授業時間に積極的に参加している生徒たちが多いとしている。カミングスによれば,日本において積極的に授業に参加している者の割合は 90% で,比較したシカゴのいくつかの学校では約 65% で

あった。「課業」に従事している時間の割合が高いことは，日本とドイツの教室の観察者によって報告されているように，秩序だった授業に期待される効果の一つである（Postlethwaite 1982 参照）。

　これらのシステムでは，共有された規範と学習規準が制度化されているだけではなく，生徒に提供される動機づけや報酬の構造によって，すべての生徒たちに高い目標が奨励されている。義務教育修了時に，すべての子どもたちには，たとえ属している教育機関や進路がどんなものであれ，適切な試験や資格がある。これらは，一定の試験と資格の組み合わせで，主要な教科のすべてで合格することが要求され，子どもたちがすべての教科領域で良い成績をとるよう子どもたちを奨励する効果がある。シンガポールでも，ここでは単一教科ごとの英国 GCE 試験が採用されているが，いくつかにグループ分けして提供され，各生徒は指定された教科の組み合わせで受験するよう求められている。学歴資格は，一般に知られた階層序列の一部を形成する傾向があり，労働市場における正真正銘の通貨として，また上級の教育・職業訓練に接近する権利を与えてくれている（日本のシステムはいくらか異なって機能しており，後で考察することにする）。それゆえ，各教育トラックは，その後の進路の可能性をそれぞれに有しており，だから大多数の子どもたちは達成の動機を持つわけである。このことは，特に，学歴資格取得者を厚遇する労働市場の構造によって強化される。

イングランドとアメリカにおける高い期待の制度化の失敗

　上述した高い達成を示している国々に比べて，イングランド（とウェールズ）およびアメリカは，すべての生徒に対して高い期待を制度化することに，相対的にみて成功していない。両国ともエリートを国際的に最高水準まで教育することには成功しているが，エリートの高い野心を，大多数の大衆に一般化することには失敗している。近年，両国の評論家は，政府も含めてであるが，社会全体に「学習文化」が不足していると嘆くことが多く，自分たちの国と日本やドイツのような国々との間にある「学習文化」に関して自分たちの弱点の比較をおこなっている（National Commission on Excellence in Education 1994; Ball 1991）。彼らの文化は，教育に卓越しようとする望みを十分に一般化するのに失敗して

いるだけではなく，彼らの教育システムは，他の国々で高い期待を制度化している多くの特徴が欠けているように見受けられる。

　一般的な自由主義の伝統に従って，そしてアメリカの場合はまたその連邦制ゆえに，両国とも伝統的に中央政府には教育分野でとりたてて強い権限を与えることは好まなかった。これは，各システム全体にわたる共通の構造・実践・標準化を強化するのを妨げている。ヨーロッパの教育システムの中で，唯一イングランドだけが，つい最近まで全国統一カリキュラムを持たなかった。アメリカでは，いくつかの州教育委員会によって法的拘束力のある学校教育課程が編成されている。両国とも，大陸ヨーロッパ的な用語の意味合いで，統一的な国家資格システムを有しているわけではない。イギリスは最近，職業資格取得の国家システム（全国職業資格審議会により管理されている）を拡張してきた。しかし，学術的資格については，多くの民間の試験委員会により授与されていて，つい最近になって政府が統制した重要なレベルに従うようになったのである。したがって，これでは国家が個々の資格の水準を保障するというにははるかに及ばない。そしてその資格授与も，コア教科領域での所与の標準に向かって，生徒が成績をとるべきという要求が全くない選択制の単一教科の試験によってなされているのである。アメリカには，国家によって保障されたいかなる資格もない。ハイスクール修了には，教科の選択が広く認められている。資格証書の授与に際して明確な基準はない（National Commission on Excellence in Education 1984）。

　ほかに，集権的な規制が緩く，教育実践の多様性を許容しているという重要な側面もある。フランス，ドイツ，日本といった国々のように，両国とも全領土にわたって共通の学校制度を持つといったことは主張できない。アメリカでは，州によって制度は異なり，イギリスは，地方教育当局によって異なる。財政もまた統一というにはかけ離れている。両国の学校財政システムは，特にアメリカにおいて著しいが，かなり地域的な違いを生み出している地方裁量に任せた財政制度を有している（Winkler 1993）。最後に，両国では，教授法や教授内容や評価様式に関して，アメリカの一時期の州教育委員会が実に活動的だったけれども，概して中央政府統制は比較的緩いという伝統がある。現在，これが両国において若干の変化が見られ変わりつつあるとはいえ，フランスや日本な

どのより規制の強いシステムと比較して，イングランド・ウェールズとアメリカとでは学校での教育実践に極めて多様性があるように思われる (HMI 1990)。

地域によっては，教科書の規制の場合のように，強い中央統制に対しては，強力に民主主義的で人権的な反対が公然となされるかもしれない一方で(堀尾 1988 の日本に関する叙述参照)，多くの領域にわたって統制の程度が低いと，国内での学校間や地域間で教育実践や水準の多様性が増すように思われる。われわれが見てきたように，IEA 調査からはこれが英国の事例に当てはまることを示している。これがまたアメリカにも当てはまるというのは，国内外からみた共通の認識である (National Commission on Excellence in Education 1994; Moore 1990)。もちろんこのことは，これらの国々で，他の社会的・文化的要因からもたらされたかもしれない。例えば，両国とも多数のヨーロッパ諸国やアジア諸国に比べて，ジニ曲線で測定されるように，富や所得の不平等がより大きく広がっている (Wade 1990)。しかしながら，統制の弱さが，こうした効果をもたらしているというのも，もっともに思われる。もし統制されていなければ，市場の本質上，差異化が生み出される。近年の調査研究が示すように (Adler, Petch, and Tweedie 1986; Carnoy 1993; Moore 1990)，イギリスとアメリカの双方で学校選択の政策が受け入れられた結果として，すでに学校間での質と水準の格差が拡大している兆候が見られる。

高い教育達成を示している国々が，低い達成を示している国々に比べて，義務教育学校システムに有している本質的な違いは，前者が，文化と一定の制度的メカニズムとによって多くの子どもたちに高い目標と達成を奨励しているのに対し，後者は，高い能力を持ったり高い社会階層の出身だったりするエリートに関してだけ成功しているという点である。すべての国々で低いレベルの学校や教育的に社会から落ちこぼれた集団が見いだされるけれども，低い教育達成を示す国ではこのことが比較的より広範囲にわたっている。アメリカとイギリスでは，どの教師も知っているように，貧困な都市中心部の学校と裕福な郊外や田園地帯の学校の格差は，非常に大きい。ここで議論しているのは，これらの国々で歴史的に浸透した自由主義的な，自由放任の伝統によってこの問題が悪化していることである。裕福な学校が，自らを構成している文化的資本や社会的資本の大きな蓄積にたよって繁栄してきた一方で，恵まれない学校はそ

うではなかった。

　皮肉なことに，伝統的に個々の生徒に配慮することを誇りにしながら，あまりにも多くの生徒たちを希望や自信のない状態に貶めてしまったかに思われるのがこれらのシステムであり，他のシステムでは，より統制が強く画一的な特性のためにしばしば非人道的とされるが，そこでは落ちこぼれる生徒の数は少ない。ロビンソンとタイラー (1989) は，イギリス，日本およびフランスの低い教育達成者のサンプルから自己概念，学校への態度，学習への態度について調査の報告をおこなっている。彼らは，自尊心の落ち込む程度が最も顕著なのはイギリス人であることを発見し，次のように評している。「(イギリスの)システムは，明らかにカリキュラム主導というよりはむしろ，子ども中心であり，『個々の子どもたちのニーズに合わせるよう』に，そして彼らのニーズに教科，レベル，そして教授方法が合うように考えられているが，現実には，それは一般的な自尊心や学校への参加意欲に非常に大きく左右されることを示している。」

義務教育後の教育と訓練における達成度への影響要因

　義務教育修了までに，7ヵ国のうちいくつかの国々は，すでに明らかに達成のレベルについて差異を生じている。しかしながら，資格取得率の相違がもっとも顕著になるのは，義務教育後の教育・訓練 (PCET: Post Compulsory Education and Training) の段階である。これは，PCET を通して，資格取得達成に関して最も決定的な段階だからである。15–20 歳の段階での PCET は大半の若者が最終的にそれぞれ最高学歴資格を取得して，それをもって労働市場における異なった地位に移行する。それはまた，様々な国々で多様なレベルに就学していき，資格取得率に影響を与え始める段階でもある。7ヵ国のすべてにおいて，多くの若者は今なお PCET にとどまっているものの，たとえば，イギリスではその割合は他の 6ヵ国よりも低い (Green and Steedman 1993)。それゆえ，PCET の段階で起こっていることは，国家間での教育達成率の差異を説明するのに，きわめて重要なのである。

　一見したところでは，低い教育達成を示す国々とは異なり，かつ高い教育達成を示す国々に共通の明確な制度的特徴はないように思われた。PCET におけ

る制度的構造は，3つの大きな型に分けられる。第1に，主に徒弟制訓練中心で，少数のエリート教育機関が併存するシステムがある。ドイツは，この格好の事例(本サンプルの中では唯一)を示すものであり，徒弟制訓練によるデュアルシステムが PCET の支配的な様式となり，残り少数のためにギムナジウム(現在増加はしているが)がある。第2に，多様な教育特性をもつ学校中心のシステムがある。フランス，日本，そしてシンガポールがこのカテゴリーに入る。フランスでは，総合，技術，職業のリセがある。日本では普通高校と職業高校がある。シンガポールでは，アカデミックなジュニア・カレッジ，職業的なポリテクニク，技術訓練センターがある。イングランドとウェールズでも，現在広く学校中心のシステムが普及しており，カリキュラム上の明確な区別はないが，シックス・フォームと継続教育カレッジという異なる機関がこの段階に位置づけられている。これらのシステムでは，何らかの徒弟訓練の残余といった形態を保持している。最後に，一つの支配的なタイプの学校が中心となり，総合的にこの段階の教育訓練を提供するシステムがある。アメリカのハイスクールは，この典型例である。そしてスウェーデンでは総合制高等学校（Gymnasieskola）がもう一つの例を示してくれる（OECD 1985）。それらの制度構造がどんなものであれ，これらのシステムのそれぞれは，異なる進路を組織化し，そのいくつかは，アカデミックなものもあり，職業的なものもある。2つの均衡は国によって様々である。アメリカと日本では，普通あるいはアカデミックな教育が優勢である。他の国々では，多くの者が職業コースに進む。もっともフランス，ドイツ，スウェーデンではこれらが普通教育の要素を多く含んでいる（OECD 1990）。イングランド・ウェールズと，イギリス型の資格制度に適応させてきたシンガポールでは，職業教育プログラムの中で普通教育を比較的わずかに含んでいる場合もあるが，それは一般的ではない。

　これらの異なった制度モデルが国家の教育達成と明確な相関を示すというものではない。学校中心のシステムのいくつか(日本)で高い達成が可能なのと同様に，ドイツのような雇用中心のシステムにとっても高い達成を果たすことは可能である。最も高い教育達成のシステムは多く，あらゆるトラックで普通教育を非常に重要視しているが(おそらくシンガポールを除いて)，アメリカのシステムは，少なくとも学習量の面ではそうしていても，それほどよく機能して

いない。もっとも，高い達成システムが，中央政府，国家によって広範に規定されたカリキュラムを持つという点で共通しているのは本当で，イギリスやアメリカは義務教育後の段階では，いまだなんら国家レベルのカリキュラムを有していない。しかしながら，この教育段階においては，標準的な期待の制度化が高い達成のために重要であると論議するのはさらに難しい。なぜなら，教育・職業訓練の内容・方法は，ここでは必然的により特化され分化しており，若者がキャリアの選択を始める段階なのである。PCETでは，標準的な期待を決定する際に主要な影響力を行使しはじめるのは労働市場であって，われわれがいま取りかかるべきは，この点なのである。

　高い教育達成を果たしているシステムに共通している最も明確な特徴は（アメリカやイギリスにとってではないが），教育・職業訓練・労働市場の間のアーティキュレーションがかなりの程度認められることである。高い教育達成を果たしている国には，就職と給料の，所有している学歴資格，あるいは（国家資格がない国々では）到達した教育レベルとの密接なつながりを確実にするメカニズムがある。これらのメカニズムがどれだけ国家間で異なって機能するのであろうか。フランスとドイツはともに歴史的にまさしく学歴資格主義の社会である。各国の多くの職業は，法律により特定の学歴資格保持者に限定されている。ドイツでは，これが専門的職業という一般的な範囲を超えて，熟練職にも拡げられている。なぜなら，連邦法により，鉛管工事，建物管理などの分野では，デュアルシステムでの資格を持たない者には，他の労働者を雇用したり，仕事をすることが禁じられているからである（CEDEFOP 1987）。国法が適用されていないところでも，両国では，雇用者団体と労働組合との間での全国レベルの部門別協定で，資格に明確に結びついている多くの職業について，就労資格と標準賃金が，決定されている。

　日本では，他のいくつかのアジア諸国と同様，そのシステムは，いくらか異なって機能している。就職は，学歴資格によってではなく，教育機関から会社へと水路づけるネットワークによって決まっている。一流会社での高い地位に近づくのは，大きくは，一流高校や一流大学に競争試験をくぐり抜けて到達することによる。そうしてそれらの教育機関から一流企業に推薦されるのである。日本の国内労働市場を支配しているのは，少なくとも大会社では，昇進は学歴

資格よりも年功序列や仕事の業績に基づいてなされているということである。後者(仕事の業績)は，職業訓練で好成績をおさめ，新しい技術の獲得に能力を示すことも含まれている。そして，これらのすべては，それ以前の教育での成功が後押ししているかもしれない。シンガポールは，多くの多国籍外国企業を有しているが，傾向としてより専門職的な労働市場を持つようになっていて，ヨーロッパと同じように，ここでも労働市場は学歴主義が急速な勢いで進んでいる。

イギリスとアメリカの両国は，上記のパターンとははっきり異なっている。両国には，学歴主義とコネクションの影響力の動きはある程度見られるものの，教育・職業訓練と労働市場との間の接続関係は同じ程度示されているわけではない。歴史的に，両国は比較的，大陸ヨーロッパよりも学歴主義ではなく，雇用者は往々にして資格よりも経験を最重要視してきた。就職と賃金の水準決定は，政府や，国家単位あるいは部門別の雇用者組織と労働組合の間で結ばれた協定によって，それほど広域にわたって統制を受けない。資格は明らかに両国において重要である。しかし，資格や正式な学校教育にそれほど依存せずとも，成功するキャリアを形成する別のルートが開かれている。学校で成功し，資格を取得することは，イギリスやアメリカの多くの若者たちにとっても，当然重要ではある。しかし，多くの若者は，比較的早い時期に，これらへの野心を捨ててしまうように思われる。フランス，ドイツ，日本でも，あきらめてしまう落ちこぼれ集団はいるが，イギリスやアメリカより少ないように思われる。この一つの理由は，これらの国々では，高校を卒業していない者や正式な資格を取得していない者には，現実としてなんら雇用の保証がないということである。イギリスやアメリカでは，もっと開かれた労働市場があり，資格を取得していない者に対しても第2，第3のチャンスがある。

高い教育達成を果たしている国々の，教育・職業訓練・労働市場との密接なアーティキュレーションは，歴史的にイギリスやアメリカよりもヨーロッパ大陸の国々で大きな役割を果たしてきた，国家統制主義者や政治的多元主義者の影響の結果である(アジアでも国家統制主義は該当するかもしれないが，政治的多元主義はそれほどでもない)。これらの影響は，仕事を基礎とした訓練の供給にも影響を与えてきたし，それがどの程度普及しているかで資格の国家レベルでの違いをもたらしている。一般に，より高い達成を果たしている国々は，国

家や政治的多元主義者の高次の統制があって，イギリスのようなそれほど規制を受けていなくて職業訓練でより失敗しやすい国々よりも，職業訓練に対して雇用者も個人も多く投資する傾向がある（MSC 1985）。この理由については，多くの研究において余すところなく分析されている（Carnoy 1993; Finegold and Soskice 1988; Marsden and Ryan 1995）。

簡略すれば，議論は以下のようになる。社会は，個々人およびその家族によって獲得された利潤に加えて，よく訓練された住民から，経済的に利益を得る。これらの社会的利益や，経済的な外部性が，カーノイが述べるには，「少ない費用の社会的，経済的下部構造，よりよい社会環境（より多い公的消費），より効果的な政治システムなどをとおして，どのような組織的配置の下にあっても，高い生産性を生じるわけである」（Carnoy 1993: 166）。しかしながら，利潤の多くは，個人にとって「外部的」であり，統制されていない市場の状態では雇用者も個々人も職業訓練への投資が不十分になりがちである。雇用者は，職業訓練を実施した被雇用者を他の雇用者が横取りして自らの投資がマイナスになることを恐れて，職業訓練を実施しないという合理的な選択をするかもしれない。あるいは，雇用者は少ない費用で，低い技術を用いるという企業戦略を使って，短期間により利益をあげられると計算するかもしれない（Finegold and Soskice 1988）。個々人はまた多くの理由で投資が不十分かもしれない。彼らは十分な情報が不足し，職業訓練から得られる長期的な限界収益を計算できるほど成熟していないかもしれない。あるいは，彼らは職業訓練に投資する資金の入手手段をもっていないのかもしれない（Carnoy 1993; Streeck 1989）。

われわれのサンプルとした高い教育達成を果たした国々は，一般に市場での失敗というこれらの問題を克服する何らかの統制形態を用いている。フランス，シンガポール，スウェーデンでは，職業訓練の税金が，訓練の実施を雇用者に奨励するために，雇用者にかけられる。この形には，給与所得税が職業訓練に十分な努力を示している雇用者に還付される（フランス）というものや，低賃金で労働者を雇用している企業に懲罰的な課税をおこなう（シンガポール）というものがある。後者は，雇用者が高い賃金を支払うように勧奨し，高い生産性によって費用を回収するために訓練を実施させようというものである（Ashton and Green 1996）。ドイツでは，徒弟制度を統制する主要な役割を果たしている商工

会議所に支払う，少額でも強制的な賦課金はあるが，職業訓練に関連する賦課金は限られた産業分野にしかない。しかしながら，より重要なのは，徒弟の賃金は低く抑えるという国家レベルでの部門別の協定があり(それゆえ雇用者の職業訓練の費用は縮減されている)，それが様々な段階で賃金コストを規制している。これは，企業が同じ仕事に対して高い賃金を支払うのを防ぎ，別の雇用者の費用で訓練された被雇用者を横取りすることができないようにしている(CEDEFOP 1987; Marsden and Ryan 1995)。日本は，これらの規制を実施する必要は全くない。なぜなら大企業を中心とする内部労働市場と終身雇用のシステムは，訓練した労働者が他の企業に移ることで訓練投資の損失を被ることが，あまりないからである (Green 1995b)。以上論じてきた国々では，個々の訓練に対するインセンティブは，学校教育と職業訓練での達成と，職業獲得の間にある密接な関係によって高められるのである。

アメリカとイギリスは，双方とも内部労働市場が充実しているわけでも，なにか職業訓練を奨励するような規制がとられているわけでもないので，われわれの事例としてとりあげた国々の中では，例外である。これは，雇用者が労働者を訓練するよりも，横取りしてしまう「ただ乗り」の問題が，絶えずあることを認めている。これに加えて，両国とも，企業の決定は短期間で行われる伝統がある。両国の会社所有法と金融市場では，企業が，短期的な利益をあげ，株主等のステイクホルダーにその配当を配るよう大きな圧力が加えられる(Hutton 1995)。これはまた，職業訓練への士気を低めてしまう。結果として，両国では企業の職業訓練は，大企業でのみ普及し，組織的におこなわれている。個々人は，同様に訓練にそれほど投資しようとは思わず，労働市場は雇用の機会は提供してくれるが，いずれにしても短期間で，職業訓練の個人的費用を支払ってくれるわけではない，と認識している。

結論

少数の国々の比較が，教育達成レベルの国家間の相違の理由に関してなんら最終的な解答をはっきりと与えてくれるわけではない。たとえ，もっと多くの国々の事例があって，システムの特徴を経験的に判断しても，結果に影響を与

える要因が複雑であるために，結局はそれは難しい。しかしながら，上述の比較は，より成功している国々にとって共通していて，それほど成功していない国々には共有でない一定の要因を示してくれる。そしてこれは，実りある研究への確かな道を，少なくとも指し示してくれるかもしれない。

　これまでの考察から導き出されるのは，国家の教育達成の基盤になると思われるのは，一定の広範囲の文化的特徴を有していることと，これらが一連の関連する制度的特徴の中に明示されていると見えることである。最も単純化すると（そして，議論の余地があるほどに単純に割りきると），高い達成を果たしている国々には，一つの「包含的な (inclusive) 学習文化」があると思われる。それは，社会がすべての集団に提供する学習に対する高い報酬によって特徴づけられる。教育と職業訓練が，エリートにとってだけでなく，すべての者に対する規範と期待を制度化していくことで，また労働市場が教育・職業訓練で好成績を収めたものに報いることで，大多数の人々に高い目標が強化されている。包含的な規範と機会の提供を達成するには，一般に，システムが一定の実践を標準化するように作用するための，多くの装置を取り入れなければならない。さもなければ，つまり統制されない市場の状況では，不平等な市場投資の結果として，それらの実践はひどく格差のあるものになってしまうだろう。これらは，とりわけ，公平な統一的制度構造と標準化された資金投資システムを明確にすることを，象徴的に含んでいる。つまり，全国カリキュラムの使用，教授法・成績評価法に関する規定の明確化の程度，国家的な資格制度の存在（あるいは教育達成を確認し報酬配分するための透過的で予測可能ないくつかの代替方策）などがある。PCET段階では，教育・職業訓練と労働市場とのアーティキュレーションの方策も含まれており，それが個々人と雇用者の職業訓練へのインセンティブを高めてくれる。

　このような構造と実践は，必ずしも中央政府のレベルですべて決定されることを要求しているわけではなく，政府だけがすべての決定をすることを要求しているわけではない。ドイツは，連邦教育システムを有しているが，その権限は地方レベルに移譲され，職業教育と労働市場を統制するうえで社会的パートナーに実質的権限を与えるシステムを発達させている。日本では，なかば民間の機関に教育システムの中での実質的な役割を与えている。しかしながら，そ

こでは，システムを定義し運用していくために，政府が，システム内でのさまざまな社会的パートナーの役割が定義され遂行可能となる施策など，各レベルでの調和した施策を遂行するという，高次の国家「統制」を要求しているように思われる。必ずしも揺るぎなく「集権化」されていなくても，最も効果的なシステムは，確かにすべて，重要な分野での「厳重な規制」の兆候を見せているようである。それには，政策の高次の一貫性，教育機関の体系化，それぞれの教育・職業訓練の段階間での，また教育・訓練システムと労働市場との間での，密接なアーティキュレーションを伴っている。このようなシステムは，明らかに「市場」システムではなく，「擬似市場」システムでさえもない。

　教育・職業訓練における一貫性のある構造と「調和した (concerted)」社会的作用は，近年多くの国々で，極めて異なる文化的伝統と政治システムの中で，成し遂げられている。しかしながら，それらの国家形態は，おおまかに言えば，2つのタイプに分類される。一つは，「政治的多元主義」の大陸ヨーロッパ国家である。フランス，ドイツ，スウェーデンのような，高次の国家規制と干渉（さまざまな段階での）を組み合わせ，政策決定に社会的パートナーを取り込む制度的構造を包み込むことを伴っている。もう一つは，アジアで発達したより純粋な「国家統制主義 (statist)」の国々である。これらの国々は，「市民社会」における企業組織の比較的低い位置づけ (desitiny) を特徴とし，大きな政府の「パートナー」は，「大企業」しかないのである。各国家形態は，教育に関してある共通する制度的特徴を伴うかもしれない。もちろん，異なる国家文化や歴史の結果として無数の違いもまたあるにもかかわらずである。両方の国家形態はともに，アメリカやイギリスのような「新自由主義」の国々が達成できない方法で，高い教育達成を実現している教育システムを生成できると思われる。

　なぜそうした国々がそのようであるのか，どうしてこれらの国々が一定の教育達成に結びつくのか，何らかの説明をしようとすれば，国家形成の歴史的な分析を要し，本論の限界をはるかに超えてしまうだろう。しかしながら，結論として，特定の国家形態の発生と特定タイプの全国的な教育システムの発生の間に強い歴史的関係があることは，特筆に値する。全国的な教育システムは，国家形成過程における歴史的産物であり，議論の余地はあるが，公教育の制度における最初の主たる目的と理論的根拠は，国民国家形成にある。教育システ

ムは, 集中的なあるいは性急な国家形成の過程を経験した国々において, 最も早く発達する傾向がある。普通それは, 外部の軍事的脅威によって(たとえば, 19世紀初期におけるプロイセンや, 19世紀後期の日本), 革命(18世紀のフランスやアメリカ)や戦争の荒廃(第二次世界大戦後のドイツと日本)後の再建の必要によって, 促進されるのである。これらの性急なしかし統合的な国家形成の過程を経た国々は, 普通, 経済と教育の両方のシステムを発展させるために国家の全機構を用いる。それらの国々はまた, 「学習文化」を奨励する傾向があり, そこで, 教育的なアスピレーションが, 国家形成と市民育成という広義の理念と密接に結びつけられている (Green 1990)。

本論にあげた高い教育達成を果たしている各国では, さまざまな時期に, このような歴史的条件が, 急速な教育の発展のための文化的・制度的な条件の両方を生み出して, 教育の発展の行方を左右してきたように思われる。われわれは, この過程を現在のシンガポールに見ることができる。高い教育達成を果たしている他の国々では, この過程は, 「学習社会」の文化的規範や制度上の慣例の中に, それとわかるように, 歴史的沈殿物として存在している。

参考文献

Adler, M. E., Petch, A. J., and Tweedie, J. W. (1986), *Parental Choice in Education Policy* (Edinburgh: Edinburgh Univ. Press).

Archer, M. (1979), *The Social Origins of Educational Systems* (London: Sage).

Ashton, D., and Green, F. (1996), *Education, Training and the Global Economy* (London: Elgar).

Ball, C. (1991), *Learning Pays* (London: Royal Society of Arts).

Ball, S. J. (1990), 'Education, Inequality and School Reform' King's College Memorial Lecture.

Boucher, L. (1982), *Tradition and Change in Swedish Education* (London: Pergamon).

Carnoy, M. (1993), 'School Improvement: Is Privatization the Answer?' in J. Hannaway and M. Carnoy (eds.), *Decentralization and School Improvement* (San Francisco: Jossey-Bass).

CEDEFOP (1987), *The Role of the Social Partners in Vocational Training and Further Training in the Federal Republic of Germany* (Berlin: CEDEFOP).

Chubb, J., and Moe, T. (1990), *Politics, Markets and American Schools* (Washington DC: Brookings Institution).

Her Majesty's Inspectorate (1986), *Education in the Federal Republic of Germany: Aspects of Curriculum and Assessment* (London: HMSO).

Finegold, D., and Soskice, D. (1988), 'The Failure of Training in Britain: Analysis and Prescription', *Oxford Review of Economic Policy*, 4/3: 21–53.

Green, A. (1990), *Education and State Formation* (London: Macmillan).

―――― (1994), 'Postmodernism and State Education', *Journal of Education Policy*, 9/1, 67–83.

―――― (1995a), 'Education and State Formation in Europe and Asia', in A. Heikkinnen (ed.) *Vocational Education and Culture: Prospects for Theory and Practice* (Finland: Univ. of Tampere).

―――― (1995b), 'The Role of the State and Social Partners in VET Systems', in L. Bash and A. Green (eds.), *World Yearbook of Education: Youth Education and Work* (London: Kogan Page), 92–108.

―――― and Steedman, H. (1993), *Educational Provision, Educational Attainment and the Needs of Industry: A Review of the Research for Germany, France, Japan, the USA and Britain*, Report no. 5 (London: NIESR).

Gopinarhan, S. (1994), *Educational Development in a Strong-Developmentalist State: The Singapore Experience*, paper presented to the Australian Association for Research in Education Annual Conference.

HMI (1990), *Aspects of Education in the USA: Teaching and Learning in New York Schools* (London: HMSO).

―――― (1991), *Aspects of Primary Education in France* (London: HMSO).

―――― (1992), *Teaching and Learning in Japanese Elementary Schools* (London: HMSO).

Horio, T. (1988), *Educational Thought and Ideology in Modern Japan: State Authority and Intellectual Freedom,* ed. and trans. by S. Platzer (Japan: Tokyo Univ. Press).

Hutton, W. (1995), The State We're In (London: Jonathan Cape).

Inkeles, A. (1979),'National Differences in Scholastic Performance', *Comparative Education Review*, October, 386–407.

International Assessment of Achievement (1988), *Science Achievement in Seventeen Countries* (London: Pergamon).

International Assessment of Educational Progress (1992), *Learning Mathematics* (New Jersey: Educational Testing Service).

Lynn, R. (1988), *Educational Achievement in Japan: Lessons for the West* (London: Macmillan).

Kaestle, C. (1983), *Pillars of the Republic: Common Schools and American Society, 1780–1860* (Toronto: Hill and Wang).

Manpower Services Commission (1985), *Competence and Competition* (Sheffield: MSC).

Marsden, D., and Ryan, P. (1985), 'Work, Labour Markets and Vocational Preparation: Anglo-German Comparisons of Training in Intermediate Skills', in L. Bash and A. Green (eds.), *World Yearbook of Education: Youth, Education and Work* (London:

Kogan Page), 67–79.

Moore, D. (1990), 'Voice and Choice in Chicago Schools', in W. Clune and J. Witte, (eds.), *Choice and Control in American Education,* ii (London: Falmer Press).

National Commission on Education (1994), *Learning to Succeed* (London: Heinemann).

National Commission on Excellence in Education (1984), *A Nation at Risk* (Washington, DC: US Government).

OECD (1985), *Education and Training Beyond Basic Schooling* (Paris: OECD).

────── (1989), *Pathways to Learning* (Paris: OECD).

────── (1995), *Education at a Glance* (Paris: OECD). OECD 教育研究革新センター編，文部省大臣官房調査統計企画課監訳『図表でみる教育──OECD 教育インディケータ』ぎょうせい (1996).

OECD / Statistics Canada (1995), *Literacy, Economy and Society: Results of the First International Survey* (Paris: OECD).

Postlethwaite, N. (1982), 'Success and Failure in Schools' in P. Altback, R. Arnove, and G. Kelly, *Comparative Education* (New York: Macmillan).

Prais, S. J. (1987), 'Education for Productivity: Comparisons of Japanese and English Schooling and Vocational Preparation', *National Institute Economic Review* (February), 40–56.

Robinson, W. P., and Taylor, C. A. (1989), 'Correlates of Low Academic Attainment in Three Countries: England, France and Japan', *International Journal of Educational Research,* 13: 585–96.

────── ────── and Piolat, M. (1992), 'Redoublement in Relation to Self-Perception and Self Evaluation: France', *Research in Education,* 47 (May).

Schoppa, J. (1991), *Education in Japan: A Case of Immobilist Politics* (London: Routledge).

Sexton, S. (1987), *Our Schools: A Radical Policy* (London: Institute of Economic Affairs).

Streeck, W. (1989), 'Skills and the Limits of Neo-Liberalism: The Enterprise of the Future as a Place of Learning', *Work, Employment and Society,* 3/1: 89–104.

Wade, R. (1990), *Governing the Market: Economic Theory and the Role of Government in East Asian Industrialization* (Princeton: Princeton Univ. Press).

White, M. (1987), *The Japanese Education Challenge* (London: Macmillan).

Winkler, D. (1993), 'Fiscal Decentralization and Accountability: Experience in Four Countries', in J. Hannaway and M. Carnoy, (eds.), *Decentralization and School Improvement* (San Francisco: Jossey-Bass).

Whitty, G. (1992), 'Education, Economy and National Culture', in R. Bocock and K. Thompson, (eds.), *Social and Cultural Forms of Modernity* (Buckingham: Open Univ. Press).

Wolf, A. (1992), *Mathematics for Vocational Students in France and England: Contrusting Provision and Consequences,* 23 (London: National Institute of Economic and Social Research).

10
市場化・国家・教職の再編

ジェフリー・ウィッティ

序

　近年の教育に関する多くの論議では，劣悪な教育水準が教師のせいにされている。イングランドとニカラグアのように非常に多くの点で性格の異なる国々でも共通して実施されている教育改革は，教師の自律性を制限し，教員組合の力をそぐことに向けられている。改革の力点が教師への権限委譲に置かれているアメリカにおいてさえ，教師を地方の官僚制組織の公僕ではなく，顧客の要求に応じるよう求める動きがある。本稿は，これらの改革の進展が，ニューライトの立場に立つ政府の政策をいかに表しているか，そして，国家と市民社会に関連する教育の根本的な再編をどれだけ表しているのかについて考察する。まず，近年の諸教育改革の意義と，どの程度それらがポストモダン現象として考えられるかを議論する。次に，この動向はポストモダンへの「分岐点」ではないにせよ，教育の市場化によって国家と市民社会の関係に変化が生じていることを指摘する。そして，近年の改革が及ぼす教職への影響について，いくつかの事例に基づいて検証し，ポストモダンの時代における教師の役割を明らかにすることがどの程度まで役に立つのか検討する。最後に，教職に対する従来の国家による統制や市場への説明責任とは異なる，別の規制のあり方があり得るかどうかについて考察する。

教育改革──果たしてポストモダン現象なのか？──

　近年，世界の多くの地域で，国家レベルでの教育の再構築と規制緩和への傾

向が認められる。これらを主唱する者たちが核としているのは，教育に対する集権的な官僚制的統制を弱め，それに替わる学校システムを構築する動きである。それらは，いずれもそれぞれの学校に一定規模の自律性を与え，各学校がさまざまなかたちで管理運営の主体になることを求めるものである。多くの場合，一連の変化は，保護者による選択や，供給する教育サービスの多様化と専門特化によって互いの競争を促し，教育の中に擬似的な「市場」を形成することを目指している (Le Grand and Bartlett 1993)。

これらの政策は，1980年代にイギリスやアメリカのニューライト系の政府から特に奨励され，その後ラテンアメリカや東欧で IMF や世銀によって促進されたのだが (Arnove 1996)，左翼政党の政治レトリックでも，教育の多様化や選択が次第に強調され始めている。これらの教育政策の方向性が，すべての国々に浸透しているわけではなく (Green 1994)，様々な国民国家や政党の伝統によって様々な形で媒介されてきたにもかかわらず，世界の多くの地域の幅広い傾向の間に類似性が見いだされるのは，過去の政治的流行，いわゆるイギリス国内外のサッチャリズム以上の重要な何かに，教育政策が立ち会っていることを示唆している。

それゆえ，教育の組織編成におけるこれら方法上の転換が，先進産業社会の本質にかかわる広範囲の変化を反映すると指摘される場合があり，論者によってはそれらはポスト・フォーディズムとか，ポストモダニティなどと呼ばれている。したがって，生産領域における規制の様式の学校教育や福祉サービスなどの他の領域への導入ととらえれば，改革は理解しうると指摘する者もいる。彼らは，福祉分野で細分化した市場が確立していることと，経済がフォーディズムから，「大量消費の価値を低くとらえ，健康，教育，交通運輸，住居といった分野での生産と供給が分散化するよう圧力をかけている」ポスト・フォーディズム型に着々と移行しているのは相互に関連があると指摘している (Jessop et al. 1987)。例えば，ボール (Ball 1990) は，新しい学校教育の形態には，「フォーディズム」型から「ポスト・フォーディズム」型学校への移行が見られると主張する。すなわち，消費の分散化に否応なく動かされて，古い大量生産の分業体制にとって替わった「柔軟な専門化」に相当する教育である。これらの「ポスト・フォーディズム型の学校」は，「ポスト・フォーディズムの時代の生産様

式に合致した，多様な技術をもつ革新的な労働者を育成するよう計画されているだけではない。それらの学校自身がポスト・フォーディズム的な振舞いをしているのである。つまり，大量生産と巨大市場からニッチ市場への移行と『柔軟な専門化』というポスト・フォーディズムの考え方は，学校の運営形態やカリキュラム，教授法や評価の方法へも影響を及ぼしている」(Kenway 1993)。

しかしながら，ケンウェイ自身は，教育の市場化の急速な伸展は，ポスト・フォーディズムの影響だけによるものではないと見做している。したがって彼女は，それを「ポストモダン」的現象と呼んでいる (Kenway 1993)。彼女自身の悲観的なポストモダニティの認識にしたがえば，「多国籍企業やそれらの子会社は，われわれ個人や集団のアイデンティティの形成ないし再形成を通して，われわれを企業の文化的・経済的コミュニケーションネットワークに埋め込んでしまう」(Kenway 1993)。彼女によれば，「差異」というものは，「文化のグローバル化」によって消滅するものでは決してなく，それを集めて展示し，プラスの価値を付与して商品化し，そこから利潤を上げることのできるものとして描き出されている (Robins 1991)。これと同じ傾向は，近年の教育政策における伝統と多様性の強調にも見受けられる。

以上とは異なる説明の中では，「新時代」の到来というレトリックは，選択と多様性ということに対して，より肯定的なイメージを提供しているように思われる。それらのイメージは，政治・経済・文化が複雑に分化した結果，優越的な地位を獲得したコミュニティと利益集団のニーズを反映しており，大衆教育のシステムの土台にある伝統的な階級の壁を横断している。この観点からすれば，ポストモダニティは抑圧的といえるほど一様なモダニストの思考とは対照的であるといえよう。すなわち，「ポストモダニティは自由化の一形態であり，その中では文化と社会集団の細分化と多様化が，百花撩乱の状態にあるのを許容されている」(Thompson 1992)。例えば，フェミニストの中には，ポストモダニズムに関わりをもつ社会や文化の多元主義への移行に魅力を感じる者もいる (Flax 1987)。少数エスニック集団の中には，官僚統制による福祉からコミュニティを基礎とした福祉への可能性を高く評価しているものもある。そして公教育での擬似市場システムを主張する多くの者は，それらのシステムが都市の貧困者にとって特に有益であると見做している (Moe 1994; Pollard 1995)。

それゆえ, 近年の教育改革の主張には, 特定のコミュニティや利益集団のニーズに応える様々な型の学校の発展を公然と奨励するものもある。それらはまた, 多様なアイデンティティやラディカルな多元主義の考えに与しているせいか, 一元的な総合制学校教育や市民性の概念よりも, 魅力的に見えることがある。このような新しい政策のレトリックには, 階級を基盤とした政策に関連した「大きな物語 (grand narratives)」の中で, ほとんど帰属意識を見いだすことができなかったグループの願望に結びついているものもある。この意味で改革は, すべての枠組みを総計したり,「異種混交, 分裂, 差異を宣言した公約でもって, 統一された文化的計画による改革に置き換えられることへの拒否の一つと見なされるかもしれない」(Boyne and Rattansi 1990)。言い換えれば, 多様な原則に基づいて運営されている学校への支持は, モダニティの諸前提からポストモダニティのそれへの大きな移行を映し出している。

しかしながら, これらの「新しい時代」の理論には様々な問題がある。「かなり曖昧」であるばかりでなく (Hickox 1995), 新しい蓄積体制のレジームへの移行を過大に評価してしまうきらいがある。さらに, 教育の分野では, 大衆システムと市場化されたシステムを明確に区別することは極めて難しい。例えば, いわゆるアメリカの「公立学校」やイギリスの「総合制」のシステムは, 多くの者が主張するように決して一様のものではなかった。制度としての学校の主だった特徴が決定的に変わったということもなかった。運営実践における近年の変化が, 全く新しい方向性を示すよりも, 「フォーディズムの問題を調整すること」を意味する限り, ネオ・フォーディズムという語のほうがポスト・フォーディズムよりも適切であるかもしれない (Allen 1992)。

したがって, ケンウェイらが指摘するようには変化は重要な意味をもたないかもしれないが, 生じている変化についての彼女の悲観的な分析は, 楽観的な分析があるとしてもそれよりは, かなり信頼性があるだろう。新しい正当化のレトリックの中で賞賛されつつ, 社会的な差異は強調されてきたように思われる。しかしながら, 選択, 特殊化, そして多様性の新しい言説が, 従来の公立学校教育や総合制学校教育のそれに置き代わっていくと, 不利益を被ってきた者に対する利益よりも保護者の選択や学校の自律性を強調することで, 市場で全く競争できない者がもっと不利益を被ってしまうという経験的事例が増えている

(Smith and Noble 1995; Gewirtz et al. 1995; Lauder et al. 1995)。同時に，人気のある学校と人気のない学校の差もまた増していて，期待された横に広がる多様性を生み出すよりも，縦に伸びた諸学校の序列が強化されてしまっている（Whitty 1994)。不動の序列のどん底にある学校から逃れうる少数の人々とは全く対照的に，不利益集団の大部分の成員にとって，新しい編成は，様々なタイプの学校やそれらに通学する者の間にある伝統的な区分を再生産するための，実はもっと精妙なやり方に思われるのである。

現在の異質性，多元主義や小さな物語（local narratives）への支持を新しい社会秩序の兆しと見做すことは，現象の形態を構造的連関ととりちがえてしまうことになるかもしれない。ポストモダニズムやポストモダニティ理論を批判するマルクス主義者は，例えばキャリニコス（Callinicos 1989) などは，階級闘争を繰り返し強く主張し，明確にそういった見解をとっている。ハーヴェイ（Harvey 1989) でさえ，重要な変化を認識していても，ポストモダニストの文化形態や資本蓄積のもっと柔軟な様式が，全く新しいポスト資本主義あるいはポスト産業化社会の出現の兆しというよりは，むしろ表象での変化であるかもしれないことを指摘している。現在の改革は，積極的に「差異」や「異質性」を賛美するポストモダニティ（PM2）よりもむしろ，分裂してしまった社会秩序内の「区別」や「ヒエラルキー」を強調するポストモダニティの一つ（PM1）に関わるものにすぎないかもしれない。蓄積の新しい形態にもかかわらず，社会文化的差異化のパターンにいくつかのわずかな変化が伴われているため，継続しているものも，継続していないものも，同じ程度の印象を与えてしまうようなのである。

国家および市民社会

いうまでもなく，教育運営や他の公的サーヴィスの新しい編成は，伝統的なケインジアンの「福祉国家」がもはや機能を果たさないとされる状況下の国家につきつけられている蓄積や正当化の問題を解決する方途として理解され得る（Dale 1989)。しかし，たとえもし現在の政策が古き問題を処理する新しい方法であるなら，国家による規制の様式にははっきりとした変化があったはずであ

る。イングランドのシティ・テクノロジー・カレッジ（CTCs: City Technology Colleges），補助金維持学校，公立学校の開放学区制や運営の分権化をはじめ，世界の他の地域で準自律性をもつ同様の制度が，すべての人々のニーズのために行使できる権限をもち人々に共通のものを提供する公選された組織に並行して，かつ次第にそれにとって代わる役割を果たしている。類似の改革が，健康や住居の分野に導入されている。

　国家の中央と個々の機関を結ぶ民主的に公選された政府という紐帯が次第に除かれるにつれ，公的機関による従来の政治的かつ官僚的な統制は，予算を与えられ，市場で顧客を求めて競争する準自律性をもった機関にとって代わられる。そして市場アカウンタビリティのシステムには，直接に任命された特定の機関や，理事会，監督者などが加わることがある。このような準自律性のある機関は，公設なのだが，運営についてはかなり私的で任意の取り組みをしている。そして，教育をあまり政治的な問題にはしていないように思われる。イギリスの教育改革に伴う政治的レトリックは，確かに，一般に認識されているように，教育を政治から切り離すべきことを提案してきた（Riddel 1992）。アメリカのチャブとモーから見れば，学校の運営が成功を収めるための必須条件は学校を地方の政治論議から除去することなのである（Chubb and Moe 1990）。

　であるから，背景にある社会変化が様々な「ポスト○○主義者」の分析手法によって誇張されやすいとはいえ，教育内外の政治的闘争の言説と文脈の双方は，近年の改革によって大きな意味をもつ改変を遂げた。国家の本質的な諸変化が教育改革に影響を与えるばかりではなく，教育における改革自体が，われわれの国家に関する考え方やわれわれの国家に期待しているものを変えはじめている。グリーン（Green 1990）は教育が近代社会において重要な国家活動の一部であったばかりでなく，18, 19 世紀の国家形成の過程そのものにおいて重要な役割を果たした点を指摘している。現在の教育政策における変化も同様に，国家の本質を再定義することや国家と市民社会の関係を再編することに結びついているのかもしれない。

　新しい教育政策は，福祉の責任が，公的安全のために必要とされる最低限を超える分は個々人や家族に帰属すると定義されるべきという考えを醸成している。結果として，国家の視野が狭められるだけではなく，市民社会も次第に市

場の用語で定義づけられるようになっている。市民社会の概念の起源の一つは，18世紀後半の自由経済主義者によって，国家の行政権の伸長から自律した経済領域を守ろうとする試みであったが (Foucault 1988)，政治的革新派はそれを民主主義的論議と積極的な市民意識を醸成するための文脈として用いた。しかしながら，ミーハン (Meehan 1995) が指摘したように，イギリスや他のいくつかの国々では，20世紀中葉までに民主政治が確立し，「私益は公益を優越するかもしれない」，という概念が生じ，多くの国々で国家の官僚制的統制自体は「社会の集団生活を発展させる一つの道具」として機能するという見解が導きだされた。マッケンジー (McKenzie 1993) は，結果として，教育は次第に公的領域から除去されるようになったと主張している。

　第二次世界大戦後に国家が引き受けた責任の多くは，次第に市場化する市民社会に委ねられ，消費者の権利は市民の権利を圧倒している。教育には厳密な経済学的感覚からすれば民営化が進んでいない側面もある。ローカルな民主的論議に付すよりもむしろ，国家に委任される事項となってきているものもある。これは自由な経済と強い国家を作り出そうとする大きな計画の一部として理解されうるだろう (Gamble 1988)。その計画は，民主主義的な市民意識に関する限り，両方の世界に最悪の事態を生み出すように思われる。つまり，国家と市民社会の双方で，教育についての民主主義的討論の機会や集団的な活動の機会を減じてしまう。

　一方で，多くの国々では，一定の国家介入が維持されてきたし，確かに強化されてもきた。近年のイングランドにおける教育改革は，ナショナル・カリキュラムで有名だが，各学校に自律性が与えられるのと同じくらい，改革自体は実際には地方から中央政府へ権限が委譲されることに関わりがある。ニューライト系の急進的な新自由主義者だったら，カリキュラム自体が市場に任されるのを好んだかもしれないが，政府はこの核の部分については，ヒルゲート・グループのような新保守派の論議に説得されたようである。このグループは，たとえ究極的には市場の圧力が学校のカリキュラムを決定する最も好ましい方法であると見做されても，国内の全学校に中央政府によるナショナル・カリキュラムを強制することは，教育水準や伝統的価値を脅かす「自由な教育の確立」によって獲得された権益を弱体化するためには必要な暫定的戦略である，

と主張した。マッケンジー (McKenzie 1993) は,「イギリス政府は,消費者主権の方向へ理論武装した見せかけの運動を展開しているが,実際には教育システムに関する知識や権威への要求は強まっている」と述べている。これはまた,程度は異なっても,どこにでも見られる事例である (Harris 1993; Arnove 1996)。

　教育の意思決定に関して,ナショナル・カリキュラムの例は,現代国家がその責任を市場化された市民社会に簡単には譲っていないという例を示している。イギリスの例で言えば,国家は,教育の主要な側面の規制を緩和することで,社会正義を保証する何らかの責任を放棄した。しかし,国家は隔てられているようでありながら,一定の権限を強化することによって,かえって特定の権益を醸成する力を増したのである。

教職の再−形成（リ・フォームド）

　それでは,これらの事態は教師の地位にどの程度影響を与えたのか。ハーグリーヴス (Hargreaves 1994) が指摘したように,教師はポストモダニティが勝利をおさめつつあるモダニティとポストモダニティの力のぶつかりあいに巻き込まれているのだろうか。そして,彼のポストモダン理論には若干の疑問の余地はあるものの,カナダや他のどの地域でも教師が現在圧力を受けているにもかかわらず,近年の事態に積極的な成果が大いに期待できるとする彼の指摘は正しいであろうか。

　ルグラン (Le Grand 1996) は,イングランドでは,いわゆる 1944 年から 1970 年代半ばまでの「教師による統制の黄金時代」の間に,国内の学校で子どもたちの保護者は専門家を信頼し,教師は子どもになすべき最善のことがわかっているのだと思うよう期待されていた,と指摘している。彼は続けて,彼が言うところの「民主社会主義者の福祉国家」の根底にある了解事項は,今やかなり疑問視されていると述べ,そして全国民のためとして皆が平準化された比較的低いレベルのサービスを受けるという概念は,福祉の主要分野で中産階級がサービスの質と量の双方について,貧困者以上を得ていることを示す研究によって,異議が唱えられていると主張している。専門家が顧客の福祉だけに関わるとの信念は次第に疑問視されていると同時に,公共選択論者は,公務員や

専門家の行為は概して自己の利益を追求するものだと見做せば，もっと理解されやすい，としている (Glennerster 1995; Lowe 1993)。

それゆえ，戦後の民主主義社会の「大きい国家」の教師は，今や小さくなった国家の代理人としても，市場化された市民社会の中でのサービス供給者としても不適格であると見做されている。これと上述した大きな変化を考慮すると，教職が国家の代わりに市民の最善の利益のために専門的な委任を受け活動すべきだという概念から，教師(そして，確かに，他の専門職)が市場の厳しさや(あるいは)国家の再形成された部分への大規模な統制や監督に従う必要があるとする見解に向かう何らかの動きがある。ナショナル・カリキュラムの目的に関するヒルゲート・グループの見解からすれば，それが主要な規制の様式が変化している社会の教育需要にもっと敏感に反応する教師の主観の再編成に関わっているという点で，後者へのアプローチは移行段階のものかもしれない。イギリスやアメリカのような国々においてさえ，専門職は伝統的にかなりの自律性を中央政府から享受してきたが，社会の大変動の早い時期に管理・監督を強化しようという同じような試みがみられた (Popkewitz 1994)。

近年の文脈では，統制の戦略は多様な形態をとっている。多くの国々では，以前の「コーポラティズム」型の教育の意思決定方式から脱却することと，教育システムを分権化することの双方を通じて，教員組合の権限には疑義が抱かれている。イングランドでは，改革は，一般には教職の一体性の保証，個別には教員組合への攻撃を伴っていた。政策立案における教員組合の従来の関与は，教員給料の交渉ですら，組織的に1980年代にサッチャー政権により徐々に弱体化されたため，穏健派の組合でさえ政府の改革については強く留保を求めていた。

いうまでもなく，シンクレアら (Sinclair et al. 1993) による研究では，学校の自律した運営に関連する原子化 (atomization) が，まだ完全には国家の教育システム内での教員組合の伝統的な力を失わせることに成功したわけではないことが示されている。学区単位のネットワークの多くは残っていて，ローカルな運営の下に動いている公立学校で，誰が法的には雇用者なのかという法律上の混乱は，法廷で解決されなければならない問題が数多く残っていることを意味している。しかしながら，いくつかの補助金維持学校やシティ・テクノロジー・カレッジでは，法的な問題はもっと明確で，教員組合は，学校における交渉能

力を強化するよう迫られているし，あるいは経営側から取り除かれたりしている。補助金維持学校の一校だけが教員組合を今のところ認めず，全国的な給料協定に加わっていないが，シティ・テクノロジー・カレッジには外部の全国的な協定と地方の協定を適用しているところもあり，個々の学校内で教員組合が成立しているか，認めるかわりにストライキをしない組合を有している。

さらに，教員が「教育エスタブリッシュメント」であるという考えは，新しい勢力となった消費者に対する生産者の利益を象徴しているが，これは教師の利他主義と中立性の双方へ疑義をもたらしたのである。専門職がひそかに保持しているとされる利己主義に挑戦する戦略は，特にイングランドにおいて，とりわけ初期の教師教育の改革への試みに明らかである。新自由主義から好まれている一つの戦略は，専門職の規制緩和であるが，それは学校を市場に投じ，専門的な訓練を受けていない大学卒業者(たとえ卒業していない者でも)を補充し，彼らには学校で見習いをしながら準備させるというものである。これはまた，高等教育において教員養成に携わる者たちの間にコレクティビズム(そしてマルクス主義)のイデオロギーの偏向をかぎつけている新保守主義の論者にとっても魅力的である。それゆえ，ニューライト系の圧力団体のパンフレットで繰り返されるテーマは，自由主義の教育エスタブリッシュメントへの挑戦の必要性であり，彼らはイギリスの教育システムの「徐々に進行していた腐敗」の背後にあり続けていたとされている。この教育エスタブリッシュメントは，イデオロギーと私利私欲のとりこになっていて，一般大衆とはもはや接点を持たないと見られている。それゆえ，「現在のイギリスの学校の現状に主たる責任をもつ教育の専門家と，組織された教員組合の多くを捨て去る時だ，と主張されるのである」(Hillgate Group 1987)。

新保守主義の「内なる敵」への関心が，おそらくは職業教育重視主義者の国際競争力への関心に結びついていたので，イギリス政府は完全な規制緩和政策をとってこなかった(Hickox 1995)。確かに，政府は新任の教師に必要とされる能力の共通項目を示している。しかし，彼らが教師になるまでにたどったルートの性質を考慮するものではない。このせいで，政府が，どこで教師が訓練を受けようが，彼らが専門的理解よりもむしろ職人的な技術の向上に焦点を当てることを認めて，教職を「脱専門職化」したいと思っているのではないかとい

う疑いが生じている。特定の学校で訓練の基礎を作ることが教育に関する見通しの広がりをさまたげてしまうように，能力を特定化することは，専門職性や専門性の定義を広げるよりはむしろ狭めてしまう (Hoyle 1974)。そしてまた時には，能力に応じた教員養成が，教職内部で支配的なリベラルヒューマニズムの言説を弱体化し，技術的合理性の一つに置き換えてしまうことが指摘されている (Jones and Moore 1993)。ただいずれにしても啓蒙のプロジェクト (Enlightenment project) につながる合理性の考えを捨て去るわけではない。その廃棄が想定されるのは，これらの変革が近代化の重要な諸前提の廃棄を意味する場合である。

似たような傾向は学校現場でも察知されている。ニュージーランドでは，サリヴァン (Sullivan 1993) が，諸改革が教師に相談なしに行われていることは，仲間としての信頼関係よりもむしろ，信頼関係の乏しいヒエラルキー的なシステムを生み出す危険性があると指摘している。イングランドでは，グレース (Grace 1995) が学校の統率は社会民主主義的なものから市場主義的段階に移行していると断定している。それはゲワーツとボール (Gewirtz and Ball 1996) が指摘するように，「新経営管理論的 (new managerial)」枠組みが支持されて「官僚−専門職的 (bureau-professional)」制度的規制の枠組みが広範囲に侵食を受けているのに類似している (Clarke and Newman 1992)。ゲワーツとボール自身は，「学校のヘッドシップに関する言説の理念型」を2つ提示して，彼らはそれらを「厚生主義 (welfarism)」と「新経営管理主義 (new managerism)」と名づけている。厚生主義は「物質的で精神的な個々人の福利と，より良いもっと公正な社会の生成への根本的なイデオロギー的献身」を示している。もっともフェビアン主義者と急進的厚生主義者では，厚生主義の意味するものが異なっている。一方，新経営管理主義は，戦後の支配的な厚生主義者の評価によって汚されてはいない。新経営管理主義の言説は，本質的には技術至上主義者というほうが適切だが，良き運営とは「いたるところに設けられた制約の中で，いたるところに掲げられた目標をスムーズに効率よく達成する」ことを意味する。彼らが検討する実際の事例は，「これらの2つの理路整然とした分極化に幾分混乱を起こしてしまう」にもかかわらず，彼らは，何か重要な論証的移行を確認したと信じている。しかし，ここでまた，ブラックモア (Blackmore 1995: 45) が指摘し

ているように,自律した運営をする学校は「トップダウンの,幹部による意思決定方式を保持してしまう。……(そのかたわらには)もっと弱いポストモダンな分権化の要求や,多様性,地域所有運営,地方の自由裁量,専門職の自律性や柔軟な意思決定の奨励の要求がある」。そして,水平化されたヒエラルキーや総合的品質管理(TQM: Total Quality Management)などの特定の運営戦略はいくつかの教育の領域に入り込んでいるものの,ポスト・フォーディズムよりもネオ・フォーディズムと言うほうがしっくりくる文脈で使われている。

教師の職業生活

いうまでもなく,教育のカバナンスの性格や学校運営面で起こっている変化は,明らかに専門職従事者としての教師の生活の性格にも影響を与えている。今までの様々な国々の経験事例から,諸改革は,生きがいを感じる教師の世界が発展する可能性よりも教師の仕事量が増えてきているというハーグリーヴスの主張を裏づけている。キャンベルとニール(Campbell and Neill 1994)は,イングランドとウェールズの小学校教師へのナショナル・カリキュラムの影響調査をおこない,全体的な水準の向上は何ら認められないが,教師の疲労度が極度に高まっていると結論している。彼らは,今や週に54時間が4–7歳の子どもたちの教師のノルマになっていて,10人に1人は週60時間以上働いており,回答者は疲労,いらいら,抑鬱,不眠,飲酒の増量,情緒不安定,家族サービスをなおざりにしていることへの罪悪感などを訴えていることを見いだした。

ニュージーランドではナショナル・カリキュラムの問題はそれほど重要ではないが,自律した学校の経営はもっと先行していて,この国の研究(Bridges 1992; Wylie 1994; Livingstone 1994)は,似たような結果を出している。ニュージーランドの教師たちは強度のストレス,仕事への満足感の減退,離職の希望を報告している。たとえそこで彼らが改革は何らかの利益をもたらしていると感じていてもなのである。自律性の最も強い学校に関する別の研究では,校長がまだ自分自身をカリキュラムの指導者と見做しているにもかかわらず,教師たちは校長の「現在の役割はむしろ事業経営者であること」を強調していた(Hauk and Hill 1994: 97)。

イギリスやニュージーランドの小規模な地域の事例では、もっと詳しく教師の仕事が増加した結果やそれが学校での労使関係に与えた影響が記録されている。イングランドでは、ボーエら（Bowe et al. 1992）が、実際に中等教育学校に勤務して、自律した運営とナショナル・カリキュラムの双方の問題を指摘している。そしてそれらが上級管理職と教師の溝を深め、運営上と教育上の価値観の対立を激化させていると捉えている。しかしながら、ローリンら（Laughlin et al. 1993）は、他の学校の事例から、ローカル・マネジメント・システム（LMS: Local Management System）の要求は、（まずはとにかく）上級管理職の中心となる「実働部隊（coping group）」が受け入れて、彼らのおかげで学校の核である教育的価値は比較的無傷であると報告している。

校長自身が、ローカル・マネジメントにより教員の意思決定への参加は増えてきているとしばしば主張している一方、自律性のある経営が学校内での労使関係に及ぼす影響に関するシンクレアら（Sinclair et al. 1993）の研究では、まさに改革のロジックが示されている。すなわち、「校長は生徒を教育する過程でもはやパートナーではない。彼らは学校内の資源の配分者に対して、被雇用者の活動が事業のニーズに適切であるかを確認せざるをえない管理者に、そして仕事への貢献度が最も高く評価される者に対する報酬の授与者になってしまう」というのである。

学校がもっと人間関係の稀薄な官僚制的組織の下で運営されていれば、校長と教員はその関係の稀薄な官僚制に対して共通の目的を目指して闘う専門職であるという自覚のある場合が多い。自律した運営が導入されて、時折学校経営者と上級管理職のチームは「経営陣」で、教育担当その他の職員は「労働者」という感じがより鮮明になってきている。ハルピンら（Halpin et al. 1993）は、補助金維持学校の事例で、自律した運営ユニットの実践過程そのものが学級担任の教師から校長までの距離を広げる結果になりうると述べている。それは、いくつかの事例で校長自身が理事会のような経営陣から圧力を受けているにもかかわらずなのである。

クラス担任の教師は多くの新しい困難に直面している。すなわち、増加する仕事、予算の制限に応じて弾力的に教師を使おうとする試み、業績給の導入、そしてフルタイムで、正規雇用の、質の高い経験のあるスタッフに代わって

パートタイムで、臨時の、給料の低い経験不足のスタッフを使おうとすることなどである。女性教師は、伝統的に教職の中で低い地位に集中していたが、特にこういった状況では不当に扱われやすい。近年の国立教育研究所（National Foundation for Educational Research）の報告では、これらの傾向の多くはローカル・マネジメントの導入以降に強まったと立証されている（Maychell 1994）。これは無論、教師の労働条件に対する含みがあり、教員組合に新たな課題を提示している。

例えば、アメリカのカーチナーとミッチェル（Kerchner and Mitchell 1988）やイギリスのバーバー（Barber 1992）は、教員組合は新しい運営形態を開発する必要があると提起している。そういった形態は「第三世代」組合主義とか「専門職」組合主義などと命名されてもいる。そこでは、教師は労働者問題と教育的な問題の折り合いをつけ、学習者の最大の利益に供する教育的意思決定過程をする際に、経営陣のパートナーになりうるとされている。自律した運営は、労働組合主義の伝統的なスタイルにとっては一つの脅威を提示すると見なされてきた。しかし、この新しいスタイルに真の機会を提供するだろう。それはまた、クラス担任の教師を、主たる役割から引き離すことなく、運営に彼らの意見を反映させる機会を与え得る一つの方法になるだろう。

バーバー、ローエ、ウィッティ（Barber, Rowe, and Whitty 1995）は、小さな研究プロジェクトを積み上げ、全国教員組合から資金を得て、イングランドの教員組合の代表が、どの程度実際に学校を基盤とした意思決定に現場で加わっているかを分析した。わずか15％の学校組合の代表が、今までに予算、カリキュラムや、他の学校改善計画についての相談を受けていた。実際のフィールドワークにより、この数値でさえ単純な相談程度のことを誇張しているのが明らかになった。学校運営での正式な組合の関わりについては言うまでもない。われわれは、組合の代表が、「第二世代の組合主義」に関わる以外の事柄に加わっている事実をほとんど見いださなかった。すなわち、組合員にアドバイスをしたり、不平不満について管理者側と交渉したり、仕事の報酬や条件についての事柄で運動を起こしたりする以外のことにほとんど参画していないのである。多くの者は、第三世代の労働組合主義と、組合が組合員の利益のために交渉することを困難にしてしまうような協働関係の間には境界を引くべきと感じた。

柔軟性と強い専門職性の要求は，時に教師の搾取や労働条件の悪化を覆い隠してしまうかもしれないのである。

アメリカにおける改革のレトリックは，これまでのイングランドの場合よりも，教師の専門職性を強化する一つの方法として，学校を基盤とした意思決定の共有（SBDM: school-based shared decision making）についてかなり多く言及してきた。しかしながら，アメリカの改革運動のレトリックの多くが教師の権限を強化する重要性を強調してきたにもかかわらず，これは往々にして実際には実現しなかった。ウォールステッターら（Wohlstetter et al. 1994）は，学校を基盤とした運営が，もし民間部門の運営のノウハウを利用して，彼らが高度の参加型と呼ぶものに従って実施されるなら，積極的な効果を持つだろうと述べている。これは意思決定，良い情報，知識と技術，そして権限と報酬への教師の関わりを促すものである。

しかしながら，意思決定における教師の関わりをより直接の参加型にしても，それは意図されざる結果を生むかもしれない。ミネソタ州のチャーター・スクールでは，例えば，「教師は委員メンバーであること，運営上の決定をすることを認めていたが，多くの時間と労力を要する2つの帽子をかぶらなければならないのである」。そして結局は教師たちはそれらに対し，なんらかの軽減を要求するかもしれない（Urahn and Stewart 1994: 51）。それゆえ，この文脈においても，改革の大きな意義と帰結を明らかにしないで，自分たちを運営に関わらせようとする試みに抵抗する教師たちの政治的な洞察を真剣にとらえることは重要かもしれないのである（Gitlin and Margonis 1995）。

教育における市民権

もし，多くの初期の研究成果が示すように（Whitty 1997），近年の改革が，有利な学校や有利な家庭が自分たちの優位性を極大化するよう促しているなら，このような大きな問題が教師のみならず，公教育の他の利害関係者によって検討されうる議論の場があるというのは特に重要である。ヘニグがアメリカについて語っているように（Henig 1994: 222），「嘆かわしくも皮肉なことに，現在の教育改革運動では，市場を基盤とする考えに基づいた学校選択の要求に過剰に

反応することを通じて，社会問題を明らかにするため革新的な改革を考えることへの健全な衝動が，意思決定や反応の共有という可能性を一層むしばんでしまう主張になってしまうかもしれない」。

しかしながら，もし社会的諸関係が強い国家と自由主義経済という概念に次第に順応するなら，国家も市民社会も，このような大きな問題が表明され正義が追求される積極的な民主主義的市民性の文脈にはないだろう。教育における市民権の再度の主張は，国家と市場化された市民社会の間にある新しい公的領域の発展を促しているように思われる。そこでは，アソシエーションの新しい形態が発展しうるだろう。しかしながら，ニューライトの政府によってはぎとられたものが与えられて，教育問題が決定にはいたらずとも議論されうる新しい公的領域を創り出すことは，多くの課題を投げかけることになる。フーコーは次のように指摘している。彼がアソシエーションの新しい形態と呼んだものは，19世紀に起こった国家の権能に対する反対勢力としての労働組合や政党のようなもので，それらは新しい概念の苗床として活動した（Foucault 1988）。われわれは，国家の権能のみならず市場の権能に対する反対勢力のこれらアソシエーションの現代的型が何になるのかを考える必要がある。

その課題は，部分的には原子化した意思決定から離れて，集団の責任を再主張することに移行することであり，教育を公的責任よりも私的財として扱う現在の傾向の合法化に寄与してきたという欠点を有する官僚制的システムを再生せずに行われなければならない。われわれは，どのようにして社会的分化を拡大させるよりも，むしろコミュニティへの権限付与を促す選択や自律の積極的な側面を利用できるかを問う必要がある。イングランドでは，次第に労働党中道派が右寄りの下での政策を多く採るようになってきたと思われる一方で，左翼は，社会の不平等を再生産し正当化する役割を有しているとして，過去によく批判された国家統制の教育とは異なる公教育の概念を発展させてこなかった（Young and Whitty 1977）。そして，現在の政策と比較して，たとえもし社会民主主義時代が振りかえって良く見えても，つまり当時よりも良く見えるなら，次の世紀に向けた革新的な政策は何かを再考する必要が残されている。これは，デールがほのめかしたように，もし新ケインズ主義（neo-Keynesianism）が議題にすら乗っていないなら，極めて重要である（Dale 1994）。

新しい諸方策が以前のものよりも正当だとされるなら，どんな新しい制度がその育成を手助けするのか。すなわち，最初はいろいろな考えが議論され得る新しい公的領域に含まれ，後には民主政体の新しい形態になりうる制度とはどんなものか？　明らかに，そのような制度は様々な形態をとることができるだろうし，それらは様々な社会で様々な形態をとる必要が確かにあるだろう。それらが討論されるのは確かだし，中には他よりもヘゲモニーを握る団体にもっと開かれるものもあるだろう。市場化された市民社会そのものが管理される必要があるといった矛盾を引き起こすことが明らかとなって，実際に国家によって創られるものもあるかもしれない。それゆえ，ボトムアップとトップダウンの圧力の双方があって新しい制度が創られるように思われ，内部では教育の統制をめぐって闘争が起こるであろう。

　新しい制度形態の構成，本質そして諸権限について，もしそれらが 20 世紀後半以降の教育における民主的市民権を再び主張する適切な方法を示してくれるのなら，注意深く配慮する必要があるだろう。それらはまた，大抵の近代社会における政治団体が有する伝統的なジェンダー・バイアスに対する批判に応える必要もある。逆説的には，イングランドの現在の民主制は，19 世紀の直接公選制の学校理事会の形態よりもずいぶんと不適切なものであるかもしれない。その時代の学校理事会は，「比例代表制の進歩的な形態をとっていて，主要な政治的かつ宗教的な団体すべてが学校理事会を代表することが保証され，それゆえこの段階での積極的な政策は真の妥協であった」(Simon 1994: 12)。われわれは今や次のように問わなければならない。20 世紀後半におけるコミュニティの諸利益を体現する適切な有権者とは何なのか？　民主主義のどのような形態がその複雑さを表現できるのか？　どうやってわれわれは急進的な相対主義者の市民意識を発展させ，特殊性を否定することなしに統一性を生成するのか (Mouffe 1992)。

　類似の問題に教職は直面している。キース (Keith 1996: 70) が，教師に対してこれまでの「沈黙させられた声」を出すよう呼びかけた時に指摘しているように，「協力，扶助，参画そしてコミュニティのテーマを，差異，平等，権利，対話，そして広い意味でのコミュニティのテーマに統合する新しい言説をわれわれは必要としている」。ハーグリーブスによれば，プロフェッショナリズムの

伝統的な考えは，一つは「難解な知識，専門的な熟練性と社会的な地位という定義に基づいている」(Hargreaves 1994: 19)。そしてこれは，「不可避的でかつ永遠に続く不確かさの状態の中で任意の判断を下すものの一つ」に取って代わられつつあるという。教師が変化する需要に応える必要があるのは明らかだが，今まで無視される傾向にあった有権者への責任を果たすべきという期待が生じる場合もある。

　国家統制も市場の圧力も社会と教師の間の「低い信頼」関係を示していて，それは現在イングランドで存在している類のものだし，サリヴァンがニュージーランドで進行していると指摘する類のものでもある(Sullivan 1993)。メディアによる教員組合の特徴づけは，多くの場合大衆の教師への疑いを鼓舞するきらいがあった。さらに，教育サービスの弁護が，あまりにも頻繁に「旧態然とした」教育政治の仮説の枠内でなされ，そういった政治は，政府，雇用者と労働組合の間の協議を有してはいたが，残りの有権者全体，つまり明らかに保護者や企業といったニューライト系がうまく惹きつけることができた人々を排除してきた(Apple and Oliver 1996)。われわれは，教職の専門性を定義することに関われる権利を正当に有するのは誰なのか，という根本的な問いを発しなければならない。次のことは，この問いについての思考が欠如していることを示している。左翼に与する教員養成の大学教師は，20年前には専門職のエリート主義を批判していたが，いまやその専門職の中にいて次のような提案，すなわち，教師は医学や法学の保守的な専門職に伝統的に結びつく自己規律(self-regulation)をもつべきであると提案せざるをえなくなっている。国家統制，市場圧力，あるいは専門職の自治だけが唯一のアカウンタビリティの型なのだろうか。あるいはわれわれは，多様なコミュニティとの参加型の関係に基づいた教師の新しいプロフェッショナリズムの型を開発することができるのだろうか。

　オーストラリアの事例では，ナイトら(Knight *et al.* 1993)が，「民主的プロフェッショナリズム」と呼ぶものを支持する議論を展開している。それは専門職の仕事の秘儀性をなくし，生徒や保護者たちによる意思決定過程への参加を実現しようとするものである。彼らは，専門職に特有な知識および技能に対する権利や自律性の程度と，民主主義社会において他の団体のニーズと関心に対して専門職は開かれたものでなければならないとする要求の間には，ある種の

緊張があることも認めている。彼らはまた，伝統的にもそうであったように，「開かれた，あるいは民主的プロフェッショナリズムが正式な教員養成ではひどく不足している」と認めている。

　おもしろいことに，彼らは続けて，教師教育の代替型を提案している。それは「ポスト・フォーディストの未来」に向けた柔軟性と多様性を強調している。ある意味で，これはわれわれをスタート地点に戻してくれる。教育において起こっている諸変化が，ポスト・フォーディズムやポストモダニティといった用語で合図されているように，資本の蓄積や社会的連帯の様式の中での根本的な変化を反映しているかどうかは，変化そのものが直面しなければならない問題である。レトリックの段階（実際にではない）では，おそらくニューライトによる近年の改革は，これを批判する立場の人たちよりも，限定的ではあれ，現代社会に起きている社会的かつ文化的な変化に対して敏感であった。古い秩序に直接戻ることは，実現可能でもないし賢明でもない。公立学校という概念が好ましいものとし続ける教育への社会民主主義的な方策は，特殊化の増大と社会の多様性に応える必要に迫られている。

　しかしながら，これは必ずしも公教育の未来が，現在流行している特定の市場化された形態とともにしかないことを意味するわけではない。もしわれわれが教育の意思決定の原子化，学校間と学校内部にある断片化や分極化の傾向を回避しようとするなら，われわれは，社会全体について適切な制度とカリキュラムの編成を決定する新しい文脈を創り出す必要がある。これは，公的領域でのアソシエーションの新しい形態を必要とするだろう。その公的領域内部では，小さな国家や市場化された市民社会の双方に向かう現在の動向に対抗して，教育政策や他の公教育政策の分野において，市民の権利を再び主張することができる。さもなければ，教育は公的な問題ではなく，単なる一つの私的消費財になってしまうであろう。

参考文献

Allen, J. (1992), 'Post-Industrialism and Post-Fordism', in S. Hall, D. Held, and T. McGrew (eds.), *Modernity and its Futures* (Cambridge: Polity Press).

Apple, M. W., and Oliver, A. (1996), 'Becoming Right: Education and the Formation of

Conservative Movements', in Apple, M. W., *Cultural Politics and Education* (New York: Teachers College Press).

Arnove, R. (1996), 'Neo-Liberal Education Policies in Latin America: Arguments in Favor and Against', paper delivered to the Comparative and International Education Society, Williamsburg, March 6–10.

Ball, S. (1990), *Politics and Policy Making: Explorations in Policy Sociology* (London: Routledge).

Barber, M. (1992), *Education and the Teacher Unions* (London: Cassell).

——, Rove, G., and Whitty, G. (1995), 'School Development Planning: Towards a new Role for Teaching Unions?'

Blackmore, J. (1995), 'Breaking out from a Masculinist Politics of Education', in B. Limerick and B. Lingard (eds.), *Gender and Changing Education Management* (Rydalmere, NSW: Hodder Education).

Boyne, R., and Rattansi, A. (eds.) (1990), *Postmodernism and Society* (London: Macmillan).

Bowe, R., Ball, S., with Gold, A. (1992), *Reforming Education and Changing Schools* (London: Routledge).

Bridges, S. (1992), *Working in Tomorrow's Schools: Effects on Primary Teachers* (Christchurch: Univ. of Canterbury).

Broadbent, J., Laughlin, R., Shearn, D., and Dandy, N. (1993), 'Implementing Local Management of Schools: A Theoretical and Empirical Analysis', *Research Papers in Education*, 8/28: 149–76.

Callinicos, A. (1989), *Against Postmodernism: A Marxist Critique* (Cambridge: Polity Press).

Campbell, J., and Neill, S. (1994), *Curriculum at Key Stage 1: Teacher Commitment and Policy Failure* (Harlow: Longman).

Centre for Contemporary Cultural Studies (CCCS) (1981), *Unpopular Education* (London: Hutchinson).

Chubb, I., and Moe, T. (1990), *Politics, Markets and America's Schools* (Washington: Brookings Institution).

Clarke, J., and Newman, I. (1992), 'Managing to Survive: Dilemmas of Changing Organisational Forms in the Public Sector', paper presented to the Social Policy Association, Univ. of Nottingham, July.

Dale, R. (1989), *The State and Education Policy* (Milton Keynes: Open Univ. Press).

—— (1990), 'The Thatcherite Project in Education: The Case of the City Technology Colleges', *Critical Social Policy*, 9/3: 4–19.

—— (1994), 'Neo-Liberal and Neo-Schumpeterian Approaches to Education', paper presented to a conference on '*Education, Democracy and Reform*', Univ. of Auckland, 13–14 August.

Flax, J. (1987), 'Postmodernism and Gender Relations in Feminist Theory', *Signs* 12/4: 621–43.

Foucault, M. (1988), *Politics/Philosophy/Culture*, ed. L. D. Kritzman (New York: Routledge).
Gamble, A. (1988), *The Free Economy and the Strong State* (London: Macmillan).
Gewirtz, S., Ball, S. I., and Bowe, R. (1995), Markets, *Choice and Equity* (Buckingham: Open Univ. Press).
──── and Ball, S. J. (1996), 'From Welfarism to New Managerialism: Shifting Discourses of School Leadership in the Education Quasi-Market'. Paper to Parental Choice and Market Forces Seminar, King's College, London.
Gitlin, A., and Margonis, F. (1995), 'The Political Aspect of Reform: Teacher Resistance as Good Sense', *American Journal of Education*, 103.
Glennerster, H. (1995), *British Social Policy since 1945* (Oxford: Blackwell).
Grace, G. (1995), *School Leadership Beyond Education Management: An Essay in Policy Scholarship* (London: Falmer Press).
Green, A. (1990), *Education and State Formation* (London: Macmillan).
──── (1994), 'Postmodernism and State Education', *Journal of Education Policy*, 9/1: 67–84.
Halpin, D., Power, S., and Fitz, J. (1993), 'Opting into State Control? Headteachers and the papa dozes of Grant-maintained Status', *International Studies in the Sociology of Education*, 3/1: 3–23.
Hargreaves, A. (1994), *Changing Teachers, Changing Times: Teachers' Work and Culture in the Postmodern Age* (London: Cassell).
Harris, K. (1993), 'Power to the People? Local Management of Schools', *Education Links*, 45: 4–8.
Harvey, D. (1989). *The Condition of Postmodernity: An Enquiry into the Origins of Cultural Change* (Oxford: Basil Blackwell).
Hawk, K., and Hill, J. (1994), *Evaluation of Teacher Salaries Grant Scheme Trial: The Third Year* (Palmerston North: Massey Univ.).
Henig, J. R. (1994), *Rethinking School Choice: Limits of the Market Metaphor* (Princeton: Princeton Univ. Press).
Hickox, M. (1995), 'Situating Vocationalism', *British Journal of Sociology of Education*, 16/2: 153–63.
Hillgate Group (1987), *The Reform of British Education* (London: Claridge Press).
Hoyle. E. (1974), 'Professionality, Professionalism and Control in Teaching', *London Education Review*, 32.
Jessop, B., Bonnett, K., Bromley, S., arid Ling, T. (1987), 'Popular Capitalism, Flexible Accumulation and Left Strategy', New, Left Review, 165: 104–23.
Jones, L., and Moore, R. (1993), 'Education, Competence and the Control of Expertise', *British Journal of Sociology of Education*, 14: 385–97.
Keith, N. Z. (1996), 'A Critical Perspective on Teacher Participation in Urban Schools', *Educational Administration Quarterly*, 32/1: 45–79.

Kenway, J. (1993), 'Marketing Education in the Postmodern Age', *Journal of Education Policy*, 8/1: 105–22.

Kerchner, C., and Mitchell, D. (1988), *The Changing Idea of a Teachers' Union* (London: Falmer Press).

Knight, I., Bartlett, L., and McWilliam, E. (eds.) (1993), *Unfinished Business: Reshaping the Teacher Education Industry for the 1990s* (Rockhampton: Univ. of Central Queensland).

Lash, S. (1990), *Sociology of Postmodernism* (London: Routledge).

Lauder, H., Hughes, D., Watson, S., Simiyu, I., Strathdee, R., and Waslander, S. (1995), *Trading in Futures: The Nature of Choice in Educational Markets in New Zealand* (Smithfield Project, Victoria: Univ. of Wellington).

Le Grand, I., and Bartlett, W. (1993), *Quasi-Markets and Social Policy* (London: Macmillan).

Le Grand, J. (1996), 'Knights, Knaves or Pawns? Human Behaviour and Social Policy', unpublished paper, School of Policy Studies, Univ. of Bristol.

Livingstone, I. (1994), *The Workloads of Primary School Teachers: A Wellington Region Survey* (Wellington: Chartwell Consultants).

Lowe, R. (1993), *The Welfare State in Britain since 1945* (London: Macmillan).

Maychell, K. (1994), *Counting the Cost: The Impact of LMS on Schools 'Patterns of Spending* (Slough: National Foundation for Educational Research).

McKenzie, J. (1993), 'Education as a Private Problem or a Public Issue? The Process of Excluding "Education" from the "Public Sphere"', paper presented at the International Conference on the Public Sphere, Manchester, 8–10 January.

Meehan, E. (1995), *Civil Society: Contribution to an ESR C/RSA seminar series on The State of Britain* (Swindon: Economic and Social Research Council).

Moe, T. (1994), 'The British Battle for Choice', in Billingsley, K. L. (ed.), *Voices on Choice: The Education Reform Debate* (San Francisco: Pacific Institute for Public Policy).

Mouffe, C. (ed.) (1992), *Dimensions of Radical Democracy: Pluralism, Citizenship Democracy* (London: Verso).

Pollard, S. (1995), *Schools, Selection and the Left* (London: Social Market Foundation).

Popkewitz, T. S. (1994). 'Professionalization in Teaching and Teacher Education: Some Notes on its History, Ideology and Potential', *Teaching and Teacher Education*, 10/1.

Riddell, P. (1992), 'Is it the End of Politics?' *The Times*, 3 August.

Robins, K. (1991), 'Tradition and Translation: National Culture in its Global Context', in J. Corner and S. Harvey (eds.), *Enterprise and Heritage: Crosscurrents of National Culture* (London: Routledge).

Simon, B. (1994), *The State and Educational Change* (London: Lawrence and Wishart).

Sinclair, J., Ironside, M., and Seifert, R. (1993), 'Classroom Struggle? Market Oriented Education Reforms and their Impact on Teachers' Professional Autonomy, Labour

Intensification and Resistance', paper presented to the International Labour Process Conference, 1 April.

Smith, T., and Noble, M. (1995), *Education Divides: Poverty and Schooling in the 1990s* (London: Child Poverty Action Group).

Sullivan, K. (1994), 'The Impact of Education Reform on Teachers' Professional Ideologies', *New Zealand Journal of Educational Studies*, 29/1: 3–20.

Thompson, K (1992), 'Social Pluralism and Postmodernity', in S. Hall, D. Held, and T. McGrew (eds.), *Modernity and its Futures* (Cambridge: Polity Press).

Urahn, S., and Stewart, D. (1994), *Minnesota Charter Schools: A Research Report* (St Paul, MN: Research Department, Minnesota House of Representatives).

Whitty, G. (1989), 'The New Right and the National Curriculum: State Control of Market Forces?' *Journal of Education Policy*, 4/4: 329–41.

—————— (1993), 'Education Reform and Teacher Education in England in the 1990s', in P. Gilroy and M. Smith (eds.), *International Analyses of Teacher Education* (JET Papers One) (Oxford: Carfax).

—————— (1994), 'Devolution in Education Systems: Implications for Teacher Professionalism and Pupil Performance', in National Industry Education Forum: *Decentralisation and Teachers: Report of a Seminar* (Melbourne: National Industry Education Forum).

—————— (1997), 'Creating Quasi-Markets in Education: A Review of Recent Research on Parental Choice and School Autonomy in Three Countries', *Review of Research in Education*, 22.

——————, Edwards, T., and Gewirtz, S. (1993), *Specialisation and Choice in Urban Education: The City Technology College Experiment* (London: Routledge).

Wohlstetter, P., Smyer, R., and Mohrman, S. A. (1994), 'New Boundaries for School-Based Management: The High Involvement Model', *Educational Evaluation and Policy Analysis*, 16/3: 268–86.

Wylie, C. (1994), *Self Managing Schools in New Zealand: The Fifth Year* (Wellington: New Zealand Council for Educational Research).

Young, M., and Whitty, G. (eds.) (1977), Society, State and Schooling (Lewes: Falmer Press).

11

政治・市場・学校組織

ジョン・E. チャブ／テリー・M. モー

　事実上，アメリカ合衆国の公立学校はすべて，基本的な枠組みを同じくする民主主義的な諸制度によって統轄されている。今日，この枠組みは当然視されている。公立学校の民主主義的統制は善であること，民主主義的統制とは，地方の教育委員会や教育長や中央事務局の官僚，そして州レベルや(さらには)連邦レベルでのそれらに対応した諸機構による統制を意味することについて，広くコンセンサスがある。教育政策や教育実践をめぐる対立がどれほど熱を帯びても，影響力や資源を求める争いがどれほど激しくても，「唯一最善のシステム」が，すべての前提としてある (Tyack 1974)。

　近年，教育をめぐる政治的焦点は，公立学校の質の問題に当てられてきた。試験の得点の低下傾向，アカデミック教科のスタンダードの弛み，規律の乱れに関して長年くすぶっていた不満が，一連の全国調査に煽られて，「凡庸性の高まり」(National Commission on Excellence in Education 1983) に対する広範な反発を生みだした。そして，国内各地の州議会は，より厳格なアカデミックな要件の設定から，教師への実績別給与制プランに至るまでの諸改革をもってこれに対応してきた (Doyle and Hartle 1985)。この間をつうじて，「唯一最善のシステム」が，諸問題を明らかにし政策的な対応を選択するにあたっての制度上の枠組みを提供してきている。「唯一最善のシステム」は批判や改革を構成しはするが，決して批判や改革の対象とはならないのである。

　ほぼ同じことは，一般に諸制度を所与のものとみなしてきた教育研究にも当てはまる。学校の効果に関する研究は，組織や直接に関連のある環境のうち学校のパフォーマンスを説明するような諸側面を問いながら，直接に学校に焦点を当ててきた。総じて，こういった研究は，明確な学校の目標，厳格な学問的

要件,秩序だった雰囲気,校長の強い教育上のリーダーシップ,意思決定への教師の参加,校長と教師の協調的な関係,親の積極的な関与,生徒のパフォーマンスへの高い期待など,効果を高めると思われる諸要素に関して緩やかなコンセンサスを生みだしてきた(Boyer 1983; Brookover *et al.* 1979; Goodlad 1984; Powell, Farrar, and Cohen 1985; Rutter *et al.* 1979; Sizer 1984)。

　このような研究は,良き学校がもつべき諸特性を示唆することで,公的な議論の輪郭を形づくってきた。ところが,これら望ましい諸特性を学校にどうやってゆき渡らせるべきかを教えるのは,誰もが受け容れている制度システムそれ自体である。すなわち,上から強制されるべきなのである。より厳格な学問的要件など多くの目標のために,改革は新たな立法や地方政策を求めるだけである。偶然ではなく,これらはより一般的な諸改革とともにあった。目標のなかには,たとえば学校内部の協調的な諸関係など,公式的な強制におよそなじまないものもある。にもかかわらず,これらは良き管理や訓練に関わる事柄とみなされ,したがって統制構造の専門的サイドに委ねられるべき改革とみなされる傾向がある。つまり,その方法が公式的であれ専門的であれ,民主主義的統制の原理とは,望ましい特性を強制することによって,学校をより効果的に「する」ことなのである(Campbell *et al.* 1985)。

　こういった諸改革は失敗に終わるであろう。その理由を知るには,従来からの学校理解にみられる奇妙な特徴をまず考えてみるとよい。教育研究者の間で広く受け容れられている学説は,学校は開放型システムであり,それゆえ学校は環境の所産だというものである(Scott and Meyer 1984; Weick 1976)。このロジックによれば,学校の組織とパフォーマンスは,学校を取り巻く環境によって十分に説明されうることになる。環境のタイプが異なれば,その所産たる学校のタイプも異なることになるだろう。学校が望ましくない特性をもつと判明しても,ロジックの上での犯人は環境であって学校ではない。

　だが,学校の効果に関する研究が,正面から環境をとりあげることはほとんどなかった。それらの研究は,学校内および学校に直接に関連する学校外の変数を用いて劣悪なパフォーマンスを説明する傾向にあるが,そのうえで必要な変革については民主主義的統制の諸制度に助けを求める。しかし,現代の諸制度は,学校が開放型システムであるがゆえにそもそも学校の諸問題の原因とさ

れる，まさに環境そのものの中心要素である。これらの研究は，次のように問われるべきである。民主主義的統制と学校組織とはどのような関係にあるのか？　これら諸制度には，誰一人として実際には望まないタイプの組織を体系的に推進する，固有の何かがあるのか？

　われわれがこの問いに完全に答えられるとは言わない。ただ，われわれは，諸制度が学校理解の根底にあると考えている。本章では，理論的な主張を展開し，近年の調査研究から得た新しい証拠を示すことで，この考えにとって妥当な論拠の提出をこころみる。

　学校の組織は学校が組み込まれた制度的な統制システムに大いに内生的である，というのがわれわれの基本的な主張である。制度的な統制システムが異なれば，諸特性パターンの異なる学校が生みだされる傾向があるだろう。やや詳細にこれらのパターンを記すことになるが，われわれが全体としてもっとも主張したいのは，民主主義的統制のヒエラルキーつまり「唯一最善のシステム」が公立学校の組織に刻印を打っているということであり，その刻印が学校の質と学校の改革にとっての鍵を握っているということにほかならない。

　制度上の諸問題は，実証的な研究が難しい場合が多い。「唯一最善のシステム」を研究するに際しては，特にそうである。ただ１つだけ包括的な制度がある場合に，制度の効果についての研究はいかにして可能であろうか。取るべき有益な方法は，公立学校を民主主義的統制のヒエラルキーの外部にある学校つまり私立学校と比較することである，とわれわれは考える。

　それを本章で行う。われわれは，公立と私立という２セクターにおける制度的な統制のロジックを検討し，学校にとってのその意味を導きだす。こういった方向の推論によって示唆されるのは，学校はセクター間で確かに異なってみえることであり，もっとも重要な点としては，民主主義的統制が「効果的な学校」のもつ特性の現出を阻んでいることである。われわれは，公立および私立ハイスクールの代表サンプルから得られたデータを用いて，効果的なアカデミック・パフォーマンスと一般に関わる一連の諸特性を比較する。比較の結果が一貫して示唆するのは，制度が学校の組織の重要な決定要因だということであり，結果として，公立学校はまさに体系的に不利だということである。

政治・市場・統制

公立学校は，民主主義的な権力と行政とによって統制されている。詳細は地域や州によって異なるものの，基本的な枠組みは全国をつうじて驚くほど一律である。私立セクターには，それに匹敵する一律性がまったくないと思われる。私立学校の多くは教会と密接な関係にあるものの，エリート進学準備学校やミリタリー・アカデミーもあり，さらにその他のタイプの学校もある（Kraushaar 1972）。だが，私立学校は，どれも2つの重要な制度的特徴を共通してもっている。すなわち，社会が民主主義的な政治をとおして直接的に学校を統制するのではないこと，社会が市場をとおしてつまり間接的に学校を統制することである。その違いに驚くよりも，異なる社会統制の制度があるという観点から学校について考えると有益である。以下では，それら諸制度を政治，市場と簡単に呼ぶ。

われわれは，これら諸制度の作用のしかた，諸制度が学校に対してもつ意味について若干の背景を示したい。これら諸制度を学校組織の具体的な側面に関連づけることはまだ行わない。これは，後ほど調査データの検討に入る際に行う。

選挙民と消費者

大衆神話は，公立学校を統轄するにあたって，地域住民とその選出による教育委員会が果たす役割を称賛する。しかし，実際には学校が地域で統制されることはなく，そうすることが前提にもなっていない。州政府および連邦政府は学校財政を管理し，諸基準を設定し，それ以外にも政策を強制するにあたっての合法的な役割を果たす。このことは，合衆国市民はどこにおいても，就学中の子どもがいてもいなくても，当該の地区さらには当該の州に住んでいてもいなくても，各学校の統轄に合法的に関わることを意味する（Campbell *et al.* 1985; Wirt and Kirst 1982）。

わずか1校の公立学校学区の選挙民であってもその数は膨大で異質性をもっているため，どの政府レベルにおいても，公式に定められたエージェント，すなわち政治家や行政官による選挙民の利害関心の代表のされ方は，多様となる。したがって，親と生徒は「彼ら自身の」学校の合法的な選挙民のほんの一部分

にすぎない。学校はそれを統制するはずの自分たちのものではないし、事実上、自分たちの望む教育を提供することにもなっていない。公教育は、より多くの選挙民によって定められる、より広い範囲の社会的な目的によって形づくられる。

私立学校は自らの目標、基準、方法を決定する。それらは、学校の所有者や後援者の価値、または教区などの集合体の価値を反映するかもしれない。だが、市場が基本的な制約を課す。私立学校は、支払いと引き換えにサービスを提供するのであるから、経営が順調であれば、外部から多額の助成を受けずに、その消費者すなわち親と生徒を満足させねばならない。したがって、どのような場合であっても、私立学校の顧客は、公立学校の民主主義的な選挙民よりも確実に少数で同質的であろうし、生徒と親がそのなかではるかに中心的な位置を占めることであろう。

退出と声

私的市場において、教育上の選択の自由が依拠するのは、ハーシュマン (Hirschman 1970) にならって、退出 (exit) と呼ばれるようになったオプションである。親と生徒は、提供されるサービスを好まない場合そこから退出し、自分たちのニーズにより適ったサービスを提供する別の学校を見つけてよい。こういった選択の過程は、教育の消費者が欲するものと学校が供給するものとの対応を促す。この対応は、選択の個体群効果 (Alchian 1950) によって補強される。すなわち、十分な数の客を満足させられない学校は除去されることになる（あるいは、助成を受けていれば、ますますお荷物となる）。

選択は、消費者の満足と組織の安定との強い結びつきも生みだす。このことは、学校が応答能力を組織構造に組み込むためのメカニズム、たとえば委員会、協会などといった声 (voice) のメカニズムを設定するインセンティブとともに、客を満足させるインセンティブを学校に与える。ただ、こういったインセンティブは対応を促しはするが、成功にとって不可欠というわけではない。学校が、あくまでその方針を固守して、なおかつ成功する場合もあるからである。だが、それは、その方針が多くの消費者が偶然に欲するものであったからにすぎない。いずれにしろ、結果は同じことになる。対応が生まれるのである。

公立セクターでは，民衆による統制が声を中心として形づくられる。退出は最小限の役割にとどまる。一般に公立学校は，一定地域に住む子どもすべてが特定の学校に振り分けられるという意味において，地域独占の状態にある。選択は排除されていない。親たちが，居住地を決める際に学校の質を考慮できるからである。しかし，居住地の決定には教育以外にも多数の要因が関わっており，また，いったん決定すると埋没コストが高い。学校の質が低いとか低下しているからといって，親たちがその地域に転入してこないわけではないし，ましてや，現在の住民がすぐさま荷造りして出ていくことはありそうもない。

　公立学校の質の低さや質の低下は，親たちが私立学校を考慮に入れることを促すであろう。しかし，親たちはここで大きな抑制要因に出合う。それは，公立学校は無料であるが，私立学校はそうではないことである。こういったコストの違いによって，生徒の獲得の際には，私立学校の価値は，公立学校の価値よりもかなり高くなるしかない。逆に言えば，公立学校は，比較的に費用がかからないため，生徒を教育する点でとりたてて良くは見えなくとも生徒を惹きつけることができる。

　実際上の退出オプションがないとなれば，多くの親や生徒は学校の目標，方法，職員に不満をもちながらも公立学校を選択することになろう。そういう選択をした場合，親や生徒は，民主主義的統制構造を通して自分たちの選好を声（ヴォイス）にする権利をもつ。しかし，他の誰もが同じ権利をもち，しかも多くの人々は権利を行使する準備態勢が十分である。声（ヴォイス）は，親や生徒が求めるものと学校が提供するものとのズレを修復できない。対立と不協和がシステムに組み込まれている。

自律性と統制

　私立セクターでは，退出オプションが調和性と応答性を促すばかりでなく，学校の自律性をも促す。このことは，カトリック系の学校のように一つのヒエラルキーの一部である学校にも当てはまる。その理由は，客を満足させるのに要する技術方法と資源の大部分が，ヒエラルキーの底辺部分すなわち学校に本来的に備わっていることにある。なぜなら，教育サービスというものは，人的な関係や相互行為，継続的なフィードバック，教師の知識や技術や経験に基づ

くためである。したがって，学校は，どうやって自らの組織的な安定を高めるのかについて，もっともよく知ることができる位置にある。ヒエラルキー的な統制つまり外部からのどのような強制も効果がなかったり，逆効果となったりする傾向がある。

ヒエラルキーの中枢による指導監督が重要になるのは，上層機関が客を満足させるだけでは追求できない課題をもつ場合である。私立セクターでは，こういった課題の強制がトレードオフを伴う。すなわち学校が客を満足させようとする努力を抑制されると，不満足な客が逃げてしまうことが起こりうるのである。教会関係の学校に顕著であるが，ヒエラルキーによってはこれを容認しうる代償だと上層機関が考えることもあろう。つまり，学校の発展や繁栄よりも「純粋な」学校であることを選ぶ場合である。しかし，それはやはり組織の安定を脅かす代償，極まれば致命的にもなりかねない代償である。したがって，追求されるべき上位の価値がある場合でさえ，退出オプションは学校の自律性に味方をし，厳しい外部からの統制を思いとどまらせる。

公立セクターでは，制度の諸力が逆の方向に作用する。民主主義的統制のレゾン・デートルは，上位の価値を学校に強制すること，つまり学校の自律性を制限することにある。退出は統制にとっての障碍である。すなわち，ある方針に反対する親や生徒に対して統轄構造がその方針を強制する場合，退出は，「逃亡という手段による異議申し立て (voting with their feet)」によって，つまりその方針の目的を無効にすることによって，親や生徒に服従を回避させるのである。しかし，公共の職員は退出を既定のものと考えなくともよい。彼らは，退出の有効性を制限する法案を通過させるだけでよい。民間の意思決定者は，それが退出という問題への対処を助けるという理由で自律性を尊重するが，公共の職員は，上位の価値の強制を容易に行うために退出を無視する。

自律性を制限する動因は，政治家や官僚のインセンティブ構造に組み込まれている。政治家は，種々の選挙民の集団，とくに組織化が進み活動が盛んな集団に応答することで政治的な支持を求める。これら集団には，教師の組合や管理者の団体が含まれるが，さらに，特定の利益を代表するおびただしい数の集団，とりわけマイノリティ，障害者，バイリンガル教育，自動車運転教育の集団，教育学部，出版社，認定機関や試験実施機関などの集団が含まれる。これ

ら集団は，概して現下の教育上の調整に財政的または職業的な利害関係があり，それがそのまま政治的な立場に反映される。これら集団はすべて，公的な教育資源の分け前を望む。教育プログラムに影響を及ぼしたがる。学校の組織と運営のあり方について発言権をもちたがる。そして，政治家は嬉々として便宜をはかるが，それはこうすることが政治的な人気につながるからである（Masters, Salisbury, and Eliot 1964; Iannaccone 1967; Peterson 1976; Wirt and Kirst 1982）。

官僚は，政府の側に立つこともあれば，そうでないこともある。官僚がもつ権力の根拠は，直接的な民主主義的統制にとって官僚制が不可欠だという事実にある。上位の価値が自動的に強制されることはほとんどない。親や生徒の不満があったり，教師や校長の自律性を求める圧力が避けがたい場合はなおさらである。統制にとって必要なのは，教育の過程に携わる人びとを既定どおりに確実に行動させるための諸々の規則と規定，監視，インセンティブ構造，その他の手段である。そこで，統制には官僚制が――すなわち官僚が必要なのである。

官僚は，公共の職員として，自分たちの予算やプログラム，行政的な統制を拡大したいと考えている。それが官僚の安定の基盤であるし，それを追求することは官僚の職務にとって不可欠な一部なのである。しかし，また官僚たちは有力な利益集団，すなわち行政官や専門家の利益集団に属しており，さらには政府に対して（紛れもなく）外部からロビー活動を行ってもいる。官僚たちは，従来から多数者の利益を追求する非政治的なエキスパートという自画像を描いてきたが，実際には強力な特定利益集団，すなわちヒエラルキー的な統制に専心する利益集団なのである（Knott and Miller 1987; Tyack 1974）。

要するに，そもそもシステムとは自律性を破壊するものなのである。政治家は，公共政策をとおして学校のあり方を定める権限をもつが，まさにこういった権限をもつがゆえに，利益集団からそれを行使するよう圧力をかけられ続ける。学校に選択の自由を強制するのは，自らの最大利益のためである。同じことは，職業的，専門的に統制に関わる官僚にも当てはまる。言わば，自律的な学校が存在する世界とは，教育官僚が存在しない世界なのである。したがって，校長や教師が自律性の価値を賛美しようとも，「唯一最善のシステム」は自律性に対抗的に編成されている。政治家，官僚そして実質的に全領域の利益集団は，

自律性の正体を見極めている傾向がある。それは権力の譲渡であり，自分たちの利益に対する脅威なのである。

目的とパフォーマンス

公立学校は公共政策の所産である。選挙民の数がきわめて多いため，何が「良き」政策であるかをめぐる意見の対立は避けがたい。しかも，対立し合う集団の多くは，公教育に自らの利害が関わっているのであり，そもそも「良き」政策が提供されることをめざして争っているだけではない。たとえ「良き」政策の提供をめざしているとしても，それがまさに効果的に達成されるという保証はない。官僚的な統制は，教育上の成果をうまく導くうえで，そもそも困難を伴うコストの高い方法だからである。

改革は，以上のようななかから自生してくる。有力な集団が学校の行っていることに不満を示せば，政治家や官僚は直ちに行動を起こす。制度上での権限をもち，かつそうすることを促されたことを行うことで，集団の要求に応える。すなわち，新たな政策や新たな統制を介して，対応策を求めるのである。これが，公立学校が「改善」されるあり方の典型である。そして，システムには行政上の問題，価値の対立，権力配置の転換がつきまとうため，改革は果てしない経過をたどることになる。

私立学校は，これとはまったく異なる制度的環境のなかで運営されている。改革がなされるのは，学校が適応的調整を自らの最大利益であると認める場合，新しい学校が教育市場に参入する場合，不人気の学校の経営が傾く場合である。すべてが親や生徒の利害関心と密接に結びついている。

やはり，私立学校は公立学校よりも良いということだろうか？ ある重要な意味において，答はその通りである。ある私立学校を選択する親と生徒は，学校の質に関する自らの判断を示している。それは，単に私立学校の方が良いというだけでなく，コストの違いを超えて総体として良いという判断である。親や生徒がそう判断する客観的根拠があるのは明らかだから，つまり私立の教育を直接に経験し，かつ，いつでも自由に公立セクターに戻れるのだから，私立学校はその客たちが関心を寄せるタイプの教育サービスを提供するという点で，事実上，より効果的であると考えるのがもっともである。

しかし，学校が行って然るべき重要な事柄に関して，私立学校は良いのだろうか？ この問に答えるには，私たちの価値判断と親や生徒の価値判断とを取り換えねばならない。教会系の学校は宗教・倫理教育を基礎として生徒たちを惹きつけており，この点で地域の公立学校より優れているのはおそらく確かであろう。しかし，このことは，民主主義的な価値や文化の多様性の理解を伝える際の，比較上の効果について何も語っていない。パフォーマンスが望ましいのは，目標が望ましいときだけである。

言うまでもなく，これは民主主義的統制に対する弁護となる。原則として，現代の諸制度は，重要な社会的目標を分節化し，学校が確実にその目標に対して効果的に作用するように作られる。私立学校が一定のサービスを提供し親と生徒を満足させる点で優れているとしても，だからと言って社会が公立学校ではなく私立学校を選ぶとは限らない。どのような評価も，学校がなすべき事柄についての，より基本に立った判断に依拠しなければならない。

客観的に言えば，2つの制度システムはすっかり異なっており，そのために，その違いを反映した学校のあり方を生じさせているのである。すなわち，異なる選挙民・顧客を満足させるために，異なる方法で異なるサービスが提供されているのである。

データと方法

「高校生将来調査 (High School and Beyond: HSB)」は，1980年に初回の調査が実施された中等学校に関する調査で，同種の調査では現在まででもっとも大規模なものである。オリジナルのデータ・ベースは，1,000校を超える公立学校と私立学校の生徒約6万人に関するもので，学業成績，態度，活動，家族背景についての豊かな情報源となっている。コールマン，ホッファー，キルゴア (Coleman, Hoffer, and Kilgore 1982) による『高校の学業達成 (High School Achievement)』は，私立学校が公立学校よりも学業の面で効果をもつと結論づけて教育界に衝撃を与えたが，HSBはこの研究の経験的な根拠となっている。

HSBは学校に関する相当量の情報を収めているが，組織や環境という重要な側面は調査項目としていなかった。われわれは，データ・ベース拡充の目的で

教育行政担当者・教員調査 (The Administrator and Teacher Survey, ATS) の設計に協力した。ATS では，HSB での対象校のうち約 500 校に立ち戻り，各学校から校長，教師 30 名ずつのサンプル，選抜されたその他職員を対象として質問紙調査を実施した。彼らの回答は，組織としての学校について多くのことを教えてくれる。すなわち外部との諸関係，リーダーシップ，構造と目標，影響や相互作用のパターン，教育実践についてである。私たちは，公立セクターと私立セクターとで教育がどのように編成されているかを検討するにあたり，ATS のデータを用いる。

　私立学校はきわめて多様であるため，生徒の学業達成に関する経験的な研究は，以下のように分類することによって，セクター間の対照を明らかにすることにした。すなわち，HSB のサンプル中で相対的に同質なものとしての 2 つの類型，カトリック系の学校とエリート校，そして，それ以外の学校という分類である。カトリック系の学校が分析の中心となった。カトリック系の学校は，私立学校の多数を占め，生徒の社会経済的な基盤やエスニックな基盤が公立セクターの生徒ときわめて似通っているからである。エリート校は，全米育英奨学金審査のセミファイナリストである成績上位者の割合から判断するに，全米で一握りのトップクラスの私立学校である。残りの「その他の私立学校」は，ごく小規模の宗教グループから大規模な進学準備学校までさまざまである。私たちもこういった 3 類型に区別するが，この 3 類型が著しい相違をもちながら，他方で示す均一性を予測するつもりである。これらの類型は，制度的な文脈を共有しているため，これを分析することによって学校領域が共通して抱えている問題点を明らかにすることができるであろう。

　そのために，組織の各特性および環境の各特性(従属変数)を，学校類型のダミー変数を独立変数として回帰分析をおこなう。すなわち C を当該の特性とするとき，回帰モデルは次の式で表わされる。

$$C = B_0 + B_1 \times \text{カトリック系} + B_2 \times \text{その他の私立} + B_3 \times \text{エリート校} + 誤差$$

　定数項 B_0 は C に対する公立学校の平均である。「カトリック系」，「その他の私立」，「エリート校」は，学校がそれぞれの類型の学校である場合に 1，そうでない場合には 0 を値とするダミー変数である。B_1 は，特性 C に関するカ

トリック系の学校と公立学校との平均の差を表わす。B_2 と B_3 は，その他の私立学校およびエリート校について，同じように公立学校との平均の差を表わす。

　これらの比較は，詳細にリストアップした変数をコントロールせずに分析する。学校の規模，生徒の背景，その他無数の要因をコントロールするのは簡単であるが，この段階でそれを行うのは適切でなく，おそらくはひどい誤解を招くことになると考えられるからである。変数間の関連を推定する際の統計的コントロールは，与件的な，または外生的な影響による共変動を取り除くことが目的である。しかし，学校組織を制度論のパースペクティブからみると，主要な変数はおそらく内生的だと考えられる。

　たとえば，私立学校は，「ハッピーな教師たち」といった一定の特性を公立学校よりも強く示すであろうが，それは公立学校に比べて組織が小規模である傾向をもつからである。しかし，小規模であることは生徒，親，教師を惹きつける主な拠り所であるのだから，私立学校が小規模傾向にあるのは偶然ではない。小規模であることとハッピーな教師たちとは，同じ様態を構成している全体と不可分な要素なのである。同じく，私立学校はたとえば規律正しい気風といった望ましい組織上の特性をもつと思われるが，それは生徒の家族が教育に大きな関心をもつためである。しかし，教育に大きな関心をもつ家庭がそもそもその学校を選んだのは，まさに学校の組織のあり方を好んだためである。それでは，どちらがどちらの原因であるのか？　意欲のある生徒が良い学校を目ざすのか，それとも良い学校が意欲のある生徒を惹きつけるのか？　もっとも妥当な見方は，因果関係は双方向で生じており，したがってどちらの変数も内生的だというものである。

　重要な変数はどれについても，実質的に，同じことがいえる。それら変数をあたかも外生的であるかのようにコントロールすることは，全体と不可分の要素としてそれぞれのシステムのまさに基本構造を構成している諸因子を，セクター間の比較から取り除くこと，それも不適切な方法で（再帰的な方程式の付加的項目として）取り除くことである。現時点で慎重であろうとすれば，環境と組織の基本的諸側面がセクター間でどれだけ違っているか，それを明確に調べることが求められる。そういった土台がつくられたとき，因果構造の検討，そしてそれとともに情報に基づく統計的コントロールについての考察を，もっとも

有効に進めることができる。

知　見

外部の諸機関

政治や市場の作用が何かを示唆するとすれば，それは学校の統制がセクター間で体系的に異なるということであろう。公立学校は，私立学校に比べて規模が大きく複雑な統轄システムのなかで運営されており，そのことが学校の方針，教育の実践，人事の決定に大きく影響する傾向にあるだろう。私立学校は，学校の構造，目標，運営という点で公立学校に比べて大きな自律性を享受する傾向にあるだろう。むろん，こういった傾向は，それがより上位の政府機関に由来する場合に，十分に裏づけられる。すなわち，公立学校は州や連邦のヒエラルキーの一部として財政や計画の面で統合されているが，私立学校は一般にそうではない(Coleman, Hoffer, and Kilgore 1982)。だが，学校に直接に関連する外部機関はどうであるのか？　地方レベルでは，各セクターを特徴づけるような，どういった統轄システムが作用しているのか？

表 11.1 は，種々の学校が教育委員会または外部の行政管理者(教育長や中央事務局などの形をとる)にヒエラルキー的に従属する度合を示した概数である。驚くことではないが，サンプル中の実質的にすべての公立学校がこの両者に

表 11.1　外部機関の類型 (%)

外部機関	公立[b]	カトリック系[c]	その他の私立	エリート校
教育委員会および行政管理者[a]	99.3 (287)	69.0 (20)	52.9 (9)	28.6 (2)
教育委員会のみ	.0 (0)	24.1 (7)	41.2 (7)	57.1 (4)
行政管理者のみ	.3 (1)	3.4 (1)	.0 (0)	.0 (0)
なし	.3 (1)	3.4 (1)	5.9 (1)	14.3 (1)
合計	99.9 (289)	99.9 (29)	100 (17)	100 (7)

注：括弧内の数字は各セクターにおける学校数
[a] 行政管理者は教育長または中央事務局を含む。
[b] ATS でオーバーサンプリングされたいくつかの公立特殊学校を除く。
[c] ATS でオーバーサンプリングされた黒人のみのカトリック系学校を除く。

よって統轄されており，300校近い公立学校のうち2校だけがこのパターンから外れているにすぎない。私立セクターははるかに多様である。私立学校のほぼすべてが，類型の別にかかわりなく，教育委員会などと繋がりがあるものの，行政管理機構とは繋がりのない場合が多い。そういった機構は，エリート校ではほとんどみられず，「その他の私立」の半数近くが同じように繋がりをもたない。この点では，カトリック系の学校が公立学校にもっとも似通っており，約3分の2が教育委員会および行政管理者との繋がりがある。しかし，それでも，公立セクターに比べるとヒエラルキーの多様さがかなりみられる。教会のヒエラルキーはよく知られているが，それでも，カトリック系の4分の1もが教育委員会のみによって監督を受けている。

私立学校の環境には行政管理機関を欠くことが多いため，私立学校の多くは，官僚的な統制から相対的に自由に運営されているだろう。だが，公立学校と私立学校に共通することの多い，政治的かつ行政管理的な機関が行使する統制はどうであろうか？　表11.2には，校長によって認知された教育委員会による統制が，カリキュラム，教授法，訓練，雇用，解雇といった5つの基本的な方針について比較されている。結果には一致が目立つ。5つの点すべてについて，

表11.2 学校の方針に及ぼす教育委員会の影響

影響する領域	カトリック系	その他の私立	エリート校
教育委員会			
カリキュラム	−.27 (1.33)	−.24 (1.52)	−.07 (.04)
教授法	−.03 (.14)	−.003 (.02)	−.03 (.01)
訓練	−.80 (4.02)	−.35 (2.24)	−1.16 (.56)
雇用	−.98 (5.16)	−.80 (5.31)	−1.11 (.56)
解雇	−.76 (3.83)	−.41 (2.63)	−.86 (.42)
教育委員会(対・校長)			
カリキュラム	−.40 (1.96)	−.26 (1.63)	.05 (.03)
教授法	−.06 (.31)	.41 (2.50)	.17 (.08)
訓練	−.72 (3.59)	−.28 (1.75)	−.92 (.44)
雇用	−.97 (4.89)	−.42 (2.67)	−1.30 (.63)
解雇	−1.08 (5.65)	−.72 (4.72)	−1.23 (.62)

注：表中の数字は，従属変数の「影響する領域」について標準化を行い，独立変数にダミー変数を用いた回帰モデルにおける回帰係数およびt値(括弧内)である。

公立セクターでは,どの類型の私立セクターよりも教育委員会が学校の方針に与える影響が大きいと思われる。公立と私立を比較すると,職員人事や訓練に関する方針での違いが,教育の実践や内容での違いよりも一貫して大きい(統計的に有意)。影響を6点満点の尺度でみると,後者は平均して1点から2点の間である。しかし,カリキュラムと教授法とで推定されるわずかな差ですら,全体のパターンに均一性があるのをみると,全般に公立セクターにおける教育委員会の役割の大きさを示すものだと予測してよいだろう。このことは,校長と比較した場合の教育委員会の認知された影響をみると,いっそうはっきりとする。表11.2の下半分に概略を示したように,セクター間の差がここでもみられ,さらに差が開いている場合もある。教育委員会との比較では,私立の校長は,方針の設定と遂行とくにそれが人事や訓練に関連する場合に,公立の校長よりも自律的な役割を果たす。

行政管理者との比較においても,私立学校の校長は同様に自律的であると思われる。カトリック系の学校は,行政監督に関して公立学校との比較が有効かつ有益な唯一の類型であるが,上述したことは少なくともカトリック系の学校の校長には当てはまる。表11.3に示された数値は,興味深い結論を示唆する。すなわち,カトリック系の名だたるヒエラルキーは(しかし,Greeley 1977 を参照),学校を統轄する際に比較的に小さな役割しか果たさないのである。5つの点すべてにおいて,行政管理者の影響はカトリック系の学校で公立学校よりもはるかに小さい。その違いは,ここでも人事方針の領域で最大となるが,その他の方針の領域でもまたかなりの差を示す。校長の影響を行政管理者の影響と比較することで,学校の自律性についていま少し検討を加えても,同じパターンが現われる。行政管理者との比較において,カトリック系の校長は,学校の方針を設定する際に,公立学校の校長よりも大きな自由をもつ。

むろん,公立セクターと私立セクターとを分かつように見える学校の自律性という点での差は,単なる認知された影響の測定値に基づくもので,実際の作用に基づくものではない。しかし,これらの測定値が生みだすパターンは,きわめて均一的であり,外部からの統制についてわれわれが予測したものと完全に一致する。公立学校の民主主義的な文脈のいたる所に姿を現わす当局機関は,私立学校という場ではまったくみられないことが多い。また,民間の統轄機構

表 11.3　学校の方針に及ぼす行政管理者の影響

影響する領域	カトリック系
行政管理者	
カリキュラム	−1.51　（8.19）
教授法	−1.01　（5.12）
訓練	−1.23　（6.39）
雇用	−1.82（10.28）
解雇	−2.11（12.65）
行政管理者(対・校長)	
カリキュラム	−1.57　（8.44）
教授法	−1.23　（6.33）
訓練	−1.11　（5.66）
雇用	−1.56　（8.39）
解雇	−2.00（11.57）

注: 行政管理者は教育長または中央事務局を含む。表中の数字は，従属変数の「影響する領域」について標準化を行い，独立変数にダミー変数を用いた回帰モデルにおける回帰係数および t 値（括弧内）である。

がよく知られている私立の場合であっても，学校の方針を実際に決定する際にはほとんど影響を及ぼさない。私立学校は，自らの運命をより強く統制していると思われる。

外部からの制約——組織職員の選抜——

　どのような組織もがその運用に対して行使しようとする統制のなかで，おそらく何よりも重要なのがその職員に対する統制，すなわち学校の場合であれば教師に対する統制であろう。学校が欲する教師の雇用や学校の基準に沿わない教師の解雇について，学校はどの程度の融通性をもつのか？　既にみたように，公立学校はこの点で不利であり，それは，私立セクターの場合よりも，外部の諸機関が雇用と解雇に対して大きな影響力をもつためであった。だが，セクター間の違いを生むのは，外部諸機関の役割ばかりではない。職員選抜に関する付加的な2つの制約，すなわちテニュアと組合を考慮に入れるとその違いはいっそう劇的になる。

　公立学校におけるテニュア制度は，全行政レベルでみられる文官採用制度に

特有のものである。歴史的にみると，この制度は，政治家が自分の支持者に公的な役職を与えるのを防止するために起こった。改革者たちは，恩恵的役職分配（patronage）がはびこることは効果的な政治に不可欠である専門性，専門職主義，一貫性といったものと矛盾することを理解していた。そこで，達成に数十年を要する遅々とした進行であったが，客観性をもった資格を柱とし，有資格だと判断される被雇用者の保護を目的とした文官採用制度を全面的にとりいれた。テニュアはこういった保護策のひとつである（Peterson 1985）。

　恩恵的役職分配に固執する政治家は，当初は教師の組合（または「協会」）に反対したが，結局はそれが政治の上で自分たちの味方であることに気づいた。教師たちが組織されれば，資金，マンパワー，票を政治家に提供することが期待できるからである。概して投票数がきわめて少ない州選挙や地方選挙では，これは確かに魅力的な誘因である。教師の組合は，その発展につれて経済的な特権ばかりでなく契約上の雇用保障を獲得し，その他にも義務責任に対する制限を獲得した。それらは文官採用制度の保護面を強化し，地域の学校に影響を及ぼす人事決定に対する新たな制約を全面的に導入するものであった（Grimshaw 1979）。

　組合が私立学校に足場を築くのを妨げたり，私立学校がテニュアをはじめとした文官採用制度と同様の保護策を採用するのを禁じたりするものは何もないが，私立学校をその方向へ駆りたてる行政府に相当するものもない。組合やテニュア制度が私立学校に定着するかどうかを決めるのは，政治ではなく市場である場合が多い。私立学校は，とりわけ公立学校がそういった恩典を提供する場合，良い教師を惹きつける手段として，テニュアをはじめとする保護策の提供を選択するかもしれない。しかし，また，教師の供給率が高い場合にはとくに，私立学校はテニュアを提供せずに，良い生徒，規律ある雰囲気，平等な決定権などきわめて魅力的な恩典の提供を決めるかもしれない。同様に組合の側でも，市場という場では常にみられるように，教師をうまく組織できるかもしれないし，できないかもしれない。けれども，公共の組合と違い，自らの大義に資するための当局との共益関係は期待できない。

　ATS のデータは，この点で公立セクターと私立セクターが実際に大きく異なることを示唆する。公立学校の 88% でテニュアが提供されているが，私立学校

ではほんのわずかでしかなく，カトリック系の学校が24%，エリート校が39%，「その他の私立」が17%である。さらに，実際にテニュアを授与される教師の割合も，それを提供する学校間で同じではない。すなわち，テニュア制の公立学校では有資格者のうち80%であるが，私立セクターではこの数値が10%から16%程度低くなる。組合の組織化の違いはさらに大きい。公立学校の大部分の約80%で組合が組織されており，そのほとんどが全米教育協会（NEA）かアメリカ教員連盟（AFT）による。これと対照的に，私立セクターでは教師が組合によって代表されることはまずない。カトリック系の学校の約10%で組合が組織されているだけであり，エリート校や「その他の私立」で組織されている学校は実質的にひとつもない。

職員に対する学校の統制が，テニュア，組合，その他の直接に影響する外部機関によって多少なりとも制約を受けているかどうか，それを判断するため，優秀な教師の雇用や不適格な教師の解雇にあたって起こりうる各種の障碍を評価するよう，われわれは校長に求めた。雇用の面では，応募者不足や低賃金をはじめとするいくつかの障碍の深刻さについて，2つのセクターの校長による評価は一致する。しかし，公立学校の校長は，行政管理を発端とする障碍についての不満がより多いようであった。すなわち「中央事務局の統制」や「他の学校からの異動の過多」である（表11.4を参照）。

職務成績が不良という理由で教師を解雇する際の障碍にも，同様に違いがみられる。公立学校では手続きがはるかに複雑であり，テニュアの諸規定の制約

表11.4 学校人事の方針とプロセス

人事の制約	カトリック系	その他の私立	エリート校
雇用に関する障碍			
異動の過多	−.57 (2.72)	−.56 (3.36)	−.43 (.20)
中央事務局の統制	−.51 (2.43)	−.25 (1.51)	−.47 (.22)
解雇に関する障碍			
手続きの複雑さ	−.59 (3.35)	−1.47 (10.51)	−1.26 (.69)
テニュアの諸規定	−.93 (5.08)	−1.36 (9.39)	−1.55 (.82)
解雇に要する時間	−.85 (4.01)	−.75 (4.47)	−.90 (.41)

注: 表中の数字は，従属変数の「影響する領域」について標準化を行い，独立変数にダミー変数を用いた回帰モデルにおける回帰係数およびt値(括弧内)である。

が大きく，その準備と書類提出の過程に約 3 倍の時間を要する(表 11.4)。解雇の手続きが複雑で形式的であることが，公立学校の校長が挙げた解雇に関する最大の障碍である。私立学校の校長にとっては，どの類型の学校であっても，最大の障碍は「当人が解雇を不本意とすること」である。これらの回答が示すセクター間での違いは，かなり辛らつに言い直すことができる。すなわち，公立学校の校長はもっぱらお役所風の繁雑さに縛られており，他方，私立学校の校長はもっぱら自分の良心に縛られている。

　むろん，校長には，職員に対する別の統制の方法もある。望ましくない職員に辞職，退職あるいは転任を促すことができる。良い教師には特別な職務を与えたり，面倒な職務を免除したりもできる。賞与によって勤務成績の高さを評価することもできる。しかし，こういったやり方には，セクター間で歴然とした違いがない。教授スタッフを編成したり監督したりする権限が，公立学校の校長は私立学校の校長に比べて小さいだけである。

　教育長や中央事務局が一般にそうしたがっているとは考えがたいが，たとえ人事決定権の多くを学校に委譲したいとしても，実際にそれはできない。通常，テニュアは教育委員会や州議会が作成した法規によって保障されており，その法規は行政官が執行する。組合の協約は，学校レベルではなく地区レベルで結ばれるのが一般的で，上から執行される。テニュアと組合の組織化は，公立セクターでは基本的な人事決定がどこで，どのようになされるか，という疑問に答えることになる。それは集権化されているだろう。私立セクターの学校は，概ねそういった制約を免れているため，自らの構成員の選択や方針の作成に関する融通性がはるかに大きい。

親

　私立学校は，ほとんどの点で親に関する環境が理想的であるようだ。親は，結局のところ，自分の子どもを私立学校に通わせるという積極的な選択をしたのであるが，おそらく，それは親が教育に関心を寄せていてその学校を高く評価したためである。また，親が自分の考えを変える場合には，随時，退出オプションを行使しさえすればよい。このことが意味するのは，私立学校は重要な利益を獲得しているようだ，ということである。すなわち，学校が獲得してい

る子どもはその家族が教育を奨励しており，また学校が獲得している親は子どもの宿題などを監督することで学校の目標に適うばかりでなく，学校の意思決定に積極的な関心を寄せる際には事情を心得ていて協力的であろう。これらの点で問題を起こしそうな親は，大半が自発的に学校の環境からドロップアウトする親であると言って間違いがないだろう。

公立学校はこれほど恵まれてはいない。多くの生徒たちは，教育をほとんど重視していないか，まったく重視していない家族の出身である。したがって，生徒は心構えも方向づけも貧弱なまま就学しているし，親は学校の努力に協力することがほとんどない。退出はたいてい実行可能な選択でないため，学校の目標や方法や活動を支持しない多くの親が，それでも学校の環境にとどまることになろう。したがって，ある親たち，ことによると多くの親たちが，自分たちの異議を表明し変革を迫るために，随意に民主主義的なメカニズムを利用し，そしてもちろん校長や職員とやりとりすることであろう。公立学校は，協力的な親のいる環境から支援を得ることはなく，気づけば対立や失望やアパシーに何とかうまく対処しようとしている，ということが多いかもしれない。

公立と私立の学校すべてが，こういったあり方とすっかり一致するわけでないのは，もちろんである。しかし，2セクターに固有の性質，すなわち政治に繋ぎとめられているか市場に繋ぎとめられているかが，ここで概略を記した種々の環境の相違を促しているのは明らかだと思われる。表11.5に示したATS研究の結果は，こういった推論の流れと一致する。私立セクターの親は，学校類型の別によらず，種々の公式的なルールや規範に制約されることがほとんどない。民主主義的な統轄構造のため公立学校の校長たちの融通性を侵害し

表11.5 親の学校への関わり

親の役割	カトリック系	その他の私立	エリート校
生徒の監視	.90 (4.69)	.43 (2.82)	1.30 (.65)
生徒の期待	1.24 (6.85)	.91 (6.33)	2.62 (1.39)
学校への関与	.74 (3.81)	.52 (3.39)	.64 (.32)
協調性	.43 (2.13)	.18 (1.14)	.47 (.22)
気兼ねのなさ	.57 (2.81)	.22 (1.35)	.49 (.23)

注：表中の数字は，従属変数の「影響する領域」について標準化を行い，独立変数にダミー変数を用いた回帰モデルにおける回帰係数およびt値(括弧内)である。

ているルールや規範には，ほとんど制約されないのである。

　私立学校の親は，一様に学校に対して協力的である。子どもの教育パフォーマンスへの期待が高く，自分の子どもの学校外での行動を進んで監督し，組織としての学校に深く関わる。私立学校の校長も，親に関する環境に大きな満足感を示すのは，意外なことではない。親との関係は，公立学校の場合よりも協調的なのである。

　以上から，政治と市場の作用は，公立学校をまったく不利な立場に置くように思える。諸々の力が個々の学校の統制を大きく超えるため，公立セクターの親は，学校が通常おこなう教育上の努力にほとんど協力的でない傾向があり，組織内の対立を助長するようである。そして，さらに悪いことに，学校はこれら諸問題の解決策を探し求める融通性をほとんどもっていない。比較すれば，私立学校はこういった問題をほとんどもたず，しかも問題に対処するための融通性は大きい。

環境と組織の間──校長──

　校長は組織の境界上にあって行動し，他の誰にもまして環境と首尾よく交渉する責任をもつ。すなわち親，組合，行政管理者，教育委員会の要求や圧力に対応し，予算削減，政策上の対立，人口統計上の変化といった外部の混乱に対処する責任をもつのである。また，校長は，学校の効果についてのある鍵を握っているようである。明確な目標を示し，生徒や教師の高い期待を維持し，教育上の強いリーダーシップを発揮し，行政管理からの重荷を回避し，環境から諸資源を効果的に引きだすような校長によって教育の卓越性が促されることが，ますます示唆されるようになっている(たとえば，Blumberg and Greenfield 1980; Brookover *et al.* 1979; Goodlad 1984)。

　しかし，校長がこれら効果的なリーダーシップの条件項目を実行しうるかどうか，さらに言えば意欲をもって実行するかどうかについて，学校の環境の面から述べるべきことが多いことはあまり強調されない。効果的なリーダーシップは，その役割を果たす個人に内在する性質であるばかりではない。それはまた，校長が対応を迫られる諸々の要求，制約，資源に避けがたく左右される。これら諸力の性質や強さに左右されるため，「最良の」校長であっても学校のパ

フォーマンスにわずかな効果をもたらすだけかもしれない。また，校長がリーダーシップの資質を持つか持たないかが偶然によるのではないことも，思い起こすべきである。その職を選ぶにあたっての魅力の存在を確実にするのは，環境と組織のいずれでもある傾向がある。すなわち，一定の学校が一定のタイプの校長を惹きつける傾向があることになろう。同時に，校長たちは執務のなかで社会化されるであろうし，学校内外の諸要因のために，明らかに異なる学校に就任した校長は異なって社会化されることが確実であろう。したがって，効果的なリーダーシップにつながると思われる一定の資質が指摘される一方で，校長は自由にその資質を発達させうることが示唆される。

こうしてみると，公立学校と私立学校の校長の間に，その特性とパフォーマンスの双方で違いが見いだされても，意外ではないだろう。まず，校長がその職に就くに至った経緯について，ATSのデータ(表11.6を参照)が示すものを検討しよう。私立学校の校長は公立学校の校長に比べて教授経験が相当に長く，その違いは，カトリック系の学校の校長で約4年間，エリート校と「その他の私立」の校長で5年以上である。このことは，公的セクターの教育がヒエラルキー的な組織をもつことと密接に関連する。すなわち，公立セクターの職階は，数多くの下位の管理的地位(副校長など)へと移行する初期の機会を教師に提供し，その後に昇進と昇給の諸機会を提供するのである。また，このことが暗に示すように，校長がその職位に至る動機も異なる。私立学校の校長は「学校の

表11.6 学校長の特性

特　　性	カトリック系	その他の私立	エリート校
教授経験	.43 (2.21)	.56 (3.59)	.58 (.28)
モチベーション			
方針の統制	.61 (3.04)	.46 (2.92)	.31 (.15)
管理責任の選好	−.33 (1.63)	−.49 (3.08)	−.14 (.07)
キャリア上昇	−.69 (3.52)	−.61 (3.91)	−.48 (.23)
さらなる昇進の欲求	−.76 (3.95)	−.71 (4.69)	−1.04 (.52)
教師からみたリーダーシップ	.41 (2.12)	.74 (4.84)	.64 (.32)
教育上のリーダーシップ	.66 (3.67)	1.28 (8.98)	.82 (.44)

注: 表中の数字は，従属変数の「影響する領域」について標準化を行い，独立変数にダミー変数を用いた回帰モデルにおける回帰係数およびt値(括弧内)である。

方針に対する統制」を強調するようであるが，公立学校の校長は「管理責任の選好」，「(自分の)キャリア上昇」，「より高い管理的ポスト」への昇進に対する関心を強調する傾向が強い。

このように，2つのセクターにおいて校長がキャリアを志向する典型的なあり方は，まったく異なってみえる。公立の校長は比較的に早い時期に教室から離れ，管理職の軌道に入ると，列車に乗りつづけて校長職に就く。私立の校長は軌道上にいることがほとんどない。私立の校長は公立の校長よりも長く教室にとどまり，校長職に対するその考え方は，教育上のヒエラルキーを自分が上昇することとの関わりよりも，学校との関わりに焦点が当てられる。

校長がどのように職務を遂行するかは，ここで記した価値や経験だけではなく，多くの事柄の関数である。しかし，それが直接に関連していると思われるのは，効果的な学校に関して書かれた文献で一貫してとりあげられるパフォーマンスの一つの側面，すなわち教育上のリーダーシップである。ATS研究で対象となった教師たちは，教授上の諸問題に対して自分が受ける援助の質に関し，セクター間で大きく異なる回答を示す。各セクターの教師たちの判断によれば，リーダーシップの重要な領域において，私立の校長は公立の校長よりも効果的である。これもまた，さまざまな要因に左右されよう。しかしながら，そもそも公立学校の校長の教授経験がはるかに短いという単純な事実は(それ自体が，公立の校長がキャリアを志向する独特なあり方に根ざしているが)，教師とのラポール，教育的役割の自己認識，その他の教授に関わる職務に影響を及ぼすことであろう。教育上のリーダーシップが私立学校においてより効果的であることは，驚くことではない。

最後に，ATSの対象となった教師たちは，次のようなリーダーシップに関連する性質について，自分たちの校長を評価することを求められている。すなわち，学校の諸問題に関する知識，職員とのコミュニケーション，目的の明確さと強さ，刷新の意志である。これらの項目でリーダーシップの一般的な指標を構成した場合，その基準に照らせば，教師たちは，公立学校の校長よりも私立学校の校長をよりオールラウンドなリーダーであると評価していることがわかる。この結果は，前出の教育上のリーダーシップの作用よりも，一般的な環境条件の作用を反映しているようである。公立セクターの校長は，自身がもつ(こ

とによると相当な)能力と資格の如何にかかわらず,教育上の成功が困難であるような,複雑で対立のみられる環境での職務を強いられているからである。だが,いずれにせよ,公立の校長が教授経験に乏しいこと,そしてヒエラルキー的なキャリアの志向が,リーダーシップをめぐるこれら諸問題におそらく寄与していることが示唆されるといって差し支えない。

　これらの知見はようやく問題の表層に触れたにすぎないが,公立学校と私立学校の校長は重要な諸点でまったく異なると思われる。異なる背景と異なるキャリアの志向をもち,さらに,そのパフォーマンスに対する真の制約が何であれ,教師によって異なる評価を受けている。すなわち,私立学校の校長の方が,リーダーとしてより高く評価されている。

組織——その目標と方針——

　われわれがその環境について知るところを考慮すれば,公立学校と私立学校が,生徒の教育に対してきわめて異なる方針を採用していると予測できる十分な根拠がある。公立学校は,入ってくる者は誰でも受け入れねばならないため,組織の目標や構造にもっとも相応しい生徒を贅沢に選抜できない。たとえば,協調的な適合が達成されている場合,適応する者すべてを実質的に選抜しなければならないのである。実際問題として,このことが意味するのは,教育の卓越性の追求が,リテラシー,補習教育,ゆったりしたペースでの授業などの,より基本的なニーズと競合するに違いないことである。それに加えて,民主主義的統制のヒエラルキー的な構造が存在し,そのなかでは,諸アクターや多様でしばしば対立する関係者たちの射程は,公立学校が何をどのように追求すべきかの決定に向けられることが確実である。他の政治領域における場合と同じく,その攻撃の先にあるのは,最小公分母を反映するもの,すなわちしばしば多くの曖昧さと内部矛盾とを示す妥協と「解決」である (Powell, Farrar, and Cohen 1985)。こういう事態が予測されるのは,意思決定過程の重要な機能が対立の解決にある場合である。その過程は,否応なしに政治的な働きであり,問題解決についての解析的な試みではない。

　私立学校は,生徒の選抜においても組織の目標決定においても,比較的にほとんど制約を受けない。ある一定の私立学校は,ある一定の公立学校よりも明

確で斉一的な目標をもつであろうと言ってもまったく無理がない。しかし，私立セクターは多くの異なる類型の学校から構成されるため，全体として比較すると，違いはそれほど判然とはしない。すなわち，公立学校と比較すれば，総体として明確で斉一的な目標が予測されようが，エリート校が学業の卓越性を強調する一方，宗教系の学校やミリタリー・スクールはまったく別のものを優先しているようなのである。

そういう不確定性はあるものの，セクター間で比較するときわめて一様である(表11.7を参照)。総合的な目標に関して，公立学校は基礎的リテラシー，シティズンシップ，良い仕事の習慣，特定の職業技能により大きな力点を置き，私立学校は，類型の別によらず，学業の卓越性および個人の成長によって方向づけられることが多い。概ねにおいて，こういう違いは生徒集団と統轄構造にみられる基本的な違いを考慮して予測すべきものである。何よりも明らかなのは，一般に公立学校が学業の卓越性に高い優先性を置くことは，政治的，組織的な面できわめて困難だということである。

表11.7　学校の構造

特　　性	カトリック系	その他の私立	エリート校
目標			
基礎的リテラシー	−1.59 (8.83)	−.83 (5.81)	−1.10 (.59)
シティズンシップ	−1.12 (6.06)	−1.04 (7.11)	−.96 (.50)
良い仕事の習慣	−.92 (4.68)	−.52 (3.37)	−.26 (.13)
特定の職業技能	−.89 (4.60)	−.77 (5.01)	−.98 (.49)
学業の卓越性	.10 (.48)	.41 (2.57)	.94 (.45)
個人の成長	.47 (2.33)	.12 (.78)	.69 (.33)
人間関係	.24 (1.19)	.11 (.71)	.34 (.16)
一般的な卒業要件			
英語と歴史	.61 (3.09)	.51 (3.26)	.57 (.28)
理科と数学	.34 (1.73)	.88 (5.77)	1.78 (.88)
外国語	1.28 (7.88)	1.61 (12.47)	3.33 (1.96)
学校全体での宿題の方針	.13 (.65)	.48 (3.06)	.90 (.44)
目標が明確	.64 (3.32)	.80 (5.24)	.80 (.40)
目標が不一致	−.35 (1.80)	−.85 (5.59)	−.55 (.27)

注：表中の数字は，従属変数の「影響する領域」について標準化を行い，独立変数にダミー変数を用いた回帰モデルにおける回帰係数およびt値(括弧内)である。

学校の目標が学校の構造やパフォーマンスに反映されるようになっているかどうかは，具体的な方針がそれを支えているか，職員がそれを明確に認識しているかに左右される。表 11.7 が示唆するように，これに関してセクター間で明らかな違いがみられる。まず，私立学校では最低限の卒業要件がより厳しい。すなわち，私立学校の生徒は，コースの如何にかかわらず，英語と歴史，理科と数学，外国語を公立学校の生徒よりも卒業するためにかなり多く履修しなければならない。理科，数学，外国語ではその違いが 2 年分に及んでいる。

　また，私立学校では，宿題に関する方針もより厳格である。これが特にあてはまるのはエリート校と「その他の私立」であり，そのほとんどが学科目ごとに学校全体の最低日課を設定し，宿題を強く奨励し，また，教職員があまりに熱心な場合には学科目ごとの最大日課を設定している。これと対照的に，90%の公立学校が，宿題の量は完全に教師に任せている。カトリック系の学校はこれら両極の間にある。

　目標と方針に関するこれらの違いは，その明確さと組織成員による受け容れの違い，すなわち組織として実施に移す際の鍵となる要因を伴う。一様に私立学校の教師は，公立学校の教師よりも学校の目標をより明確なもの，そして，より明確に校長から伝えられたものとする。そのうえ，私立学校の教師が学校の優先事項としたものには，ほとんど食い違いがない。一般に，私立学校は少なくとも平均的に教育目標の明確さと斉一性をもつ傾向があり，その点で公立学校と区別される。私立学校は学業の卓越性に重点を置き，厳格な卒業要件をもち，厳しい宿題の方針をもつ。そして私立学校の職員は，自分らの組織が達成しようとしていることについて，より明確で矛盾のない理解をもつ。言うまでもなく，これらは「効果的な学校」のステレオタイプの特性である。それはまた，政治と市場の作用が異なるために，公立学校において同じ程度に発達させることがきわめて困難と思われる性質である。

組織──構成員，決定，運営──

　公立学校と私立学校は，内部ではどのように見えるのか？　学校の構造，プロセス，職員について，一般に何が予測できるのか？　組織論のなかで広く受け容れられた考え方に，環境の複雑さは組織の複雑さに反映されるというものがあ

る（Lawrence and Lorsch 1967）。であれば，かなり明解な根拠をもって，公立学校が私立学校よりもはるかに複雑であることが立証されるであろう。そして，既存の研究は，これがまさしく事実であることを示す（Scott and Meyer 1984）。さらに，構造の複雑さと目標の複綜性が示唆するのは，しばしば公立学校が，活動や意思決定に関して相対的に自律した複数の中心があることを特徴とする，「疎結合（ルースリィ・カップルド）」の状態にあることである。他方，私立学校は古典的な組織概念に近いように思える。それは，より単純で安定的で脅威となるものが少ない環境と，より少数で明確で限定的に基礎づけられた目標，すなわち一極化された目標追求の方向を促す性質をもつ。このことは，私立学校が厳格なカリキュラム，伝統をもつ教授法，強い校長をもつという評判と一致すると思われる。

　政治—市場というパースペクティブは，組織の構造とプロセスについて私たちの知りたいことすべてを教えてくれるはずもないが，それを別の方向で示す傾向がある。公立学校の環境に関して決定的な事実は，環境が複雑であることではなく，環境が学校に対して方針，構造，人事，手続きに関する決定を文字通り強制するということである。したがって，おそらく学校はその内部の複雑さを作りだすことで環境の複雑さに適応するであろうが，選択の範囲はきわめて限られている。というのは，数多くの適応的調整の可能性が，環境の一方的な厳命によってまったく排除されるからである。逆に，私立学校は，相対的に単純な環境である点ばかりでなく，環境に適応する際の組織の選択範囲が広いという点でも恵まれている。

　組織パフォーマンスのもっとも重要なエージェント，すなわち教師をとりあげて考えてみよう。みてきたように，私立学校の校長と比べてみると，公立学校の校長が自らの最善の判断に従って組織に職員を置ける可能性ははるかに小さい。公立学校の校長は，専門性，情熱，同僚性，コミュニケーション能力，創造性，あるいは学校の目標に関わる数多くの適性を重視するかもしれないが，それらを有する教師を獲得したりそれらを有さない教師を排除したりする権限をほとんどもたない。これは職員の複綜性や対立を促すことにつながるであろう。教師が校長のリーダーシップを拒否し，学校の目標と方針に背を向け，同僚との良い関係がもてず，教室では満足に授業ができないこともあろう。しかし，校長は何とかしてそういう教師たちに我慢することを学ばねばならない。

一般にそうであるように，こういう教師たちが組合によって代表される場合，リーダーシップの発揮はいっそう困難となり，校長と職員の間に大きな楔が打たれる。その楔は，形式化された決定の手続き，権力をめぐる争い，縄張りに対する警戒心を助長するような楔である。「専門職主義」は新たな意味合いを帯びる。すなわち，校長ではなく教師たちの掌中に決定の権限を置くための弁明，という意味合いである。

私立学校が人事問題や権力争いを免れることはない。しかし，校長は，雇用と解雇に関してより強く統制できるため，自分が欲するような教師を採用し，それ以外の教師を排除するよう計らうことができる。これはまた，教師たちが，継続的に校長の判断基準に従って行動する，強い誘因をもつということでもある。したがって，公立学校の校長と比較すると，私立学校の校長は教師の「チーム」を作ることのできる立場にある。そして，その「チーム」では，教師の価値や技能や協働意欲が，校長が組織目標の追求に通じると考える適性を反映する傾向をもつ。同時に，校長は，教師の専門職主義が自分に敵対するのではなく，自分の味方となるよう作用させることもできる。校長は，自身の権威や統制にとっての現実の脅威がない場合には，意思決定への教師の参加を促し，専門領域内での教師の実質的な自律性を拡大させ，一連の相互行為，意見の交換，相互信頼を促進できる。

ATS 研究のデータは，こういった推論の概略を強く支持するように思われる。表11.8にあらましを示すように，私立セクターにおいては校長と教師が明らかに互いに高く評価しあっている。私立学校の校長は一貫して学校の教師の多くが「優秀」だとしており，このことは，公立学校の校長に比べて，自分の学校の職員がもつ能力により大きな信頼を寄せていることを示唆する。私立セクターの教師の側も，自分の学校の校長と良好な関係にある。教師たちは，校長が励ましてくれ，支援をしてくれ，力づけてくれる存在であると一貫してみるようである。すなわち，先にみたように，教師たちが自分たちの校長を効果的な組織リーダーとして，より高く評価している。

私立学校の教師は，また，自分たちの教授に関わる学校の意思決定という重要な領域に，より大きく関わり，より影響力をもつと感じている。具体的に言うと，教師が強い影響力をもつと感じるのは，カリキュラム，生徒の行動規範，

教師の勤務プログラム，能力の異なる生徒のクラス編成を決定する学校全体の方針についてである．授業と強く関わる項目では，テキストの選択，コースの内容，教授技術，生徒の訓練に対して，またとくにカトリック系の学校では与える宿題の分量の決定に対して，自分たちがより強く統制していると考えている(非カトリック系の私立学校の教師たちは，既に確認したように，宿題に関する学校全体の方針による制約を感じている)．雇用と解雇という問題についてさえ，私立学校の教師は自分たちがより大きな影響力をもつと考えている．私立

表 11.8　職員関連

特　性	カトリック系	その他の私立	エリート校
優秀な教師の割合	.40 (2.07)	.78 (5.05)	1.16 (.58)
校長と教師の関係	.44 (2.29)	.90 (5.93)	.96 (.48)
教師の影響と統制			
生徒の行動規範	.95 (5.15)	1.00 (6.84)	1.04 (.54)
勤務プログラム	.32 (1.64)	.77 (5.05)	.41 (.20)
能力別クラス編成	1.24 (7.20)	1.32 (9.69)	1.37 (.76)
カリキュラム	1.01 (5.66)	1.22 (8.59)	1.22 (.66)
テキストの選択	.66 (3.46)	.78 (5.11)	.74 (.37)
教授項目	.50 (2.62)	.94 (6.23)	.53 (.27)
教授技術	.70 (3.58)	.40 (2.61)	1.06 (.52)
生徒の訓練	1.34 (7.17)	.46 (3.12)	.83 (.42)
宿題	.63 (3.19)	.33 (2.14)	−1.16 (.57)
雇用	.54 (2.63)	.38 (2.38)	.93 (.44)
解雇	.55 (2.75)	.16 (1.04)	.21 (.10)
教師間の関係			
カリキュラムの調整	.60 (3.11)	.67 (4.37)	.96 (.48)
教授の改善	.60 (3.21)	1.06 (7.21)	1.03 (.53)
同僚性	.90 (5.34)	1.58 (11.82)	.82 (.47)
個人の統制を超えない成功	.79 (4.19)	.54 (3.59)	1.23 (.62)
時間の無駄でない最善の努力	1.12 (5.39)	.96 (5.85)	1.78 (.82)
職務の満足	.57 (3.37)	.54 (4.06)	1.01 (.58)
教師の欠勤	.58 (3.00)	.73 (4.74)	.49 (.24)
教師の最低給与	−.75 (3.92)	−.86 (5.72)	.39 (.19)
教師の最高給与	−.76 (3.87)	−.57 (3.65)	.91 (.45)

注：表中の数字は，従属変数の「影響する領域」について標準化を行い，独立変数にダミー変数を用いた回帰モデルにおける回帰係数および t 値(括弧内)である．

セクターではほとんどと言ってよいほど組合が組織されていないのに，である。

　私立学校では，校長と教師との間にみられる相互の協調と同じように，教師間にも相互の協調がみられる。個人レベルでは，私立セクターでの教師間の関係がより同僚性をもつ。調査にみられた分かりやすい言葉を使えば，私立学校の教師は自分たちが「いつでも，どこでも，それが自分たちの職務でないような場合でさえ，ほとんどの職員の援助を期待できる」と考えているようであるし，結局のところ「学校はひとつの大家族のようだ」と考えているようである。職業レベルでは，私立学校の教師は，相互の関わりや支援に関してさらに多くの証拠を提供する。教師たちは，自分の同僚が何を教えているかを知り，コースの内容を調整し合い，互いの授業を観察するという。また，カリキュラムや生徒に関して検討するために集まる時間も多い。

　したがって，私立学校では教師もまた公立学校の教師よりも実効性を感じていることは，驚くことではない。私立学校の教師は，公立学校の教師とは違って，自分たちの成功が自分たちの統制の及ばないものとは考えないし，それゆえ最善を尽くすことが時間の無駄だとは感じない。総じて，私立学校の教師は自分たちの仕事に満足している。したがって，私立学校の教師が，出勤状況が良好で，金銭ずくでなく働く傾向にあるのは不思議なことではない。私立学校の教師は，経済的な報酬や制度的な雇用保障と引き換えに，すぐれた労働条件や専門的な自律性や個人的な充足感を得る。公立学校の教師はその正反対である。

　要するに，私立学校は「チーム」のように見える傾向がある。教師たち自身の言い方によれば，教師は校長との良い関係をもち，全体と不可分な一員として意思決定に関わり，頻繁かつ生産的に同僚と影響を与えあい，自分の職務と組織について肯定的に感じている。そのうえ，校長によれば，教師たちの質は高い。専門家として個々人の領域でより大きな権限が与えられており，そこでは積極的関与の公平さと権力の分有をとおして自分たちの考えや技能を活用する機会が与えられていると思われる。これは，一般に公立セクターの教師には期待できない。説明のための鍵は，両セクターの基本的な特徴のなかに根をおろしている。すなわち，私立学校のリーダーは自分の学校の専門家を選ぶ自由をもち，公立学校のリーダーはそうでない。

結　論

　ATSは，学校の大量のサンプルによって公立学校と私立学校との違いを立証するはじめての機会を提供した。そして，そこで得られた知見は，教育研究のなかでなされてきた主だった主張と見事に一致する。コールマン，ホッファー，キルゴア（Coleman, Hoffer, and Kilgore 1982）やコールマン，ホッファー（Coleman and Hoffer 1987）が主張したように，学業の面で私立学校が公立学校よりも優れているならば，また，効果的な学校の研究が，効果と関連する傾向にあるとした諸特性に関して基本的に正しいとすれば，私立学校はそれらの特性をきわめて多くもつことが分かるであろう。

　これこそまさにわれわれが得る知見である。私立学校では，行政管理者や教育委員会や親をめぐる環境が，より単純で制約が少ない。私立学校は，より自律的で指導性が強い。私立学校は，より明確な目標とより厳格な要件をもち，また学業の卓越性により大きな力点を置く。校長と教師の関係および教師間の関係は，より協調的で対話的であり，教授に焦点が当てられている。教師たちは方針決定により大きく関わり，自分たちの仕事に対してより強い統制をなし，自分たちの職務に対する満足もより大きい。

　ただし，われわれは本稿において，現在得られている知見以上のものを示すとともに，それらを既存の研究と関連させることを試みた。われわれは，学校がセクター間で異なると予測される理由を示唆する，制度的なパースペクティブを展開しようとした。このパースペクティブは，次のようなわれわれの考えに由来する。それは，制度的な文脈はすべての学校の組織と運営全般にわたる重要性をもち，その重要性は多くの文献で示唆される傾向にあるものよりもはるかに大きい，という考えである（Pfeffer and Salancik 1979）。

　公立学校は，現代の民主主義的諸制度の所産である。公立学校は，多種多様な選挙民集団や官僚によって諸地域の学校へと方針が強制されるような，ヒエラルキー的な統制システムに従属する。公立学校が自律性に乏しく，校長たちは指導性をもつのが難しく，学校の目標が複綜的で不明確で厳格さに欠けるのは，偶然ではない。また，弱い校長と，テニュアをもち組合に組織された教師たちとが権力争いをおこなうのも，偶然ではない。われわれが知ったように，

こういった類の諸特性が，民主主義的統制に深く根をおろした，組織的な様態を構成している。

　私立学校もまた社会による統制を受けるが，それは政治や官僚制をとおしてではない。私立学校は方針，組織，人事について自ら決定するのであり，ただ，その際，どうすれば自身の最大の利益を追求できるかを知らしめる市場の諸力に従属する。私立学校に実質的な自律性があるとすれば，そしてシステムに組み込まれた自律性を求めるインセンティブがあるとすれば，次の諸点が分かっても意外ではない。すなわち，校長が強いリーダーであること，校長が雇用と解雇をより強く統制すること，校長と校長が選抜する教師とが互いにより強く尊重し合い対話をすること，対立や改まった要求がなくても教師が方針決定に不可欠な成員として関わることである。これらの諸特性は互いに緊密な関係にあるため，一体となって制度的な環境から立ち現われる。このように，異なる制度は，異なる組織的な様態の生成を促すのである。

　これが本当に正しいとすれば，公立学校の改革に向けて一般になされる提案は，誤解に基づいていることになる。たとえば，学校がより大きな自律性をもつべきであるとか，校長がより強いリーダーであるべきだと言うのは簡単である。しかし，こういった種類の改革は「唯一最善のシステム」とは相容れず，成功の見込みはない。政治家や官僚に，それを目ざして本気で行動するつもりなどまずない。彼らの職務は学校に対する自らの統制と結びつけられているのだから，地域の学校に上位の価値を強制するシステムとして関わりをもつ，組織だった利害に彼らが応答的であるのは避けがたい。自律性の制限こそが，民主主義的統制の意味するところなのである。

　誤解は，権力についても，すなわち学校の統制において誰がどのくらい発言権をもつことになるのかについても見受けられる。改革者たちは，さまざまなアクターが学校の最良の利益のために協働すべきであると考えるが，それが成就する見込みはない。なぜなら，民主主義的統制の諸制度が必ずや利害の対立や利益をめぐる争いを生じさせ，形式的に強いられた「協調」が頼みの手段となるからである。改革が，たとえばベテラン教師の最低限の能力に関するテスト実施といったもっとも簡単な変革を求める場合であっても，それが既成の利益を脅かすとなれば，順当にいくと失敗に帰するであろう。それが学校の効果

に関わることであっても，そのことと政治的な実現可能性とはほとんど無関係なのである。

　改革者たちは，次のことを考慮しなければならない。それは，自分たちの主張する措置は，とくにそれが効果的な学校の研究から生起するものである場合，民主主義的統制という今日の枠組みとはしばしば相容れないということである。公立学校は，われわれが望むようにはどうしてもなりえない。公立学校は，それを取り巻く制度的な環境と両立しうる組織形態をとるしかない。したがって，学校を改善する鍵は，おそらく学校の改革ではなく制度の改革であろう。すなわち，直接的な民主主義的統制から大きく転換することである。

　これは，公立学校があらゆる民主主義的な統轄を脱するべきだという意味ではない。しかし，教育サービスの生産者および直接の消費者へと分権化する制度システムの所産である私立学校が，改革者たちが公立学校に対して望む組織上の特性を，まさにそのまま発現させる傾向にあることは教示的である。ある種のバウチャー制度は，広義の民主主義的な監督指導と資源や選択をめぐるラディカルな分権化とを結びつけるものであり，少なくとも直接的な統制に対する妥当な代替案である。すなわち，それは，公立学校をこれまでと違ったより効果的な組織へと変容させる一方，真の意味で公共的なものとするのである。

　しかし，いつの日か，こういった何らかの代替案のもつ抗しがたいほど魅力的な特色が明らかになる場合でさえ，民主主義がその代替案を実現へと導くことはできないであろう。現行の諸制度からの転換を唱える提案は，それがどのようなものであっても既存の利益にとって大きな脅威であるため，政治的な勝利がもたらされる見込みはほとんどない。制度的な統制の転換は，他のすべての改革を可能にする唯一の改革だと言ってよい。したがって，現実が苛立たしいのは，他の改革すべてが不可能であるからに他ならないであろう。

参考文献

Alchian, A. A. (1950), 'Uncertainty, Evolution, and Economic Theory', *Journal of Political Economy*, 58: 211-21.

Blumberg, A., and Greenfield, W. (1980), *The Effective Principal: Perspectives on School Leadership* (Boston: Allyn and Bacon).

Boyer, E. (1983), *High School: A Report on American Secondary Education* (New York:

Harper and Row). 天城勲・中島章夫訳『アメリカの教育改革――ハイスクール新生の12の鍵』リクルート出版部 (1984).

Brookover, W. E., Beady, C., Flood, P., Schweitzer, J., and Wisenbaker, J. (1979), *School Social Systems and Student Achievement: Schools Can Make a Difference* (New York: Praeger).

Campbell, R. I., et al. (1985), *The Organization and Control of American Schools* (5th edn., Columbus, Ohio: Charles E. Merrill).

Coleman, J. S., and Hoffer, T. (1987), *Public and Private High Schools* (New York: Basic Books).

―――――――, and Kilgore, S. (1982), *High School Achievement* (New York: Basic Books).

Doyle, D. P., and Hartle, T. W. (1985), *Excellence in Education: The States Take Charge* (Washington: American Enterprise Institute).

Goodlad, J. I. (1984), *A Place Called School: Prospects for the Future* (New York: McGraw Hill).

Greeley, A. M. (1977), 'Who Controls Catholic Education?' *Education and Urban Society*, 9: 146–66.

Grimshaw, W. J. (1979), *Union Rule in the Schools* (Lexington, Mass.: Lexington Books).

Hirschman, A. O. (1970), *Exit, Voice, and Loyalty* (Cambridge: Harvard Univ. Press). 三浦隆之訳『組織社会の論理構造――退出・告発・ロイヤルティ』ミネルヴァ書房 (1975).

Iannaccone, L. (1967), *Politics in Education* (New York: Center for Applied Research in Education).

Knott, J. H., and Miller, G. J. (1987), *Reforming Bureaucracy: The Politics of Institutional Choice* (Englewood Cliffs, NJ: Prentice-Hall).

Kraushaar, O. F. (1972), *American Nonpublic Schools: Patterns of Diversity* (Baltimore: Johns Hopkins Univ. Press).

Lawrence, P. R., and Lorsch, J. W. (1967), *Organization and Environment* (Homewood, Ill.: Richard D. Irwin). 吉田博訳『組織の条件適応理論――コンティンジェンシー・セオリー』産業能率短期大学出版部 (1977).

Masters, N. A., Salisbury, R., and Eliot, T. H. (1964), *State Politics and the Public Schools* (New York: Knopf).

National Commission on Excellence in Education (1983), *A Nation at Risk* (Washington: NCEE). 戸瀬信之・西村和雄訳「危機に立つ国家」アメリカ教育省他／西村和雄・戸瀬信之編訳『アメリカの教育改革』京都大学学術出版会 (2004) 所収.

Peterson, P. E. (1976), *School Politics, Chicago Style* (Chicago: Univ. of Chicago Press).

―――――― (1985), *The Politics of School Reform: 1870–1940* (Chicago: Univ. of Chicago Press).

Pfeffer, J., and Salancik, G. R. (1979), *The External Control of Organizations: A Resource*

Dependence Perspective (New York: Harper and Row).

Powell, A. G., Farrar, E., and Cohen, D. K. (1985), *The Shopping Mall High School: Winners and Losers in the Educational Market place* (New York: Houghton Mifflin).

Rutter, M., Maughan, B., Mortimer, P., Ouston, J., and Smith, A. (1979), *Fifteen Thousand Hours: Secondary Schools and Their Effects on Children* (Cambridge, Mass.: Harvard Univ. Press).

Scott, W. R., and Meyer, J. W. (1984), 'Environmental Linkages and Organizational Complexity', Stanford University Institute for Research on Educational Finance and Governance Project Report No. 84–A16.

Sizer, T. R. (1984), *Horace's Compromise: The Dilemma of the American High School* (Boston: Houghton Mifflin).

Tyack, D. (1974), *The One Best System* (Cambridge: Harvard Univ. Press).

Weick, K. E. (1976), 'Educational Organizations As Loosely Coupled Systems', *Administrative Science Quarterly*, 21: 1–19.

Wirt, F., and Kirst, M. (1982), *Schools in Conflict* (Berkeley: McCutchan).

12
教育・民主主義・経済

ヒュー・ローダー

　サッチャー政権による「信念の政治」の時代は，民主主義の意義が問われた時代であった。法の蹂躙はなかったものの，民主主義の精神が踏みにじられた事例は，教育の分野だけをみても枚挙に暇がない。教育上の理由ではなく，政治的理由にもとづくロンドン地区教育当局（ILEA）の廃止，議論を尽くすこともなく制定された教育改革法，法制定後も続く教師たちとの議論を打ち切るために発動された法的措置，そして，教師からの交渉権の剥奪。これらは，ほんの一例に過ぎない。激しい政治闘争の中に身をおくサッチャー女史のある特定の言動について，その根拠をリーダーとしての個性やスタイルに求めるべきか，あるいは彼女が依拠する理論に基づくものとみなすべきかの区別は容易ではない。たしかにサッチャー首相は，彼女の理論にしたがって国民の間に起業家精神を広めようとした。しかし，サッチャー政権下の政策にとって，新自由主義は理論的背景であると同時に彼女の強権政治を正当化するものでもあった。これは何もイギリスに限ったことではない。たとえば，ニュージーランドの首脳部はサッチャー首相とはまったく異なるタイプの人々であるにもかかわらず，そこでは今も当時のイギリスと同じような新自由主義を信奉する政治が続いている。新自由主義に基づくイギリス社会再構築の動きの陰には，民主主義的な活動を阻害する政治原理が潜んでいた。もしこのような考えが今も支持されていれば，サッチャー首相の退陣後も同じような独裁主義政治がいつまでも続いただろう。

　本章では，新自由主義の政治経済学が，なぜ強権的な政治をもたらすのか，という問題について論じることにしよう。この種の経済原理が教育の領域に当てはめられたとき，教育と民主主義の結びつきが分断されてしまう。デューイ

(Dewey 1916) 以来，近代社会の文脈の中で形づくられてきた新自由主義の経済理論においては，経済的な豊かさと民主主義とはトレードオフの関係にあり (Buchanan and Tullock 1962)，経済危機のとき，それがいっそう強調される。健全な経済を維持するために一時的に民主主義の原理が損なわれることはたいした犠牲ではないと考えられ，教育の問題もこれと同じようにあつかわれる。つまり，教育制度の再編という犠牲を払って，経済効率や生産性の向上を手に入れるというロジックである。本章では，以上の指摘にとどまらず，さらに次のことについても指摘する。新自由主義の経済理論を教育に導入することは，むしろ，生徒の学習意欲と全体的な学力水準を低下させる。これはまさに，質の低い労働に依存した経済システムに適合的な教育システムを意味する。事実，新自由主義経済が生み出してきたのは低賃金労働とローテクノロジーに依存した経済システムである。つまり，これが，新自由主義経済の原理にしたがって改革を行った場合，当然もたらされる帰結なのである (Jessop et al. 1990)。

　われわれが取り組むべき大きな課題は，民主主義に根差した教育を再び確立した上で，高賃金労働力とハイテクノロジーに支えられた経済システムに適合する教育システムを構築する政策の具体化である。このためには，以上の議論を踏まえて，いくつか必要な準備作業を行う必要がある。しかし，ここで，新自由主義的な教育政策や経済政策はわれわれにとってたしかに好ましくない結果をもたらすかもしれないが，そこには世界経済の根本的な変革やそれにともなう社会構造の変化が大きく影響しているという点を忘れてはならない (Brown and Lauder 1991a)。また，「選択の自由」「商品やサービスの多様化」「性能や品質の向上」という政治的スローガンは，新自由主義的な教育政策がもたらす効用を高らかに掲げ，新しい社会環境の下で人々の間に形成された関心や興味に巧みにうったえかけたということを忘れてはならない。つまり，「選択の自由」と「商品やサービスの多様化」というスローガンは多数派である白人男性層の共感を得，「性能や品質の向上」は将来の経済的状況の低迷に対する人々の不安をうまく捉えたのである。

教育における民主主義と新自由主義の政治経済学

　新自由主義の政治経済学が基礎にしている理論は次の3つである。第1は，個人の自由を規定する規範理論である。ここでは民主主義的政治と選択の自由とが明確に区別されている。イギリスではハイエク（Hayek 1960）の理論がもっとも大きな影響を与えてきたといえるだろう。もうひとつはブキャナンとタロック（Buchanan and Tullock 1962）を先駆けとする公共選択の理論である。プロバイダー・キャプチャー（provider capture）の理論もここから発展した。そして，残るひとつは教育の需要供給理論である。これは教育をめぐる競争に関する理論で，市場理論に基づいている。これら一連の理論は矛盾なくひとつの経済学として結びついている。それを可能にしているのが，個人は利己的な合理主義者であり，個人は基本的に自己の利益を追求することに関心がある，また，個人が自己の利益を追求するとき，自由をもっとも強く実感できる場は市場であるという共通の前提条件である。こうした前提にしたがえば，人々が政治の領域で自己の利益を追求しようとすると，必然的に，経済的にも社会的にも好ましくない結果がもたらされる。つまり，教育が政治的な統制の下にある限り，そこからは市場の決定にゆだねた場合以上の効果を期待することができない。

ハイエクの個人の自由に関する規範理論

　ハイエクは著書『自由の条件』の冒頭で，個人の自由とは他者の専制的な意志による強制をともなわないものであると述べている。また一方で，彼は，この自由は政治的自由と区別されなければならないとも言う。ハイエクの定義にしたがえば，政治的自由とは政府の選択，立法の過程，行政機構の統治などへの参加を意味する。この政治的自由について彼は，「この意味での自由な国民は，必ずしも自由な人間からなる国民であるとはかぎらないし，個人として自由であるためには，人はこの集合的自由をわけあう必要もない」（Hayek 1960: 13）と言う。この種の政治的自由は個人の自由を一切保障しない。現に，われわれは何百万人もの人々がヒトラーのような独裁者に票を投じるのを目の当たりにした。ハイエクが個人の自由と政治的自由を結びつけようとしない理由は他に

もある。彼は，自由のもつ強い効力を利用してある目的を達成すること，それを国家によって果たそうとすること，その結果として平等な社会が実現することに強い懸念を持っている。デューイによる「自由は権力である。特定のことをする有効な権力である」(Hayek 1960: 17) という主張を彼が受け入れないのは，この自由が，何にも強制されないと定義づけられている個人の自由を侵害しうるからである。言うまでもなく，ハイエクは国家の干渉や強制に対して，また同様に，自由が強い効力を発揮するという考えに対して懐疑的である。ハイエクにとって，唯一認めることのできる国家の干渉は以下の記述に基づくものだけである。

> まえもってわかっている規則にしたがう強制とは，一般的には，強制されるべき人のおかれている状況の産物であり，したがって，自分自身の目的の追求にさいして各個人を助ける手段となり，他人の目的のためにつかわれる手段となるものではない (Hayek 1960: 21)。

　この「まえもってわかっている規則」は誰に対しても平等に適応されなければならない。彼は，法が自由を保証しない限り実質的な平等はもたらされないと結論づける。したがって，「かれらをその条件に置いてより等しくしようという願望によって，一層の差別的強制を正当化することはうけいれがたいのである」(Hayek 1960: 87)。富こそが自由の証明であり，貧困層に対して富が再分配されることが自由の条件であるという考え方もあるが，ハイエクは自由に関するこうした理解を否定し，その理由を詳細に述べている。

　自由の条件として政治参加，政治的権力，富を重視する考えは，ハイエクの考えと対極をなす。この対照的な2つを比較することで，ハイエクによる自由の理論の特性がいっそうはっきりするだろう。つまり，彼の理論は，コミュニティにおけるメンバーの地位が法的に守られていること，恣意的な妨害のないこと，職業選択の自由が権利として保障されていること，個人の自由意志に基づいた行動が権利として保障されていること，私的財産を保有する権利が保障されていること，という5つの条件を前提としている。これらが自由市場の健全な運営に必要な基本的権利を構成しているのである。

　ここで注意しなくてはならないのは，個人の自由に関するこうした理論に

よって，教育と労働市場の政策の中に，個人の自由および個人の選択という問題は富や権力の存在とは無関係だという考えが持ち込まれてしまうことである。教育を例にあげれば，それは，もっとも貧しい公立学校ともっとも競争力のあるパブリック・スクールとが同じ「市場」で競合する教育システムを意味する。個人の自由における富や権力の問題がそこではまったく考慮されていない。労働市場の場合も同様である。職業選択が富や権力と無関係だとすれば，規制緩和によって個人の選択の幅は広がるだろう。

　ハイエクは，このように，富や権力を経済制度や教育制度の整備から切り離し，自由に関する彼の考えが民主主義という概念と混同されるべきではないことを強調した。例えば，平等な政治参加のために不可欠となる理解力やスキルをすべての子どもたちに与えようとする民主主義的教育の理念というものも，ハイエクならあっさりと否定するだろう。何らかの政策を用いることで理解力とスキルの習得のために最低限必要な教育水準を達成しようとすれば，結果的に教育の平等化が進行する。再分配に対するハイエクの厳しい批判は，この政策にも向けられることになる。たとえば，公的扶助の恩恵を受けている人々は，いわば市場メカニズムの働かない場所にいる。ハイエクはそうした人々に政治的権利を与えることについて非常に懐疑的であった。

　また，おそらくハイエクは，国民の権利の名の下に，すべての国民に対して十分な物質的豊かさを提供すべきだという考えも否定するだろう。特別な事情によって賃金労働に就くことができない人々に対してもその前提は変わらない。事実，彼は，自由と民主主義の間に何らかの関連性が認められる場合もそれはただの偶然に過ぎないということを強く信じていた。

> 民主主義の一般的擁護論がどれほど強くとも，民主主義は究極的，あるいは絶対的価値ではなく，それが何を成し遂げるかによって判断されるべきものである。おそらくそれは，ある種の目的を達成するには最善の方法ではあろうが，目的それ自体ではない（Hayek 1960: 106）。

　政府が新自由主義的政策を展開する上で必要な規範の基礎を提供したのがハイエクならば，自由民主主義の立場をもっとも厳しく批判したのはブキャナンである。ブキャナンの批判はとくに平等化の促進と民主的政治参加に向けられ

た。教育と経済の分野にハイエク主義的な新自由主義に基づく政策を持ち込んだという点で，彼の研究はたいへん重要な貢献をしている。

ブキャナンの公共選択理論

　ブキャナンの関心は政治的行動の説明に新古典派経済学の考えを取り入れることであった。とりわけ，有権者や圧力団体の持つ強制力は国や州の官僚政治にどのような影響を与えるのかという分析を課題としてきた。ある新自由主義の論者（Brittan 1988）はブキャナンを現代のホッブズ主義者だと評した。なぜなら，ブキャナンは人間の本質についてホッブズと同じ前提に立ち，圧力団体，官僚，政治家などにみられる利己主義的な行動を考慮しながら，近代国家の憲法は改正されるべきだと論じるからである。こうした政治の参加者が自己の利益を追求しようとして政府支出を増大させ，その支出はもっぱら民間セクターへと向かった。これがインフレを煽ったのである。その結果，資本主義経済全体が機能不全の危機に陥った。

> 政治プロセスにおける特定の利益集団の活動や重要性は，政府予算の全体規範やその構成と無関係ではない。過去半世紀にわたって圧力団体の重要性が増大したことの説明を，公徳心の低下といった理由に求める必要はない。これよりずっと簡単でより納得しやすい仮定は，組織形成にかけた費用で測定された利益集団の活動は，機能集団による政治プロセスから予想される「利潤」と正の関係にあるというものである（Buchanan and Tullock 1962: 286）。

　所属する省庁の発言権と予算を増大させたいと考えている官僚と，予算における支出の増大を確約するのと引き替えに得票を確保したいと考えている政治家たちが圧力団体からの要求に応えることになる。

> こうした視点に立てば，投票者は消費者にたとえることができる。圧力団体は政治的な消費者団体あるいは生活協同組合と見なすことができる。政党は競争に必要な一連の業務提供と分担金のパッケージを提供し，それによって票を得ようとする企業家である。政治的なプロパガンダは商用広告であり，政府の行政機関は彼らの費用をまかなうために十分な政治資金の収得に従事する公企業とみなすことができる（Self 1985: 51）。

初期の論文の中でブキャナンとタロック (1962) は, 現実を理解しようとするときに私欲を交えるべきではないというカント主義の倫理観の有効性について認めている。利己主義の視点から政治的行動を説明する方法はそれが経済的行動を説明する方法とまったく同じである。彼らが大前提としているこの仮説は彼らの論文の中にみられる観念主義的一面と矛盾しているが, その後の論文ではこの矛盾が解消されたようである。その中でブキャナンは次のように述べている。インフレを抑え, 通貨を安定させるための金融政策は公共選択の考えから派生しており, ある政府が民主主義的な政策によって統治しようとしてもその体制はいずれ変革せざるを得ないだろう。なぜなら,「予算は民主主義政治の大海に漂わせておくわけにはいかない」(Buchanan and Wanger 1977: 175) からである。

ブキャナンと彼の共同研究者たちは, 民主主義の達成よりも明らかに経済の利害関係の理解を重視している。彼らは, 経済領域での私欲の追求が社会的に好ましい結果を生み出す典型的な行為であると述べている。一方, 政治領域における私欲の追求は経済に対して不利益をもたらすと考えられている。したがって, このような政治の領域は縮小されるべきであると言う。自由主義経済の達成を目指そうとするとき, 公共選択理論が民主主義の原理を押さえつける理由は 3 つある。第 1 に, 公共選択理論は公共政策の範囲を越えた大がかりな政策を計画するため, 結果的に国家の支配を強化する。金融政策などはその一例である。自由市場の創出が独裁主義的国家をともなうというパラドックスの一因がここにある (Gamble 1988)。第 2 に, ウォルフェ (Wolfe 1989) が言うように, そのような国家で社会階級がいつまでも存続するのは理論的にも実践的にも必然の結果である。なぜなら, そもそもブキャナンの考えているホッブズ主義的社会では, 敬愛による社会の連帯, 他者の尊重, 歴史の共有というものが否定され, そこにはただ富をめぐる争奪戦だけが残されている。つまり, 民主主義的な社会生活に不可欠な価値観や経験がいっさい認められないのである。これに対し, デューイは「民主主義は単なる統治の形態ではない。それはなによりもまず社会生活の様式であり, 経験の共有による結合の形態である」(Dewey 1916: 101) と述べている。第 3 に, 排他的な専制政治がおこなわれるのは, 何らかの集団がレント・シーキングのようなある政治的行動に関わっているという

前提があるからである。この種の政治的行動はかつてブキャナンら（Buchanan et al. 1980）によってレント・シーキングと呼ばれ，近年プロバイダー・キャプチャーとして広く知られるようになった[訳注1]。つまり，政府はその集団の持つ既得権を理由に，政策に抵抗するだろうと予想されるすべての団体を意志決定の場から閉め出すことができるのである。たとえその既得権が法的に認められていても，プロバイダー・キャプチャーという考えを引き合いに出すことで，人々の考え方や視点というものがすべて社会の利害関係と強く結びつけられ，ある事実認識が妥当かどうかをめぐる判断は，合理性という通常の基準ではなく，その認識がどのような人々の利害を代表しているのかということに依存しているとみなされてしまう。政治上のある主張はその内容と公平性によって評価されることと，議論への参加の機会が万人に開かれることは民主主義の大前提であった。ところが，この学説は，民主主義と合理主義との間にあるこのきわめて重要な結びつきがもはや失われてしまったと結論づけている。

　プロバイダー・キャプチャーの想定によって，排他的な政治行動が助長され，本来発言力の小さい団体がもっともレント・シーキング活動に関わりのある団体であると見なされてきた。サッチャー首相らは，労働組合を，根拠のない権利を行使して賃金を引き上げようとする特権集団の要塞であると見なしていたし，労働組合のためにインフレが進み，失業が発生すると考えていた（Gamble 1986）。だからこそ，サッチャー政権は教員組合に反対し，妥協を許さぬ態度で臨んだのである。まさにこの点において，ブキャナンとハイエクの研究は密接に結びつき，それらはサッチャー政権の信念の政策を正当化している。それだけではない。彼らの学説をより深く考察すれば，ブキャナンとハイエクによって語られたレント・シーキング活動に関する研究関心は，より一般的なテーマへと向かっていることがわかる。それは，デューイによって提唱された参加民主主義の否定である。規制のない市場経済が正しく機能することこそが，人間本来の自由と経済効率にもっとも重要だとする考えの中にそのことははっきりとあらわれている。つまり，市場による選択こそが，民主主義的政治参加に取って代わる自由の基準となるというのが，彼らの主張の本質である。では，この新自由主義経済が教育に持ち込まれたとき，いったい何が起こるのだろうか。

これに応えるために，新自由主義者が教育におけるプロバイダー・キャプチャーの事例として想定しているもの，すなわち，学区制について検討したい。新自由主義者によれば，学区制には教育分野のプロバイダー・キャプチャーに関する問題点が凝縮されている。したがって，学区制は廃止すべき制度だということになる。新自由主義者は，学区制に対する解決策として教育の市場化を主張する。しかし，彼らに教育成果の向上に関する説得力ある根拠を示すことができるのだろうか。

プロバイダー・キャプチャーの事例——学区制——

まず，プロバイダー・キャプチャーという概念には否定的な意味が込められているということを断わっておきたい。つまり，この概念は，満足な結果が約束されていない，好ましくない状態をあらわしている。「キャプチャー」という用語は次の2つの場合にしか用いられないという事実がこのことをよく物語っている。それは，(a) 政治的決定によって望ましくない結果がもたらされると考えられる場合，あるいは (b) よりよい結果をもたらす他の政策が存在しうると考えられる場合である。言葉を換えれば，プロバイダー・キャプチャーはつねにある一定の文脈で用いられる用語であり，その背景には他の政治的決定を採択していれば今より好ましい結果がもたらされただろうという意味が込められている (Bertram 1988)。

多くの研究においてプロバイダー・キャプチャーを教育へと応用することの妥当性が主張されてきた。たとえば，ウィッティ (Whitty 1990) はこの概念がカリキュラムの決定にみられる教師の権益，すなわち「キャプチャー」に当てはまるのではないかと考えている。新自由主義の視点に立てば，教師が中央集権的な，政府寄りのカリキュラムを要求するのはこのためだということになる。しかし同時に，ウィッティはこれに関する政治的行動がそのような整然とした説明にしたがうわけではないということにも言及している。学区制は，これとは対照的に，「プロバイダー・キャプチャー」だと誤解されている好例である。ところで，教育における「キャプチャー」を理解するには，独占に関する経済学の説明について知っておく必要があるだろう。プロバイダー・キャプチャー

は独占の経済学の理論のひとつである。そして，学区制にはこの独占の概念が当てはまると考えられている。独占の概念は，同時に，独占によってつくり出される特権の本質をはっきりと示している。そのため，新自由主義者の研究において，学区制に対する批判は見過すことのできない重要な位置を占めることになる。なぜなら，どのような状況においてもつねに競争と選択の自由が必要だとする信念に基づけば，学区制はそれにまったく反する制度だからである。では，このような説明によって学区制はほんとうにプロバイダー・キャプチャーのひとつになり得るのだろうか。

学区制では，「消費者」集団が教育からどのような「生産物」を受け取るのかということは考慮されておらず，彼らには単に，ある特定の学校に通うことだけが認められている。すでにこの事実の中に，上の問いに対する答えがうかがえるということは誰の目にも明らかであろう。つまり，学区制は実質的に学校制度におけるある独占的状況を生み出しているのである。ここで言う独占は，学区制が競争に支配された通常の市場原理にしたがっていないために，学校教育制度に非効率が生じていることを意味する。たとえば，学区制は教師などのある特定の職業集団だけに収入と就業機会を保障することで，彼らに特権を与えている。学区制の採用により，① 学校による資源の浪費と，② 教育活動の成果としての教育水準の低下が生じる。さらに，それらが原因となり，生徒の親が合理的無関心と言われる行動をとりはじめる。合理的無関心とは公共選択の文献にみられる概念で，タロック (Tullock 1976) によって提唱された。つまり，学区制による政府の干渉は教育に関心を持とうとする親のインセンティブを低下させ，その結果，親は子どもの学校について詳しく知ろうとしなくなるというのである。子どもたちが自動的に地区の学校に通うことになれば，たしかに，親は学校選択や教育内容について無関心になるし，子どもたちも熱心に勉強しなくなる。

さて，上記の問題を検証する前に，独占という概念について触れておく必要がある。それは，プロバイダー・キャプチャーの基礎となる概念である一方で，異論の多い概念でもある。経済学の理論において独占は，社会がやがて好ましくない状態に陥るということを示唆している (Auerbach 1988)。製品やサービスの生産を目的とする産業界の組織を教育組織のモデルとして想定すれば，当然，

様々な問題が生じる。ハンディとエイトケン (Handy and Aitken 1986) は，生徒と教師に関する教育用語を経済用語に言い換えることは困難であると言う。たとえば，子どもは労働者と見なすべきか，それとも顧客や製品と見なすべきか。彼らは長い説明の後，結局，子どもたちの教育の段階に応じてそれぞれに異なる表現が適切ではないかと結論づけている。教育用語を経済用語に置き換えようとしても説得力あるよい方法が見当たらないという事実は，これら2つのセクターの組織と活動が，重要な点でまったく異なっていることを示している。つまり，これは同時に「独占」やそれに類する「プロバイダー・キャプチャー」のような経済の概念を教育の分野へと安易に当てはめることに疑問を投げかけているのである。

仮に，プロバイダー・キャプチャーという概念を教育に持ち込むことが原理的に可能だとしよう。その場合，学区制が好ましくない結果をもたらすと言えるだろうか。また，市場原理によるシステムは教育の成果を改善させるだろうか。プロバイダー・キャプチャーがもたらす好ましくない結果としてとくに重要なのは，競争の機会を奪うことによる教育水準の低下である。仮に，生徒の成績が教育水準の指標だとすれば，2つの方法によってこの問題を検証しなくてはならない。第1に，学区制をとるコンプリヘンシブ・スクール制度は，一般的に，修了者数を増大させ，その上，彼らの学力水準を向上させたと言えるのかどうか。第2に，コンプリヘンシブ・スクール制度はもっとも優秀なグループに対し負の効果をもたらしたのかどうか。言い換えれば，平均的な生徒のために用意されたシステムによって，修了者が増え，全体の学力が向上したが，その一方で，もっとも優秀であると考えられている生徒たちが何らかの不利益を被ってはいないだろうか。

スコットランドにおけるマクファーソンとウィルムズ (McPherson and Willms 1988) の調査は，この第1の問いに対して歴史的視点からある重要な証明を行った。彼らは，コンプリヘンシブ・スクールの創設により修了者の増大と学力の向上がもたらされたこと，そして，さまざまな社会階級に属す生徒たちがひとつの学校に集まることができたことが，この事実の重要な背景であると指摘する。教育効果の高い学校に関する研究の大半はこの見解を支持している。また近年，ウィルムズ (1990) はこの問題をさらに発展させ，第2の問いに対して，

学校にさまざまな生徒が混在することはもっとも優秀な生徒に対する不利益がほとんど認められない上に，もっとも能力の低い生徒の学業成績を向上させるということを立証した (Lauder and Hughes 1990)。言葉を換えれば，教育の平等化政策は生徒の学力向上と矛盾しない。たとえ社会全体が階級構造に支配されていようとも，さらに，たとえ特定の階級に属す人々が特定の居住地区に集中しており，それに合わせて学校の配置が決まっていたとしても，学区の境界を引く場合に，さまざまな社会階級の生徒たちが共に生活できるように配慮さえすれば，すべての生徒の学力が引き上げられることで，社会全体の教育水準は最大となるはずである。

このように，プロバイダー・キャプチャーへの批判には十分な根拠がないと言わざるを得ないが，結論に至るにはまだ早い。その前に，教育に市場システムを導入することで独占が回避され，教育水準が上昇するというのは事実に反しているということを検証しておく必要があるからである。言い換えれば，われわれは市場化した教育制度の本質について検証し，市場化がもたらす結果の重要性をよく理解しなくてはならない。

教育の市場化によってもたらされる結果の本質

はじめに，教育をめぐる市場というものをつくり出そうとする試みは，教育制度を政治領域から経済領域へと移し替えることを意味するということを指摘しておきたい。政治領域における自己の利益の追求は，プロバイダー・キャプチャーのように社会に対して好ましくない結果をもたらすが，それが経済領域では社会的に好ましい結果をもたらすと考えられている。

教育に市場原理を導入しようとする場合には，なぜ教育の市場化は社会に対して好ましい結果をもたらすのかということを，きわめて論理的な方法で明確に説明する必要がある。では，市場原理導入の提案者 (Hillgate Group 1987) が主張する競争的な教育制度に関する純粋な理論モデル，パブリック・スクールの性質，それと完全競争の概念について考察した後に，教育水準の向上は実際に起こり得るのかどうか検証したい。つまり，ここではもっとも厳密な競争のモデルである，完全競争というものを比較の対象に用いることにする。この方

法はあまりにも厳密な検証である上，完全競争という概念そのものに問題が多いために公平であるとは言えないかもしれない (Auerbach 1988; Best 1990)。しかしながら，ブロックも指摘するとおり，新自由主義経済学者は完全競争という概念に問題があるにもかかわらず以下の考えにとらわれている。

> 今日までの 200 年間に見られる経済効率の向上は，すべて市場における自由を拡大してきた制度的枠組みがもたらしたものであり，私たちが市場における完全なる自由の達成に近づけば近づくほど，経済効率は高まっていくだろうと彼らは主張する (Block 1990: 46)。

　パブリック・スクール制度に見られる実際の「市場」が，完全競争の成立に必要な理論的前提といかにかけ離れたものであるのかを，ひとつひとつ論証するための紙面がここでは許されていない。ただ，両者の不一致を指摘するには，パブリック・スクール制度に見られる市場は，完全競争の前提に基づいて機能しているわけではなく，むしろ，完全競争の前提に反して機能していると言うだけで十分であろう。

　では，教育制度の中に完全競争市場が形成されるといったい何が変わるのか。仮にそのような市場が存在すれば，生徒の親はおそらく何の抵抗もなく，自分たちの子どもを「最良」だと信じる学校へ通わせようとするだろう。そのとき市場では，価格とサービスの質に関する指標が，「最良」であることを示すシグナルとして機能するだろう。他の諸条件がすべて同一ならば，生徒の親はもっとも教育効果の高い学校を選択する。よい成績をもっとも安く手に入れようとする選択行動などがそれに当たる。そうなれば，「よい」学校はより多くの生徒を受け入れ，「悪い」学校は改革か廃校かを迫られる。市場における完全競争の理解には限界効用と限界生産という概念が有効である。学校はこれを応用して，教育の質を損なわない範囲内で規模の拡張を考えるだろうし，教育成果の向上のためには教員の増員によって，教員ひとりに対する生徒数を抑えようとするだろう。たとえ，コスト削減のために教員を解雇し，その学校の教育効果が低下しても，市場メカニズムが機能して，いずれ教員は補充される。市場メカニズムは，このように，社会における教育のプロバイダーの信頼性を保ちながら教育水準を最大限にまで高める。完全市場に関する議論は，およそこのように

して進められるのである。では，実際の市場に話を戻そう。

　まず第1に，完全競争市場にもっとも近いと考えられる商取引の市場とは異なり，教育の市場を特徴づけているのは，長い取引期間である。サービスが長期間提供される場合，顧客と販売者は何らかの契約に基づいてあるひとつの関係を結ぶに違いない。契約には明文化された公然の契約もあれば明文化されない暗黙のものもある。教育市場の契約は明確ではない。親の期待に対して学校が保証するのは一定水準の教育である。親が保証するのは，その教育を受けられるように子どもを学校に行かせることである。学校側が保証できることは個々の学校の伝統や名声によってかなり異なるだろう。つまり，親が学校の持つ名声にさえ関心を払っていれば，子どもが学業で失敗することのリスクを低く抑えることができる。在学生の出身階級も学校の名声に大きな影響を与える。つまり，本質的に学校が保証しているのは，ある特定の社会階級から入学者を募ることによって高められる修了証の社会的価値に過ぎない。たとえば，ハルゼーら（Halsey et al. 1984）のグループは，イギリスのパブリック・スクールと他の公立学校との間にみられる学業成績の差は，両親が背景として持つ社会階級によってほぼ説明されること，そして，パブリック・スクールと他の公立学校では生徒の社会階級の構成が異なっていることを明らかにした。

　こうして，暗黙の契約が学校と親の両者のリスクを軽減している。このときの価格水準は完全競争市場の場合とまったく異なる。たとえば，高い名声を誇る学校は他より高い授業料を要求したとしても，双方のリスクを小さくするために，親はそれを支払うことになる。

　もちろん，親は単に子どもが失敗するかもしれないというリスクの軽減だけでなく，特定の階級の持つステイタスを得るためにも費用を支払っている。そのステイタスへの支払いは，後に労働市場に参入したとき，給与の増分として子どもに払い戻される。パブリック・スクールをめぐる市場は，階級文化の前提抜きに理解することはできないということがこれで明らかになった。この市場は，完全競争の原理にしたがって機能しているのではない。そこには，階級構造の特性が非常に強く反映されている。ブラウン（Brown 1990）は，ヒルゲート・グループ（Hillgate Group 1987）が提言している，すべての人々に学校教育を提供しようとする考えは，パブリック・スクールのステイタスを失墜させて

しまうことになるのでまったく無意味だと主張している。

　教育が市場化することによって必ずしも高い教育水準がもたらされるわけではない。しかしその前に、なぜパブリック・スクールをめぐる市場は完全競争の原理に従わないのかという点を解明することが先決である。理由は、この市場がパブリック・スクールの持つ階級文化のコンテクストの中でしか機能していないからである。この点がもっとも重要である。教育を政治領域から経済領域へと移せば社会における教育の成果が向上するという考え方は、公共選択理論の重要な位置を占めている。市場の機能が政治と文化によって破壊されていなければ、市場こそが人間本来の自由というものに直結した場所なのかもしれない。ただ、そのためには政治と経済の領域が明確に区別されていなければならない。レビンはこれについて次のように言う。

> 市場こそが「本質的なもの」であるという理由は、それが自由人というわれわれの本質に適合した制度的形態であるという点と、さらに重要なのは、市場に関わる経済主体に制約を加えるいかなるものも、理論的に、人間本来の本質に対する制約でしかないという点にある（Levine 1981: 168）。

　パブリック・スクールの市場に関する議論が示したように、この暗黙の前提は現実的ではない。事実、今日では、政治的なるものと経済的なるものの区別は曖昧になっている。市場が優れたシステムであるということについて、高い教育効果を理由にそれを証明できる事例などどこにもない。

　教育の市場化によってどのような効果がもたらされるのかがここでの中心的課題であるが、その問いに対する答えは、結局のところ、その市場が政治的、文化的要因からどのような影響を受けているのかによって違ってくる。高賃金労働とハイテクノロジーに依存した経済状況と同時に、国民に対する民主主義の実現を教育目標に掲げるのであれば、少なくとも次の3つの観点から教育の成果が評価されなくてはならない。第1は選択の問題である。生徒の親は市場原理が支配する制度の中で、ほんとうによりよい選択をするだろうか。つまり、親は学区制にみられる合理的無関心の効果に逆らってまで、より多くの情報を手にして、教育に対してより強い関心を示すのだろうか。第2に、市場原理が支配する教育制度は、生徒の出身階級をそれぞれの学校でバランスよく混合さ

せることができるのだろうか。第3に，市場原理が支配する教育制度は，民主主義社会を生きるために必要な教育を国民の間に普及させることができるのだろうか。

　第1の問題からはじめよう。教育の市場化により選択肢が増大するという点については疑問が残る。ボール (Ball 1990) は，たとえある学校が経営上の危機に立たされたとしても，その学校の将来を危惧して子どもの進学先を別の学校へと切り替える親はごく一部であると述べている。教育の選択行動全体の趨勢は，こうした少数派の動向によって決定づけられているのである。また，入学後の学習に対する経済的支援は，よい成績を維持する上で不可欠であるにもかかわらず，親が慎重に学校を切り替えた場合も，入学してしまえば教育への支出はみられない。言わば，学校選択とは一回限りの決断である。

　さらに重要なのは，市場にはじつに多様な集団が参加しているということである。参加する人々が自由に利用できる物質資本と文化資本の程度には大きな開きがあり，市場においてどの集団が成功をおさめるのかは，参加者自身というより文化資本，つまりゲームのルールに関する知識によって決まる。この場合，教育の「消費者」がゲームのルールを市場に持ち込むことになるため，消費者の圧力というものが教育における成果の平等と教育水準の向上をもたらすという考えは何の根拠も持たなくなる。

　そればかりか，教育の市場化によって教育水準全体が低下するということが十分考えられる。富裕層のためのエリート校から名声と実績の乏しい学校までの間で序列化が進み，学校間格差はいっそう激しくなる上，経営に失敗した学校は急降下をはじめるだろう。生徒の減少は収入の減少をまねき，教員の士気は低下する。これらが制約となって，教授方法やカリキュラムの開発が停滞するだろう (Bowe and Ball 1991)。経営困難校が質の低い労働とローテクノロジーに依存した経済状況へと向かっていくことは必至である。学校の階層化が進行する背景には白人中産層の躍進がある。自由市場における教育は，物質資本を文化資本へと変換する手段として今まで以上に効力を発揮するだろう。その結果，多様な社会階級の混在する学校の間では二極化が進み，当然のことながら生徒の学力水準にも大きな開きが生じることになる。

　いくら教育において消費者の選択が許されていると強調したところで，それ

は必ずしも国民に対して民主的な教育制度が提供されているということを意味しない。市場システムにおける選択の自由は表向きには教育水準を押し上げると考えられてきた。事実，新古典派の経済理論では，理論の上でも経験の上でも，教育と民主主義とが切り離され，教育市場における知識とは理論的に私有財産であり，他のすべてのものと同様に，ひとつの商品であると片づけられている（Grace 1989）。このことは，知識の獲得が市場の気まぐれによって左右されることを意味している。ガットマン（Gutman 1988）は民主主義達成のために必要最低限の教育というものを主張している。ところが，市場原理に支配された教育システムでは，市場の判断によって特定の学校の教育水準が低下しはじめれば，そこではもうガットマンの主張するような教育は提供されなくなる可能性が高い。つまり，そこでは「民主的な制度を通じて十分な資源を教育へと配分し，すべての子どもたちに対して，民主的な政治過程に参加することのできる能力を与える」ことが難しい。民主主義社会において，教育と民主主義の思想とを強く結びつけているのは教育の持つ合理性である。近年，たしかに合理性の持つ厳密な意味や合理性と民主主義との関連性が議論の的になっているが，それでも，これまでのところ教育，合理性，民主主義の間には重要な関連性があるということを前提に，教育は公共財であるとする考えに正当性が与えられてきた。ただ，公共財であるためには，教育が，すべての生徒に対して国民生活に不可欠な合理的思考と知識とを提供し，そのことを確実にするための強制力を行使していることが条件となる。

結　論──新たな民主的教育システムに向けて──

さて，これまで新自由主義経済が，民主的な政治参加ではなく，市場の必要性を優先させていることについて論じてきた。しかし，新自由主義者が主張する自由市場に関する経済学は，低賃金労働とローテクノロジーに依存した経済状況を導きかねない。ジェソップら（Jessop et al. 1990）が言うように，新自由主義者は市場による判断を重視し，コーポラティズムを否定している。コーポラティズムの否定は社会に高い利子率と高い為替レート，そして高い失業率をもたらした。政府がこのとき目指した経済体制には，産業振興のための基本原

理が欠けていたため，結局この政策は失敗に終わった。市場における自由は，富や権力とは無関係であるというのがハイエクの主張である。現在の荒廃した社会において，労働市場政策がこれを前提とすれば，必然的に，社会におけるスキルの水準は下がり，質の低い低賃金労働に依存した経済状況が生み出されるだろう。経営者が賃金を引き下げることができるということは，経営者が労働者よりも大きな権限を持っているということを意味する。規制のない労働市場ではとくにそれが顕著である。しかし，このような状況では，利益は単に安い労働力によってもたらされるばかりで，経営者は技術向上のための投資についてインセンティブを持たなくなる (Lauder *et al.* 1990)。教育の市場システムは，本質的に，「低賃金・ローテク経済」と完全に対応している。なぜなら，教育の市場システムが生みだすのは責任感の乏しい，スキルの不十分なパーソナリティだからである。

　これに対して，「高賃金・ハイテク経済」は，すべての人々に対して高度なスキルを習得することを要求するとともに，労働者の自主性をも認める (Zuboff 1988)。さらに，すべての生徒に対して，ハイレベルな教育水準を約束する教育システムというものを要求する。この教育システムにおける平等は，たとえば結果の平等のような，もっとも厳しい形態によって達成されなければならない。すぐれた教育システムが必要になるのは，単に，経済が発展すれば高い技能を必要とする職業が増大するというだけでなく，官僚機構の中で組織化された職業分類の枠組みを超えて，たくさんの非常に幅広い才能が要求されるからである (Brown and Lauder 1991b)。

　民主主義社会の教育に求められるものもこれに似ている。つまり，すべての生徒が高い教育水準に到達することが期待されている。それによって生徒は，選抜のない開かれた教育制度の下で，民主主義社会に参加するために必要な理解力とスキルを身につけることができる。この教育制度は結果の平等を促進させるに違いない。社会が人種，性別，階級によって分断され，政策の立案者が学歴の高い人々で占められている場合には，これまで十分教育を受けられなかったグループに対し，何らかの発言権を与える方策が必要となる。平等について厳密な考えを持たなくてはならない理由がここにある。

　経済が十分に発達した民主主義的な社会では，国民が生活する上で一定のス

キルと理解力が不可欠となる。ある教育システムがそうしたスキルと理解力の習得を目標にするとき，そのシステムの編成原理は明らかである。つまり，そこには選抜のない，競争のない，たとえば学区制のような，国家によって提供された教育システムが必要である。しかし，こうした制度上の諸条件の中にも，依然として，ある緊張関係が存在する。冒頭で，新自由主義経済学が，選択の自由ならびに商品やサービスの多様化を掲げて，人々に巧みにうったえかけた点を指摘した。しかし，選択の自由ならびに商品やサービスの多様化という概念に対して，すでに富や権力を手にした人々の特権をさらに増大させるという意味を与えてしまわぬよう気をつけなくてはならない。本来それは，少数民族，女性，労働者階級に属す人々の学習意欲の向上に貢献するものでなくてはならない。真の選択と多様性を追求しつつ，さらにそれぞれの学校でバランスよく社会階級が構成された教育システムというものを開発することは容易ではないだろう。ここで私が証明したのは，教育における選択の自由に関する現実が市場化の提唱者の期待通りには機能しないということである。選択の自由の存在するところには，ただ社会の特権階級の利益があるのみである。その特権階級が，自分たちの立場をいっそう有利にするために費用を投じる結果，すべての生徒の学力が低下してしまう。そうした支出がなくならない限り，社会は今以上に質の低い人材を養成し，やがて責任感もスキルも乏しい労働に支配されていくだろう。同じ理由から，教育の市場システムは，民主主義社会を生きていく上で不可欠な教育を提供することを意図していないし，そのような内容を提供することもできない。

訳　注

1) 公共選択論では，公正な市場競争を妨げるルールや規制を制定して自己利益を追求することをレント・シーキングといい，資源の効率的配分を阻害し，消費者余剰を搾取する結果をもたらすものとみなされる。ただし，経済学では，レントは生産要素の機会費用を超えて支払われる超過報酬と定義され，公正な市場競争の下では，レントの追求は効率的な資源配分を促す経済活動の原動力としても位置付けられている（J. ブキャナン・G. タロックほか『行きづまる民主主義』1998，勁草書房; P. ミルグロムほか『組織の経済学』1997 年，NTT 出版，298–9 頁参照）。

参考文献

Auerbach, P. (1988), *Competition: The Economics of Industrial Change* (Oxford: Blackwell).
Ball, S. (1990), 'Education, Inequality and School Reform: Values in Crisis!' An Inaugural Lecture, Center for Educational Studies King's College, London.
Bertram, G. (1988), 'Middle Class Capture: A Brief Survey', *Royal Commission on Social Policy, 3/2: Future Directions* (Willington, N.Z.: Government Printer).
Best, M. (1990), *The New Competition: Institutions of Industrial Restructuring* (Cambridge: Polity Press).
Block, F. (1990), *Post Industrial Possibilities: A Critique of Economic Discourse* (Berkeley: Univ. of California Press).
Bowe, R., and Ball, S. (1991), 'Doing What Comes Naturally: An Exploration of LMS in One Secondary School', Centre for Educational Studies, King's College, London.
Brittan, S. (1988), *A Restatement of Economic Liberalism* (London: Macmillan).
Brown, P. (1990), 'The Third Wave: Education and the Ideology of Parentocracy', *British Journal of Sociology of Education*, 11: 65–85.
—— and Lauder, H. (1991a), 'Education, Economy and Social Change', *International Journal of Sociology of Education*, 1: 3–23.
—— (1991b), 'Education, Economy and Society: An Introduction to a New Agenda', in Brown, P., and Lauder, H. (eds.), *Education for Economic Survival* (London: Routledge).
Buchanan, J., and Tullock, G. (1962), *The Calculus of Consent* (Ann Arbor: Univ. of Michigan Press). 米原淳七郎・田中清和・黒川和美訳『公共選択の理論――合意の経済論理』東洋経済新報社 (1979).
—— and Wagner, R. (1977), *Democracy in Deficet* (New York: Academic Press). 深沢実・菊池威訳『赤字財政の政治経済学――ケインズの政治的遺産』文眞堂 (1979).
——, Tollison, R., and Tullock, G. (eds.) (1980), *Toward A Theory of the Rent-Seeking Society* (Texas: A and M Univ. Press).
Dewey, J. (1916), *Democracy and Education* (New York: Macmillan). 金丸弘幸訳『民主主義と教育』玉川大学出版部 (1984).
Gamble, A. (1986), 'The Political Economy of Freedom', in Levitas, R. (ed.), *The Ideology of the New Right* (Cambridge: Polity Press).
—— (1988), *The Free Market and the Strong State* (London: Macmillan). 小笠原欣幸訳『自由経済と強い国家――サッチャリズムの経済学』みすず書房 (1990).
Grace, G. (1989), 'Education: Commodity or Public Good?', *British Journal of Educational Studies*, 37: 207–21.
Gutman, A. (1988), 'Distributing Public Education', in Gutman, A. (ed.), *Democracy and the Welfare State* (Princeton, N.J.: Univ. of Princeton Press).
Halsey, A., Heath, A., and Ridge, J. (1984), 'The Political Arithmetic of Public Schools',

in Walford, G. (ed.), *British Public Schools: Policy and Practice* (London: Falmer Press).

Handy, C., and Aitken, R. (1986), *Understanding Schools as Organisations* (London: Penguin).

Hayek, F. (1960), *The Constitution of Liberty* (Chicago: Univ. of Chicago Press). 気賀健三・古賀勝次郎訳「自由の条件」西山千明他監修『自由の条件 I (ハイエク全集第 5 巻)』春秋社 (1986).

Hillgate Group (1987), *The Reform of British Education* (London: Claridge Press).

Jessop, B., Bonnett, K., and Bromley, S. (1990), 'Farewell to Thatcherism? Neo-Liberalism and "New Times"', *New Left Review*, 179: 81–102.

Lauder, H., and Hughes, D. (1990), 'Social Inequalities and Differences in School Outcomes', *New Zealand Journal of Educational Studies*, 25: 37–60.

―――, Brown, P., and Hughes, D. (1990), 'The Labour Market, Educational Reform and Economic Growth', *New Zealand Journal of Industrial Relations*, 15: 203–18.

Levine, A. (1981), *Liberal Democracy; A Critique of its Theory* (New York: Macmillan).

McPherson, A., and Willms, D. (1987), 'Equalisation and Improvement: Some Effects of Comprehensive Reorganisation in Scotland', *Sociology*, 21: 509–39. ［本訳書第 19 章］.

Self, P. (1985), *Political Theories of Modern Government: Its Role and Reform* (London: Allen and Unwin).

Tullock, G. (1976), *The Vote Motive* (London, IEA).

Whitty, G. (1990), 'The New Right and the National Curriculum: State Control or Market Forces?', in Flude, M. and Hammer, M. (eds.), *The Education Reform Act, 1988: Its Origins and Implications* (London: Falmer Press).

Willms, D. (1990), 'Do Scottish Education Authorities Differ in their Examination Results? Findings from the Scottish School Effectiveness Study' (Centre for Educational Sociology, Univ. of Edinburgh).

Wolfe, A. (1989), 'Market and Society as Codes of Moral Obligation', *Acta Sociologica*, 32: 221–36.

Zuboff, S. (1988), *In the Age of the Smart Machine* (New York: Basic Books).

13
効果的な学校は社会の償いをすることができるのか？

ピーター・モーティモア

なぜこの問いを立てるのか

　シルバー（Silver 1994）によれば、「学校、そして哲学者や学校教育の提供者たちは、常に成果に関心を寄せてきた」。シルバーは、国家の監督官は正しい教育によって育成されるべきであるというプラトンの関心を引用する。彼はまた、官僚や宗教的指導者、音楽家、法律家、職人といった専門職業のための学校が長年かかって発達したことに注目する。グリーン（Green 1990）は、ヨーロッパ本土がイギリス人よりもずっと早い時期に学校システムを発達させたという事実を認める。しかしながら、イギリス人は視学官の職を敏速に設置し（女王陛下の最初の視学官は1839年に任命された）、こうして生徒たちの学習成果を通じて判断される質の問題に関心を引き起こした。効果という言葉によって知られなくとも、それはまた、ニューキャッスル委員会の多大な研究の基礎をなしている。「結果による支払い」運動の一部として設置されたこの委員会は、19世紀後半を通じて学校における規準の可変性を検討した。14歳までの子どもたちに対して、無償の、そしてほとんどの場合義務的な教育が提供された20世紀を通じて、無知と貧困によって引き起こされる諸問題を教育が克服するだろうという期待が増大した。シルバーが指摘するように、教育がそうした問題を根絶しないとわかった1960年代には、反動の時代が続いた。
　1970年に、バーンスティンは「学校は、社会の償いをすることはできない」と述べた。彼はこの簡潔な文において、以下の見解を手短に述べたのである。すなわち、学校の潜在的効果は常に社会における影響の総体と比較されるべきであり、また彼の判断では、これら他の影響の多くは学校の影響よりももっと

強力なようだという見解である。バーンスティンの主張は，コールマン（Coleman 1966）が教育機会の均等性に関する大規模なアメリカの調査結果を報告した直後になされた。コールマンは，学校が利用できる諸資源の量と，学校に通った生徒たちの学力との間に，何の関係も見いださなかった。その代わりに彼は，生徒たちの学力の差異を，彼らの個人的そして家族的特徴の観点から説明した。

　ジェンクスと同僚らによるその後の研究は，「もしもすべての高校が等しく効果的であったとしても，成績の差異は1%弱しか減じられないであろう」（Ouston et al. 1979: 67）ということを示した。1960年代に実行された一連のヘッドスタートプログラムの評価に責任を負った人々は，興味深いことに，同様の否定的な結論に達した。若干の進歩——短期的なものも長期的なものも——が注目されたにもかかわらずである（Ouston 1979）。

　それ以来，コールマンとジェンクスの知見の意義が再検討され，長期的な効果を基礎とするヘッドスタートの再評価が行われた（Lazer et al. 1977）。そのとき研究に従事していたコールマンや他の研究者たちは，学校の敷地の広さや，利用できる施設設備，提供される諸資源など，巨視的レベルの変数にのみアクセスしていた。これが，学校と学校の効果について彼らが問いかけることのできた疑問を必然的に制限した。コールマンとジェンクスが，学校の風土や，教職員の行動，生徒の態度，制度的関係などのより微視的なレベルの変数にアクセスしていたならば，これらのより詳細な要因に対する彼らの結論を検証できたはずである。巨視的変数から微視的変数へ——システムから個別の学校へ——という焦点のこの変移が数多くの研究者たちを鼓舞し，生徒の学習結果に及ぼす個々の学校の効果を考慮するようになった。

　この変移の結果として，学校に関する多くの研究がアメリカにおいて行われてきた。たとえばブルッコーヴァーとレゾット（Brookover and Lezotte 1977），エドモンズ（Edmonds 1979），そしてテッドリーら（Teddlie et al. 1984, 1989）による研究である。

　これらの調査研究のそれぞれは，学校が生徒の学習成果に影響を与えることが可能だということを見いだした。この20年かそこらにアメリカで試みられたそうした研究の数は今や膨大であり，北西地域教育研究所による最新のレヴュー（NWREL 1995）において作成された参考文献は41ページにわたってい

る。アメリカにおいては，個々の学校が持っている潜在的な差別的効果に関する研究は，不利な子どもたちの境遇や彼らが利用できる限られた機会についての関心と密接に結びついてきた。ゆえに，故ロン・エドモンズ博士（Dr Ron Edmonds 1979）によって新造された「すべての子どもは学ぶことが可能だ」というキャッチフレーズが頻繁に使用されるのである。

イギリスにおいては，学校の効果に関する詳細な研究は以下のような諸研究を含んできた。それらは，南ウェールズで実施された研究（Reynolds et al. 1976），都心の中等学校 12 校についての先駆的研究（Rutter et al. 1979），ILEA による初等学校の研究（Mortimore et al. 1988），幼児学校における子どもの研究（Tizard et al. 1988），少数民族グループ出身の生徒の進歩に焦点をあてたスミスとトムリンソン（Smith and Tomlinson 1989）の研究などである。調査研究は，学校によって生徒の学習成果に差異があるという明確な証拠を見いだした。各研究チームは，この証拠を利用して次のことを主張した。すなわち，これらの差異は単に異なるタイプの生徒を受け入れる学校の効果のせいではなく，むしろ学校が，管理運営と教授・学習環境の質を通して学力を向上させたその方法の差異に関連しているという主張である。

同様の研究が，オーストラリア（Fraser 1989），オランダ（Brandsma and Knuver 1989; Creemers and Lugthart 1989），ノルウェー（Dalin 1989），イスラエル（Bashi et al. 1990）を含む世界の多くの地域で行われてきた。オランダにおける諸研究では，方法論の問題に対して特別の関心が寄せられてきた（たとえば，Luyten (1994) を参照）。国際的文献の徹底的なレヴューがレイノルズら（Leynolds et al. 1994）によって積み重ねられてきた。

これらの研究の結果は，この章のタイトルとなっている問いを立てる正当な理由を提供する。バーンスティンの元々の主張とは異なり，この問いが教育一般の効果というよりもむしろ，個々の学校の効果に焦点を合わせていることに注目すべきである。しかしながら，そのような問題に対していかに十分に答えるかという問題は残る。

私は，この研究領域において最近 20 年間にわたって行われてきた研究の一部について報告し，また生徒の学習成果の選択に及ぼす学校の効果について出版された証拠を再検討することによって，その問いに答えるように努力する。紙

幅の制限上，徹底的なレビューを行うのではなく，全般的な状況を明らかにするために適切に選択するつもりである。

学校効果のモデル

　ある学校の潜在的効果を測るためには，ほとんどの社会においては学校が均質な新入生を受け入れるわけではないという事実を斟酌する方法を，研究者は見つけださなければならない。研究者の観点からは，生徒と教師の両方が任意に配置されていることがはるかに好ましいであろう。しかし，親たちに学校の好みを表明する機会を与え，場合によっては学校選択権を与える方向への潮流が徐々に強まっているので，教師と生徒の任意の配置は容易には達成されえない。その代わりに，入学する生徒たちの入学前の学力の差異や他の関連する特徴(たとえば性別，年齢，社会-経済的地位など)を平準化するために，多水準モデリング (Paterson and Goldstein 1991) のような次第に洗練されつつある統計的技法が使用される。

　研究モデルは通常，学校教育の様々な段階における個々の生徒の行動や成績に関するデータの収集を含んでいる。確実に類似の者どうしを比較するために，これらの結果は入学時の情報から形成される評価と比較される。信頼区間が計算され，それから，生徒の成果に及ぼす学校の影響について統計的に有意な差異がある学校が注目される。

　適切なデータにアクセスする研究者たちは，さらに，学校の効果を示すこれらの指標を学校生活の詳細について収集された情報と関連づけようと試みてきた。正の相関関係を調べることによって，概してより効果的な成果に関連づけられる職員と生徒の行動の種類を確認しようと彼らは努力してきた。より最近の研究は，相関的技法にとどまらず，学校の効果の多水準モデルにおける重要な過程についての情報を組み込む試みへと発展してきた (Sammons et al. 1995)。研究の国際的なレビューから引き出された，効果に関する多くの共通する特徴もまた，最近確認されたところである (Sammons et al. 1994)。

　社会科学におけるすべての研究と同じく，個々人と制度についての妥当で信頼できるデータの収集は困難である。ラッター (Rutter 1983)，パーキーとスミ

ス (Purkey and Smith 1983), ローデンブッシュ (Raudenbush 1989), ボスカーとシーレンズ (Bosker and Scheerens 1989), そしてレイノルズとカッタンス (Reynolds and Cuttance 1992) は, 手続きの弱点を見つけだし, この分野における方法論の進歩に貢献した。問題の概念化と理論の発展についてのさらなる研究が求められる。

学校教育の成果

学校の効果を判断しようとして, 研究者たちは生徒の結果の較差に焦点を合わせてきた。すべての研究は学業成績という尺度を使用してきた。いくつかの研究はまた, 出席と行動という尺度を組み込んだ (Rutter et al. 1979)。生徒の学校に対する態度や, あるいは学習者としての自分自身に対する態度のような, もっと洗練された(そしてもっと測定しにくい)変数を含んだ研究は少ない (Mortimore et al. 1988)。

様々な研究が, 1日で行われる調査及び生徒の出席についての通年の個人記録を使用してきた。モーティモアら (Mortimore et al. 1988) は, 初等学校間の系統的な差異を見いだし, レイノルズら (Reynolds et al. 1976), ラッターら (Rutter et al. 1979), そしてスミスとトムリンソン (Smith and Tomlinson 1989) はすべて, 中等学校間に明確な学校差を見いだした。特別な生徒たちの特徴にもかかわらず, また他の学校における彼らの以前の出席記録とも関係なく, 学校の作用のしかたが出席率に直接的に関係するように見える。

生徒の行動に関するデータの収集は決して容易なことではない。教師たちと生徒たちとの相互作用は, 両方の集団の行動によって影響を受けるが, しかし, 一方(生徒たち)の行動を評価するのは他方(教師たち)である。教師の差異を斟酌するために, 評価を修正する方法を見いだした研究者はほとんどいない。ラッターは, 教師によって評価される行動目録上で, ある年に確認された生徒サンプルの半数だけが, 次の年からも同じように評価される傾向があることを見いだした。

それにもかかわらず, ベネット (Bennett 1976), モーティモアら (Mortimore et al. 1988), ヒール (Heal 1978), ラッターら (Rutter et al. 1979), レイノルズら

(Reynolds et al. 1976), パワーら (Power et al. 1967), キャナン (Cannan 1970), そしてグレイら (Gray et al. 1983) を含む一群の研究者たちによって, 行動に関するデータが収集された。校内活動, 校外活動の両方において, 非行を含めて, 生徒間の重要な差異が見いだされた。

学校研究において, 最も共通して収集されたデータは, 学力に関わるデータである。アメリカにおける非常に多くの学校研究は, テストのデータの収集に焦点をあわせてきた。ウェバー (Weber 1971), ニューヨーク教育局 (New York Department of Education 1974), エドモンズ (Edmonds 1979), ブルッコーバーとレゾット (Brookover and Lezotte 1977), クラークとマッカーシー (Clark and McCarthy 1983), マコーマック-ラーキンとクリテック (McCormack-Larkin and Kritek 1982), そしてテッドリーら (Teddlie et al. 1989) がそうである。

イギリスにおいては, ベネット (Bennett 1976), ガルトンとサイモン (Galton and Simon 1980), モーティモアら (Mortimore et al. 1988), ティザードら (Tizard et al. 1988), レイノルズら (Reynolds et al. 1976), ブリマーら (Brimer et al. 1978), ラッターら (Rutter et al. 1979), グレイら (Grey et al. 1990), スミスとトムリンソン (Smith and Tomlinson 1989), デイリー (Daly 1991), ナットールら (Nuttall et al. 1989), ブレイキーとヒース (Blakey and Heath 1992), トーマスとモーティモア (Thomas and Mortimore 1995), そしてサモンズら (Sammons et al. 1995) のすべてが, テストあるいは公的試験によって測定される生徒の学力についての系統的な証拠を収集してきた。オーストラリア (Fraser 1989) やオランダ (Brandsma and Knuver 1989, Creemers and Lugthart 1989), イスラエル (Bashi et al. 1990) でも, 同様のデータが収集された。しかしながら, ほんの少数の研究だけが態度に関するデータを収集しようと試みた (Mortimore et al. 1988, Tizard et al. 1988, Smith and Tomlinson 1989, Ainley and Sheret 1992, NFER 1994)。しかし, それが試みられたところでは, 生徒たちの自己についての判断と彼らの学校観の両方において, 明確な差異が見いだされた。

ここで引用された研究は, 範囲や方法論, 対象を異にしているけれども, その知見はかなり一貫している。すなわち, 学業上の進歩であれ, 出席であれ, 行動であれ, 態度の形成であれ, 生徒の肯定的な発達を促進する一般的能力の点で学校はそれぞれ異なるのである。しかしながら, 生徒の成果の分化を促

進するという学校の効果の一貫性は，かなり複雑な分野である。サモンズら (Sammonds et al. 1996)は，学校が一貫して異なる成果を達成するかどうか，すなわち時間をこえ，学校教育の異なる段階や学校の異なる成員性をこえて，異なる結果を達成するかどうかを論議する。著者らは以下のように結論づける。認知的発達(情緒的あるいは社会的領域においてはあまり研究が行われていない)の様々な領域に及ぼす学校の諸効果には，(決して完全ではないが)肯定的な関連があるということを証拠が指し示している。一貫性は，短期から中期にわたって生徒の学力に及ぼす学校の効果においてもまた見いだされる。しかしながら，興味深いことに，生徒の試験の総合的な得点のレベルで作用し，各科目間の成績の多様性を覆い隠すように見える。学校レベルでの全面的な一貫性は，こうして一連のプラス・マイナス相半ば効果から成り立っている。

　一般的な効果は，中等学校にとってよりも初等学校にとってのほうがより強いだろうといういくつかの証拠もまた存在する。その証拠は，生徒の成員性の点からは，中等学校が特に，異なる生徒集団(能力の多少，有利さの多少，そして異なる性別や民族グループ)に対して差別的影響を及ぼすだろうと示唆する。これはさらなる研究が必要とされる分野である。主要な活動分野(学業的，情緒的，そして行動的)とそれらの分野における異なる結果に焦点を合わせた研究は，自分の学校のパフォーマンスの異なる側面を向上させようとする実践家たちと，学校の影響の本質を探究する研究者たちのどちらにとっても役立つことを立証するように思われる。

学校による差異の大きさ

　こうした研究によって——特に洗練された統計的尺度を用いる研究によって——注意を向けられているきわめて重要な問題は，次のようなものである。それは，いったん背景的諸要因が斟酌されたならば，学校に原因があるのは，生徒間の差異のうちどのくらいの割合かという問題である。多水準モデルの分析では生徒の試験結果の間に見られる分散全体の約 30–40% が説明できるというのが，典型的な知見である。このうちの約 10% が，その原因を学校に直接に求めうる (Thomas and Mortimore 1988)。中等学校によって用いられているイギリ

スの試験制度の点から見ると，10%は14ポイント（GCSEの得点尺度）を超えるに等しい。これは，おおまかには，7つのEグレードと7つのCグレードとの差異に言い換えることができる。7科目でCグレードを取得することは，その生徒がAレベルの学習に進むことを許し，またより威信の高い職業に就いて働く可能性を開くだろう。反対に，7科目でEグレードを取得することは，イギリスではかなり低い成績の証拠と見なされる。

　こうして，学校によって獲得された差異はそれほど大きくないけれども，小さな差異でさえ生徒の人生のチャンスに決定的に影響するかもしれないようなシステムにおいては，その重要性は考慮に値する。きわめて重要なことには，学校の効果に関する研究からのデータは，学校の最大の影響は生徒が示す進歩の総量において確認されるということを示している。たとえば，『学校事情』研究（Mortimore et al. 1988）においては，学校に起因する読み方の進歩の差異の大きさは，家庭要因に起因する差異の大きさのおよそ5倍であることが見いだされた。初等学校の効果は次の段階の学校教育によって完全に洗い流されはしないというサモンズら（Sammonds et al. 1994）による知見や，初期の差異の範囲は中等段階の終わりの時点で生じる差異よりももっと大きいだろうというゴールドスティンとサモンズ（Goldstein and Sammonds 1995）による主張もまた興味深い。

　オーストラリアにおいては，今や学級にまで分析が拡大されてきた。小学生の英語と数学の成績を検討している最近の研究（Hill and Rowe 近刊）において，学校間の実質的な差異が見いだされた。分散の16-18%について学校の効果が確認されたが，これらは，学級を斟酌すると5-8%にまで減少した。興味深いことに，学級によって説明される差異の大きさは，英語では16%から44%まで，数学では47%から56%までに及び，学校の影響は，学級というさらに大きな影響を通じて経験されることを示唆している。

　さらなる研究において，ヒルら（Hill et al. 1996）は，「オーストラリアの小学校においては，以前の成績の調整がなされたならば，家庭背景の特徴が及ぼす影響は小さくなる傾向にある」と結論づけた。研究チームは現在「生徒の進歩を最もよく予言する無数の影響」を引き出す作業に従事している。

学校効果をめぐる現状

間違いなく，この話題は，多くの異なる国々において教育研究の成長分野の一つであった。そして今では，学者にとっての正規の領域として認識されている。しかしながら，すべての学者がこの潮流を支持しているわけではない。長年にわたり，いく人かの学者が研究の目的に疑問を呈してきた (Acton 1980) が，一方で他の学者たちはその方法論を改良しようとしてきた (Goldstein 1987, 1995; Preece 1988)。いく人かは，効果モデルが学校の自己評価の課題において実際に役に立ったかどうかと疑ってきた (Brown 1994)。効果は必ずしも資源によって影響を受けないということを根拠にして，適切なレベルの資源の供給に失敗した言い訳を，この分野の研究が政府に与えるという懸念もまたときどき表明されてきた。

しかしながら，この研究のいくつかの側面は政府とその機関によって歓迎されてきた。イギリスでは，たとえば，下院の教育委員会 (HMSO 1995) によってまとめられた『都市の学校のパフォーマンスに関する報告書』に対する政府答弁が，「学校は差異を作り出すことができるし，実際に作り出している」と認めた。1995年の年次総会で地方教育当局に対して国務大臣が行ったスピーチもまた，主としてこの分野に焦点を合わせていた (Shephard 1995)。シンガポール，オランダ，オーストラリアのような様々な国々の政府は，この分野で行われた調査研究について承知している——そして注目している——ことを示してきた。アメリカでは，ホーキンス-スタフォード小・中学校改善修正案による1965年の初等・中等教育法の修正条項が，連邦教育ブロック・グラント・プログラムに対して大きな影響を与えた。

きわめて重要なことに，非常に多くの実践家たちによって学校の効果が重要なものとして認められていることが明らかである。校長たちは，彼らの日常業務や日々の学校の問題との戦いに関係するものとして，この研究を見ている。イギリス，デンマーク，アメリカ，ドイツそしてオーストラリアの多くの大学における研究は，学校の効果に関する知見にもとづいて，応募プロジェクトへの支援を提供しつつある。たとえば，教育局スコットランド事務所のプロジェクト(ストラスクライド大学と教育研究所によって行われている)は，スコット

ランド中から応募してきた初等学校と中等学校 80 校において教職員といっしょに仕事をし，また，生徒の成績を向上させようと系統的に努力している（Mortimore and MacBeath 1994）。実践家と学者を含む多くのネットワークもあり，会報を作り，この分野の研究についての情報レポートを普及している。

　私の判断ではこの研究の価値はかなり高い。この領域の研究者は，現代社会における学校教育の特徴についての重要な問題に焦点を合わせてきた。そして，これらの調査研究は政策立案者と実践家の両方に照準を合わせてきた。さらに，学校間の差異を探求し，これらの差異と学校のスタッフや生徒の特徴的な行動との相関関係を探求するために，研究者たちは，より伝統的な質的及び量的方法といっしょに多水準モデリングのような統計的技法を用いる適切な方法論を発達させてきた。この研究領域が発達しそこなっているのは——初めに述べたように——妥当な理論の創出である。これは，まったく何の進歩もなかったということを意味するものではない。学校の差異を説明するために，子どもの発達，制度研究，コンティンジェンシー理論，公共選択理論を含む広い範囲の学問分野からアイディアが引き出された。しかし，多くの研究者の研究（Scheerens 1992; Coleman and Collonge 1991; Slater and Teddlie 1992; そして Hopkins 1994）にもかかわらず，特有の理論が定式化されるまでには，もっと多くの研究が必要とされる。

学校の効果研究の応用

　学校の効果についての知識が最初に応用されたのは，アメリカとイギリスの両国における教育活動の成長分野である学校改善の問題について，いかに正面から取り組むかという問題に対してである。ストールとモーティモア（Stoll and Mortimore 1995）は，この 2 つの領域が共通のデータ群を保有しながらも，しかし異なる目的や概念，方法を持ちつつ，いかにお互いに関連しているかを説明する。彼らの分析の一部として，学校の効果（「最終的な絵」と彼らが呼ぶもの）の 11 の要因と，学校改善プロジェクトによって与えられる促進的条件とを区別する。こうして，彼らは堅固で目的をもったリーダーシップの特徴（指導的専門職としての校長の役割に関係がある様々な着想を具体化するリーダーシップ）と

参加的アプローチ(教師たちを意思決定に巻き込み，彼らを学校内の変化の担い手として見ながら，動機付けをし道案内をするのが校長の役割であるようなアプローチ)とをつなぐ。

教育全国委員会 (NCE 1995) は，11 のケーススタディの選集を出版した。それらは，平均を下回る新入生をもつ学校が，なお平均を上回る結果をなんとか達成する方法を描き出している。これらのケーススタディから得られた知見を調べて，メイデンとヒルマン（NCE 1995）は一群の行動の重要性を強調する。それは，チーム・アプローチを作り上げ発達させるリーダーシップ・スタンス，いかにして学校が向上していくことができるかという見通しを含む(いったん学校が向上したならば，その業績についての誇りがそのビジョンに代わる)成功のビジョン，目標の設計と設定を奨励する学校の政策と実践，物理的環境の改善，生徒の行動と成功に関して共有される期待，そして親や地域社会との良好な関係への投資である。

他方で，レイノルズ (Reynolds 1995)，バーバー (Barber 1995)，ストール (Stoll 1995)，そしてマイヤーズ（Myers 1995）はすべて，成功に関する初期の研究を補足するために，どのようにして学校が向上するのに失敗するかという問題に正面から取り組んだ。ストール (1995) は，学校の効果が低下しうるメカニズムとして，見通しの欠如，焦点があいまいなリーダーシップ，スタッフ間の非機能的な関係，そして非効果的な教室実践に対して，われわれの注意を引いた。失敗する学校は生徒が期待されるよりも進歩しないことを容認するのみならず，否定的な代価を招くかもしれない，とマイヤーズ (1995) は主張する。「言いかえれば，生徒が学校に通うことによって，家庭で過ごした場合よりも，当該の尺度に関してもっと悪くなる可能性がある」というのである。

学校改善に関連する 2 つめの問題として，効果的な学校の差別的効果についてより多く学ぶ必要がある。ESRC (経済・社会研究協議会) の助成研究を通して，サモンズとトーマスそして私は，学校が異なる民族の背景をもつ生徒たちに差別的効果を及ぼすのと同様に，以前の成績に差異がある生徒たちに対して差別的効果を生み出すという複雑な絵を発見した。われわれはまた，それほどまでではないけれども，性別と社会的背景による差異をも見いだした。その結果はすべて，サモンズら (Sammonds *et al.* 1995) とトーマスら (Thomas *et al.* 1995)

によって報告されている。興味深いことに，自分自身を引き上げることができ，白人グループのレベル以上の成績をあげることができるように思われるいくつかの少数民族グループを除いて，非効果的な学校と学科においては，すべての生徒がお粗末な成績しかあげていないように見えることをわれわれは発見した。さらに，全般的に効果的な学校においては，すべての生徒が上々の成績を修めるようであるが，しかし特別に有利な背景を持つ生徒たちは，高成績の同輩たちよりもさらによい成績をも修めることができるようである。

3つめの問題は，結果の安定性である。さきほど引用した ESRC の研究において，私の同僚たちと私は GCSE 全体の付加価値結果が相対的に安定していることを発見した。私たちは，ある年の試験の総合得点と別の年の総合得点との間に 0.8 の全体的な相関関係を見いだしたが，しかし，個別の科目に及ぼす効果は様々であった。歴史は安定的で，1990年と1991年の間には0.92，1991年と1992年の間には0.71の相関関係があった。それに対して，フランス語では同時期の相関関係は 0.48 と 0.38 であった。

費用対効果の研究

一般的な関心の4つ目の分野は，学校の効果研究に没頭している人々によって時折注目されるが，学校にはお金をかける価値があるのかどうかということである。たとえば，ハヌシェク (Hanushek 1986, 1989, 1991) は，「教師と学校はその効果において劇的に異なる」(1986: 1159) 一方で，結果は「学校の経費と生徒の成績との間に，強力で系統的な関係はない」(47頁)ことを示していると主張した。特に，「(低い)生徒–教師の割合，(申し分のない)教師教育，あるいは教師の経験が，期待されるような肯定的な効果を生徒の成績に及ぼす」という強力な証拠はないと，彼は主張した (1989: 47)。

ハヌシェクの結論は，データおよび方法が不適当であり，また非常に深刻なことに結果を歪曲して報告しているということを根拠に，ヘッジスら (Hedges et al. 1994) によって攻撃された。私は，生徒–教師の割合の問題にのみ注目しよう。なぜならば，学級規模とそれに関わる費用効果の問題は，イギリスの教育制度に関わる人々にとって非常に興味深いものであり，数多くの新聞記事と

テレビで議論されてきたからである。研究の知見のレビューとイギリスの学校における現在の潮流の分析が，最近出版されたところである (Blatchford and Mortimore 1994, Mortimore 1995)。

イギリスにおける議論は，STAR (生徒・教師比と学力到達度)プロジェクトの成果から大いに影響を受けてきた。それは，1985年から1989年にかけて，学級規模の効果を確かめるべく考案された実験に，テネシーの初等学校79校の328学級から7,000人を超える生徒がどのように参加したかを記述している (Finn and Achilles 1990, Nye et al. 1993)。

生徒たちは，異なる規模の学級(13-17人の小規模学級，22-25人の正規規模の学級，そしてティーチング・エイドがついた正規の拡大学級)に，2年の期間にわたって任意に割り当てられた。彼らの学業上の進歩は，読み方と数学において，標準化されたテスト(スタンフォード・アチーブメント・テスト)とカリキュラムに基づく評価(テネシー・ベーシック・スキルズ)を用いて測定された。教師たちは，異なる規模の学級に任意に割り当てられたが，しかし，彼らには小規模学級を教えるための特別なトレーニングも行われず，助手と一緒に働くための準備もなされなかった。

この実験の統計的な設計は，4つの地区(都心，都市，郊外，農村)内に位置している学校を任意の次元として取り扱った。これらの地区は，学級のタイプ(小規模，正規，助手)や人種(白人とマイノリティ)と組み合わせられた。学級ごと，各教室内の白人生徒とマイノリティの生徒ごとに，それぞれの成果の平均が計算された。

実験の結果，どちらの科目でも，幼稚園から3年生の終わりまで小規模学級を経験した生徒たちが統計的に有意な利益を得ていた。また，特にカリキュラムに基づくテストが学習の基準として用いられたときに，少数民族グループ出身の生徒たちがより小規模な学級環境から最も利益を受けたことが見いだされた。教室助手の利用では，有意な向上は生じなかった。研究者たちはまた以下のことにも注目した。すなわち，より小規模な学級を経験した生徒たちは，他の同級生たちと比べて，教室内でより多く学習の努力を行い，学習活動でより多くのイニシャチブをとり，非参加的・妨害的な行動をあまり示さなかった (Finn and Voelkl 1992)。

STARの実験に参加した生徒たちの進歩は，『継続利益の研究』(Achilles et al. 1993) を通じてさらに追跡された。効果の大きさは実験的研究の期間中ほど絶大ではなかったが，生徒たちが普通規模の学級に戻った後でも，彼らはすべての学力テストについてクラスメイトを大きく上回る得点をとり続けたことをこの研究は見いだした。研究の知見が普及した直接的な結果として，テネシーにおける最近の法律は現在，最年少の生徒には20人以上の学級規模を禁止している。

　より小規模の学級が生徒に与える利益は「プロジェクト・スター」によって明らかにされたが，一貫して学校のタイプと生徒のタイプを組み合わせたにもかかわらず，その利益は相対的に大きいものではなかった。フィンとヴォルクル (Finn and Voelkl 1992) によれば，カリキュラムに基づくテストで成功する割合は，小規模学級におけるリーディングでは2.2–11.5%ポイント高く，数学では6.3–6.7%ポイント高かった。

　プロジェクト・スターにおいて効果的だと見いだされたレベルにまで学級を縮小するための非常に高額な費用は，合衆国における最高の介入プログラムの一つとして認められている『万人のための成功』の著者であるボブ・スレーヴィンによって論評された。スレーヴィン (Slavin 1990) は，「リーディング・リカバリー」や個別の学習者に焦点を合わせた類似プログラムを利用することによって，同じ額の費用で，より多くの生徒たちがよりよい学習支援を受けられると主張する。アメリカで平均24人の生徒数から15人にするための費用を見積もると，690億ドルである。

　したがって，教育サービスの異なる側面に関する費用効果の問題は未解決のまま残っている。もっとずっと高額な費用をかけるというのは経済的分析からもたらされているようだというのが私の考えである。私が関わったある研究 (Mortimore et al. 1994) において，準スタッフ(学校で雇用する非教師スタッフ)の利用の効果を判断するために，私たちは費用効果分析の枠組みを採用した。私たちは，教室アシスタントを雇用する費用とその利益を，彼らの給料のみならず，敷地，設備，そして監督費用までも考慮に入れて弾き出した。あらゆる学校関係者との詳細なインタビューにおいて，そうしたスタッフの利用が教育的に有効で，費用効果が高く，教師たちに高い人気があることが明らかになっ

た。それらは，学校が効果的になるのを間違いなく助ける特徴である。

結　論

　結局，効果的な学校は社会の償いをすることができるのだろうか。私の判断では，答えはイエス――ある程度までは――である。学校は，個々人が持っているどんな才能をも発達させる機会を彼らに提供する。そうすることで，個々人は彼らの気質や動機づけ，態度に関係する他の個人的変数の範囲によって，援助されたり妨げられたりする。彼らはまた，彼らの家族，学級，性別，民族的背景，他の様々な社会的変数によって影響を受ける。これらの要因によって優位に立っている人々は，学校教育を通じて彼らの状況をさらに強化する。不利な立場に置かれている人々は，他の社会的圧力の否定的効果を克服しようとする試みにおいて，彼らの学校によって支援されることができる。ここで報告された証拠は，以下のことを示している。すなわち，効果的な学校は，生徒を援助してそのような困難を乗り越えさせるために，十分に整備されているのである。

　しかしながら，このような学校の成功は一般的に部分的であり，限定的であるようである。なぜならば，学校もまたより広い社会の一部であり，その社会の規範や規則，影響の支配下にあるからである。学校はまた，現状から利益を受けるような生徒の一部を少なくとも抱えているようである。いかなる状況においても，不利な人々よりももっと多くを得ることができる有利な人々の能力のゆえに，学校は常に非効果的で，補償のための部分的なメカニズムでしかないだろう。学校は社会の病理のすべての責めを負わせられることはないし，また新入生間の成績における既存の差異のすべてを克服するのに失敗した責任を不公平にも問われたりはしないと保証することもまた，重要なことである。いくつかの国々においては，一見すると不適切な学業水準（複雑で競争的な将来に直面して，先進諸国があまりに長い間黙認してきたと実感している学業水準）の責めを，教師をひとまとめにして彼らに負わせる傾向を見て取ることができる。また，期待に添えなかった少数の教師たちを問題にする傾向もある。これらの傾向は，不公平で有益ではない。なぜならば，改善への起動力は教師たちが

持っているにちがいないからである。

　研究は，学校と生徒の背景との間で行われるいくつかの興味深い相互作用を指摘してきた。たとえば，『学校事情』研究においては，どの学校でも不利なグループ全体が有利なグループ全体よりももっとよい成績をおさめるという証拠は見つからなかった。しかしながら，われわれは，最も非効果的な学校の比較的有利な生徒たちよりも，最も効果的な学校の不利な生徒たちのほうが，時としてより進歩したことを見いだした。学校は，達成される進歩のレベルと家族背景の間を媒介する要因として作用しているということが明らかになった。

　同輩たちに比べて不利な生活を送る家族にとって，学校は依然として，補償的後押しを提供することができる数少ないメカニズムの一つである。学校が効果的であればあるほど，有利な生活チャンスへの競争のスタートラインに着く生徒の割合が高くなる。そうした生徒たちがそれに引き続くレースでいかによい成績をおさめるかは，彼らの才能や動機づけ，そして運のよさによる。しかし，彼らは少なくとも競争するチャンスを得られるだろう。効果的な学校に通わなかった彼らの同輩たちが，この段階に到達することはあまりないだろう。

　効果的な学校に子どもを通わせようとする親たち，学校の効果を高めようと努力している校長たち，そして学校がより効果的になるのを支援しようとしている政府にとって，この研究から得られる明らかな教訓がある。しかしながら，その教訓のいくつかはそれほど明白ではないし，社会の全体的な教育目標によって，また政策立案者たちが少数のエリートの教育に優先権を与えたいのか，あるいは不利な人々を含むであろう多数者に優先権を与えたいのかによって変わってくる。もしも優先事項がエリートを維持することであるとするならば，以下のことが認識される必要がある。それは，不利な生徒たち——特に効果的な学校によって後押しされる生徒たち——が最後まで勝ち続けるのは，例外的な場合だけだということである。ほとんどの場合，大部分のチャンスは多くの優位性を経験してきた生徒たちによって勝ち取られるだろう。しかしながら，多数派全体を向上させ，全体としての水準を引き上げることが目的であるならば，補償的メカニズムを創造できるような，あるいはもっと利用しやすくできるような方法が追求される必要がある。これらは，よりよい就学前の準備，学校外の学習支援センター及び，より十分な財政的援助（学校給食，学校あるいは

大学までの通学，年長の生徒たちへの扶養手当を含む)，個々の生徒を援助する
——リーディング・リカバリーのような——特別プログラムと学校自体の改善
を援助する特別プログラムを含むだろう。

　この議論には倫理的な問題がある。不利な生徒とその他の生徒の間にある教育的ギャップを縮める最も効果的な方法は，明確に照準を絞った一連の計画によってである。しかしながら，そのような計画は不利な生徒に限定されるべきであろうか。もしそれらが十分に作用するとして，またたとえそのようなプログラムに対する自由なアクセスの結果がもともと関心を生じさせていたギャップを間違いなく増大させるとしても，比較的裕福な家族に対して，いかにしてそれを拒絶することができるだろうか。

　しかしながら，全体としての水準を引き上げるという政策は，以下のことを意味する。すなわち，ほとんどの資源が結局は最も有利な生徒たちの恣にされがちであるという一見して避け難いように見える状況の代わりに，教育の費用が公平に配分され，ある場合には最も不利な生徒たちの助けとなる学校に充てられるように保証することを意味する。かつて明らかになったように，選択された地域への特別な資源の配分は複雑な事がらであり，問題を生み出す(Acland 1973; Sammonds *et al.* 1983)。また，特別な資源だけでは効果を保証することにならないということも主張されてきた。しかしながら，それらの欠如が役に立つということを示す証拠はない。

　バーンスティンが1970年に述べたように「教育は社会の償いをすることはできない」が，しかし，教育は世界の他の地域において，ある特定の社会を変化させることができる。シンガポール，台湾，インド亜大陸の一部においては，明らかに教育が社会を変化させている。工業的に進んだ(そして経済的には悪化しつつある)西洋社会においてそのような変化が可能であるかどうかという問題は，未だ明らかになっていない。私自身の見解では，学校の効果は変化が起こる機会を提供する。しかしながら，それが万能薬として考えられるべきだと信じているわけではない。その方法論とその応用は，この20年にわたって見事に発達してきた。そして，実践家たちの間でのその地位と受容は，学校の発達に影響を与える機会を最大化している。校長と教職員だけでは，この研究の成果を十分に利用しきれないようである。彼らは，生徒や親，大学，地域社会，そ

して政府の支援を必要としている。

　学校を改善し，水準を引き上げたいという欲求は広がっている。論争のあるところでは，それらは通常こうした課題のために採用すべき方法をめぐってのものである。学校の効果に関する研究は，学校を変化させるための上意下達の「命令と統制」システムはめったに機能しないということを示唆する。より合理的であるように思われるのは，ジレンマや変化という難題を認識するアプローチであり，しかしそれにもかかわらず，正確なフィードバック——同じ類の新入生に対する学校のパフォーマンスに関係する——を与えることによって支援を最大化しようとする努力や，困難に直面する学校を援助するための適切な専門的知識を利用できるように保証することである。注目の焦点となるものは，学校であり，学校の進歩に責任をもたなければならない校長や教職員，理事の形を取る学校経営である。もしこの状況が大学で研究をする人々やあるいは公的立場にある人々によってもたらされ，支持されることができるならば，変化の余地——学校の変化，そしてもっと広い社会の変化のどちらとも——は増大する。これらの変化によって，学校が——将来どんな形で存在するにしても——社会の最悪の病理をよりよく補償できるようになること，それを確保することは挑戦である。

謝辞　私がこの 20 年にわたって共同研究をしてきた，学校の効果と学校改善の分野で仕事をしているすべての同僚に，感謝の意を表する。

参考文献

Achilles, C. M., Nye, B. A., Zaharias, J. B., and Fulton, B. D. (1993), 'The Lasting Benefits Study (LBS) in grades 4 and 5 (1990–1991): A Legacy from Tennessee's Four-Year (K-3) Class Size Study (1985–1989), Project STAR' (Paper to North Carolina Association for Research in Education).

Acland, H. (1973), 'Social Determinants of Educational Achievement: An Evaluation and Criticism of Research', Ph.D. Thesis, Univ. of Oxford).

Acton, T. (1980), 'Educational Criteria of Success: Some Problems in the Work of Rutter, Maughan, Mortimore, and Ouston', *Educational Research*, 22: 163–9.

Ainley, J., and Sheret, M. (1992), *Effectiveness of High Schools in Australia: Holding Power and Achievement* (Paper presented to the International Congress for School

Effectiveness and Improvement, Victoria: British Columbia, January 1992).
Barber, M. (1995), *The Dark Side of the Moon: Imagining an End to Failure in Urban Education* (TES / Greenwich Lecture, May).
Bashi, J., Sass, K., Katzir, R., and Margolin, I. (1990), *Effective Schools: From Theory to Practice: An Implementation Model and its Outcomes* (Jerusalem: Van Leer Institute).
Bennett, S. N. (1976), *Teaching Styles and Pupil Progress* (London: Open Books).
Bernstein, B. (1970), 'Education Cannot Compensate for Society', *New Society*, 387: 344–7.
Blakey, L., and Heath, A. (1992), 'Differences Between Comprehensive Schools: Some Preliminary Findings', in *School Effectiveness: Research, Policy and Practice*, (eds.) D. Reynolds and P. Cuttance (London: Cassell), 121–33.
Blachford, P. J., and Mortimore, P. J. (1994), 'The Issue of Class Size for Young Children in Schools: What Can We Learn from Research?', in *Oxford Review of Education*, 20/4: 411–28.
Bosker, R., Scheerens, J. (1989), 'Issues and Interpretations of the Results of School Effectiveness Research', *International Journal of Educational Research*, 13/7: 741–52.
Bransdma, H., and Knuver, J. (1989), 'Effects of School and Classroom Characteristics on Pupil Progress in Language and Arithmetic', *International Journal of Educational Research*, special issue: 'Developments in school Effectiveness Research', 13: 777–88.
Brimer, A., Madaus, G., Chapman, B., Kellaghan, T., and Wood, D. (1978), *Sources of Difference in School Achievement* (Slough, Buckinghamshire: National Foundation for Educational Research).
Brookover, W., and Lezotte, L. (1977), *Changes in School Characteristics Co-incident with Changes in Student Achievement* (East Lansing Institute for Research on Teaching: Michigan State Univ.).
Brown, S. (1994), 'School Effectiveness Research and the Evaluation of Schools', *Evaluation and Research in Education*, 8/1 and 2: 55–68.
Cannan, C. (1970), 'Schools for Delinquency', *New Society*, 427: 1004.
Clark, T., and McCarthy, D. (1983), 'School Improvement in New York: The Evolution of a Project', *Educational Research*, 12: 17–24.
Coleman, J. S. (1966), *Equality of Educational Opportunity* (US Department of Health, Education, and Welfare, Washington: US government Printing Press).
Coleman, P., and Collinge, J. (1991), 'In the Webb: Internal and External Influences Affecting School Improvement', *School Effectiveness and School Improvement* 2/4: 262–85.
Creemers, B., and Lugthart, E. (1989), 'School Effectiveness and Improvement in the Netherlands', in *School Effectiveness and Improvement, Proceedings of the First National Congress, London 1988*, (eds.) D. Reynolds, B. Creemers, and T. Peters (Groningen: RION Institute for Educational Research/School of Education, Univ. of Wales College of Cardiff), 89–103.

Dalin, P. (1989), 'Reconceptualising the School Improvement Process: Charting a Paradigm Shift', in *School Effectiveness and Improvement, Proceeding of the First International Congress, London, 1988*, (eds.) D. Reynolds, B. Creemers, and T. Peters (Groningen: RION Institute for Educational Research / School of Education, Univ. of Wales College of Cardiff), 30–45.

Daly, P. (1991), *How Large Are Secondary School Effects in Northern Ireland?* (Belfast: School of Education, Queens University).

Edmonds, R. (1979), 'Effective Schools for the Urban Poor', *Educational Leadership*, 37/1: 15–27.

Finn, J. D., and Achilles, C. M. (1990), 'Answers and Questions about Class Size: A State-Wide Experiment', *American Educational Research Journal*, 27/3: 557–77.

Finn, J., and Voelkl, K. (1992), *Class Size: An Overview of Research* (Buffalo: Graduate School, State Univ. of New York).

Fraser, B. (1989), 'Research Synthesis on School and Instructional Effectiveness', *International Journal of Educational Research*, 13/7: 707–20.

Galton, M., and Simon, B. (1980), *Progress and Performance in the Primary Classroom* (London: Routledge and Kegan Paul).

Goldstein, H. (1987), *Multilevel Models in Educational and Social Research* (London: Griffin; New York: Oxford Univ. Press).

────── (1995), *Multilevel Statistical Models* (2nd edn.), (London: Edward Arnold; New York: Halsted Press).

────── and Sammons, P. (1995), *The Influence of Secondary and Junior Schools on 16-year Examination Performance: A Cross-Classified Multilevel Analysis* (A paper presented to the European Conference on Educational Research, University of Bath, September).

Gray, J., Jesson, D., and Sime, N. (1990), 'Estimating Difference in the Examination Performance of Secondary Schools in 6 LEAs', *Oxford Review of Education*, 16/2: 137–58.

Gray, J., McPherson, A., and Raffe, D. (1983), *Reconstructions of Secondary Education: Theory, Myth and Practice since the War* (London: Routledge and Kegan Paul).

Green, A. (1990), *Education and State Formation* (New York: St Martin's Press).

Hanushek, E. A. (1986), 'The Economics of Schooling: Production and Efficiency in Public Schools', *Journal of Economic Literature*, 24: 1141–77.

────── (1989), 'The Impact of Differential Expenditures on School Performance', *Educational Researcher*, 18/4: 45–65.

────── (1991), 'When School Finance "Reform" May Not be a Good Policy', *Harvard Journal on Legislation*, 28: 423–56.

Heal, K. (1978), 'Misbehaviour Among School Children', *Policy and Politics*, 6: 321–32.

Hedges, L. V. Laine, R. D., and Greenwald, R. (1994), 'Does Money Matter? A Meta-analysis of Studies of the Effects of Differential School Inputs on Student Outcomes

(An exchange Part1)', *Educational Researcher*, 23/3: 5–14.

Hill, P., and Rowe, K. (in press), 'Multi Level Modeling in School Effectiveness Research', *School Effectiveness and School Improvement*.

────── and Holmes-Smith, P. (1996), '*Modeling Student Progress: School Effectiveness and Improvement*' (Minsk, Belarus).

HMSO (1995), *Performance in City Schools* (House of Commons Education Committee).

Hopkins, D. (1994), *Towards a Theory for School Improvement* (ESRC seminar, Sheffield, October).

Jencks, C. S., Smith, M., Acland, H., Bane, M. J., Cohen, D., Gintis, H., Heynes, B., and Micholson, S. (1972), *Inequality: A Reassessment of the Effect of Family and Schooling in America* (New York: Basic Books).『不平等──学業成績を左右するものは何か』橋爪貞雄・高木正太郎訳, 黎明書房(1978年).

Lazar, I., Hubbell, V., Murray, H., Rosche, M., and Royce, J. (1977), *The Persistence of pre-school Effects: A Long-term Follow-up of Fourteen Infant and Pre-school Experiments* (DHEW Publication No. (OHDS) 78-30129).

Luyten, H. (1994), *School Effects: Stability and Malleability* (Enschede: Univ. of Twente, Faculty of Education).

McCormack-Larkin, M., and Kritek, W. (1982), 'Milwaukee's Project RISE', *Educational Leadership*, 40/3: 16–21.

Mortimore, J., Mortimore, P., and Thomas, H. (1994), *Managing Associate Staff: Innovation in Primary and Secondary Schools* (London: Paul Chapman Publishing).

Mortimore, P. (1995), 'The Class Size Conundrum', *Education* (September).

──────, and MacBeath, J. (1994), 'Quest for the Secrets of Success', *The Times Educational Supplement* (March).

──────, Sammons, P., Jacob, R., Stoll, L., and Lewis, D. (1988), *School Matters: The Junior Years* (Salisbury: Open Books).

Myers, K. (1996), *School Improvement in Practice: The Schools Make a Difference Project* (London: Falmer Press).

National Commission on Education (1995), *Success against the Odds: Effective Schools in Disadvantaged Areas* (London: Routledge).

New York Department of Education (1974).

North West Regional Educational Laboratory (NWREL) (1990), *Effective Schooling Practices: A Research Synthesis* (Portland, Ore.: Author).

Nuttall, D., Goldstein, H., Prosser, R., and Rashbash, J. (1989), 'Differential School Effectiveness', *International Journal of educational Research*, 13/7: 769–76.

Nye, B. *et al.* (1993), 'Tennessee's Bold Experiment', *Tennessee Education*, 22/3: 10–17.

Ouston, J. *et al.* (1979), 'School Influences on Children's Development', in M. Rutter (ed.), *Developmental Psychiatry* (London: Heinemann).

Paterson, L., and Goldstein, H. (1991), 'New Statistical methods of Analysing Social

Structures: An Introduction to Multilevel Models', *British Educational Research Journal*, 17/4: 387–93.

Power, M., Alderson, M., Phillipson, C., Schoenberg, E., and Morris, J. (1967), 'Delinquent Schools', *New Society*, 10: 542–3.

Preece, P. (1988), 'Misleading Ways of Expressing the Magnitude of School Effects', *Research Papers in Education*, 3/2: 97–8.

Purkey, S., and Smith, M. (1983), 'Effective Schools: A Review', *Elementary School Journal*, 83/4: 427–52.

Raudenbush, S. (1989), 'The Analysis of Longitudinal Multilevel Data', *International Journal of Educational Research*, 13/7: 721–40.

Reynolds, D. (1995), 'Failure-Free Schooling' *IARTV series 49*.

———, and Cuttance, P. (eds.) (1992), *School Effectiveness: Research, Policy and Practice* (London: Cassell).

———, Jones, D., and St. Leger, S. (1976), 'Schools Do Make a Difference', *New Society*, 37: 321.

———, Teddlie, C., Creemers, B.P.M., Cheng, Y. C., Dundas, B., Epp, J. R., Hauge, T. E., Schaffer, E. C., and Stringfield, S. (1994), 'School Effectiveness Research: A Review of the Institutional Literature', in D. Reynolds, B.P.M. Creemers, P.M.S. Nesselrodt, E. C. Schaffer, S. Stringfield and C. Teddlie (eds.), *Advances in School Effectiveness Research and Practice* (Oxford: Pergamon).

Rutter, M. (1983), 'School Effects on Pupil Progress: Research Findings and Policy Implications', *Child Development*, 54/1: 1–29.

———, Maughan, B., Mortimore, P., and Ouston, J. (1979), *Fifteen Thousand Hours: Secondary Schools and their Effects on Children* (London: Open Books).

Sammonds, P., Hillman, J., and Mortimore, P. (1994), *Key Characteristics of Effective Schools: A Review of School Effectiveness Research* (London: Office for Standards in Education).

———, Kysel, F., and Mortimore, P. (1983), 'Educational Priority Indices: A New Perspective', *British Educational Research Journal*, 9/1: 27–40.

———, Thomas, S., and Mortimore, P. (1995), *Accounting for variations in Academic Effectiveness between Schools and Departments: Results From the "Differential Secondary School Effectiveness Project": A Three-Year Study of GCSE Performance* (paper presented at the European Conference on Educational Research / BERA Annual Conference, Bath, 14–17 September).

———, ———, and ——— (1996), *Differential School Effectiveness: Departmental Variations in GCSE Attainment* (paper presented at the School Effectiveness and Improvement Symposium of the Annual Conference of the American Educational Research Association, New York).

Scheerens, J. (1992), *Effective Schooling: Research Theory and Practice* (London: Cassell).

Shephard, G. (1995), CLEA speech (Brighton: July).

Silver, H. (1994), *Good Schools Effective Schools: Judgements and their Histories* (London: Cassell).

Slater, H., and Teddlie, C. (1992), 'Towards a Theory of School Effectiveness and Leadership', *School Effectiveness and School Improvement*, 3/4: 247–57.

Slavin, R. (1990), 'Class Size and Student Achievement: Is Smaller Better?', *Contemporary Education*, 62/1: 6–12.

Smith, D., and Tomlinson, S. (1989), *The School Effect: A Study of Multi-Racial Comprehensives* (London: Policy Studies Institute).

Stoll. L. (1995), *The Complexity and Challenge of Ineffective Schools* (research paper presented to the European Conference on Educational Research and the Annual Conference of the Educational Research Association, Bath).

—— and Mortimore, P. (1995), 'School Effectiveness and School Improvement', *View Point*, (London: Institute of Education), 2: 1–8.

Teddlie, C., Falkowski, C., Stringfield, S., Deselle, S., and Garvue, R. (1984), *The Louisiana School Effectiveness Study Phase 2* (Louisiana: State Department of Education).

——, Kirby, P., and Stringfield, S. (1989), 'Effective Versus Ineffective Schools: Observable Differences in the Classroom', *American Journal of Education*, 97/3: 221–36.

Thomas, S., and Mortimore, P. (1995), 'Comparison of Value Added Models for Secondary School Effectiveness' (forthcoming), *Research Papers in Education* (Paper presented at the ECER / BERA Conference, Bath).

——, Sammons, P., Mortimore, P. and Smees, R. (1995), *Stability and Consistency in Secondary School Effects on Students' GCSE Outcomes over 3 years* (paper presented at ICSEI Leeuwarden, The Netherlands).

Tizard, B., Blatchford, P., Burke, J., Farquhar, C., and Plewis, I. (1988), *Young Children at School in the Inner City* (Hove and London: Lawrence Erlbaum Associates).

Weber, G. (1971), *Inner-City Children can be Taught to Read: Four Successful Schools* (Washington, DC: Council for Basic Education).

14
多文化主義とポストモダン批評
――抵抗と変革の教育学をめざして――

ピーター・マクラレン

包囲された社会正義

　われわれは，懐疑的な時代，つまり不信，幻滅，絶望の気分に包まれた歴史的瞬間に生きている。不愉快な社会関係や気おくれする社会関係は，以前からつねに存在した。しかし，今日の歴史的危機は，この点に関して，とくにいまいましいものである。たしかに，人々は欲におぼれ，消費者の意思，ナルシシズムの競争的傾向，激しい経済的，人種的不公正が過度に刺激され，社会的な妄想が昂進している。今日，西洋資本主義の客観的諸条件は，自由と解放の実現とはまったく両立しえないように思える。それらの諸条件を企業間の相互対立だとみなしてもかまわない。資本主義は，道徳的な責任が及ばない立場におかれ，民主主義と自由の意味を選挙運動の連呼や，郊外にあるショッピングモールの特売所で見受けられる，もっともらしい言い回しに解消してしまった。アメリカ国民には，日曜日のありふれたバーベキューパーティ，アメリカン・グラディエーター[訳注1]への熱狂的な支持，アムウェイ（AMWAY）の企業意識，「新世界秩序」という愛国主義の不吉な表現が混じり合った，民主主義の一つの幻想が提供されてきた。
　近代主義は「さえない白人男性たち」の権力と特権を当然のものと見なし，支配の病理に文化的根拠を与えてきた。近代主義のすさまじい流行は，腐敗，失敗，そして道徳的危機の歴史を隠し持っていたも同然だった。オリバー・ストーンのテレビ・ミニシリーズ『ワイルド・パームズ』できわめて鮮やかに描かれたように，強欲，貪欲とひねくれた見方は，現実に文化生活のあらゆる側面に入り込み，西洋文明として知られる巨大な専門機関に必要とされる特質と

して，合理化され美化されるようになった。それは，ウィリー・ホートン[訳注2]をわれわれの構造的無意識の中に組み込んできた歴史であり，ロドニー・キング[訳注3]や黒人一般に対する合法的な拷問と人間性の剝奪を可能にし，当然のこととするのに役だった歴史である。世紀末の時代に要塞と化した，ポストモダンの暗黒の大都市は，ラテン系アメリカ人への恐怖，同性愛への恐怖，異国人への恐怖，性差別，人種差別，官僚制的な無慈悲を増大させてきた。しかし，それは，国民一般の自己了解の反映ではなく，表象の政治学を通して国民が作り上げてきたやり方の反映であり，表象の政治学は今日の保守的な政治体制と，文化的民主主義に対する右派からの反撃という抑圧的な道徳に結びついていた。また，あのポストモダンの自由気ままな知識人たちの傍観者的な無関心も忘れるべきではない。彼らは，集団的な脱構築の企ての担い手だと主張しているにもかかわらず，自由人としての性癖のために，知的労働を動員するのにしばしば失敗している。

　今日の道徳の黙示録は，ロサンゼルスの煙の立ちこめた空の下で，怒りと暴力の大混乱——マイク・デーヴィスが「ロサンゼルス・インティファーダ」(Katz and Smith 1992) と呼んだもの——によって，おそらくもっとも鮮明に表現された。しかし，それは，たんに真夜中の売春婦，麻薬売買，歪んだ野心，法秩序の体系に対する公然たる不法行為を行うギャング連中の存在によって引き起こされただけではない。最近20年にわたって悪化した，経済的，政治的，文化的諸関係の変化によって引き起こされたものでもある。この20年の間，アフリカ系アメリカ人，ラテン系アメリカ人，その他のマイノリティたちにとって，物質的な富，経済的な混乱，世代間にわたる貧困の不平等が確実に増大し，われわれは文化の崩壊の岐路にたち続けてきた。こうした状況は，レーガン政権とブッシュ政権の熱狂的で，時には野蛮な悪行によって生み出された。それは，彼らの在任期間に生じた，アンダークラスへの打撃，社会計画の崩壊，公民権の全般的な後退に示されている。

　こうした今日の危機には，他にも特徴がある。つまり，アメリカ経済の構造変化，都市中心部の労働市場の減少，国内失業率の上昇，都市部の伝統的ブルーカラー産業における不熟練労働の激減，ますます減少する不熟練労働への就労をめぐる若者の競争の激化，事務労働の機械化，様々な階級が存在したか

つてのゲットーから抜け出すアフリカ系アメリカ人中間層の動き，郊外へ移動するサービス部門の雇用 (Kasinitz 1988)，他国がアメリカ市場への不均衡な売り込みによって経済成長を達成できるとする後退した観念によって強化された，自由貿易政策から生み出される諸国家間の破滅的な競争，アメリカ諸都市における移民労働者の搾取や第三世界の諸国家への「アウトソーシング」によるコスト削減を資本主義的製造企業にうながす世界規模の競争の高まり，経済構造のポスト・フォーディズム的非独占化，「地場資本が進出企業の戦略から被害を受けやすくなる」(Featherstone 1990: 7) 規制緩和された地域市場，それと同様の，市場，貿易，労働の規制緩和とグローバル化，などである。

　さらに，われわれは，大衆文化の制作者による人間の知性への攻撃の増大，意味を構築し道徳的な問題に関する合意を作り上げようとしてマスメディアが生み出す社会的な暗示への依存の高まり，ピッコーネの言う「抽象的個人主義と管理的官僚制の邪悪な共生」(Piccone 1988: 9) の強まりに直面している。白人がコントロールしているメディア(しばしば，犠牲者を非難する白人社会科学者によって後押しされる)は，経済的，社会的条件がコーネル・ウェスト (Cornel West) の言う「広範な麻薬の常用，広範なアルコール中毒，広範な殺人，自殺の急増という生きた虚無主義」(Stephanson 1988: 276 より引用)をアフリカ系アメリカ人社会の中に引き起こす原因となっている点を無視してきた。

　そのうえ，白人のメディアは，アフリカ系アメリカ人の若者集団による都市中心部での最近の暴力行為を説明するのに，猥褻の意味をもつ「野蛮 (wilding)」という言葉を人種差別的に作り出した (Cooper 1989)。明らかに，「野蛮」という言葉は，セントラルパークのレイプ魔に関する『ニューヨーク新聞』の報道の中で最初に使われたものである。しかし，ベンソンハーストのユセフ・ホーキンスに対する白人青年の襲撃報道には，たしかに，それが使われなかった (Wallace 1991)。そのため，その言葉は黒人青年の暴力にのみふさわしいものになった。こうして，今日，アフリカ系アメリカ人のアンダークラスに関して多くの白人が抱くポストモダンのイメージは，暴力とグロテスクなもの——血に飢え，エンジェルダスト[訳注4]で興奮し，鉄パイプで手当たり次第に白人狩りをしながら都会の周辺をさまよう突然変異のウィリー・ホートンのような若者を生み出す人々——によって形づくられている。この点に関して，ラテン系の若

者も，周知のとおり，同様である。

ポストモダン批評のジレンマと多文化主義をめぐる論争

　私は，多文化主義に関する議論の背景として，抑圧の社会的文化的位置づけを前面に押し出してきた。なぜなら，ミシェル・ウォレスの確信，つまり多文化主義をめぐる議論は，抑圧された諸集団の生きた諸経験から切り離された理論問題に焦点があてられることによって，より広い物質的諸関係が隠蔽され，物質的諸関係との関連を論じられなくなるとする考え方を共有するからである。彼女の議論は，この問題に関して，引用する価値がある。

> 今日の文化的風景に関する多くの個人的な出来事によって，私は芸術世界と文化一般における「多文化主義」をめぐる今日的な議論に悩ませられる。しかし，私の関心は，なによりもまず，人口の増加部分に対する既存の物質的諸条件の影響を観察することにもとづいている。これらの物質的諸条件は，広範に存在するホームレス，失業，文盲，犯罪，（エイズを含む）病気，飢え，貧困，麻薬の常用，アルコール中毒やそれと同様の不健康な様々な習慣，環境破壊を含んでおり，近年の多国籍資本主義の無数の社会的事実（に直面させる）となっている (Wallace 1991: 6)。

　物質的でグローバルな抑圧の諸関係に焦点をあてることは，多文化主義の「問題」をたんに態度や気質の問題，あるいは学問上の定義をめぐる論争や言説をめぐる議論に還元するのを避ける上で役立つ。それは，合衆国では「多文化主義」と呼ばれる作り話が，平等のための法廷調査と長期にわたって作り上げられた「メルティング・ポット」の政治問題化によって生じ，差異の尊重よりも差異に対する嫌悪を生み出したという事実を強調する上でも役に立つ。残念なことに，多文化主義は，あまりにも頻繁に今日の政治的な決まり文句に変えられてきた。その決まり文句は，異なる種類からなる国民文化の概念への攻撃を通して差異を非難する新保守主義の選挙綱領によって，この国の人種差別主義と社会的不公正という最大の遺物から目をそらすために，執拗に唱えられたものである。それは，文化の空間が脱差異化され，悪魔にとりつかれたものとなり，その空間で新しい人種差別主義者の陣営が生産されている点から注意をそらす目的をもっている (Ravitch 1990, 1991; Kimball 1991; Browder 1992 参照)。

以下の諸節では，今日の保守派とリベラル派の多文化主義に関する定式化の限界を検討するため，最近のポストモダン批評の諸潮流を吟味し，その上で，それに代わる分析を提案する。ポストモダン批評は，解放の政治学を構築するにあたって限界をもっているにもかかわらず，多文化主義，教育学，社会変革をめぐる現在の議論を深化させ，拡大させうるという点で，差異と多様性の問題を取り扱う一つの手段を，教育学者と文化労働者に提供しうると主張する。「政治的」で「批判的」なポストモダニズムといえる，ある新しいポストモダン批評の立場は，この点に関してきわめて注目に値する。

　より明確にいえば，「差異の政治学」の構築を強調する新しいポストモダン批評の立場から，多文化主義の議論を描き直すことになる。結論として，理論的，教育学的言説に歴史や物質性を取り戻す努力によって，関係論的な批評やグローバルな批評――とくに「全体性」の概念――の重要性を再生するよう，批判的教育学者に力説する。

ポストモダン批評への被抑圧者 (Subaltern) とフェミニストの異議申し立て

　啓蒙的理性が教育的な思考と教育政策の中に残存しているとすれば，それはわれわれを失望させる。というのも，ポストモダン批評によって示されたもっとも手痛い教訓のいくつかは，科学の進歩に関する目的論的全体論的見解が解放にとってふさわしいものではなかったこと，資本主義が道徳と経済の間に回復不可能な分裂をもたらしたこと，そして逆説的にいえば，モダニティが自ら戦いを挑んだ支配の論理そのものへの強固な隷属を生み出し，そうすることで自らが強く軽蔑した抑圧の側面を再生産してきたことであったからである。

　ポストモダンの条件を構成するのは正確には何か。この点に関して，きわめて多くの対立する主張が存在し，それらの主張をめぐって矛盾した視点が生まれるのは，おそらくポストモダンの条件それ自体の皮肉な結果の一つである。大まかにいえば，ポストモダン批評は，近代主義の認識論的基礎ないしメタ物語の拒絶あるいは暴露に関心がある。すなわち，それは，実証科学の権威の失墜，歴史の統一された目標という観念に対する攻撃，そして啓蒙運動の壮大な

ごまかしの脱構築である。権威が失墜させられる実証科学とは，固有の自己アイデンティティをもつと思われる者の間にある差異を本質的なものとみなすものであり，啓蒙運動の壮大なごまかしとは，自主的で確固とした自制心のある自我は，自我自身の歴史，意味を作り出すという自我自身にもともと備わっている立場，そして自我をめぐる文化的言語的状況と独立に行為でき，とくにジェンダー，人種，階級という言説で語られるものから自由に行為できるという仮定である。

　ポストモダンの社会理論は，われわれには世界を経験的に明らかにしうる，あるいは正確に描きうる語彙ないし認識論が欠如していること，そして知性の社会的生産を視野に入れなければ，経験と理性は説明されえないことを正当に主張してきた。それは，言語，権力，主体性の不可分性を強調する。意味は，テクストの内部やシニフィエの抽象的な等価物の中に重層的に備わっているわけではない。啓蒙主義的合理性の迷路のような道は，意味の反復可能性への接近ではなく，意味の反復可能性——それと人間の苦悩や抑圧との関連——から遠ざかるものとして機能することが示されてきた。さらに，ポストモダン批評は，世界を文化的で社会的な構成に変える政治的，イデオロギー的，経済的諸条件を超えようとする経験主義者の試みに希望がないことを示す典型であり続けてきた。ポストモダンの社会理論は，表象の政治学とアイデンティティ形成の政治学に関するわれわれの理解を前進させてきた。だが，注目すべきことに，あるポストモダンの分派のはやりの変節と批判的社会理論の屈折によって，社会変動，解放の実践，変革の政治学という言い回しが放棄されてしまった。実際，それらの多くは，文化中心的な考え方に没頭し，きわめて悲観的で独特な反動的可能性を持ち込んだ。

　ポストモダン批評は意味作用（signification）と表象の強調，歴史がテクストの残像へ拡散するという先入観，真理と経験の理性中心主義的な概念への異議申し立てを通して，政治的な批評の概念を変化させたが，その変化は議論の余地のないものになったわけではない。たとえば，ポール・ギルロイは，ポストモダニズムの旗印の下で進められた理論化に伴う諸問題のいくつかを——かりにそんな旗印の下で，拒絶，救い，解放の政治学が構築されてきたとしても——明確にした。ギルロイは，次のように述べている。

著名なヨーロッパ系アメリカ人の文化理論家が「大きな物語」の崩壊を公言した，まさにその瞬間に，イギリスの黒人貧困層の表現豊かな文化が，救いと解放の物語として大きな物語を構築する必要性にせまられているのに注目するのは興味深いことである。この表現豊かな文化は，他の場所へ離散したアフリカ人の別の文化のように，民族資本主義とその征服に関する，力強い歴史的記憶と厳然たる分析的で歴史的な説明を生み出す (Gilroy 1990: 278)。

いくつかの有名な文化批評がポストモダニズムの特徴とみなしたもの——深みのなさ，歴史問題からの後退，感情の喪失——は，ギルロイの見方では，アフリカ系アメリカ人の表現豊かな文化の中に存続しているものを必ずしも十分には把握していない。このように仮定されたポストモダニズムの「文化的支配」を強く否定するのは，黒人の表現豊かな文化から発せられる「『解釈学的身ぶり』の宝庫」である。ギルロイは，フレドリック・ジェームソンのような有名な批評家によって広く宣伝されたポストモダニズムの条件という見方は，おそらくヨーロッパ中心の支配的な物語のもう一つの形態を構築しただけにすぎないと指摘する。というのも，黒人の表現豊かな文化はあらゆる新しい技術手段を「深さから逃げ出すのではなく深さに満足し，人民の歴史を投げ捨てるのではなく人民の歴史を宣言しようとして」(1990: 278) 思い通りに駆使するからである。同様に，コーネル・ウェストは，芸術や知的生活における黒人の文化的実践を，「いまだにポストモダニズムに抵抗できる可能性をもった」よい例であると考えている。それは，次のようなことに起因する。

> (黒人には)理解できない一つの現実——すなわち，みすぼらしいせっぱつまった現実，つまり必然的に，ヨーロッパの時代に北米の白人至上主義者によって歴史的に構築された一つの現実——の承認[に起因する]。これらの——食べることができず，住居をもてず，健康を維持できないといった——せっぱつまった現実，これはすべて，黒人の文化的実践の戦略と様式にしみこまされている (West 1989: 93)。

ポストモダン批評に関する重大な関心は，フェミニズムの理論家たちによっても，主張されてきた。彼女たちは，とくに男たちが，非常に大きな影響力をもつポストモダニズムという新しい教義を，なぜ今日の歴史的瞬間に見いだすのかを問題にしてきた。彼女たちの異議は，ポストモダン批評への理論的転向によって，多くの場合，男たちが神の言葉の担い手として特権的な地位を維持

する余地を与えられるという事実と少なからず関連している。なぜなら，それは，まさに近年のフェミニストの言説に対する関心の集中から決定的に注意をそらすことになるからである (Kaplan 1987: 150-2)。また，ポストモダン批評のうち有力な立場は，有色人種，黒人女性，ラテン・アメリカ人，アフリカ人の近年の文学を脱正統化しがちである (Christian 1987: 55)。さらに，われわれが想起させられるのは，非常に多くの集団が「ナショナリズム」——それは，彼ら自身が周辺化された〈他者〉として再定義されることを含んでいる——に引きつけられる歴史上のまさにその時代に，主体的行為能力 (agency) の概念を疑い，世界を記述し，歴史的進歩を探求できる一般理論の可能性に関して懐疑の目を向ける，そのような「主体」に対する批判理論が学問世界で正統化され始めたことである (Harstock 1987, 1989; Di Stephano 1990)。

これらの議論に対して，ポストモダン批評の支配的な形態 (variants) 内部に現れているように，大文字で語られた〈家父長制〉，〈男らしさ〉，〈真理〉を小文字にする (decapitalize) といった主張で反論するのは難しい。そして，その点を考慮して，上述した批判に注意しながら，ポストモダン批評の企てを多文化主義の批判的教育学の文脈の中で，復活させ拡大することが可能であるかどうかを問いたい。そのような問いに答えようとする試みは，ポストモダニズムの言説の様式に最初に焦点をあて，議論を開始することを求める。

戯れのポストモダニズムと抵抗ポストモダニズム

私はポストモダン批評に対して，重大な条件なしに，一般的に共感するわけではない。ポストモダン批評は一枚岩ではない。そこで，本稿の目的のために，2つの理論的立場を区別する。一つは，テレサ・エバートによって，「戯れのポストモダニズム」として巧みに描かれてきたものである (Ebert 1991a: 115)。それは，権力の抑圧的な社会政治体制を変革する能力という点で，明らかに限界のある社会理論へのアプローチである。戯れのポストモダニズムは，一般に意味の生産における記号の信じがたい組み合わせの可能性に焦点をあて，シニフィアンの絶え間ない戯れと差異の異質性によって構成される現実にこだわる。戯れのポストモダニズム (たとえば，リオタール，デリダ，ボードリヤール) は，

「意味それ自体は自己分裂的で不確定なものである」と主張するので，西洋のメタ物語を脱構築する際に，それ自体自己反省性の契機を構成する (Ebert 1991b)。

この見方では，政治は表象の外部に存在する行為を直接指し示すものではない。むしろ，政治は大きな物語と支配的な言説装置の内部で，意味の全体的な循環を変革するのではなく，不安定化させ，ずらし，混乱させるテクストの実践(たとえば，パロディー，模倣，断章化)になる (Ebert 1991b; Zavarzadeh and Morton 1991)。戯れのポストモダニズムは，権力が文化的環境の中で展開される方法を脱構築しようとする試みに関して，称賛を与えられるかもしれない。しかし，その一方で，それは結局差異の文脈上の特異性が全体化する支配機構に対置させられる，脱全体化的なミクロ政治学の一形態を表現している。この場合，戯れのポストモダニズムは，生産様式と生産関係の物質性に対して，文化，言説，イデオロギーの様式と関係を特権化する「超構造主義」を作り出すので，偶然のできごとが必然性を決定することになる (Zavarzadeh and Morton 1991)。

教育学者は戯れのポストモダン批評に警戒した態度をとるべきだと，私は主張したい。なぜなら，エバートが述べているように，戯れのポストモダン批評はしばしば現状を描き直すだけにすぎず，歴史を意味作用の補足物か，自由に漂流するテクストの軌跡に還元するからである (1991a: 115)。批評の一つの様式として，それはその場合，明白で部分的な抑圧の記述を問いただすことにもとづいているが，しばしばより大きな抑圧の支配構造に関わるような記述を分析しそこなっている (McLaren 1995; Aronowitz and Giroux 1992)。

戯れのポストモダニズムは，スコット・ラッシュ (Scott Lash) が「幽霊のポストモダニズム」(1990)訳注5)と呼んだものに近い。それは，脱差異化と学問知や学問的ジャンルの曖昧性(たとえば，文学と批評)を扱い，現実的なるものの表象への内破 (implosion)訳注6)，社会的なるもののメディア世界への内破，交換価値の記号価値への内破を内包する批評の一形態である。幽霊のポストモダニズムの理論家にとって，意味の深さは皮相なものに内破され，社会的なものは記号と電子的なコミュニケーションに吸収され分解させられる。ポーリン・マリー・ローズナウ (Rosenau 1992) は，これを「懐疑的ポストモダニズム」とした。——それは，社会変革の優先性の放棄を促す存在論的不可知論だけでなく，いくつもの意味のどれも主張せずに意味の許容範囲を要求する認識論的相対主

義をも反映する,ポストモダニズムの一つの立場である。しばしば,戯れのポストモダニズムは,マルクス主義とグランド・セオリーに対して,ポストモダンの新しい時代に場違いな,世界史規模のむだな企てに展望もなしに巻き込むものだとして,勝利に満ちた古めかしい放棄の形態をとる。そんな試みは,反基礎づけ主義者(訳注7)の概念的に不正な理論化を通して,議論の中にしばしば「全体化」の新たな形態をもたらす。

　私が懐疑的ポストモダニズムや幽霊のポストモダニズムに対置したいと考えるポストモダンの社会理論は,「対抗ポストモダニズム」(Foster 1983),「ラディカル批判理論」(Zavarzadeh and Morton 1991),「ポストモダンの教育学」(Aronowitz and Giroux 1991),「抵抗ポストモダニズム」(Ebert 1991b),「批判的ポストモダニズム」(McLaren 1995; Giroux 1992; McLaren and Hammer 1989) とされるものである。こうした形態の批評は,戯れのポストモダニズムに取って代わるものではなく,それを認め発展させるものである。抵抗ポストモダニズムは,差異のテクスト理論だけでなく,社会的で歴史的な理論にももとづいているため,戯れの批評に唯物論的な介入の形態をもちこむ。このように,ポストモダン批評はアメリカ文化に介入し,それを変革するのに役立ちうる。エバートによれば,抵抗ポストモダニズムは「テクスト性(意味作用)は物質的実践であり,対立する社会諸関係の諸形態である」(1991a: 115) ことを示そうとしている。記号はつねに物質的葛藤の場であり,思想だけでなく社会諸関係が競い合う場である。そして,われわれは「記号を,歴史的に可能であるか,あるいは保留されたシニフィエの基盤に関連するシニフィアンから形成されるイデオロギー過程として描き直す」(Ebert 1991b)。いいかえれば,差異は,たんにテクスト上,ないし記号上の矛盾というより,現実の社会的,歴史的葛藤の中に位置づけられることによって政治的なものとなる。

　抵抗ポストモダニズムは,社会的なるものの不確定性,偶然性も放棄していない。むしろ,歴史の不確定性は,階級闘争,権力と特権の不均衡な関係の制度化,そして歴史の記述が異なる諸集団によって議論される方法に関連するものとして理解される (Zavarzadeh and Morton 1991; Giroux 1992; McLaren and Hammer 1989)。この件に関して,エバートは,「シニフィエの対立する引き延ばされたずれが,言語の内在論理の結果としてでなく,意味を妨害する社会的葛

藤の影響として把握される差異の理論を明確にする必要がある」(1991a: 118) と指摘している。いいかえれば，たんなるテクストとしての差異，つまり，表象がそれ自身の意味の軌道を物語る形式的なレトリックの空間としての差異を考察することは，差異の社会的歴史的次元を無視することである (Ebert 1991b)。エバートは，この点について，次のように述べている。

> 差異のポストモダン分析は，具体化された経験としての差異の理論を乗り越えることを可能にし，われわれが現存する社会関係を維持するような意味と主体性を生産する，少しずつずれた一連の競合しあう関係として，歴史的，経済的，イデオロギー的な差異それ自体の生産の批評を可能にする (Ebert 1991a: 118)。

さらに，彼女は，抵抗ポストモダニズムを差異の政治学として，そして実践の理論であり理論の実践として叙述している。

> 抵抗ポストモダニズムの文化批評——それは，文化の政治的記号論 (semiosis) を問うものである——は，読みと文化的テクストの了解という活動を通じて生み出される，対立的な政治的実践であろう。しかし，対立はテクストや個人の内部に存在するのではなく——いいかえれば，それは，テクストや個人に固有のものではなく，批評という実践それ自体から生み出されるものである。そのうえ，批評する彼女自身がつねにすでに，文化に関してヘゲモニーをもった主体としての地位にあることについて，説明を求められる。そして，論争は，何らかの抵抗の意志に由来するのではなく，ふたたび批評という実践を通じて生み出されるのである (1991a: 129)。

抵抗ポストモダニズムは，グローバルな抑圧関係の分析手段として，構造的機構に関するマクロ政治学のレベルと，対立し合う異なった抑圧の表現に関するミクロ政治学のレベルを考慮に入れている。それ自体として，抵抗ポストモダニズムは，スコット・ラッシュが最近「有機的ポストモダニズム (organic postmodernism)」と名づけたものとかなりの程度，類似したものを生み出す。有機的ポストモダニズムは，言語の商品化そのものでなく，労働の商品化と社会的生産諸関係の問題をめぐる認識上の懐疑論と解釈上のニヒリズムを乗り越えようと試みている。ラッシュによれば，それは，文化的環境を自然環境，物質的環境に再統合しようとする試みである。こうした視点から見れば，合理性は通歴史的でも普遍的でもなく，つねに特殊な言説世界に位置づけられている。さ

らに，有機的ポストモダニズムによれば，高度な近代主義は，権力と特権というより大きな機構から切り離された独自のデカルト的世界を実証しなくてもすむような方法で現実を明確にする。いいかえれば，高度な近代主義は，差異を崩壊させ白人の家父長制的特権——ナショナリズム，帝国主義，そして国家と強く結びついた特権——として知られる窮屈な調和をもたらしたとして非難される。

多文化主義とポストモダン批評

　本節では，多文化主義の問題に関わる批判的ポストモダニズム，あるいは抵抗ポストモダニズムの視点を提起する。私にとって，批判的教育学者の重要問題は，多文化主義のカリキュラムと教育学を発展させる点にある。それは，（戯れのポストモダニズムと結びつく）差異の（人種，階級，ジェンダー，性志向等に関する）特性に留意しながら，しかし同時に，（抵抗ポストモダニズムと結びつく）自由と解放を導くものに関して，法の下にある多様な〈他者〉から構成される人々に語りかけるものである。

　抵抗ポストモダニズムの視点から見れば，分離主義的で自民族中心主義的な多文化主義に対するリベラル派と保守派による攻撃は，北米の社会が基本的につねに調和した社会諸関係を構成しているとする誤った仮定を伴っている。そのうえ，こうした見方は，一般に北米の社会はますます増え続ける様々なマイノリティの立場との合意形成の場であるという考え方を強調する。これは，権力と特権の作用を大きく無視する多元主義の政治学を構成している。より明確にいえば，それは，「構造変動の政治学に関する限り，どんなものでもきわめて陰険な排除をふくんでいる。つまり，それは，『イデオロギー的』で『全体的な』ものとして，権力のグローバルな諸関係あるいは構造的諸関係を排除し，阻止するものである」(Ebert 1991b)。さらに，多元主義の政治学は調和と同意——つまり，差異が共存できる穏やかな空間——を前提にしている。それでも，そのような前提は，危険な問題をはらんでいる。チャンドラ・モハンティ (Mohanty 1989/1990) は，差異は自明視された文化的同質性という背景に対する文化的に多様な諸集団間の交渉として，定式化することはできないと述べてい

る。差異とは，差別的に構成された権力関係によって引き裂かれる歴史の中で，知識が偽造されるという認識である。すなわち，知識，主体性，社会的実践は「非対称で不均衡な文化の領域」（1989/1990: 181）の内部で偽造されると考えられる。

多様性に関するリベラルな立場と保守的な立場は，あまりにもしばしば文化を(歴史的な対立の結果の)慰め——つまり歴史的な葛藤の不合理性が取り除かれた，何らかの作り物——として見なそうとする。これは，文化の腹黒い見方であるばかりでなく，非常に間違った見方である。また，文化に関するリベラルな立場と保守的な立場は，正義はすでに平等に分配されているし，分配される必要があると装う。しかしながら，教師も学生も法律が存在するだけで，正義がすでに存在していることにはならないと理解する必要がある。正義は引き続き創造され，一貫して追求される必要がある。教師たちに提起したい問題は次の点である。それは，教師たちや文化労働者は，リベラル派や保守派たちによって民主主義的なものとして擁護される現存の社会的，文化的実践を十分に批判し，変革させる余地のある言語を用いているのかということである。

特徴のない主体

批判的ポストモダン批評は，後期資本主義の影響下にある民主主義の論理にとらわれた，多文化主義の限界を理解する方法をわれわれに提供する。民主主義の歪んだ理解の一つは，市民がどんな人種的アイデンティティも，あるいはどんなエスニック・アイデンティティも捨てさるように促されてきた，そのやり方にある。その結果，おそらく，彼らは法の前でまったく無防備になるだろう。要するに，市民は具体性のない消費者にすぎなくなるように促される。ジョアン・コプジェクは，次のように指摘している。

> 民主主義は，(メルティング・ポット，そして移民国家である)アメリカを一つの国家として成り立たせる普遍的な目印である。もし，われわれすべての市民がアメリカ人と呼ばれるのであれば，それはわれわれが積極的な特徴を共有しているからではなく，むしろわれわれにこれらの諸特徴を放棄する権利，法の前で具体性のないものとして存在する権利が与えられているからこそである。私は積極的なアイデン

ティティを失う。それゆえに，市民なのである。これは，民主主義の独特の論理である (Copjec 1991: 30)。

レナート・ロサルド (Rosaldo 1989) は，諸個人が「明白な」アメリカ市民になるために以前もっていた文化を剥奪される点をふまえ，こうした過程を「文化的剥奪」とした。どんな市民のアイデンティティでも，肉体を備え独自の見方をもつ立場が何かを語るのに否定できない影響をもつが，それにもかかわらず，民主主義は差異を消去しながら，アイデンティティの幻想を与える形式的なアイデンティティを創造してきた。デーヴィッド・ロイド (Lloyd 1991: 70) は，こうした文化的実践を「特徴のない主体」の形成とした。支配される者たちが積極的なアイデンティティの放棄を促されるにつれ，支配者たちは無意識のうちにまさに彼らの冷淡さのせいでアイデンティティそれ自体を規制する原理として機能する。

支配者の立場の普遍性は，文字どおりの冷淡さを通して獲得される。そして，支配者は「誰にでも，どんな場でも，純粋にかわりうるため代表者となる」。そんな特徴のない主体は「白人ヨーロッパ人の全世界への遍在」，つまり「地方文化の多様性をそのつど定義する〈文化〉というまさに規制的な考え方」を仮定することによって，人間を地方人（原住民）と世界人に分類する。白人の普遍化された主体による支配は，「どこにでも存在できる能力が，徐々に至るところで白人男性が代表となる普遍性に近づく歴史を示すことになるので，ほとんど自己正当化である」と，ロイドは指摘している (Lloyd 1991: 70)。

民主主義のこうした独特の論理に対して，抵抗ポストモダニズムは，諸個人はアイデンティティと差異の関係をつねに再考する必要があると主張する。彼らは位置，立場ないし話しぶりの政治学に関して，自らのエスニシティを理解する必要がある。スチュアート・ホールは，「立場と無関係な話しぶりは存在しない。あなたは，どんなことを話すにしても，あなた自身を何らかの立場に位置づけなければならない」と，私の見方からいって，正しく主張している (Hall 1991: 18)。アイデンティティは，黒人であろうと白人であろうと，あるいは，ラテン系であっても，固有のエスニシティをどうにかして見いださねばならない。ホールは，こうした発見の過程を，「新しいエスニシティ」あるいは「新たに出現したエスニシティ」の構築と呼んでいる。そのような発見には，必然的に次

のような点が伴う。

> (人々が)経験した……隠れた歴史に光をあてる必要がある。彼らは，言語が話すために教えられてきたのではないことを理解する必要がある。文化的表現と文化的創造性の伝統と遺産を理解し再評価する必要がある。そして，その意味で，過去は語るものであるだけでなく，話すために無条件に必要な要素でもある。……それゆえ，私が過去について語っているようなエスニシティの関係は，単純でも本質的なものでもなく，構築されたものである。それは歴史の中で構築され，部分的には政治的に構築される。それは，物語（narrative）の一部である。われわれはそれに創造的に出合うために，われわれ自身にむかってわれわれの祖先に関する話（stories）を語る。それゆえ，この新種のエスニシティ――新たに出現したエスニシティ――は，過去との関係をもっているが，それは部分的には記憶を通じ部分的には物語を通じた関係であり，発見されなければならない関係である。それは，一つの文化を発見する行為である（Hall 1991: 18–9）。

多文化主義という言説は，制限なくすべてを含みこむことに賛成する主張であるため，ヒエラルキー的な排除に反対しがちであった（Wallace 1991: 6）。これに対し，抵抗ポストモダン批評は，アイデンティティと差異の新たな関係を明確にすることによって，それ以上に排除と包摂の問題を重視する。抵抗ポストモダニズムによる差異の明確化は，周辺化された諸集団がどういう場から語るのかを理論化できるだけでなく，狭く限定されたエスニック・アイデンティティを乗り越えて移動する場を諸集団に提供することもできる。というのも，彼らの場合にも，平等と社会正義のグローバルな条件に利害がからんでいるからである（Hall 1991）。

ホミ・バーバ（Bhabha 1990）は，「差異」と「多様性」の重要な違いを明確にしている。バーバはポスト構造主義の視点にたって，合意の上に成り立つ差異概念にもとづいて人種，階級，ジェンダーがモデル化される社会民主主義的な多文化主義とは異なる，ラディカル民主主義的な文化多元主義の中に自らの仕事を位置づける。それは，人々が自らのアイデンティティを構築する際に用いる記号と意味装置が本質的に競合しあう特徴をもったものである（Mercer 1990: 8）。

バーバは，多元的で民主的な社会の重要性に関してリベラルな言説の中で用

いられる，多様性の観念に批判的である。偽りの合意を創造する「ホスト」社会によって構築され，管理された「明白な規範」は多様性を伴うと，彼は主張する。これは，文化の差異を内包するのに役立つと同時に，文化の多様性を位置づける標準的基準だからである。つまり，「逆説的に多様性を認める普遍主義は，民族中心主義的規範を覆い隠す」（Bhabha 1990: 208）のである。他方で，差異は必ずしも合意に訴えるのではなく，しばしば通約不能なものである。バーバの見解によれば，差異のシステム，またシンボル形成機能としての文化は，「翻訳の過程」とみなされる（1990: 210）。ここから，文化は規制できないテクスト上の戯れに単純には還元できないが，「存在あるいは意味の全体化された優先的な契機，つまり本質」をもつという意味で置き換え不可能な形態として存在することもできないという見解が生まれる（1990: 210）。

　この意味で，〈他者性〉はその文化のシンボル形成機能にしばしば内在化しており，「雑種性」の一形態として語るのが，もっともふさわしい。この雑種性には，別の言説の立場が出現するのを可能にする——つまり，バーバが「時間的にずれのある植民地の要素」とするものを標準化しようとする試みに抵抗できる——「第三の空間」が存在する（Bhabha 1991a: 211）。この「第三の空間」は，権威の新たな構造と新たな政治的展望を可能にする。こうした視点から見ると，アイデンティティはつねに自己同一化と意味の恣意的で偶然の一時的な接合になる。バーバの差異と多様性の区別は，ラビッチ，ブルーム，ヒルシュ，ベネットが共通文化の建設の重要性を語ることが，非常に危険である理由を明確にする。意味を行使し，〈他者性〉を定義する基準を創造し，意味と解釈，翻訳に制限を与える権力をもつのは，誰なのであろうか。

　本稿では，保守派の多文化主義とリベラル派の多文化主義は，われわれが現実に平等主義的な共通文化の中で生きていると仮定しているので，事実上，同化の政治学に関わっていると述べてきた。差異のそのような理解は，アイリス・マリオン・ヤングが指摘しているように，「ルールや基準がすでに設定されたのちにゲームに参加し，それらのルールや基準にしたがって自らの存在を示さなければならない」（Young 1990: 164）ことを意味している。これらの基準は，一般市民の間で文化的経験的に明白なことと見なされているわけではない。なぜなら，多元的民主主義の内部では，人種，ジェンダー，階級，年齢，性志向

の違いに関係なく，皆が喜んで加わることのできる自己形成の仕組みをもった，立場の違いのない中立で普遍的な共通の人間性という理想に訴えることによって，特権的な集団が彼ら自身の有利さを見えなくするからである。抵抗ポストモダニズムは，とくに権力，言説，文化，経験，歴史的明白性という文脈の中でアイデンティティを探究することによって，そのような普遍的で共通の人間性という観念に疑念を生じさせるのである。

差異と意味作用の政治学

抵抗ポストモダニズムは，差異の意味を意味作用の一形態として再定式化する点で，とくに重要である。こうした見方によれば，差異は文化的多元主義のもっとも保守的な形態ともっともリベラルな形態の内部で構成されるように，自動的に理解できる明確に特徴づけられた経験の束や単一のアイデンティティを構成するわけではない。むしろ，差異は，意味作用の政治学を通して，すなわち，広く行きわたった経済的，政治的諸関係を反映し構成する表示行為 (signifying practices) を通して理解される (Ebert 1991a)。保守的な多文化主義者は差異を「自明の文化的明瞭さ」，「多元性の印」，あるいは「われわれが分析の中で誠実に探求し再生産するもう一つの社会的カテゴリーから注意深く区別された，ある社会的カテゴリー，つまりある集団の経験の束——特権的存在——」と理解するが，それに反対して，テレサ・エバートは，表示行為を通して文化的に構成され理解しやすくなるものとして差異を定義する。

> (ポストモダン理論にとって)「差異」は明確に特徴づけられた経験の束でも，他の集団に対するある社会集団の単一のアイデンティティでもなく，文化的多元主義とみなされるものでもない。むしろ，ポストモダンの差異は対立するシニフィアンの諸関係である (Ebert 1991a: 117)。

エバートによれば，物を見，行為する現在の方法は，われわれにとって意味作用の諸形態，すなわち概念の様式と意味形成のイデオロギー的な枠組みを通して訓練されるものである。エバートは表示行為に関するソシュールの記号論(およびポスト構造主義における，その継続的な使用)を「言語と修辞の没歴史

的な操作」として拒絶し，表示行為を「経済的，政治的諸関係に規定された物質的操作の総体」として特徴づける (Ebert 1991a: 117)。彼女は，権力の社会経済的諸関係は特権と権力の不平等な分配に従って諸主体を組織するために，意味作用の諸形態を通した諸集団間の区別を要求すると，私の考えでは正しく，主張する。

　人種差別的な諸主体の構築と形成に影響を及ぼす意味作用の政治学を描くために，エバートは「ニグロ」と「ブラック」という言葉が合衆国の人種差別的政治学の内部でもちいられてきた点をその例としてあげている。「ニグロ」という言葉がまさに差異の不変の印になり，1960 年代の人種差別の政治制度を当然のものとしたように，「ブラック」という言葉も白人支配文化の中で，犯罪，暴力，社会的堕落を意味するように再定義されている。これは，ウィリー・ホートン事件を利用したジョージ・ブッシュによる選挙演説と雇用割り当てに関するブッシュとデーヴィッド・デュークの現在の立場のなかに，明確に示されている。そして，私の考えでは，それはロサンゼルスのロドニー・キングの陪審評決の場合にも明白だった。

　カルロス・ムノズは，1970 年代中頃「ヒスパニック」という言葉が，メキシコ系アメリカ人にとって，どのようにしてメキシコ文化の基盤を弱め，ときには拒絶しさえする「白人のエスニック・アイデンティティの政治学」になったかを明らかにしてきた (Munoz 1989)。ムノズは，「ヒスパニック」という言葉は，ローマ人がイベリア人につけた名称「ヒスパニア」に由来し，たいていの「ヒスパニア」はスペイン出身なので，「すべてのラテン・アメリカ人の経験を明白に形作ってきた非白人文化を犠牲にして，スペインの白人ヨーロッパ人文化を暗黙のうちに強調している」と述べている (1989: 11)。この言葉は，「ラテン・アメリカと合衆国に多文化で多人種の人々を歴史的に生み出してきた，アメリカ，アフリカ，アジアの非白人の土着文化」(1989: 11) の承認を拒絶することによって，メキシコ系アメリカ人が多人種からなりたっている現実を覆い隠すだけではない。それは，これらの様々な文化集団内部の複雑性を無視する言葉でもある。ここに，同化に関するメルティングポット理論という，意味作用の政治学を通して作り上げられたもう一つの例がある。われわれは，「福祉の母 (welfare mother)」のようなある言葉に，どんなシニフィエ (意味) が付着して

いるのかを自問できるかもしれない。政府の役人があざ笑いながら「福祉の母」と言うとき，それが何を意味するのかをわれわれは知っている。それは，黒人とラテン系アメリカ人の母なのである。

すでに議論した例は，差異はイデオロギーの創出と文化的な記号の受容にしたがって生産されるという，抵抗ポストモダニズムの考え方を確実なものにする。マサド・ツァバルツァダとドナルド・モートンが指摘するように，「記号は永遠にあらかじめ決められているわけではなく，汎歴史的に決められていないわけでもない。つまり，むしろ，それらは社会的な闘争が生じるときに『決定される』か，あるいは『決定できない』ものとされる」（Zavarzadeh and Morton 1990: 156）。差異は，黒人か白人か，あるいはラテン系かヨーロッパ系ないしアングロ系アメリカ人かといったこととは異なり，「文化的に明瞭な」ものではない。むしろ，差異は歴史的，文化的に構築されるものである（Ebert 1991a）。

ちょうど警察の蛮行という例に意味作用の政治学の影響を見ることができるように，白人中間層の学生が，たいていの場合，励ましとなり慰めとなる「学習障害者」という表現を与えられるのに対し，より多くの黒人とラテン系学生が彼らの「振る舞い」のせいで特殊教育に位置づけられると見なされる場合に，意味作用の政治学の影響を見ることができる（McLaren 1989）。ここで，抵抗ポストモダン批評は，教師たちにとって，イデオロギー的刻印と多元的に組織化された欲望に関する言説の影響が，学生たちに意味作用の政治学を通して差別的に与えられる方法を探求するのに役立ちうる。たとえば，抵抗ポストモダン批評は，学生のアイデンティティが一種の言説の腹話術によってどのようにして生産されるのかを理解するのに役立つ。その腹話術においては，学生のアイデンティティは，彼らが相続し彼らの思考と行動を無意識のうちにコントロールする言語と知識の産物である。ジェームズ・ドナルドが指摘するように，社会規範はフーコーが閉じこめ（folding）と呼んだ過程を経るので，しばしば罪意識を引き起こす個人的欲望として表面化する。ドナルドは次のように指摘する。

> 社会的，文化的技術内部で制度化された規範と禁止は，無意識のうちに閉じこめられる。そのため，それらはけっして「個人的欲望」としてではなく，欲望，罪意識，不安，置き換えの複雑で予測できない作用として「表面化する」。主体は持ちたいと

は望まない欲望をもつ。つまり，罪意識と不安を逃れるかわりに欲望を拒絶するのである (Donald 1993)。

主体は，一貫して，男性が独占する言語と知識の生産に規定されている (Grosz 1990: 332)。しかし同時に，主体は世界の中で世界に関して思慮深い歴史的な行為を実行できる積極的な担い手でもある (Giroux 1992)。もちろん，重要なのは，自覚的な知識が必ずしもアイデンティティや主体的行為能力から生み出されるだけではないという点にある。われわれは，差異がアイデンティティと主体的行為能力からどのようにして構成されるのかは，それほど明瞭でないことを認識する必要がある。

アイデンティティをめぐる闘争において支配文化のあらゆる痕跡を放棄する試みは，ホールが「古いエスニシティ」と呼んだものの場合のように，そのたびに，プレモダンの起源の探求という偏狭なナショナリズムに導く無意味なものになりうる。広く行きわたったイデオロギー的，文化的支配のまっただ中で，アイデンティティの独立の試みを拒絶することは，同化への降伏と様々な形態の批判的，歴史的な主体的行為能力の喪失として機能してしまう。求められるのは，同化と抵抗の「二者択一」の論理を乗りこえる多文化主義と差異の見方である。多文化主義を主張することは，トリン・T. ミンハの言うように，「いくつかの文化が，周辺化されたまま併存することを提案するわけではないし，あらゆる差異を平準化する口当たりのよい『メルティング・ポット』のような態度に同意することでもない。そうではなく，(多文化社会をめぐる闘争は)危険，思いもよらない回り道，破壊と閉鎖の関係の複雑さを異文化間で受容することに通じる」(Minh-ha 1991: 232)。

つねに全体化せよ！

本節では，全体性の概念に関する多文化主義の分析に焦点をすえたい。教育学者たちは特定の社会政治的立場，そして特定エスニックの立場にある学生たちの「部分的な」知識に教育学の焦点をすえなければならない。しかし，その一方で全体性の概念を必ずしも放棄してはならないと強調したい。民主主義の観点からいって，全体性のあらゆる形態が欠陥をもっているわけではないし，

多元主義を縮減し抑圧し破壊するわけでもない。フレドリック・ジェームソンが述べるように，「部分的な闘争は……あるより大きな組織の変革の比喩やたとえ話にとどまる限りにおいてのみ効果的である。政治学はミクロ——そしてマクロ——レベルで，同時に影響を与えなければならない。すなわち，政治学をシステム内部の部分的な改革に控えめに限定することは合理的だと思われるが，しばしば政治的に士気をくじくことが明らかになる」(Jameson 1989: 386)。ジョージ・リプシッツはこうした考えを強調し，全体性は諸事実の明白性を歪める可能性をもつが，その一方であらゆる全体性の拒絶は「現実の関連，原因，諸関係を不明瞭にしがちであり，共通体験を偶然性と果てしなくくり返される戯れに解消してしまうであろうと主張する。……(さらに)蓄積された人間の行為と思考の遺産を組織することによってのみ，われわれはどんな主張であってもそれが語る真理と正義を判断することができると述べる」(Lipsitz 1990: 214)。

　民主主義社会の共有された展望(偶発的で一時的だが)がなければ，差異の政治学が分離主義の新たな形態に陥るような闘争を支持する危険をおかすことになる。スティーブン・ベストが指摘するように，ポスト構造主義者はたしかにエッセンシャリスト[訳注8]と抑圧全体を脱構築するが，いかに差異，分裂，論争を設定しそこなう可能性があるのかをしばしば見落としている。これはとくに戯れのポストモダニズムにあてはまる。ベストは，「全体に対する専制の裏側には部分に対する独裁がある。ポスト構造主義またはポストモダンの差異と不連続の強調を相殺する，何らかの積極的で規範的な全体性概念がなければ，われわれは一連の多元的個人主義と共同生活をおおう至高の競争的価値に身を委ねることになる」(Best 1989: 361)と述べている。ベストの正しさは，断念される必要があるのは全体性の矮小化された使用であり，全体性概念それ自体ではないと主張している点にある。さもなければ，われわれは民主主義的な公共生活の概念そのものを掘り崩す危険をおかすことになる。

　テレサ・エバートは，全体性概念を有機的で統一された抑圧的な個体というヘーゲル的な意味でではなく，むしろ「関係のシステムであり，差異の重層的決定構造として」(Ebert 1991b)改めて主張する必要があると——私の考えではみごとに——述べている。差異は，ずらされ自由に漂う差異ではなく，社会的矛盾または関係における差異として理解される必要がある。差異のシステムは，

エバートが注目するように,支配パターンそして抑圧と搾取の諸関係をつねに内包している。それゆえ,われわれは,つねに論争と変革の余地をもつ歴史的に特有な全体性の内部にある差異の諸関係の機構に関心をもつ必要がある。つねに多元的で不安定な差異の構造として,全体性の抑圧的な(社会的,経済的,政治的,法律的,文化的,イデオロギー的)諸関係は,つねに解放の教育学の内部で異議申し立てをうける可能性がある。エバートは,全体性は普遍的なメタ物語というリオタールの観念と混同されるべきではない,と主張しているのである。

全体性と普遍性は,真理の抑圧的な枠組みを確実にするためにすべてを取り囲みすべてを包摂する,思想と行為のグローバルな根拠として不当に抑圧的な形で使用されるときにのみ,拒否されるべきである。われわれは多くの利害間の交渉を行うために,——暫定的なものであれ——ある種の道徳的,倫理的,政治的立場を保持する必要がある。こうした主張にとって決定的なのは,普遍的なメタ物語(支配的な物語)とメタ批判的な物語の間の重要な違いである。教育学者たちが注目していると思われる抵抗ポストモダン批評は,どんな支配的な物語であっても,その必要性あるいは選択を拒絶する。なぜなら,支配的な物語は他のあらゆるものに勝利する一つの公共圏,一つの価値,一つの正義概念しか存在しないとするからであり,これに対し,抵抗ポストモダニズムは,逆に「正義に関する異なる領域や対立する概念は互いに調整されるに違いない」(Murphy 1991: 124)と語るからである。いいかえれば,「コミュニタリアン訳注9),リベラル民主主義者ないし社会民主主義者,発展的リベラルないしヒューマニスト,急進主義者,理想主義者は,同一の社会空間でともに生きる方法を見いだすに違いない」(Murphy 1991: 124)。これは,それらすべてを同質の文化的混合物にしようというのではなく,正義の増大と正義,政治,倫理,美に関する多元的な概念が存在するにちがいないと主張する試みを意味している。

改めてここで問題となる重要な点は,全体性の観念をどのように扱うかということである。私は一つの大きな物語に反対するが,支配することなく統一でき,相補う言説を提供できる点で,〈他者〉の言説との暫定的な取り決めを実際に提案しうるような基本的なメタ言説が存在すると信じる。これは,権利ない

し自由に関するメタ批判的な物語である。ピーター・マーフィーは，支配的な言説とメタ言説の違いを次のように述べている。「支配的な言説は自らを他のすべての言説に押しつけたいと望む。——支配的な言説は進歩的で他の言説は反動的であり，支配的な言説は正しく他の言説は間違っている。これに対し，メタ言説は社会を一つの全体性として理解しようとする」(Murphy 1991: 126)。エバートのように，マーフィーは解放の大きな物語を拒絶するリオタールに反対する。それにかわって，彼はチャールズ・ジェンクスが述べたような，全体性の考え方を受け入れる。この違いは強調する価値がある。

> ベンチュリにしたがってジェンクスが主張するように，ポストモダニズムは複雑性と矛盾に関心をよせる。正確にいえば，ポストモダニズムは複雑性と矛盾に関心があるので，実際上，全体に対して特殊な義務をもつ。これは，正統古典主義のいう「調和的な全体」ではなく，むしろ多元化された多次元の世界という「調和しにくい全体」である。ジェンクスが主張するように，ポストモダニズムは，断片，関連，類似にもとづいて「調和しにくい全体」を統合する義務を負う。「調和しにくい全体」の真の姿はどんな部分にも存在せず，ベンチュリが表現したように，全体性，もしくは全体の関係性の中に存在するのである（Murphy 1991: 126. 傍点は原文）。

ここで，私は全体性を政治経済学の同義語として改良したり，書き直したりはしていない。また，批判的ポストモダニズムが理論家としての立場を語るのに抵抗を示したり，部分的な闘争を放棄すると主張したりしているわけでもない。私は，解放や社会正義のメタ物語 (méta récits) と，差異への反基礎づけ主義的アプローチの多声性 (polyvocality) や立場性とのマニ教的な二項対立の論争を提示しているのではない。また，はっきりいって，ある現象の概念上の法則からあらゆる社会的ないし文化的諸現象のレベルまで一般化する行為を意味して，「全体化」の概念を使用しているわけではない。何らかの忘れられた完全さ，公認された荘厳な経験，あるいは何らかの気高い郷愁のために回復される必要がある過去の世界を意味して，「全体化」の概念を使用しているのでもない。むしろ，私はツァバルツァダとモートン (Zavarzadeh and Morton 1991) が「グローバル」なものとして描いたようなやり方で「全体化」の概念を使用している。グローバルな理解は「関係論的かつ超領域的 (transdisciplinary) で，様々

な文化的連続体を関連づけることによって文化の『知識効果』を説明するような解釈の形態である」(Zavarzadeh and Morton 1991: 155)。それは，戯れのポストモダン批評が主体をアルキメデスの真理の場[訳注10]として経験の中心にすえ，イデオロギーを経験の独占的な「読み手」として位置づける「部分的な」分析の諸形態に特権を与えることによって，政治的封じ込め戦略としてどのように役立つのかという問題に，取り組もうとする研究様式である。

グローバルないし関係論的な知識は，後期資本主義における文化の産物としての表示行為内部に，潜在的な支配の論理が存在することを示す。そして，そのため，標準化できないと思われていた文化的，政治的，経済的諸現象を理由にして，統合的，政治的なものとしての知識を放棄していた戯れのポストモダニズムに断固反対する。グローバルないし関係論的な知識は，諸個人から経験の自動的な理解という架空の意識を追い払うことによって，支配的な知識産業の認知主義と経験主義を乗りこえる。さらに，差異(différance)はテクストそのものに固有の条件ではなく，所与の歴史的，文化的な概念様式内部でしか修辞的表現(tropicity)が得られない，社会的に重層決定された歴史的事実であることが明らかになる。ツァバルツァダとモートンは次のように主張する。

> 戯れの遊びの空間では，社会的生産諸関係は歴史的に必然的なものとされず，不確定性原理(the laws of the alea)，つまりチャンスと偶然性に従う。戯れの脱構築では，チャンスと偶然性はイデオロギー的に同一の役割を果たす。それは，「生まれつきの」(すなわち，非論理的で，行き当たりばったりで，測り知れない)差異が，伝統的で人間的な言説において演じる役割である。チャンスと偶然性はともに必然性と歴史の論理の及ばない社会的領域とされる(Zavarzadeh and Morton 1991: 194)。

抵抗ポストモダニズムは，(学生が属する人種，階級，ジェンダーに関する)知識の部分性，立場性，明白性を問い直す手段と，(ヨーロッパ中心主義と白人のエスニシティの，目に見えない規範を中心に作られた自明の真理ではなく)真理の多元性を創出する手段を，多文化教育に従事している教師に提供する。一方で，それは同時に「真理効果(truth effects)」の生産，すなわち概念形態と社会的実践の生産に作用する物質的利害という点から意味の構築を位置づける。つまり，抵抗ポストモダニズムの立場に立つ教師たちは，教師世界とそれらを含むより大きな社会において社会的真理を決定する，政治権力と政治的諸関係

を問いただすことができる。逆に，戯れのポストモダニズムは，形式的な内的首尾一貫性がテクストの社会的生産関係より優先するような，文化的テクストの内在的読みとり（テクストそれ自体の言葉にもとづく読みとり）を通して，政治権力と政治的諸関係が正当化する支配的な言説と社会諸関係の間の関連を効果的に覆い隠す。事実，ツァバルツァダとモートンは，戯れのポストモダニズムは資本主義が脱領土化し多国籍化した時，学問の世界で優勢になったのだと述べさえする。要するに，彼らは戯れのポストモダン批評が「多国籍資本主義の超領土性とそれに関連した諸現象を説明しうる」(Zavarzadeh and Morton 1991: 163) 知識の諸形態を抑圧してきたと主張しているのである。

グローバルな理解ないし関係論的な理解を構築する視点から見れば，自由と解放が指し示すものに基づいてポストモダン批評を作り上げるという考え方は，意味を一枚岩的に抑圧したり排除したりする統一的な論理を避ける試みである。逆にいえば，それは多元的でグローバルな社会の「調和しにくい全体」を保持し理解する断固たる努力であり，調和のとれた共通文化という考え方を信奉し擁護するウィリアム・ベネット，ダイアン・ラビッチ，アラン・ブルームのような，反動的な多元主義者たちに対抗する立場に立つことである。

私はわれわれの教育学を特徴づける解放の物語をもつために，教育学者は全体性の概念に注目する必要があると主張しようとしてきた。歴史的運命の目的因 (telos) にむかう支配的な物語の「男根的企て (phallic projectory)」という考え方は不信を招くが，異質であって同質ではない一時的な全体性という考え方は力を取り戻されなければならない。全体性と無限性の概念はどんな解放の教育学の中にも弁証法的に位置づけられる必要がある。エマニュエル・レヴィナスは，「無限性という考え方は，判断のための準備がいつでもできていると宣言するために，歴史の判断から主体性を解放する」(Levinas 1969: 25. ただし，Chambers 1990: 109 より引用）と述べている。これは正確には，フランツ・ファノンがコミュニケーション的行為として無限に全体化するように強く勧めた時に，描こうとしていたものではないのだろうか (Taylor 1989: 26)。私にとって，支配的な物語を書き直すための空間は，レヴィナスが述べているように，倫理的主体と〈他者〉への責任としてのわれわれの位置づけから生み出される，無限性の根気強さ，時間の歴史的変化という事実そのものによって存在するようにな

る。もちろん，問題は，社会の再生と自我の再創出は弁証法的に同じ位相にあるものとして理解されなければならない点にある。すなわち，社会の再生と自我の再創出は，無関係なもの，あるいは多少の関係しかないものとは見なせない。それらは，相互に刺激しあい構築しあう過程なのである。

　パトリック・テイラーによれば，解放の物語の本質的な要素は，必然的に自由の認識である (Taylor 1989: 25)。この意味，つまり支配的な物語ではなく，可能性のメタ言説ないし可能性の言説という意味 (Giroux 1992) において，自由は必然的に責任を伴う全体化になる。もし，われわれが支配的な物語という意味で全体化を語るとすれば，それはカテゴリー上のユートピア——いいかえれば，屈折した多様なファシズムをもたらす，ある種の言説の均質化，早すぎる意味の決定，偽りの普遍主義(テイラーが「秩序づけられた全体性」と呼んだもの)を指している。これに対し，無限の全体化は漸近的アプローチであり，仮説的ないし暫定的なユートピアを示している。P. B. ダウエンハウアー (P. B. Dauenhaur 1989) が述べるように，ユートピア的表象の仮説的な信奉は，カテゴリー上の信奉とは区別されなければならない。イデオロギーないしユートピアをカテゴリー的に信奉することは，現存する現実とは別のものを否定することによる「悪しき無限性」の一形態である。もちろん，このように語る場合，今日の多様な国家状況の中に存在する特定の構造的差異に注意しなければならない。

　教師たちは，教える際に，(エルンスト・ブロッホ (Bloch 1986) に従って)ユートピアのカテゴリー上の信奉ではなく，仮説的ないし暫定的な信奉を強調する必要がある。逆説的にいえば，無限の全体化にもとづく仮説的なユートピアは，あらゆるもののなかでもっとも具体的である。なぜならば，それらは否定的な内容(つまり支配の具体的な否定)を通じて秩序づけられた全体性の終焉を提示するからである。パトリック・テイラーはジェームソンを引用して，「解釈上の究極の課題は，厳然たる人間の自由に基礎づけられた，脱神秘化し，開かれた解放の物語に関連する象徴的労働の理解である」(Taylor 1989: 19) と述べている。アン・ゲームが「不穏な喜び」——そこでは「無限の危険は，狂気をほのめかしながらも……閉鎖の安全性(そしてたぶん悪しき忠誠)よりずっとましである」(Game 1991: 191)——として問題をつきつめるとき，彼女は同様な指摘を

行っている。

　自由の物語はそれらの社会的神話，つまり二項対立の解決を通して，生きられた従属という人生を受け入れさせるような(所与の物語の秩序をもった)社会的神話をしのぐ方法である。解放の物語は，差異を近代の植民地的ないし新植民地的状況から生み出された行動力のある一枚岩のアイデンティティに統合することによってではなく，差異が語られるように求められたまさにそのときに，差異を沈黙させることによって無限に全体化する物語である (Sáenz 1991: 158)。解放の物語は支配状況の中で押さえ込まれてきたアイデンティティによって生み出される差異を単純に否定するのではない。なぜなら，これでは支配者のアイデンティティの力を弱めるだけだからである (Sáenz 1991)。解放の物語は「ヨーロッパ中心主義のアイデンティティに対抗する」アイデンティティを単純に構築するのでもない。「というのも，それでは『高貴な野蛮人』，逆にいえば人種差別的なヨーロッパ人の千年王国の神話，『所有的個人主義』の計画によって生み出された『モダニティ』への幻滅をめぐる，ヨーロッパ中心主義自体の不満と自己批判の表現をたんに復活させるだけだからである」(Sáenz 1991: 159)。むしろ，解放の物語は基準となる真理をたんに逆転するのではなく，モダニティと同時代にある新しい別のアイデンティティの可能性を指し示すのである。

　歴史の担い手として，教育学者は意味の主体と客体の生きた矛盾を解決しようとする，モダニストとポストモダニストの緊張の中におかれる。しかし，教育学者の批判的分析のやり方は，(戯れのポストモダニズムのような)言説の親しみやすい比喩的な置き換え，あるいはいかがわしい理論の意味の強要をのりこえる必要がある。教育学者はメタ批判的な機能に役立つ解放の物語——つまり，日常生活の諸関係をメタ概念化できる解放の物語——，そして主体と客体の超越的な統一ないし理想化された癒着に屈服しない解放の物語を要求する (Saldivar 1990: 173)。いいかえれば，そんな物語は弁証法的理解に加えて，総ざらい法的理解 (analectic understanding) の一形態を奨励する。エンリク・ドゥッセル (Dussel 1985) が主張してきたように，総ざらい法は(弁証法のように)全体性を通してでなく，むしろそれを乗り越えることによって外部性に到達する。しかし，ザエンツはドゥッセルの言う「乗り越え」はあらゆる批判の完全な乗り越え(つまり，神)としてではなく，むしろ「支配のまっただ中」，すなわち「植

民地的なテクスト性の内部で理解される」被抑圧者の苦しみに根拠をもつ「乗り越え」として解釈されなければならないと述べている（Sáenz 1991: 162）。こうして，総ざらい法は，ヨーロッパ中心主義という単一主題（monotopic）の理解がそれ自身の文化的伝統に付随するにすぎない点を明らかにする，「多主題（pluritopic）」の弁証法的批判の一形態として描くことができる（Sáenz 1991）。

　無限の全体化の実践を通して，教育学者は今は見えないが，まさにこれを読んでいる瞬間にも内在化し，現実に胚胎している一つの新たな将来展望を総ざらい法的に提示することができる。そんな無限の全体化の実践は，主体的意図が疑う余地のない真理の場を構築するわけではないことを理解するのに役立ちうる。学生と教師の主体性とアイデンティティは，つねに言説構造の加工物である。すなわち，それらはつねに歴史的文脈と言語ゲームの産物である（Kincheloe 1991; Carspecken 1991）。学生と教師は，自らが展開したのではなく無意識のうちに閉じこめられてきた歴史的な言説上の闘争の産物である物語に登場する配役にすぎないのである。教師は，それらに内在化された教育実践の儀礼化を特徴づける言説だけでなく，将来展望を組織化する言説をも認識するよう学ぶ必要がある。教師は，人間的な主体的行為能力はダリの絵にあるつっかえ棒のように彼らを支えている土台ではなく，逃げられない力をもっていることも思い起こさなければならない。主体的行為能力の舞台は可能性なのである。

　主体的行為能力は，教師と学生がとる主体的立場の中に位置づけられた歴史的な言説によって，主体性が寓話化されてきたという，型にはまったやり方で特徴づけられる。これらの言説は，独特な形で実践の特定の形態を可能にし成立させる。教師を成り立たせる言説には，いまだに教師を近代の権力装置（technologies of power）内部の担い手とする論理（logos）が内在化している。しかし，これは，教育学者と文化労働者が彼ら自身の世界の言説的，物質的諸条件の内部にある可能性を育み実現することができないことを意味してはいない。教育学者は，自らに影響を及ぼす可能性をもっている。これらの可能性は教師の主体性の基盤に影響を及ぼすが，教師たちの意志を満たすことはないと同時に，自由と正義を拘束する強制と彼らが戦うのを妨げることもない。こうして，おそらくアイデンティティは流動的に構造化されたものであり，構造化された流

動性でもあるとみなせる。そして，それ自体弁証法的に再形成されているのである。デーヴィッド・トレンドが知識の生産的特徴を理解する重要性を強調する時，この問題について語っている。知識の生産過程に対する人の影響はつねに部分的であるが，文化労働者の場合，重要な影響を及ぼすことも事実である。

> われわれは，文化の構築における「学習主体」の役割を認め，主体的行為能力，差異，そして究極的には，民主主義の過程を肯定する。われわれは，自らの世界を創造する役割をもつこと，そして受け身の観客ないし消費者としての地位を受け入れる必要のないことを学生と聴衆に訴える。これは，「共通文化」の保守的な支持者たちによって非常に恐れられる，多様で矛盾した意見がもたらす雰囲気を認め促進する立場である。それは，健全な民主主義とはつねに吟味され試されている民主主義であるという信念の上で機能している（Trend 1992: 150）。

文化的生産に影響を及ぼすことは，不可避的な統合の(サルトルの言う意味での)投企と結びつくメタ批判的で関係論的な視点を創造することによって，理性中心主義的な思想の全体系の外部で，語り行為する方法を見いだすことを意味している。教育学者たちは，現実を占有したり，媒介したりするいろいろな方法を発見するために，言語の要素と言語の断片――すでに語彙を占有し，利用可能な言語空間を満たす，型にはまった声（voices）の多元性――を理解する必要がある。教育学者と文化労働者は，消費者運動家の倫理と市場の論理によって促進される全体性の単一（monadic）形態として，改めて自己主張するような主体性を構築するのではなく，異なる文化圏にむかって境界を越える必要がある（Giroux 1992; McLaren 1995）。これは，人種，階級，ジェンダーの接合という，より大きな文脈の中で権力作用と関連する教育学を理解するために，より効果的な理論を発展させることを意味している。それは，個人的な知り合いとしての教師―他者関係を高めるのではなく，客体化された見知らぬ実体としての学生の価値を低下させることのない理論の前進を意味している。学生たちは，現状に受け身的に従うための操作に「つねにすでに」利用できるような理想を復活するものとして構築されてはならない。われわれは，抵抗の歴史的担い手としての教師と学生を理論化する機会を失うべきではない。

批判的教育学——雑種市民（Hybrid Citizenry）と多文化的連帯のための教育——

「勝利の場はすべての者に用意されている」——セゼール（Césaire）

　抵抗ポストモダニズムは，多文化社会における教育の政治学の再考に関連する教育実践の新たな形態の発展の中で，明確な姿をとって現れるようになった（Giroux 1992; McLaren and Leonard 1993; McLaren 1995; Aronowitz and Giroux 1991）。とくに重要なのは，ジルーの「境界の教育学（border pedagogy）」の概念である。この概念は，特殊な言説世界から脱皮するが，同時に権力と特権に関するグローバル経済の視点から見た時，そのような知識が供給する利害，イデオロギー，社会的実践を問う部分的な意味と意味の群れを教師が肯定し正当化できるようにする。

　とくに抵抗ポストモダニズムの特徴をもつ教育学は，教師と文化労働者は「中心主義」——アングロ中心主義，ヨーロッパ中心主義，男根中心主義，男性中心主義などの——という単一文化本質主義（monocultural essentialism）を再現しない方法で，「差異」の問題を取り上げる必要があると提案する。教師と文化労働者は同盟を建設し，ともに夢を見る，連帯の政治学を創造する必要がある。それは，実際には制度化された人種差別主義を維持する機能をもつ，いわば「人種意識週間」といった恩着せがましい態度を乗りこえていく。連帯は，戦いとられなければならない。連帯は，市場の必要性を中心にしたものではなく，自由，解放，民主主義，批判的シチズンシップの必要性から発展するからである。

　コベナ・マーサーが記したように，市民という観念は社会的諸主体の多様性の存在によって多元化され雑種化している。マーサーが，「連帯は誰もが同じように考えることを意味していない。それは，人々が共通の基盤の構築を『気にかける』からといって，問題をめぐって意見が一致するわけではないという信念を持つときに生じる」（Mercer 1990: 68）と指摘しているのは教訓的である。連帯はきわめて堅固なものではなく，ある程度対立と不確実性に依存する。ティモシー・マリキュアリム・シモーネは，このタイプの多人種的連帯を，「身体，資源，領土の分配を調和させ，均等にし，あるいは釣り合いのとれたも

のにするというよりも，相互作用の場面を最大にするよう調整されるもの」(Simone 1989: 191) と呼ぶ。

　組織の欲求に関する内部の食い違いを否定する，偽りの普遍主義，偽りの統一の特権化を警戒しながら，教師と学生はともに〈他者性〉の可能性を認める必要がある。そうすれば，個人の存在の特殊性は権力と特権のより広い諸関係と関連した形で，目に見えるようになる。とくに学生には，自らの主体性を特徴づける異なる種類の言説の断片を分解し検討すること，意志を記号化する主体性の階層化されヒエラルキー化された形態を破壊すること，そして，個人と集団の主体的行為能力の単一形態を発展させ，それらの形態が欲求を新たに組み立て，世界内存在 (being-in-the-world) (Grossberg 1988) の新たな様式を取り始めること，──これらによって，自我の異なる組み立てを創造する機会が提供される必要がある。

　教育学者は，(〈他者〉を存在しない者，あるいは変人に変換することによって) 異なる〈他者〉を悪魔化する，教育言説と教育実践の展開を考察しなければならない。多文化主義の立場をとる抵抗ポストモダニズムは，すぐに手に入れられる支配的な意味体系に対して，学生──そのほとんどが西洋の帝国主義と家父長制の構造にイデオロギー的に縫い込まれている──の注意を喚起する。それは，卓越したシニフィアンと比喩の支配の下で〈他者〉に属性を押しつける意味体系に異議を唱える。そして，これは，エスニシティを「白人以外の者」と理解するようにわれわれの努力を方向づけるのではなく，白人性の文化それ自体の問い直しを意味している。これは，重大なことである。なぜならば，そうしない限り──白人学生自身に新興のエスニシティとしてのアイデンティティ感覚を与えない限り──，白人性が文化的創造者として自然の理にかなうものとみなされ，〈他者性〉がそれと対立する形で定義されるからである。ココ・フスコは，「白人のエスニシティを無視することは，それを自然の理にかなうものとすることによって白人のヘゲモニーを強めることである。とくに，白人のエスニシティに取り組むことなしに，それ以外のエスニシティの構築を批判的に評価することはできない」(Wallace 1991: 7 から引用) と警告する。白人集団は自らのエスニシティの歴史を検討する必要がある。そうすれば，自らの文化的規範を中立的で普遍的なものとして判断しないであろう。「白人性」は文化

の外側に存在するのではなく，社会規範が作られ再生される，広く流布した社会的テクストを構築する。知らず知らずのうちに日常生活のリズムになっている意味作用の政治学，そして「『黒人性』に寄生する，政治的に構築されたカテゴリー」(West 1990: 29) の一部分として，「白人性」は支配文化が自らの礼儀正しさをどのように測定するのかに関して見えない規範になったのである。

これを念頭におくと，抵抗ポストモダニズムの考え方を受け入れる批判的教育学は，拒絶の政治学を構築する必要がある。それは，2つの条件を提供しうるものである。一つは，アングロ系白人男性世界で高く評価された原則にもとづく形式的平等の制度化を問い直す条件であり，もう一つは，支配制度が変革を余儀なくされ，その結果ヨーロッパ帝国主義的美意識による犠牲に無関心になるような動機づけのための水路，経済的，文化的従属関係からの略奪のための水路，そして権力と特権の不均衡な諸関係の生産のための水路としては，支配制度がもはや単純には機能しなくなる点を研究する場を積極的に創造する条件である。

ここで重要なのは，教師たちは他者ではなく自らを弁護するだけであろうという，何人かのリベラルなヒューマニズムの立場に立つ教育学者による告発を議論することである。教師たちが自らを弁護するだけであり，それしかできないと主張する人々——批判的教育学に対する多くの批判の中に少なくとも含まれている主張——は，「私が『自らを弁護する』時，私は私自身と他者自身が構成される言説の創造と再生産に関与している」(Alcoff 1991-1992: 21) ことを忘れている。リンダ・アルコフは，他者の弁護よりも，むしろ他者との対話を促進する必要があると述べている(しかし，これはある限定された状況の下では他者を弁護するのを妨げない)。ガヤトリ・チャクラヴォールティ・スピヴァックに準拠して，アルコフは被抑圧者をイデオロギーと無関係に構築された主体とはみなさないような他者への「語りかけ」を採用することが可能であると主張する。スピヴァックを要約して，アルコフは，知識人が「彼や彼女の言説上の役割を放棄せず，被抑圧者であることが確実な根拠をもっていると仮定することもなく，被抑圧者が新たな歴史の物語を提示しうる『対抗文 (countersentence)』を生産する可能性をいまだに認めている」(Alcoff 1991-1992: 23 より引用) ことが，いかに重要かを強調する。教育学者として，われわれは他者を弁護する自らの

試みに大いに注意を払う必要がある。その際，同時に，信頼され権限をまかされた語り手が，知らず知らずのうちに植民地化，家父長制，人種差別主義，征服という言説の再刻印――「性，国家，そしてその他のヒエラルキーという言説の再刻印」（Alcoff 1991-1992:29）――を行うという点で，出来事としての自らの言説が，信頼され権限をまかされた語り手として，われわれをどのように位置づけるのかを問う必要がある。また，教育学者は，移民自身の自覚と強化された支配の名のもとで〈他者〉の違いを認めるような，そんな「寛容」を避ける必要がある。

　批判的教育学は，イデオロギーと見なされる世界史の何らかの偉大な最終点をめざして研究しているのではない。不明確なものを理解できるようにし，支配的な言語体系と支配的な社会組織を超える，社会性と自己表現の別の様式を探求しようとしているのである。その際，それは一般の教師には近づきがたいものである点がしばしば非難されてきた。トリン・T.ミンハは，言語の近づきやすさに対するそんな要求に効果的な警告を発している（Minh-ha 1991）。彼女は，複雑な理論の言語に対して，理論にかえて「常識」を位置づけ直すという抵抗も可能であると述べている――すなわち，それは経験がおそらくそれ自体を弁護する，理論以前の生得説（nativism）[訳注11] という新たな独裁の到来を告げる可能性をもっている。「近づきやすい」というのは，ミンハが述べているように，しばしば次のようなことを示唆している。

> アジア人，アフリカ人，あるいはアメリカ先住民の文化のように，象徴的で省略された言語（なぜなら，西洋人の耳はしばしばそれを曖昧さと同等のものとみなすからである）も詩的な言語（なぜなら，「客観的で」厳密な思考は，それを「主観的な」耽美主義と同一視しそうだからである）も使用できない。対話の言語も使用する気を失わせる（なぜなら，支配的な世界観は，周辺性と抵抗を代表する政治学の中では，少なくとも2つの異なるものをただちに語らねばならないということを，ほとんど受け入れないからである）（Minh-ha 1991: 228）。

　ミンハはさらに，アイザック・ジュリアンにならって，理論に対する抵抗は黒人の経験の複雑さに対する白人の抵抗の中に具体化されている，と述べている。そんな抵抗は自然で自明の言語が存在するという幻想を示すだけでなく，近づきやすさに対するそんな要求は人種差別主義と不寛容の諸形態，および排

除の政治学をもたらす。「異質な現代社会の多様に雑種化された経験」は, 分析言語を白人のヘゲモニーにもとづく明瞭さの形態に還元する, そんな二元的な思考形態によって「否定される」(Minh-ha 1991: 229) のである。

明瞭なものの強調と現実的なものの促進

真剣に抵抗ポストモダニズムの立場に立つ教育学は, 生得説の考え方をとらない。というのも, 生得説の考え方は, 知識は無前提に役立つというものだからであり, 思想に関する様々な学派が利用されるのは, 偏見をもたずに見れば同じである「常識」的現実をおそらく異なる形で把握するよう強く求めるためだとするものだからである。むしろ, 教育学者の問題構成を特徴づける言説は, 彼または彼女が理解しようとしている現実そのものから成り立つものとして理解される。つまり, 教室は教師自身の理論/言説の具体化の場であり, 道徳的, 政治的行為者としての教師自身の倫理的性向と, より大きな物語それ自体の内部における教師自身の文化労働者としての位置づけを具体化する場なのである。どのような批判的教育学の「立場」を重視するにしても, われわれが語っているのは, あらかじめ設定された制約の中で知識が目に見えるようになる物理的な環境ではなく, むしろ人が占有するテクスト空間と人が教師として創造する感情的空間についてであるのは明確であろう。いいかえれば,「教育学を学問する」という言説上の実践は, それが対話の一形態として教師と学生の双方によって取り上げられる方法を除外して, たんに知識を扱うだけではない。私は, ここで, 民主主義的な言説の多元的な声 (multi-voicedness) を, 度のすぎた間主観的交換という意味でなく, むしろ「平等な言語交換」としての対話の論理に異議を唱えるものとして理解している。そんな異議申し立ては, 話者のイデオロギー的関心, 発話の社会的な重層的決定, 発話が歴史的に生産されると同時に, 文化的に理解されるような社会的文脈の問い直しを含んでいる (Hitchcock 1993: 7)。知識は, 偏見のない分析をもたらす文化の信憑性の素朴で予示的な根拠として役立つ, 文化の加工品ないし文化の所有物として扱うことは決してできない。

批判的教育学の企ては, 文化的表象の諸法則をそれらが作り出す仮定, 矛盾,

逆説に直面させる意味をもっている。また，それは教師が被抑圧者の知的文化だけでなく感情的文化にも関与し，教師が「進歩は必然である」といった影響力のある教説や歴史的必然性のように思われるもの——すなわち，霊廟崇拝に導く視点——をものともせず，エルンスト・ブロッホの「戦闘的楽観主義(militant optimism)」の精神で，倫理的政治的静観主義(quietism)に異議を唱えるよう促す意味をもっている。教育学者は，統合された主体になろうとする際に，彼ら自身が恐れと嫌悪のために拒絶したりアイデンティティから切り捨てる部分——つまり，完全な人間になるのを妨げる「引き裂かれた」部分，白人になるために投げ捨て，あるいは自らの利己的な自主性を保証する形而上学的なごまかしにすぎない無人種性のとりこになって生きるために投げ捨ててきた醜い余計なもの——を〈他者〉としての学生に示すことはもはやできない。こうした観点から，解放は記憶の神殿の中で構築された何らかのあらかじめ示された目的の安全な達成では決してなく，歴史の継続と可能性の言説との生きた緊張に他ならない。それは，「止揚」へのアプローチ——つまり，われわれが「まだそうでない」ものになっていくアプローチであり，意味の危機に内在するユートピアとそれを特徴づける社会諸関係を探求するアプローチに属している。また，それは，境界(liminality)に対する予期的な意識——つまり，「べきである」という「仮定法」の時制で把握され，形而上学的幻想の迷いを解かれた反省的意志の自由な意図の中に見いだされる。それは，パウロ・フレイレとチェ・ゲバラがあらゆる革命的行為の発生基盤だと主張した，愛にふさわしい倫理的な目的から形成される。

　言葉で革命を叫ぶだけで現実の政治的結果をのぞんでいるわけではない，そんな左翼の教育学者のために，私学であれ公立の学校であれ，大学の教室を戦前ヨーロッパのニーチェ・カフェやキャバレー・ボルテール[訳注12]にかえることによって，ポストモダン状況の世俗化された制度空間を脱構築する未来の指導者の種をまく必要はない。むしろ，より切実な要求は，今日の社会的実践と制度的諸関係の変革である。なぜなら，歴史がわれわれにそうさせるからであり，非常に多くの不幸と苦悩が見受けられる今日の歴史的危機がそれを必要とするからである。われわれの夢とわれわれの苦悩が歴史の中に偽造されているので，歴史はわれわれにそうさせる。つまり，歴史はわれわれの意志に厳しい試練を

与えるのである。歴史の確固とした始まりにおいて、われわれは熱望を具体化する。そして歴史の再生は歴史の形成のなかに完全に存在するのである。

　教育学者たちは、学生たちが新たな方法で自分自身を描写し直したり、表現するのを助けるだけでは不十分である——たしかに、自らを想像しようとする方法は解放のための闘争にとって重要な一段階ではあるが。サンダー・L. ギルマンがセクシュアリティ、人種、狂気のステレオタイプに関する研究の中で指摘したように、「人は自分のイメージ、自分の幻影、自分のステレオタイプが世界に存在する性質を具体化するものだと見なす。そして、それらに従って行為するのである」(Gilman 1985: 242)。より明確にいえば、教育学は一つの言説と一組の社会的実践を用いることによって、教師が学生とともにポストモダン文化の不毛性を直視できるようになるために、役立つものにならねばならない。その場合、一つの言説と一組の社会的実践は、戯れの都会の知識人がもつポストモダンの思いこみ (élan) で教育学を教え込むこと、再生できない郷愁に満ちた過去を復活すること、あるいは現在の有害な権力と特権のヒエラルキー、つまり明確な病理をそのままにして現在をテクスト化するだけで描き直すことに、満足しないであろう。というのも、これらの行為は批判的教育学者たちが戦いを試みている、まさにその不正の原因となる、権力と特権のヒエラルキーがもつ社会諸関係の広がり (lineage) を不可欠の条件とし、それらの社会諸関係を支えるにすぎないからである。教育学者たちは歴史的現在を力強く断固として凝視する必要があり、学生が自らの話を語り他者の話にじっと耳を傾け、解放の夢を描ける諸条件が創造できる可能性のある物語空間を仮定する必要がある。アイデンティティ形成は、主体性が歴史の偏向した力の中で、状況に対応した形でどのように成立するのかという意味で理解されねばならない (Grossberg 1992)。アイデンティティを探求するには、多数の諸関係の領域でその人の主体的な位置を確定すべきであり、アイデンティティの探求に先立ってヘゲモニーに対する批判がおこなわれるべきである (San Juan, Jr. 1992: 128)。これが示すのは、教育学者と学生が彼らの社会生活を規制する「訓練された動員」から独立する必要性であり、闘争の新たな戦略と同盟を創造するために彼らの情熱を注ぐ場を改めて明確にする必要性である。

　批判的教育学は抑圧の多様な形態と闘うことができ、さらに自由という目標

に向かって活動する異なる社会諸集団との結合を達成できる政治的，文化的な戦術も要求する。この目的のために，文化労働者は「戦術的主体性」を発展させると，チェラ・シャンドバルは述べている。その「戦術的主体性」は，対抗的で特異な意識とヘゲモニーに対抗する実践(これは彼女がフェミニズムの文脈の中で議論しているものである)の諸形態として彼女が描いたものである。戦術的主体性は，社会的行為者としての教師が直面しているような抑圧に関して，多元的な主体性をその中心にすえ直すことを可能にし，「専門家が戦術的な位置を選ぶこと，すなわち意識的にイデオロギーとの結びつきを解体し改革すること，つまり差異を超えた連合の達成を認める心理的，政治的実践にとって避けられない諸活動を容認する」(Sandoval 1991: 15)。

「混血意識」(La Conciencia De La Mestiza)としての抵抗

批判的教育学の提案は，現実を公正な世界が求めるものに従わせることであり，〈他者〉を教化し周辺化された人々の力を包囲する権威の様式を脱中心化し，変形し，混乱させ，最終的には変革することである。現存のカテゴリーから除外され，押しのけられた人々のアイデンティティに関する新たなカテゴリーを生み出す混血理論(mestizaje theories)の創造という，グロリア・アンザルデュア(Anzaldúa 1987)の提案を教育学者たちが考慮するのは当然のことである。批判的教育学は，一つの実践の構築を要求する。それは，アフリカ系アメリカ人，ラテン系アメリカ人のような周辺化された人々が，もはや白人の権力による凝視におびえ服従させられることのない実践，抑圧された人々の多様な集団間で感情と義務の絆が形成されうる実践，抵抗によって学校が監視装置や社会の鏡を超えるものになりうる実践，多様な集団間にある文化様式と文化資本の比較がそれらを分離する不和の象徴であることをやめ，むしろ境界を移動する旅人としての彼らが社会の夢の架け橋を作るのを励ます契機そのものになる実践である。われわれは，抗議の教育学を乗りこえる必要がある。なぜなら，ハウストン・ベーカーがわれわれに気づかせるように，抗議の教育学は「自我」と「他者」の二元論を強化し，支配的な人種差別主義者の評価の基礎を復活させ，「つねにすでに存在する」白人の家父長制的ヘゲモニーを維持するからであ

る (Baker 1985: 388)。われわれは，記憶の支配者もしくは管理者として歴史を訪ねて満足するかわりに，記憶が消され夢の輪郭へ歪められる歴史の厳しい試練の中で生きる選択をし，展望がもつ内在的な力を獲得しさえする人々に勇気を与える実践を発展させる必要がある。

　ポストモダンの時代に生きるアイデンティティの場は多様である。われわれは，解放を求める者として，植民地の歴史のテクストに刻み込むものと帝国の文化的言説に刻み込むものとの違いを認識している。主体的行為能力の新たな場は，回想という過去と現在の境界を越える行為や文化の交渉と翻訳の中間領域にある意識の否認と改造を通して，不安定な文化の境界線で生み出されている。マルコス・サンチェス・トランキーリノとジョン・タッグはこれを境界地，すなわち「中間的な」領域として示している。それは，グロリア・アンザルデュアが「境界空間 (la frontera)」と呼ぶものであり，おそらく教師がアイデンティティのもう一つの記述，もう一つの抵抗を認識できる境界領域である。

> 差異を主張する者は，グローバルに流通する文化の楽しさにいまだに熱中できない。異なる声を位置づける者は，防衛的な原理主義の揺るぎない基盤にいまだに身をおくことはないだろう。地域を超えて自らの立場を語る者は，言語に関する自らの観点のために，いまだに普遍性を主張することはない。彼らは境界を知り，境界線を横切る者である (Sanchez-Tranquilino and Tagg 1991: 105)。

　教育と社会の変革をめぐる闘争のリズムは，自由をはばむ鉄の門に向かう労働者の隊列の前進という不屈でゆるぎない足取りにはもはや存在せず，国境の町のバンドが示す雑種のテンポの中にその足音が聞こえる。つまり，それは，アスター・アウェクのカブ^{訳注13)}の渦巻きのように繰り返される歌声，予言の力をもつ黒人ラップの衝撃的なポリリズム^{訳注14)}，アイデンティティがたんに多様性によってではなく，差異を通して位置づけられるような文化生活のひだに現れる意味の中から聞こえてくるのである。

訳　注

1) フットボール，バスケットボールなど激しい闘いを繰り広げるアメリカン・スポーツの選手。
2) マサチューセッツ州における「収監者帰宅制度」のもとで刑務所から一時出所した際に，女性をレイプした黒人。ジョージ・ブッシュが，1988年の大統領選の際

に,「収監者帰宅制度」を支持する対立候補,デュカキスを攻撃するための宣伝材料とした。
3) 1991年にロサンゼルスでスピード違反を犯し,ロス市警のパトカーに捕らえられた黒人青年。このとき約20名の白人警官たちが彼を車から引きずり降ろし,殴る,蹴るのすさまじいリンチを加えた。翌年,この事件の裁判で,白人裁判官が警官たちに無罪を言い渡したため,これをきっかけにロス暴動が起きた。
4) 麻薬の一種。
5) 幽霊はデリダに由来する概念で,生/死のいずれにも分類できないため,二項対立では理解できないことを示すものとして位置づけられる。
6) 内破とは,ソシュールに由来する概念で,特定の領域にあるものが別の領域へと内部化されながら破砕されること。
7) 人間や文化の究極的基礎となるもの,あるいは絶対的真理を明らかにすることは不可能であるとする思想的立場に立つ者。
8) 物事には変化しない本質があると考える人々。
9) 1980年代以降おもに英米圏に現れた,共同体が個人の生に対してもつ価値を強調する,テイラー,マッキンタイア,サンデル,ウォルツァー,ベラーなどの立場。
10) 「アルキメデスの点」とほぼ同義。「アルキメデスの点」とは,アルキメデスが地球を梃子で動かすための不動の支点をもとめたのになぞらえて,全知識体系の最後の拠り所となる不動の絶対的知識を指す。ちなみに,先述の基礎づけ主義は「アルキメデスの点」を求める試みと言われる。この意味をふまえ,ここでは主体の絶対性を示す表現として用いられている。
11) 人間には生まれながらに知識が備わっているとする哲学上の考え方。
12) ニーチェ・カフェは,ニーチェを始めとした知識人たちの議論の場であり,キャバレー・ボルテールはダダを始めとした芸術家の議論の場。
13) アスター・アウェクは,エチオピアの黒人女性シンガーソングライターで,カブはその代表曲。
14) 一曲中で複数のリズムが同時に生じること。

参考文献

Alcoff, Linda (1991–1992), 'The Problem of Speaking for Others', *Cultural Critique*, no. 20: 5–32. No volume no.

Anzaldúa, Gloria (1987), *Borderlands / La Frontera: The New Mestiza*. San Francisco: Spinsters / Aunt Lute.

Aronowitz, Stanley, and Giroux, Henry (1991), *Postmodern Education*. Minneapolis, Minn.: University of Minnesota Press.

Baker, Houston A. (1985), 'Caliban's Triple Play' In Henry Louis Gates, Jr. (ed.), *'Race', Writing and Difference*. Chicago, Illinois: The University of Chicago Press, 381–95.

Benjamin, Walter (1973), 'Program For a Proletarian Children's Theater', *Performance* 1, no. 5 (March-April): 28–32. Trans. Susan Buck-Morss from Benjamin, 'Programm eines proletarischen Kindertheaters' (1928), in *Ober Kinder, Jugend und Erziehung*, (ed.) Suhrkamp 391. Frankfurt am Main: Suhrkamp Verlag, 1969.

Best, Steven (1989), 'Jameson, Totality and Post-Structuralist Critique' In Doug Kellner (ed.), *Postmodernism / Jameson / Critique*. Washington: Maisonneuve, 233–368.

Bhabha, Homi (1990), 'Introduction: Narrating the Nation' In Homi K. Bhabha (ed.), *Nation and Narration*. London and New York: Routledge. 291–322.

——— (1991a), '"Race", Time, and the Revision of Modernity', *Oxford Literary Review* 13, nos. 1–2: 193–219.

——— (1991b), 'The Third Space', In Jonathan Rutherford (ed.), *Identity: Community, Culture, Difference*. London: Lawrence and Wishart. 207–37.

Bloch, Ernst (1986), *The Principle of Hope* (3 vols.) Translated by Neville Plaice, Stephen Plaice and Paul Knight. Cambridge, Mass.: The MIT Press. 山下肇ほか訳『希望の原理』第 3 巻、白水社 (1982)(ドイツ語版原著より翻訳).

Browder, Leslie H. (1992), 'Which America 2000 Will Be Taught in Your Class, Teacher?', *International Journal of Educational Reform* 1, no. 2: 111–33.

Carspecken, Phil Francis (1991), *Community Schooling and the Nature of Power: The Battle for Croxteth Comprehensive*. London and New York: Routledge.

Chambers, Iain (1990), *Border Dialogues: Journeys in Postmodernity*. London and New York: Routledge.

Christian, Barbara (1987), 'The Race for Theory', *Cultural Critique*, no. 6: 51–63.

Cooper, B. M. (1989), 'Cruel and the Gang: Exposing the Schomburg Posse', *Village Voice* 34, no. 19: 27–36.

Copjec, Joan (1991), 'The Unvermogender Other: Hysteria and Democracy in America', *New Formations* 14: 27–41.

Dauenhauer, P. B. (1989), 'Ideology, Utopia, and Responsible Politics', *Man and World* 22: 25–41.

Di Stephano, Christine (1990), 'Dilemmas of Difference: Feminism, Modernity, and Postmodernism' In Linda J. Nicholson (ed.), *Feminism / Postmodernism*. New York and London: Routledge. 63–82.

Donald, James (1993), 'The Natural Man and the Virtuous Woman: Reproducing Citizens' In Chris Jenks (ed.), *Cultural Reproduction*. London and New York: Routledge.

Dussel, Enrique (1980), *Philosophy of Liberation*. Maryknoll, N.Y.: Orbis Books.

Ebert, Teresa (1991a), 'Political Semiosis in/of American Cultural Studies', *American Journal of Semiotics* 8, no. 1/2: 113–35.

——— (1991b), 'Writing in the Political Resistance (Post) Modernism', *Legal Studies Forum* 15, no. 4: 291–304.

Featherstone, Mike (1990), 'Global Culture: An Introduction', *Theory, Culture, and Society* nos. 2–3: 1–14.

Foster, Hal (ed.) (1983), *The Anti-Aesthetic: Essays on Postmodern Culture*. Port Townsend, Wash. Bay Press. 室井尚・吉岡洋訳『反美学――ポストモダンの諸相』勁草書房 (1987).

Frank, Arthur W. (1990), 'Bringing Bodies Back In: A Decade Review', *Theory, Culture, and Society* 7, no. 1: 131–62.

Game, Ann (1991), *Undoing the Social: Towards a Deconstructive Sociology*. Toronto and Buffalo: University of Toronto Press.

Gilman, Sander L. (1985), *Difference and Pathology*. Ithaca, New York: Cornell University Press.

Gilroy, Paul (1990), 'One Nation under a Groove: The Cultural Politics of "Race" and Racism in Britain' In Goldberg 1990, 263–82.

Giroux, Henry (1992), *Border Crossings*. London and New York: Routledge.

Goldberg, David Theo (1990), *Anatomy of Racism*. Minneapolis: University of Minnesota Press.

Grossberg, Larry (1988), *It's a Sin*. University of Sydney, Australia: Power Publications.

―――― (1992), *We Gotta Get Out of This Place*. New York and London: Routledge.

Grosz, Elizabeth (1990), 'Conclusion: Notes on Essentialism and Difference' In Sneja Gunew (ed.), *Feminist Knowledge: Critique and Construct*. London, Routledge, 332–44.

Hall, Stuart (1991), 'Ethnicity: Identity and Difference', *Radical America* 23, no. 4: 9–20.

Harstock, Nancy (1987), 'Rethinking Modernism: Minority vs. Majority Theories', *Cultural Critique* 7: 187–206.

―――― (1989), 'Foucault on Power: A Theory for Women?' In Linda J. Nicholson (ed.), *Feminism / Postmodernism*. New York and London: Routledge. 157–75.

Hitchcock, Peter (1993), *Dialogics of the Oppressed*. Minneapolis and London: University of Minesota Press.

Jameson, Fredric (1989), 'Afterword――Marxism and Postmodernism' In Doug Kellner (ed.), *Postmodernism / Jameson / Critique*. Washington: Maisonneuve. 369–87.

Kaplan, E. Ann (1987), *Rocking around the Clock: Music, Television, Postmodernism and Consumer Culture*. New York: Methuen.

Kasinitz, P. (1988), 'Facing Up to the Underclass', *Telos* 76: 170–80.

Katz, Cindi and Smith, Neil (1992), 'L. A. Intifada: Interview with Mike Davis', *Social Text*. 33: 19–33.

Kimball, Roger (1991), 'Tenured Radicals: A Postscript', *The New Criterion* 9, no. 5: 4–13.

Kincheloe, Joe (1991), *Teachers as Researchers: Qualitative Inquiry as a Path to Empowerment*. London: Falmer.

Larsen, Neil (1990), *Modernism and Hegemony: A Materialist Critique of Aesthetic Agencies*. Minneapolis, MN: University of Minnesota Press.

Lash, Scott (1990), 'Learning from Leipzig . . . or Politics in the Semiotic Society',

Theory, Culture, and Society 7, no. 4: 145–58.
Levinas, Emmanuel (1969), Totality and Infinity. Pittsburgh: Duquesne University Press. 合田正人訳『全体性と無限——外部性についての試論』国文社 (1989).
Lippard, Lucy R. (1990), Mixed Blessings: New Art in a Multicultural America. New York: Pantheon Books.
Lipsitz, George (1990), Time Passages. Minneapolis: University of Minnesota Press.
Lloyd, David (1991), 'Race under Representation', Oxford Literary Review 13, nos. 1–2: 62–94.
McLaren, Peter (1989a), Life in Schools. White Plains, N.Y.: Longman.
—— (1989b), 'Schooling the Postmodern Body: Critical Pedagogy and the Politics of Enfleshment', Journal of Education 170: 53–8.
—— and Hammer, Rhonda (1989), 'Critical Pedagogy and the Postmodern Challenge', Educational Foundations 3, no. 3: 29–69.
—— and Leonard, Peter (1993), Paulo Freire: A Critical Encounter. London and New York: Routledge.
—— (ed.) (1995), Postmodernism, Postcolonialism and Pedagogy. Albert Park, Australia: James Nicholas Publishers.
Mercer, Kobena (1990), 'Welcome to the Jungle: Identity and Diversity in Postmodern Politics' In Jonathan Rutherford (ed.), Identity: Community, Culture, Difference. London: Lawrence and Wishart. 43–71.
Minh-ha, Trinh T. (1991), When the Moon Waxes Red: Representation, Gender, and Cultural Politics. New York and London: Routledge. 小林富久子訳『月が赤く満ちる時——ジェンダー・表象・文化の政治学』みすず書房 (1996).
Mohanty, Chandra (1989/1990), 'On Race and Voice: Challenges for Liberal Education in the 1990s', Cultural Critique 19: 179–208.
Munoz, Carlos (1989), Youth, Identity, Power. London and New York: Verso.
Murphy, Peter (1991), 'Postmodern Perspectives and Justice', Thesis Eleven, no. 30: 117–32.
Piccone, Paul (1988), 'Roundtable on Communitarianism', Telos, no. 76: 2–32.
Ravitch, Diane (1990), 'Multiculturalism: E Pluribus Plures', The American Scholar 59, no. 3: 337–54.
—— (1991), 'A Culture in Common', Educational Leadership (December): 8–16.
Rosaldo, Renato (1989), Culture and Truth: The Remaking of Social Analysis. Boston: Beacon. 椎名美智訳『文化と真実——社会分析の再構築』日本エディタースクール出版部 (1998).
Rosenau, Pauline Marie (1992), Post-Modernism and the Social Sciences: Insights, Inroads, and Intrusions. Princeton, N.J.: Princeton University Press.
Sáenz, Mario (1991), 'Memory, Enchantment and Salvation: Latin American Philosophies of Liberation and the Religions of the Oppressed', Philosophy and Social Criticism 17, no. 2: 149–73.

14. 多文化主義とポストモダン批評 469

Saldivar, Ramon (1990), *Chicano Narrative: The Dialectics of Difference*. Madison WI: University of Wisconsin Press.
Sanchez-Tranquilino, Marcos, and Tagg, John (1991), 'The Pachuco's Flayed Hide: The Museum, Identity, and Buenas Garvas' In Richard Griswold de Castillo, Teresa McKenna, and Yvonne Yarbro-Bejarano (eds.), *Chicano Art: Resistance and Affirmation*. Los Angeles: Wright Art Gallery. 97–108.
Sandoval, Chela (1991), 'U.S. Third World Feminism: The Theory and Method of Oppositional Consciousness in the Postmodern World', *Genders* no. 10: 1–24.
San Juan, Jr., E. (1992), *Racial Formations / Critical Formations*. New Jersey and London: Humanities Press.
Simone, Timothy Maliqualim (1989), *About Face: Race in Postmodern America*. Brooklyn, NY: Autonomedia.
Stephanson, Anders (1988), 'Interview with Cornel West' In Andrew Ross (ed.), *Universal Abandon? The Politics of Postmodernism*. Minneapolis: University of Minnesota Press. 269–86.
Taylor, Patrick (1989), *The Narrative of Liberation: Perspectives on Afro-Caribbean Literature, Popular Culture, and Politics*. Ithaca, N.Y.: Cornell University Press.
Trend, David (1992), *Cultural Pedagogy: Art / Education / Politics*. New York: Bergin and Garvey.
Wallace, Michele (1991), 'Multiculturalism and Oppositionality', *Afterimage* (October): 6–9.
West, Cornel (1989), 'Black Culture and Postmodernism' In Barbara Kruger and Phil Mariani (eds.), *Remaking History*. Seattle: Bay Press. 87–96.
―――― (1990), 'The New Cultural Politics of Difference' In Russell Ferguson, Martha Gever, Trinh T. Minh-ha, and Cornel West (eds.), *Out There: Marginalization and Contemporary Cultures*, Cambridge, Mass.: MIT Press and the New Museum of Contemporary Art, New York. 19–36.
Young, Iris Marion (1990), *Justice and the Politics of Difference*. Princeton, NJ: Princeton University Press.
Zavarzadeh, Mas'ud, and Morton, Donald (1990), 'Signs of Knowledge in the Contemporary Academy', *American Journal of Semiotics* 7, no. 4: 149–60.
―――― and ―――― (1991), *Theory, (Post) Modernity, Opposition*. Washington, D.C.: Maisonneuve.

15
ポストモダニストが見落としたもの
──文化資本と公的知識──

M. W. アップル

序

　人々は皆，驚きの目で学科長を見つめた。ただひたすら開いた口が塞がらなかった。やがてその場には殆ど混沌とした怒りと不信のざわめきが充満した。彼女がわれわれの身に何が「起きようとしているのか」を知らせてきたのは何も初めてのことではなかった。同じことはこれまでにも起こっていた。結局，これは積み木の山からまた一つの積み木が消されようとしていたにすぎない。だが，その瞬間から，その場にいた誰の目から見ても明白になったことがある。それは，教育が右派の経済競争および合理化計画へと全く統合されてしまうのを防ごうとするあらゆる闘争において，われわれが敗北しつつあるということだった。

　会議に秩序をもたらすのは困難であった。それでも遅鈍ながら，われわれは十分慎重に聞いていた。州教育局および州議会によって決定されてきたものが──幼稚園から大学に至るまでの──ウィスコンシンのすべての児童・生徒・学生にとって最良のものであったのだ，と。次年度が始まれば，教師になろうという学生はだれでも，「雇用のための教育」のコース，特に「自由競争的企業システムの効用」のコースを履修しなければならないだろう。同時に，5歳以上の──初等・中等レベルのあらゆる学校カリキュラムも，もちろんそこで教授されている現行の職業教育プログラムの中に統合しなければならないだろう。何より，そんなに早期から始めることなどできないのではなかろうか。結局，教育は私的領域にとっての「人的資本」の供給源でしかなかったのだ。

　私がこのような話から始める理由は，こうである。気力のあるうちに始めた

方が，言ってみれば，保守主義に対して今われわれが持っている，教師として，学生としての経験をもとに始めた方がよい場合が，しばしばあるからである。また，このような理由もある。ワシントンの新政権が，溢れ返らんばかりの右派の社会的論点のいくつかを支配するようになっても，討論で使われる言葉の数々や，現在の経済的・社会的状況は著しく保守化してきているからである (Apple 1993)。われわれは学校や大学で起こるであろうことにロマンティックであってはならない。国家が財政危機に瀕したり，あらゆる政党内で保守的な社会的・経済的論点が大筋で受け入れられるようであればなおさらである。また，少し前に述べた話は，大学やそれ以外の多くの教育生活で起こりつつあることの喩えになっている。

　この話をかつてない大規模な教育改革，そして保守連合が試みてきた，より大きな社会といった文脈にあてはめて論じよう。

新保守主義と新自由主義の間で

　保守主義はまさにその名の示すところによって，保守主義の論点について一つの解釈を教えてくれる。保守主義とは保守することである。もちろん他の解釈もあり得る。中にはもっと意地悪く，こう言う者もあるだろう。保守主義が信奉しているのは，新たになさねばならないことなどないというものである (Honderich 1990: 1)。だが，現状ではこうした信奉がさまざまな形で人々を惑わしている。なぜなら今や多くの国家で支配的になっている右派に関して言うと，われわれはこれまでよりずっと活動的なプロジェクトを目の当たりにしているからである。保守派の政治は今や実に多くの場合，改革についての政治になっている——常にというわけではないが，「何も始めるな」という考え方では明らかに教育や他の領域で絶えず起こっている事柄を十分に説明しない (Honderich 1990: 4)。

　実際，保守主義はさまざまな時と場において，さまざまに言い表されてきた。時には防衛的な行動を含意することもあるだろうし，率先して「現状」に抗うことを含意する場合もあるだろう。今日ではそのいずれについても目の当たりにしている。

このため，次のことが重要となる。公的知識に関する今の政治が展開されている，社会的な文脈をもっとも広い範囲で示すことである。第二次大戦以来，多くの教育政策を導いてきた合意が解体してきている。政治と経済，そして「権威主義的ポピュリスト」による社会運動の中で勢いのある集団は——しばしば非常に後退するようなやり方で——教育，社会福祉，そして他の公共財といった領域において討議される事柄に関する条件を再定義する力を持ってきた。教育が目的とする意味内容は変容しつつある (Apple 1993)。教育はもはや次のような人々を結びつける社会的連携の一部としては見なされていない。その人々とは，多くの「マイノリティ」集団，女性，教師，地域活動家，進歩的議員や官吏，そして学校のための(限定された)社会民主主義的な政策(例えば教育機会の拡張，結果の平等化の限定つき試行，2ヵ国語・多文化教育における特別プログラムの開発など)を提示すべく共に活動しているその他の人々である。また，新たな連携がつくりだされてきており，教育・社会政策においてますます勢力を増してきている。このような勢力図が，ニューライトや新保守主義の知識人とビジネスとを結びつけているのである。この新たな連携の関心は，女性，有色人種のライフチャンスや職を増大させることにはない(明らかにこれらの集団は相互に排除し合うものではない)。むしろ，その狙いは教育的条件を提供することにある。その教育的条件とは，国際的な競争力や利益を増し，規律化を推進すること，そして「理想的」な家庭，家族や学校といった，空想的に創り出された過去にわれわれを連れ戻すことのいずれにとっても必要と思われている (Apple 1993)。この論点に支配的な影響力を持たせ続けるためにホワイトハウスを統制する必要などはない。

　この連携が持つ権力は大学のみならず，学校教育一般における多くの教育政策や提言の中に見いだすことができる(事実，われわれはこうしたより広範な情勢を把握することが不可欠である。それなくしては高等教育機関に何が起こっているのかを，われわれは十全に理解することなどできない)。ここには以下の点が含まれている。① 学校を徹底的に理想化された自由市場経済のようにするためのバウチャー・プランや授業料税額控除 (tax credits) といった「選択」プログラムがあること。② 全国・州レベルでの運動が起こっていること。この運動は，国家的な「標準の確立」を目指しており，教師と学生の「資質」，カリキュ

ラムの基本目標，そして今や州および全国試験の実施によって増大している知識といったものすべてを権威づけている。③ 学校カリキュラムに対して，ますます効果的な批判がなされていること。その理由は，学校カリキュラムが，家族や自由な進取の精神に反するような「偏向性」や世俗的なヒューマニズムを有している，愛国心が欠如している，そして「西欧の伝統」や「真の知識」といった知識や価値を無視した前提を持っている，といったものである。さらに④ 商工業において関心が抱かれているニーズを，あらゆる段階の教育の優先目標にしようという圧力が増大してきていることである(Apple 1988, 1993)。もちろん大学でもこれらすべての影響――文化戦争，教育における深刻な財政危機，「政治的妥当性」への批判など――を痛感している。

　この保守的な再帰を支持する新たな連携は，本質的には教育をより広範にイデオロギーと関わりのある装置へと統合してきたのである。教育の目標は，経済的，また社会福祉的目標を達成することに寄与しているのも同然となっている。ここには次のような目標が含まれている(クリントン政権は大々的な――また負担のかかるやり方でこれを達成することはないだろうが)。それは，「自由市場」を拡大すること，社会的ニーズに対して政府の果たす責任を抜本的に軽減すること，きわめて競争的な移動構造を強化すること，人々の経済的安定への期待を引き下げること，そして，明らかに社会進化論的な思考様式を浸透させることである(Bastian *et al.* 1986)。

　他で詳細に論じてきたように，合衆国の政治的右派は，経済領域における危機をしばしば学校になすりつけながら，教育制度やそこに携わる人々への非難を極めて巧みにとりつけてきた。このように，右派がやり遂げた主な業績のひとつは，以下のような非難を，経済，文化や社会政策，そして支配集団の及ぼす影響から，学校やその他の公的組織へと転嫁してきたことである。右派がそうやって転嫁してきた非難は，失業や不完全雇用，経済的競争力の減退，さらに予想される家族，教育，そして有給・無給の仕事の場における「伝統的」価値や規範の解体に向けられたものであった。今や「公」は諸悪の根源となっており，「私」があらゆる善と見なされるものの中心に位置しているのである(Apple 1985)。

　さらに，4つの傾向――私事化，集権化，職能開発，そして多様化――が，

合衆国およびイギリス両国において保守が復興してきたことを実質的に特徴づけている (Green 1991: 27)。実際にこれらの傾向の大部分は，こうした緊張関係にある連携の中で最も力のある勢力――新自由主義と新保守主義――の内部にある不和がもとになって生じている。

　新自由主義が想定しているのは，権限の小さな国家である。社会的相互作用がとる諸形態のあらゆる局面を，自由市場の「見えざる手」に委ねようとする社会が，効率的で民主的だと見なされている。一方，新保守主義を先導しているのは，特定の領域において強い国家というビジョンである。それは特に，集団，ジェンダー，人種の関係についての政治をめぐる領域や，規範，価値，そして行為に関する領域，さらにどのような知識が後世に伝達されるべきかといった領域である (Hunter 1988)。これらが理念型の域を出ない以上，こうした2つの立場は，保守連合の中でなかなか肩を並べることがない。

　このように右派の運動には矛盾がある。「完全な流動性を実現することによって無駄をなくす上で」，市場には予測し得ない部分があるのに，それを無駄と考えたり，憂えたりするような感覚を一緒くたにしてしまったのでは，何か矛盾しないだろうか (Johnson 1991: 40)。

　初等および中等教育のレベルでは，右派の連合における新保守主義的な要素と新自由主義的な要素との間にある矛盾は，ロジャー・デイルが「保守的近代化」と呼んだ政策を通じて「解消」されている。

　そうした政策が取り組んでいるのは次のようなものである。

> 社会的な目標のために個人を統制しながら，同時に経済的な目標のために個人を「自由にする」こと。実際，経済的「自由」が不平等を拡大する限り，社会統制の必要が増すことになるものと思われる。「小さな，強い国家」は，市場へと移行することによって国家の活動範囲を狭めている。その中で市場は，可能な限り公正な営みであるとして(またそれ以外の働きをしているとして)擁護され，また正統化されている。教育の場合，競争と選択に期待する新しい動きは完全に浸透しておらず，そこで「意図されているのは，市場化された学校と最低限の機能しか持たない学校とに分極化した二重のシステムなのである」(Edwards *et al*. 1992: 156-7)。

　すなわち，暮し向きのよい子どもたちに対しては，比較的制約のない，いっそう私事化された学校が与えられるだろう。そうでない子どもたちにとっては

——さらに言えば，こうした最低限の機能しか持たない学校に在学する人々が住む都市部の経済的地位や，人種の構成状態は，かなりの程度まで予測できるだろうが——学校は厳しく統制されるだろう。また，政策的に財政支援は続くだろうが，適切な賃金を得られる仕事には結びつかないままだろう。

　市場化と強い国家とを組み合わせることによって生じる主な効果のひとつは，公的な議論から教育政策を外すというものである。つまり，選択の問題が個々の親たちに委ねられており，また意図せざる結果という見えざる手に，その他の問題が委ねられているのである。その過程では，教育がまさに「公的な」局面の一部分をなしており，その手段と目的は公的な討議を経たものであるという考え方は影を潜めている (Education Group II 1991: 268)。

　学校教育に関する政策と実践に対する人々の権利を強化しようという民主的な試みと，市場化と私事化に重点を置いている新自由主義との間には重要な違いがある。前者の目標は，「政治性を拡大」し，公的な討議や交渉を増やす方法を編み出すことによって，民主的な実践を勢いづけることである。民主主義をひとつの教育的実践と見なすことは，もともと民主主義のビジョンに根ざしている。一方，後者については「政治性を含んでいる」ことを必要とする。そこでは「経済に対するあらゆる政治性を，選択および消費の倫理にまで縮小する」ことを望んでいる (Johnson 1991: 68)。実際，世界は巨大なスーパーマーケットになっている (Apple 1993)。

　売り買いすること——一言で言えば競争——が支配的な社会原理となるよう，私的領域を拡大することには，緊密に結びついた一連の見解が含まれている。そこでは，より多くの個人が，競争的な条件のもとでより熱心に働くよう動機づけられていると前提されている。結局，私的事業は効率的で活力があるが，公務員が無能でものぐさであることをわれわれは「既に知っている」。ここで前提されているのは，利己主義や競争が創造の原動力になっているというものである。より多くの知識，より多くの実験は，われわれが今現在持っているものを変えるために創り出され，そして用いられている。その過程で無駄が生じることはない。需要と供給は一応の均衡状態に置かれている。こうしてより効率の良い装置が創り出され，行政上の必要経費を最小化し，そして最終的には資源をより広く配分している (Honderich 1990: 104)。

これはもちろん，少数者に対して単純に特権を授けることを意味しているのではない。しかしながら，そのような考え方は，山登りにとても長けていて，山登りをするのに必要な制度的・財政的資源を持っていると自分で言うようなものである。そこではさらに，当然すべての人々がアイガーの北壁を登ったり，エベレストを登ったりする権利をもれなく持っていると前提されている (Honderich 1990: 99–100)。

このように保守的な社会では，社会の私的資源を手に入れる手段(また忘れてはならないが，その試みはほぼすべての社会資源を私的所有化することである)は，個人の支払い能力次第で大きく変わってくる。さらにこのことは，当人が企業家，あるいは有能で欲深な階級といった類の人物であるかどうかにかかっている。一方，社会の公的資源(急速に減少しつつある部分)については，それが必要とされるか否かによって変わる (Honderich 1990: 89)。保守的な社会では私的資源が最大化され，公的資源は最小化されるようになっている。

しかしながら，保守主義の形態をとるものは大概，そこで論じられることや諸政策の大部分において，人の性質についての特定の見解——人の性質は何より利己的であるとする見解——に依拠しているわけではない。保守主義はもっと進歩している。彼らは人の性質を信頼できないものと見なし，始めのうちだけ本当のことのように見えるものに，あらゆる人々を強制的に従わせようと取り組んできたのである。不運なことに，保守は大いに成功を収めてきた。恐らく，人であるということが何を意味しているのかについて，保守自身が絶対主義的で矮小化された見解を持っているせいで，ものが見えなくなってしまっている。それゆえ，われわれの政治的「主導者」の多くは自分たちが何をしてきたのかを認識する能力に欠けているように思われる。保守主義が積極的に取り組んできたのは，特定の人々の人格を卑しめることであった。同時に，貧しい人々と，価値や品性がないと思われたために市民権を奪われた人々を苦しめてきたのである (Honderich 1990: 81)。

だが，ここで寄り道をして，私が憤慨している事柄をいくつか，ご覧に入れたい。お許しいただけるものと信じているが，仮にわれわれ自身が，自らの子どもの暮らしに関わることに憤ってはならないと言うのであれば，何に怒りを感じたらよいのだろうか。

ポストモダニストが見落としたもの

　新保守主義の，とりわけ新自由主義が問題にしている論点の重要な要素が，ますます大学を支配するようになりつつある。どの大学に通うか(あるいは通わないか)をめぐって，ますます階級と人種間の分極化が進んでいる。計画の中身が「非生産的」(実際のところは明らかに隠喩)，人道主義的であるとか(あるいは)批判的な性格をもっていることを理由にして，財政支援が削減されている。「効率性」や基準の確立に向けて圧力が増しており，「共通文化」を見直そうという要求が出されている。そしてとりわけ，大学での授業，研究，財政や他の諸機能の多くが，ますます産業計画へと統合されるようになってきている。以上のすべて，その他が示唆しているのは，われわれの日常生活を複雑な形で再構築するあらゆる基準の持つ効果である。

　あいにく，この再構築を進める主な要因は，高等教育自体の内部にある，批判的で「進歩的な」共同体の中の集団が問題にしている論点には殆どなっていない。これは特に，制度が今どのような知識に対してますます公的な承認を与えているのかということを検討するかどうかの問題になっている。

　ポストモダンやポスト構造主義的な形態をめぐる紛争が猛威をふるい続けている——部分的には保守の再生に結びついた運動が発端となって精力的な批判が行われていることはもちろん，いくらかの「次世代」の同僚たちが信奉しているもののせいで誇張されている言説があることに原因がある(Apple 1993)。しかしながら，その一方で，このような社会やこれに似た社会において，どのような知識が高く格づけられているのかという政治経済学の問題には殆ど焦点が当てられてこなかった。このように，何が「妥当な」知識として見なされ，何を教え何を知ることが「妥当な」形態であると見なされるのかという問題(「文化闘争」)をめぐって，人文科学および社会科学は，巧妙で，修辞学的で，また文化的な「戦争」(男性主義的で軍国主義的な傾向のある言葉ではあるが，私の造語ではないことをお断りしておく)に没頭している。その一方で，何が科学や技術として自明のものになっているのかということ——私が(ヴァルター・ファインバーグの導くままに)技術的/管理的知識と称してきたもの——が，あらゆる段階の学校においてこれまでよりずっと強調されるようになりつつある。そ

れは，履修時間，財政，威信，そして国家機構からの支援（Apple 1995），さらに新たなワシントン政権が技術による解決や技術的知識を頼みにしているといった点に見られる。

　私がここで言わんとしていることは，かなり試論的なものである。それでも私の意図をいくらかでも映し出している。その一つは，ある形態のテクスト分析を別のものに行うといった戦略や，世界を推論によって構築されたテクストとして見なすべきかどうかという問題をめぐる相当の批判や憤りは，少なくとも部分的に的外れであるということである。そしてもう一つは，教育やその他の領域における所謂ネオ・マルクス主義の伝統が生み出した最も重要な識見のいくつかを，「われわれ」が失おうとしているといったものである。

　ここで論じている中で，私が未だに再構築されずにいるスターリンのような人間に思われていないことを願っている（結局，マルクス主義の伝統内部において，矮小化されている趨勢について執筆し，論じることに，私は人生のあまりにも多くを費やしすぎていた）。私は本質主義者ではないが——次の点についての，全く本質的な理解を思い出してもらいたいだけである。それは，どのような知識が高く格づけられているのかということと，考慮する必要がありながら部分的にはあまりにも安易に忘れてしまっている権力関係のいくつかとの（明らかに非常に複雑な）関わりについてである。私は大学における権力関係を論じているだけではない。決定的な改革が起こりつつあるが，その改革が最終的に高等教育機関に進学する（あるいは進学しない）生徒を教育する（または教育しない），初等・中等教育段階の学校で生じている点も論じている。

　ポストモダニズムやポスト構造主義と関連のある，さまざまな見解が多くなってきている。これが示唆しているのは，文化と権力の関係についての，われわれが用いている言説や理解が変容していることである。控えめに言っても全く問題がないわけではなかったが，以下のすべてが重要になってきている。それは，あらゆる支配関係を描き出す何らかの誇大理論があり得る（にちがいない）といった慰めの幻想を拒絶すること，政治的な場としての「ミクロ・レベル」に焦点を当てること，権力と知識のつながりが異常に複雑であることを明らかにすること，われわれの政治的関心を階級，ジェンダー，そして人種という「聖なる三位一体」を遥かに超えて広げること，脱中心化された主体という

考えでは、アイデンティティは固定されているのではなく、政治的闘争の場となっていること、生産ばかりでなしに消費についての政策や実践に焦点を当てることである (Clarke 1991; Best & Kellner 1991)。

批判的教育研究やカルチュラル・スタディーズではポストモダン的ポスト構造主義的な文献が増えてきた。しかしながら、これまでずっと存続してきた伝統、あらゆる段階の学校を支配しているカリキュラムや教育学の性質に関して不可欠な知見を提供している伝統を、われわれはあまりにも性急に手放そうとしていた。このように、例えば、階級によってすべてが説明されるわけではないという歴然とした事実が、階級の持つ権力を否定する言い訳として用いられることもありうる。これは深刻な誤りであるかもしれない。もちろん階級はわれわれが思考することのない一連の諸関係と同じく、分析をつうじて生み出される概念である。従って、自らが階級によって何を表しているのか、階級を一つのカテゴリーとしてどう用いているのかを絶えず解体し、再考する必要がある。このように、われわれは人々を形作るさまざまなやり方を適切に認識しながら、階級がいつ、どのように用いられているのかについて相当に慎重でなければならない。しかしながら、このことを所与としても、次のように仮定するのは誤りであろう。すなわち、所謂アイデンティティとイデオロギーを、人が所属する階級上の地位と結びつける理論にわれわれが求めていることを、多くの人々は自覚したり、それに働きかけることがない。それゆえ、階級は消え去ってしまったことになるというものである (Apple 1992)。

経済に関しても同じことを言わねばならない。資本主義は変容しつつあるが、未だに強固な組織力を持つものとして存在している。多くの人々は、理論的裏づけを不可欠とする階級が予測しているようには、考えても行動してもいないかもしれない。だが、このことは賃労働や無賃労働において人種、性、そして階級による分業がなくなったということを意味してはいない。また、(経済および文化の生産関係についての考え方はさまざまなため、経済的、文化的な)生産関係が考慮されていないということを意味しているのでもない (Apple 1992)。

このようなことをあらん限りに唱えるのは、今や非常に現実的な危機が批判的教育研究に生じているからである。一つはわれわれが集合的に持っている記憶を喪失していることである。理論の「レベル」では現在、重要かつ必要だ

けの活力はあるのだが，批判的研究のかなりの部分は，しばしば一時的な流行に乗っていた。そのような研究は，理解すべきことが難解になればなるほど，あるいは研究はヨーロッパの（特にフランスの）文化理論に多くを依拠すればするほどよいというように，しばしば表面的な前提を設けては，次から次へと理論を乗り換える。大学やその他の場で，支配と服従に対するさまざまな闘争と最も修辞的に結びつけられていることを除けば，大学の威信の序列構造はしばしば意味をなくしてしまっている。それでもその序列構造の中で，研究の文化的資源を流動化することに熱心であるように——理論の乗り換えが速いこと，高校での新中間階級による進学移動分がそうした動向を断片的に理解しているため，他の伝統が創り出してきたものを否定したり，その伝統に新たな装いを与えて再生するといった影響を及ぼしている (Apple 1992)。あるいは（いくらか優れてはいるが）全く別の社会統制理論家や，社会運動や歴史的要因が持つ力を否定している，信頼性がなく，没歴史的な概念にフーコーを流用して言えば，実際のところそのような動向は後退しているのかもしれない。

　ここでの関心は，保守的な社会運動と，それが足を踏み入れている構造的な危機が持つ権力の双方にある。われわれがポスト構造主義に飛びついた時に恐らく見落としていたのは，われわれが関与している構造の力学がいかに強力なものであるかということである。この点を認識した上で私が焦点を当ててみたいのは，大学における知識の力学のいくつかである。とりわけ，経済合理性，国内競争力や国際競争力，そしてそれに関連する論点をめぐる，複雑で矛盾した経済的・文化的な「ニーズ」を満たすための大学の役割が絶えず再構築されているという点に，焦点を当てたい。議論を深化していくには，特に次のような商品化の過程について考えてみる必要がある。それはすなわち知識や制度が，余剰価値を引き出すのに使われるよう，形を与えられていく過程である。ひどく奇妙なことだが，知識がいかにして資本の流れに当てはまっているのかを理解すべく，私もまた知識を商品化しなければならない。

文化資本の政治経済学

　私が提示していることには，いささか危険がある。われわれは知識を「脱具

象化(ファイ)」するのに数年間かけてきた。つまり知識を，構築されたものだということを意味する過程と，過去に構築されたものを具象化する過程として示そうとしてきた。再び知識をものとして取り扱うことで，そこから得たものを失ってしまう恐れがある。しかしながら，私たちが高等教育に絶えず生じる変革を理解したいのであれば，そうすることが欠かせない。これを実行するには，『教育と権力』で行った多くの議論を概略的に繰り返す必要がある（Apple 1985）。

　知識を資本の一形態と見なしてほしい。特定の階級や階級の一部分が自らに配分される経済資本を拡大するように経済制度は組織化されている（また解体されることもままある）。これと全く同様にして，大学のような文化制度も組織化されているように見える。つまり，文化制度は文化資本の蓄積にとって基礎となる役割を果たしているのである。

　さて，私は文化資本という概念を特殊な意味で——つまり，ブルデューの言うところの文化資本とは異なる意味で——用いている。例えば，ブルデューにとっては，支配集団の——「性向」や「ハビトゥス」といった——様式，言語，文化的性向，さらには身体までもが文化資本である。それらは，複雑な変換戦略の過程を通じて，自らの優位を保つように経済資本へと変換される。このように，支配集団を出身背景に持つ生徒（またブルデューによれば，支配集団の多くは階級の中心に位置づけられる）は，この文化資本をより多く「所有」しているために成功するのである（Bourdieu & Passeron 1997; Bourdieu 1984）。

　そうした文化資本概念にはいくらか説得力がある。しかしながら，そこではこう前提されている。教育制度の基本的役割は生徒の知識を「配分」することにある。生徒の中には知識を獲得する「能力」がより高い者があるが，その理由は，出身階級や人種，あるいはジェンダー上の地位が，文化的な才を「あらかじめ」もたらしているからだというものである。だが，このような理論は，特定の種類の文化資本，「技術的」「管理的」知識を産出する上で大学が果たす役割を捉えることができていない。大学で教授されるべき知識の総体をめぐる議論や，何が「伝統」と見なされるべきかということをめぐる議論の多くは，未だに大学の果たす唯一の役割が知識を配分すること（なるべく知識を解体し，その後学生と共に知識を再構築すること）であると前提しているように見える。しかしながら，この「商品」を産出することに多くの大学がますます携わるよ

うになっている (Apple 1985, 1990)。また，ここでは構造的な問題が看過されている。

　先進企業経済の下では，国内外での経済競争を理由に，高水準の技術的/管理的知識が要求される。さらに，経済の拡大，コミュニケーションや文化の統制，そして合理化などの機会を最大化するにあたって，より洗練することも求められる。一定の制約の下で実際に求められるのは，この種の格調高い知識を一般大衆にまで広く配分することではない。必要なのは，知識が生みだすものを最大化することなのである (Apple 1985)。

　このように，経済資本を蓄積することと，文化資本を蓄積することとの間には複雑な関係がある。このことが意味しているのは，いわばすべての人々が，洗練された技術的/管理的知識を頭に叩き込むことを必要としているわけではないということである。従って，われわれや，かなりの数の生徒たちが技術的/管理的知識を獲得しているのかどうかは，いっそう高い水準にまで洗練された形態をもつようになったこの知識を「実用可能」なものにすることに比べれば，重要ではない。

　率直に言えば，技術的/管理的知識は，先進産業経済においては欠かせない。だが，われわれが技術的/管理的知識を用いるやり方が，決定的な要因になっている。生産量が著しく増加し，生産の組織と管理に変化が生じているため，それに伴って急速な量的拡大や複数種の技術的・管理的情報が必要になっている。これは，「市場調査」や，個々の企業が収益率を引き上げ，労務管理を強化するための人間関係調査へのニーズが絶えず増加している点と結びついている。このことはすべて，情報の組織的生産(そしてもちろん，より効率的な組織の生産)を要請する。こうした生産物――知識という商品――は生産物という言葉についての伝統的意味からすれば非道具的だろうが，それらはまぎれもなく，経済的に不可欠な生産物なのだ。さらにここに，つぎの点が加われば，この種の文化資本の重要性は増す。それは，共同して蓄財していく上で関連産業を守るという広大な役割が果たしてきたことや，食品産業や技術を共同して独占する上で，農業関連産業の役割が拡大しつつあることなどである。

　デイヴィッド・ノーブルは，科学，技術，教育制度，そして産業間の関係について歴史的分析を行っている。その中で，彼が冒頭の方で論じているのは，

技術的文化資本の生産を統制するということが産業戦略には不可欠だということである。資本は市場，そして生産工場や設備のみならず，科学までをも同様に統制することを必要としていた。

> 科学に対するこのような独占は，最初のうちは特権的な統制――すなわち科学技術の生産を統制するといった形態をとっていた。科学技術の独占はやがて，産業研究を組織化し規制するという手段によって，科学の生産過程そのものを統制するようになった。そして最終的には，科学の生産過程にあらかじめ必要な社会的条件の支配を含むようにまでなった。その条件とは，科学的知識とものわかりのよい人々を同時につくり出す上で必要な制度を発展させることと，こうした制度を科学に依拠した産業という共同システム内部に吸収することである。ハリー・ブレイバーマンの説明にあるように，「科学技術革新」は「特別な革新という観点からは理解することができない」。むしろそれは，「科学と徹底された工学が日々機能している部分として統合されてきた，生産の様式として包括的に理解されねばならない」。それゆえ革新は，化学，［生物遺伝学］，電子工学，機械じかけの自動装置……あるいは，こうした科学技術がもたらす何らかの生産物に見られるのではなく，むしろ科学そのものが資本へと移行する際に見いだせるのである（Noble 1977: 6）。

このように，産業がますます分業や労務管理，労働力の再配置，そして技術革新に結びつくようになった。それと同時に，産業が市場，生産物，そして消費を拡大しようという場合には，経済資本と文化資本という 2 種類の資本をいくらか継続して蓄積しなければならないと信用させる必要が生じた。このことは，私が他で強調してきた通りである。こうした必要性が生じたことで，人材と知識が共に産出される場，すなわち大学がこれまでよりずっと影響力を持つよう要求されるようになったのである（Apple 1985）。

　これまでにノーブルが特権的な統制を行うことの重要性を論じる中で，そうした特権的統制をめぐる論点を明らかにしているが，それは技術的知識の蓄積が重要な経済的役割を果たす領域を把握できるというものである。技術的知識の生産を統制することは，体系的に特権を生産したり市場を独占する上で重要だった。いわば，かなり多くの産業研究が優先目標としていたのは，差し迫った生産課題を技術的に解決する術を見つけることであった。その一方では，「投機の動向を予想したり，技術の進歩や事業の拡大への道を開き続けるために特権を手に入れること」ができる場合，知識生産にとって，組織化と統制という

より大きな問題が見落とすことのできないものとなった (Noble 1977: 128)。科学と技術的知識の主な局面を統制するには，特権が独占されていることを利用したり，大学生活(また特に大学カリキュラムと研究)を組織化し，また再組織化することが要請される。このように，産業と，産業が生み出すイデオロギーは，以下の事柄に構造的な制約を課す上で，ことのほか重要な役割を果たしたし，今も果たし続けている。それは，大学や技術研究所で慣れ親しんでいる生活の重要な部分にふさわしいと思われるような，カリキュラムや教育学的実践(を決定しているというわけではないが)である。このことは，ノーブルが繰り返し示している通りである。現在われわれは経済危機に直面しているが，相変わらず，将来資本がもたらす(もちろん，多様で時には相反するような)利益がさらに影響力を増すことを期待する者もあるかもしれない。昨今の状況では，特にそうであろう。今日，クリントン政権は，国の産業政策を新自由主義にもとづいて打ち出している。そして(市民社会に関する他の諸側面と同様に)多くの国家および資本に見られる側面が，21世紀に向けて再構築され，より競争的な経済を実現することを目指す合理化計画案へと統合されようとしている。

こうしたことから，クリントン政権が協調主義的な産業政策案へと移行しているので，大学とより広い経済目標との間での統合がいっそう進んでいることを確信できるだろう。スペンサーの言葉に倣えば，どのような知識が最も価値あるものとして尊重されるのかという問題に，この動向が及ぼす影響は甚大なものとなろう。

ヘンリー・ルイス・ゲイツ Jr. はその点について，つぎの引用の中でかなり明確に論じている。そこで彼が指摘しているのは，こうした政策の犠牲になるのは誰なのかということである。

> 研究や建物，そして新しく，より良いプログラムに必要な財政支援を獲得しようとする闘争によって，大学はますます企業，寄付金，政治，そして他のエリート寄贈者を優先するようになった。商業，工業，そして連邦政府に新たな同盟が現れ，大学の主要なパートナーとなっている。このことが地域レベルにおいて意味するところは，エリート団体のために研究し，サービスを提供するというプログラムに，人的なものであれ物質的なものであれ，資源が注ぎ込まれたということだ。実際，大部分のキャンパスでは，そのようなプログラムに当てられた諸資源が，困窮する主

要都市近郊が孕む諸問題に取り組むためのプログラムに回される資源を縮小させるだろう。ここにはまた，次のような事実が反映されている。それは，商工業に関わる社会問題を研究する際に使うことのできる資金が，黒人，ヒスパニック，そして白人労働者階級に関わる地域問題を研究するのに使える資金よりもはるかに多いという事実である (Gates 1992: 21)。

もちろんノーブルとゲイツの指摘は，比較的経済学的で本質主義的になっている。彼らは，大学の相対的に自律的な活動も，科学とその実践者についてのミクロな政治学も把握していない。彼らは闘争がいずれも，いわば同じように「根拠にもとづいて」生起し続けてきたという点を看過している。だが彼らは，格調高い知識が経済危機や国家の財政危機に際して生み出される過程に，本質的な洞察をもたらしている。

彼らはまた，つぎの点を理解する手助けをしてくれる。それはつまり，大学は知識を配分する役目と，知識が生み出すものを最大化するという役目との間にある構造的な矛盾に捕われてしまっているということである。商品化の過程をとりまく制度の論理は，それが影響力を及ぼす範囲内で，大学における日々の授業や研究活動をますます立ち直らせる。それに伴って，強調点は知識のもたらす生産物を最大化することが強調されがちになる。同時に，配分される知識を経済的に「欠くことのできない」知識に限定したり，他のより批判的な形をとる言説を隅に追いやろうとしている。知識を配分することと，その生産物を最大化することは，共同しながら，徐々に制度化された「他者」となる。

こうして，何が経済的に有益なものとして「認識」されるかという過程において，ますます知識に制度的な承認が与えられる。もし知識を獲得することができるなら万事うまく行くが，この点はますます見えなくなってしまう（しかしながら，新保守主義はもっと正確に理解している。彼らは文化や意識をめぐる闘争が欠くことのできないものであることを理解している。こういうわけで，言語，集合的な記憶についての問題や，われわれがどのように「世界に名を与える」べきなのかということが，新保守主義のおかげで非常に重要なものに思えるのである (Apple 1993))。

もちろん，ここで私はかなり一般化した話をしている。ここで言っているのは円滑でも合理的でもない過程のことである。さらに議論すべきことがある。

それは，何が格調高い知識と見なされるのかについて，並びにそうした知識の生産を支援する上で国家が果たす役割についてである。また高等教育機関内部で，何故こうした特定の形式の知識が最も大きな資源や権力を獲得するのかということについて議論しなければならない。学問という社会的領域内で相対的に自律した地位のヒエラルキー，例えばブルデューが非常に敏感であったヒエラルキーについても，議論が必要である（Bourdieu 1988）。むしろ，ここで指摘しているのは一般的な趨勢であるが，私が確信を持っている趨勢は，さまざまな形でわれわれ一人ひとりに衝撃をもたらしている。それは，研究への財政支援，各種奨学金や，新しい学部にいかなる地位が与えられているかに関するものであり，正教授の決定や教授団および事務職員の解雇に関しても少なからず衝撃をもたらしているのである。

学生の学習環境は改善できるか

これまで概略的に私見を提示してきたが，それは経済危機の時期に，大学内で高い格調をもつ知識の政治経済学をとりまく矛盾とダイナミクスに関するものである。もちろんわれわれが所属機関内に生じる文化戦争の中で日々目の当たりにしているように，そこに付随する文化的な関わり合いや権威は，独自に，また部分的には自律した力学をもち，そして闘争している。私が議論してきたのは後者の文化に関わる論点である。それは，他所でかなり紙幅を割いて述べている，歴史，言語，文学，「教養科目」などにおいて，どのような知識が公的知識と見なされるのかという文化政治学に関わっている。だが，それをもう一度繰り返そうとは思わない（Apple 1993）。むしろ，今ここでしておきたいのは，次の点を簡潔に振り返ることである。それは，小学校，中学校，そして高校段階において全米で起こりつつある再構築の断片であり，また実際に生徒たちが高等教育に期待することにとって，この再構築が何を意味しているのかといった点である。

どのような知識が大学の中で資本へと変換されるのかということ——文化資本から経済資本への複雑な変換——が，着実に変容してきているのをわれわれは目撃している。これと同じようなことは，教育制度の他のレベルでも起こっ

ている。こうしたことは学生にも重大な影響を及ぼすであろう。殆どの場合，高等教育機関に在学する学生の大部分が今後，私的収益をあげる上で知識の商品化に不都合を感じるかどうかが重要になるだろう。これは複雑な問題であり，そこには学生が（複数の）主観を形成していることが含意されている。しかしながら，恐らく敢えて言えば，中学・高校で起こりつつある事態の何例かは，われわれが直面している危機のいくらかを明らかにすることができる。

この点を振り返るのは，将来突き当たる最も重大な問題のひとつが，入学してくる時点で学生がどのような状態にあるのか――彼らは何を知っており，どのような価値観を持っているのか――といったものだからである。このため，高等教育機関と同様，とにかく初等・中等段階の学校に焦点を当てる必要がある。

初等・中等教育段階では，最もよく組織化され，また恵まれた財政支援を受けているカリキュラム改革が見られる。そこでは，数学と科学について提示されているナショナル・カリキュラムをめぐって，いっそう努力が払われるようになってきている。また仮に，クリントン政権が教養科目を科学や数学のような，より「基本的」な科目と同等のものにしようと提案してきたとしよう。それでも，この提言はレトリックとしての意味はあっても，政策としては意味がない。なぜなら，とりわけロサンゼルスのような大規模学区の多くは，美術指導を削除し，あらゆる学校段階の美術教員を一時解雇しなければならなくなっているからである。同じようなことは，他の「必修ではない」カリキュラム領域にも起こっている。

もう一つの例を挙げるとしよう。歴史領域でカリフォルニアの社会科の教科書を素描したのが，ダイアン・ラヴィッチと彼女のどちらかと言えば保守的な同僚たちである。このため，幅広い層の生徒が教わる歴史に対する分析視角は，殆ど支配集団の視点から見た，思いのほか自画自賛的な進歩の物語になってしまうだろう。なぜなら，合衆国では教科書が公式カリキュラムとして幅を利かせているし，カリフォルニアやテキサスといった州では実質的に最大規模の売上が見込まれるので，ほぼすべての出版社が単に売れるものを発行するからである（Apple 1988, 1993; Apple & Christian-Smith 1991）。

特定の人間観に根差したプログラムを削除したり，特定の視座を土台にした

物語を繰り返し主張することは重要ではある。だがそこでは，われわれが目の当たりにしている全般的な変容を理解しようとさえしていない。私の考えていることが最たる例であるとお認めいただきたい。

　現在築かれつつある，教育と産業間の「協調的な関係」には新しい進展が見られる。最も「興味深いこと」の中には，読者の多くがあまり知らないことがある。それは「チャンネル・ワン」と称されているものである。チャンネル・ワンは商業的につくられたテレビ報道番組であり，今や合衆国の数千もの学校で放送されている。チャンネル・ワンが流す内容は明らかに単純なものである。10分間の国内外のニュースと2分間のコマーシャルが，ウィットル・コミュニケーションズ——世界の「いやでも視聴させられる人々」のためにある最大の資料出版社のひとつ——によって巧みにつくられ，さらに直接教室に放送される。

　学校は，衛星パラボラアンテナ(チャンネル・ワンを受信することのみ可能)，2台のビデオ機器，そして個々の教室に設置するテレビ・モニターを利用する。その代わり，3年から5年という期間にわたり，全校生徒の90％がチャンネル・ワンの90％を視聴するという契約に署名している。契約が履行されているかどうかは監視されている。多数の常に貧しい学区や，ますます増えつつある，うわべは実際より豊かに見える学区では，財政危機は非常に厳しいものになっている。そうしたわけで，教科書は文字通り破れるまで使われている。また，地階，物置，体育館，そして「利用可能な」空き場所が指導に用いられる。カウンセラーや支援スタッフがいる時は，教師は一時解雇されているし，美術や外国語プログラムについては省略されている。さらに，町や都市の中には経済的な問題を抱えているものがいくらかある。問題というのは，学校を1学年間ずっと開放したままにしておくことは不可能だろうというものである。全国の学校が，チャンネル・ワンを「大切な知識」を教えたり，学校の財政問題を解消するのに同時に役立つものとして見なしてきた。その背景には，先述した財政危機や，ウィットル・コミュニケーションズが用いているレトリカルな戦略があった。すなわち，世界に関する知識は，就職する上で，また国家に国際的な競争力を与える上で，生徒の助けとなるだろうとする戦略である(例えば，チャンネル・ワンの宣伝によれば，生徒の中にはチェルノブイリ (Chernobyl) が

シェール (Cher) の本名であるとか, シリコン・チップをスナック菓子の類だと考えている者がいるという)。

『公的知識』(Apple 1993) の中で, 私はウィットルが正統化のレトリックとして用いてきた戦略を分析した。つまり, チャンネル・ワンを教室に導入するやり方, チャンネル・ワンの報道内容や構成——それが用いる言語コードや, そこから派生するものなど——が孕んでいる矛盾, さらにどの教師や生徒が実際にチャンネル・ワンに満足しているのかを分析してきたのである。しかしながら, ここで重要なのは, 全国のすべての中学生や高校生の 35% から 40% のために, 子どもたちを, 視聴を余儀なくされる者として広告主に売り飛ばしてきたということである。生徒自身は消費者として位置づけられ, 商品化され, そしてチャンネル・ワンの宣伝に投資したがる企業によって, 視聴を余儀なくされる者として取引されている。

今や生徒や教師は, 時折チャンネル・ワンの題材を携えて, とりわけ宣伝を携えて, 「お祭り騒ぎ」に参加している。また, 彼らが報道を無視して関心を払っている——そして時には楽しんでいる——ことは, ある意味ではバフチンが熱心に取り組んでいた宣伝広告である。だが, 繰り返しになるが, 現行の教育制度は利益を生み出す場として再構築されつつある。何年もの間, 生徒はそのような視聴を強制される手足となっていることだろう。生徒が日々経験していること——彼らにとっての常識は, 知識(また彼自身)を利益を生み出す場へと変質させるよう形成されるかもしれない。大学で正統化されているのと同じようなことが, どうしてそんなに奇妙に映るのか。このように, 今なお中学校や高校に在学する生徒を食い物にしているというのに, 経済学的に有益な知識についてのある特定の定義が多くの高等教育機関をいっそう支配するようになっているからといって, 何を驚く必要があるのか。

結　論

言うべきことはまだたくさんある。現在教育が直面しており, 顕在化しつつある商品化や私事化の趨勢について, 表面的に触れてきただけだからである。だが, 私の主な論点は, われわれの注意を喚起し, 現在「最先端の理論家」に

見られる傾向を修正して，政治経済や階級をめぐる諸関係をとりまく関心を後退させることにある。こうした論点を強調するのは，理論が持っている「わかることを欲する意図」それ自体にやや問題のある，かつての誇大理論を復活させたいからではない。ここで想起すべきは，今もなお資本主義であること，そして資本主義が日常生活や，現在大学にいる学生にのみならず，近い将来大学にやってくる生徒たちの生活に格差をもたらすということである。文化資本と経済資本との間にある複雑な関係を無視していたのでは，この状況は少しも緩和されないだろう。世界は(すべての拠りどころとなる)原典かもしれないが，世界には他の集団よりもたやすく人の一生を左右できる集団が存在するようである。

参考文献

Apple, Michael W. (1985), *Education and Power* (New York: Routledge). 浅沼茂・松下晴彦訳『教育と権力』日本エディタースクール出版部 (1992).

―――― (1998), *Teachers and Texts: A Political Economy of Class and Gender Relations in Education* (New York: Routledge).

―――― (1990), *Ideology and Curriculum* (2nd edn., New York: Routledge). 門倉正美・宮崎充保・植村高久訳『学校幻想とカリキュラム』日本エディタースクール出版部 (1986).

―――― (1992), 'Education, Culture and Class Power', *Educational Theory*, 42: 127–45.

―――― (1993), *Official Knowledge: Democratic Education in a Conservative Age* (New York: Routledge).

―――― and Christian-Smith, L. (eds.) (1991), *The Politics of the Textbook* (New Yoik: Routledge).

Bastian, A., Fruchter, N., Gittell, M., Greer, C., and Haskins, K. (1986), *Choosing Equality* (Philadelphia: Temple Univ. Press).

Best, S., and Kellner, D. (1991), *Postmodern Theory* (London: Macmillan).

Bourdieu, P. (1984), *Distinction* (Cambridge, Mass.: Harvard Univ. Press). 石井洋二郎訳『ディスタンクシオン I・II』藤原書店 (1990).

―――― (1988), *Homo Academicus* (Stanford: Stanford Univ. Press). 石崎晴己・東松秀雄訳『ホモ・アカデミクス』藤原書店 (1997).

――――, and Passeron, J.-C. (1977), *Reproduction in Education, Society and Culture* (Beverly Hills: Sage). 宮島喬訳『再生産――教育・社会・文化』藤原書店 (1991).

Clarke, J. (1991), *New Times and Old Enemies* (London: Harper Collins).

Education Group II (eds.) (1991), *Education Limited* (London: Unwin Hyman).

Edwards, T., Gewirtz, S., and Whitty, G. (1992), 'Whose Choice of Schools?' in M.

Arnot and L. Barton (eds.), *Voicing Concerns* (Wallingford: Triangle Books).

Gates, H. L., Jr. (1992), 'Redefining the Relationship: The Urban University and the City in the 21st Century', *Universities and Community Schools*, 3: 17–22.

Green, A. (1991), 'The Peculiarities of English Education', in Education Group II (eds.), *Education Limited* (London: Unwin Hyman).

Honderich, T. (1990), *Conservatism* (Boulder, Colo.: Westview Press).

Hunter, A. (1988), *Children in the Service of Conservatism* (Madison: Univ. of Wisconsin-Madison Law School, Institute for Legal Studies).

Johnson, R. (1991), 'A New Road to Serfdom', in Education Group II (eds.), *Education Limited* (London: Unwin Hyman).

Noble, D. (1977), *America by Design* (New York: Alfred A. Knopf).

16

将来は女性の時代か？
──女性の成功・男性の不利益・教育におけるジェンダー・パターンの変化──

ギャビー・ウィーナー／マデリン・アーノット／
ミリアム・デイヴィッド

　青少年期の男性たちは，資格や職業の獲得競争において遅れをとっているのだろうか。彼らは，教育における新しいタイプの不利益に苦しんでいるのだろうか。もし1990年代中期のメディアの報道を信じるならば，どちらの質問に対する回答もイエスである。男子の目立った学業不振をめぐってモラルパニックが起こっている。例えば，1994年の試験結果公表の時期，新聞の典型的な見出しには次のようなものがあった。「男子の困難」（『サンデー・タイムズ』6月19日），「リーグ・テーブル[訳注1]で女子が男子に大勝」（『タイムズ』9月3日），「女子は，男子がいない方がよくできるのか？」（『デイリー・エクスプレス』11月11日），「クラスのトップは賢い少女たち」（『トゥデイ』11月22日）。他の国でも，少年たちをめぐる同じようなモラルパニックが表面化している。例えば，オーストラリアでは，フォスター（Foster 1995: 54）が，青少年期の女性に意図的にねらいを定めた10年間にわたる機会均等政策の成果として少女たちが得た利益に対する，近年の「バックラッシュ（揺り戻し）[訳注2]」の時期を確認している。

　女性の成功は，あたかも男性の失敗がもたらした必然的産物であるかのようにみなされている。少女たちの達成や野心を祝福するというよりも，今やむしろ男性の不利益という言説が語られており，そこでは少年たちが学業で遅れをとっているとの見方がなされている。その言説は，法や秩序に対する脅威とみなされる黒人の，または労働者階級の男子の学業不振や，「態度」・自己満足・傲慢さの問題に由来するとみなされる中産階級の男子の学業不振という衝撃をともなって，強力な階級的・人種的側面も持ち合わせている。例えば，『サンデー・タイムズ』のある記事は，労働者階級の落ちこぼれ生徒を次のように表現している。

教室の後ろにいる典型的な男子。短く刈り上げた髪，威嚇的な容貌，級友の作業の邪魔をする癖。教師に対する無礼が彼の得意技……。それは，自分がほとんど読み書きできないことを隠すために小学校で培った技能である（1994年6月19日）。

それに対して，中産階級の若い男性の場合，恐れられているのは，粗暴や非行ではなく，男のだらしなさと男性文化である。あるシックスス・フォーム^{訳注3}の男子が自らの（GCSE）試験^{訳注4}の成績が悪かったことについて行った説明は，男性の失敗の原因とされるものを暗示している。

「模擬試験の後で，先生たちは，僕がAを6つ取るって予想したんだ。問題ないって僕は思った。僕は勉強しなくていいって。だから，僕はしなかった。そしたら取ったAは3だった……」。彼は，それなりの大学に行くためにより熱心に勉強しているというが，それでも彼の物理クラスの女子ほどは熱心ではない。「そのクラスはほとんどが男子だけど，そいつらはまったくといっていいほど勉強しないよ。特に宿題はね」と彼は言った（『インディペンデント』1994年10月18日）。

どちらの事例においても，女子生徒たちは，より勤勉実直で，より行儀が良く，不平はより控えめで，そして暗に，より想像力に乏しく退屈な存在として描かれている。試験における女子の成績向上が男子のそれを犠牲にしてきたという証拠はほとんどないにもかかわらず，1990年代中期の教育における支配的なジェンダー言説は，男子の学業不振というものである。新聞のコメントの大げさな表現とともに，男性の不利益に関する会議やセミナーがますます増えており（例えば，1996年3月にリバプール・フットボール・クラブで「変化への挑戦」という1日間の会議が行われたが，そのねらいの1つは，「少年たちの学業不振という文化が進展しつつあることと，それが男性の失業を暗示していることを強調する」ことであった），特に，青少年期の女性をめぐる学校教育の諸問題への注目は，事実上かげりを見せている。

男性性の性質，すなわち男性の生活がこれまでにどのように変化してきてどのように変化しつつあるのか，そしてこのことがどのようにして男子（と女子）の学校教育に関係しうるのかを確認し説明しようとする本格的で重要な研究もある，ということにもふれておかねばならない。これらの研究のねらいは，複数の男性性が，複数の女性性とともに，文化と学校教育の内部にどの程度存在

し，またいかにして生み出されているのかを探求することである。例えば，マック・アン・ゲイル（Mac An Ghaill 1994: 12）は，「ヘゲモニックな男性性（hegemonic masculinity）の概念」を明らかにしようとしているが，それは「女性性や従属的なタイプの男性性との関係の中でそれらに対抗して構築される」ものである（Connell 1989 なども見よ）。スーウェル（Sewell 1995）は，特に学校教育の中での人種差別，ジェンダー，男性的アイデンティティ相互の関係を探っている。

しかしながら，20年前，すなわち1975年性差別禁止法の直後には，支配的なジェンダー言説は女性の学業不振に関するものであった。この時期は，合衆国で公民権運動や女性運動が起こった直後であり，平等に関する新たな価値観が大西洋を素早く渡ってきたものの，イギリスの教育者たちがこれらの考えを実践へと移すにはある程度時間がかかった。そのため，数学や科学のいくつかの領域のように，男子に比べて女子のできが悪い場合には，当時のフェミニストたちが断固として異議を申し立てたにもかかわらず，生物学やいわゆる生まれつきの性差に焦点を当てた説明が広く行われていた（Belotti 1975; Kelly 1975; Byrne 1978; Bristol Women's Studies Group 1979）。ウォーカーダインが1970年代の経験から回想しているように，人文系科目のように女子の好成績が特に目立つ場合には，能力よりも，頑なな勤勉さと順応主義のせいにされていた。

> 私が最初に立ち向かった偏見のうちの1つが，世間一般のみならず研究書にも見られる一貫した企て，すなわち，女子の好成績を勤勉さ，まじめさ，行儀のよさのせいにしようとする企てだった。男子は，それとは対照的に，たとえクラスでの現時点での成績がその根拠をまったく示していなくても，優秀さへと導く潜在的能力を持っていると見なされていた。皆が思っている以上に女子も利口なんだと主張することは，非常に脅威的なことのように思えた（Walkerdine 1994: 12-3）。

より最近では，フォスターが，オーストラリアの2つの時代区分におけるジェンダーの教育言説を比較しており，男の子をめぐる議論の盛り上がりを，1980年代から1990年代にフェミニズムに奪われた取り分を再び奪い返そうとする奮闘の一部であると見ている。

> 少女たちの男性領域への進出を目の当たりにして，政策や綱領では，以前のような男性の教育上の利益を効果的に手っ取り早く再主張する〈男子はどうなっているん

だ!〉というフレーズが繰り返し語られてきた。対照的に，それ以前には，男性の利益は，男子自身を有利であるとみなすのではなく，むしろ女子は欠けていると強調する論理構成によって強固に支えられてきた（Foster 1995: 52. 傍点は引用者）。

　こうした，男子をめぐるモラルパニックと，女子の成績向上にともなって本当に男子の成績が低下しているのかどうかをめぐる混乱を背景に，本章は，女子と男子の達成パターンと，それらが，その内部で構築され脱構築されてきたところの諸言説を検討する。まず，平等に関する教育言説をとらえる枠組みについて考察し，次に，過去と現在における男女の達成と(不)平等のパターンの変化について述べ，最後に，政策的示唆と将来の可能性に関する議論を行う。

ジェンダーの教育言説

　検討されるべき重要な問題は，メディアによって構築された男性の不利益という言説は，何らかの具体的な変化の証拠に基づいたものなのかどうか，あるいは，われわれは，より一般的にジェンダー関係における根本的な変化を経験しているのかどうか，ということである。われわれはまた，確認されるあらゆる変化が，どの程度，一層の平等をめざす最近の政策や，従来の雇用パターンの崩壊やより広い範囲での文化的・社会的状況によって生じたのかも見定める。

　男女平等をめぐる論争がいかに変化し再生産されてきたかをよりよく理解し説明するためには，性差を説明する場合と，曖昧で時には突飛な世間の関心の性質を把握する場合の両方において，複雑性を認識する理論的枠組が必要である。フーコーがそうした枠組みを提供しているが，特に，彼の仕事の3つの側面がここでの分析に有用である。第1に，彼は，あまりにも深く実践の中に埋め込まれているため，その存在にわれわれが気づかないような世界に関する思考の仕方を説明するために，言説を利用する。言説は，(例えば学校のような)社会制度，思考の様式，そして個人の主体性を構築するメカニズムである。つまり，言説は「それによって語られる諸対象を体系的に形成＝編制する実践」なのである（Foucault 1974: 49）。

　さらに，権力―知の関係に関するフーコーの理解は，あらゆる言説の内部で，(例えばカリキュラムや政策などに関する)知と(特殊な知を創造し統制し受け取

る）権力との間に確立される関係を考慮している。

> ある知の領域との相互関係が組み立てられなければ権力関係は存在しないし，同時に権力関係を想定したり組み立てたりしないような知も存在しない (Foucault 1977a: 27)。

　こうした考えは，男女(不)平等に関する言説それ自体の内部における権力関係の中心的役割を指摘しているので，有用である。問われるべきは，例えば，誰が，どんな証拠に基づいて，何のために，男女(不)平等に関する言説を形成してきたのかということである。

　もう1つのフーコー流の主要な考え方は，局所的な (local) ものの重要性と，局所レベルでの社会的公正を求める個人や集団の働きかけに関するものである。

> 「普遍」，「典型」，「万人にとっての公正と真実」という体裁をとる働きかけではなく，特定の区域の内部で，まさに彼ら自身の人生や仕事の状況が彼らを位置づける地点における働きかけ (Foucault 1977b: 126)。

したがって，教育上の(不)平等に関するあらゆる議論は，「小教区 (parochial)」，すなわち局所的で限られた環境の特殊性を検討する必要がある。また，それらの議論が，他のより支配的な教育諸言説の内部に絡められ，それらによって覆われていることを理解することも必要である。こうして，なぜ「平等な機会」と「男女平等」が，異なる歴史的時代と場において，異なる意味を持ち，異なる「真実」を産み出してきたのかを，より理解することができる。われわれのような多くの教育の実践家と研究者が，意味の変化の中で生き延びてきたという事実があるかぎり，われわれが特定の問いをたてることも，今日の教育言説や平等言説に介入しそれらを形成することも可能なのである。

　こうして，1950年代以降の英国における教育に関する支配的言説を，男女(不)平等に関する言説と並べてみると，相対応するイデオロギー的・概念的変化を見いだすことができる(表16.1)。

　言説の推移を整理するという作業は，おのずと無理を伴うものである。したがって，表16.1で用いられている用語と時代区分は，柔軟に解釈される必要がある。別の出発点を選んでいる者もいる。例えば，デイヴィッド (David 1993) は，合衆国や他の先進産業国で，教育改革に関する言説における同様の変化を

表 16.1 対応する教育言説

時　代	教育に関する支配的言説	ジェンダーと教育に関する支配的言説
1940 年代・ 1950 年代	機会均等: IQ テスト （アクセスに焦点）	弱い （「知能」に関する平等を強調）
1960 年代・ 1970 年代	機会均等: 進歩主義 / 能力混合 （過程に焦点）	弱い （労働者階級の男性の不利を強調）
1970 年代から 1980 年代初期	機会均等: ジェンダー，人種，心身障害，セクシュアリティなど （結果に焦点）	均等な諸機会 / 反性差別主義 （女性の不利を強調）
1980 年代末期・ 1990 年代初期	選択，職業教育重視主義と市場化 （競争に焦点）	アイデンティティのポリティクスと諸フェミニズム （複数の女性性と複数の男性性を強調）
1990 年代中期	学校の効用と改善 （水準に焦点）	パフォーマンスと達成 （男性の不利を強調）

確認している。一方，ブラウンは，そうした言説の変化を，教育と職業の資格獲得競争における「参加の規則」によってカテゴリー化している。

> 戦後期には，参加の規則は，メリトクラシー[訳注5]のイデオロギーと「総合制」[訳注6]教育の導入に基づいていたのに対して，今や「市場」原理と「ペアレントクラシーのイデオロギー」と呼ばれてきたものに基づいている……。結果的に，教育における選抜は，ますます生徒の個人的才能や努力よりも，むしろ両親の富と願望に左右されるようになっている。ここへきて，「才能 + 努力 = 能力」という等式は，「財産 + 選好 = 選択」へと再定式化されてしまった（Brown 1995: 44. 傍点は引用者）。

しかし，フェミニズム，特にリベラル・フェミニズムが，家父長制国家の中枢に打撃を与えたとみなす者もいる。アーノットによれば，その結果，国家にジェンダーと国家との間の相互関係に対する新たな感受性が生じたという。

> ジェンダーのダイナミクスが国家装置，官僚制，言説の構造化に及ぼす影響に対する敏感さが，家父長制と国家との関係に関する新しい概念的な理解を促した。議論

の中心的関心は，公的関係と私的関係の分割において国家が演じている役割に置かれている（Arnot 1993: 191）。

表16.1でわれわれが示しているのは，ジェンダーに関する強調点の一定の推移が，フェミニストのポリティクスや運動——それら自体が広義の社会的・文化的な言説の変化である——のみならず，それぞれの時代区分における，教育に関する一定の支配的言説によって，いかに拘束され，いかに生み出されているのかということである（Weiner 1994）。

例えば，1940年代から1960年代の初期まで，ジェンダーと教育，あるいはより一般的なジェンダー問題に関する議論は比較的わずかしかなかった。1944年教育法は，測定された知能に応じて労働者階級の子どもたちをそれぞれ異なるタイプの学校（グラマー，セントラル，セカンダリー・モダン）へと行かせることで，彼らの機会を広げることをねらった（David 1993, 1994 も見よ）。ディーンによれば，戦後の急進的労働党政権のジェンダーについての主要な関心は，「突然除隊となった軍隊の隊員たち——そのほとんどが男性である——は，平和時の英国で職に就かなければならない」というものだった。教育はこの取り組みの中心にあると見なされた。

> 職場から家庭へと女性をおびき入れることが急務だった。説得，教育，報酬，警告が一緒になって要求されているようだった（Dean 1991: 20）。

ウォルプは，この時代の教育に関する主要な3つの報告（Nordwood 1943; Crowther 1959; Newsom 1963）を分析し，それらはすべて，外見上は拡大した大衆教育システムに関して改革派の立場をとってはいるものの，「大部分の女子に対して新しい展望や可能性を開くことのない教育システムを永続させるイデオロギー的基盤を提供している」と結論づけている（Wolpe 1976: 157; David 1993 も見よ）。同様に，ディームの見解では，1944年から1951年の労働党による統治から，1960年代末期における社会民主主義の興隆と福祉国家の拡大を経て，1970年代の終わりまでの教育に関する合意の破綻と社会民主主義の衰退に至るまで，フェミニストの目標や，最も広義の男女平等以外のことに対する目立った支援はほとんどなかった（Deem 1981）。この時代には，女子の学力は，概して，妻と母という彼女らの主たる職業的目標の観点から解釈されていた。

1960年代から1970年代にかけて特に初等教育において支配的であった進歩主義の言説も，教育における男女不平等の確認において役に立たないことが明らかになった。進歩主義は，解放の教育学（liberatory pedagogy）の考えを前提としていた。ウォーカーダインによれば，そこでは，「子ども期や適切な成長・発達は，できるだけ子どもたちを一人で，自由に，邪魔しないで放っておくことによって最もよく提供される」とされる。「自然」で個性的な発達というこの言説の中では，女の子たちの初期の成功は，常軌を逸した異常なことであり，「真の学習ではない」と見なされた。

> 現代教育学の基礎をなす真の発見と概念化は，規則遵守や丸暗記とは正反対のものである……。この見方からすると，到達あるいは正しい学習という観点での成功は，間違ったやり方で達成される可能性がある。「女性の成功をめぐる問題」の1つの側面は，それが結局のところ全く成功ではないということである。適切に考えているのではなく，女子はただ熱心に勉強しているだけなのだ。もし女性性が受動性，行儀の良さ，規則遵守，そして他の昔ながらの特徴によって定義されるのであれば，その結果は「真の学習」ではありえない（Walkerdine 1983: 83-4. 傍点は引用者）。

　このように，進歩主義の目から見た女子の成績は，彼女らの明らかな成功にもかかわらず，おのずと「十分でな」かったようだ。中等教育段階における能力混合授業は，総合制教育と社会階級格差の縮小という言説の内部で考案された（Kelly 1973）。したがって，女子の成績にマイナスに作用する男女混合クラスでの生徒の態度には，十分な注意が払われなかった。

　教育界におけるジェンダー問題の議論は，1975年の性差別禁止法——その検討事項の中には教育が含まれていた——の成立後，次第に表面化してきた。教育界のフェミニストたちは，女子の学校教育における不平等に関する論争を展開するにあたって，その法律を用い，教授法，カリキュラム，政策，経営の変化を要求した。彼女らは，1980年代の初期から中期には，多くの労働党支配下の地方教育当局によって進められた地方の社会主義によって支えられた。平等政策のさらなる支援は，そうした地方教育当局にとって，ニューライト[訳注7]の政策に対する挑戦の一種であった。ジェンダー政策の多様な側面をまず確認し，次にそれらを結びつけることを目指す，より鮮明に焦点化された，あるいは，ことによると「あまりに割り切った」（Gillborn 1995: 75）政策が生み出された。

様々なタイプのフェミニズムが教育に影響を与え始めるにつれて，例えば，ジェンダー，人種，階級，エスニシティが相互に結びつけられた (Minhas 1986)。

こうして平等は，政治的左翼と右翼の間の抗争における政治的な駆け引きの道具，または看板になった——その争いで最も大敗を喫したのが大都市圏の左翼系地方教育当局であり，その勢力は1988年の教育改革法とその後の法律によって急激に縮小した——(David 1993)。同じ頃，フェミニストやより広義の平等を目指す活動家たちは，フェミニスト，男性，黒人，そして少数民族たちの異なる声をめぐるアイデンティティ・ポリティクスの登場によって，政治運動の分裂とでもいうべき現象に直面していた (Weiner 1994)。同時に，機会均等と公正（「権利付与 (entitlement)」の鋳直し）の概念がニューライトの言説の内部で提唱され続けていたが，きわめて個人化された脆弱なものでしかなかった。例えば，市場における自由競争的な公正と個人の野心が戦後の福祉政策の上に重ねられ，平等政策は，認定された社会集団やコミュニティに向けられた。

1980年代末期までに，政府による達成と水準の強調がますます定着するにつれて，ジェンダーについての関心は，学校での政策と実践から，試験における男女間のパターンの違いや，社会集団の異なる女子同士，男子同士のパターンの違いへと移り始めた。この動きは，英国の教育改革期 (1988–1994) と時期を同じくしていたため，法律，特に教育改革法 (1988) とナショナル・カリキュラム[訳注8]が男女（不）平等に及ぼす効果にも関心が向けられた（Arnot 1989; Burton and Weiner 1990; Miles and Middleton 1990; Shah 1990; David 1993)。1990年代中期の支配的な教育言説は，学校の効果や学校の改善に関するもの，そして視察，経営主義，アカウンタビリティのメカニズムによって「良い」学校および「悪い」学校が必要とするものを評価し検討する最善の手段に関するものであった (Gray and Wilcox 1995)。

では，そうした分析は，1990年代末期におけるジェンダー問題の理解と男性の不利益という言説の出現に対して何を提供できるのだろうか。1980年代から1990年代の英国における教育改革と政策の策定は，少なくとも短期的には学校教育の内部で学校教育を通して平等戦略を変更させる新しい教育言説を生み出した。特に，ジェンダーに関しては，3つの一連の流れが確認された。すなわち，「成績の向上」「機会均等政策」「ジェンダー・フェアな学校文化」である。

男子に関する不安は，1970年代に起こった女子と男子の成績の優劣関係の逆転を示しつつ，第1の流れから生じた。そこには，次のような影響力の大きい諸要因が含まれている。教育改革によって，試験の成績が学校の卓越性の指標としてますます強調されるようになったこと。中等教育修了一般試験（GCSE）(1985年施行)に特別の注目が集まること——その結果は（1993年に初めて作成された）リーグ・テーブルに公表されている——。GCSEとAレベル[訳注9]の結果が，8月の休暇期間という，一般に報道すべき他のニュースがほとんどない時期に公開されること。

性差別禁止法の成果として1975年に初めて現れ，その後1980年代初期から中期にかけて自治的な地方教育当局によって促進された機会均等政策の流れは，1990年以降，政府の改革における特定の施策——視察訪問に先だって機会均等に関する情報を求めるOFSTED[訳注10]の要求——の影響を大きく受けて再び現れた（OFSTED 1993）。同様に，学校教育の内部でのジェンダー・フェアな文化の促進に関する言説は，1970年代末期以来の歴史を持っており，教育界のフェミニストや他の社会的公正をめざす活動家の働きと，文化の内部において男女を区別することが全般的に少なくなったことによってもたらされたものである。

何が変わったのか？

本節では，教育の（不）平等に関する主張の根拠を吟味し，1970年代の中期から末期の，より一層の性的平等の要求を生じさせた教育の状況が，その後の20年間でどのように変わってきたのかを考察する。

成績の向上

1970年代中期，個人や学校の業績や学校文化に関するデータ収集は，今日ほど組織的ではなく普及していなかった。したがって，性差に関するあらゆる証拠は，断片的で半端な傾向にあった。とはいえ，その当時の，性差に関するいくぶん一貫した様々なパターンを認めることは可能であった。例えば，小学校の教師は，強く抱かれているステレオタイプに従って女子と男子を扱うことが知られていた。学校のカリキュラムにおいては，少女や女性は登場することが

非常に少ないか，もしくは不可視的であった。女子と男子は，性差別的な文章を読んでおり，(技術や体育のように)いくつかの科目を別々に教えられており，規準の異なるしつけを受けていた。学業達成における偏り(女子は読解がより得意で，男子はより高度な数学的問題解決能力とより優れた空間的認識を持っている)は，生物学によって説明されると考えられ，すでに述べたように，「自然で」あると見なされた(Walkerdine 1983)。

1970年代中期の難関中等学校と総合制中等学校では，女子と男子は別々に体育とスポーツ活動を教えられており，13歳段階の生徒には，時間割で性別ステレオタイプ的な選択肢が用意されていたが，ほとんどの生徒は，共通した一連の科目(宗教教育，英語，数学，体育)を学んでいた。実際のところ，科目選択は，学校において利用可能な資源と，性役割にもとづく生徒の野心の両方を反映していた。専門科目の領域では，13歳段階の男子は物理学と地理学を，女子は生物学，フランス語，ドイツ語をより選択していた。男子は，科学で2つの科目を選択するのに，女子が学ぶのは1つだけという傾向がみられた。1974年の試験委員会のデータによれば，16歳以上で，もっぱら理科系科目のみを選択しているのは，男子の41.3％と女子の14.9％である。ところが，人文系の領域では，そのパターンは逆転しており，女子の64％がもっぱら人文系科目のみを選択している。特徴的なのは，女子校では，女子はより科学を履修する傾向にあるということである(Rendel 1974)。

1970年代の試験全般では，女子は，Oレベル[訳注11]までは，(数学と科学以外では)男子と同等の成績をおさめる傾向にあったが，その後は，学校に残る人数とAレベルで受験する科目の数の両方において男子の方が優勢であった。CSE[訳注12]より上では，女子は，男子に比べて科目のエントリーが(約15％ポイント)少なく，Aレベルでは，男子の科目のエントリーが，女子よりも約10,000多くなっていた。このように，女子の試験への参加が男子より少ないことは，そこでの彼女らの成績が男子より低いことに反映されていた(Rendel 1974; Weiner 1976; Bristol Women's Studies Group 1979)。

1990年代には何が異なっているのだろうか。第1に，1988年のナショナル・カリキュラムの導入によって，すべての生徒が履修する一連の主要教科(core subjects)が制定され，強化された(そこに科学が加えられた)。そして，よ

り定型的で公的な評価とテストが導入された。ディアリング報告（SCAA 1993）によって，最初のナショナル・カリキュラムの必修科目数が削減されたにもかかわらず，13歳段階では，科目選択の可能性はより小さくなったようだ。執筆の時点では，選択の増加に伴って性別ステレオタイプ化が再び生じると予想されているが，ディアリング報告による変革の結果はこれから評価されなければならない。

　1990年代の初等教育段階では，成績評価は主要教科（英語，数学，理科）を中心に行われており，概して，男子の成績がより両極化しがちであるのに対して，女子は全般的に，特に英語で，高い水準を維持している。16歳段階におけるその前の時代からの主要な変化は，OレベルとCSEの試験にとって代わるGCSEの導入（1985年，最初の試験は1988年）であった。その結果生じた，女子のより上位の試験へのエントリーと成績パターンにおける変化は，メディアによって取り上げられるほどのものであった。このように，まだ大部分が男子によって履修されている化学や経済学と，大部分が女子によって履修されている社会科学は別として，GCSEのほとんどの科目で，エントリーは増加し，成績における性差は縮小している。男子生徒は，英語，人文科学，現代外国語，そしてかなり意外なことかもしれないが，テクノロジーで，女子よりも低い成績をとり続けている。女子校は，試験の成績で著しい成功をおさめ続けている。

　Aレベルでは，試験へのエントリーとその結果における，性別ステレオタイプ的なパターンが再び生じつつある。自然科学（物理学，テクノロジー，コンピューター論，地理学，化学，数学）への男子のエントリーは多く，英語と現代外国語への男子のエントリーの程度も以前より高い。特徴的なのは，女子の方が，人文科学へのエントリーが多いことである。男子のAレベルの成績は，ほとんどすべての科目，特に数学，化学，テクノロジー，歴史，英語，現代外国語で女子よりも高くなっている。しかしながら，こうした男子の成績優位は，特に生物学，社会科学，美術，デザインにおける女子のAレベルでの成績の目立った向上によって，徐々に脅かされつつある。学歴よりも職業資格を求める生徒たちにおいては，科目とコースの選択はずっと性別ステレオタイプ的なままで，男女はそれぞれ異なる科目を選択しており，女子がより高い成績を収める可能性は低い。

機会均等政策

1990年代において,それ以前の20年間と異なっているように見えるのが,比較的高い水準の機会均等政策が全国的に進められたことである。従来は,そうした政策は,特定の大小都市圏でしか目立たなかった。1979年以降,政府が平等問題に対して明らかに敵意を持っていたとするならば,1990年代中期にはほとんどの学校がジェンダーに関する機会均等計画を立てており(2/3),その大多数(83%)が1988年教育改革法の後には実行されていたということは,EOC[訳注13]計画の予期せぬ発見であった。さらに,ポスト改革期(1994年以降)になると,学力水準,付加価値政策,カリキュラム権,いじめ,ハラスメントなどの新しい用語がジェンダーの教育言説を形成し,そこに溢れ始めた。機会均等に対する意識やその適用,あるいは,女子や男子をめぐる成績の趨勢の変化の理解にはかなりばらつきがあり,多くの学校で,平等はそれほどの優先事項だとはみなされていないことも明らかにされた。

重要なのは,機会均等政策が局地的に発達している地域で,OFSTED視察のポスト改革期の状況,「付加価値性」の指標,学力向上,管理者養成,男子の学業不振が唱えられる傾向にあったことである。地方教育当局の影響力の低下によって,政策はそれぞれに孤立してしまい,いくつかの学校をまとめて作った間に合わせの組織や各学校の職員室を越えて政策を普及させようとする試みは,ほとんど行われなかった。このように,1990年代中期から末期の機会均等の文化は,焦点を絞り込み,社会的公正の問題を学力水準や学力向上の問題と融合させ,後者をより強調する傾向のものだった。

ジェンダー・フェアな文化

1970年代と1990年代の明らかなもう一つの違いは,学校教育の文化の中に見られる。フェミニストによる初期の多くの運動の目標は,女子が成功し野心や成績を高めることができる学校文化の発達を促すことであった。青少年期の女性たちが自らの能力と将来に関して満足しており,青少年期の男性たちがジェンダーや平等の論争により敏感であることに加えて,1990年代の生徒たちが文化的期待の変化により自覚的で敏感であるように見えることからして,たぶんその試みは成功している。労働市場と文化の変容は男女双方の職業的野心

を変化させており，少女たちは，拡大しつつあるサービス部門での就労可能性の高まりを目にするようになった。パートタイム就労が利用可能であるということは，低賃金ではあるものの，彼女らの伝統的な家族へのコミットメントにきわめて適合的でもある。他方で，伝統的な男性の製造業の仕事が姿を消してしまったために，若い男性の雇用機会は縮小しており，特に労働者階級の若者の将来像はますます不確かなものになっている。

学校は，生徒文化の変化によって利益を得てきたように思えるが，教育経営は，それに相当する変化を示してはいない。実際には，学校と地方教育当局(そして政府の教育機関，政党，公共の独立教育機関，大学なども)は，(スタッフの配置，統治団体，制度的ヒエラルキーに見られるように)依然として，概して平等問題にほとんど関心を示さない(白人)男性的経営文化によって形成されている。意外なことに，女性スタッフの割合が高いにもかかわらず，これはいくつかの小学校の以前からの顕著な特徴である。

誰が言説を形成するのか？

男性や女性の不利益という言説は，どの程度「事実」に基づいて形成されてきたのだろうか。1970年代に女性の不利益という言説を生み出したのは，誰なのだろうか。男性の不利益というここ最近の言説を形成した責任は，誰にあるのだろうか。

1970年代から1980年代における女性の不利益という言説は，十分に組織化され十分に情報に通じた教育界のフェミニスト活動家たちによって，地方や国家のレベルで彼女らを支持する政治家や役人に助けられながら，強められた。しかしながら，女性の教育上の不利益は，それ以前のいくつかの報告や調査研究によっても強調されていた。そのうち最も重要なのが，1960年代末期の男女別学校と共学校におけるジェンダー化されたアウトプットに関するデイルの研究 (Dale 1969) と，1973年に行われ (DES 1975として刊行され) 影響力のあった監督局 (Her Majesty's Inspectorate) の性差に関する研究——それは結果的に1975年の性差別禁止法の中に教育を含めることに寄与した——である。よりジェンダー・フェアな実践という提案に対する抵抗は，作家，教師，親などから起

こった(例えば Hutt 1972)が，彼らは，特定の科目で女子の学力が低いことを，家庭における最終的な生物学的・職業的目標に結びつけがちであった。

1990年代の男性の不利益という言説はきわめて異なった起源をもっている。2歳の子どもが(それぞれ9歳と10歳の)2人の男の子に誘拐され殺された1993年のジェイムズ・バルガー殺人事件は，イギリス中に衝撃を与えた。そして，この事件によって，文化的な変化が，労働者階級の男性性と家族，学校教育，労働市場との関係にいかに影響を与えているのかを再検討しようとする動きが，メディア主導で生じた。すでに述べたように，男女平等への賛同者を含む多くの研究者たちが，学校教育の内外における男性性を，その多様な様相において，また女性性の多様な様相との関係において検討し始めた。これもまたすでに述べたように，1993年に導入された試験結果の公表によって，メディアは試験の成績パターンの変化に対する認識を強めた。

男子の学業不振に関する説明では，男子の関心や動機づけの不足，そして労働者階級の仕事の消滅にも焦点が当てられる傾向にあった。いたずら好きで無邪気なタイプの男性性に由来すると見なされている「乱暴さ」が呈示される場合を除けば，「自然」に言及されることはめったになかった。

> カンフー気取りのキックから「長くまっすぐな」ものなら何でも使う「チャンバラ」にいたるまで，テクノロジーの授業は，しばしば戦争や暴力をイメージさせるこうしたタイプの「遊び」の機会に格別に富んだ環境である点で異なっているだけだった(*The Times Educational Supplement* 1996)。

明らかに低い男子の学力は，特に伝統的な家族役割(例えば，大黒柱としての男性，家事担当者としての女性)が消滅したせいだと見なされた。アーノット(Arnot 1992)によれば，家族は，右翼的言説において，社会主義と国家権力に対抗する砦としての中心的な位置を占めていた。例えば，マレーは，暴力的犯罪，婚外子，「経済的怠惰」(彼が「失業」という用語を避けたことは重要である)の増加が，最下層階級――「ニュー・ラブル (the New Rabble)」の発生に寄与していると論じた。

> 下層階級における婚外子は増え続けるだろうし，下層階級のコミュニティにおける生活が退廃し続けることも避けられないだろう。犯罪が増え，麻薬やアルコールの

> 中毒がさらに蔓延し，婚姻数は減少し，仕事からの脱落者は増加し，ホームレスが増え，子どもの放任が増え，スラムから出ようとする若者が減り，そこへ流れてくる若者は増えるだろう（Murray 1994: 18）。

　もし彼の言うことを信じるならば，実際に19世紀の悪夢が再来することになる。マレーに対する反論の中で，デイヴィッドは，彼のジェンダー化された問題設定を，ありきたりのものであり，働く女性に対する暗黙の攻撃であると見なしている。

> 彼（マレー）の提案は，女性は適切な婚姻上の位置で子どもをもつことのみを「勧められる」べきであり，彼女らはそこで夫によって扶養してもらえる（そしておそらくは，だから働きに出るべきではない）というものである。男性が彼女らを文明化し，彼女らに家父長制的義務を果た「させる」ために家族を必要とするというこの考えは時代遅れである（David 1994: 58）。

　このように，「立派な」仕事と家族賃金という願望に執着するのは，少年や労働者階級の若い男性だけではない。伝統的な中産階級の男性的な経営や専門職制度は，リストラや「ダウンサイジング」，そして私事化と市場化から生じる新しい業務に対して，ますます脆弱になってきている（Brown 1995）。それは，たぶん，男性の不利益という教育言説をあおっている中産階級の男性性内部での危機である。

　それにもかかわらず，「立派な」仕事が見つからないと，男子生徒たちは学校で不良行為という対抗文化に逃避する。こうした解釈と，労働者階級の野郎ども（lads）に関するウィリスの古典的な1977年の研究の知見との間には，興味深い類似点が（そして相違点も）ある。彼の研究では，粗暴な文化は，概して，性差別主義的態度と少女や女性に対する軽蔑によって支えられていると見なされていた。

　男性の不利益という最も新しい言説は，落ちこぼれつつあるすべての男子と同様にすべての学校に向けられてはいるものの，学校教育の最終目標の提唱は怠っているという意味で，総括的であると同時に局所的である。例えば，職業教育や労働市場では，階級や性によって明らかに異なるパターンが見られるが，そこでは，男性が優位を保ち続けている。重要なのは，賃金における格差が無視されていることである。例えば，1988年には，女性の賃金はまだ男性の

74.9％でしかなかった（EOC 1990）が，このギャップは，他のあらゆる EC 諸国よりも 8–10％ 大きい（『ガーディアン』1991 年 10 月 29 日）。

「ガラスの天井」効果——それによって女性たちは最も上級の職に到達することを妨げられている——も明白である。最近では，教育省（DFE）と雇用省（DoE）という 2 つの局の新しい教育雇用省（DfEE）への吸収合併が，そのことを具体的に物語っている。国務大臣は女性だったにもかかわらず，すべての上級の官職は圧倒的に男性によって占められていた。最上階層(政府の選出されたメンバー)では，男女比は 6 対 2 であり，第 2 階層(14 の部長職)は 100％ 男性であり，第 3 階層(性別不明の 4 つのポストを除く)では 89 対 23 であった（DfEE 1996）。

重要なのは，公的部門と私的部門の双方に共通する，雇用における男性優位というこのパターンは，男性の不利益という目下の教育言説の中では言及されていないということである。しかしながら，現教育雇用大臣，ジリアン・シェファードのスピーチにあるように，教職のように女性「超過」が認められるところでは，より多くの男性を必要とすることが強く主張されている。

> われわれは，女性にとって教職が持つ，職業としての多大なる魅力を認める。しかし，それと同時に，以下の点にも注目する。すなわち，小学校では男性教師の数の方が少ないが，そこへますます多くの子どもたちが有効な男性役割モデルの存在しない片親家族から小学校に通ってきているということが教育上もつ意味に関して繰り返されてきた意見に注目するのである（*The Times Educational Supplement* 1996: 12）。

われわれは，達成に関する男性の問題の最優先化は，フェミニストの成功に対するバックラッシュ（Faludi 1991）の一側面だろうと考える。ケンウェイによれば，それは，男性性は守りの姿勢を強いられており，「修復，調整，再生の必要に迫られている」という事実を反映している（Kenway 1995: 62）。彼女は，学校教育に対するフェミニストの挑戦が，多くの男性にとって重大な脅威だと見なされていると論じている。

> 男性たちは，あたかも，学校におけるフェミニストの出現によって，男性性が包囲されたかのようにふるまっている。そして，この脅威を打ち払おうと試みる中で，彼らは，さまざまな男性性に関連づけられた多様な言説の動員をはじめとする，一連の防衛戦略を展開している（Kenway 1995: 59）。

どの程度，将来は女性の時代と言えるのか？

　男女(不)平等に関する教育言説の推移と，試験の成績や学校文化の変化を点検した結果，われわれは，性的不利益の言説をひっくり返して男子に焦点化することは，比較的容易だったのではないかと考える。もし少女や女性を犠牲者として描き出すことが可能であったのならば，少年や男性に関しても同様に可能である。しかしながら，実際に私たちが経験しているのは，これまでに指摘されてきたよりも複雑な状況である。メディアその他で言われてきたほど，(少年たちにとって)見通しが暗いわけではないが，(少女たちにとって)楽観的な状況でもないように思える。1970年代以降，16歳以下の女子の試験の成績は確かに向上してきたが，16歳以上では，そうした傾向はまだ明確には表れてはいない。国際情勢として，特に西半球では，学校教育の場における女性の成功という同様のパターンが見られるので，国家的政策がどの程度これらの変化に関係しているのかは明らかではない(Klein and Ortmann 1994; Gipps and Murphy 1995)。

　試験でよりよい成績をあげることを期待されてきた若い男性たちの，いわゆる学業不振に関心の中心が移行された一方で，試験で成功していない生徒たちに向けられる注意(彼らは誰なのか，なぜ彼らは失敗するのか)は明らかに不足しており，同様に職業教育や労働市場におけるジェンダー・パターンは無視されてきた。それとともに，より最近では，若い男性よりも若い女性の方がパートタイムや低賃金の仕事を選ぶ傾向にあるが，労働市場(と職業資格)には，いまだに，概して女性労働者に不利なかたちで，強固な男女の区別／隔離が存在している。

　より前向きな見方をするならば，文化の変化は，若い女性たちが，仕事か家族かの選択よりも，むしろ両者のバランスを目指そうとしていることに反映されている。多くの若い男性たちも，前の世代よりは男女平等の問題により自覚的である。逆に，より一般的な職業パターンや職階にも反映されている，教育経営と組織文化の男性支配は，強固であり，たぶん強まっている。

　ニューライトの改革は，ジェンダー問題に言及しそれを理解する仕方をある程度は変化させたが，ジェンダー関係のいくつかの変化は，1980年代末期と1990年代に先んじて生じていることも確かである。明白なのは，新しい教育言

説は，特に女性たちに焦点を当てた政策と実践に対する抵抗をますます強めているという特徴を持っており，増大した少女と女性のための社会的公正の要求を沈静化させてきたということである。われわれは，教育を通して社会における多くの女性たちの持続的な従属を広く知らせ，社会的公正を促進し，労働者階級や黒人の少年たちのような特に脆弱な集団をサポートするために，積極的な戦略が必要だろうと考える。より組織的で定期的なデータ収集システムがあれば，教育における男女の達成パターンが早急に確認され，必要とされるところで公表されるようになるだろう。

学校のカリキュラム——文化からの利用可能な知識の唯一の抜粋（Lawton 1975）——は，公には根絶しようとしている性差を，暗黙のうちに生み出している。もし，学校教育の主要目標がジェンダーの区別を打開することであるならば，性別ステレオタイプに抵抗するような科目群を創設することは可能であると，われわれは考える。

男女を問わず，「成績不振者」や進路・就職指導に対して，学校で注意が払われることも必要である。若い女性たちは，いわゆる「非伝統的」職業への参入に加えて，伝統的「女性」職における垂直方向の出世の機会も考えるよう促されるだろう。生徒たちは，女性はいかにして家族と仕事のバランスをとることができるか，ということについての情報を提供される必要がある。カリキュラムの観点から見れば，生徒たちは，男女が置かれている社会的位置——男性教師と女性教師の位置も含む——を批判的に見るよう促されるべきである。教師や学者も，古い時代から取り戻せるものと新しい時代から利用できるものを融合させ，ポスト改革期のジェンダー問題に追いついておく必要がある。最後に，いわゆる男子の学業不振のような新しい支配的な教育に関わる信念に挑戦するために，フェミニストの言説と平等言説を復権させ再生産する試みがなされる必要がある。

「将来は女性の時代か」という問いに関して，これが本当であるということを示す証拠はほとんどない。女性が真の意味で男性と平等になる可能性は，まだ途方もなく低いようにように思える。むしろ，われわれがこうした問いを立てていること自体，男性の学業不振を強調しようとする今日の支配的な教育言説が，これまでにフェミニストが得た利益に対する継続的なバックラッシュであ

るように見える，ということを暗示している。われわれが目にしているのは，実は，昔から繰り返されてきた家父長制的フレーズが，単に新しく表現し直されただけのものなのかもしれない。

訳 注

1) 全国共通テストの結果を記した成績一覧表。
2) フェミニズムが推し進めてきた女性の地位向上を目指す取り組みに対抗する，反動的な一連の動き。詳しくは Faludi (1991) を参照。
3) イギリスの中等教育の最終課程で，16歳以上の生徒を対象とした通常2年間のコース。主として，大学入試対策を目的とする。
4) 義務教育修了(16歳)時に受ける全国共通試験制度（General Certificate of Secondary Education）。
5) イギリスの社会学者 M. D. ヤングの造語。彼は，近代社会における社会的地位の配分は，身分や家柄などの属性ではなく，能力（merit）によるとして，貴族による支配（aristocracy）や富豪による支配（plutocracy）になぞらえて，有能者による支配をメリトクラシー（meritcracy）と名づけた。
6) 中等教育段階において，生徒を将来の方向によって異なる種類の学校に振り分けるのではなく，能力や進路の多様な生徒を同一の学校内で教育する制度のこと。
7) 伝統や安全保障を重んじ国家統制を強調する「新保守主義」（neo-conservatism）と，社会生活のあらゆる領域に市場原理への導入をはかる「新自由主義」（neo-liberalism）を特徴とする政治的立場。
8) 公立学校の児童・生徒が一定年齢で達成すべき目標を定めたカリキュラム。日本の学習指導要領に相当する。1988年教育改革法ではじめて制定された。
9) 教育修了試験（General Certificate of Education）の上級レベル試験。中等教育の最終段階（第13学年18歳）に，主として高等教育進学希望者が受験する。
10) 全国の学校を視察し各校の教育基準を監督する政府機関。
11) GCSE 導入以前に16歳時に行われていた教育修了試験（General Certificate of Education）の第1段階の試験。
12) 中等教育修了試験（Certificate of Secondary Education）のこと。GCSE の導入以前に，多くの総合制中等学校の卒業予定者が，Oレベルの試験とあわせて受けていた進学試験。
13) 雇用機会均等委員会（Equal Opportunities Commission）。

参考文献

Arnot, M. (1989), 'Consultation or Legitimation? Race and Gender Politics and the Making of the National Curriculum', *Journal of Critical Policy*.

―――― (1992), 'Feminism, Education and the New Right', in Arnot, M., and Barton, L. (eds.), *Voicing Concerns: Sociological Perspectives on Contemporary Education Reforms* (Oxford: Triangle Books).

―――― (1993), 'A Crisis in Patriarchy? British Feminist Educational Politics and State Regulation of Gender', in Arnot, M., and Weiler, K., *Feminism and Social Justice in Education* (London: Falmer Press).

――――, David, M., and Weiner, G. (1996), *Educational Reforms and Gender Equality in Schools* (Manchester: EOC).

Belotti, E. G. (1975), *Little Girls* (London: Writers and Readers Publishing Cooperative).

Bristol Women's Studies Group (1979), *Half the Sky: An Introduction to Women's Studies* (London: Virago).

Brown, P. (1995), 'Cultural Capital and Social Exclusion: Some Observations on Recent Trends in Education, Employment and the Labour Market', *Work, Employment and Society* 9/1: 29–51.

Burton, L., and Weiner, G. (1990), 'Social Justice and the National Curriculum', *Research Papers in Education*, 5/3: 203–28.

Byrne, E. (1978), *Women and Education* (London: Tavistock Publications).

Connell, R. W. (1989), 'Cool guys, Swots, and Wimps: The Interplay of Masculinity and Education', *Oxford Review of Education*, 15/3: 291–303.

Dale, R. R. (1969), *Mixed or Single Sex Schools* (London: Routledge and Kegan Paul).

David, M. (1980), *The State, the Family and Education* (London: Routledge and Kegan Paul).

―――― (1993), *Parents, Gender and Education Reform* (Cambridge: Polity).

―――― (1994), 'Fundamentally Flawed', in *Underclass: The Crisis Deepens* (London: IEA Health and Welfare Unit).

Dean, D. (1991), 'Education for Moral Improvement, Domesticity and Social Cohesion: Expectations and Fears of the Labour Government', *Oxford Review of Education*, 17/3: 269–85.

Deem, R. (1981), 'State Policy and Ideology in the Education of Women', *British Journal of Sociology of Education*, 2/2: 131–43.

Department for Education and Employment (DfEE) (1996), *A Guide to the Department for Education and Employment* (London: DfEE).

Department of Education and Science (DES) (1995), *Curricular Differences for Boys and Girls. Education Survey 21* (London: HMSO).

Faludi, S. (1991), *Backlash: The Undeclared War Against Women* (London: Chatto and Windus). 伊藤由紀子・加藤真樹子訳『バックラッシュ――逆襲される女たち』新潮社 (1994).

Foster, V. (1995), 'Barriers to Equality in Australian Girls' Schooling for Citizenship in the 1990s', *Lärarutbildning Och Forskning I Umeå*, 2, 3/4: 47–60.

Foucault, M. (1974), *The Archaeology of Knowledge* (London: Tavistock). 中村雄二郎訳『知の考古学』河出書房新社 (1995).
―――― (1977a), *Discipline and Punish: The Birth of the Prison* (London: Allen Lane). 田村俶訳『監獄の誕生――監視と処罰』新潮社 (1977).
―――― (1977b), 'Truth and Power', in Gordon, C. (1980) (ed.), *Power / Knowledge: Selected Interviews and other Writings 1972-1977 by Michel Foucault* (Brighton: Harvester Press).
Gillborn, D. (1995), *Racism and Antiracism in Real Schools* (Buckingham: Open Univ. Press).
Gipps, C., and Murphy, P. (1995), *A Fair Test: Assessment, Achievement and Equity* (Buckingham, Open Univ. Press).
Gray, J., and Wilcox, B. (1995), *'Good School, Bad School': Evaluating Performance and Encouraging Improvement* (Buckingham: Open Univ. Press).
Hymas, C., and Cohen, J. (1994), 'The Trouble with Boys', *The Sunday Times* (19 June).
Hutt, C. (1972), *Males and Females* (Harmondsworth: Penguin).
Judd, J. (1994), 'The Trouble with Boys', *The Independent* (18 October).
Kelly, A. (1975), 'The Fate of Women Scientists', *Women Speaking* (4 July).
―――― (1973), *Teaching Mixed Ability Classes* (London: Harper and Row).
Kenway, J. (1995), 'Masculinities in Schools: Under Siege, On the Defensive and Under Reconstruction?', *Discourse: Studies in the Cultural Politics of Education*, 16/1: 59–79.
Klein, S. S., and Ortman, P. E. (1994), 'Continuing the Journey towards Gender Equity', *Educational Researcher* (November), 13–21.
Lawton, D. (1975), *Class, Culture and the Curriculum* (London: Routledge Kegan and Paul).
Mac An Ghaill, M. (1995), *The Making of Men: Masculinities, Sexualities and Schooling* (Buckingham: Open Univ. Press).
Miles, S., and Middleton, C. (1990), 'Girls' Education in the Balance: The ERA and Inequality', in Flude, M., and Hammer, M. (eds.), *The Education Reform Act 1988: Its Origins and Implications* (Basingstoke: Falmer Press), 187–206.
Minhas, R. (1986), 'Race, Gender and Class: Making the Connections', in ILEA (ed.), *Secondary Matters* (London: ILEA).
Murray, C. (1994), *Underclass: The Crisis Deepens* (London: IEA Health and Welfare Unit).
Office of Standards of Education (OFSTED) (1993), *Handbook for the Inspection of Schools* (London: OFSTED).
Rendel, M. (1974), 'What Sort of Relations Between the Sexes? Review of the Schools Council HCP Relations Between the Sexes Pack', *The New Era*, 53: 6.
School Curriculum and Assessment Authority (1993), *The National Curriculum and its Assessment: Final Report* (The Dearing Report) (London: SCAA).

Sewell, T. (1995), 'A Phallic Response to Schooling: Black Masculinity and Race in an Inner-City Comprehensive', in Griffiths, M., and Troyna, B., *Antiracism, Culture and Social Justice in Education* (Staffordshire: Trentham Books).

Shah, S. (1990), 'Equal Opportunity Issues in the Context of the National Curriculum: A Black Perspective', *Gender and Education*, 2/3: 309–18.

The Times Educational Supplement (1996), 'Boys Revert to Nature when Future Looks Bleak' (12 January).

The Times Educational Supplement (1996), 'Worried About an Excess of Women' (16 February).

Walkerdine, V. (1983), 'It's Only Natural: Rethinking Child-Centred Pedagogy', in Wolpe, A. M., and Donald, J. (eds.), *Is There Anyone Here From Education* (London: Pluto Press).

──── (1994), 'What Makes Girls So Clever', *The Independent* (6 September).

Weiner, G. (1976), *Girls' Education, the Curriculum and the Sex Discrimination Act* (MA dissertation, London Univ. Institute of Education).

──── (1994), *Feminisms and Education* (Buckingham: Open Univ. Press).

Willis, P. (1977), *Learning to Labour* (Farnborough: Saxon House). 熊沢誠・山田潤訳『ハマータウンの野郎ども──学校への反抗・労働への順応』筑摩書房 (1985).

Wolpe, A. M. (1976), 'The Official Ideology of Education for Girls', in Flude, M., and Ahier, J. (eds.), *Educability, Schools and Ideology* (London: Croom Helm).

17

高等教育におけるアクセスと公正の趨勢
——国際的視座の中のイギリス——

A. H. ハルゼー

序

　1940年代の終わりから，教育をめぐるアクセスの構造は変化してきている。第2次世界大戦前，欧州での教育の公正についての主な関心は中等教育への入学に向けられていた。伝統的な教育システムにおいては，中等教育への入学が，将来を決定する重要な選抜が行われる段階だったのである。このことは，例えば，1961年にスウェーデンのクンイェルヴでOECDが公正の問題をめぐって初めて重要なレヴューを行い，カンファレンスを開催した時から変わっていない(OECD 1961)。しかしながら，過去2～30年の間に，中等教育はユニバーサル化し，人々の関心はいやおうなしに高等教育への入学に移り変わってきている。より正確にいえば，職業教育・継続教育・高等教育のいずれに分類されるものであれ，マスからユニバーサルへ移行しつつある，何らかの義務教育以降の段階への入学である。今や，将来を決定する重要な選抜は中等教育ではなくなった。メリトクラシーが浸透した社会の根底にある思想によって，第3段階の教育 (tertiary education) が新たに重要性を帯びるようになっている。
　「メリトクラシー」の問題それ自体は，今もなお議論されている。定義づけをすることと実際に測定することは別の問題なので，学校教育から得られる資格が市場から得られる報酬を正確に決めているなどと主張することはできない。通常，典型的なパス解析は，収入や職業的地位を従属変数として教育の効果を測定した場合に最も強い相関を示す。だが，ここには教育の効果を実際より大きく見せるシグナルとしての運や価格の機能を含めた，他の諸要因が作用しているものと思われる。市場から得られる報酬は，教育はもちろん職業的な経験

を積んでいった結果生じるのであり，メリットとは必然的な関連はない。しかしながら，メリットという概念は，個々の収入にばらつきがあるのを正統化もしくは擁護しているかを測定するより，さらに進化した形態をとる教育へのアクセスを分析することにいっそう適している。

　公正や賞罰という枠組みの中では，社会的利益の均衡もまた，劇的な教育拡大が起こった直後の時期から変容してきた。よかれあしかれ，伝統的に主な関心を集めてきたのは社会階級である。社会階級は，国家の生産力を流動化し，より合意を得やすい機会配分の社会的公正を実現するにあたって，最大の障壁と見なされていた。もっと最近では，ジェンダーやエスニシティに注意が向けられるようになっている。地域性や宗教を含め，他の障壁に自覚的であれと主張されてはいるが，階級，ジェンダー，そしてエスニシティは，今や公正を目指す道に立ちはだかる3つの巨大な障壁になっている。また，最も重要なことに，通常，教育達成やライフチャンスは家族のしつけの構造によって基本的に形成されているという認識が高まっていることを示す際立った兆候が，研究のみならず普段の会話からも見いだせる。先進産業諸国では，経済成長と少子化社会とが結びつくといった情勢が現われはじめている。近代社会の2つの特徴は，少なくとも西側世界においては伝統家族の衰退と関連し合っている。それゆえ，人口学者と社会学者の研究は，家庭的背景を集中的に分析するよう方向づけられているのである。ただし，ここではそのような系譜の研究を捕捉しようというような，総合的な試みはできない（Coleman *et al.* 1991; Kiernan 1992）。以下の節では，ジェンダー，階級，そしてエスニック・マイノリティに見られる高等教育へのアクセスの趨勢を考えるにあたって，産業社会に横たわる変化を表わす事柄を見ていくことにする。

ウィレンスキーの分析

　教育へのアクセスの拡大は，原理的にはあらゆる社会集団に与えられた機会を増大させる。だが，その拡大は富裕な国々にひどく集中的に起こっている。私は高等教育へのアクセスに関する国際的研究を行っているが（スペンサー基金による），研究代表のミュリエル・イーグルトンは，ハロルド・ウィレンスキー

が行った政府の社会的支出の規定要因についての研究 (Wilensky 1975) に類似した，パス解析による研究を行っている。

　福祉事業の供給の発展に関する比較研究は，近代化という統合されていない概念を背景に行われている。ウィレンスキーの提言する仮説はこうである。多様な文化，政治，そしてイデオロギーを有しているにもかかわらず，産業社会では福祉事業の供給を集中的に行い，それを政治的安定と経済成長を保証する手段にしているというのだ。彼が論じているところによれば，福利厚生費を決定する上で，産業の発展が政治的イデオロギーや信条よりも重要なのだという。ウィレンスキーは64ヵ国のサンプルを用いて，この仮説を検証した。そこで使用している変数は以下の通りである。

1. 従属変数: 社会保障費として国民総生産 (GNP) の百分率をとったもの。
2. 独立変数: 産・官の発達および人口増を測定している，国民1人当たりGNP，さまざまな社会保障制度の平均存続期間，そして高齢者人口の構成比。
3. (独立)ダミー変数: 社会体制を自由民主主義，全体主義，権威主義的寡頭制，あるいは権威主義的共産制の4つに分類し，政治効果を測定する基礎にしたもの。

　この政治的カテゴリーは，当該国家がどの程度圧政的であるのかと，国政への国民参加の程度とを組み合わせて得られたものであった。ウィレンスキーの分析で最も重要な2つのカテゴリーが，自由民主主義と全体主義国家である。自由民主主義のカテゴリーに含まれる国の3分の2は先進産業国であり，また全体主義のカテゴリーに含まれる国のすべてが，旧ソ連を加えた東欧の産業諸国であった。そして権威主義的寡頭制の国家にはスペインと台湾が含まれており，権威主義的人民制の国家にはメキシコとイラクが含まれていた。

　ウィレンスキーはこれらの変数を用いたパス解析の結果から，次のように結論づけている (Wilensky 1975: 20-7)。それは，経済発展が，政治的イデオロギーより福利厚生費を予測する上で，高い説明力を持っていたというものである。政治体制のタイプが持つ効果は，富裕国を除けば最も影響力が小さくなってい

たが，政治制度と福祉国家の発展過程を形成する経済水準とを切り離してみると，全体主義と自由民主主義という2つの主要な近代政治制度は人口構成に影響を及ぼしながら同一方向へ影響力を行使していた（高い数値を示した）。全体主義諸国の方が集権化されてはいたが，これを正の条件つき効果の形で示した場合には，僅かながら効果が高かった。ウィレンスキーは福利厚生費から教育費を除外していたが，それは教育費が再配分しているのは，資源よりむしろ機会だからである。彼が示唆しているのは，教育制度はメリトクラティックな特徴を有しているが，メリットの基準は国家や経済の技能要件によって定義づけられているということである。

もちろん，国家の生産効率，並びに教育とライフチャンスの再配分との間の関係を決定する上で，国家がどのような役割を果たしているのかという議論にはまだ決着がついていない。これまで，ハフナー（Hufner 1987）らは比較教育研究という広範な視座から，教育政策や教育制度の発展が機会の配分よりもっと包括的な役割を果たしていると捉えている。ハフナーらが論じているところでは，発展に関与している政府，並びに国際機構は，教育を経済競争の成功や，近代化への鍵であると見なしている。この戦略は，共産主義と自由民主主義の両者が発展していく力学に根差したものであり，平等と進歩の双方に価値を認めている。このように，自由民主主義，および中央集権的なマルクス主義計画経済国家は，いずれも教育政策によってこれらの目標を達成しようとしているが，国家のタイプが教育の結果に影響を与えることが予想される。

それゆえ，われわれは従属変数として第3段階の教育機関への進学者を対象として用いながら，ウィレンスキーの仮説を検証してきた。この分析に使用するデータは85ヵ国で有効なものであった。国民1人当たりGNPと1970年の就学状況が強い関連を示す一方，20歳から24歳のコーホートの人口比は，第3段階の教育への入学と弱い関連しか持っていない（5%水準では統計的有意差が見られない）。ウィレンスキーの仮説に即して，これらの変数を用いたパス解析を行ってみたが，その結果は図17.1に示してある。1970年の就学状況は，官僚制の利害関心や，国民1人当たりGNPを重みづける代替指標として使用しているが，それぞれ0.61と0.25の直接効果を持っている。また，国民1人当たりGNPと政治体制のタイプについては，就学を介して間接効果を持っている

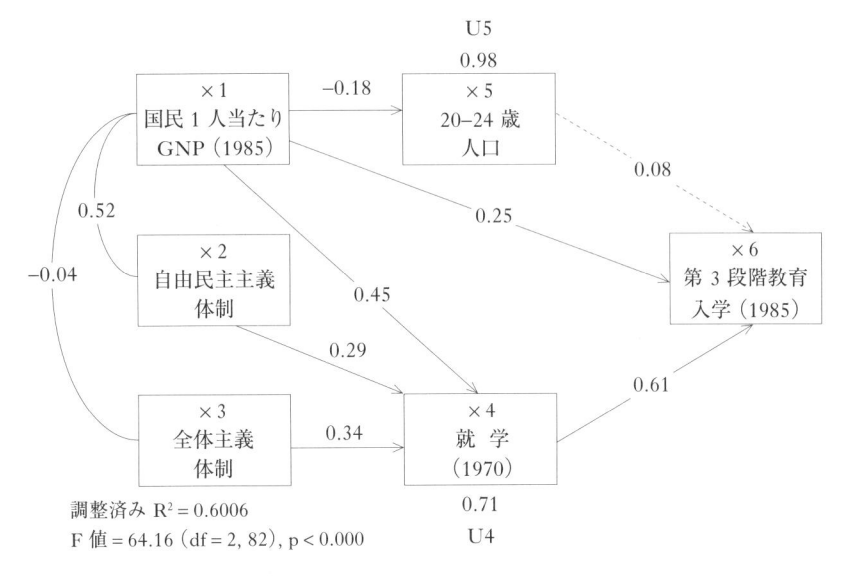

17. 高等教育におけるアクセスと公正の趨勢　　521

```
                                  U5
                                 0.98
    ×1              -0.18      ×5
  国民1人当たり   ─────────→  20-24歳
  GNP (1985)                  人口
                                            ┈┈0.08┈┐
      │  0.52                0.25                    ↓
      │                                            ×6
    ×2                                          第3段階教育
  自由民主主義          0.45                   入学 (1985)
    体制         ─────────────→              ↑
-0.04                    0.29                      │
      │                                           0.61
    ×3                                             │
  全体主義      0.34         ×4
    体制      ────────→    就　学
                           (1970)
  調整済み R² = 0.6006       0.71
  F値 = 64.16 (df = 2, 82), p < 0.000    U4
```

図17.1　85ヵ国における高等教育に及ぼす直接効果に関するパス・ダイアグラム

ことがわかる。

　このように，ウィレンスキーの仮説は政治体制，富，そして万国共通の初等・中等教育制度の間にある関係について，広範なあらましを教えてくれる。また，その関係はもともと私がスペンサー基金に提出した研究申請書で予想していた通りのものであった。

ヨーロッパにおける高等教育へのアクセス

　焦点をヨーロッパ諸国に絞り込むと，第2次世界大戦後には入学者の増加，カリキュラムの多様化，さらに1970年代中葉には（教育と職業訓練制度両方の，また中等教育と第3段階の教育水準の）卒業生の就職状況との関連で危機が生じていたことがわかる。戦後期になると，当時の経済的・政治的混乱は治まった。その後1980年代には再構築の段階に至るが，そこではアクセスと選抜は，ヨーロッパ政治経済が孕んでいるさまざまな困難にいっそう影響を受けるようになっていた。その困難とは，公的支出や失業，そして経済自由主義による国家

管理が勃興，ないし復活するといったものであった。大雑把に言えば，1980年代は市場の時代であり，高等教育の拡大は財政的な抑制という条件の下で進めねばならなかった。そして財政の抑制があったために，大学の構造と目的は大幅に見直されることになったのである。こうした発展の中でも注目に値するのが，アカデミックな中等教育段階の学校と諸々の教育機関との間にある，伝統的で緊密な結びつきが，明らかに弱まっていたことである。高等学校はあらゆる国において，共通の初等教育から選ばれた少数者を英才教育へと導くというのではなく，実際には地位や身分にかかわらず入学できる学校となった。現在，中等教育の生徒の大部分が18歳で卒業しているが，多くの生徒は卒業後すぐには高等教育に入学しない。その他の生徒については，何らかの非大学部門の第3段階の教育へパートタイムで在学するかフルタイムで在学するかを選択している。さらに，卒業後そのまま就職する生徒も見られる（Husen *et al.* 1992）。

　しかしながら，ヨーロッパや殆どの発展国では，依然として高等学校を卒業した後そのまま高等教育へ進学するのが一般的である。時には，伝統教科を集中的に学習するような特定のタイプの学校を卒業している場合もある。イタリアでは極めて専門化した構造を持った，特定のカテゴリーの高等教育に導くような特定のタイプの学校を設置している。また，イギリスでは日本や合衆国と同じように，義務教育後に設置されているいずれのタイプの機関についても，高等教育へ進学するのに必要な試験を受けることができる。他の国々（さらに北アイルランドや，イギリスの他の地区）では，後の段階になってからも移動できるよう，条件が整えられている。それでも子どもたちがさまざまなタイプの中等教育に進学するにあたって，選抜が行われているものと思われる。さらに，高等教育への入学試験は通常，よりアカデミックな学校の在校生が受けている。

　どの国も特殊な国家的教育資格制度を有しており，それらが高等教育に入学するための主な基本要件を形作っている。通常，資格証明は最低5科目について実施される。その中には必修科目があり，また大抵は数学，国語，そして語学が含まれる。イングランド，ウェールズ，そして北アイルランドについては例外的に科目数を少数に抑えており，そのため早くから専門分化している。入学志願者の殆どは3科目でAレベルを取得しようとしており，既に最低Oレベルで6科目合格しているのだが，学位取得レベルの課程では少なくともGCE

試験で5科目合格することが要求されている。さらにその内2科目についてはAレベルの基準を満たしていなければならない。

随所に制約を課しているのは，特定のタイプの課程や，入学志願者が多い特定の機関の場合には，さらに選抜の過程が起こることを意味しているかもしれない。しかしながら，高等教育への入学は，主に適当な入学資格証明を取得することによって決定される。英国では，あらゆる機関への入学が競争にもとづいているのである。

ヨーロッパではもっと一般的に，国家はナポレオン一世の時代以来，ますます高等教育への入学を統制するようになってきている。入学の統制は，試験の内容や基準を定義づけたり，あるいはさまざまな手段を用いて学生に財政支援したり，あるいは逆差別，より一般的には，入学を妨げることで，特定の社会的カテゴリーに属する学生を奨励する特別計画を通じて行われる。中にはベルギーやフランス，あるいはドイツのように，単一の統一国家試験を導入している国もある。スウェーデンが試みているのは，生徒のランクづけを行うことである。ランクづけにあたっては，専攻している課程や労働経験（そこには選抜の妨げとなる年齢が暗黙のうちに取り込まれている）によって重みづけられた指標が用いられる。なお，標準達成テストといった合衆国の制度は，ヨーロッパでは導入されていない。試験の成績もまた入学者選考の一環として用いられてはきたが，ハンガリーやポーランド，そしてチェコスロバキアでは，労働者階級出身の志願者を優遇する逆差別が行われてきた。入学試験は，他より要求水準の高い医学，自然科学および法学で広く実施されてきた。そうした手続きは，イギリスのオックスフォードやケンブリッジ，そしてフランスのグランゼコールといったような，極めて威信の高い機関にみられる。だが同時に，東ヨーロッパ共産圏でもまた，少なくとも4分の1もの入学機会が労働者階級の学生のために確保されてきたのである。抽選による選抜が行われていることまで周知の事実となっており，オランダやドイツでは入学志願者の殺到という問題に対し，抽選を実施することで克服してきたのである。抽選による選抜は，試験によらずに，個々の機会を中等教育の達成度で重みづけて実施されている。

しかしながら，非大学型の高等教育についてはその限りではないが，大学へ自動的に入学できるという権利は，バカロレアやアビトゥーアを取得した人々

の特権にもなっている。その権利は，フランスやイタリアでは今なお容認されている。その帰結が，学部教育の最初の2年間で退学，落第率が高くなっていることに表れている。中にはベルギーやスペインのように，頑なにアビトゥーアに特権を与えない国もある。しかしながら，フランスでは1984年の高等教育法（サヴァリ法）を含め，幾度にもわたる大学改革があったにもかかわらず，バカロレア合格者の入学権利が修正されることは決してなかった。もちろん，選抜度の高いグランゼコールは進学志願者の上位15%を収容し続けている。現在では，その権利は名ばかりのものになっていると言えるほど，フランスでもドイツでも「入学割当制」がますます適用されるようになっている。「入学割当制」は資格を承認されたすべての人々に入学機会を与えているが，いくつかの特定の大学の，特定の学部に関しては，その権利を保障していない。

　要するに，第2次大戦以来，入学制度が発達してきたことで，上位レベルの中等教育段階の学校やそこで実施される試験から，高等教育機関の入学主幹へと，選抜の重点が引き上げられたのである。伝統的な制度を統制していたのは，基本的に大学教員であった。今や統制権は遥かに政治家や財務官に掌握されている。中等教育と高等教育段階，そしてバカロレアやアビトゥーアの特異な役割に関しては，いずれも多様性が見られる。ただし，他のヨーロッパ諸国では，大学教育を受ける権利に相当する資格の多様性はもはや見られない。

　その代わり，多様な義務教育後の教育や，職業訓練機関への入学に関しては，これまでのものに代わる様式が発達してきている。それと並行して，Aレベル，バカロレア，そしてアビトゥーアに相当する職業教育が発達してきている。フランスでは8つの分野からなる伝統的なバカロレアに加え，12の選択肢を持つ技術バカロレアがある。さらに，30の選択肢を持つ実学バカロレアが提案されている。実学バカロレアとは，今世紀末までに中等教育レベルの退学者の80%までが何らかの形で取得できるようになることが期待されているものである。

　すべての国において，大部分の学生は18歳から21歳になって初めて高等教育へ入学している。しかしながら，それより年齢の高い学生もまた，どこででも入学を認められている。ドイツの場合，そうした人々のために入学機会の割当が確保されている。後年になって初めて高等教育機関で学習し始める理由にはさまざまなものがある。中には低いレベルの生涯教育にフルタイムで従事し

ている学生や，職に就いている学生もいる。他にも再び入学試験を受ける者があり，またそうした人々を受け入れるような広がりを持った機関がかなり増えている。

近年では注目すべき進展が，『図表でみる教育 (Education at a Glance)』(OECD 1992) の主導によって登場した，国際比較ができる統計資料の中に見られるようになっている。今や可能になった国際比較を示したものが表17.1である。表には1988年のさまざまなOECD諸国における卒業者の割合が示されている。

OECD諸国の中には，非大学型の第3段階の教育が殆ど存在しない国がある。オーストリア，イタリア，ルクセンブルクとスペインでは，フルタイム相当の就学率は5%以下となっている。他の諸国では，膨大な数の学生が非大学型の高等教育段階の機関に在学していることが，就学率に反映されている。ベルギー，カナダ，日本，そして合衆国では，非大学型のフルタイム就学水準は20%，あるいはもう少し高くなっている。アイルランドを例外とした，英語圏に属する各々の国(例えば，オーストラリア，カナダ，ニュージーランド，イギリス，そして合衆国)では，パートタイム就学が非大学型の第3段階の教育において優勢となっている。また，スイスとアイルランドでは，パートタイムとフルタイム就学の水準は似通っている。残った他の諸国については，パートタイム就学率はフルタイム就学水準の半分以下である。デンマークやドイツに加え，太平洋地域(オーストラリア，日本，並びにニュージーランド)では，フルタイムの就学水準は，女子が男子の2倍に及んでいる。さらにニュージーランドの場合，パートタイムの就学水準は，女子が男子の半分しかなく，スイスでは，女子のパートタイム就学水準は男子の4分の1である。

8ヵ国のOECD諸国では，フルタイムでの大学就学率は15%か，それよりも高くなっている。オーストリア，フィンランド，そしてスペインでは最も高い就学率を示している。また，フルタイムの男子および女子の就学率については，大概の国でほぼ同じである。主な例外は日本とトルコであり，そこでは女子の就学率は男子の就学率の半分でしかない。ベルギー，ドイツ，そしてスイスの場合では，女子の就学率は男子の就学率に比べ，3分の1ほど低い。殆どの国で，パートタイムで大学に在学することはごく稀でしかない。パートタイム就学で最も高い水準にあるのは，オーストラリア，カナダ，ニュージーラン

表17.1 卒業年齢人口に占める官公立・私立高等教育(大学)卒業者の割合 (1988)

	学位 (ISCED 6)	仮定上の 卒業年齢	卒業者の割合		
			全体	男子	女子
北アメリカ					
カナダ	Bachelor	22	25.4	23.3	27.7
合衆国	Bachelor	22	25.6	24.4	26.9
太平洋地域					
オーストラリア	Bachelor	22	19.5	18.6	20.4
日本	学 士	22	26.3	37.7	14.4
ニュージーランド	Undergraduate Bachelor	21	15.7	16.8	14.5
中央・西ヨーロッパ					
オーストリア	Diplom	23	7.2	8.1	6.3
ベルギー	Licence	22	11.6	13.9	9.2
フランス	Licence	21	12.1	12.1	12.0
ドイツ	Staats-Diplomprüfung	22	13.3	16.1	10.3
アイルランド	First degree	21	17.2	19.2	15.0
オランダ	Doctoraal examen	23	11.4	14.2	8.5
スイス	Licence	25	7.6	10.1	5.0
イギリス	Bachelor	21	16.3	17.0	15.5
南欧					
イタリア	Laurea	23	7.7	8.0	7.4
スペイン	Diplomado/Licenciado	21/23	17.0	14.0	20.1
トルコ	Lisans	23	5.8	7.4	4.1
北欧					
デンマーク	Bachelor	22	10.1	12.6	7.4
フィンランド	Master	23	18.6	20.6	16.6
ノルウェー	Master/Cand.mag.	22	23.6	16.3	31.4
スウェーデン	Undergraduate Bachelor	23	12.7	10.8	14.8

(出典)『図表でみる教育 OECD インディケータ』(OECD, Paris 1992).

ド,そして合衆国である。表17.1からわかる通り,イギリスの卒業率は1988年の時点ではカナダ,合衆国,オーストリア,日本,アイルランド,並びにフィンランドの卒業率に後れをとっている。イギリスの第3段階の教育は,それがまだ二元的であった1990年以前の時期には,際立った存在であった。制約はありながらも社会的に開かれており,3年間をフルタイムで就学するという,短期間で費用は高いものの,効率的な大学の分野があったのである。また,大学への接続という点では貧弱ではあったが,多様かつ地域に密着した,パート

タイムの職業教育分野もあった。

1990年以降の改革は、さらにイギリスをヨーロッパや合衆国との競争路線に導いた。だが、アクセスの社会的配分の帰結については、自信を持って予想することはできない。ヨーロッパにおける戦後高等教育の主な歴史的特徴が、大学に代わるものを入念に創り出した点にあったことは明らかであろう。1950年代の進歩的スローガンであった「10年倍増」が、野心的な教育拡大計画の一環として打ち出されると同時に、ヨーロッパ中で入学要件や大学で学ぶべき内容についての定義が変更された。入学に関しては、古くからのステレオタイプがあるが、それは純粋科学や純粋教養科目の3年、あるいはもう少し長い期間のフルタイム課程へは、バカロレアや、それに相当するリセや他の中等教育レベルの上位校で取得した修了証書によって入学するというものである。このステレオタイプは、非常に多様な課程、つまり典型的な職業訓練や、専門技能訓練に向けられた準備課程にも、形を変えて入り込むことになった。さらに寄宿制度こそあったりなかったりするが、以前より充実した制度がもたらされた。高等教育の大衆化の進展は、ヨーロッパで現われ始めていたのである。それは、若年層のかなりの割合にまで就学率を増大させ、また実際にヨーロッパの大学に関する最も古くからある考え方を遥かに拡張性のあるものへと転換した。そして、多くの人々が論じているように、高等教育というよりはむしろ第3段階の教育 (tertiary education) という、希釈された概念になったのである。

社会的選抜と階層

ウォルター・ミュラーによるヨーロッパ9ヵ国に関する研究は、CASMINのデータセットを用いていたため、戦後の数年間についてはかなり妥当なものになっている (Muller & Karle 1990)。また、ブロスフィールドのデータが示しているのは、今世紀初頭、並びに1980年代の若年層が体験している事柄である (Blossfield 1990)。この2つの研究結果は相互補完的で、一貫したものとなっている。彼らが確認したのは、ドイツの高等教育は第二次世界大戦の直後、選抜度の低い状態から拡大していったこと、また、往々にしてその過程では、社会的選抜度が総人口に応じて低くなったり、女子の場合に低かったりしたが、下

層階級の子どもの機会との関連では重要な変化はなかった。第3段階の教育には，依然として職業的キャリアにおける採用，並びに配属という点で，上流階級や，サービス階級の専門職志向と結びついているという特徴が見いだせる。これが，ヨーロッパにおけるメリトクラシーの浸透や，拡大・整備されつつある制度の中で大学が果たす役割を根本的に形作っている。込み入った状況を呈してはいるが，それは少なくとも人口，経済構造，そして教育の諸段階へのアクセス，各国のカリキュラム内容，学生への財政支援のタイプと有効性，さらに教育資格と専門職に就くことや就職することとの間の接続などについての国家による整備状況がもつ歴史的特徴のせいではない。このように，例えばフランスやポーランドのような大規模な農業分野を抱えている国では，農家の子弟にとって教育選抜の意味は最も小さなものでしかなかった。イギリスのように，教育が労働市場における資格証明と相対的に緩やかにしか結びついていなかった国では，大学への民主的なアクセスを形成することが比較的可能であった。また例えば，ミュラーの分析はフランスとイギリスとの間に顕著な対照が見られることを解明しているが，そこでは職業構造に見られる多様なタイプを調整した上で，次の点を明らかにしている。それは，フランスにおける高等教育の学位取得者のうち，55%がサービス階級の出身者であるが，イングランドではその比率は35%でしかない。つまり，少なくとも戦後数年間，フランスの選抜制度では，他国と比べてサービス階級の子弟が——他の社会的背景を持つ子供と比較して——より高い確率で最高の教育水準にまで到達していたのである。ミュラーは，研究対象にしたヨーロッパ9ヵ国について，次の点を見いだしている。初等学校では，最初は在学する児童の10%以下の割合であったのがその後上昇し，第3段階の教育では学位取得者のうちサービス階級の子弟が国際平均であるほぼ45%を占めるようになっている。

ミュラーが論じているところでは，イングランドだけが社会的選抜度が低かったのではなく，スコットランドや北アイルランドと並んでどちらかと言えば平等主義的な位置にあったという。彼はまた，ドイツとフランスの間に興味深いちがいがあることを示唆している。義務教育修了まで，サービス階級の子弟の比率はフランスで最も高く，その状態は後の諸段階まで続いており，また幾度かの「過渡期」を経た後も続いている。ドイツではサービス階級の子弟の

割合は中等教育の中ほどの段階まで最も低くなっているが，その後は教育歴の終着点に至るまで，他の殆どの国よりも多くなっている。ドイツは中間的な位置を占めるようになったのである。面白いことに，ミュラーの研究に含まれていた2つの計画経済，あるいは共産主義国家は，階級ごとに配分されている機会という点では，最も平等主義的な部類には入っていなかった。とりわけハンガリーについては，高等教育の資格証明の殆どをより上層の社会階級に与えている国では，頂点に近い位置を占めている。

　ミュラーはブロスフィールドと同様，いくつかの国に共通し，ヨーロッパの大学に受け継がれてきたという2つの重要な過程を分類している。第1に，連続する各段階の教育の中で，勝ち残る生徒層の割合が段階的に縮小していくよう，教育制度は組織化されている。第2に，その深刻さの度合は和らいできてはいるが，中途退学が社会的な選抜を果たしている。教育の結果はこれら2つの過程が相互作用することによって生じたものである。一方，拡大政策によって，高等教育制度は徐々にマス段階からユニバーサル段階へと移行しつつあり，さらなる平等化に向かっている。また他方，選抜をめぐる諸力が学生全体の構成に影響をおよぼし続けている。

　ミュラーの初期の研究が示しているのは，既にヨーロッパ諸国では，かなり多様化が進んでおり，教育資格を取得するための機会がいずれの段階の若年者にも提供されるまでに至っているというものである。彼のデータは1970年代初期に蒐集されたものであり，その分析は30歳から64歳，つまり1910年から1947年の間に出生した人々のものになっている。従って，ここでの分析には1970年以前の学校や大学については殆ど取り残されているのである。その中のほんの僅かな部分については，西欧諸国における1960年代と1970年代の改革が教育的キャリアに影響を及ぼしている。だが注目すべきことに，東欧の場合，教育の変化はより早い時期に起こっていた。このように，ミュラーが示しているのは，本質的に二元的なパタンなのである。イギリスやスウェーデンでは，生徒の勝ち残りのパタンは類似している。だが，そのパタンは，ドイツ，ハンガリー，ポーランド，そしてフランスとは異なっている。最も先鋭なちがいがフランスとドイツとの間に見いだせる。ドイツでは85％の児童・生徒が義務教育後も就学し続けていたが，フランスではその割合は僅か30％でしかなかった。

ハンガリーとポーランドでは中等教育の全課程を修了するまで，最も高い就学率を維持していた。しかしながら，早期の段階の学校教育では国家間の就学率にばらつきがあるが，最上段階の教育ではいずれの国家も類似した結果を示しているという点に，概して教育制度の顕著な特徴がある。この点では，フランスだけは高等教育機関から学位を取得している人々の割合が例外的に低い位置にあるという意味で，際立っている。

ここで記述してきた文脈の中で，階級ごとの選抜される度合に関するいくつかの特徴に，ミュラーは関心を向けている。ドイツ，ハンガリー，そしてスウェーデンでは，上流サービス階級はその子弟に，教育で勝ち残る上でかなり優越した機会を与えているように思われる。この知見は，「教養市民層」，公務員，専門職，そして大学教員といった社会階層についての歴史家の見解と符合する。それは，伝統的に高等教育を受けることで共通の価値が共有されており，また高い水準の教育的野心や教育達成をその子弟に受け継がせようという意志が，比較的高い割合で共有されているという見解である。恐らく「教養市民層」はドイツにおいて最も際立った身分集団であった。彼らは，スウェーデンやオーストリア・ハンガリーといった君主国のように，ドイツ的な高等教育の伝統に影響を受けている，その他の諸国にも存在していた。20世紀初頭におけるイギリスの社会は，そのように層の厚い，また教育の程度で定義できるような上流階級が存在しなかったという点で際立っている。イギリス社会では，上流階級の成員になるのに教育という経路を通らなければならないといった制約が，そうはっきりあったわけではなかったのである。

1970年代には，イギリスで僅かな進歩が見られた。それは，高等教育，あるいは生涯教育といった現代の制度が提唱しているような余暇の平等化に向けられたものであった。そのかわり1970年代末には，左派にせよ右派にせよ，経済成長を外部から評価するという問題を解決するにあたり，政府は暗中模索の状態にあった。一方では，教育ある人々の中には少数ながら，投資や消費財としてよりむしろ，教育の持つ地位を表す指標としての性格を巧みに利用し始める者があった。それでも大部分の人々は，依然として教育が私生活面や公的な生活面で何かとても役立つものを提供してくれると思い込んでいるような，不毛かつ無知な存在のままであった。

しかしながら，これは今なお続いている。経済的繁栄と政治的抑圧は，共に1980年代後半に推移した。経済活動の最前線では，経済の再構築が頻繁に論じられており，陸続きのヨーロッパを統合しようという動きについて議論されていた。こうした動向には教育的な成果があった。それに，競争で優位を勝ち取ることが推奨され，再び教育拡大が始まった。「1992年」に向けて準備されていた，ひどく差別的な国際比較が刺激となって，殆ど狂乱的に訓練施設の再組織化が行われ，そしてあらゆる段階の学校教育で職業教育への圧力が増大した。さまざまな立場から，またさまざまな前提に立脚して，保守，労働両党と新たに結成された自由民主党は，イギリスが21世紀に向かうにあたり，高等教育のマス化は避けられないという見解を共有し始めた。1991年の5月には，他党に引き続いて保守党が新しい教育の時代の始まりを告げている。マス高等教育は学校中退者の3人に1人（今後の8年間にわたって30万人の臨時定員）を収容するだろうし，ポリテクニックは大学を名乗れるようになるだろう。また，イングランド，スコットランド，そしてウェールズでは制度の分離が生じるであろうが，財務団体は解体され，「単一情報機関」がそれらにとって代わるだろう。さらにCNAAは廃止され，最近になって大学が設置してきた新たな学術監査団によって，質の評価が行われることになるだろう（Halsey 1992）。

　なお，新たな教育拡大に財政支援する計画が曖昧なままになっているということが，直ちにつけ加えられねばならない。ますます授業料への依存を推し進める圧力が，依然として市場諸力という政府の刺激剤になっている。政府もまた，大学やカレッジが民間セクター，とりわけ商工業，後援者，そして卒業生から資金を調達することを奨励するだろう。公的な費用を公正に配分することが高等教育では保証されているが，究極的にはさらなる効率性を追求することに力点がおかれており，臨戦体制をとっている学監はそれを現実的に，レベルを低下させ，学生に対する教職員の比をさらに縮減するものとして捉えている。間違いなく，ヨーロッパが再び経済成長しはじめ，現在の不況から脱却する方法を模索している限り，闘争は絶えないだろう。だが，これだけは確かである。イギリスの二元制はその正統な地位を失い，二元制に代わる制度が始まっているのだ。

参考文献

Blossfield, H. P. (1990), 'Changes in Educational Oppotunities in the Federal Republic of Germany', *EUI Working Paper*, SPS: 90/4.

Coleman, J. (1991), *Resources and Actions: parents, their Children and Schools* (Chicago: Chicago University Press).

Halsey, A. H. (1992), *Decline of Dominish Dominion* (Oxford: Oxford University Press).

Hufner, K., Meyer, J. W., and Naumann, J. (1987), 'Comparative education Policy Research: A World Perspective', in M. Dierkes, H. Weiner, and A. B. Antal (eds.), *Comparative Policy Research: Learning From Experience* (Aldershot: Gower).

Husen, T., Tuijnman, A., and Halls, W. D. (1992), *Schooling in Modern European Society: A Report of the American Europaea* (Oxford: PergamonPress).

Kiernan, K. (1992), 'Family Disruption and Transitions in Young Adulthood', *Population Studies*, 46, 213–14.

Muller, W., and Karle, W. (1990), *Social Selection in Educational Systems in Europe* (paper presented to the meetings of the International Sociological Association Research Committee on Social Stratification, XIIth World Congress of Sociology, Madrid, 9–13 July).

OECD (1961), *Ability and Educational Oppotunity*, (ed.) A. H. Halsey (Paris: OECD).

Wilensky, H. L. (1975), *The Welfare State and Equality* (London: Univ. of California Press). 下平好博訳『福祉国家と平等――公共支出の構造的・イデオロギー的起源』木鐸社 (1984).

18
「メリトクラシー」の諸問題

ジョン・H. ゴールドソープ

はじめに

マイケル・ヤングが社会学的空想小説,『メリトクラシー』(Young 1958)で用いた新しい造語は,たちまち広く一般に使用されるようになった。たしかに,「メリトクラシー」は新しい用語であった。しかし,それは,実際にはすでに存在していた——多少あてにならないようだが——数多くの類似の考えを確実に統合する役割を果たすものであった。そこには,少なくとも,区別すべき3つの構成要素が含まれている。

能力に応じた出世

これは,19世紀における国家行政に対する古典的自由主義による批判と国家行政の来るべき改革の中に含まれていた考え方である。勃興しつつあった中間層がもっとも強く要求したのは,文官であれ軍人であれ,国家の責任ある地位は,縁故,ひいき,贈収賄,買収ではなく,能力を明確な根拠にして,割り当てられるべきだということである。実際,改革が進むにつれ,これらの地位への就任は,しだいに教育達成,競争試験による成功,指定された形態の訓練を終えたかどうかによるものとなり,昇進は年功序列だけでなく,その地位の中での功績という基準によるものになった。

生まれつきの能力に見合った教育機会

大衆教育システムが西洋諸国で発展するにつれ,初等教育から中等教育,さらには高等教育まで,教育を受けるのにもっともふさわしい子どもを,全人口

の中から選抜するのが重要だと強調されるようになった。これに関して，相対的に恵まれない背景をもつ子どもたちに対する平等主義的な関心は，少なくとも，国民の「能力の蓄え」が過度に浪費されないようにする必要にせまられた第一次世界大戦の時代までは，経済競争と軍事競争が発展しつつある状況の下で，一般に社会的ダーウィニズムにもとづく考え方ほど大きな影響を与えることはなかった（Semmel 1960 参照）。20 世紀の最初の数十年の間に，迅速かつ信頼できる方法で選抜を可能にするように思われる，知能の測定技術が急速に発展したことによって，教育選抜に関する政策が促進されたのである。

産業社会における社会的不平等の基礎としての「業績」

これは，1940 年代，1950 年代のアメリカ機能主義社会学においてもっとも完全な形で精緻化された考え方である（たとえば，Davis 1942; Davis and Moore 1945; Parsons 1951, 1954）。それによれば，伝統社会から産業社会へ移行するにともなって，いかなる形態の社会的選抜においても，「業績（achievement）」という基準が「属性（ascription）」という基準に必然的に取って代わった。産業社会の基礎をなす技術的経済的合理性は，異なる社会的地位の機能的重要性の程度とその地位に就いている人の能力との間に密接な関係が保たれることを要求する。したがって，諸個人の社会的地位は，しだいに社会的出自よりも，彼らにできるのはどんなことかによって，決まるようになっている。さらに，業績は報酬の適切な基礎にもなる。つまり，より重要な地位にはより能力のある者がつき，優れた成果を生み出すようにすべきであるため，地位の機能的重要性の違いに応じて，異なる報酬を与える必要がある。その結果生み出される社会的不平等は，高い報酬が優れた業績を反映しているため，全体として社会にとって有効な機能に貢献している。したがって，社会的不平等は当然の価値をもっており，その意味で，正統性を主張できる（これは，属性に基づく不平等が正統性を主張できないのと対照的である）。

これらの 3 つの考え方が関連しているのは，明らかである。実際，ヤングの描いた 21 世紀のイギリスのメリトクラシーにおいても，この 3 つの考え方は密接に関連していると明確に表現されている。こうした「もっとも賢い人々によ

る支配」という先導的なモデルは官僚によって提示されたものである。それは，ノースコート・トレヴェリアン報告[訳注1]の後に再構築されたが，年功原則の痕跡は完全に取り除かれている。「能力別クラス」への選抜，また行政エリートを始めとする社会のあらゆる地位への選抜は，知能と素質に関する試験にもとづいている(こうした慣習に対して社会主義者や緊迫した国際競争によって自らの立場が危うくなってきた人々から異議申し立てがなされている)。社会諸階級の生活水準や生活様式は，それぞれ大きく異なっている。しかし，選抜がメリトクラティックである限り，エリートは彼らの特権が業績に対する報酬に他ならないと主張できる。つまり，公の考え方としては，家柄は疑いの目で見られ，国家はエリートの親が世襲や属性を重視する傾向を復活させようとしても，その試みを阻止する責任をもっている。

　しかしながら，多少綿密に考察すれば，ヤングが描いた怪しげなユートピアにおける制度とイデオロギーの首尾一貫性は——やがておとずれるユートピアの終焉という事実によって立証されるように——，実際よりずっと見かけ上のものにすぎないことがわかる。もっとも重要なのは，核心的な部分で，一方における才能——あるいは生まれつきの能力——の概念と，他方における業績の概念との間には，本来の言葉の意味からいって，致命的な緊張関係が存在していることである。前者は，資質，つまり業績を達成する潜在的可能性を意味するにすぎないが，後者は実際の業績，しかも何らかの非常に価値のある業績を意味するものでなければならないからである。

　国家公務員の職に就く機会を才能ある者に開放したり，子どもたちに能力に見合った教育を与えようとする主張は，改良主義的精神にもとづいて進められてきた。それらは，職場への適合性の問題や，才能を認知し教育する際に固有の問題と関連している。しかし，社会的不平等の基礎としての業績をめぐる議論は，それとは異なる性格をもっている。その焦点は才能と報酬との関係におかれる。というのも，その議論は，部分的には，現代社会の機能要件が実際にどのように充足されているのかを示そうとする社会学的な説明を意味しているからである。そのような社会では，「人的資源」が完全に有効に利用されることが不可欠に必要なので，才能が発見され，才能に機会が与えられるだけでなく，才能が一貫して業績に変換されることが必要となる。そして，機能的に重要な

地位の場合，すぐれた成果を生み出すことがもっとも重要なこととなる。不平等な報酬は，才能が社会的な利益のためにもっともふさわしい形で利用されるように，いいかえれば，才能が適切な業績を通して，確実に実力（merit）になるために，本質的に重要である。一方で，こうした実力は，同時に才能が特権に値するものであることを意味している。

ヤングの描いたメリトクラシーの場合，こうした資質と業績や妥当な報酬との関連という問題は，社会の基本的な定式，すなわち「IQ＋努力」＝実力（メリット）という定義の中に見いだされる。単なる才能から実力を獲得するためには，認知的な才能が意欲と結びつけられなければならないし，結局は生まれつきの能力が道徳的な範疇に属するものと結合させられなければならない（「怠惰な天才は天才ではない」）。こうした方法でしか，才能と実力は捉えられない。こうして，エリートが大きな利益を享受することに対して正統性が付与される。しかし，かなりよく知られているように，機能主義では社会的不平等を説明することは難しい。実際，社会の効率性に対する様々な地位の「重要性」の度合いが，どのように決められるのか，あるいは決めることができるのかについて機能主義者たちは説明することができない（たとえば，Tumin 1953; Huaco 1963 参照）。ヤングが描いた中央集権的な社会では，この点は，エリート自身によってのみ決められる。したがって，実力を増大させようとするなら，IQを補う努力は，エリートによって設定された目標に向かう努力になるのは明白である。しかし，そのような強制による解決が採用されるところでは，正統性の問題がこれまでとは異なって，社会的不平等の基礎ではなく，制度全体の基礎に異議申し立てを行うような，より急進的な形で再浮上する危険がある。そして，実際，イギリスのメリトクラシーが終末の危機を迎えるのは，エリートによる実力の定義に関する決定的な恣意性——それは，ポピュリズムと保守主義の双方から攻撃の的になった——のためであると理解できる。

このように，ヤングの空想小説は，一般に認識されている以上に社会学的な教訓に富んでいる。しかし，本稿の主要な関心は，実力がどのように決められ，実力と才能がどのような関係にあるかの問題であり，それが現実世界にもたらす意味合いに関してである。以下では，まず，これらの問題が，社会学者の試み——社会で採用されている教育選抜や職業選抜の手続きに関して，どの程度

まで現実社会が「メリトクラティック」であるか，あるいはそうなりつつあるかを経験的に評価する試み——をいかに歪んだものにしてきたかを示すのが目的となる。そして，さらに，ここで遭遇する困難が単に技術的なものでなく，少なくとも，自由な資本主義社会という状況の下では，実力の概念は，あらゆる人が納得するような形で客観的にうまく定義することはできないという事実に由来すると主張する。実力は選抜と主にそれに見合った報酬の基準であるかもしれないが，状況に応じて非常に変化しやすい形で定義され，さらにある程度必然的に主観的な(そしてしばしば救いがたい)判断を含むような形で定義されうるにすぎない。本稿ではこのようなやり方で「メリトクラシーの問題」を暴露するが，最終的な目的は，現代社会における不平等の構造にメリトクラティックな正統性を与えようとする試み，あるいはそのような正統性が社会の発展につれてしだいに適切なものになっていくと主張する試みが成功しないことを示す点にある。いいかえれば，「メリトクラシー」は社会学的にその価値が疑わしい概念であるだけでなく，その考えが広く支持され続けるとするイデオロギー的な見通しは実現しそうに思えないということである。

メリトクラシーの測定

　アメリカの機能主義社会学は，メリトクラシーの概念に一つの主要な材料を提供したといえる。機能主義を代表するアメリカの社会学者たちはこぞって，産業社会の発展は社会的選抜と報酬の重要な基準を属性から業績へ完全に置き換えると信じ，こうした状況を適切に表現するのに，いちはやく「メリトクラシー」の概念を取り入れた(Wesolowski 1981)。さらに，1970年代に「ポスト産業」社会という考え方が展開していくにつれ，メリトクラティックな傾向はさらにいっそう力強く促進されるとみなされた。一方で，あらゆる形態の経済活動が「知識集約」型の特徴を強め，他方で，公共機関，民間企業の双方において，大規模な官僚制組織が発展するからである。とりわけ，サービス部門ではメリトクラティックな選抜の圧力が強く，同時にたやすく取り入れられると考えられた。

　もっとも影響が大きかったのは，「論理的には，ポスト産業社会はメリトクラ

シーの社会である。地位や所得の差異は技術的な熟練の差と高等教育を受けているかどうかにもとづいており，それらの資格をもっていない人々には高い位置はほとんど与えられない」(Bell 1972: 30) というベルの力強い主張であった。その後，彼は開放的な機能主義の装いの下に，「そうした業績なしには，ポスト産業社会の特徴である新しい社会的分業の必要条件を満たすことができない」(Bell 1973: 409) という定式を付け加えた。さらに，ベルはメリトクラシーが手段的な意味と同様に道徳的な意味でも社会的不平等のパターンをもたらすことを明確にした。メリトクラシー「そのもの」は単なる技術主義をこえるものであり (Bell 1973: 453)，学歴は「システムへの参入装置」として役立つが，それに続く業績は，純粋に働きに見合った報酬として，物的かつ象徴的な利益の可能性をもたらすのである。

驚くことではないが，その頃，社会移動の過程における「属性か業績か」の問題にすでに取り組んでいた，経験的研究をより強く志向する社会学者たちは，メリトクラシーの進展に関する議論により直接的に取り組むために，研究をさらに広く展開するようになった。たいていの研究者たちが，ヨンソン (Jonsson 1992) が「実力による選抜の強化」仮説 (IMS) と名づけたものに焦点をすえてきた。その仮説は，現代社会においては，個人がもっとも基礎的な段階から順により上級の教育を受け，彼や彼女が社会的分業における地位を獲得するのに，最終的には実力が重要な決定要因になるというものである。ここには，こうした状況に対応して，出自家族の影響が減少するという見方も含まれていた。いいかえれば，諸個人の出自に関するすべての側面は，彼らが達成できた実力に直接結びつくものは別にして，仕事上での選抜の手続きにとってしだいに関係のないものになるということである。

それゆえ，IMS 仮説に関する経験的研究の場合，「実力」を理解し測定する方法が決定的な重要性をもっている。事実，実力を実際に到達した教育段階——これは，教育を受けた期間ないし到達した学歴水準で把握される——によって「指標化」することが，ほとんど普遍的な慣習となっている。こうした慣習の正当化は，たしかに，IMS 仮説を主張したベルのような人々の議論に見いだすことができる。というのも，才能を発見する主要な役割を果たしているのは教育機関であり，実力を増大させる最初の決定的な機会を提供するのも教

育機関であると彼ら自身が明確に想定してきたからである。それでもなお，実力と教育達成を区別して把握しない限り，これらの仮定そのものは，明らかに考察されないままにとどまっていると考えなければならない。

図 18.1 の地位達成経路に関する概念図は，IMS 仮説について検討したと考えられる——実力の指標として教育が用いられ，属性の影響が諸個人の階級的ないし地位の出自によって表示されているという限界があるが——，多くの主要な調査結果を要約したものである。最初の図は，IMS 仮説が正しい場合に期待できる，社会的出自（O），教育（E），到達階級ないし地位の到達点（D）の関係を示すのに役立つ。そして，それ以下の図は，これと対応していくつかの代表的な調査結果によって明らかにされた，これら三者間の関係を示している。

ここには，大きくいって二組の異なるファインディングスが示されているのがわかる。合衆国とイギリスで行われた初期の研究は，教育（E）が到達階級・階層（D）に与える影響，あるいは少なくとも両者の関係の強さが増大していることを示しており，その意味で，IMS 仮説を支持している。しかしながら，最近のイギリスやスウェーデンの研究では，この点に関して，本質的に対立したファインディングスが得られている。つまり，教育（E）の到達階級（D）に与える影響が，どんなものであるにしても，弱くなっていることが証明されており，IMS 仮説と対立している。こうした矛盾したファイ

IMS 仮説

ブラウとダンカン（Blau and Duncan 1967）アメリカ・男

フィザーマンとハウザー（Featherman and Hauser 1978）アメリカ・男

ハルゼー（Halsey 1977）イングランドとウェールズ・男

ヨンソン（Jonsson 1992, 1993）スウェーデン・男女

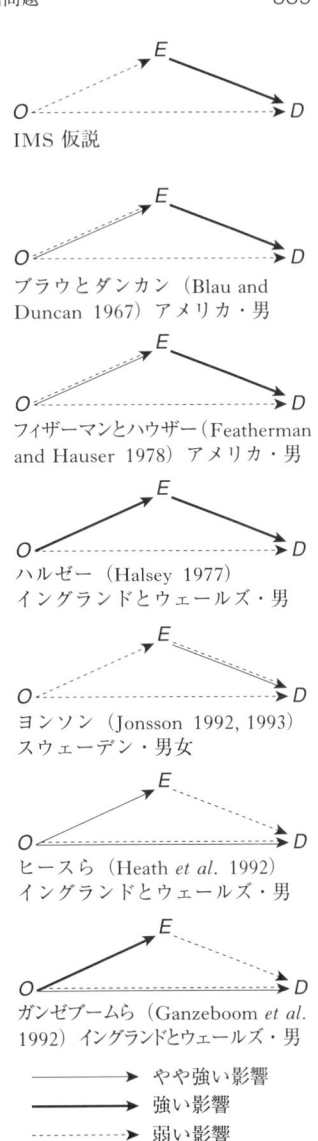

ヒースら（Heath *et al.* 1992）イングランドとウェールズ・男

ガンゼブームら（Ganzeboom *et al.* 1992）イングランドとウェールズ・男

──────▶ やや強い影響
──────▶ 強い影響
- - - - - -▶ 弱い影響
- - - - - -▶ やや弱い影響

図 18.1 IMS 仮説と主要な経験的調査による出自（O），教育（E），到達階層（D）の関連を示す地位達成経路の概念図

ンディングスは，他のファインディングスの違いと同様に，もちろん様々な原因がある。それは，データの範囲と質，分析方法などといった，調査の技術的な違いから生じることもあるし，時期と場所による現実的な傾向の違いを反映することもある。しかし，幸いなことに，ここでの目的からいえば，こうした問題を解決する必要はない。技術的な精密さという点では，最近の研究の方が信頼できるかもしれないが，ここでの主要な関心は，図 18.1 に示されているファインディングスの範囲内で——まず IMS 仮説に好意的に見えるかどうかという点で——疑問を投げかけるような結果をどう解釈するかの問題だからである。

　事実，教育と諸個人の到達階級・階層との密接な関連を示す結果に関して，このような IMS 仮説を明確に証明できるかどうかが，しばしば問題にされてきたといえる。企業が人を採用する場合，彼らが受けてきた教育を参考にする傾向が強まるとしても，それは，本質的にいっそうメリトクラティックな選抜基準が現実に採用されていることを意味していないし，教育にもとづく選抜が従来の選抜の手続きより「機能的」であると受けとめられる必要もない。したがって，ジェンクスは高水準の教育達成がいくつかの有利な仕事を得るために本質的に重要になってきたからといって，そうであるべきだということにはならないと主張した。「たとえば，もしわれわれが望むものが能力であるとすれば，学歴を用いず，能力のない者を確定するための職場での選抜手続きを設定した方がよいかもしれない」(Jencks 1977: 83)。企業は教育水準の違いが知識や熟練だけでなく，社会的文化的背景や生活様式の違いをも示すと信じているために，［人を判断する場合に］教育による影響をうけているのかもしれない。組織の業績という理由以上に，彼らは社会的文化的背景や生活様式に関心をもっているのである。たとえば，上級経営者は社会的文化的背景という点で，できるだけ自分たちと同様な新しい同僚を採用するのがよいと考えているにすぎないのかもしれない (Collins 1971 参照)。さらに，特定の職業に就く条件として，明らかに効率に反する形で，学歴が課せられる可能性もある。もっとも明瞭なのは，これまで専門職業組織や職業別組合のような職業組織が，自らの仕事の領域への参入資格を，労働に含まれる技術的な特性によって要求されるレベル以上に巧みに高めようとしてきたことである。それは，新たな構成員の参入を

制限し，現在の構成員が取引上有利な地位を守る手段であった。この点に関しては，幅広い証拠が存在している(たとえば，Collins 1979: Ch. 7; Parkin 1979: 54–60; Friedson 1986: Ch. 4 参照)。

同時に，学歴のさらなる重視は，その背後にどんな要因があるとしても，本来，IMS 仮説が一方的に思い描くような，異なる社会的背景をもつ諸個人にとって機会が平等になることを決して証明するものではない。職業上の成功が学歴にもとづいているのが明らかになる限り，そうできる家族であれば，より多くの物的その他の資源を子どもたちの教育につぎこもうとしても当然だろうと考えられる。そのような状況の下で，サローが指摘したように，恵まれた家族であればあるほど，より多くの教育投資を行うのは，より望ましい雇用形態の「市場の分け前」を守るのに必要な「防衛費用」と見なすことができる(Thurow 1972: 79)。

いずれにしても，こうした方向で議論を進めてきた人々は，自らの立場と一致する経験的ファインディングスを指摘することができる。したがって，図18.1のうち，到達階級・階層(D)に与える教育(E)の影響の増大を示す調査(Blau and Duncan 1967; Featherman and Hauser 1978; Halsey 1977) は，社会的出自(O)が教育(E)に対してもつ効果(Blossfeld and Shavit (eds.) 1993 参照)を考慮に入れれば，IMS 仮説に必ずしも好意的な結果を提供しているとはいえない。合衆国の場合，教育達成に対する社会的出自の影響が予想通りに弱まっている姿は，わずかに部分的に見いだせるのみであった(Featherman and Hauser 1978: 240–5 参照)。一方，イギリスの場合，こうした教育達成に対する社会的出自の影響は現実に強まっていた。ハルゼーは彼自身この結果を，より強固なメリトクラシーが実現しつつあるという見方を決定的に掘り崩すものとみなしている。たしかに，教育は「しだいに世代間の地位伝達を媒介するもの」となり，家族のあり方とは無関係に重要な部分に作用を及ぼすようになっている。しかし，世代間の過程の内部においては，「属性の力が自らを『業績』として表現する方法を見いだす」という意味でも，家族が保持している影響は，いまだに大きいままである (Halsey 1977: 184)。

教育(E)がより強い「媒介」的な役割を果たし，到達階級・階層(D)に対する社会的出自(O)の直接的な効果が小さく現れる場合でさえ，社会的出自(O)

と到達階級・階層(D)の全体としてのつながりは必ずしも弱くならない。実際,階級・階層的地位の世代間移動の研究がもたらした諸結果は,(構造変動の全体的な効果の網の目を考慮すれば)こうしたつながりが時代をこえて高い程度で一貫し,それが弱まる傾向は一般には存在しないことを示している(Erikson and Goldthorpe 1992: Chs. 3, 9, 10参照)。

　結局,すでに検討したような議論は,控えめに言っても,実力による選抜の強化を証明するのに,事実にもとづく証拠として,教育が雇用機会に及ぼす影響を取り上げるやり方には,決して無視できない問題があることを示している。すべての人々の中から才能ある人物を見つけだしたり,才能ある諸個人に能力に応じた学習による「実力」向上のため,より平等な機会を提供したりする場合,現代社会の教育システムは,実際に考えられるほど効果的には作用しないという可能性が明確に存在している。もし,社会的分業のより望ましい地位につくのに,以前よりも学歴の有無によって決まる度合いが強くなっているとしたら,これはメリトクラシーの進展ではなく,むしろ「学歴主義」が現れつつあることを示しているのかもしれない(Berg 1970; Dore 1976; Collins 1979)。すなわち,学歴は個人や社会の能力のレベルを上昇させるためにではなく,一方で,企業が相対的に早くしかも安上がりの「人選(people processing)」のために,他方で,異なる階級・階層の集団間にある相対的な社会移動率の不均衡を縮小するのでなく,むしろ維持する手段として用いられているといってもよい。その時,新たに出現するメリトクラティックな――その意味でより正統な――階層構造の形態として見なされるものは,実際には,長く存在していた社会的不平等のパターンに関する別の表現でしかありえない。

　しかし,図18.1を振り返ってみると,到達階級・階層(D)に与える教育(E)の効果の高まりに関する根拠として別の解釈ができるのと同じように,教育(E)に与える社会的出自(O)の効果が一貫して低下しているとはいえないような結果に関しても別の解釈が可能である点に気づくに違いない。すでに述べたように,そのような結果は,IMS仮説にうまく適合するとは思われず,むしろ「学歴主義」の立場を支持するものとして受けとめることもできる。しかし,IMS仮説を「救い」,とにかくそうした批判に反論を試みる議論も広く存在している。

たとえば，教育達成の階級的不平等が縮小傾向を示さないという事実に対する一つの回答として，おそらく合衆国においてもっとも明白な遺伝偏重論者の階層理論の復活がある。もっとも有名なのは，ヘアンスタインの主張である。それは，教育選抜の手続きは確実によりメリトクラティックになってきている——すなわち，知能テストを使用することによって——ので，いまだに存在している教育達成の不平等は，主として遺伝的な資質の違い，つまり根本的な教育改革や社会改革によっても解決できない諸結果を反映しているに違いないというものである (Herrnstein 1971, 1973)。実際，ヘアンスタインは，現代社会においては，すでに見たように属性よりも業績の重要性が強調され続けているので，諸階級は以前より固定的で身分に近いものになり，エリートと「残余の」集団がかなり明確に出現するようになりそうだと，信じているようである。

　もちろん，そのような議論には，強い批判がなされてきた(たとえば，Kamin 1974; Block and Dworkin (eds.) 1976; Schiff and Lewontin 1986 参照)。しかし，本稿の目的からいって，それらの議論がIMS仮説を支持する役割を果たしうるとしても，これがいまだに少なからぬイデオロギーに縛られている点を確認しておく方がより適切であろう。メリトクラシーの傾向が強まれば，より開放的な社会になるという考えは，あきらかに廃棄されなければならない。しかも，なぜ遺伝的な資質が本来「称賛に値する」ものとして——とにかく，実力と称賛との何らかの関連が主張されるなら——，報酬を与えられるべきであるのかが，問題として浮かび上がってくる。しばしば引用されるロールズの言葉によれば，「誰にとっても，生まれつきの資質がどのように分配されているのかが当然のことではなく，誰にとっても，自分が社会においてもともとどの位置にあるのかが当然ではないという，われわれの判断が確固たる主張点の一つであるように思われる」(Rawls 1972: 104)。

　しかし，根強く存在し続ける教育の階級的不平等を説明する別の方法もある。それは，遺伝偏重論者の議論よりもくつがえすのがより困難で，より広い意味で，IMS仮説の主唱者により合致しているように思える。これは，最近のイギリスにおける「修正主義派」の教育社会学者にとって標準的な拠り所になっている。彼らは，教育の階級的不平等の解消に失敗したとしても——図18.1に描かれているように (Halsey 1977 また Halsey, Heath, and Ridge 1980; Heath and Clifford

1990 参照）——，本質的に，選抜の手続きにおいて強化された階級的偏見，あるいはそれ以外の機会の不平等の証拠を無理に見いだす必要はないという点を示すのに関心をよせてきた。ここに反映されているのは，教育的な好みやアスピレーションの階級的な相違にすぎないのかもしれない。したがって，中間層の子どもたちは，一生懸命に教育の成功を勝ち取ろうと試み，このために親の大きな励ましを受け入れるが，労働者階級の親子は，教育に対して相対的に「無関心」であるのかもしれない。そのうえ，おそらく恵まれない階級出身の子どもたちの中にも絶対数からいえば，高い教育水準を達成できた者が相当数にのぼることを考慮に入れると，好みやアスピレーションの違いを，それ自体，階級と結びついた構造的文化的影響の結果として取り扱おうとする試みにも説得力がない（たとえば，Murphy 1981, 1990; Saunders 1989, 1990 参照）。いいかえれば，階級的有利さのゆえに多かれ少なかれ自動的に教育達成がなされると考える十分な根拠はないということである。同様なことは，能力についてもいえる。能力は親子の努力を必要とし，この限りにおいて，教育達成は当然の結果であるといえる。教育の階級差が目立って減少していない事実は，それゆえ，実力による選抜の増大が幻想だということを直接的に意味するわけではないというのである。

　最後に，図 18.1 のうち，最近の研究（Jonsson 1992; Heath, Mills, and Roberts 1992; Ganzeboom, Heath, and Roberts 1992）は，教育（E）の到達階級・階層（D）に対する効果が，どのようなものであれ，弱まっているとする結果を示している。その結果は，IMS 仮説がはじめて現れた時よりも，決定的とはいえなくなったことを改めて物語っている。もし，現代社会において，教育達成が実力の主要な指標であるという仮定が受け入れられるなら，この結果はもちろん IMS 仮説に重大な疑問を抱かせるに違いない。しかし，これとは別に，こうした仮定自体，もう一つの観点から疑問を投げかけられる可能性がある。経済発展のポスト産業段階においてさえ，教育機関が才能を見いだし実力を増大させる唯一の手段ではないと主張できるからである。さらに，IMS 仮説があてはまるとしても，社会的出自（O）の到達階級・階層（D）に対する直接的な効果（すなわち，教育（E）を媒介としない効果）は，実力による選抜を——属性の影響と同様に——部分的に表現している可能性もあるので，必ずしも低下することに

はならないと主張することもできる。

　教育達成と実力の事実上の同一視の基礎になっていると思われるのは，現代の「知識集約」型の経済においては，認知的な能力と技能が決定的な意味をもっているという考え方である。しかし，とくにジェンクスが指摘したように（Jencks 1977: 83-4），これはけっして自明なことではない。したがって，ポスト産業経済において拡大している販売，促進，宣伝，個人サービスといった多くの種類の仕事の場合，「社会的」技能とそれに結びつく会話スタイル，礼儀，着こなしなどや，ホックシールドが「感情労働」（Hochschild 1983）と呼ぶもの——すなわち，他人と自分自身の感情の操作を含む労働の遂行能力にいっそう重きがおかれる可能性もある。これらの点で，家族内で学ぶものは，学校で学ぶものより重要になるであろう。同様に，もっとも現代的な経済の中で発展している中小企業の分野でも，「非メリトクラティック」に，いうならば財産の世代間伝達を通してだけでなく，彼らに適切な価値と態度を獲得できるようにしてやること，たとえば，彼らに「企業文化」ないし個人主義的な労働倫理を身につけさせることによって，おそらく親は子どもたちの生活機会に影響を与えるであろう。

　要するに，図 18.1 に示されたような調査研究のファインディングスは，IMS 仮説に対してたがいに根本的に相反する位置を示すものとして見なされるにすぎない。なぜなら，それは，主として様々な結果が，異なる時代や場所から報告されているからだけではなく，経験的な分析において実力がどのように理解される（そしてそれぞれに表現される）のかをめぐる困難が存在するからでもある。もし，教育が実力の唯一の指標として受け入れられなければ——そして唯一の指標であるべき説得力のある理由はないように思われるが——，解釈という恐るべき問題が浮かび上がってくる。メリトクラティックな選抜が強まっていく明白な証拠は，機会と条件の両者に共通する不平等を現在のまま維持する役割を果たすような，学歴主義の証拠として解釈することもできる。しかし，そのような根強い不平等が維持され，あるいは実力による選抜が現実には明らかに弱まっているという証拠も，何を実力として見なすべきかという反論にあう可能性がある。その反論は，それだけで，IMS 仮説を決定的な否定から救えると考えられるかもしれない。

もちろん、この問題の不確実性のいくつかは、最終的には、さらなる調査研究を通して解決できる可能性もある。したがって、たとえば、実力の代用物として扱われていた教育の代わりに、いうならば、知能検査やその他の適性検査にもとづき、しかも努力に関する何らかの指標としても位置づけられる、より直接的な尺度が用いられるかもしれない。しかしながら、IMS 仮説を検証したときに浮かび上がる諸困難がより洗練された経験的調査によって克服できるかどうかは、おそらく疑わしいままである。次節では、これらの困難が社会学研究者だけでなく、さらに社会的行為者それ自身にも直面したものであり、実際に、彼らが行為する環境に固有の困難があることについて議論する。すなわち、それらの困難は、最終的には、市場経済と多元的政治形態をもつ社会(産業社会ないしポスト産業社会)においては、どんなに一貫した客観的なやり方でも実力の詳細な概念を明らかにできず——それがたとえ広く切望され適用されたとしても——、むしろ主に状況に応じて、必然的に主観的な判断を含んだ方法で実力の概念が定義されるに違いないという事実に由来しているのである。

実力・市場・管理

　こうした議論に役立つ主要な考え方は、ハイエクの仕事の中に見いだせる。それは、メリトクラシーに関する上述の社会学的な議論の多くがほとんど無視してきたものである。ハイエクは、アメリカ的というより、むしろヨーロッパ的なリベラルの立場で考察した著作において、能力に応じた出世という考え方を積極的に認め、子どもたちに能力に応じた教育機会が均等に保証されるべきだとしている（Hayek 1960, とくに, Chs. 5, 6; および Hayek 1976, とくに Ch. 9）。しかしながら、その際、彼は「メリトクラシー」に関して強い批判を行っている。その批判は、以前からメリトクラシーの考え方の第 3 の構成要素と見なされていた、(価値ある)業績が報酬の基礎であるとする見方を拒絶することから始められている。

　ハイエクの立場からいえば、経済活動を通して獲得する報酬は、自由社会の中では実力——それがどのような意味深長な概念であっても——と、システム的に単純に結びつくことができるわけではない。たしかに、自由社会の本質的

な特徴は，諸個人が受け取る報酬は，他人の道徳的判断に左右されることなく，才能と努力それ自体にもとづくものだという点にある。問題は，彼らが提供できる商品とサービスが他の個人や組織にとってどんな価値をもっているかだけであり，それは，他の個人や組織がどれだけ進んで支払ってくれるかによって決まる。才能と努力は，そのような市場価値と結びつくときにのみ報酬をもたらすにすぎないのである。望まれない才能と実を結ぶことのない努力は見返りをもたらすことはないであろう。それゆえ，不平等な報酬は，不平等な実力を表現するものと見なすことはできない。というのも，不平等な報酬は，特定の諸個人にとって偶然でしかない，商品やサービスに対する需要構造への影響すべてを反映しているからである。実際，報酬について語ることは，そこに何らかの功績という意味合いが含まれる限り，それ自体，市場経済という状況においては誤りをもたらす。経済活動の見返りが異なるのは，過去を振り返るというよりも，将来を見通すという点に意義がある。すなわち，異なった見返りは特定の個人が過去に達成したことに対する報酬としてでなく，むしろそれらの見返りが維持され改善されるには，将来どうしなければいけないかを全員に示す目安として役立つ。したがって，石油が一個人の土地から発見されたとしても，彼や彼女が獲得する富は市場システムという観点から見れば——あるいは，実際どのような常識的な見方からいっても——，当然の結果に値するものとはいえない。むしろ，そのような富の獲得は，石油に対する需要の存在を証明した点で，石油を探し求める他の人々への励ましとなる。同様に，もし労働者が自らの従事する産業や職業の衰退のために失業したとしても，彼らの窮状もまた当然の報いとはいえない。しかしながら，それは，教育，訓練などをうけてまで，そうした問題のある産業や職業に就こうとすべきでないことを他の人々に示してくれている。

　このように，ハイエクは，「メリトクラティック」な言葉で社会的不平等を正当化しようとする試みには，どのようなものに対しても明確に反対の立場をとっている。彼は，不平等は市場経済につきものの当然の結果として受け入れられるべきだと述べている。そこでは，市場経済はそれ自体自由社会の必然的な基礎であり，これ以上弁明する必要がないものである。しかし，市場の良さは，市場自らが内包する，まったく非人格的な分配過程を信頼することによっ

て，「われわれは，総産出量の規模と構成を決定する相対価格と報酬の構造を生み出すことができ，総産出量の規模と構成が，偶然や技能がその人に割り当てる各個人の取り分の現実の等価物を，われわれの知る限りで，たしかに最大にする点にある」(Hayek 1976: 72. 傍点は引用者)，と彼は主張している。その際，効率の明白な基準をつけ加えているので，ハイエクの立場は社会階層を機能的な言葉で説明しようとするアメリカの理論家たちの立場に類似していると，いまだに見なされることがある(たとえば，Marshall and Swift 1992: 43)。しかしながら，ハイエクの議論がもつ力を完全に把握するためには，ハイエクの議論が機能主義者の議論とどういう点で根本的に異なり，発展させられているのかを認識することが必要である。

強調しておかねばならないが，ハイエクは機能的な重要性という点で社会に異なる地位が存在するという考え方からは決して出発していない。逆に，彼は「擬人的」な社会の見方と，社会を「必要」や「要求」から説明するやり方に明確に反対している。「必要」や「要求」は，実際，諸個人の属性，あるいは明確な目的をもつヒエラルキー的な組織の属性にすぎないといってもよいからである。こうして，彼は「社会的に価値のある」経済活動について語る意味はないと主張している。商品とサービスは個人や組織にとって価値があるにすぎず，さらにいえば，価値は受け手ごとに異なることが多いのである (Hayek 1976: 75)。それゆえ，社会の要求を満たす貢献度の大小で，業績の価値の多寡を測れはしない。もし，どれだけの「実力」があるのかが判断され，その判断が実際に報酬を決めるのならば，これは，最終的には，政治的決断や政治的執行にもとづかざるをえない。すでに指摘されているように，ハイエクが，ヤングのメリトクラシーの概念が非常に権威主義的な性格をもっているのは偶然ではないと考えていたのは間違いないであろう。

おそらく，彼はメリトクラシーが最終的に崩壊してもそれほど驚くべきではないと理解していた。というのは，ハイエクはメリトクラシーに対して，もう一つの反対意見をもっていたからである。それは，メリトクラシーはリベラルでない社会形態を必然的に取らざるをえず，同時にそのイデオロギーにもかかわらず，依然として効率の悪い社会になりそうだというものである。もっとも高い報酬を受けるべきなのは，いったいどんな種類の業績なのか。それを決め

る際に含まれる恣意性を別にしても，ハイエクは，諸個人の「実力」に対する信頼できる評価に到達するのは——「実力」を素質や能力の意味に限定したり，素質や能力のもっとも効果的な利用といった意味に限定したとしても——，実際に人間に可能であるかどうか疑っている。こうして，自由社会では，市場の力の働きが，そのような好不調のある評価に代わるものとなるのである。

　要するに，メリトクラシーに対するハイエクの批判の根底には，効率をどのように把握し，効率と不平等の関係をどう理解するのかという点で，機能主義者とまったく異なる見方が存在している。機能主義者にとっては，不平等な報酬を要求するのは，社会的分業の中で様々な地位が重要性という点で異なっている（と仮定されている）という事実である。たしかに，才能のある諸個人がもっとも重要な地位に就けば，うまくその力を発揮するのは確実である。しかし，ここには，同時に，機能的に必要とされるメリトクラティックなパターンに適合している限り，不平等が正統化される基礎も含まれている。これと対照的に，ハイエクにとって，ある地位ないしその仕事を，社会にとって価値があるかないかという観点で考えるのは概念的に誤っている。効率が最大限に獲得され，あるいはむしろその状態に近づくのは，社会の要求に適合しようとすることによってではない。それは，市場の動向に合わせて，自らの経済活動と目標を選択し追求する最大限の個人的自由を与えることによってのみ可能となる。その際，どんな不平等も，効率，そしてさらに重要なものとして自由に付き物であると見なされる。しかし，不平等のある特定のパターンを効率のために機能的に必要なものとして追求し，維持する根拠は存在しない。

　ハイエクの観点から言えば，現代社会がよりメリトクラティックになりつつあるかどうかを問う意味は——指標や尺度といった技術的な問題はまったく別にして——ほとんどありえない。あるいは，いずれにしても，それが問われたとしても，IMS 仮説の場合とはまったく異なる意味で理解されるに違いない。これらの社会における問題は，選抜過程と報酬が技術的経済的合理性の急速な発展に適合しているかどうかではない。むしろ，その過程を独占し，単に認可によって実力の概念を作り上げるような，なんらかのエリートや支配的な政治的権力が発展することによって，自由がむしばまれているかどうかが問題なのである。

しかしながら，ハイエクの立場は，ある点で，かなり明白な批判を受ける余地がある。たしかに，自営業や家族を基礎とする生産が規範となっている社会——いわば，農民，職人，商人，独立して働いている専門家から成り立っている社会——の場合には，彼の主張に抵抗するのは難しい。しかし，産業社会ないしポスト産業社会(すでに示されているように最近では小規模の企業が成長しているが)は，働いている労働力の 80-90% が被雇用者である社会に他ならない。いいかえれば，彼らは，商品やサービスを消費者に直接売るのではなく，労働を雇用主(通常，実際には，個人ではなく組織)に売るのである。さらに，いったん組織が相対的に大きく複雑になると，往々にして経済的な業績全体に対する特定の被雇用者の貢献の価値を決めることができなくなり，非常に不確かになりがちな経営者の評価に委ねられざるをえなくなるという，重大な結果が生じることになる (Offe 1970 参照)。したがって，ハイエクは，個々人の報酬は彼らが達成した実力に対する他人の判断ではなく，彼らが提供するものの市場価値を反映していると主張しているが，そのような主張は，少なからず非現実的に思われるに違いない。なぜなら，現代社会における多くの労働者にとって，そのような他人による判断が，彼らが獲得する仕事と彼らが受け取る報酬を決定するのに大きな役割を演じていると思われるからである。

　ある意味で，ハイエクは自らの主張にこうした難点があるのに明らかに気づいている (Hayek 1976: 99, 1960: 122-3 も参照)。しかし，「実力に関する単一の総合的な尺度が全体社会に課せられる」状況が生じないということは，重大な結果をもたらすものではないと主張し続けている。「組織の多元性が異なる展望を提供するにあたって互いに競い合う」限り，こうした事態は，自由と両立できるだけでなく，個人に対する選択の範囲の拡大にもつながるのである。ここでのハイエクの主要な関心は，「管理的資本主義 (managerial capitalism)」が広まっているとしても，自由の守り手として市場経済の考え方を守ることにある。この点に関して，彼が成功しているかどうかは，十分に議論されなければならない。しかし，ここでの目的にとって，より適切な問いは，企業の経営陣によって採用される実力の概念が，ハイエクの思い描いたものと本質的に同様なのかそれとも異なっているのかという現実的な問いにすぎない。もし，経営者の行為が高度に標準化されれば，経験的研究の場合，この行為を踏襲して実力の定

義と測定が行われるだけにすぎないので、IMS 仮説はおそらく意義あるものとして追求され続けるであろう。しかし、もし何が実力を構成するのかに関して非常に多様な考え方を基礎にして経営が展開されるなら——要するに、ほとんどの場合、もし実力が特殊な状況に規定されたものに他ならないとするなら——、どんな一般理論でも、しだいに実力にもとづく選抜が強まるという定式を効果的に示すのは困難と思われる。

この問題について直接的に答えうる体系的な調査などは存在しないに違いない。それでもやはり、少なくとも部分的にこれに関連するさまざまな調査からは、「実力に関する単一の総合的な尺度」が実際に普及していないことを鮮明に表す証拠が示されている。これと対照的に、諸企業によって適用される従業員の採用や昇進の基準と手続きは、まったく異なるものとして示される。そして、この違いは、正確には、教育達成がどの程度実力を示すものとみなされるかにかかっている。

いくつかの例、とくにある種の専門技術職に関する例を見ると、実際には、企業は多かれ少なかれ教育システムから「目的にかなった」従業員を採用することが望ましく、可能であることがわかる。すなわち、本質的に IMS 仮説を支持する者が想定するようなやり方で、学歴に注目することによって、それが可能になる。これは、専門教育と職業訓練が高度に統合されている場合や、企業や雇用主にとって少なくともある最低達成基準をはじめから満たしているという保証が重要である場合に、もっとも多く見られると思われる。

しかしながら、次のような主張——すなわち、今日、人的資本という「基本的な」資源が生み出されるのは、圧倒的に学校、短大、大学の内部においてである（Bell 1973: 116-9 参照）ので、こうした形態の選抜は現代社会にとって典型的である、あるいは少なくとも原型であるといった主張——は、その根拠をほとんど見いだせない。逆に、教育システムへのこうした全幅の信頼は、必ずしも広範囲に及んではいないようである。こうして、少なくとも、将来性のある従業員の教育達成は、組織にとって現実的な価値ではなく潜在的な価値を評価する時にのみ、関連のあるものだと見なされるのが一般的である。たとえば、教育は主として一般的な知識と「基礎的」技能の指標、あるいは精神的な柔軟性や学習能力の指標として、扱われるのかもしれない（たとえば、Thurow 1972,

1984: Ch. 7; Wilensky and Lawrence 1980; Cohen and Pfeffer 1986; Bills 1988 参照）。さらに学歴主義のテーゼを支持する者たちが主張するように，仕事の遂行に関連した理由か，それとは別の理由のいずれかで，企業が適切だとみなし選択する様々な社会文化的特徴の指標として扱われる可能性もある。しかし，どちらにしても，ここでは，教育水準は採用の際の「ふるい分け装置」そのものとして扱われ，より特殊な訓練に代わるもの，あるいは「企業内」ないし「職場内」で行われるべき，別の形態の社会化に代わるものとして見なされることはほとんどない。そして，企業に入った後の昇進に関する限り，学歴はいっそう小さな意味しか持たないようである。ヤングのメリトクラシーの場合，職場は「学校であることをやめ」，諸個人が追求する雇用水準と雇用形態のためのあらゆる準備は，労働へ参入する以前の教育システム内で完成されたものとなる（Young 1958: 81–5）。しかし，現代の経済的にもっとも先進的な社会においてさえ，こうした状況には，いまだにほど遠いといっても差し支えない。

　さらに，経営者の目から見た実力が，態度や行動の特徴と考えられる場合が相当広範囲に及んでいるという，たしかな証拠が存在している。その場合，態度や行動の特徴は，実力の決定要因ないし指標としては，教育とほとんど関係がない。したがって，たとえば，製造業やサービス業において多くの末端の仕事につく者を採用する際，企業は「規律」，「根気」，「責任」といった労働者特性に関心をもち，現実的なものであれ潜在的なものであれ，技能に関心を持つことははるかに少ないように思われる（Blackburn and Mann 1979: 102–9; Wood 1985）。そのうえ，労働者がもっとも昇進しやすいのは，新たな資格や技能を獲得するというより，適切な態度と行動を示すことである。「内部労働市場は根本的に協業における徒弟制に他ならない。反復作業の訓練に耐えるのを示せば，むくわれるのだ。ヒエラルキーの頂点に位置づく仕事に関して重要なのは，並外れた技能ではなく，失敗や失敗が生じる可能性をどれだけきちんと管理できるかという点にある」（Blackburn and Mann 1979: 108. 傍点は引用者）。

　結局，今日，「先進的人事政策」あるいは「人的資源管理プログラム」——これらは，しばしばポスト産業的な企業の特徴と見なされる——の発展にともなって，末端から経営管理層まで幅広い地位の選抜が，しだいに，多かれ少なかれパーソナリティと生活様式を評価するための精密な技術に左右されるよう

になっていることは，ここで述べていることとも関連がある。これらは，典型的には，「忠誠」，「委任」，「順応性」，「チームワークの能力」のような資質の見極めを目指しているのである。とくに興味深いのは，そのような評価が教育達成の評価に先立つ，ふるい分け装置として導入される傾向である。このような場合，ある最近の批評家（Townley 1989）が述べるように，企業は学歴よりも「態度」にずっと強い関心をもっていることがはっきりと示される。もし必要であるなら新しい技能を身につけさせるために訓練が導入されるが，採用後に労働への適切な志向性を「開発する」ことはほとんどできないからである。

　要するに，経営者の選抜手続きを知れば，個人の自由が結局はうまく保護されるとするハイエクの信念への共感は広がらないかもしれない。しかし，それでもなお，彼のメリトクラシー批判の本質は，実際，「雇用労働者の社会」が支配的になっても，ほとんど影響を受けないと主張できる。たしかに，経済活動を行っている多くの人々にとって，彼らが労働によって受け取る報酬は，彼らの実力に対する企業と経営者の判断を反映したものであり，市場の作用によって，直接的，非人格的に決められたものではない。しかし，これらの判断の背後にある基準の変わりやすさは，客観的な——政治的に押しつけられたものではない——実力の基準は存在しえないというハイエクの主張を掘り崩すのではなく，むしろ補強するようなものである。あるいは，実力の基準は，機能主義者が仮定したがるような「もともと社会に存在している」実力や価値ある業績に関するどんな概念からもほど遠く，実際には「社会的に構築された」ものに違いないこと，しかも，それは市場経済の内部では多様な方法で構築されることを確認するのに経営者の行為が役に立つ。そのうえ，そのような経済がもたらす不平等に対してメリトクラシーが正統性を付与する可能性を否定するハイエクの考え方も支持されることになる。実力と見なされるものに関する経営管理層の概念は，いろいろな種類の労働を求める市場の力と同様，ほとんど安定している必要がない。結局，経営管理層の実力の概念は，彼らの管理能力——あるいはおそらく予言能力といってもよい——とは無関係に，諸個人の経済的な生活機会に影響を与える大きな要因として，市場の力につけ加えられる。

　この観点から見れば，図18.1の調査結果は，IMS仮説よりもすぐれた意味を示しているとみなせる。まず第1に，教育（E）と到達階層（D）の間に関連が

あるのは，もちろん驚くべきことではないが，この関連がそれ自体，社会的出自（O）と到達階層（D）の関連をきわめて間接的なものにしていると予測する根拠は存在しないし，教育と到達階層の関連が時とともに確実に強まると予測する根拠もない。むしろ，企業が選抜基準を決める際に教育が実際にそれにふさわしいかどうかは，特定の時代，情勢，経済部門，産業，職業などのあり方によって変化するので，それぞれの結びつきの強さは変動していると予測できる（Heath, Mills, and Roberts 1992; Jonsson 1992 参照）。それに加えて，こうした状況においては，図 18.1 に示されたような研究の場合，部分的には，まったくの幸運によって職業達成が決まることがあるというのがおそらくもっともよい見方になる（たとえば，Blau and Duncan 1967: Ch. 5; Jencks 1972: 8-9, 227-8, 1977: 306-11 参照）。いいかえれば，そのような見方は――たとえば，ベルが主張しようとしているように（Bell 1973: 432, 注 73）――，ある意味で実力が関わっているのを否定することと受け取られるべきではない。重要なのは，実力と見なされるものがきわめて不確実で変わりやすいので，「ちょうどよい時に，ちょうどよい場所」にあれば，時には価値あるものとみなされるような属性をもった個人にとって，チャンスの演じる余地が多く残されているということである。

　第 2 に，社会的出自（O）と教育（E）の関連が弱まることを探求すべきだという理由は，少しもない。教育は投資としての価値があるので――そして，事実，IMS 仮説が想定するよりも幅広い理由で――，より有利な階級・階層的立場にある親は，この点に関して，子どもたちに与える競争力を保つために，優れた資源に頼ろうと期待するかもしれない。さらに，教育（E）と到達階層（D）の関連が確実に強くなる明白な傾向がない限り，極端な構造主義や文化主義の立場を台無しにするような「過剰説明」を避けつつ，単なる好みやアスピレーションというおまじないをのりこえて，教育達成の違いが人目を引き続ける理由を説明するのに，もっと大きな力になるものがある。ブードン（Boudon 1973）やガンベッタ（Gambetta 1987）によれば，教育機会の拡大や制度改革にもかかわらず，教育システム内にとどまるかどうかに関する諸個人の自己決定の本質的な結果として，教育の階級・階層差は維持されている。なぜなら，諸個人の自己決定は強制の程度と最終的な成功の期待の違いによって生み出されるからであり，より特殊には，潜在的な利益と関係する，より高いレベルの教育を受けよ

うとする際の失敗の危険と費用が恵まれた家庭出身の人たちより，恵まれない若者にとってより大きくなりがちだからである。しかも，もし，教育への投資から期待できる労働市場での見返りが，IMS仮説が示すよりはるかに不確実なものになってきているのであれば，子どもたちの教育の展望に関して，出身階級の違いによって，費用—便益の評価に違いが生じそうだという考え方がもっともらしさを増すだけである。

結　論

　メリトクラシーの興隆——そして衰退——に関するヤングの社会学的な空想小説は，イギリスの長年の伝統である，まじめな批判的意図をもつ社会派の風刺文学に属している。ヤングは，彼が執筆していた当時の社会においてすでに確立していたある風潮の究極的な意味に近いものを表現し，警告しようとした。その風潮とは，たとえば，三分岐型の教育システムに子どもたちを振り分けるための知能テストに信頼をおき，能力の違いに応じた学校に入ることや，能力の違いに応じて雇用先が運命づけられていることを認め，教育が主として経済成長や個人の出世をもたらす手段であることが強調されるといったものである。こうした風潮は論理的には，ヤングが示そうとしていたように，人間の価値，つまり実力に対する測定を公認することになるので，極端にいえば，傲慢で横柄なエリートと，その反対に憤慨しながらもやる気をそこねた大衆から構成される社会形態につながる。そこでは，大衆は実力がないことに気づき，失敗の言い訳を奪われ，それと同様に激しい抗議の根拠も失う（「大衆とエリートは，実力が支配的な位置におかれるべきだという考えに同意するので，実力を選択する方法に文句をつけることしかできず，皆が一様に支持する基準には異議を唱えられない」）。

　しかしながら，リベラル派——とくにアメリカのリベラル派——がヤングの作品を受けとめるにあたって，その風刺の効いた批判的な性格は見落とされるか，そうでなくても割り引かれたことは事実であった。メリトクラシーを思い描く際，ヤングはアメリカ社会学から，社会的選抜と報酬の基礎として属性の代わりに業績を用いる考え方を引き継いだ。ヤングは，この考え方が魅力的と

はいえないことを示そうと努力したにもかかわらず，やがて，それがほとんど顧みられずに解釈し直された。事実，「業績原理」は産業社会に本来備わっているものであり，ポスト産業時代にさらに明確になったにすぎないと改めて是認されたのである。さらに，この業績原理が優勢になると，業績をあげられず報酬をえられなかった者に対する影響を心理的政治的に弱めるために何が必要なのか，この点にこそヤングの関心があった。これに対し，アメリカ人のメリトクラシーへの心酔は，主としてその正統性の潜在的な力に由来するように思われた。それは，広範に見られる社会的不平等の形態（あるいはこれに近いもの）を正統化しようとする主張に，純粋に機能的な効率性という意味で，道徳的なみせかけを与え，容認することになった。

　メリトクラシーの可能性は不安と希望をもたらしたといえる。しかし，上述の議論が示しているのは，主として不安と希望のどちらとも，実質的な形では，現実のものにはなりそうにないことである。実力による社会的選抜が普及するという仮説を評価する試みは，すでに示されたように，曖昧で議論の余地のある結果をもたらした。その主な理由は，何を実力として把握するかについて様々に異なる理解があり，それが，経験的なファインディングスの解釈にも持ち込まれる点にある。しかも，これは少しも偶然によるものではないと主張してきた。少なくとも，市場経済と多元的政策をともなった社会においては，一般に，実力を構成するものは何かについて適切に答えることはできない。実力に関する有効な客観的基準は存在しないので，完全な形では人を納得させることのできない機能主義的な仮説にもとづく試みは有効ではない。そのため，実力に関する，ある総合的な定義と尺度が政治的に作り出され，維持される時にのみ，価値ある業績が社会的選抜と報酬の体系的な基盤として役だつにすぎない。市場は実力ではなく提供される商品とサービスの経済的価値にしたがって報酬を与えるにすぎない。しかも，その価値の大きさを決定する際には，たいていの諸個人には制御できない諸要因がしばしば決定的な役割を演じている。たしかなことは，現代の経済において，大多数の労働者の経済的な生活機会が，従業員あるいは従業員候補としての実力を企業組織がどう判断するのかによって規定されていることである。しかし，これらの判断は，時代や状況によってきわめて変わりやすい実力の概念によって下されるように思われる。しかも，

多くの場合,判断される特定の個人の成果自体,市場の力の直接的な影響と同じくらい,チャンスの影響を受けたもののように思われる。

　それゆえ,今日の産業社会ないしポスト産業社会において,人々の間でメリトクラシーのイデオロギーがほとんど支配的になっていないとしても,とくに驚くべきことではない。この問題に関連した統計調査は,たしかに,諸個人の階級・階層的地位が彼ら自身の能力,野心,そして,つまるところ努力によって,ほとんど決まるという幅広い合意を明らかにしている。実力や業績の観念が広まっているのは疑うことができない。しかしながら,属性(とくに,出身階級・出身階層)や明らかに「非メリトクラティック」な様々な他の要因(社会関係,下位文化の特徴,政治的つながりなど)が少なからぬ役割を演じることも,しばしば認識されている。さらに,業績に結びついた物的報酬の不平等の原則はひろく受け入れられているが,実際に存在する不平等の程度は,たいていの場合,メリトクラティックな(あるいは実際には他の)根拠にのっとったとしても,いまだに道徳的に正当であるとは見なされていない。業績は資源の分配に関連して考えられる唯一の基準ではない。たとえば,要求や権利もしばしば,頼みの綱になる。そのうえ,業績という点から見たとしても,多くの人は,現在の不平等をいまだに極端すぎると見なしているように思える。結局,一般に広まっている認識においては,失敗は支配的なメリトクラシーのイデオロギーが意味するほど「個人的なこと」ではない。しかも,成功が業績を達成した者にそれほどスムーズにもたらされるとも受け取られていない。

　1960年代後半のラディカルな平等主義に直面した時,「メリトクラシー」を支持する一人のアメリカ人,アーヴィング・クリストルは,彼が明らかにハイエクの批評の無謀さとみなすものに対して,不信をもったわけではないが,あらわな憤りを示した。クリストルは,自由社会とハイエクが主張した社会そのものの対立は,サムエル・スマイルズやホレイショ・アルジャーの観点からみれば,「キリスト教徒に対して口汚く罵り,神を冒瀆し,結局社会秩序を破壊するような」ものとみなさねばならないと,不満を述べた。これらの非難の最初のふたつに関しては不確かだと言明しながらも,クリストルは最後の点はたしかに是認できるとした。すなわち,「私の歴史の理解はこうである。つまり,個人生活における精神的な無意味さの感覚が長い間,大目に見られることがな

かったのと同様に，権力，特権，財産が道徳的に意味のある何らかの基準にしたがって分配されることのない社会は長い間受け入れられなかった」。現代資本主義に対するハイエクの理論的解釈は，「小さな学問世界」以外には利用することができないし，「長い間，学問にこだわることによって作り出された心の持ち主を除いて」(Kristol 1970: 8-9)，それを信じる者はおそらく存在しえない。

しかしながら，ハイエクの反論はクリストルよりも明快な思索家で，より正直な弁護者の反論であっただけにとどまらない（Hayek 1976: 73-4）。その反論は，市場経済にもとづく社会の現実と，社会の成員が自らにふりかかる社会の浮き沈みに反応しそうな方法に関する鋭い認識をも示している。ハイエクは，自らの幸福は主として自らの努力と決定に依存していると諸個人が信じるべきであり，それが，社会の運営にとって有益であるという点に同意する。しかも，こうした理由で，そのような信念は「教育と支配的な意見によって」典型的に促進されると彼は述べている。しかし，そこには，同時に，実は「誇張された確信」の危険がある。というのは，失敗はしたが，自分は成功している人と同じで，報われる価値があると考えている——おそらく実際そうであろう——人にとって，その確信は「痛烈な皮肉と挑発」として映るに違いないからである。一方，成功した人々は自負心と独善が助長され，そのために彼らの評判がよくなることもない。ハイエクは，「われわれは，若者が実際に何かを試みるとき，本当に成功するだろうとの信念をどの程度まで鼓舞し，あるいはむしろ，くだらぬ者であっても成功する者もいれば，立派な人であっても失敗する者も必ずいるものだということをどの程度まで強調すべきであるのか，これが真のディレンマ」であると，結論づけている。

シャー（Schaar 1967）は，選抜と報酬の基礎としての実力という考え方は，現代社会の文化においては幅広く受け入れられていると見なした。したがって，その可能性や望ましさを疑うのは，必ずひねくれ者と理解されるようである。他のこととは違って，そんな疑いは，属性原理への回帰，あるいはもっと悪いことに，教育であっても雇用であっても，あらゆる種類の差別的な行為に道を開くことになると思われる。メリトクラシーは，こうして，「必要な神話」とみなされよう。しかしながら，そんな神話を忘れないように心がけることは，社会学者の責任ではない。本稿では，検討してみると，メリトクラシーの観念は

厳しい問題を伴うことが理解できると主張してきた。現代社会がメリトクラティックである，あるいはそうなりつつあるという主張は，経験的に支持されがたい。それは，明確に誤っているからではなく，むしろ少なくとも，自由資本主義 (liberal capitalism) の秩序の内部では，決定的な経験的調査ができるような方法で，きちんと説明するのが難しいからである。これは，実力と見なされるものが，自由資本主義のもとでは，必然的に変わりやすく主観的であるためである。結局，同じ理由で，市場経済によってもたらされる社会的不平等をメリトクラシーによって正統化しようとしても，説得力がない。しかも，ハイエクが明確に述べているように，現在，「ポスト産業主義」の展望にしだいに暗雲が垂れ込めてきているので，メリトクラシーによる社会的不平等の正統化は，両刃の剣としての危険性をはらんでいることがうまく証明できるであろう。

訳 注

1) 1854年2月に出された終身文官制度組織に関する報告。

参考文献

Bell, D. (1972), 'On Meritocracy and Equality', *The Public Interest*, 29 (Fall).
——— (1973), *The Coming of Post-Industrial Society* (New York: Basic Books). 内田忠夫他訳『脱工業社会の到来』(上・下)，ダイヤモンド社 (1975)．
Berg, I. (1970), *Education and Jobs: The Great Training Robbery* (Harmondsworth: Penguin).
Bills, D. B. (1988), 'Credentials and Capacities: Employers' Perceptions of the Acquisition of Skills', *Sociological Quarterly*, 29.
Blackburn, R. M., and Mann, M. (1979), *The Working Class in the Labour Market* (London: Macmillan).
Blau, P. M., and Duncan, O. D. (1967), *The American Occupational Structure* (New York: Wiley).
Block, N., and Dworkin, G. (eds.) (1976), *The IQ Controversy* (London: Quartet Books).
Blossfeld, H.-P., and Shavit, Y. (eds.) (1993), *Persistent Inequality: Changing Educational Stratification in Thirteen Countries* (Boulder, Colo.: Westview Press).
Boudon, R. (1973), *L'Inégalité des chances* (Paris: Colin). 杉本一郎ほか訳『機会の不平等——産業社会における教育と社会移動』新曜社 (1983).

Cohen, Y., and Pfeffer, J. (1986), 'Organizational Hiring Standards', *Administrative Science Quarterly*, 31.

Collins, R. (1971), 'Functional and Conflict Theories of Educational Stratification', *American Sociological Review*, 36.

——— (1979), *The Credential Society* (New York: Academic Press). 大野雅敏・波平勇夫訳『資格社会』東信堂 (1984).

Davis, K., and Moore, W. E. (1945), 'Some Principles of Stratification', *American Sociological Review*, 10.

Dore, R. (1976), *The Diploma Disease: Education, Qualification and Development* (London: Allen and Unwin). 松居弘道訳『学歴社会 新しい文明病』岩波現代選書 (1978).

Erikson, R., and Goldthorpe, J. H. (1992), *The Constant Flux: A Study of Class Mobility in Industrial Societies* (Oxford: Clarendon Press).

Featherman, D. L., and Hauser, R. M. (1978), *Opportunity and Change* (New York: Academic Press).

Freidson, E. (1986), *Professional Powers* (Chicago: Univ. of Chicago Press).

Gambetta, D. (1987), *Were They Pushed or Did They Jump? Individual Decision Mechanisms in Education* (Cambridge: Cambridge Univ. Press).

Ganzeboom, H.B.G., Heath, A. F., and Roberts, J. (1992), 'Trends in Educational and Occupational Achievement in Britain' (Paper presented at the meeting of the ISA Research Committee on Social Stratification and Mobility, Trento).

Halsey, A. H. (1977), 'Towards Meritocracy? The case of Britain', in J.Karabel and A. H. Halsey (eds.), *Power and Ideology in Education* (New York: Oxford Univ. Press). 藤田英典訳「メリトクラシーの幻想」潮木守一・天野郁夫・藤田英典編訳『教育と社会変動』(上), 東京大学出版会 (1980).

———, Heath, A. F., and Ridge, J. M. (1980), *Origins and Destinations* (Oxford: Clarendon Press).

Hayek, F. (1960), *The Constitution of Liberty* (London: Routledge). 気賀健三・古賀勝次郎訳『自由と法』(ハイエク全集 6 自由の条件) 春秋社 (1987).

——— (1976), *Law, Legislation and Liberty* (London: Routledge). 矢島鈞次・水吉俊彦訳『ルールと秩序』(ハイエク全集 8 法と立法と自由 I) 春秋社 (1987), 篠塚慎悟訳『社会正義の幻想』(ハイエク全集 9 法と立法と自由 II) 春秋社 (1987), 渡部茂訳『自由人の政治的秩序』(ハイエク全集 10 法と立法と自由 III) 春秋社 (1988).

Heath, A. F., and Clifford, P. (1990), 'Class Inequalities in Education in the Twentieth Century', *Journal of the Royal Statistical Society*, series A, 153.

———, Mills, C., and Roberts, J. (1992), 'Towards Meritocracy? Recent Evidence on an Old Problem', in C. Crouch and A. F. Heath (eds.), *Social Research and Social Reform* (Oxford: Clarendon Press).

Herrnstein, R. J. (1971), 'IQ', *Atlantic Monthly* (September).

―――― (1973), *IQ in the Meritocracy* (Boston: Atlantic Monthly Press). 岩井勇児訳『IQと競争社会』黎明書房 (1975).

Hochschild, A. R. (1983), *The Managed Heart: Commercialization of Human Feeling* (Berkeley: Univ. of California Press). 石川准・室伏亜希訳『管理される心』世界思想社 (2000).

Huaco, G. (1963), 'A Logical Analysis of the Davis-Moore Theory of Stratification', *American Sociological Review*, 28.

Jencks, C. (and associates) (1972), *Inequality: A Reassessment of the Effects of Family and Schooling in America* (New York: Basic Books). 橋爪貞雄・高木正太郎訳『不平等』黎明書房 (1978).

―――― (1977), *Who Gets Ahead? The Determinants of Economic Success in America* (New York: Basic Books).

Jonsson, J. O. (1992), 'Towards the Merit-Selective Society?' (Swedish Institute for Social Research, Univ. of Stockholm).

―――― (1993), 'Persisting Inequality in Sweden?' in Blossfeld and Shavit (eds.).

Kamin, L. J. (1974), *The Science and Politics of IQ* (New York: Wiley). 岩井勇児訳『IQの科学と政治』黎明書房 (1977).

Kristol, I. (1970), '"When Virtue Loses All her Loveliness" ― Some Reflections on Capitalism and "The Free Society"', *The Public Interest*, 21 (Fall).

Marshall, G., and Swift, A. (1992), 'Social Class and Social Justice', *British Journal of Sociology*, 43.

Murphy, J. (1981), 'Class Inequality in Education: Two Justifications, One Evaluation but No Hard Evidence', *British Journal of Sociology*, 32.

―――― (1990), 'A Most Respectable Prejudice: Inequality in Educational Research and Policy', *British Journal of Sociology*, 41.

Offe, C. (1970), *Leistungsprinzip und industrielle Arbeit* (Frankfurt: Europäische Verlaganstalt).

Parkin, F. (1979), *Marxism and Class Theory: A Bourgeois Critique* (London: Tavistock).

Parsons, T. (1951), *The Social System* (New York: Free Press). 佐藤勉訳『社会体系論』(現代社会学大系14) 青木書店 (1974).

―――― (1954), 'A Revised Analytical Approach to the Theory of Social Stratification', in R. Bendix and S. M. Lipset (eds.), *Class, Status and Power* (New York: Free Press).

Rawls, J. (1972), *A Theory of Justice* (Oxford: Clarendon Press). 矢島鈞次監訳『正義論』紀伊國屋書店 (1979).

Saunders, P. (1989), 'The Question of Equality', *Social Studies Review*, 5.

―――― (1990), *Social Class and Stratification* (London: Routledge).

Schaar, J. H. (1967), 'Equality of Opportunity, and Beyond', in J. R. Pennock and J. W. Chapman (eds.), *Equality* (New York: Atherton Press).

Schiff, M., and R. Lewontin (1986), *Education and Class: The Irrelevance of IQ and*

Genetic Studies (Oxford: Oxford Univ. Press).

Semmel, B. (1960), *Imperialism and Social Reform* (London: Allen and Unwin). 野口建彦, 野口照子訳『社会帝国主義史――イギリスの経験 1895–1914』みすず書房 (1982).

Thurow, L. C. (1972), 'Education and Economic Inequality', *The Public Interest*, 28 (Summer).

―――― (1984), *Dangerous Currents: The State of Economics* (New York: Vintage Books). 佐藤隆三訳『デンジャラスカレンツ――流砂の上の現代経済』東洋経済新報社 (1983) (Random House 版より翻訳).

Townley, B. (1989), 'Selection and Appraisal: Reconstituting "Social Relations"?', in J. Storey (ed.), *New Perspectives on Human Resource Management* (London: Routledge).

Tumin, M. M. (1953), 'Some Principles of Stratification: A Critical Analysis', *American Sociological Review*, 18.

Wesolowski, W. (1981), 'Stratification and Meritocratic Justice', *Research in Social Stratification and Mobility*, 1.

Wilensky, H. L., and Lawrence, A. T. (1980), 'Job Assignment in Modern Societies: A Re-examination of the Ascription-Achievement Hypothesis', in A. H. Hawley (ed.), *Societal Growth: Processes and Implications* (New York: Free Press).

Wood, S. (1985), 'Recruitment Systems and the Recession', *British Journal of Industrial Relations*, 23.

Young, M. (1958), *The Rise of the Meritocracy* (Harmondsworth: Penguin). 窪田鎮夫・山元卯一郎訳『メリトクラシー』至誠堂 (1982).

19

平等化と改善
——スコットランドにおける総合制への再編成の効果——

アンドリュー・マクファーソン／
J. ダグラス・ウィルムズ

序　論

　1944年教育法をもってしても，イングランドとウェールズはメリトクラシー社会の理想とはほど遠かった。中等教育は，貧しい人たちがより多く利用できるようにするために開放された。しかし逆に豊かな人たちへの助成金を増やす結果となった。これは1920年代中期と1960年代中期の間に初等後教育に進学した男性を対象とした研究の中で，ハルゼー，ヒース，リッジ (Halsey, Heath, and Ridge 1980: 20) らがたどり着いた結論の一つであった。しかしながら，続けて彼らはこう述べている。「三分岐の中等教育システム (中略) は，教育による階級の硬直性を増進させた。未来は，こうした階級の硬直性を和らげる可能性のある総合制学校次第である」(前掲書: 213)。

　しかしながら総合制への再編成はこれまでさまざまな議論があった。全国的なレベルでのいくつかの評価研究は，総合制への再編成が社会的，教育的に意義ある利益をもたらしたということを明確にはできなかった。実際，多種多様な政治的・社会的・教育的信念を持つ評論家の多くが，総合制学校は1944年からのイギリス教育政策の社会的・民主主義的改善主義 (ameliorism) の予見された '失敗' を象徴するものだと結論づけてきた。学校教育の水準・説明責任・有効性に関する最近の英国における議論の多くが，総合制学校とその政策に対する批判として解釈できる。イングランドとウェールズでは，1987年夏の教育予算案審議の段階で提出された議案数が最高になったことも同様に解釈ができる。しかしまた同時に，現政府の提案する抜本的改革に対抗するためのラディカルな議案ですらも，同じく総合制学校が失敗したという仮定に基づくものが

見られる(例えば Hargreaves 1982: 68-9; Reynolds, Sullivan, and Murgatroyd 1987: Ch. 6)。

しかしながら，ある意味で，英国の総合制学校教育の可能性とパフォーマンスについての結論は，まったく時期尚早である。なぜなら総合制学校が英国の中等学校の多数派を占めるようになり（Wright 1977: 73; 図 19.1），そしてその意味で総合制システムが形成されてきたと判断できるのは1970年代になってからにすぎない。本章では，1970年代初中葉と1980年代初中葉との間の総合制再編成の効果について評価を行う。われわれは，主に総合制への再編成が，中等学校内の社会階級構成に与える影響，そして生徒の性別・社会階級と関連した試験到達度レベルに与える影響に注目する。

われわれのデータは，スコットランドの全国サンプルで，十分に比較可能な3つのコーホートの学校卒業者からのものである。3つのコーホートのそれぞれが中等教育に進学した時期を図19.1に示した(本章のこの図とそのほかの場所で使われている主な定義は，「尺度とその定義」の項で正式に明らかにされる)。初期のコーホートは，総合制への再編成が急速に進行する中で中等教育を受けている。しかしながら，最後のコーホートだけが，公立セクターにおける再編成完了後に中等学校に進学したコーホートとなっている。それゆえ，われわれは，3つのコーホートの生徒データをもとに，改革がスタートしてからその完成の段階までの学校を，繰り返して観察するに等しい，準実験的な調査デザインを有することになる。

この調査デザインは，またいくつかのユニークな特徴を持っている。すなわち1つには，この調査デザインが，変革期における国家の教育システムの構造と効果に関する長期的分析を組み入れた，イギリス教育再編成に関する唯一の研究であるということである。そして次に，1980年代中葉までデータを含むため，中等教育の全過程を，確立した総合制システムを経験した生徒に関する教育の成果を記述することができる唯一の研究ということである。さらに，地方レベルでの中等教育再編成の経験を，変化しつつある国家全体の教育事情と関連づけることができる唯一の研究だということである。これらの特徴は，因果推論と一般化のために，相対的に良質の根拠となる。スコットランドの教育制度はまさしく特殊である（Gray, McPherson, and Raffe 1983）。しかしながら，1945

19. 平等化と改善　　　　　　　565

年から1970年中葉に, スコットランドにおける学習到達度の社会階級間格差の程度はイングランドと同様であったことが知られている(前掲書: 226)。従って, 特に因果のプロセスが正確に特定できれば, 1970年代中期以降のスコットランドの経験がある程度一般化できるかもしれない。

改革の目的

　総合制中等学校の改革の様々な目的は, 幾分競合しており, 不明瞭であり, 論争の的となった。目的のいくつかについては明示されたものもあったが, しかしその他の目的については推論をしなくてはならない。まず第1の目的は, 生徒が中等学校に進学する時点で, 生徒の選抜をなくすことであった(SED 1965a: 第5節)。第2に, できるだけ早く, ほとんど分断されていた居住地域に対して, 唯一の中等学校を配置することであった。つまり, 一定の地域内の生徒が, すべての範囲の教育課程を準備しているような,「統合的な」, 小学区制の総合制学校で過ごすということである(前掲書: 第10節)。第3の目的は, 最初の普通修了書の取得前に義務教育を終わらせるべきではないという議論である。この目的は, 1972年から1973年の間に実施されたROSLA[訳注1]——就学年限を16歳まで延長すること——の内で含意されていたものだった。1964–1970年の労働党政府は, ROSLAを総合制への再編成政策の一部と見なしていた。以上のことから, この第3の目的に関しては, 別に扱うことも可能だが, 本章では総合制再編の見地からこれを扱うこととする。

　これらの3つの目的は, 公立セクターで1970年代までにはほぼ追究されるところとなったが, しかし他の目的もあった。第4の目的は, 生徒の家庭的背景の学校間格差を縮めることであった。すなわち, 学校が受け入れる生徒は,「コミュニティ全体の代表サンプル」(前掲書: 第5節)であるべきである, というものである。ただし, そこでいう'コミュニティ'とは, 規範的なものなのか, また地方レベルのものなのか, 全国レベルを指していたのか？ いずれにせよ, この目的は, 生徒をある社会的に等質的な地域に設置された学校に強制的に通学させるような小学区制政策(第2の目的)とは矛盾をきたしたのではないか？ 第5の関連する目的として, 優秀な生徒がある学区から他の学区へと「すくい取

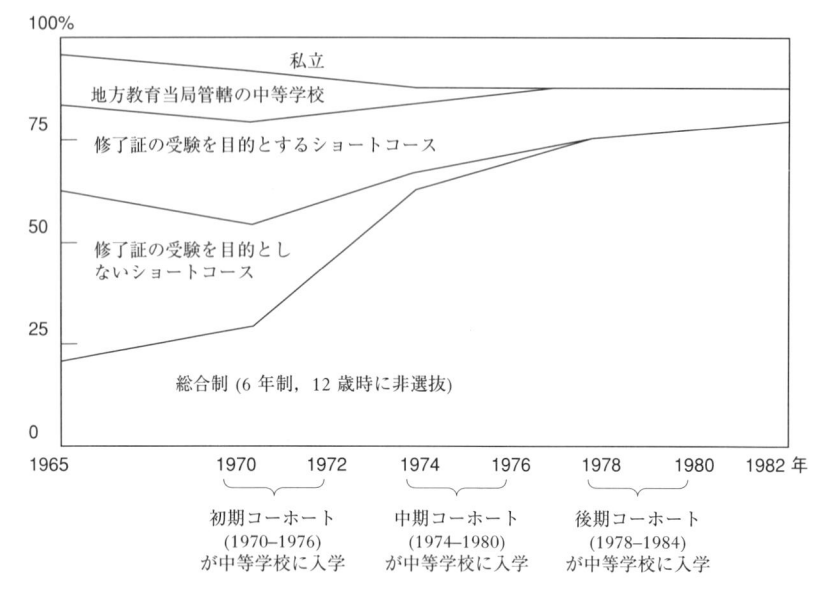

```
100% ┌─────────────────────────────────
     │          私立
  75 │   地方教育当局管轄の中等学校
     │   修了証の受験を目的とするショートコース
  50 │
     │   修了証の受験を目的とし
  25 │   ないショートコース
     │            総合制 (6年制, 12歳時に非選抜)
   0 └─────────────────────────────────
    1965    1970 1972  1974 1976  1978 1980  1982年
             初期コーホート  中期コーホート  後期コーホート
             (1970–1976)    (1974–1980)    (1978–1984)
            が中等学校に入学 が中等学校に入学 が中等学校に入学
```

注:「私立」は一部公費助成による学校も含む。「総合制」はここでは、12歳時には非選抜入学ではあるが、14歳時あるいは16歳時には資格関連科目教育のために、ショートコース学校から生徒を編入させる学校群を含む(すなわち、「受入れ総合制」のことである。詳しくは「尺度とその定義」の項を参照)。

図 19.1 年(度)別中等教育の種類: 各中等学校の割合

られる(＝選抜される)」ことを避けることであった。公立セクター内では、すでに触れた第1の目的と第2の目的によって第5の目的は確実に達成されるはずであった。しかしながら、総合的に見れば、直接・間接に能力によって生徒を選抜しているような私立セクターの除去も必要とするものであった。

図19.1を見てもわかるように、この目的は達成されなかった。

総合制への再編成の第6の目的は、中等教育修了書の取得を増やすことであった。これを容易にするために、「バンディング」(banding)[訳注2]として知られているさらなる制度上の変更が ROSLA の一部として1972–1973年の間に実施された。バンディングは、本質的には、以前であれば16歳時のナショナルテストで落第したというレッテルを貼られたであろうような生徒にも、合格証が手に入れられるような、修了証に関する改革であった。詳細については後

述の「尺度とその定義」の項で述べることにする。バンディングでの取り決めと，義務教育就学年限を 16 歳に延長することが，われわれの所有しているデータの 3 つのコーホートの全員に適用されていたことは，特筆すべき点である。第 7 の重要な目的とは，社会階級と学力達成度との間の関係は弱まるべきだというものである。ただし，性別による分離と不平等を減らすことについては明確な意図はなかった。実際のところ，カリキュラム改革に関するいくつかの構想の特徴は，むしろ女性差別的だった。

分析方法

データ

われわれの分析には，1977 年，1981 年，1985 年のスコットランド学校卒業者調査（SSLS）のデータを用いる。これら調査は 1976 年，1980 年，1984 年の各年に離学した生徒を無作為標本により調査した。サンプリングの割合は 1977 年と 1981 年でおよそ全体の 40%，1985 年では 10% であった。1981 年と 1985 年の SSLS 調査がスコットランドのすべてを完全に網羅していたのに対し，1976 年に学校を出た 1977 年サンプルは，ストラスクライド，テーサイド，ファイフとロジアンの地域だけ，全卒業生コーホートを網羅している。われわれの分析の大部分は，4 つの地域出身の生徒に基づいている。これらの地域は 300 以上の学校とスコットランドの人口のおおよそ 5 分の 4 を構成する。回答率は 80% 近くであった。すべての分析において，われわれは網羅していない地域のデータから生ずるバイアスを考慮するために，調査設計をもとにしたウェイトづけをする。表 19.1 の最後 2 つの列は，3 つの調査で得られた生徒と学校の最終的なサンプル数である。調査，サンプリングの枠組み，網羅した範囲に関する詳細はバーンヒル，マクファーソン，レイフ，トームズ（Burnhill, McPherson, Raffe, and Tomes 1987）に示してある。

分析計画

総合制への再編成の影響について，正確に経験的調査をするには，選抜によるバイアスがなかったことが要求される。すなわち，生徒がランダムに学校に

表 19.1 サンプルの特徴と回帰係数(従属変数: SCE 到達度,独立変数: 性別,SES,SES×性別)──コーホート毎──

	4 地方			スコットランド全体	
	1970–1976	1974–1980	1978–1984	1974–1980	1978–1984
選抜制の生徒の割合	36.6	8.7	8.0	9.6	8.9
学校間での SES の分散	0.293	0.236	0.258	0.215	0.231
平均 SCE 到達度	−0.095 (0.008)	−0.025 (0.007)	0.093 (0.015)	0.000 (0.007)	0.130 (0.013)
平均 SES	−0.115 (0.008)	−0.029 (0.007)	0.098 (0.015)	0.000 (0.000)	0.132 (0.013)
切片(全国平均男性の期待値)	−0.036 (0.009)	−0.031 (0.009)	−0.006 (0.018)	−0.028 (0.008)	−0.010 (0.016)
性別(女性と男性の差)	0.001 (0.014)	0.042 (0.013)	0.111 (0.026)	0.058 (0.012)	0.123 (0.023)
SES (男性の SES 1 単位当たりの到達度の変化)	0.549 (0.009)	0.480 (0.009)	0.462 (0.018)	0.472 (0.008)	0.462 (0.015)
SES×性別 (SES 1 単位当たりの到達度の変化の男女差)	−0.054 (0.013)	0.003 (0.013)	0.004 (0.026)	0.001 (0.012)	−0.018 (0.022)
学校数	321	328	322	470	456
生徒数	16,307	18,012	4,732	23,151	6,354

注: 1行目「選抜制」とは,地方教育当局管轄の後期中等教育,ショートコースフィーダースクール,私立学校(公費助成の学校も含む)を含むが,総合制様式の学校,受入れ総合制学校,総合制へ格上げ中の学校あるいは新設総合制様式の学校は含んでいない(「尺度とその定義」を参照)。
( )内は標準誤差

割り当てられ,そして学校がランダムに様々な再編成の「処置」を受けていることが要求される。同様に理念的には,時代の変化を含めた同時期の他の「処置」の効果を統制し,あるいはなんらかの方法で除去するところなのだが,もちろん現実的には,以上のような理念的状態にあることはない。懸案は,われわれの今回の調査・データのような準実験的状況がどれくらい理念的状態に近づくことができるか,であり,諸前提の追加によってどのような制約がもたらされるのか,ということである。

われわれは,生徒の中等学校入学時における能力 (educational potential) を表す指標として,社会経済的地位 (以下,SES) を用いる。しかし,SES では完

全に生徒の能力の代替指標とはならず，生徒の能力を下回り，それ故，分析計画において，総合制への再編成の効果そのものと混同される選択効果〈selection effect〉（代替変数を用いることにより，実際の生徒の能力よりも過小評価されることから生じる，選択バイアスの効果）の程度を最小にせねばならない。また同時に分析計画において，1970年から1985年にかけて多くの時代変化があったことや，そしてそれら時代効果が，教育達成に影響を与える可能性のある諸要因の影響力を，3つのコーホートにかけてほぼ確実に変化させたであろうということをも認識しておかなければならない。

分析デザインの必要条件を満たすために，われわれは3つの相互補完的な分析を一式用意した。1組目の分析は全国レベルのものである。これら分析により様々な学校にまたがって存在する様々なタイプの生徒の分布と(教育的)達成を明示し，そしてその分布と(教育的)達成の継時的変化を明らかにする。しかしながらこれらの効果は，時代効果かもしれない。従って第2組目の分析は，それぞれが異なる組織的な歴史を持っている5つの学校群の達成度を比較する。われわれはこれらの学校群の歴史が，時代変化や正確には計っていない選択バイアスと完全に無相関であるとは断言することができない。にもかかわらず，達成度の水準とその変化の程度について，学校群間でのばらつきを検討することで，学校再編成の効果と若干の時代効果を区別することができる。

分析の第3組は全国レベルの分析をいくつかの事例に分割し，1つ以上の中等学校が設置された20の地域における総合制への再編成の経験を記述する。これらの分析の主目的は，学校群間の比較分析では総合制への再編成の効果と選択効果を分離できないかもしれないという危険性に対処することである。それぞれの地域は次のような方法で定義される。すなわち，地域の大多数の生徒，はっきり言ってしまえば，多くの場合事実上は地域のすべての生徒は，地域にある一つの学校に通う以外に有効な選択肢がないような地域である。このように分析対象となる地域の性格を明確にしておくことにより，各地域の生徒の教育可能性を推定するために生徒個々人のSESを用いるときに，生徒の(地域)移動によって生じる選択バイアスが減少する。さらに，学校の再編成に伴う教育的達成の水準とパターンの変化の趨勢を同一地域内で比較することによって，ある一時点における地域間の共通性を観察することよりも，より正確な因果的

推論をもたらしてくれる。なぜなら，われわれは，追加情報やより完全な理論的明確化なくして，SES と教育達成との関係についての地域間格差が，生徒の能力の代替指標として用いられる SES の妥当性の変化にどの程度左右されるのかを知る由もないからである。一地域内の SES がどんなものであれ，一夜で変化し，等級がバラバラになるようなものではない。けれども学校教育組織は急速に変化するかもしれないし，そして実際，われわれのデータの初期・中期コーホート間で多くの地域においてそうだったのである。

尺度とその定義

3つのコーホート：1970–1976 年のコーホートあるいはそれ以前のコーホートは，すべてが 1970 年に中等学校へ入学し，1976 年の第 6 学年段階から離学した者，1971 年に入学して 1976 年時点で第 5 学年段階の時に離学した者，1972 年に中等学校に入学して 1976 年の第 4 学年段階で離学した者で構成されている（スコットランドでは中等学校へ進学するおおよその年齢は 12 歳で，イングランドの 11 歳とは異なる）。その他の 2 つのコーホートも同じような構成となっており，3 つのすべてのコーホートは能力や到達度の面において，事実上完全な若年層全体を代表するものとなっている。第 2 コーホートは 1974 年から 1976 年の間に中等学校に進学し，1980 年に離学している。このコーホートは「1974–1980 コーホート」あるいは「中期コーホート」と呼ぶ。3 番目のコーホートは，「1978–1984 コーホート」あるいは「後期コーホート」と呼び，1978 年から 1980 年の間に中等学校に進学し 1984 年に離学している者から構成される。

教育達成度：3 組の分析のすべてにおいて，われわれは 16 歳，17 歳，18 歳の各時点でのスコットランド教育資格（SCE）試験の成績を測定尺度として用いる。従ってこの測定尺度は 16 歳になってから職業学校へ進学したことの効果をも含んでいる。この尺度は 14 のカテゴリーで構成され，普通段階（O グレードとも呼ばれる。以下，O グレードとする）と高等段階（Highers あるいは H グレードとも呼ばれる。以下，H グレードとする）試験で，A〜C の評価を獲得した数を数えている。1972 年から 1973 年の間に導入された「バンディング」制により，H グレード試験については，A〜C の評価をもらうと，公式には試験を合格したと見なされる。しかし O グレード試験ではそうではない。しかしながら非公式に

は，OグレードであれHグレードであれA～Cの成績を取得すれば，いまだに広く合格と見なされる。OグレードでA～Cの評点を1つも取れない生徒については，評価はスコットランド教育修了証の普通レベルのDあるいはE評価相当となる。教育達成度の測定はロジット分布に基づいて尺度化され，中期コーホートのデータを使用することにより標準化された。詳しくはウィルムズ (Willms 1986) を参照のこと。尺度化(測定)された値は，中期・後期コーホートの教育達成度カテゴリーに対応するように再カテゴリー化された。すべての教育達成度データの要約はこの尺度化に基づいているということに留意しておくべきである。そのような尺度化を施すことが，カテゴリーを単純に数値化すること以上に有利なのは，任意の集団の平均教育達成度得点(そしてSESに基づいて調整された教育達成度得点も同様に)が「効果の大きさ」として表現されるという点である (Glass, McGaw, and Smith 1981)。これは，任意集団の教育達成度を表す一尺度であり，中期コーホートの全国平均からの相対的位置を表しており，標準偏差の割合として表される。教育達成尺度の中央では，標準偏差の10%に相当する効果の大きさは，おおよそ1つのHグレード試験でA～C評価をとり合格したことに相当する。この尺度化により，われわれはコーホート内の下位グループ間およびコーホート間の両方で，容易に解釈可能な比較を行うことができる。しかしながら，どの要約統計量も同様に，情報を損失することから，効果の大きさは不完全な要約である。

社会経済的地位 (SES)：同様に，3つのコーホートすべてについて，あらためて中期コーホートを基準として合成SES尺度を測定し標準化した。それは3つのSES指標の第1主成分 (Harman 1976) である。その3つのSES指標とは父親の職業，母親の教育(学歴)と兄弟姉妹数である。父親の職業についての情報提供をしなかった者，あるいは父親が職についてない者たちを含めて，すべてのコーホートのメンバーについて(SESが)測定された。われわれは初期コーホートと後期コーホートのメンバーのSESを測定するために，中期コーホートの尺度基準を用いた。

社会階級： 生徒の父親の職業は，国勢調査の7つの社会階級カテゴリーに分類された。すなわち専門職，管理職，熟練ノンマニュアル，熟練マニュアル，半熟練，非熟練，無業者あるいは分類不能である。最初の3つのカテゴリーは

「中産階級」である。そして4番目〜6番目のカテゴリーは「労働者階級」である。本章では特段に，SESと社会階級とを区別することが説明上重要であるとは考えていない。

典型的総合制学校（Modal-comprehensive school）：これは1965年にスコットランドで労働党政府によって推奨された学校形式である。それは一貫教育の6年制学校で，学区内の学齢期の生徒をすべて受け入れ，12歳以降の生徒に限定されており，16歳，17歳あるいは18歳に至るまで彼らの中等教育の場となる（公式統計から引用された図19.1で，「総合制」と分類されているものは，典型的総合制（modal-comprehensives）と，後に定義される受入れ総合制（receiver-comprehensives）の両方を含む）。われわれが分析で扱うコーホートの最年長者たちが典型的総合制学校に入学した年までに，ある学校がわれわれのこの定義をすでに満たしているような場合は，われわれは現状ではその学校を典型的総合制学校と見なす。他には，われわれは典型的総合制の学校へと再編されていた学校を2つの下位カテゴリーに分類する。すなわち，「新設の典型的総合制学校」と「昇格型の典型的総合制学校」である。

選抜制の学校:（Selective school）これは典型的総合制学校以外のあらゆるタイプの学校と定義される。従ってあまり優秀ではなかったりSESが低かったりする生徒が排除されるような学校だけでなく，そうした生徒たちが集まる学校も含む。選抜制の学校は次のように下位分類される。

私立学校:（Private school）これは完全に政府助成で運営されてはいないすべての学校を含んでおり，1965年には，ほとんどすべての学校が中央政府によって交付金により援助されている（総合制への再編成後，交付金による援助を受けた学校の多くは結局私学になり，事実上地方教育当局が維持する学校は1校だけとなった）。

政府助成の上級中等学校（EA senior-secondary school）：これは教育当局が維持する学校で，6年制の中等教育を指し，12歳時に，高い能力あるいは高い達成度，あるいは初等科出身の生徒のための優先的な入学許可のいずれかを元にした選抜認可を行っている。このような学校はイングランドでは機能上はグラマースクールと等しかった。これらの学校のほとんどすべては1970年代の中頃までには典型的総合制学校か，あるいは受入れ総合制学校となった（図19.1参照）。

ショートコーススクール（Short-course school）：これは6年以下の教育課程を提供する学校すべてを網羅している。それらはさらに次のように下位分類される。

スコットランド教育修了証の受験を目的としないショートコーススクール（non-certificate, short-course school）：これは12歳時に入試選抜を行っている学校であり，修了証取得の受験を目的とする初期段階の授業科目を提供しておらず，修了証受験生を他の学校に送り込むような組織的制度も持っていなかった。それはおおよそイングランドのモダンスクールに相当し，そのほとんどが1970年代の終わりまでに姿を消した(図19.1)。

スコットランド教育修了証の受験を目的とするショートコースあるいはフィーダースクール（certificate, short-course or feeder school）：この学校では12歳時に入試選抜を行っていたかもしれない，あるいは行っていなかったかもしれない。それは修了証取得の受験を目的とする初期段階の授業科目を提供し，通例生徒が14歳の時に，スコットランド教育修了証試験の高等段階修了証受験生を他の学校に送り込むような組織的制度をもっていた。若干数の学校がスコットランド教育修了証受験目的のOグレードのコースを提供していたが，しかしHグレードのコースを提供している学校は1つもなかった。

受入れ学校（Receiver school）：これはスコットランド教育修了証の受験を目的としたショートコーススクール，あるいはフィーダースクール出身の修了証受験生を受け入れるための組織的制度が整っている学校である。このような学校は2つのタイプがある。一つは「地方教育当局が維持する上級中等学校の一部（a subset of EA senior-secondary schools）」である。これらのほとんどすべては1970年代後期までにすでに姿を消していた。

もう1つは「受入れ総合制学校（receiver-comprehensive schools）」である。これは，受入れ学校としての地位を認可されていなければ，「典型的総合制学校」の認可を受けたであろう地方教育当局監督の学校を指す。われわれは受入れ総合制学校を選抜制の学校と考えている。なぜならスコットランド教育修了証の受験目的のコースをとるためにフィーダースクールから転入してきた14歳あるいは16歳の生徒を受け入れてきたからである。しかし，われわれの関心が単に12歳時の選抜制中等学校への進学率を記述することにある場合，われわれは

「選抜制」学校についての定義の例外を設け，受入れ総合制学校を非選抜制として扱う。この学校は図 19.1 と図 19.4 と表 19.1 にだけ表れている。

　すべての学校の分類は，各卒業生コーホートの最年長者たちが最初に入学した年に対応させた。つまり，初期コーホートの場合は 1970 年，中期コーホートの場合は 1974 年，後期コーホートの場合は 1978 年の時点で学校を分類した。われわれは生徒の所属する学校を特定するのに，彼あるいは彼女が通った最後の学校とする以外に選択肢がなかった。

　コミュニティ：これは 3 段階で定義された。最初に，私立学校を含むすべての学校は，スコットランド一般戸籍簿（RGS 1967）に掲載されている地域に設置されているものとした。次に，一つ以上の学校が設置されている地域はすべて識別された。第 3 に，複数の学校が，設置されている地域のすべての生徒を受け入れており，その地域の生徒だけを受け入れていれば，その場所は複式学校コミュニティ（multiple-school community）として定義された。この定義を行うに際しては，学校の設置場所および通学区域のデータだけが使用された。生徒個人の自宅住所の詳細は使用されなかった。ある地区の学校が別の地区に住んでいる生徒を受け入れているところでは，通学範囲が地域間を跨らないようになるまで，地域を連結して一つにした。これも同様に複式学校コミュニティと定義した。以下では複式学校コミュニティを単に「コミュニティ」と呼ぶ。

　典型的総合制学校の選抜制・非選抜制：任意のコミュニティにおけるすべての総合制学校は，そのコミュニティに選抜制の学校があった場合には，選抜システムにある学校として扱う。

　学校間格差：SES についての生徒レベルでの全分散中の学校間分散の比率として定義される。値が 0 の場合は，各々の学校の SES が当該母集団を反映していることをしめす（例えば，スコットランド，地方のコミュニティ）。比率が 0.3 以上である場合，かなりの格差がある。例えば，ウィルムズ（Willms 1986）のグラスゴーの学校に関する議論を参照のこと。

結　果

全国レベルの分析

　表 19.1 は，3 つのコーホートについての様々な全国レベルの値を示している。初期コーホートの推定値が 4 地方だけのものなので，表中では中期及び後期コーホートについては，4 地方と全スコットランド両方の地域の推定値を提示している。1 行目は，選抜制の学校に通っている生徒比率を示している。初期コーホートと中期コーホートを比較すると，選抜制学校の生徒の比率は，およそ 37% から 9% まで下落し，その後は安定している。

　表 19.1 の 2 行目は生徒の SES の格差を示しており，最初の 2 つのコーホート間で，生徒の SES の学校間格差が減少していることを示している。値は初期コーホートの 0.29 から中期コーホートでは 0.24 まで落ちたが，中期コーホートと後期コーホート間では 0.26 まで上昇した。全スコットランドの値も同様に中期コーホートと後期コーホート間ではわずかに上昇している。しかしながら，コミュニティレベルにおける SES の学校間格差についての分析結果の方がより多くを物語っている(図 19.5)。

　表 19.1 には同様に SCE 達成度の平均と SES の平均を示している。両方ともに上昇傾向であることがわかる。4 地方の教育達成度の平均は，初期コーホートでは全国平均を標準偏差の約 10% 分下回っており，中期コーホートでは全国平均を標準偏差の約 3% 分下回るところまで上昇し，後期コーホートでは全国平均を標準偏差の約 9% 分上回っている。4 地方の SES の平均は，初期・中期コーホート間で標準偏差の約 9% 分，中期・後期コーホート間で 13% 分上昇した。明らかに，教育達成度の全国的傾向を分析するときには，SES のこのような変化に注意せねばならない。

　そこで表 19.1 の次の行では，SES の変化に注意した分析結果が示してある。これら数値は，SCE 達成度を被説明変数とし，性別，SES，そして性別と SES の交互作用を説明変数とした回帰分析のパラメータ推定値である。この回帰分析では，性別は男性を 0，女性を 1 にコーディングしたダミー変数が用いられている。故に切片は，(中期コーホートでは) SES が全国平均(すなわち，SES = 0)であるような男子生徒の予想教育達成度の推定値となっている。女子生徒の

教育達成度は，切片の値に性別の係数を加えたものとなる。同様に，SES のパラメータ推定値は，男子生徒の SES 変数が 1 単位変化したときの，教育達成度の変化量を示している。一方，SES と交互作用のパラメータ推定値の合計は，女子生徒の SES が 1 単位変化したときの教育達成度の変化量を推定している。

SES を統制した後の，初期コーホートの男子生徒の到達度スコアは，中期コーホートすべての生徒の全国平均よりもおよそ標準偏差 3% 下回っている。4 地方では，その状態(全国平均よりも標準偏差の 3% 成績が下回っている状態)が中期コーホートまで維持されている。しかし，中期コーホートと後期コーホート間では，標準偏差 2-3% 相当の成績の上昇が見られる。女性の教育達成度も男性以上にコーホート間で上昇が見られる。初期コーホートでは男女間の教育達成度の差はないが，中期コーホートでは男子生徒よりも標準偏差 4% 相当上回っており，後期コーホートでは男子生徒よりも標準偏差 10% 相当上回っている。社会階級毎の個別分析でも，第 5 社会階級（未熟練）の男性を例外として，同一の社会階級カテゴリー内の男女で同様の教育達成度の上昇が見られた（表は提示しない。詳しくは Willms and Kerr 1987 を参照）。

性別に関係なく，教育達成度と SES の関係が 3 つの集団をまたがって減少した。教育達成度の減少は男子生徒の方がより大きく，回帰係数は 0.55 から 0.46 に落ちた。この変化は，SES の高い生徒よりも，低い生徒のパフォーマンスの上昇を意味している。女性の回帰係数も落ちたが，わずかに 0.50 から 0.47 になっただけである。

図 19.2 A（男性）および 19.2 B（女性）は，生徒の教育達成度の上位からの累積比率を，中産階級と労働者階級ごとに 3 つのコーホートにまたがって表示したものである。表 19.1 の中で要約されているとおり，教育達成度の累積比率曲線が初期コーホートから後期コーホートにかけて上昇しており，明らかに教育達成度に向上が見られる。社会階級間の違いを示すひとつの方法として，水平軸上の任意の点から累積比率曲線を切る線を引くことにより，中産階級と労働者階級の教育達成度のギャップを見るという視点がある。社会階級間の差について，例えば男性について見てみると，2 つ以上の O グレード試験をパスした生徒比率の階級間格差は，8 年間に 37.9% から 35.4% に減り，この間の減少率（2.5%）は，初期コーホートにおける階級間格差の 7% 相当である。女性につ

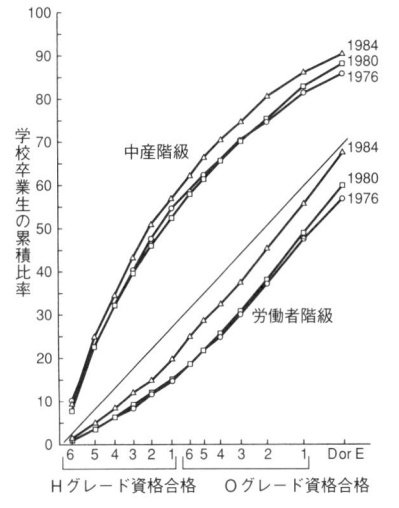

図 19.2 A 累積到達度分布
コーホート×社会階級別: 男性

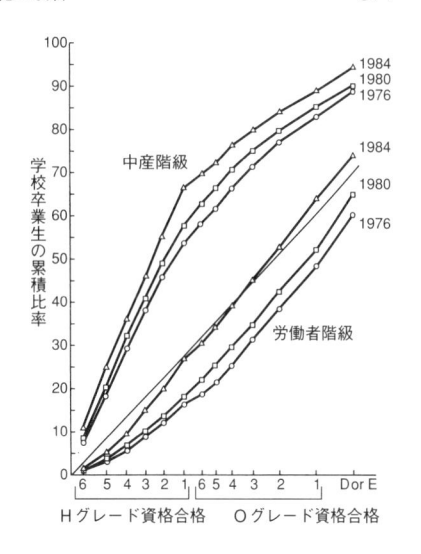

図 19.2 B 累積到達度分布
コーホート×社会階級別: 女性

いても2つ以上のOグレード試験をパスした生徒比率の階級間格差は縮小しており，初期コーホートにおける階級間格差は18%減少した。しかしながら，成績上位グループにおける階級間格差は縮んでいない。男子生徒については，社会階級間のギャップはおおよそ一定のままである。女性では，1つ以上のHグレード試験をパスした生徒の比率が，社会階級間でわずかに広がっており，それは中期コーホートの全生徒の28%にまで達している。この事実により，女性において社会階級間の不平等の縮小が，なぜ男性のそれよりも小さいのかが説明される(表19.1)。本章では指摘しないが，一般的には，男女の成績の向上が，学校教育の後期および成績の上位グループには完全には及ばなかったことを意味するような傾向が，図19.2 Aおよび19.2 Bから読み取れる。したがって，義務教育期間よりも義務教育期間後の教育期間の方が，社会的選別に大きな影響をもたらしているのかもしれない。

578

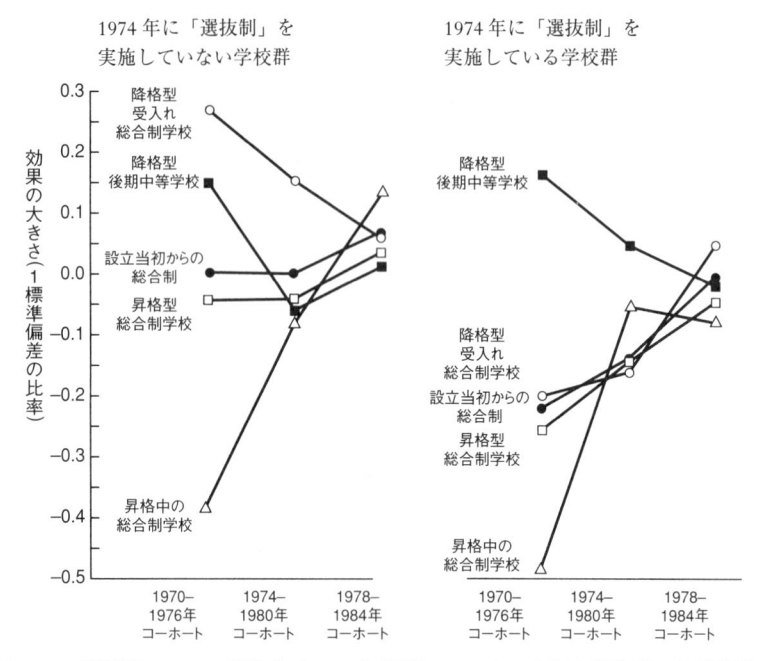

図 19.3 到達度スコアの期待値（SES を統制）：コーホート別各学校群の組織的沿革別の 1974 年時点の「選抜制」実施の有無別

再編成の歴史

図 19.1 は，1970 年から 1974 年には公立セクターにおける 12 歳時点での選抜が決定的な効果をもつこと，を示している。学校の組織上の沿革は，生徒の学力にどのような影響を及ぼしたのだろうか。図 19.3 は，中期コーホートの最も年長の生徒が中等教育に進学したとき，1974 年までに典型的総合制中等学校だった学校に入った 3 つのコーホートの生徒に制限される。この図は，中期コーホート（男子と女子混合）で SES が全国平均であるような生徒の成績到達度の予測値を示している。得点は 3 つのコーホートごとに，そして 1974 年時点の状況に従って定義された選抜セクターと非選抜セクターごとに表示してある。（従って，いくつかの非選抜セクターの学校は，初期コーホートが入学した時点では選抜セクターに属する学校だった。そしていくつかの選抜セクターに属する学校は，後期コーホートが入学した時点では非選抜セクターに所属すること

になった。)

　両方のセクターは学校の組織的な沿革により定義された，同じ5つの下位セクターに分割される。5つの下位セクターはすべて1974年まで非選抜セクターの生徒を受け入れていた。しかし，初期コーホートが中等学校に入学した時，下位セクターのうちの3つは選抜した生徒を4年前に受け入れていた。選抜された生徒は，選抜制が採られたセクターおよび選抜制が採られなかったセクター中の3つの小さい黒塗りのシンボルによって示される。したがって，1970年には，「降格型後期中等」学校は，主としてテストに基づいて12歳時点で初期コーホートの中の有能な生徒を選抜していた。1970年時点での「降格型受入れ総合制」学校は，修了証取得試験の準備をするために14あるいは16歳でショートコース学校の生徒を受け入れていた。1970年時点で「昇格中の総合制」はショートコース学校で，修了証取得（Oグレードのみ）・非取得に関係なく，直前で定義された2つの下位セクター中の受入れ学校に12, 14, 16歳時点で優秀な生徒をとられている。他の2つの下位セクター（それらはある意味'統制群'として役立つ）は，1970年の時点で12歳時に非選抜の生徒を受け入れていた。「設立当初から総合制」は，1970年までにはわれわれの典型的総合制の定義に合致していたものを指す。「昇格型総合制」は次の2年間においてのみ相当する。すなわち，それらはスコットランド教育修了証のOグレードとHグレードコースを1970年の後に設置したが，しかし，第4年・第5年相当の段階それぞれで初期コーホートの生徒たちに試験を受けさせるために，それらコースの設置を早く行った。初期コーホートは，完全な非選抜制を基本とした昇格型総合制に入学していた。繰り返すが，1974年に中期コーホートの中の年長者が中等学校へ進学するときまでには，5つの下位セクターはすべて典型的総合制学校のみで編成された。

　いくつかの傾向が図19.3から見てとれる。1番目は下位セクター間の，および選抜制が採られたセクターと選抜制が採られなかったセクター間の教育達成度の均質性である。選抜的な教育機会（入り口）と差異化した内容（カリキュラム）の初期コーホートに対する影響は，（それぞれの下位セクターの）全国平均の生徒の教育達成度に大きなばらつきがあることからも明白である。このばらつきは，実は，きちんとした選抜が機能するような環境に適用された場合，生徒

のSESは生徒の能力(学力)を説明するには不適切であるということを見事に暗示している。従って図19.3のようなグラフになる。後期コーホート(1978-1984年)までには，10タイプの学校の推定教育達成度の範囲は，標準偏差の10分の1，あるいはOグレードのA～Cを取った比率と大差ないものに落ちついた。

　2つのタイプの学校，すなわち非選抜型の伝統的総合制と昇格型の総合制において，教育達成度は初期コーホートと中期コーホート間では変化がなく，後期コーホートでやや上昇した。しかしながら，他の部分では，すべてに変化があったが，急激で一定の方向性を持った変化であった。10ケースのうちの8ケースにおいて，初期コーホートと中期コーホート間の変化傾向は後期コーホートに継承された。選抜制が採用されていない降格型後期中等学校下位セクターと，選抜制を採用している昇格中の総合制中等学校下位セクターの2つは，例外であった。しかし，これら2つのケースにおける傾向の変化は，まさにサンプルとした学校の変動を反映しているのかもしれない。これら例外を除けば，総じて，学校の組織的な歴史がそれらの生徒の教育達成度に影響を及ぼしているようだ。学校の現在の地位を考慮するだけでは不十分なのである。

　学校の歴史が生徒の教育達成度に影響するという確かな証拠は，総合制と昇格型の総合制の相対的パフォーマンスの中に見いだすことができる。思い起こせば，設立当初からの総合制中等学校は，長い間典型的総合制中等学校であった。非選抜型，選抜型の両方のセクターにおいて，設立当初からの総合制中等学校は，すべてのコーホートにおいて昇格型総合制中等学校を上回るパフォーマンスを残していた。(一つの例外は中期コーホートの選抜型セクターにおける関連である。ここで複雑にみえるのは，後期コーホートにおける非選抜型の昇格型学校の生徒と，中期コーホートにおける選抜型の昇格型学校の生徒が優秀な成績をあげていることである。しかし，繰り返し指摘しておくが，最初の例外はサンプリング誤差から生じているかもしれない。しかし，第2の例外は統計的に有意であり，われわれは，偶然以外に，その有意性について妥当な説明ができない。)

　同時に改革の勢いは，非選抜型下位セクターと比較したときの，5つの選抜型下位セクターにおける教育達成度の変化レベルに表れている。公式に選抜を

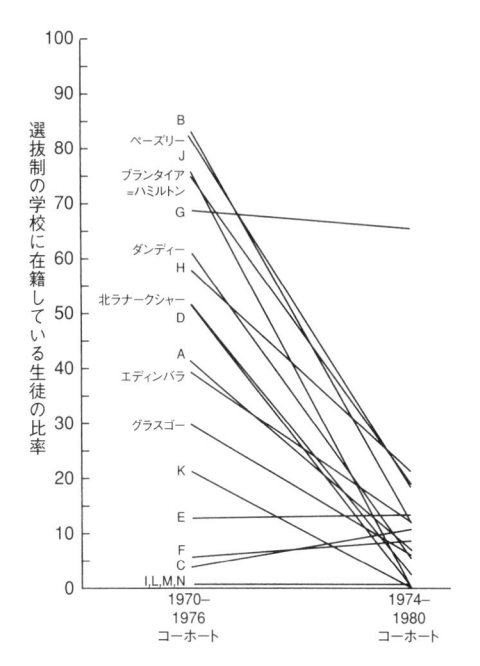

注:「私立」は部分的な公費助成による学校も含む。「総合制」はここでは，12歳時には非選抜入学ではあるが，14歳時あるいは16歳時には資格関連科目教育のために，ショートコース学校から生徒を編入させる学校群を含む(すなわち，「受入れ総合制」のことである。詳しくは「尺度とその定義」の項を参照)。

図 19.4 初期・中期コーホートにおける選抜制の学校に通っている生徒の割合(コミュニティ別)

する学校の割合が低下するにつれ(表19.1および図19.4)，すくい取りを行う学校の割合も減少した。非選抜型の総合制に在籍しているすべての生徒の割合は，初期コーホートから中期コーホートにかけて25%から42%まで上昇した。そしておよそその水準のままであった(図は示されない)。3つのコーホートそれぞれにおいて，図19.3の5つの選抜型下位セクターは，非選抜型の下位セクターに比べ，(教育達成度が)悪くなった。(中期コーホートの選抜型の昇格中の総合制中等学校は，非選抜型に比べてごくわずかに教育達成度が上回っているという点は，一つの例外である。)しかしながら，教育達成度におけるこれらセクター間の違いの大きさは，初期コーホートから中期コーホートにかけて低下し，中期コーホートから後期コーホートにかけても低下しつづけた。ここで最も重要

なことは，選抜を実施した設立当初からの総合制および昇格型総合制が良好な実績を残したことだ。これら2つのタイプの学校は，都市人口の大部分を網羅していた。後期コーホートにおいて，これら2つのタイプの総合制の教育達成水準は，すでに教育達成水準が上昇していた非選抜型の下位セクターの同タイプの学校教育達成水準と一致した。

コミュニティ内分析

複式学校コミュニティ(前記の「尺度とその定義」を参照)に学校を分類するためのわれわれの手続きにより，4地方31コミュニティが導かれた。われわれは，初期あるいは中期コーホートのいずれかにおいて生徒数が175に満たない10コミュニティを分析から除外した。われわれは，さらにアーガイル地区を除外した。機密を保持するために，私たちは文字で大多数のコミュニティを識別する。後期コーホートのサンプル数は比較的少なかったので，このコーホートに関する分析結果の報告は，後期コーホート内に少なくともサンプル数が175のコミュニティに関してのみ行う。

図19.4は，選抜制の学校に通った初期コーホートと中期コーホートの生徒の割合を，コミュニティごとに示している。再編成の結果として生じた変化の程度は明白に現れており，特筆すべきは，1970年代中頃に離学している生徒は，広く普及していた総合制システムを経由していなかったということだ。

図19.5は20の各地域ごとに，各コーホートの学校間格差の程度を示している。表19.1からは，全国レベルでの学校間格差は初期コーホートの約0.29から中期コーホートの約0.24まで落ち，しかしそのあとわずかに上昇したことが示されたが，図19.5は，大多数のコミュニティにおける学校間格差が初期コーホートの時点ですでに全国レベルと同水準まで落ちていたこと，そして多くのケースにおいてはっきりと低下していたことを示している。初期コーホートでは，20のコミュニティのうち15で，学校間格差が0.20またはそれ以下であり，そして大多数のコミュニティではその水準を維持しているかわずかに低下した。名前を表示している6つのコミュニティは，スコットランドの人口のほぼ3分の1を包含している。それら区域のすべてにおいて，学校間格差が初期コーホートから中期コーホートにかけて低下した。中期コーホートから後期コー

19. 平等化と改善　　583

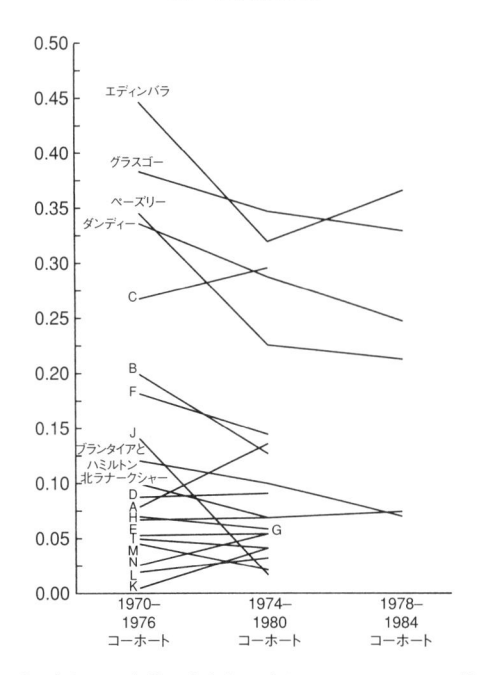

```
0.50
0.45  エディンバラ
0.40  グラスゴー
0.35  ペーズリー
      ダンディー
0.30
      C
0.25
0.20  B
      F
0.15  J
      ブランタイアと
      ハミルトン
0.10  北ラナークシャー
      D
      A
      H
0.05  E
      I
      M
      N
      L
0.00  K
      1970–      1974–      1978–
      1976       1980       1984
      コーホート   コーホート   コーホート
```

注: 定義については「尺度とその定義」を参照。小さいコミュニティの後期コーホートの推定値については，不安定なので提示できない。

図19.5 学校間の SES 格差のコーホート間推移（コミュニティ別）

ホートにかけて，学校間格差はグラスゴー，ペーズリーおよびブランタイア=ハミルトンにおいて低下しつづけた。その傾向はダンディーおよび北ラナークシャーでも同様だったが，エディンバラでわずかに増加した（0.32 から 0.37）。図中のコミュニティのうち4つは，ニュータウン（K, L, M, N）であると公式に確認することができる。事実上学校格差が4コミュニティのいずれにもなかったという事実は印象的だ。

コミュニティごとに，SES を統制し，男性と女性それぞれについて教育達成度スコアの期待値をも詳細に算出してみた（表は提示しない）。それぞれの値は，中期コーホートに所属する SES が全国平均であるような仮想生徒の教育達成度を示している。名前のついた6つのコミュニティでは，調整済み教育達成度レベルがコミュニティ間で異なっており，特に男性ではコーホート間の変動が激しかった。しかしながら，女性の教育達成度は6つのうち1つ以外のすべて

で増加した。文字で識別された14のコミュニティでは，コミュニティ間でより大きな違いがあり，通時的に見て激しい変動があった。この変化のうちのいくらかは不規則であるが，これらの問題に関する更なる解釈は，より説得力のある分析を待たなければならない。しかし他方，いくつかのコミュニティ(例えばエディンバラおよびグラスゴー)においては，男性と女性の教育達成度の上昇が統計的に有意であるような推定値が導かれ，表19.1に記述された全国的傾向のグラフを反映する形となったことは明記するに値する。しかし他のコミュニティ(例えばブランタイア=ハミルトン)はそうではなかった。これは，一つのコミュニティに関する独立した研究を，あたかも全国的傾向のように一般化することには注意を必要とすることを意味している。

　図19.6は，教育達成度とSESの関係を地域レベルで見たときの，幅広い変化の形跡を示している。名前のついているコミュニティのうちの3つ(グラスゴー，ペーズリーおよび北ラナークシャー)について，SES変数が教育達成度に与える影響を回帰係数で表せば，その値は初期コーホートから後期コーホートにかけて少なくとも0.1減少している。4つ目のコミュニティ(エディンバラ)では，上記の3コミュニティほどではないが，回帰係数がほぼ0.10低下している。また，5番目の地域であるブランタイア=ハミルトンでは，回帰係数に変化は見られない。しかしながら，ダンディーでは，教育達成度においてSESによる不平等度がわずかに上昇するという現象が見られた。14の小コミュニティのうち，6コミュニティは，SES変数の到達度に対する回帰係数が，初期コーホートから中期コーホートにかけて少なくとも0.10の減少を示し，残りのうち6コミュニティでは係数に大した変化が見られず，残った2コミュニティだけが増加した。SES変数の教育達成度に対する回帰係数が0.10減少したことは，次のことを意味している。すなわち，SESのスコアが全国平均よりも1標準偏差低い生徒に対して全国平均の生徒が持つ優位は，AからCの成績を取ったOグレード修了証1つ分相当に低下した。表19.1で示されたように，全体として，教育達成度に対するSESの回帰係数は男性で約0.10低下した(約0.55から0.46)。しかし女性の場合は男性以下であった。最終的に，4つのニュータウン(K, L, M, Nを指す。Kでは初期コーホートにおいて異常に高い回帰係数が得られたが，これは選択的操作によるものであり，その結果がK

19. 平等化と改善　　585

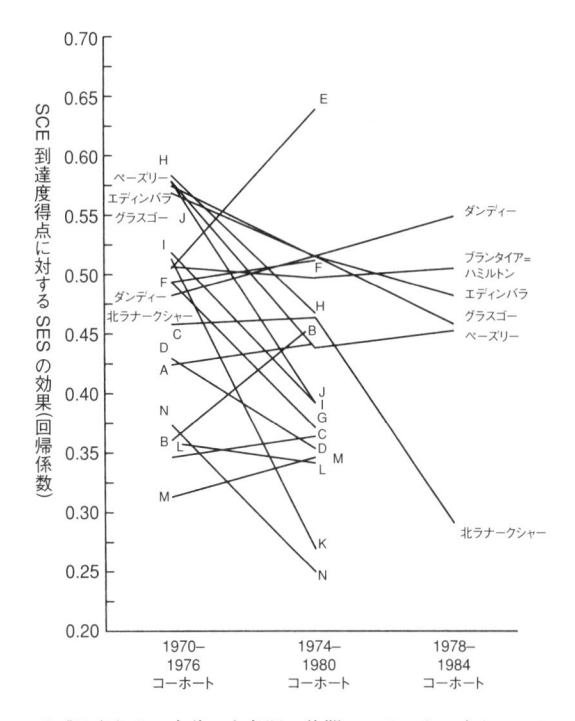

```
   0.70
S  
C  0.65
E  
到 0.60           E
達           H
度 0.55  ペーズリー                       ダンディー
得       エディンバラ J
点       グラスゴー
に 0.50     I                          ブランタイア＝
対          F                          ハミルトン
す    ダンディー           F            エディンバラ
る 0.45  北ラナークシャー  H            グラスゴー
S          C              B            ペーズリー
E  0.40  D
S          A              J
の          N              G
効 0.35  B                C
果          L              D
(          M              L            M
回 0.30
帰  
係  0.25                   K            北ラナークシャー
数)                        N
   0.20
       1970-          1974-          1978-
       1976           1980           1984
      コーホート       コーホート       コーホート
```

注: 定義については「尺度とその定義」を参照。後期コーホートの小さいコミュニティの推定値については，不安定なので提示できない。

図 19.6 SCE 到達度得点に対する SES の効果（回帰係数）のコーホート間推移（コミュニティ別）

に影響を及ぼしているのかもしれない。K コミュニティにおける中期コーホートの生徒すべては典型的総合制の中等学校に進学した)で，教育到達度と SES の間の関連が一般的に最も低いということが判明したことは，注目に値する。

　コミュニティの平等化(図 19.5)と，多様な SES を持つ生徒間で教育達成度が平等化したこと(図 19.6)との間に正の相関があることが示された(ここでは，SES の格差が初期コーホートから中期コーホートにかけて 0.10 未満の水準を維持した図 19.5 中の 10 コミュニティは対象外である。ここでの格差の変化はほぼ単なるサンプリング・エラーの反映である)。コミュニティの平等化と教育達成度の平等化との間の関係は，私たちが 3 つの時点に跨って測定することができた名前の付いた 6 コミュニティで最も明白である。6 コミュニティのうち

4つで，初期コーホートから中期コーホートにかけて，SES の格差と教育達成度における SES による格差に減少が見られた。1つのコミュニティ，すなわちブランタイア=ハミルトンについてはほとんど変わらなかった。主な例外はダンディーで，SES の格差が低下しても，教育達成度における SES による不平等は増加した。もしわれわれが，SES の格差が拡大したコミュニティで，教育達成度における SES による不平等度が減少したというような反証事例を多く持っていれば，より幸いだったかもしれない。しかし，データの中にそのようなコミュニティはほとんどなく，格差と平等化の間の関係に関するより詳細な解釈は，ここでもまたより説得力のある分析を待たねばなるまい。全国レベルでは，総合制への再編成により，より低い SES を持つ生徒の教育達成度が，より高い SES を持つ生徒に比べて，教育達成度に一定の進歩が見られたというわれわれの確信は，図 19.3 に要約された分析をも根拠としている。抽出誤差に関する調査上の制約はあるが，図 19.3 は，選抜と上位層のすくい取りが減少しつつあるようなコミュニティ(ほとんどは都市部)の典型的総合制学校(設立当初からの総合制と昇格型総合制)で，総合制への再編成は，教育達成度の急激な伸長と関連していることを示している。この図では，SES の低い集団が，教育達成度の上昇を他のグループ以上に享受しているとは示されない。しかし，第1に，そのような SES の低い集団は都市部の学校で過度に見られること，そして第2に，都市部のほとんどで，教育達成度における SES による不平等がある程度減少していることから，そう推論してまちがいないところである。更に，スコットランド (McPherson and Willms 1986; Willms 1985, 1986) および他のコミュニティ(例えば Brookover et al. 1978; Shavit and Williams 1985) の実証例では，学校での平均的な生徒特性が，個々の生徒の教育達成度や個々の生徒の特性に「文脈」効果をもたらすことが明らかになっている。すなわち，(1つの学校の) SES の平均や能力が高ければ高いほど，SES や能力が高くない生徒の教育達成度までもが高くなるのである。したがって，人によっては，格差の縮小が社会階級間の教育達成度の平等化に結びつくと思うかもしれない。全生徒集団の SES が，学校間の SES の分断が縮小していく間に上昇していたので，「文脈」効果の変化は，いずれもより低い SES グループの教育達成度に過剰な効果をもたらしたと推測できる。これは観察された傾向と一致する。しかしわれ

われは，「文脈」効果がよく理解されていないこと，そしてそれは生徒個々人のレベルでの教育効果が低いことから生じる選抜効果と混同することもあり得ることを付け加えておくべきである (Hauser 1970; Willms 1986)。

　試験基準の変化あるいは試験の受験パターンの変化が，仮にそのいずれかが生じていたにせよ，それらが図表の中で要約された教育達成度におけるバラツキを十分に説明するというようなことは，まずあり得ない。しかし，他の3つの変化の効果は，それほど容易には無視できない。まず，ROSLA 計画はおそらく確かに教育達成度の改善に寄与し，教育達成度における SES 格差を減少させている（もちろんわれわれのデータにおけるすべてのコーホートは ROSLA 実施後に16歳になっているのだが）。次に，女性の教育達成度レベルは1970年以前に上昇し続けており (Hutchison and McPherson 1976)，学校が再編成されたとしても再編成されていなかったとしても，男性のレベル以上に恐らく上昇しているだろう。第3に，例えば「深刻な」無断欠席の下落によって示されるように，若年雇用の見込みが減少し続けていることと，自主的な就学や従順な行動の増加とが関係していた (Raffe 1986)。労働市場における機会の変化率それ自体が地域によって変わるので，われわれは，労働市場の機会の変化率が，SES や学校の組織構造の沿革を含むわれわれの予測変数のいくつかと関係があるという可能性を帰却できない。とはいえ，われわれは，変化している労働市場の機会構造が，単独で，われわれが観察した変化（教育達成度の変化）を説明しているとは考えていない。

要約と議論

要　約

　われわれは，きわめて比較可能で，国民を代表するような3つのコーホートの生徒が，中等教育を受けることによりどの程度上達するかを分析することにより，スコットランドにおける総合制への再編成のインパクトを評価した。初期コーホートは20人の生徒のうち，12人の生徒が12歳時に非選抜制の学校に入学して中等教育を開始した。最後のコーホートが中等教育を受け始めたのは，公立セクターで再編成が完了した後で，そのとき20人中19人が公立セクター

に進学しており，残りの生徒は私立セクターの選抜制の学校で教育を受けていた。この分析デザインにより，急速に構造変化する公立と私立の中等学校の，教育達成度の水準やパターンに対する諸効果を評価することができた。分析結果から，2つの主要な傾向をまとめることができる。それはすなわち，平等化と改善である。「平等化」という言葉によって，われわれは，社会階級間の教育達成度の面における平等が達成されたのではなく，むしろ，不平等が減じたことを指摘する。

公立セクター内では，改革により，結局 12 歳時における選抜をすべて排除し(改革の目的その 1)，人口分布が許す限り，ほとんどすべての地域に「総合制の一貫」校を設立した(改革の目的その 2)。卒業年齢の引き上げ(ROSLA 計画)は，少数の生徒以外については，義務教育の終了が，公的資格証明の第 1 段階と一致する，あるいはそうなるということを保証した(改革の目的その 3)。選抜制の私立セクターの学校は改革後も生きのびた。しかしながら，改革は本質的に公教育の条件を平等にした。さらに，改革によって，通学区内の SES を等しくする効果があった。学校間の SES 格差は，都市部ではもっとも大きかったが，すべての都市部において，改革がその格差を減少させた。都市部の学校は「コミュニティの全階層を最大に反映したもの」となっていった(改革の目的その 4)。それでも，再編成は，都市下層部における階級間格差を，ほとんどの町で達成された縮小水準にまで減じることはできなかった。その原因の一つは，都市部では私立選抜制のセクターが生き残っていることにあり，もう一つの原因は，都市部においては，階級による居住地分断による分化の効果が学区に及ぶのを本質的に減ずるような形での，学区の境界線の引き直しをしていないことにある。ゆえに，再編成の後でさえ，全国レベルで見た場合，生徒の SES に学校間でかなりの差が見られた。これは一部にはコミュニティ内における SES の学校間格差が作用していることに起因しており，一部には SES がコミュニティ間で格差があることに起因している。しかしながら，全国レベルでは SES による分離は減少し，そして典型的総合制学校は，わずかながら全国的なコミュニティの代表となった。ニュータウンでは，事実上 SES による分離はなかった。

再編成により，修了証の入手機会が増加した(改革の目的その 6)。これは，

従来よりも幅広い範囲にわたる困難を乗り越えて認定された公的な試験を，すべての学校が生徒に用意できるという構造をつくったこと，および目的 3 (ROSLA) を実施することにより達成された。全体として，全国平均の SES を持つ生徒の教育達成度に改善があり，女性は男性以上に改善した。

　男女ともに，総合的な教育達成度水準において，SES の違いによる格差がなくなり，平等化する傾向を示した。しかし，その傾向は女性より男性においてより強かった。われわれは，中期コーホートで SES が全国平均であるような仮想の生徒とは対照的な，全国平均よりも 1 標準偏差低いような仮想生徒の教育達成度の問題として，その傾向の強さを表現しているかも知れない。初期コーホートと後期コーホートを隔てる 8 年の間に，男性の不平等度は，O グレード試験で A～C 評価 5 つ分から 4 つ分へと縮小した。女性の格差の縮小は，男性の場合の半分程度である。しかしながら，平等化は，教育達成度の改善の程度を越えて平等に分配されなかった。男性も女性も，これは，教育達成度の分布範囲において中間以下にある SES の低い生徒の方が，有意に改善されていることに起因している。より低い SES 生徒の教育達成度は，さらに，教育達成度の分布範囲のトップにまで改善した。しかし，男性の場合には，SES の高い生徒の教育達成度と同じ程度改善していたが，一方女性は，SES の高い生徒に比べると改善度が幾分低い。言い換えれば，教育達成度の分布範囲の上位における女性では，SES が絡んだ教育達成度の不平等がわずかながら見られる。この変化は，われわれが使用している教育達成度の平均的な尺度(効果の大きさ)によって不明瞭になる。教育達成度に関するわれわれの結論は，やはり教育達成度の変数をわれわれがどうスケーリングするかに依存する。しかし，その悪影響を受けてはいない。

　平等化という本章の主要なテーマとは反する，別の傾向がある。教育達成度の平均水準は，初期コーホート集団の男性および女性では同一だった。しかし，8 年後に，SES が全国平均程度の女性は，(SES が)同じような男性よりも O グレードで A～C の評価を 1 つ多く獲得していた。一方の性に対するわずかばかりの対策さえ放棄する過程にあり，女性に有利になるような積極的な差別待遇をするような公教育プログラムを持っておらず，しかもカリキュラムに関してジェンダー間の平等性に対して配慮がなかったようなシステムにあって，女

性の教育達成度が向上したことは，注目すべきことである。

　われわれは，総合制への再編成が平等化および改善に貢献したいくつかの方策を見いだすことができる（もちろんわれわれの分析デザインでは識別できない方策があった）。最初に，12年で選抜を廃止することによって，再編成は，生徒すべてに修了証取得の受験のためのコースを受ける形式上の機会を与えた。次に，ROSLAは，生徒すべてに最初の公的な修了証を取得する前に退学する権利を事実上与えなかった。第3に，12歳時の選抜制度の廃止，多くのショートコース学校の閉鎖，および学区の再定義により，多くのコミュニティで学校間格差の縮小を導いた。これらの利益が上手に理解されていないことは付け加えられなければならないが，この縮小は，学校全体のSESレベルの上昇と同類で，学校の「文脈」効果をより広く浸透させた。第4に，われわれの実証結果から推論すれば，学校は改善する方法を学習したといえる。どの時点においても，学校が総合制である期間が長ければ長いほど，学校の教育達成度水準は高くなる傾向がある。

　要するに，総合制への再編成が1970年代のはじめに達成されて以来，社会階級間の教育達成の平等化がなされた。この平等化は男性と女性の両方において明白である。教育達成度の改善は，到達度の全範囲で，そして事実上ジェンダーおよび社会階級によって定義された，すべてのグループ間で生じた。しかしながら，社会階級間の教育達成度の平等化傾向は，教育達成度の上位，および後期中等教育段階では完全には浸透していない。これらは高い確信をもって述べることができる結論である。われわれは，総合制への再編成だけがこれらの変化を引き起こしたと思っていない。しかしわれわれは，総合制への再編成がそれら変化の各々に役割を果たしたと思っている。誰も，（ある出来事の）原因を100％完全に特定できるわけではないし，われわれの分析デザインも仮定と偏りがないわけではない。とは言っても，われわれが調査した平等化および改善の様々な説明の中で，総合制への再編成の効果はきわめて確かなものである。われわれは，総合制への再編成は，1960年代中期から生じている経済・社会・教育などの，総合制への再編成以外の様々な変化が保有している教育改善の潜在的な力を，実際に教育の進歩へと繋げるための必須条件だと断言する。

いくつかの含意

　イギリスの学校教育に関する現在の議論のほとんどは，1960年代から始まった総合制の改革は失敗してしまった，失敗したも同然であった，というものだ。スコットランドの実証はそうした議論に反論を投げかけるものだ。さらに，スコットランドの実証例は，イギリス全土に，教育達成度と再編成の可能性にいくつかの示唆を与えるものだ。1945年に導入された普遍的，選択的な中等教育システムの下では，教育達成度に社会階級が関連性しているというスコットランドの経験が，イングランドのそれに似ていた。スコットランドで教育達成度と社会階級との関連が変化したのは1970年の中期であった。その時期は生徒の大多数がすでに，義務教育を提供するために既存の組織構造を使った制度ではあるが，非選抜へと再編成された学校で中等教育をスタートさせていた。十分論証できるほどに，完全な総合制なシステムが出現し始めたのは唯一この時期であった。

　イングランドとウェールズの総合制への再編成の悲観的な解釈は，それゆえに時期尚早かもしれない。解釈が拠り所にする全国研究の実証は，初期の期間，すなわち改革がそれ自身まだ完全には実行されていない時期，実際には改革のインパクトがまだ確かに示されていない時期と関係がある。さらに，イングランドでは特に，スコットランドでは実施されていたものの，再編成はまだ行っていなかった。イングランドはより多くの選抜と上位層のすくい取りを行っており，それに対して完全な総合制システムが導入されている学校や地域は比率的に少ない。スコットランドの例は，これらの特徴が教育達成度の社会階級差に影響を及ぼすことを示す。しかし，それは，さらに歴史の遺産が不変でないことを示す。すなわち，選抜・上位層すくい取り・格差の程度が低ければ低いほど，教育達成度における社会階級の影響はより低い傾向にある。総合制中等学校が設立されて長ければ長いほど，教育達成度はより高くなる傾向にある。もしイングランドとウェールズにおける比較可能な研究がなされ，同様な関係を示さなければ，それこそ驚きだろう。

　何人かの著者は，総合制学校の失敗を，第2の異なる観点からそれらが十分な成果をあげられなかった点から主張する。例えば，ハーグリーブス（Hargreaves 1982）は，総合中等学校がグラマースクールのカリキュラムおよび基準を単に

採用したことによって不運な2つの結果——すなわち，公的な試験が教育目的を支配すること，そして多くの生徒が落第生として学校を過ごすこと——をまねいたと主張する。スコットランドの実証結果は，これらの結果のどちらも否定しない。薄められたアカデミック志向が，スコットランドにおいて広く浸透した（Gray et al. 1983: Part 2）。また，すべての学校には自分たちが落第生だと思う生徒がいる。どちらの結果も，われわれが総合制への再編成に起因すると考えた平等化および改善と連動していないわけではない。しかし，われわれの分析は，総合制中等学校のシステムが，アカデミックな教科の評価規準を学校が廃棄すべきだといった価値判断をする時には，そのコストの重さを考えるべきだということである。そのコストとは，そのようなシステムが平等化を促進することができ，そして実際にスコットランドで確かにそうなったことを保証できるかというコストである。総合制中等学校は，誰も知りはしないが，おそらくイングランドにおいても平等化を促進した。しかし，仮にイングランドにおいて平等化が達成されていないとしても，スコットランドの例が示すように，総合制システムは恐らく平等化を達成することができるのである。

　スコットランドにおける平等化と改善の程度の重要性を評価するために，分析対象となった8年間を，これに先立つ少なくとも50年あるいは60年間のトレンド——すなわち，選抜制の初等後の教育への入学を社会的に差別してきた時代——に反するかたちで生じたものとして位置づけなければならない。1970年代に最終的に廃止されたスコットランドのシステムは，第一次世界大戦以前に作られたものであり，1965年までほとんど変わらなかった（Anderson 1983; McPherson and Willms 1986）。1945年までの中等学校は，1945年から1965年の間変化なく運営され，大部分は，選抜制の中等学校教育システムの卒業証書を出すセクターから構成される。その後，1945年以前の中等学校のほとんどは，1970年代の終わりには，スコットランドの中等学校の約40%を占める，典型的総合制学校になった。しかし，古い学校の利点はすぐには除去されなかった。これらの学校への入学は教育達成度を上昇させた。これらの学校での雇用は，教師のキャリアを押し上げ，教育を管理・運営する上で影響力のある位置へ教員をより一層近づけた（McPherson 1983; McPherson and Raab 近刊: Ch. 17）。利益は，より高いSESの生徒に過度に偏って与えられた。なぜならそのような

生徒は，国全体で見ても地方においても，より創立年の古い学校で過度に多いからだ（McPherson and Willms 1986）。教育達成度の社会階級間格差は，文化的に構成されているのと同様，空間的・政治的に構成されている。

1965年の後に他の学校から改組された典型的総合制学校は，特権もなく，由緒正しいわけでもなく，よっていくつかの不利な立場に苦しんだ。多数の学校は，たいてい都市部の周辺の公営住宅土地にある労働者階級コミュニティのためにもっぱら設置された，旧ショートコース学校を前身として設置された。従って，最も精巧な学区再編成でさえ，平均的生徒のSESを上昇させ，それによってより一層の文脈効果を得たが，その効果の程度には限界があった。さらに，1965年以前には，それら学校は概して，たとえ持っていたとしても，生徒に公的な修了証取得試験を提供した経験がほとんどなかった。生徒が完全な修了証を得られる地位を得た時，都市部の多数は，有力で経験を積んだ教師，および地域尊重という稀少資源を持った，より古い伝統を持つ中等学校と，自分たちが競合していることを知った。この事実は，そのような競争が教育達成度の社会階級間不平等を険しくしたかもしれないことを示している。その後，1981年には，地域の学校間での競争は，親が子供の学校を選択する法令的権利の導入によって是認された。これにより，社会的に有利であるこの空間的パターンを強固にした（Adler, Petch, and Tweedie 1987）。われわれは，（スコットランドの実証結果を）僅かに変形させることで，イングランドとウェールズでさらにこれらの歴史上のプロセスを識別することができると思っている。

われわれが分析した後期コーホートでのみ，親の選択および他の最近の2つの政策の十分な影響を確認できる。2つの政策とはすなわち，今イギリスの至る所で私立セクターを維持する土地援助政策と，イングランドおよびウェールズ（スコットランドはそうではない）における多くの公立学校の，地方自治体コントロールからの脱退見込みである。これらの改革の評価のために必要とされた証拠のうちのいくつかは，1987年，1989年および1991年のスコットランドの調査を元にしているのだろう。しかしわれわれは，これらの政策が平等化と改善のプロセスを妨げるか，あるいは逆行さえさせるだろうと予想している。それどころか，後に歴史的に展望したときに，スコットランドおよびイングランドとウェールズにおいて，1980年代初期までこそ，平等主義的改革の高い効

果の時代として，認めることになるのだろう。

　ともあれ，わずか8年で，スコットランドの総合制への再編成が，60年間以上にわたり確立された教育達成度の社会階級間不平等を著しく縮小したという事実が依然としてある。この遺産と比較すれば，たとえ社会階級間の不平等の低下レベルがまだ高かったとしても，社会的民主主義的改革の業績も無視しえないものである。準実験的（準経験的）分析デザインでは捉えることができなかったものは，1960年代および1970年代の学校改革に向けられた関心や力の純然たる歴史的蓄積であり，（学校の置かれている）事態を変えようとする最初の試みの時に見られた摩擦や困惑の部分であった。

　そうした試みが，困難に反して発展することができたことは，一新された試みにより，さらなる成果を上げることができるのだと，人々を納得させるものとなろう。改革の初期の試みが，結局は意図された効果をもたらし始めたという事実があれば，学校改革に向けられた関心・力・摩擦・困惑の事例の現実性を議論することができるのである。また，これらの結果のさらなる可能性に関して，到達度における社会階級の不平等のレベルが，これまでの歴史がその都市に残したレベルよりも劇的に低い，ニュータウンのようなコミュニティを志向することができよう。場合によっては，総合制による学校教育に反対しなければならないこともあるかもしれないが，それはもはや実践性や普遍性という理由によるものではなく，価値観と費用に関わる問題がある場合なのである。

訳　注

1) Raising Of School-Leaving Age（学校離学年齢引き上げ計画）
2) 学級編成の一方法で能力別学級編成にほぼ等しい。

参考文献

Adler, M. E., Petch, A. J., and Tweedie, J. W. (1987), 'The Origins and Impact of the Parents' Charter', in McCrone, D. (ed) *The Scottish Government Yearbook 1987* (Edinburgh: University of Edinburgh. Unit for the Study of Government in Scotland).

Anderson, R. D. (1983), *Education and Opportunity in Victorian Scotland* (Oxford: Clarendon Press).

Brookover, W. B., Schweizer, J., Schneider, M., Beady, C., Flood, P. K., and Wisenbaker, J. M. (1978), 'Elementary School Climate and School Achievement', *American Educational Research Journal*, 15: 301–18.

Burnhill, Raffe, D., and Tomes, N. (1987), 'Constructing a Public Account of an Educational System', in Walford, G. (ed.), *Doing Sociology of Education* (Lewes: Falmer).

Glass, C. V., McGaw, B., and Smith, M. L. (1981), *Meta-Analysis in Social Research* (Beverley Hills, Galif.: Sage).

Gray, J. M., McPherson, A. F., and Raffe, D. (1983), *Reconstructions of Secondary Education* (London: Routledge and Kegan Paul).

Halsey, A. H., Heath, A. F., and Ridge, J. M. (1980), *Origins and Destinations* (Oxford: Clarendon).

Hargreaves, D. H. (1982), *The Challenge for the Comprehensive School* (London: Routledge and Kegan Paul).

Harman, H. H. (1976), *Modern Factor Analysis* (Chicago: Univ. of Chicago Press).

Hauser, R. M. (1970), 'Context and Consex: A Cautionary Tale', *American Journal of Sociology*, 75: 645–54.

Hutchison, D., and McPherson, A. F. (1976), 'Competing Inequalities: The Sex and Social Class Structure of the First Year Scottish University Student Population', *Sociology*, 10: 111–6.

McPherson, A. F. (1983), 'An Angle on the Geist: Persistence and Change in the Scottish Educational Tradition', in Humes, W. M., and Paterson, H. M. (eds.), *Scottish Culture and Scottish Education 1800–1980* (Edinburgh: John Donald).

—— and Raab, C. D. (forthcoming), *Governing Education* (Edinburgh: Edinburgh Univ. Press).

—— and Willms, J. D. (1986), 'Certification, Class Conflict, Religion and Community: A Socio-Historical Explanation of the Effectiveness of Contemporary Schools', in Kerckhoff, A. C. (ed.), *Research in Sociology of Education and Socialization Volume 6* (Greenwich, Conn.: JAI Press).

Raffe, D. (1986), 'Unemployment and School Motivation: The Case of Truancy', *Educational Review*, 38: 11–9.

Registrar General, Scotland (RGS) (1967), *Annual Estimates of the Population of Scotland* (Edinburgh: HMSO).

Reynolds, D., Sullivan, M., and Murgatroyd, S. (1987), *The Comprehensive Experiment* (Lewes: Falmer Press).

Scottish Education Department (SED) (1965), 'Reorganisation of Secondary Education on Comprehensive Lines' (Edinburgh: HMSO (Circular 600)).

Shavit, Y., and Williams, R. A. (1985), 'Ability Grouping and Contextual Determinants of Educational Expectations in Israel', *American Sociological Review*, 50: 62–73.

Willms, J. D. (1985), 'The Balance Thesis: Contextual Effects of Ability on Pupils' Ograde Examination Results', *Oxford Review of Education*, 1 1: 33–41.

—————— (1986), 'Social Class Segregation and its Relationship to Pupils' Examination Results in Scotland', *American Sociological Review*, 51: 224–41.

—————— and Kerr, P. (1987), 'Changes in Sex Differences in Scottish Examination Results since 1975' (Edinburgh: Univ. of Edinburgh, CES) (published in *Journal of Early Adolescence*, June 1987, with an authors' correction in a subsequent issue).

Wright, N. (1977), *Progress in Education* (London: Croom Helm).

20

文化資本と社会的排除
――教育・雇用・労働市場における最近の傾向に関するいくつかの考察――

フィリップ・ブラウン

教育，採用，職業構造

　教育機会，職業選択，社会移動率を社会的公正の尺度として用いてきた社会学者にとって，教育と職業構造との関連は長年の関心事である（Halsey 1980; Marshall and Swift 1993）。これらの論点にもっとも影響を与えているのは，2つの対照的な理論，つまり「テクノクラート」理論と「社会的排除」理論である。確かに，「社会的排除」理論は中産階級の家庭が競争的圧力から「逃れ」ようとする方法に関して重要な洞察をもたらした（Ashton 1986）が，後に示すように，教育，採用，職業構造に関する最近の変化を説明するのには，両理論ともに問題がある。

　テクノクラート理論による説明は，社会移動に関する「リベラル」な理論とかなり適合的である（Kerr et al. 1973; Erikson and Goldthorpe 1992）。ここでは，技術発展のレベルが社会の特徴を定義するものとして取り扱われている。より技術的に進歩した社会になればなるほど，長期にわたる公教育・訓練を必要とする技術的，科学的，専門的な労働者に対する需要がますます増大する一方で，半熟練の仕事，および専門的訓練を要しない仕事の割合が徐々に減少していく（Clark 1962）。そこで，20世紀後半における高等教育の拡大は科学的かつ技術的な知識の指数関数的な増大として説明される。つまり，科学的かつ技術的な知識の増大が，「脱工業化」社会（Bell 1973）において必要とされる専門的，管理的，技術的な労働者を供給するために，高等教育への投資の増大を導いている，というのである。

　カーらもまた，産業化が社会移動率の高さによって特徴づけられると論じて

いる。それは，教育システム内部での上級レベルへ進学する機会に関する不平等が，職業的役割の配分と矛盾するからである。すなわち，「産業化は流動性と競争をもたらす。それは，家族，階級，宗教，人種，身分に基づく伝統や社会的地位と相反するものである」(Kerr et al. 1973: 53)。経済効率および社会的公正を達成するための機会均等を生み出す政治的決定について，パーソンズ (Parsons 1959) は，産業社会における「業績原理」として記述している。労働市場の役割は，将来の生産能力に関する客観的基準に基づいて，専門的スキルやコンピテンスの需要と供給を一致させることである。技術職としてのキャリア，管理職としてのキャリア，専門職としてのキャリアを持つ労働者は，以前は数少ないエリートに限定されていたが，技術的な進歩はそうした労働者の増加を導くだろう。

　この考え方と対置するものとして，「社会的排除」に関する理論がある。それは新ウェーバー社会学を土台としており，パーキン (Parkin 1979)，コリンズ (Collins 1979)，マーフィー (Murphy 1988) およびヴィッツ (Witz 1992) が展開した考え方である。西洋資本主義社会では社会的排除の性質が根本的に変化していると認識されており，パーキンは次のように示唆している。

　　　現代の資本主義社会には，ブルジョワジーが自らを階級として構築し維持している，2つの主要な排除装置がある。一つは私有財産制であり，もう一つが学歴および資格である。それら排除装置は，それぞれ，報酬と特権への接近を制限するための一連の法的な取り決めである。私有財産制は，生産手段とその生産物へ誰でもが接近することを防ぐために作られた，排除の一形式である。また，学歴主義は，分業において要職へのエントリーを統制，監視するために作られた，排除の一形式である (Parkin 1979: 47–8)。

西洋資本主義社会における社会的排除の支配的な形式は，「集団主義者」というよりはむしろ「個人主義者」である。それは法の下の形式的平等に基づいており，エリート集団が入っていくところは，少なくとも原則として，資格をめぐる「開かれた」競争を通じて，すべての者が到達できるところである。さらに，パーキンも述べているように，

普遍的なルールの適用による個人主義的な排除の基準は,それを実行する個人の能力に直接的に影響を与えるような,社会的に付与されたハンディキャップや地役権の押しつけを国家が甘受する限り,公正に関するリベラルな状況を保証できるわけではない (Parkin 1974: 7–8)。

対照的に,集団主義的な排除の基準には,「家柄」,身分,人種,階級,ジェンダーを土台とした優位性を他の集団のメンバーに直接伝えることが含まれている。排除のルールは特別な個人の属性にあるのではなく,社会的集合体という一般化された属性(つまり,よそ者)にある (Crompton and Brown 1994)。

コリンズ (Collins 1979) は特に,教育と職業構造に関する問いを説明するのに社会的排除の理論を用いた。理論的な立場からは,単純に「産業主義の論理」という観点から教育システムおよび労働市場の構造と組織を読みとることが可能であるという考え方を拒絶した。他方,実証的な立場からは,20世紀後半に技術のレベルが劇的に上昇したという主張を支持するような証拠はほとんどないという考え方に同調した。確かに,結局は,独占資本主義がスキルの向上あるいはスキルの再訓練というよりはむしろスキルの解体過程によって特徴づけられていると示唆するものもある (Braverman 1974; Wood 1982)。コリンズはまた,大学教育を受けた労働者のほうが高等教育経験のない者よりも生産的であるという主張を支持するような証拠はほとんどないという (Berg 1970)。さらに,「教育システムは高い社会階級において卓越した文化的様式をすでにしつけられた人々に適合的であり,学業成績とは単に中産階級としての自己修養の提示に対する報酬と認定である」という事実以上には,教育システムは学習に関してほとんど効果を持たないということも示唆されている (Collins 1979: 21)。

コリンズにとって教育と職業階層との関係の変化は,稀少な資源(学歴,収入,社会的地位)をめぐる集団闘争という意味で解釈すべきものである。それは,中産階級が,社会的地位と特権階級のライフスタイルを世代間で再生産する手段として,専門的職業にますます手を伸ばすようになってきているからである。また,事実上すべての職業的キャリアへ接近するための既存の新規採用過程はすでに官僚制化しており,それは公的な試験を通じて資格が獲得できるかできないのかに大きく左右されるようになってきている (Bourdieu & Boltanski 1978; Collins 1979)。そのような状況下では,学歴は,ヒエラルキー的な人材の

分業にしたがいつつも，特化された専門家集団あるいは技術者集団を囲い込む手段となる。それゆえ，高等教育学歴を獲得した学生数の増大は，管理職，専門職，技術職階級の急成長を反映しているというよりもむしろ，学歴インフレの徴候なのである（Dore 1976）。

これらの理論のどこがおかしいのか？

労働力に要求されるスキルが直線的に高くなるという「テクノクラート」的仮説は，それが中産階級にキャリアの機会を提供するであろうという見方からして，明らかに疑わしい。ヨーロッパと北アメリカでの実証によれば，それはスキル解体，スキルの再訓練，そしてスキル向上の複雑なプロセスであることが分かっている（Lane 1989; Block 1990）。テクノクラート理論にはまた別の欠点がある。専門的知識の獲得と新規採用をメリトクラティックな競争の産物として扱い，それが特定の職業的役割に対する技術的要求と適合するような技術のヒエラルキーを導いていると主張しているからである。だが，それらの過程は社会的真空状態の中で行われているわけではない。例えば，同じ資格や仕事の経験を持っていても黒人あるいは女性の求職者は仕事獲得のための競争では不利な立場に立たされるように，学業達成における社会的な違いや「適合性」に関する雇用者の定義によって，それらの過程が左右されるからである（Jenkins 1985; Fevre 1992）。また，「スキル」という定義がどれほど男性の労働者，経営者，および雇用者によって支持された社会的構築物であるのかが，フェミニストの研究者によって示されている（Dex 1985）。

コリンズの議論の主な弱点は，「テクノクラート」理論と「社会的排除」理論とを，教育と職業構造との関係について競合する説明だとしていることである。部分的には，これは階層形成についての相反する表現となっていることに起因する。テクノクラート理論は「ブルジョア化」と「専門職」社会へのシフトを連想させるのに対し，社会的排除理論の論者は，職業集団間での階級による分断と権力闘争が維持されていることを認識してきた（Parkin 1979; Collins 1979）。

後の研究によって分かったのは，コリンズは，少なくとも高等教育を受けた労働力の需要が増加したことのいくらかは技術革新の直接的な結果であるとい

うことを認めなかったが故に、非難を受ける立場に立たされたということであった。『資格社会』出版以降、直線的でないにせよスキルのレベルが上がったことを指摘する研究が積み重ねられている (Block 1990; Gallie 1991)。同様にまた、学歴資格に対する需要の増大が実際には仕事の形態の変化に何ももたらさないと仮定すると、急速な技術革新のもとで、管理運営や仕事組織のモデルの変化に応じて、雇用者が新規採用プロセスと学歴への評価を修正する可能性がある、ということを見落とすことになる。

　コリンズの「社会的排除」理論に伴うさらなる問題は、彼は学歴資格と職業構造とのつながりが希薄ながらあると認識していたにもかかわらず(その問題はテクノクラート論者にも共通していることであるが)、より確立されたエリート職業集団の慣習がその労働市場へ参入しようとする高学歴の人々の増加をかわしていることのみならず、教育機会、資格を得る機会、労働市場への参入の機会という三者間での機能不全が経済のリストラ、景気後退、失業という結果をもたらす可能性があることをも、予測できなかったことである (Halsey 1993)。コリンズは、教育と労働市場において競争的に有利な立場を得るためのより激しい闘いがおこなわれることと同時に、専門的、管理的、技術的労働者に対する需要が増大する可能性があるという事実をあいまいにしている。その状況に対する中産階級の反応を検討する前に、中産階級の形成という文脈の変化について更にコメントをしておく必要がある (Savage *et al.* 1992; Crompton 1993)。

文化資本と中産階級

　文化資本は長い間、中産階級の再生産のために重要なものとして認識されてきた。マーシャルの古典である『経済学原理』(1920) において、彼は「専門職階級は特に、一般的に子どもたちのために熱心に資本を蓄える一方で、子どもたちへ投資する機会に対して一層過敏になっている」(Marshall 1920: 562) ことを認識していた。最近、ブルデューとパスロン (Bourdieu and Passeron 1977) は、雇用者が官僚制的な参入と昇進の手続きを導入したことによってエリートスクール、カレッジ、大学の卒業証書を獲得する必要があることを考え合わせると、中産階級は教育システムを通して自分たちの文化的遺産をますます資本と

して利用するようになっている，ということを示唆している。

　ここで指摘しておきたいのは，ブルデューやその他の論者たちが，中産階級の再生産は不可避であるということを強調したことである (Connell 1983)。高等教育へ進学する専門職あるいは管理職の家庭出身の子どもたちに味方するこの有利な条件は20世紀後半を通じて大きく変わっているわけではないけれども，それは決着済みの結論ではない (Goldthorpe 1987; Blackburn and Jarman 1993)。1970年代後半以降の経済のリストラ，失業，教育の変化と連動して予測される「リスク」によって，親たちはさらに，子どもが成功するかどうか不確実であること，またもしかしたら失敗するかも知れないことに気づいたのである (Ehrenreich 1989; Wilsher 1993)。

　ブルデューの文化資本概念もまた，異なった制度的状況下で文化資本が矛盾した状態になっていることを十分に論じ切れていない。それは，たとえば，学業的な成功を促す教育システムに関する説明としては効果的であるが，同時に，管理職あるいは専門職としてのコンピテンスのモデルの変化とは矛盾しているかも知れない (Atkinson 1985; Harvey 1989)。確かに，新規採用の基準として「柔軟な」組織のパラダイムというディスコースを採用する雇用者は増加する傾向にあり，文化資本が労働市場において効果的な役割を果たすやり方に関して重要な示唆を与えている。ただし，相対的に物的資本が欠如していることを考え合わせると，このことは現在，教育，新規採用，雇用の官僚制化をあてにしている相当数の「新しい」中産階級家庭の再生産にとって，脅威を引き起こしていると論じることができる。

官僚制的キャリアへの脅威

　組織のリストラは，ここ20年間，共通して「柔軟で」「水平で」「余分なものをそぎ落とした (lean)」組織構造へ向かっている (Kanter 1991; Proctor et al. 1994)。これは，多くの管理職や専門職スタッフにとって有利な官僚的キャリア構造を不安定にしている。中産階級的な職業に就いている者でも，長期雇用や昇進が保証されている者は少ない。それは，私的セクターでは「ダウンサイジング」「統合」「リストラ」「買収」が，公的セクターでも「市場原理の導入による見直

し」「競争入札」「契約解除」「売却」の憂き目にあっているからである (Newsweek 1993; DuRivage 1992)。経済的なリストラの過程が長期的に就くことのできる仕事の数を決定的に減少させることになるのかどうかは,リストラがおさまってきていることを示すものがほとんどないので,これといった結論を出すことができない,経験上の問いである。イギリスでは,W. H. スミス,セインズバリー,テスコ,ブリティッシュ・テレコミュニケーションズ (BT), ICI, ブリティッシュ・ペトロリアム (BP), ブリティッシュ・ガスといった会社はすべて,あの大きな手形交換組合銀行と同様,労働にかかるコスト削減の一つの方法として,経営陣及び幹部のランクを「ダウンサイジング」するという状況にある (Sunday Times 24 April 1994)。そういった変化がどの程度起こるのかを正確に計るのは難しいとしても,私的セクター,公的セクターともに,そして,組織のレベルを問わずすべてにおいて,人を雇っている組織では被雇用者の間で「リスク」感覚が増大しているように見える。英国社会意識調査 (The British Social Attitudes Survey) は最近,このような報告をしている。

> 労働市場に関する悲観論が 1989 年以降すべての所得層で持ち上がってきており,特に高額所得者の場合はほぼ 5 倍に上昇している(この所得層で失業率の増加を予測する者は,1989 年では 14% であったのに対し,1991 年では 71% である)。結局のところ,余剰労働者は一般的に賃金のよい南東部において,金融業において,そして中間管理職層において,先例がないほど上昇している。はっきり言うと,多くの質問に対する回答をみると,最も裕福な所得層のほうが他の所得層より,経済的な不安定さを感じる人々が急速に増えていることが分かる (Cairncross 1992: 30)。

英国マネージメント協会 (the Institute of Management in Britain)——その会員は自らを「専門職」管理者であると考えていることが多く,大企業もしくは中企業で雇用されていることが多い——に対する近年の調査によると,彼らのうち,職階がスライドあるいは降格した者の数は 1980 年の 7% から 1992 年には約 15% にまで増加している。同時期の彼らの年間を通した転職率も,21% から 29% に上昇している。転職理由を聞いてみると,余剰労働,転任,解雇を含め,雇用者側から突きつけられた「受動的な」理由や,合併,リストラといった理由が,1980–1982 年では 21% に下がっていたが,1992 年には 41% に上昇してい

る（Inkson and Coe 1993）。1990年代の初頭に，イギリスでは失業者として登録された専門職，管理職，技術職は，およそ40万人にのぼっていた（Wilsher 1993）。

　アメリカでは，1985年から1989年までの急速な雇用拡大期においてさえ，少なくとも3年間は雇われていた430万人の従業員が，工場閉鎖，ビジネスの失敗，あるいは「余分な従業員」であるとされたために，余剰労働者となってしまった。トータルで見れば，3年以上雇われていた150万人の管理職あるいは専門職が，1979年から1989年までの間に職を失った（Herz 1991）。更に，1980年代半ばには，先例のない合併や買収によって，200万人以上のアメリカ人が職を奪われたり現職よりも低い職に就いたりする憂き目にあった（Heckscher 1991）。また，1980年代には，アメリカの労働力の4人に1人の割合で，合併にからむ何らかの企業活動による影響を受けており，同様の傾向が西ヨーロッパでも見られた（Hunt 1990; Gray and McDermott 1988）。ただし，管理職や専門職がどの程度経済的に安定しているのかについて，これらの統計では実際よりも低く算定されているおそれがある。彼ら従業員は余剰人員になるよりはむしろ「辞職」のほうを好んだのであり，「失業した」というラベルを貼られるよりはむしろ，コンサルタントであるとか，自営であるとか，次の仕事に入るまでの合間であるとか，自らを好んで定義したのである。

　対照的に，管理職や専門職に対する将来の需要は著しく増大すると推定されている。イギリスの雇用研究所（the Institute for Employment Research）によると，管理職と行政職は1990年から2000年の間に12％増加し，同時期に，専門職については21％増加するであろうと予測している（Financial Times 1992）。アメリカ労働省による数値でも同様に，1990年から2005年までの間に「管理的」職業は76.6％まで上昇するであろうと予測されている。ただし，こういった予測はおそろしく信頼性を欠いており，極めて慎重に扱う必要がある。例えば，アメリカの同時期の雇用推計によると，学位を必要とする仕事に対する欠員数の年平均は，1984–1990年のそれと比較して，減少している（Shelley 1992: 13）。

　同様に，管理職として働く労働者や専門職として働く労働者に対する需要の高まりは，これらの職の多くが組織における「キャリア」につながるということを意味するものではない（Hughes 1958; Wilensky 1960）。その理由は，戦後の

西側の資本主義社会において、雇用契約、条件、関係の基本的な前提だったものが、もはや官僚制的労働の崩壊をくいとめるものではなくなっているからである（Handy 1989）。結果として、ふつう「中産」階級あるいは「サービス業」階級というラベルでくくられている人々にとって、「労働」や「市場」をめぐる状況はおそらくますます両極化していくことになるであろう。ゴールドソープも認めているように、

> サービス階級が拡大する土台は、基本的に官僚制的なものである。官僚制とは、まさに官僚制という形態を通じて、そこで雇用されている人々に対して「キャリア・ライン」を確立させる傾向がある。それ故に、従業員が成功するか失敗かは、彼らがどの程度そうしたキャリア・ラインに沿って昇進していけるかによって、大きく左右される。つまり、失敗というのは普通、従業員個人が実際に官僚制から追い出されるということを意味するのではないし、階級的に非常に異なった性格を持つ雇用形態におしこめられるということでもない。ただ単に、その官僚制の中において比較的昇進を押さえこまれているということに過ぎないのである。ひとつの対照として、起業家の場合には役割を果たすことができなかった結果として階級が決定的に変わるおそれがかなりある、という例をあげることができよう（Goldthorpe 1987: 333）。

「柔軟な」組織のパラダイムに共通した特徴が、「企業」文化の諸要素を統合させるためのねらいにある（Kanter 1991）。これは単に技術革新の結果としてもたらされるのではなく、組織における責務の変化のせいであり、大抵の公的セクターおよび私的セクターの組織において、それはコスト削減の手段としての「ダウンサイジング」を意味している。人を雇っている組織にとって、戦略的に「コア」となる社員と、契約的でかつコアの周辺部にいて支援的な役割をする労働者との間に線引きをするという傾向が増大している（Harrison and Kelley 1993）が、それはまた、「職業」と「キャリア」のヒエラルキーが以前のような形では並列できないということを示すものである。組織における官僚制の再分断は、上級管理職人材という戦略的なコアと残りの労働力との間の線引き拡大の多くの例として引きあいにだされる（Heckscher 1991）。したがって、「水平」で「余分なものをそぎ落とした」組織においてキャリアの内部昇進の機会がほぼなくなることを考えあわせると、キャリアの機会が制限されることで、地位のフラ

ストレーションを招きやすくなる (Nicholson and West 1988; Scace and Goffee 1989)。

　結果として,「官僚制的なキャリア」というよりもむしろ「柔軟なキャリア」(Whyte 1965; Brown and Scase 1994) がより受け入れられるようになると予測することができる。官僚制的なキャリアが法人組織のヒエラルキー内部で予測できる直線的な昇進と結びつけられるのに対して,柔軟なキャリアは常に偶然に左右され,遡及的に形成される。それぞれの移動が自発的であるかそうせざるを得なかったものかには関係なく,柔軟なキャリアは頻繁な転職を含んでいる。そうした労働者にとってのねらいは,雇用パッケージ(年功,給料,車,その他フリンジベネフィット)という点で移動のたびに利益を得ることにある。

　「柔軟なキャリア」パターンが避けることのできないのは,彼らがこのことにともなって不安定な状態におかれることである。それはもはや,単に特別な仕事に接近する機会を得られるかどうかという問題ではなく,自身の「雇用可能性」が維持できるのかどうかという問題,つまり,対外的に価値づけられた学歴資格,企業内訓練プログラム,社交術,社会とのネットワークを獲得することで,内部労働市場,外部労働市場の両方において求められる人材としてふさわしくあり続けられるのかどうか,という問題なのである。

　長期雇用を保障してくれる,あるいは自分が描いているようなキャリアを展開させてくれるといった,自分が雇われている組織の能力に対する信頼が減退すれば,災難から自分の身と家庭を守るのと同じ方法で,学歴や専門職資格が保険証書として機能するという仮説は高まっていくだろう。この傾向を受けて,義務教育後の教育に対する需要が高まっているというもっともらしい説明が作り出される (Halsey 1993; Shelley 1992)。物質的財産の獲得を通して企業文化と個人が向上するという大衆的な主張が,「リスクを伴うビジネス」に就いている中産階級に正しく理解されることを考えあわせると,義務教育後の教育需要の高まりはまた,子どもの教育に関する親の心配を反映したものとなっている。社会的地位と安定は,未だに,文化資本,特に権威ある学校から与えられる卒業証書という形態での文化資本の獲得を通じて,より確実に保証されているようにみえる (Scott 1991; David 1992)。

　われわれはまた,企業内ヒエラルキーのより高い層への官僚制的ルートが解

体されたところで，先頭を切って企業でのキャリアの階段を上るために，そして「付加価値のある」履歴書を獲得するために，就業初期の「特急組」の訓練プログラムへアクセスするようになる，という，いっそう広大な仮説を据えることになるだろう．つまり，1990年代という文脈の中で学歴資格の重要性は増大したのであるが，それは「組織」という財産の価値が低くなっているからなのである (Savage et al. 1992)．

教育の拡大と学歴インフレ

仮に，中産階級のキャリアパターンが「再構築されて」いるとしたら，教育システムでの最近の変化に関して憂慮すべきこともある．エリート段階の高等教育システムにおいて，卒業証書を持っているということは専門的職業や管理的職業へつくためのパスポートを意味している．イギリスなど，多くのヨーロッパ諸国における高等教育システムのマス化への移行は，中産階級家庭から高等教育へのアクセス問題を取り除いた．それはまた，労働者階級の学生，「成人」学生，エスニック・マイノリティの学生が大学卒の学歴を得るための新しい機会が開かれているということも意味しており，男女間での競争の激化をもたらしている．女子学生が人文科学あるいは社会科学系に集中しているといったように，大学での履修プログラムが女子学生と男子学生との間で相変わらず著しく異なっているにもかかわらず，女子学生の成績は全体として著しくよくなっている．イギリスでは，Aレベル以上(学位を含む)を持っている25歳以下の男女の比率の差が，1990年には1%ポイント以内に縮まっている(男子学生は11%，女子学生は10%) (Employment Gazette 1992)．その上，ジェンダー化された仕事と社会移動に関するクロンプトンとサンダーソンの研究では，以下のように結論づけられている．

> 職業的秩序には，きまってジェンダーの刻印が押されてしまう．だが，現状では，西洋産業社会では明確に男女が分離された職業的マトリックスを再構築しているというより，男女がある種のパターンに収斂しつつある (Crompton and Sanderson 1990: 183)．

この学歴競争の激化は，高学歴を持った学生の増加をだんだん吸収し切れな

くなっていると雇用者が気づく時に起こる。イギリスの学卒失業者の割合は，1987年で6.9%であると記録されているが，1992年では14.5%にまで上昇した。この学卒労働の「過剰供給」は「学歴インフレ」（Dore 1976）問題を悪化させている。このことが，事前に大学教育を必要としない職に学卒者を採用する方向へとつながっていくにちがいない。ヒルシュは言う。

> 明らかに学歴の高い候補者が多いことは，職業的選別の強化を引き起こす。選別の激化は，教育という障害物のある訓練を引き延ばす効果をもたらすし，より長くよりコストのかかるレースをもっとも続けることのできる人々に好都合に働く効果をもたらす。それらは，裕福な者であり，よい縁故のある者である（Hirsch 1977: 50）。

学歴インフレはまた，エリート大学卒という学歴をめぐる競争を激化させている。学位保有者はアカデミックなヒエラルキーあるいは社会的価値のヒエラルキーにおいて，他者に対して「相対的な」位置に立つことができるからである。市場での混雑が起きると，雇用者はその学歴の「地位」についてさらに見極めるようになる。オックス・ブリッジあるいはアイビーリーグの学位は，就職市場においてあまり知られていない大学・カレッジの学位よりもよりすばらしい「資本的」価値を持つものとして判断される。

学歴インフレの本質は社会学の論文によってよく知られているところであるが，最近の経済的・組織的リストラという文脈の中での学歴の役割についてはあまりよく知られていない。例えば，雇用者が，自分の会社の労働体験プログラムに参加した学生を採用したり，会社の特殊なニーズに合ったコースを持つ大学を優先的に選んだり，新規採用しようとする者の採否に関して情報に基づいた「カン」を得るために「アセスメント」センターをより活用したりすることによって，将来の従業員の「選別」を激化させている，ということを示唆する証拠がある（Brown and Scase 1994; Herriot 1984）。

ところが，教育と職業構造との接続において学歴が果たす媒介的役割に付随して起きる問題は，市場の混雑の結果だけではない。組織の効率性に関して「官僚制」パラダイムよりもむしろ「柔軟な」パラダイムを採用する組織において，とりわけ中間管理職・上級管理職へ直結していく訓練プログラムへと新規採用する場合，学歴は，採用人事に関して，さまざまな志願者の相対的な長所

を評価しようとするときに知っておく必要があると考えられていることについて，情報をあまりもたらさないようにみえる。雇用者の採用基準では，人格的で転移可能なスキルがより重要なものとして想定されるが，その採用基準の変化は，管理的能力や専門的能力に関する雇用者のモデルが変化していることと関連しているのである（Brown and Scase 1994）。

新規採用と象徴的統制コードの変化

　組織理論において，バーンズとストーカー（Burns and Stalker 1961）はマネジメントシステムを「機械的」なものと「有機的」なものに分けて定義しており，多くの著者も同じ分け方をしている（同じく McGregor 1960 参照）。本稿では組織的パラダイムを「官僚制的」パラダイムと「柔軟な」パラダイムとに対比させて使用したが，これは「機械的」「有機的」といった「理念型」とかなり共通している（Brown and Scase 1994 も参照のこと）。この違いを描く際に重要なのは，官僚制パラダイムが崩壊したことに関する経営コンサルタントの大げさな主張に対して注意することである。「柔軟な」組織は従業員の創造的で起業家的なエネルギーを解放する潜在的可能性を持っているが，実際には，こうしたことは一般法則というよりもむしろ例外的である。1980年代の人的資源管理モデルとして扱われた IBM のリストラは，より「柔軟な」組織構造への変化と技術職，管理職，専門職に対する企業側の無関心とがほとんど矛盾なく進行したことを示している（Hoerr 1994）。「柔軟な」組織というレトリックを採用したにもかかわらず，幹部マネージャーの一部が既存のやり方を断念してシステムをコントロールすることに乗り気ではなかったとしても，それもまた，別に驚くべきことではない（Heckscher 1991; Ezzamel et al. 1993）。

　学卒者を雇用する者は採用戦略上柔軟なパラダイムというディスコースを採用しており，本稿において官僚制的パラダイムと柔軟なパラダイムとを区別して使うのは，その方法を反映させようとしたからである。特に学卒者を雇用する者は，「官僚制的」パーソナリティをもつ志望者よりも，むしろ「カリスマ的」パーソナリティを持つ志望者を求める傾向が強くなっている（表20.1）。

　20世紀を通して官僚制的パラダイムが示してきたのは，企業の効率性という

表 20.1 企業の新規採用，管理の質，象徴的統制コードの変化

	行為のコード	
	官僚制的パラダイム	柔軟なパラダイム
選抜	脱人格化	人格化
社会化	規則遵守	交渉による規則作り
	〈地位〉間	〈人格〉間
認知形式	官僚制的パーソナリティ	カリスマ的パーソナリティ
役割遂行	個人の課題	チームワークとプロジェクトの管理
社会統制様式	非人格的	人格化
	明示されたルール	暗黙のルール
ヒエラルキー	明示的かつ大きい	暗黙かつ小さい
リーダーシップの形態	命令と統制	促進と権限
権威	立場と社会的地位	リーダーシップと貢献
昇進	明示的な達成基準／	暗黙の達成基準／
	年功	貢献と人格的な適合性
企業文化	弱い	強い

支配的なディスコースであった。ここでは，管理的な仕事は，明確に定義された役割，規則，手順を伴った，非人格化された関係が土台となっている（Bendix 1956）。マックス・ウェーバーは官僚制について「精度，スピード，明快さ，規則性，信頼性，そして効率が重要視される組織形態であり，それは創造を通して，あるいは仕事，階層的な管理体制，詳細な規則と規制が固定化された分業を通して，達成される」と述べている（Morgan 1986: 24-5）。

役割の割り当ては，公式な試験を通して査定された技術的な専門知識に基づいている。官僚制的パーソナリティの特徴は高度な順応性もしくはルールを守ろうとする行動にあるが，組織の効率はそういった官僚制的パーソナリティの発達に左右される（Merton 1949）。さらに，官僚制的な仕事は抽象的原則の適用による分類や分業主義の広範な使用を必要とするが，それと同じ方法で，少なくとも公式な任務を遂行している間は，個人としての私的な社交的世界と企業担当者としての公的で「目に見える」役割との間に明確な区別が存在する。官僚制的なルーティンの非人格的で公的な遂行から個人の空間と血の通った関係を切り離し守るのが，官僚制的パーソナリティのおもだった特徴である（Merton 1949）。

「柔軟な」パラダイムにおいて，官僚制的パーソナリティはヴェブレンが描いた「訓練された無能力」の源であると考えられる。官僚制組織において適切だとされていた社会化の形式や役割遂行の形式は，ここでは不適当であると判断されるようになってきている（Merton 1949: 198 参照）。マックス・ウェーバーの「カリスマ的リーダーシップ」の定義では，宗教的な預言者，軍の英雄，政治的指導者と社会改革者のうち，少数の際だって「優れた才能がある」者が，それに相当する。ウェーバーは次のように指摘している。

> あらゆる官僚制組織とは対照的に，カリスマ的構造の場合には，任命や解雇の形式，あるいはその手続きの順序などといったものは存在しない。「キャリア」「昇進」「給料」が規則として決められているわけでもなければ，カリスマを保有したりカリスマの助けを得るための決められた専門家によるトレーニングがあるわけでもない。統制したり直訴したりするための機関があるわけでもないし，地域的な管轄領域や職務上独占的な管轄権があるわけでもない。ましてやそれは，個人から，そして純粋に個人のカリスマから独立している，官僚制的な「課」のような恒久的な制度を受け入れているわけでもない（Gerth and Mills 1967: 246 所収）。

エドワード・シルズが問題にしたのは，ウェーバーがカリスマ概念を，感情的で激しく革新的な行動を起こしている際だって才能のある個人を表すために限定的に使用していることである。シルズは，「正常」なカリスマの形はもっと弱いものであり，もっと広がりをもったものであると指摘している。実際にはウェーバーは，カリスマが伝統主義や官僚制化の中で例外なく「ルーティン化」されていることを，明確に認識していた。つまり，

> カリスマのルーティン化は，非常に本質的なところで，経済条件への適応，すなわち単調な平日の生活での継続的で効果的なルーティンへの適応と，全く同じである（Gerth and Mills 1967: 246 所収）。

ここで示唆されているのは，ウェーバーがカリスマ的パーソナリティと結び付けた特徴の多くが，「柔軟な」組織で命令や統制の問題を解決しようとした時に，一部，象徴的統制というイデオロギーへと変化していることである。カリスマ的パーソナリティというレトリックは，単調な行動やルールを守ろうとす

る行為の構造を徐々に弱体化させようとする人々に対する要求という観点から特徴づけることができる。そこでは，内部の決意，衝動，力が，外部の官僚制支配への適合よりも強大なウェイトが与えられ，他者からの認知，権威，正統性，報酬は，組織のヒエラルキーの中での自分の位置を基準に得られるのではなく，むしろ，「自らの価値を証明する」ことを通じて達成される。本質的に，カリスマ的パーソナリティは，専門知識の獲得と同様に，同僚との「人格化された」関係と協調性への要求が想定されている点で，官僚制的パーソナリティとは正反対である。

カリスマ的パーソナリティに付随したこの重要性の増大は，西洋の歴史や企業の成功における「偉大な男性，名ばかりの女性」という考え方と，明らかに違和感なく適合している。ここでの重要性というのは，学卒採用担当者によって採用される選抜基準にとって，特徴的パーソナリティというレトリックが重要なインプリケーションをもっているということである (Brown and Scase 1994)。

管理職としての資質に対する定義が個人的なカリスマに関する要素を想定するようになると，「エントリーの規則」と「ゲームの規則」はますます「人格化され」るようになる。「公」と「私」の区別は職場では弱くなり，適切な業績評価において「全」人格がさらけ出されるようになる。それを反映して，学生の略歴，アセスメントセンター，スタッフによる評価の仕組がますます利用されるようになる(同じく Foucault 1977; および Cohen 1985 を参照)。さらに，世間一般的な統制が強調されればされるほど，同僚と組織に対して強い文化的な帰属意識を示すよう，新入社員は要求される (Burns and Stalker 1961; Handy 1989)。

これは，官僚制的な組織への新規採用において社会的資格が排除されたことを示すものではない。エリートの選択は，男らしい管理職の権威，つまり専門知識と学校とが首尾一貫しているというイメージに調和する「文化コード」と，伝統的に結びつけられてきた (Scott 1991; Scase 1992)。それどころか，もしコリンズ (Collins 1979) が想定するように，中産階級の自己修養に関する証明書を見せることによって雇用主が報酬を与えているならば，それは単に形式上の変化のみならず，雇用主の新規採用における慣習的な行動に関する明示的な要素となっている。管理職や専門職の労働市場に並べられ，投資の対象にされているのは，まさに人格全体なのである。

成功するためには，与えられた仕事を遂行するための技能と装置を持つだけでは十分ではなく，大勢の人との競争のなかで自分の人格を「信じ込ませ」なければならず，それは自分自身に対する態度を具体化することになる……成功が主として自分の人格を売りこんでいく方法に左右されている以上，人は自分自身を，商品として，というよりはむしろ，売り手であると同時に売られる商品として，経験するからである（Fromm 1949: 70）。

　それは管理職・専門職の労働市場において再パッケージして売り込んでいく必要がある資格，技能，そしてカリスマ的資質といったものの組み合わせによる「人格という名のパッケージ」である。適切な「社会的」教育を受けなければ，選抜過程において機能している規則を「解読する」（Bernstein 1975）ことがますます難しくなっていることを，応募者は知るであろう。このような文化的「コード」の変更によって，自分の学歴に関係なく，社会的出自，ジェンダー，エスニック・アイデンティティがますます「可視化」されるようになり，管理職や専門職に就こうとするときにそれが重要になるであろう（Bernstein 1976）。
　これまでのところ，労働市場と高等教育の内部での変化は管理職や専門職キャリアの労働市場において「地位的に」有利な点を維持するもしくは高めようとして学歴競争を激化させた，と論じられている。しかしながら，一部の雇用主がカリスマ的資質のある学卒者を新しく採用したいと望んでいるとはいえ，学歴資格の重要性が低くなるだろうと言うべきではない。より多くの人々が学卒者として労働市場に入るようになるにつれて，雇用主は，より高い学位を持つ者，あるいはMBAのような大学院相当の学位を持つ者，というように，エリート高等教育機関から学位を授与されたかという点だけによる選抜過程をより強化するであろう。この文脈では，学歴資格は，ドアを開けるものではなく，施錠を解くカギとして解釈されるべきである。学卒という学歴資格が意味する中産階級の自己修養としての官僚制的コードは，再びパッケージされ直さなければならない。
　中産階級において，子どもの「カリスマ的」資質の発達は，必要な学歴，縁故，そしてネットワークをつけさせるのと同じくらい重要になってきている。「周縁に位置づけられた」人々に焦点を当てていてもなにも目新しいものはみつからないが，勉強時間の合間におこなわれる幅広い興味や趣味は，自分自身の

ために享受されるべき文化的消費の一形態としてみなされていたが，次第に「付加価値のある」履歴書を構成する一部への投資という形態になりつつある。これは，衝動，熱意，社会的信頼，好み，および対人関係スキルを組み入れたかたちで，文化が社会・情緒的に統合され，それがますます「商品化」していることと絡んでいる（Bourdieu 1986）。

排除パターンの変化

　この議論が示唆しているのは，たとえ管理職や専門職として定義されている仕事の割合がふえていったとしても，労働市場と教育システムの変化は「生計のための競争」（Weber 1978）を激化させているということである。中産階級の家族が，直接の財産を通しても，あるいは上級職労働市場を独占的に支配することを通じても，社会的な地位を完全には維持できないとすれば，職業的成功のカギとなるのは市場での権力へのアクセスであり，それは市場への影響力というよりもむしろ市場内の資源である（Hirsch 1977: 153）。戦後，ホワイトカラーの職業の拡大は「ブルジョア化」こそ生み出さなかったかも知れないが，より幅広い階層で，中産階級へのアスピレーションの広がりをもたらした。管理職労働市場や専門職労働市場が拡張し続けさえすれば，中産階級へのアスピレーションの広がりが中産階級の家庭の再生産に対する重大な脅威を与えることはなかった。しかしながら，過去20年にわたって，人々は経済的な生活水準と社会的地位に対する脅威に気づき，そのことによって中産階級は，市場での権力の行使を通して，競争的圧力からのがれるためのシェルターを求めるようになった。

　この「地位的な」アドバンテージをめぐる競争は，労働者階級に直接的に向けられるだけでなく，「旧」中産階級あるいは「新」中産階級という意味で緩やかに表現される社会集団間にも向けられている（Savage *et al.* 1992; Crompton 1993）。「旧」中産階級は物的財産に自分たちの権力基盤を持っているのに対し，「新」中産階級はかなりの割合が公的セクターで雇われており，コミュニティに対する奉仕という専門職エートスと深い関連をもつ「専門的」知識システムに，その権力基盤を持っている（Perkin 1989）。歴史的にみると，これには「旧」中

産階級の「起業家的な」理想と「新しい」中産階級の「専門職的な」理想との間での，財産権の対立が絡んでいる．1990年代初頭という状況の中で，財産権に関するこの対立は，家族の地位，ライフスタイル，財産の再生産における文化資本をめぐる，より熾烈な配分闘争へと広がっていった．

1970年代後期に新保守政権が台頭して以来，国家公務員としての専門職への攻撃は，この対立の本質的な部分であると見ることができる．パーキンが指摘しているように，

> 利益団体の間の飛び抜けてもっとも重大な分裂は，直接的あるいは間接的に国家から資金を得ている人々からなる公的セクターの専門職と，主に私企業の管理監督者からなる私的セクターの専門職との間の分裂である．領主と農民の間の闘争が産業社会の主な対立であったように，公的セクターと私的セクターの専門職の対立が地位社会の主な対立である (Parkin 1989: 10)．

確かにパーキンはおおげさに書いているけれども，教育内部での市場改革は，福祉国家のその他の領域と同様，「専門職」階級の対立の一形式として解釈可能である (Hirsch 1977)．

仮に開放社会のイデオロギーへ傾倒していたとしても，個人主義者というよりもむしろ集団主義者の「排除のルール」(デューイが「社会予定説の封建的ドグマ」として描いたものへの回帰も含めて)は追求されなかった．どちらかと言えば，学歴競争を沈静化するために作られた契約のルールが変化している．戦後，契約のルールは，業績主義(メリトクラシー)のイデオロギーと「総合的な」教育の導入に基づいていたのに対し，現在は，「市場」原理と「ペアレントクラシーのイデオロギー」と呼ばれているものに基づいている．結果として，教育的選抜は，生徒の個別の能力と努力よりもむしろ，ますます親の財産と願望に基づくようになっている．ここで，方程式「能力＋努力＝業績」という方程式は，「資源＋嗜好＝選択」という形に再定式化されたのである．

ペアレントクラシーのイデオロギーとそれが正統化しようとしている市場政策を定義する特徴は，享受される教育の量ではなく，教育的選抜が組織される社会的土台にある．つまり，高等教育の拡大は機会の均等化を示すものではない．イギリスにおける最近の学卒者数の増加は，学卒労働市場が上級の管理的

地位につながる「特急組」と，ほとんど見込みのない大部分のホワイトカラーの仕事とに二極化してきているように，(むしろアメリカで見られるような感じで)高度な教育を提供する機関の間での差が増大するであろうことを，単に意味するようになろうからである (Brown and Scase 1994)。

　保守派が「選択」「標準」「自由」という修辞的なスローガンの下で教育市場システムに対して道義的な正当性を主張しているような政治的な雰囲気において，教育での成功が形式的に開かれた競争の偶然の結果にゆだねられているというにはあまりに重大なものになってきているという評価のもとで，子どもが学歴競争で優位になるために市場で力を及ぼすことができる親たちはおそらく，ますますそうしようとするであろう(研究での証拠は社会階層と達成パターンに関してどんな関係かを教えてくれているにもかかわらず——Brown 1990)。中産階級が学歴競争において市場での自分たちの力のすべてを行使する機会が増えたことは，彼らが教育過程の各段階——ゆりかごから大学卒業，そしてその先まで——においてエリート教育機関へ独占的にアクセスしていくことを保証するであろう。

　「契約のルール」におけるこの変化，つまり「業績」をベースとしたものから「市場」をベースとしたものへの変化は，文化資本の適切な形式の獲得に伴って上昇する費用を支払うのに必要な物的資本の重要性の増大と結び付けられる。これらの費用はおそらく，高等教育の資金の調達における「受益者負担」原則の導入によって，さらに増大するであろう (Lauder 1991)。また，主として「市場」よりも「業績」に基づいた契約のルールに従っている他の階層(「新」中産階級を含む)の人々に対して，「旧」中産階級は，自らの利益を先行させようとして，教育市場において自らの物的財産はともかくその他の文化資本という資源も使うであろう，ということもわれわれは予測すべきである。

　さらに，希少な学歴とカリスマ的資質という文化資本へのアクセスが市場の力に左右されるようになってくるにつれて，そのような資本を持たない学生の将来の見込みを改善することに対して教育システムは何の力も持たなくなる。イギリスでは，威信のない大学が産業や商業の「ニーズ」に応じてカリキュラムや教育プログラムを修正しようとする意思をとても強く持っているという事実があるにもかかわらず，現実はそうなのである。その理由は，雇用主が教育システムに対して良い人格的スキル，コミュニケーションスキル，転移可能な

スキルを持った学生を送り出すように要求しているにもかかわらず，アカデミックなヒエラルキーが公的な試験による「客観的な」業績に拘束され続けていることを考えると，アカデミックでない「質」が教育評価プロセスに組み込まれることによって「主観的な」基準で評価される学生が増えれば増えるほど，彼らの学歴が信頼に値しなくなってくることが問題となるからである。「特急組」の訓練プログラムを新しく採用する際，雇用主はエリート大学にターゲットを絞ることを正当化するであろう。なぜなら，エリート大学にはもっとも高いレベルのアカデミックな入学必須条件が課されており，雇用主は，その大学に在籍していると思われるような，定義上，最も高い能力を持った学生を入れる必要があるからである（Brown and Scase 1994）。

確かに，「新」中産階級の学生や，労働者階級，女性，エスニック・マイノリティの非伝統的な学生の数の増大に対応している威信の低い大学では，正規のカリキュラムに社会的スキルや人格的スキルの訓練を導入しているが，それは1960年代，70年代に行われた恵まれない子どもたちのための「補償」教育プログラムの導入と酷似している。そこには，このようなプログラムを通して，社会的出自とは無関係に，他の学生と異なる条件を均等化することが可能である，という考え方が存在している。同様に，社会的スキルや人格的スキルは公教育の学習プログラムを通してすべてに対して開かれているように思われるが，嗜好，礼儀作法，思考方法，協調性が文化資本という形で獲得され変換される際の社会的文脈がここでは無視されている（Bourdieu 1986）。

「カリスマ的」資質を表す「潜在的可能性」の取り扱いがますます要求されているが，それが大抵の採用担当者が持っているダーウィニズム的な見方を変えることはない。官僚制的な組織において，新規採用プロセスは明らかに「ありのままの」知的な才能と技術的な専門知識をもった人間を探し出すことに的を絞っていたが，それは現在，カリスマという「際だった才能」を含んだものにまで拡張されている。これは明らかに，「生まれつきの」才能に変換された「社会的」才能の例であり，それは教育システムと職業選抜を通して正統化されたものなのである（Bourdieu and Passeron 1977）。

結　論

　本稿では，西洋資本主義社会が教育と労働市場に関わって階級闘争を経験している，ということを示してきた。激化するグローバルな経済競争，高い失業率，公的セクターを市場という権力に服従させようとする試み，景気後退，組織効率とそれをかくまう管理的能力の定義という官僚制的パラダイムへの挑戦，高等教育システムの大衆化への移行……それらすべてが，経済的に不安定であるという一般的な感覚を増大させる方向へと働いている。それに応じて，中産階級は（個人主義的な排除のルールは放棄していないが），戦後の西洋資本主義社会において，生計のための競争を正統化した業績主義的な契約のルールを崩壊させていった。それは，アクセスの開放性を保つことによって自分たち自身を正統化したいという中産階級のニーズと，家柄を土台とした囲い込みによって社会的に彼らが再生産されることへの望みとの間での緊張を一段と際だたせたのである（Parkin 1979: 47）。契約のルールにおけるこの変化は，中産階級に，市場原理で動く教育システム内部での学歴競争において，彼らの経済力を資本化させる機会をもたらしている。国家の役割は「機会の平等」という自由—民主的政策を追求することであり，そこでは彼らの経済力の行使において強力なものを阻止することが国家の義務となるが，今の文脈ではむしろ，国家の役割は市場の力を自由に操れる状況を生み出すものにますますなりつつある。しかしながら，中産階級が生計のための競争における優位を維持することはほとんど疑いようがないにもかかわらず，中産階級の中には，経済力を行使する能力において「他の階級とほぼ平等な」者もいる。

　これらの考察はまた，「市場」と「労働」に関する状況が階級というスキーマ内部での職業配置を決定する方法に疑問をおこさせる（Goldthorpe et al. 1987; Crompton 1993）。議論してきたように，中産階級内部では，仕事の保障，キャリアの機会，収入，仕事の満足度という点で，「仕事」と「市場」をめぐる状況にますます重要な差が開いていっている（Savage et al. 1992）。中産階級出身の学生の将来が次第に分極化しつつあるようにも見える。だが，本稿において確認された諸傾向の程度や帰結は，詳細な実証的調査研究を待たなければならない。

参考文献

Ashton, D. (1986), *Unemployment under Capitalism* (Brighton: Wheatsheaf).

Atkinson, J. (1985), 'The Changing Corporation', in D. Clutterbuck (ed.), *New Patterns of Work* (: Gower). Aldershot.

Bell, D. (1973), *The Coming of Post-Industrial Society* (New York: Basic Books). 内田忠夫他訳『脱工業社会の到来(上・下)』ダイヤモンド社 (1975).

Bendix, R. (1956), *Work and Authority in Industry* (New York: John Wiley). 大東英祐・鈴木良隆訳『産業における労働と権限』東洋経済新報社 (1980).

Berg, I. (1970), *Education and Jobs: The Great Training Robbery* (New York: Praeger).

Bernstein, B. (1975), *Class, Codes and Control: Towards a Theory of Educational Transmission, iii* (2nd edn. London: Routledge). 萩原元昭編訳『教育伝達の社会学』明治図書 (1985).

―――― (1976), 'Class and Pedagogies: Visible and Invisible', in J. Karabel and A. H. Halsey (eds.), *Power and Ideology in Education* (Oxford: Oxford Univ. Press). 佐藤智美訳「階級と教育方法――見える教育方法と見えない教育方法」潮木守一・天野郁夫・藤田英典編訳『教育と社会変動(上)』東京大学出版会, 所収 (1980).

Blackburn, R., and Jarman, J. (1993), 'Changing Inequalities in Access to British Universities', *Oxford Review of Education*, 19/2: 197–215.

Block, F. (1990), *Postindustrial Possibilities: A Critique of Economic Discourse* (Berkeley: Univ. of California).

Bourdieu, P. (1986), *Distinction: A Social Critique of the Judgement of Taste* (London: Routledge). 石井洋二郎訳『ディスタンクシオン (I・II)』藤原書店 (1990).

―――― and Boltanski, L. (1978), 'Changes in Social Structure and Changes in the Demand for Education', in S. Giner and M. Archer (eds.), *Contemporary Europe: Social Structure and Cultural Change* (London: Routledge).

―――― and Passeron, J. (1977), *Reproduction in Education, Society and Culture* (London: Sage). 宮島喬訳『再生産』藤原書店 (1991).

Braverman, H. (1974), *Labour and Monopoly Capitalism: The Degradation of Work in the Twentieth Century* (New York: Monthly Review Press). 富沢賢治訳『労働と独占資本』岩波書店 (1978).

Brown, P. (1990), 'The Third Wave: Education and the Ideology of Parentocracy', *British Journal of Sociology of Education*, 11/1: 65–85.

―――― and Scase, R. (1994), *Higher Education and Corporate Realities: Class, Culture and the Decline of Graduate Careers* (London: UCL Press).

Burns, T., and Stalker, G. (1961), *The Management of Innovation* (London: Tavistock).

Cairncross, F. (1992), 'The Influence of the Recession', in R. Jowell et al. (eds.), *British Social Attitudes: The 9th Report* (Aldershot: Dartmouth).

Clark, B. (1962), *Education and the Expert Society* (San Francisco: Chandler).

Cohen, S. (1985), *Visions of Social Control* (Oxford: Polity).

Collins, R. (1979), *The Credential Society: An Historical Sociology of Education and Stratification* (New York: Academic Press). 大野雅俊・波平勇夫訳『資格社会』東信堂 (1984).

Connell, R. (1983), *Which Way is Up? Essays on Class, Sex and Culture* (London: George Alien and Unwin).

Crompton, R. (1993), *Class and Stratification: An Introduction to Current Debates* (Cambridge: Polity).

—— and Brown, P. (1994), 'Introduction', in P. Brown and R. Crompton (eds.), *A New Europe? Economic Restructuring and Social Exclusion* (London: UCL Press).

—— and Sanderson, K. (1990), *Gendered Jobs and Social Change* (London: Unwin Hyman).

David, M. (1993), *Parents, Gender and Education Reform* (Oxford: Polity).

Dex, S. (1985), *The Sexual Division of Work* (Brighton: Wheatsheaf).

Dore, R. (1976), *The Diploma Disease* (London: Alien and Unwin). 松居弘道訳『学歴社会——新しい文明病』岩波書店 (1978).

duRivage, V. (1992), 'Flexibility Trap: The Proliferation of Marginal Jobs', *The American Prospect*, 9 (Spring), 84–93.

Ehrenreich, B. (1989), *Fear of Falling: The Inner Life of the Middle Class* (New York: Pantheon). 中江桂子訳『「中流」という階級』晶文社 (1995).

Employment Gazette (1992), 'Economic Activity and Qualifications: Results from the Labour Force Study' (March), 101–33.

Erikson, R., and Goldthorpe, J. (1992), *The Constant Flux: A Study of Social Mobility in Industrial Societies* (Oxford: Clarendon).

Ezzamel, M., Lilley, S., and Wilmo, H. (1993), 'Be Wary of New Waves', *Management Today* (October), 100–2.

Fevre, R. (1992), *The Sociology of Labour Markets* (Hemel Hempstead: Harvester Wheatsheaf).

Financial Times (1992), 'Juggling Careers in the Jobs Circus' (13th November).

Foucault, M. (1977), *Discipline and Punish: The Birth of the Prison* (London: Tavistock). 田村俶訳『監獄の誕生』新潮社 (1977).

Fromm, E. (1949), *Man for Himself: An Enquiry into the Psychology of Ethics* (London: Routledge). 谷口隆之助・早坂泰次郎訳『人間における自由』東京創元社 (1955).

Gallic, D. (1991), 'Patterns of Skill Change: Upskilling, Deskilling or the Polarization of Skills?', *Work, Employment and Society*, 5/3: 319–51.

Gerth, H., and Mills, C. W. (1967) (eds.), *From Max Weber* (London: Routledge). 山口和男、犬伏宣宏共訳『マックス・ウェーバー——その人と業績』ミネルヴァ書房 (1962).

Goldthorpe, J. *et al.* (1987), *Social Mobility and Class Structure in Modern Britain* (2nd edn., Oxford: Clarendon).

Gray, S. J., and McDermott, M. C. (1988), 'International Mergers and Takeovers: A

Review of Trends and Recent Developments', *European Management Journal*, 6: 1, 26–43.

Halsey, A. H. (1993), 'Trends in Access and Equality in Higher Education: Britain in International Perspective', *Oxford Review of Education*, 19/2: 129–40.

——, Heath, A., and Ridge, J. (1980), *Origins and Destinations* (Oxford: Clarendon).

Handy, C. (1989), *The Age of Unreason* (London: Business Books).

Harrison, B., and Kelley, R. (1983), 'Outsourcing and the Search for "Flexibility"', *Work, Employment and Society*, 7/2: 213–35.

Harvey, D. (1989), *The Conditions of Post-Modernity* (Oxford: Blackwell).

Heckscher, C. (1991), 'Can Business Beat Bureaucracy?', *The American Prospect* (Spring), 114–28.

Herriot, P. (1984), *Down From the Ivory Tower: Graduates and Their Jobs* (Chichester: John Wiley).

Herz, D. (1991), 'Worker Displacement Still Common in the Late 1980s', *Monthly Labor Review*, 114 (May), 3–9.

Hirsch, F. (1977), *Social Limits to Growth* (London: Routledge). 都留重人監訳『成長の社会的限界』日本経済新聞社 (1980).

Hoerr. J. (1994), 'System Crash: How Workers at IBM Learned that Knowledge isn't Power', *The American Prospect* (Winter), 68–77.

Hughes, E. (1958), *Men and Their Work* (Glencoe: Free Press).

Hunt, J. W. (1990), 'Changing Patterns of Acquisition Behaviour in Takeovers and the Consequences for Acquisition Processes', *Strategic Management Journal*, 1/1: 69–77.

Inkson, K., and Coe, T. (1993), 'Are Career Ladders Disappearing?' (briefing paper, London: The Institute of Management).

Jenkins, R. (1985), 'Black Workers in the Labour Market: The Price of Recession', in B. Roberts, R. Finnegan, and D. Gallic (eds.), *New Approaches to Economic Life* (Manchester: Manchester Univ. Press).

Kanter, R. (1991), 'The Future of Bureaucracy and Hierarchy in Organisational Theory: A Report from the Field', in P. Bourdieu and J. Coleman (eds.). *Social Theory for a Changing Society* (Boulder, Colo.: Westview). 川田寿訳『インダストリアリズム——工業化における経営者と労働』東洋経済新報社 (1963).

Kerr, C. *et al.* (1973), *Industrialism and Industrial Man* (Harmondsworth: Penguin).

Lane, C. (1989), *Management and Labour in Europe* (Aldershot: Edward Elgar).

Lauder, H. (1991), 'Education, Democracy and the Economy', *British Journal of Sociology of Education*, 12: 417–31.

Marshall, A. (1920), *Principles of Economies* (London: Macmillan). 永沢越郎訳『経済学原理』岩波ブックセンター信山社 (1985).

Marshall, G., and Swift, A. (1993), 'Social Class and Social Justice', *British Journal of Sociology*, 44/2: 187–211.

McGregor, D. (1960), *The Human Side of Enterprise* (New York: McGraw-Hill). 高橋

達男訳『企業の人間的側面』産業能率短期大学 (1966).
Merton, R. (1949), *Social Theory and Social Structure* (New York: Free Press). 森東吾他訳『社会理論と社会構造』みすず書房 (1961).
Morgan, G. (1986), *Images of Organisations* (London: Sage).
Murphy, R. (1988), *Social Closure: The Theory of Monopolization and Exclusion* (Oxford: Clarendon Press). 辰巳伸知訳『社会的閉鎖の理論――独占と排除の動態的構造』新曜社 (1994).
Newsweek (1993), Jobs (14 June), 10–25.
Nicholson, N., and West, M. (1988), *Managerial Job Change: Men and Women in Transition* (Cambridge: Cambridge Univ. Press).
Parkin, F. (1974) (ed.), *The Social Analysis of Class Structure* (London: Tavistock).
────── (1979), *Marxism and Class Theory: A Bourgeois Critique* (London: Tavistock).
Parsons, T. (1959), 'The School Class as a Social System: Some of its Functions in American Society', *Harvard Educational Review*, 29: 297–318. 丹下隆一訳「社会システムとしての学級」武田良三監訳『社会構造とパーソナリティ』新泉社, 所収 (1973).
Perkin, H. (1989), *The Rise of Professional Society: England since 1880* (London: Routledge).
Proctor, S., Rowlinson, M., McArdle, L., Hassard, J., and Forrester, P. (1994), 'Flexibility, Politics and Strategy: In Defence of the Model of the Flexible Firm', *Work, Employment and Society*, 8/2: 221–42.
Savage, M., Barlow, J., Dickens, P., and Fielding, T. (1992), *Property, Bureaucracy and Culture: Middle Class Formation in Contemporary Britain* (London: Routledge).
Scase, R. (1992), *Class* (Milton Keynes: Open Univ. Press).
────── and Goffee, R. (1989), *Reluctant Managers: Their Work and Lifestyles* (London: Routledge).
Shelley, K. (1992), 'The Future of Jobs for College Graduates', *Monthly Labour Review*, 115 (July), 13–21.
Scott, J. (1991), *Who Rules Britain?* (Cambridge: Polity).
Weber, M. (1978), G. Roth and C. Wittich, (ed.) *Economy and Society* (Berkeley: Univ. of California Press).
Whyte, W. (1965), *The Organisation Man* (Harmondsworth: Penguin). 岡部慶三・辻村明他訳『組織の中の人間(上・下)』東京創元社 (1959).
Wilensky, H. (1960), 'Work, Careers, and Social Integration', *International Social Science Journal*, 12: 543–60.
Wilsher, P. (1993), 'The Mixed-up Manager', *Management Today* (October), 34–40.
Witz, A. (1992), *Professions and Patriarchy* (London: Routledge).
Wood, S. (1982) (ed.), *The Degradation of Work? Skill, Deskilling and the Labour Process* (London: Hutchinson).

21
家族と社会正義

A. H. ハルゼー／マイケル・ヤング

　1994年，われわれは，イギリス新労働党が児童中心政策を推進するように，公共政策研究所（IPPR）出版による評論を書いた（Young and Halsey 1995）。その紹介のために，子どもたちの将来的観測に関する16歳以上の人びとの意識調査をギャラップ社に依頼した。「今日の子どもたちの前に広がる未来は，あなたが子どもだった頃と比べてよりよいものだと思いますか。あるいは，より悪くなると思いますか。それとも変わらないと思いますか」と尋ねた結果，全体で，「より良い」が8%，「より悪い」が63%，「変わらない」が15%，「わからない」が4%であった。

　すべての世代および地域において「より悪い」という意見が大多数を占めたが，特に16歳未満の子どもをもつ親が悲観的であった。唯一の例外が65歳以上の人びとで，最も裕福な階級（社会・経済的カテゴリーA・B）の人びとで「より悪い」と答えた人は多数派とはいえ他の階級に比べるとはるかに少なかった。

　その評論の目的は，ある政党とある特定の人びとを説得することであったが，ここでは本質的に同じ議論を，より広い歴史的・地理的文脈に当てはめてみたい。

　家族を公正な社会のモデルや基盤とする立場は，なにも政治的右派特有のものではない。よい工場，よい町，よい国は，きちんとした労働者階級の家族に底流する原理によって統治されるべきであるとかつて労働党の社会主義者が信じていたことは事実上過去のことである。もちろん，ことばは社会的文脈に左右されやすく，われわれの世代以降，家族といえば核家族を意味するようになってきたが，それは社会政策の目的にとってはあまりに狭い定義である。出

生率の低下と地理的移動の増大は拡大家族を圧迫し，弱体化させてきた。いかにして新しい国家を建設していくのか，あるいは新しい聖地(エルサレム)や社会主義を構築していくのかといった旧来の政策観点は，濃厚な地域関係ネットワークを前提としており，個人の移動を大きく制限するテクノロジーや生産体制によって生み出されるものであった。それどころか大規模な移住でさえ，自分たちの文化的・言語的・家族的伝統を維持しながら，ある地点から他の地点への種族の移動となりがちであった (Schluter and Lee 1992)。しかし現在，労働市場は事実上グローバル化している。通信技術や輸送技術は急速に発達し，自由の可能性には限りがないようにみえる。とりわけ1960年代，70年代には，われわれが家族やコミュニティによって形成・維持された義務の網から逃れることだけが自由になれる道だと考えた知識人がいた (Dennis 1993)。言い換えれば，争点は，居住や親族関係の生活パターンが生産の技術的・経済的基盤における変化に対し，いまだに順応している最中であるということである。自然を支配することが新たな可能性を開き，親族制度が家庭内経済と公的経済の間の変化に順応し，職業形態がマニュアル労働から熟練中産階級の仕事へ，終身雇用・フルタイムの長時間・低賃金労働から流動的でパートタイムの短時間・高賃金労働へと多かれ少なかれ急速に変化するなかで，近代政治は，自由と平等，そしてコミュニティの価値を最大限に活用しようと不断に試みてきた。

　社会科学はこうした状況による困難のもとにある。昨日のリアリティは，今日は概念として残る。社会科学の初心者に向けて講師がよく用いる，家政婦と結婚することでGNPを減少させた男の使い古された冗談があるが，測定は概念的困難に満ちている。ヴィクトリア朝時代の人びとは，アルフレッド・マーシャルでさえ，国富は，家庭内経済における女性の膨大な労働を考慮せずとも適切に計りうると判断した。あらゆる家庭内労働やコミュニティでの奉仕活動の割合は，国富の決定要因としてはますます小さくなるものと当時は信じられていたのである。経済学者は，流通するモノやサービスの価値の総体は過小評価されていることを十分によく理解していたのであるが，しかし彼らは，世の中の流れがこうした現象を取るに足らないものにしてしまうだろうと考えたし，またとにかく，市場と官僚的社会で流通するモノやサービスを検討することそれ自体に価値があると考えた。

性別役割分業は今や全く異なっており，特に女性は(以前よりずっと短くなった)子育て期においてさえも，たいてい，パートタイムの仕事に就いている。こうした事態が生じてきたのは，部分的には，多くの女性が賃金の支払われない家庭内経済をあとにして，賃金が支払われる産業経済へ参入してきたためであった。あらゆる場における女性の地位向上に対する闘いは，20世紀の大きな社会運動の一つに火をつけ，職場と同様に家庭においても平等らしきものが達成されるまでには依然として長い道のりが広がるのであるが，それでもなお，大きな前進がなされてきた。しかし，その欠点は，成人男性と成人女性の間の関係にばかり関心が向けられてきたことである。男性との関係における女性の権利や利害に関しては1万もの言葉が費されているのに，子どもの権利や利益に関する言葉は100ほどしかない。

この大きな議論の次の段階に，権利が——そして願わくば，女性と男性の義務が——子どもの利益に関連づけられることをのぞむ。経済学者たちは，国民所得や国民生産についてより広範な，あるいは代替的な評価を試みてきたし，またある世代が，その活力を自分自身の満足と子どもの幸福の間で配分する程度を測るためにうまく開発された愛他主義の指標をつくりだそうとしてきた。たとえば，子どもへの関心と無視というように，物質経済だけではなく道徳を測る尺度を求めているのである。

家族が安定しているときに家族を支える価値——義務，忠誠，愛——は，現在まで，長い時間をかけて後退してきた。特殊な小集団と見なされる家族のなかで強調されるのは，競争よりはむしろ協同であり，選択よりもむしろ長期にわたるコミットメントである。家族のなかでは，彼が何をなすか——財産，成功，達成，業績——は，その人となりほどは重視されない。家族のメンバー同士はほぼ無条件なかかわりあいをもつことができ，たとえ限度があるとしても，それでも他の多くの人間関係よりその限定性ははるかに小さいものである。いずれにしても，家族の理念型においては，家族関係は——「あなたが私のためにしてくれるなら，私もあなたのためにしてあげよう」といった——自己本位の相互依存に基づくものではなく，自己本位や合理的打算を超えたものである。母親とは，病気の娘の看病をする前に恩返しをしてもらえるかどうかを尋ねたりしないものであるし，娘も，母親が長患いの間，母親を看護する時間の余裕

があるかどうかを考えたりはしないものである。

　このように，家族は道徳経済の中心にある。家族はあらゆるもののなかで最も大切な能力を人びとに伝えるのであり，その能力とは，自己本位を超えて，他人の利益を，ある意味では自分たち自身の利益のように尊重するというものである。つまり，集合意識の中心であり，あらゆる社会に共通する利他主義の類である。それがうまく機能しているとき，家族はあらゆる市民的美徳が育まれる美徳の温床となるが，ちょうど同じように，それがうまく機能しないときには，家族はあらゆる不道徳の源泉となり得る。

　道徳経済は，常に，市場経済との緊張関係にある。市場経済とは，その人がどういう人物であるかよりも，その人が何をするか——効率性，生産性，達成度——で人を価値づけ，人びとが互いに競争しあうようにしむける。家族のなかで重んじられる縁故主義は，経済上ではひどく嫌われる。重要な点は，経済学者や雑誌 Which? に愛される選択にある。人間というものは，自分がいま何をしていても，もっと多くの他の選択肢，例えば，他の状況，他の職場，別の男性や女性ともっと美しい月夜に一緒に過ごすことも選択しうるということを実によく意識しているものである。現代社会は，たくさんの選択によって混乱しており，家族のメンバー全員が自己実現に向かって独自の道を邁進して，一緒の食卓についたり，あるいは，ただ一緒にいる時間すらもないような場合，普通の，比較的安定した家族の平安すらめちゃくちゃにしかねない。しかし市場価値はますます支配的になってきており，そして言うまでもないが，それはここ 18 年間[訳注1]のことではないのである。

　経済学者の測度がとても満足のいくものではないというだけでなく，社会学における生活の質に関する測度についても，特に子どもや老人に関しては，不十分である。実際，教養ある世代にとって不可欠な条件とは，両親の子どもに対する恒常的で啓蒙的で支援的な関心であるという見解をわれわれはとる。しかし，それは必ずしも正しくないと思う人もいるであろうし，さらに加えて，必ずしも可能ではないと考える人たちも多くいるだろう。確かに，たくさんの善良な市民が祖父母によって育てられてきたし，多くの生命が保健訪問員や衛生調査官のような「エージェント」によって救われてきたし，また，多くの機会への道が，熱意ある，同情的な学校教員によって開かれてきた。こうしたこ

とはすべて事実であり，ありがたいことである。政策がすべてのことをまかなえるはずがない。官僚は祝日（例えば，8月のバンク・ホリデイ）には働かない。母親と父親だけが，惜しみなく子どもの養育に努めるのであり，そして，あらゆる子どもが，まさにそれを必要としているのである。特に，男性が家庭内経済に引き戻され，母親の就労だけでなく，同棲，離婚，別居がすべて増加している社会では，親の役割を必ずしも正確に定義することはできない。正式に結婚していることや，あるいは同じ住所から出生登録されていることを，子育ての質を測る適切な測度の代用にすることは不十分である。親が子どもと過ごす時間の推定値すらイギリスにはまだないが，アメリカの研究では，この時間が過去10年間で半減したことが指摘されている。

政府ができることは，子育てへかかわる機会を最大限にするという社会的条件を整備することである。したがって，政府は，親から親へ所得を再配分する財政制度や，保険・教育・福祉における公共サービスの提供，また，専門的かつ長期にわたる児童ケア・サービスや子どもを貧困に陥らせないために必要な収入を給付することで母親を孤独・不安・無知から救済することを通じて，間接的に働きかけるのである。こうしたことが，われわれが測定しようとする道徳秩序の範囲である。

ここで必要なことは，日々生じる家族構造の急激な変動の，社会全体としての費用と便益を再検討することである。たとえば，われわれは，子どもは離婚から簡単に立ち直るとか，新しい関係が子どもの信頼できる両親や祖父母やきょうだいの総計に単に加わるにすぎないといった近年流行りの見方に賛成することはできない。

社会学者としてわれわれが特に関心をもつのは，かなり高い比率の子どもたちが次世代をつくり再生産することへの責任と目的にかなった献身というかつては当然のことと見なされていた規範を習得することなく，貧困のなかで育てられているという事実である。たとえば，1992年では，ひとり親の週当たりの平均総収入は159ポンドであり，国全体の平均（週当たり342.93ポンド）の半分以下であった。児童貧困対策グループ（CPAG）によると，大人と比べて子どもはますます貧困に陥っている。第二次世界大戦後，富裕層の出生率が落ち着いた一方で，貧困層ほど経済状態とは不釣合いに子だくさんであったという奇妙

な19世紀の体制が，形を変えて再形成されてきている。そのうえ，国家負担削減というイデオロギー的決定を背景に，ひとり親に支払われる手当を削減していては，次世代を維持するための養育水準を上げるとはとても考えられない。社会正義も社会効率もここにはないのである。

過去20年にわたって，人間開発の指標を定義するための試みが続けられてきた。1990年，1991年，1992年，そして1993年の『人間開発報告書（The Human Development Reports）』[訳注2]には，比較可能な統計に向けての動きの進行が詳細に示されている。報告書は，世界全体の，そしてそのなかのカテゴリーや地域にも触れているが，主には工業国について言及するものである。報告書は，平均余命の現状（1990）と傾向（1960-1990），1人当たりの実質GNPや児童福祉にいたるまでさまざまな方法で示している。無論，それらは改善する余地があり，現に1993年版には改善方策に関する豊富な技術的議論が掲載されている。民主社会主義者によって求められる以下にあげられる主要な価値がどれだけ達成できたかを示すために，それらを用いることができるであろう。

1. 個人的選択の自由と範囲
2. 基本的能力の獲得機会の平等
3. 社会的連帯もしくは当該国家への帰属

第1の点は寿命と収入，第2は所得配分，そして，第3は自殺，薬物濫用，家族解体などの発生率によって測ることができる。さらに改善される余地があることは間違いないが，ただこれらの表から，イギリスの傾向を垣間みることはできる。イギリスは，人間開発指数（HDI）によると，世界の国々のなかで10位に位置する。1960年から1990年までの間，イギリスの平均寿命は70.6歳から75.7歳[訳注3]まで上昇し，日本は，イギリスよりも低いところからはじまったが，ついには78.6歳まで上昇した。平均寿命は，先進国全体では74.5歳で，世界全体では64.7歳であった。イギリスの1人当たりの実質GDPもまた上昇し，ECおよびOECD諸国の両平均を上回った。1990年のGDPに対する総福祉支出の比率は，イギリスで6.1%であるのに対し，アメリカで12.2%，スウェーデンとオランダでは8.6%，OECD諸国で9.1%，そしてECでは7.7%であった。

社会構造の弱体化の兆候を見るのに，イギリスでは婚外出生率が高いことが注目されており，1985年から1989年までの間，ECでは15%だったのに対してイギリスでは25%であった。また，離婚率は，ECで27%なのに対してイギリスでは41%であった。その一方で，イギリスはヨーロッパ近隣諸国と比べて殺人や自殺の率は低い。人間の困窮に関するその他の指標では，イギリスは，失業と所得配分の不平等に関して，ヨーロッパと大きく異ならないことが示されている。もっとも，北欧の国々の方が，いずれの点でもよりよいのであるが。

測度問題の解決が不完全ではあっても，家族がトラブルを抱えていることは，まず間違いないであろう。現在，国会や国民は，イギリス特有の無秩序の問題と見なされるもの——犯罪の増加，浸入するみすぼらしさ，広がる福祉依存状態，コミュニティの崩壊——の解決策を探し求めている。本質的な出来事は，過去の人びとが，伝統的な市民性を守っていくように自分たちの子どもを育てることに失敗してきたということであり，その解決策は——伝統的家族の強化といった——政策であると結論づけられるのであろうか。事態を正しく理解すること，つまり，家族構造の変化の原因，相関関係，結果（あるいはより正確に，学者風に言うならば，子育ての環境や，それから生じる青年や大人の行動）を特定することが重要である。もし間違えて理解するならば，正しく効果のある政策は偶然を頼みにするしかない。

『サンデータイムズ』(1993.2.28)の編集者は，そのことを部分的に正しく，そして部分的に間違えて理解してしまった。彼が，「核家族を社会政策の中心におく時代が到来した。核家族は，保護され育てられる必要がある」と主張したことは正しかった。しかしながら，その分析をアメリカの膨張する都市下層階級に関する理論と結びつけた点で，彼は誤った。アメリカの政治評論家であるチャールズ・マレーの意見を深刻にとり上げるという過ちは，マレーが下層階級理論を大西洋を超えて展開するのを手助けした，3年前の『サンデータイムズ』の決定から生じている。実際には，その理論は，大西洋の両岸ともに当てはまらないのである。ウィリアム・ウィルソン教授は，シカゴでの緻密な経験的研究によってそれを覆してきた。デイビッド・スミスは，イギリスの状況を冷静に再検討し，「イギリスにおいて下層階級が首尾一貫した説明概念であるということは，いまだ示されていない」と結論づけた(『下層階級の理解』PSI, 1992)。

不幸なことに，無秩序の説明やその改善政策は当惑するほど複雑である。さらに厄介なのは，チャールズ・マレーやロジャー・スクラトンのように，根本的原因は政策の範囲を超える「精神的なもの」であると主張する人びとがいることである。まず第1に，家族に関する適切な歴史的記述が必要であり，これによって，統制の危機は何も新しいことではないという事実に直面するはずである。たとえば，ピーター・ラスレットが示したように，19世紀初頭における妊娠の3分の2近くが婚姻外であり，家族による老人虐待に関する公的訴えは幾世紀も続いてきたのである。アーサー・モリソンの『ヤーゴの子供』のような，ヴィクトリア朝やエドワード朝のロンドンの生活記述を読む人で，親から子どもへ受け継がれる道徳の伝統が常に脅やかされてきたということを疑う者はいないだろう。現代の社会科学者は，みすぼらしい記述データによってひどく制限されている。そして，そのこと自体が恥なのである。政治家が理にかなった助言を必要とするならば，たとえ下院であれ，テレビ画面上であれ，新聞のコラムにおいてであれ，民主主義における議論が正確な情報にもとづくものであるためにはデータ収集や分析のための資金が利用可能となるように留意すべきなのである(たとえば，人口爆発の世界のなかで，西欧全体では人口減少がはじまっていることをどれくらいの人が知っているだろうか)。

伝統的家族の衰退は否定しようがない。離婚，同棲，ひとり親や婚外出産は，いずれも近年急激に伸びている。さらに，両親によって育てられた子どもの人生におけるチャンスと，ひとり親や同棲中の親に育てられた子どものチャンスとの平均的格差は，十分に詳細ではないにしても確実に存在する。測度の微妙な問題は，ここで社会科学の障害となる。子どもの家庭環境の安定性や雰囲気のよさ，夫婦間の葛藤の深さ，同居する同棲者による出生登録に対する結婚の意味をどのように査定するのか。恐らく，読者は，こうした退屈で専門的な問題を研究者に任せたいと思うかも知れない。しかし，そうした感情的な問題においては先入観があるために正確な判断ができなくなる可能性があまりに大きすぎるのである。

正当に男女同権を求め，伝統的な労働者階級の家族にみられがちな男性の横暴(「女の仕事」，ダブルスタンダード，「女の子だから」進学させない，など)についてよく知るフェミニストの積もりに積もった憤りに，またロジャー・スク

ラトンには失礼ながら，政策の向上は可能である。われわれが子どもだった頃，労働者階級の住区ではドアに鍵を掛けていなかったことを思い出すと，そこにアイロニーを感じる。母親たちは信頼できる警官であった。議会は，よりよい社会の実現に向けて何事かなし得る。議会は，エレノナ・ラズボーンの家族手当の復活を法制化することができるし，政策的意図があれば，品位を傷つける資産調査（ミーンズテスト）による手当給付の選別，家族から成人個人単位へと傾いた現在の財政体制といった貧困の罠を回避するために課税と給付をリンクさせていくことができる。

　浪費，絶望，何百万もの非自発的な失業による犯罪への誘因を激しく非難するベヴァリッジが主唱したこと——完全雇用経済——を為すことは可能である（25歳未満の若者の5人に1人は失業中である）。もちろん，完全雇用の定義は，ベヴァリッジがそれを構想した50年前よりも，現在では，かなり複雑である。今後，パートタイム労働をはじめとし，出産育児休暇の確保や育児支援の提供，また公正な年金受給をきちんと確立することで，家庭と仕事の責任の両立を支援せねばならない。少なくとも，保健・教育・福祉のための学校やその他の公共サービスは，家族を援助し，女性の職業と家庭でのキャリアを男性と対等にし，年間を通して「第三年齢層」(third-age)[訳注4]の人びとを，毎日午後6時まで子どもの学校教育の現場に再就職させるべきであるという現実的な認識がなければならない。そうすれば，鍵っ子も，児童教育サービスは報酬が低く感謝されていないと感じる学校教員もいなくなるはずである。子育ての方法においては，体系的な教育がなければならないのであって，政策は，そのいくつかの方法を提供することができるのである。

　さて，より抽象的に原因と治療法について考えていくことにしよう。市民文化の再建が必要である。近代における西側の政策の3大劇的ペルソナは，自由，平等，コミュニティであった。そして，この3つすべてが上手くバランスを保たなければならない。現代においては，そのなかでも自由が最も重要だと思われている（経済成長や避妊を通して）。平等は，民主主義や地位差別縮小を通して，限定的な成果をあげてきた。もっとも，底辺部に比べてトップは20，30，40倍という，グロテスクな収入の不平等はいまだにあるのだが。そして，コミュニティは，——おおよそ，盗難警報器の販売数に反比例して——ますます

悪くなってきた。われわれの子どもたちが楽しく暮らし，社会の一員となるためにも，この辺で振り返ることができるのだし，また，そうしなければならないのである。

子どもの声

　国立児童事務局（NCB: The National Children's Bureau）は，自らを「子どもの力強い声」と位置づけ，「子どもの世紀」に対する独特の制度的な対応を担ってきた。そしてまた，伝統的家族の衰退の目撃者でもあった。

　NCB 設立からの 30 年間は，われわれの目的にとっては，誤解を招くおそれのあるほど――一世代かそこらという――短い期間である。しかし，社会的勢力として，子ども期は，子ども，親，祖父母世代の心のなかで発達しつつ，多かれ少なかれ共有される概念として定着するなかで，主観的な意味で広がってきた（Wadsworth 1991）。すなわち，1960 年のイギリスで，1860 年代を体験した人はまず殆どいないであろう。1860 年代の人びととは，国家が子どもの教育に最初の深刻な介入を行う以前の時代を生きていた。当時は，妻がまだ夫の合法的所有物であって，大多数の人にとって思春期は公教育の終わりと労働者生活のはじまりであり，男が外で働き，女は家で待ち，家庭内で子どもの死が珍しくなく，フロイトがまだ知られておらず，保健訪問員や病原菌理論が認知されてなく，そして，子どもの数が家族の収入と高く反比例の関係にあった時代であった。

　このように，急激な変化の時期には，子どもに関する類似する定義と矛盾する定義とが同時に存在し，競合しあう。そして，NCB は，政府と国民，教会と平信徒，専門職と素人，親と子ども，階級間，ジェンダー間，ごく最近では民族集団間での子育てに対する考え方の衝突に関する公的な仲介人としてうまく評されるかもしれない。こうした点で変わりゆく事態の認識は，それゆえに，非常に複雑なものになるはずである。われわれがここで提議できるものはすべて，選択的に単純化されたものである。

　ハルゼー（Halsey 1988）は，社会的傾向を要約するなかで，イギリスには，第二次世界大戦以後，古典的産業経済と中央集権化された民主主義政策，そして

家族主義の社会構造という社会変動がみられたと述べた。イギリスの長い歴史的ルーツは，小さい政府と，主に家族と労働市場との関係によって決定される財政と福祉という社会体制とにある。典型的な産業主義では，その前の土地均分論と同様に，労働の制度的配分は，基本的に，家族・職場・国家のトライアングルにおいてなされた。家族は子どもを育て，男は家庭とは離れた職場で働き，女は家事にいそしんだ。経済が生産し，家族は再生産し，国家が保護したのである。

NCBは，変化の担い手であった。戦時中の，ベヴァリッジやケインズやバトラーによって表明された総意は，繁栄する文明の未来には積極的な福祉国家が必要であるというものであった。それは，家族と経済の間の伝統的な橋渡しとしての，政府と政府機関による組織的な「干渉」を意味した。それが，NCBの役割を子どもの声として決定づけた背景であった。福祉国家の起こりは，子どもの教育と健康，一時的に失業している男性の救済，金を稼いでくる夫のいない母親の保護，老人扶養，そして全体として国民の健康や安全の保護のための資源の再配分の方途として徴税の見直しが必要とされたことによる。

次の世代では，法制化と社会的実践が，伝統的生活の制度的トライアングルのそれぞれの間でより精緻な分業の案内役をつとめた。家族は，消費者であると同時に生産者でもあると認知された。人びとは，工場の中で働くだけでなく生活するのであり，家の中で生活すると同時に働くのである。家族内の子ども数が減少しているが，同棲のなかで生まれる少数派は増加している。核家族は，別居や離婚および死別などにより再構成される。もはや，女はただ待つだけの存在ではなく公の経済活動に参入しており，その一方で，男は家庭に引き寄せられてきている。子どもだけでなく大人もまた学ぶ。国家は，親の代行として，教師や保母をはじめ住宅供給担当者など，過去に例を見ないほどの勢いで広がる社会福祉における担当者を提供し，それは家族を支えるにとどまらず，家族の代わりとしての役目を果たすようになっている。同時に，過去30年間にわたって，子どもの意味や性質を変化させてきた労働分業の再調整がなされてきた。

しかし，これらの変化すべてが熟考された政策プランニングの予想された結果であったわけではない。ある意味では，NCBは，計画的な法律・行政上の

革新の予想外の結果をモニターする機関の役割を担うためにつくられたのである。ともかく，社会統計(歴史的に，国家に関する出来事を意味するもの)は，女性(特に既婚女性)の就業の増加や，出生率の低下といった予測された傾向を示しはじめると同時に，(現在ではひとり親の子どもとして記録される)非嫡出子の出生や，同棲，離婚，再婚，ひとり世帯の予期されなかった増加をも示しはじめている。第二次世界大戦の終わりから1990年までの間，経済活動に携わる女性の割合は，3分の1程度から52.8%まで上昇した。また，専業主婦の割合は，1971年には51%であったのだが，1990年には29%と急減しており，全女性労働人口は1,200万人であった。1961年から1989年までの間，離婚指数は，1,000組当たり2.1から12.7まで上昇した。1972年当時の既婚女性の16%が，後に夫となる男性と婚姻前に同棲を経験していたが，この割合は1987年までには概ね半数にまで急増した。現在，多くの女性が子どもをもつものの，家族規模は縮小し続けており，1950年代のおわりに生まれた女性の5分の1弱が子どもをもたないだろうと予想される。そして最も重要なことだが，20世紀前半で4-5%だった婚外児の割合は，1960年の5%から，1979年の11%，1994年の32%へと上昇している。

また統計は，子どもの学校教育の拡大だけでなく成人教育を受ける男女が増加していることも示しており，概して，国民の学歴レベルの上昇を表している。1990年までに，労働年齢における男性の72%，女性の65%が高校卒業以上の資格を持っていた。ちょうど，家族規模と資産の間に伝統的に反比例の関係がみられたように，現在，教育資格と年齢との間に負の相関関係がみられる。

その一方で，予期されなかったことだが，伝統的ふたり親家族のベネフィットが後退し，急成長した福祉国家においてさえ，公共サービスが十分に代替をなすことができなくなるにつれ，貧困にあって，教育や人生のチャンスに乏しい子どもという社会的に貧困な底辺部(いわゆる「下層階級」)が出現した。

変容する家族

現在，西欧や，かつてイギリスの植民地であった国々を中心に，新たな人口動態の時代を迎えている。この新しい再生産の体制は，21世紀の世界全体に対

して重大な潜在的インプリケーションをもつ。新しい人口動態の時代の土台をなす，出生，結婚，離婚，子育て，年齢，ジェンダー，そして死に関する概念が革新的に変化している。

基本的に，新しい体制は低い出生率と低い死亡率のバランスで成り立っている。言い換えると，縮小傾向へとある再生産と着々と延びる寿命との歴史的に前例のない組み合わせである。高齢化人口に伴う児童の減少は，人口動態上で避けられない結果なのではあるが。しかし，経済的な豊かさと増大する地理的移動は，従来には殆ど見られなかったインプリケーションや可能性をもたらす。（いくらかは，結果というよりも，むしろ原因であるが，）再生産の単位としての伝統的家族の衰退という社会的な出来事もまた，新しい体制の性格を決定づけるものとして考えられなければならない。結局，国際流動性の従来のパターンの逆転によって，自然再生産が当たり前とする動向が妨げられない限り，新体制における初期人口の縮小は避けられない。もちろん，西欧の主要都市経済では，エスニック・マイノリティの増加を受け入れるなかで，既にそうした反動の徴候がみられる。少子化，高齢化，家族の脆弱さがともに，年齢集団間，エスニックグループ間，そしてジェンダー間の，生産・再生産・配分の構造の変化をもたらしているのである。

ところで，その新しい体制の何が新しいのだろうか。それは，マルサス以降の社会学者によって描かれてきたような，人口波動をただ誇張したバージョンともいえる。農耕社会では多産多死により人口が少なく，それによって比較的若い人口をもたらした。そして，しつけは強い家族や小さなコミュニティのなかで，限られた情報と社会的交流に伴う明確な役割分担をもっておこなわれた。イギリスや初期ヨーロッパの産業主義は，土地均分論から脱却する道を取った。死亡率の低下と人口爆発は世界を脅かしながら，出生率の低下の加速により19世紀末から20世紀初頭にかけて続いた。結果として，第二次世界大戦後には新たな少産少死のバランスを生み出した。目新しい説明ではないが，先例をみない経済的繁栄という共通の特徴と男女間の分業の見直しは，「第三年齢」(third age) という新しい政治的階級と同様に，新しい社会，人口規模の縮小，寿命の延長，女性に対する新しい平等主義的自由を提供することの前兆であった。

このように，子育ての社会的単位としての家族の行く末は疑わしくなってい

る。まず第1の便宜的指標は，夫婦の崩壊である。離婚は，過去30年で急激に増加した。離婚に終わる結婚の割合の予測では，たとえ2組のうち1組が銀婚式を祝うことができ，7組のうち1組が金婚式を祝うことになっても，結局，10組中4組が別れる。祖父母世代の先行きは漂う。

　第2の指標は，婚外出産である。先に示したように，1994年までに，その割合は32%まで上昇した。イタリアの10%と比較して，スウェーデンは50%である。イギリスの婚外出産は，婚姻内出産が大きく落ち込んでいるのに対して，ここ10年で3倍になった。10代の母親の出産のうち4分の3が婚外出産であり，10年前の約2倍の割合となっている。その一方で，安定した子育て環境の確かな指標としてどれか1つの統計だけでことたりるわけではない。例えば，初期の頃の(現在では「婚外子」というが)「非嫡出子」出生率は，両親間の関係の安定性を考慮していなかった。最近の出生登録の記録では，婚姻外で生まれる子どもの少なくとも半数が，安定した関係を築いて一緒に暮らしている両親がいることを示している。

　家族の不安定さを示す第3の指標は，ひとり親家族の数である。そうした家族の総数は，1970年代初期以降，約60万人だったのが100万人を超えるまで増加し，そして，その子どもの数は150万人を超えた。つまり，約8人に1人の子どもが，現在，ひとり親家族のなかで生活していることになる。そして，そうした再生産状況は，(すべてではないにしても)典型的に，失業率が高く，苦しい家計状態にある下層階級や低所得者に集中する。すべてがすべて，結婚の多種多様な不安定さの複合や，婚姻外家庭の母親や子どもに対する乏しい援助の証拠である。確かに，非常に複雑な状態であって，熱のこもった議論がなされてきた。家族が崩壊しており，その結果，カオス，犯罪，文明の危機が生じると考える悲観的な伝統主義者がいる。また，女性の機会と平等の新しい夜明けであり，非嫡出子のスティグマの終わりであり，そして男性支配の終焉をみる楽観的なモダン主義者もいる。

子どものための正義と集団主義の倫理

　大人の利益は，子どもの犠牲の上に成り立つのだろうか。それが，ここで問

題とする正義に関する中心的問題である。民主社会主義の見地からすると，それは結果として災難に終わるだろう。近代社会は奇妙な迷信をもつが，恐らくその中心的なものは，もし自我が，彼や彼女の選択を最大限まで拡大すれば，われわれはみなよりよい暮らしができるという信念である（Dennis and Erdos 1992）。より大げさに言うなら，それは，個人の自由が全体の幸福であるといった誤信である。家族とは，この現代のナンセンスの昔から伝わる反証である。伝統的家族は，子どもの福祉を守るための試験済みの制度であって，ポスト・キリスト教国のみがそれを信じない。個人主義の信条は，主に2つの点で幻想である。まず第1に，自然を超越する人間の力の目覚ましい進歩が，われわれの先祖が当然のことと考えねばならなかった生活の苦労から多くの人びとを解放してきたという幻想である。昔の人々は，職場，キャリア，そして人間の筋肉や汗の代用品を発明し，われわれは，マイクロチップや洗濯機をもって「アダムの原罪」からの逃走を継承し，そして洗練させてきた。われわれはそれを経済と呼び，あるいは生産システムと呼ぶ。そして，その継続的成長を賞賛するために，経済統計学者や財務省の政策者たちを雇っているのである。われわれが，生産性，雇用，資本，教育といった言葉を使うのは，家族が国家の隆盛には何ら関係がないことをイメージさせるためである。

　第2に，1980年代に一世風靡した，大人の自我は自立しているという発達前提である。そのため，子どもは商品として扱われるようになる――なるほど，質の高いオブジェクトではあるが，それでもやはりモノであり，大人が他の消費財よりも好んで選択するまるで車やビデオや休暇などと何ら変わりのない商品とされる。そして，もし子どもをもつことを選択するのならば，それは個々の選択と責任とされる。避妊という身体的コントロールがその幻想を強めた。そうすると，泥棒や詐欺によって被る，こうしたよいモノの市場の崩壊を防ぐため以外に，家族やコミュニティや，ついでにいえば，政府を誰が必要とするであろうか。確かに，テクノロジーは自然を征服してきたし，稼ぐ範囲内で，個人は消費スタイルを安心して選択できる。誰もが自分自身の決定で素晴らしい生活を買う自由を得たのである。結婚は単なる契約となった。生活の質は，「人」や「自然」といった有機体的な概念に含まれるものというよりも，むしろ方法論的個人主義を通した計算によって測られる。

われわれの先祖はわれわれよりも貧しかったが，しかし賢明であった。彼らは政治経済の概念を理解していたのである。彼らは，人は誰もが互いに支えあって生きているという，現代の幻想が忘れてしまったことを知っていた。原子化された個人は，自分自身のことだけを，そして自分の生活のことだけを考える。しかし，彼らのその存在そのものが，世代を超える計算によるのである。専ら，短絡的で自分勝手な計算の世界のなかでは，子どもをもつことを合理的に選択する女性は少ないだろうし，そして男性はもっと少ないであろう。そのコストと放棄する満足はあまりに高くつく。かくして，近代的エートスを身につけている豊かな国々では，人口減少が起きているか，あるいは起き始めている（安定した人口を維持するためには，女性ひとり当たり 2.1 人の出生率が必要である。ところが，イギリスは 1.8 人，西ドイツは 1.6 人，イタリアとスペインは 1.4 人，あるいは 1.2 人しかない）。社会主義国とは異なり個人主義の国は，結局は，そして文字通り，自分で自分の首を絞めているのである。

　これが現代の結婚の幻想の全体ではない。現実に，家族は経済とかけ離れたものではなく，それどころか経済の一部なのである。親は未来の財の主な生産者であり，そして，われわれ全員が，彼らが生産するものを消費する。それゆえ，受益者がそれに見合った責任を果たすためにも政治経済が必要なのである。財政的・金銭的な表面的問題の下で，老齢年金は今日の子どもたちが支えることになる。しかし逆説的ではあるが，現在の政治経済は，親に税金を使うどころか，むしろ，未来の生産者を生み出すことは愚かであると事実上，彼らを罰しているようなものである。現在の税制および社会保障制度は，家族には不利で，子どもをもたない大人に有利なように制度的に偏っており，その傾向は 1960 年代以降強くなってきた。

　どうすればこの事態すべてを変えることができるだろうか。その第 1 段階は，事実をきちんと認識することである。「事実」は，常に，人類にとって良いものか悪いものかに関する前提の文脈のなかで現れるとわれわれは考えている。今日，われわれは，こうした問題の著しい価値の不一致に直面する。われわれは，同僚のノーマン・デニスと，「イギリス倫理社会主義（English Ethical Socialism）」を拠点とする倫理社会主義者と価値的立場を共有する。その立場の中心にあるのは，目に見えるすべての社会状況下における個人の責任に関する教義である。

人は，良いときも悪いときもあるが，どのような時でも責任ある道徳の担い手であり続ける。歴史は大きく人びとを規定する。そして，彼らのその行為が，結果として歴史になるのである。したがって，善き社会で善き人間になるための不断の努力のなかで，未来の善悪に関するバランスが決定される。生活の質に関する全体の問題は，永久に解決がつかないのである。避けられない歴史の法則は存在せず，ただ，無数の個人の決定によって絶え間なくサイコロが振られるだけなのだ。だから，再生産の決定は人類の運命にとって決定的なのである。社会や国家，政治や経済，宗教や文化の性格がどんなものであれ，親は，市民として，自分の子どもの質に対する責任から逃れることはできない。

この政治的道徳性の観点に立つと，1960年代以降，伝統的家族の規範の弱体化は疑いようがない。それは，伝統主義の黄金時代をみるということではない。階層間そして性別間での物的剥奪や不平等は，今世紀前半のイギリス社会には不分離のものであった。そこにはユートピアなどなく，あったのは，残虐な行為，性道徳のダブル・スタンダード，近親相姦と児童虐待，未婚の母親に対する残酷な扱い，遺棄，別離であった。それにもかかわらず，伝統的家族制度は，自分自身がゆくゆくは負うことになる大人の責任を子どもに身につけさせるために，関係を秩序づける一貫した戦略であった。

良質な子どもがつくられ，女性には母親業とキャリアを併せ持つ自由があって，そして男性が家庭での子育てにもっと多くの役割をもつことを奨励するべきならば，この制度にまさに必要な改革は，保健，教育，保障サービスのサポートの包括的な強化である。労働党は，近代福祉国家のこうした要素を増強しようとしてきた取り組みを誇りに思ってよい。しかし，より最近の変化としてサポートサービスの悪化は明らかである。家族手当の縮小，国民保険制度の後退，配偶者に対する共同課税の廃止，適切な地域補助財政の不足などを通して，経済成長の伸びは，個人家計を潤すことにはつながらず，富裕層ばかりが恩恵を受ける不均衡を生み出すことになった。1980年代，経済的個人が大きくなり，社会的コミュニティは神聖性を奪われた。サッチャー女史は，冷静な未来の歴史家に，伝統的家族の廃止の功労者と評されるであろう。

確かに，彼女は他の社会的・個人的な諸力によって積極的に支持された。離婚，別居，婚外出産やひとり親家族は，同棲や不倫と同様に急増している。多

くの者がこうした自由を称賛する。だが，一般に認知されるべきことは，伝統的家族の規範（たとえば，彼らが産んだ子どもの社会的な教育に対する個人的，積極的，長期的な責任といった）に従わない親をもつ子どもは，成功した人生を送る機会の実に多くの重大な局面において，親によって不利な立場に立たされるということである。そのような子どもたちは，早死する傾向があり，病気に罹りやすく，学校では不真面目な態度を取り，栄養状態や安心感や友好性が低いレベルにあって，職にあぶれる憂き目にあい，非行や犯罪に走る傾向があり，そして結局，自分自身が受けた不安定な子育ての再生産を繰り返す傾向がある（Elliot and Richards 1991; Bradshaw and Millar 1991; Kierman 1992）。

　家族崩壊の影響に関する研究が積み重ねられてきたが，その優れた研究のなかに，1946年に生まれた子どもをサンプルとした縦断的調査（Douglas 研究）と，それより後の，1958年に産まれた子ども17,000人を対象とした縦断的調査（国立児童発達研究所）がある。現在，2つの調査の子どもたちは成人して，彼ら自身に子どもがおり，そこで，ある世代の家族崩壊の長期的影響のいくらかを評価することができるわけである。1946年サンプルをこの視点から分析すると，15歳未満で両親の離婚を経験した子どもたちは，両親の離婚を経験しなかった子どもと比較して，より情緒不安定で，非行に走る率が高いうえに学校での達成度は低く，そして，自らも離婚や別居の傾向が強いのである。

　1958年のサンプルも同様の方法で分析されているが，どちらかといえば，結果はもっと深刻なものである。両親の結婚が破綻した子どもは，義務教育段階で学校教育を終了して，18歳未満で家を出てしまう傾向があり，また，心理的問題をより被りがちであるし，男子においては喫煙常習者になる傾向が強いようである。実の両親が揃った家族とは異なり，両親の離婚後，片方の親と暮らす子どもや，継父母と暮らす子どもについては，さらにもっと厳しいものがある。ステップ・ファミリーで育った少女が，10代のうちから複数出産や婚外出産を重ねるリスクは2倍である。そして，珍しくないが，義理の父親による性的虐待を受ける危険性が高いことも，他の研究から明らかである。ステップ・ファミリーの子どもは男女とも，16歳で学校を辞める傾向も2倍である。

　離婚や別居によって家族崩壊を経験した子どもたちは，ある意味，死別よりも悲惨な運命を被るのかもしれない。父親や母親の死は，他の理由で親を失っ

た事例と比較しても，ほとんど問題はない。もちろん，離婚や別居が唯一の原因であるなどと言っているわけではない。それらもまた徴候なのである。「子どものため」だけに一緒に暮らすカップルは，まさに有害な初期環境となる可能性がある。

その結果は常識と一致し，恐るべきことである (Burghes 1993)。しかしわれわれは，その論文が言及していないことについて明らかにしなければならない。それは，平均の比較である。伝統的に育てられた子どもが，すべて健康で賢く良い子どもになるわけではない。あるいは，親のない家庭の子どもが，すべて病弱で，低学力で，犯罪を犯すわけでもない。あらゆる社会科学のように，比較研究は，多種多様な結果の多種多様な原因を扱うのであり，歴史上のある時点でのある特定の集団における統計的な関連の結果を明らかにするのである。にもかかわらず，発表された論文のなかで仮定された平均の差異をきっぱりと否定するのに役立つような反証はどこにもないということは主張されるべきである。ゆえに，献身的で安定した子育てが社会政策の最優先事項であるべきだという結果が導き出されるはずだ。その見解が受け容れられても，右派にとっても左派にとっても何の慰めにもならない。子育てにかかわることは，経済自由主義者の市場政策の結果でありえないし，ノーマン・デニスが無責任な父親の「利己的な社会主義」と呼んだような結果でもない。社会政策への挑戦は，この2つの悪を回避すべきである。

ひとつの糸口は，世界的な傾向がこの国内の傾向と相関関係にあることである。人類全体として，天文学的な数値へ向けて増加の一途を辿り続ける一方で，豊かな国(つまり産業国)は，減少方向へ向かう傾向にある。イギリス，アメリカ，日本といった国々は，人口減少の初期段階にある(そして，これは高齢化も意味している)。西ドイツでは20年前に比べて200万もの人口が減少しているし，ヨーロッパ南部のカトリック系ヨーロッパでは出生率が急に下がってきた。人口増加が食糧供給の限界を超えるとするマルサス法の古典的ケースであるアイルランドですら，出生率は，安定した人口規模を保証する女性ひとり当たりにつき2.1人の線を下回って，現在，落ち込んできている。イギリスの数値は，先に示したように1.8人である。日本，台湾を含む西側先進社会の将来人口が減少しはじめている一方で，アジア，アフリカ，ラテンアメリカの発展途上の

(つまり貧しい)国々は人口増加にあるといったような，21世紀の世界人口に対して非常に異なるパターンが見られる。

　それでは，どういった説明ができるのか。一般的見識として2つの理論がある。一つは経済的なもの——経済成長に起因する低い出生率——である。裕福な国には，女性が子どもをもたないことや，家庭外の男性社会にますます参入していくことを許すような性的平等の自由を含む，より大きな自由を許容するゆとりがある。もう一つの考え方は，文化的なもの(そして実際は人種差別的なもの)である。西洋文化は，より個人主義的なので，女性に適している。彼女たちは恋愛やキャリアを好み，決められた結婚，妻の殉死，家族計画の禁止などを嫌う。どっちみち，過去において，貧しい者は富める者よりも子どもの数が多く，近代化は女性が男性のようになる自由を与えたというのが結論である。

　しかし，いずれの理論も完全ではない。明らかに，日本や台湾は東洋であって，西洋ではない。そして，インド亜大陸やサハラ砂漠以南アフリカのなかには女性が比較的男性と平等であるが貧しい国が存在する。

　「文化」理論には経済理論ほど説得力がない。だが，個人主義の役割を正しく評価することで文化理論の立て直しをはかることができ，またそれにより2つの理論を融合させ，さらに説得力をもたせることができる。個人主義は人間発達の核心にある価値体系である。個人が，発明し，生産し，選択する。個人主義は，生産や自然統制における急激な向上を説明し，最終的には，現代の少産人口体制への突入を説明する。ルネッサンスや16世紀の宗教改革以降，キリスト教が，個人主義の最初の担い手であり，自由の発祥の地であり，代表制民主主義の伝達者であり，伝統的農業社会における連邦や王政の圧制から逃れる潜在的エージェントであることが次第に明らかになってきた。ガリレオの時代から西側キリスト教徒は，積極的な測定法を促進し，運命論を放棄し，迷信やどうすることもできない拘束を壊し，蒸気エンジンやテレスコープ，複式記入簿記を発明してきた。つまり，個人主義は，天国を地上に移すことを約束したのであった。

　では，それらの何が悪いというのか。第1の答えは，合理的な大人は親になることを放棄するというように，自由で利己的な計算が，結果として生じる種の消滅を請け負うということである。第2に，個人主義的政策は産業や商業に

は多くの利益があるものの,そのロジックが家族のなかにも広がるということである。結婚は,宗教的な長期にわたる結合ではなく,どちらか一方の意志において解消することができる単なる契約になっている。そして,子どもたちは消費財になっている。もし,子どもを「買う」ことを選ぶならば,それは彼らの権利であり,彼らの責任なのであって,買い手の危険負担となる。もしひとり親になる場合は(通常は母親であるが),子どもの世話をするのはほとんど彼女の責任なのである。自由主義者のなかには,このことを自由の妥当な代償であると考える者もいる。平均して,崩壊家族あるいはひとり親家族の子どもたちは,——文字通り,彼ら自身の生涯における生存,健康,教育達成,友好性,仕事,結婚の解消の回避などの——ライフ・チャンスを奪われているという事実から目を逸らす者も多くいる。

この文脈におけるサッチャー女史に関する重要な点は,ノーマン・デニスが指摘したように,個人主義の自由な倫理は家族には介入できないということを彼女が暗黙の前提としていた点である。しかし,実際には入り込んできたのであり,自由主義的個人主義者と同様,「利己主義的社会主義者」によって積極的に奨励されたのであった。一方で,サッチャーよりも以前,イギリスは,われわれが示してきたような,財務の,国庫の,そして社会サービスの政策における変化によって,伝統的家族に対するサポートを徐々に弱める方向に体系的に移行していた。それで次第に,子育てと貧困の密接な関係が見られるようになったのであり,そして最も不安なことに,責任ある父親の経験がない,あるいはそのことに関心を殆ど持たない男性といった新しい世代が出現するようになったのである。世代間の有機的連帯は,経済自由主義による改革によって大きく崩されてきた。

それはすべて,意志ある行為によって変えられるのであって,考えのない反応によって変えられるわけはない。古く堅実な労働者階級の家族制度はうまく機能したが,しかし,ハイコストでもあった(道徳のダブル・スタンダード,「売春婦」や「私生児」への厳しい扱い,母親の家事束縛,「女性の仕事」への男性参加のタブー)。明らかに,そうした伝統的な葛藤や制限は望ましいものでも,もはや可能なものでもない。それにもかかわらず,学校制度や労働協定の抜本的改革や(Hewitt 1993),「第三年齢層」である祖父母世代の協力や家族に

やさしい社会サービスの適切な提供——現政府の市場熱を支配の座から追い払い，その代わりに，より賢明な文明を希求するような，全体の新しい改革プログラム——を通して，積極的な政策の可能性が，より豊かな国に対しては開かれている。

子ども期は，ポスト産業社会の歴史上，重要な時期にある。イギリス，そしてすべての西側ヨーロッパにおいて，次世代の数と質の両方を脅かす劇的な人口動態上の変化がみられる。その他の世界の殆どは，マルサス主義，つまり多産と延命技術に基盤をもつ人口増加が依然として続いている。しかし，イギリスは「第三年齢層社会」と分類される(西側ヨーロッパ，「アングロサクソン帝国」，日本を含む) 16 か 17 の国々に属している (Laslett 1989)。それらの国々の最も大きな特徴は，新しい社会的・政治的階層の隆盛であり，その階層の人々は，賃金労働の義務から自由であり，少なくとも政治的民主主義のなかでは社会政策を支配するのに十分な健康と財をもつ。民主化された有閑階級は，歴史的に前例を見ない。退職者たちはイギリス全体の 5 分の 1 をなす。順当にいけば小学生はいずれ第三年齢に突入することになり，親や子どもとしてよりも祖父母として長生きすることになる。

子どもと福祉国家

われわれは，福祉国家の面影を廃棄して，完全に新しいスタートを切るべきであると主張しているわけではない。ただ，社会サービス部門に非常に多くの新たな義務を課した先の児童法の枠を超えて，あるいは，これまで子どものためになされてきたこと以上に，大きく新しい政策の要綱が現行のものに付け加えられるべきであると考えるのである。ベヴァリッジ報告の施策は，草案者の言葉によると，「貧困への攻撃」であった。貧困は，再建への道を阻む 5 つの巨人の 1 つと考えられており，残りの 4 つは，疾病，無知，陋隘，怠惰である。家族手当の支給が開始されることは当然であったが，他には家族への考慮はほとんどなかった。というのも，当時，制度の永続性が当然視されていたためである。苦痛にあえぐ子どもに関する大きな問題が現在の規模で現れたことはこれまでなかったし(あるいは，再び生じたと言った方がよいか。というのも，そ

れは19世紀には確かに明らかにあったのであるから），また，社会政策に対するあらゆる問題のなかで最も大きな問題として現れたことも確かになかった。ベヴァリッジ風に言えば，何よりも大きな巨人であるといえようか。恐らく，それはまた，他の何物を攻撃するよりも相当に難しい。しかし，それが何もしないということの言い訳にはならないのである。

それでは，何をするべきなのか。子どものために既に確立されていることを継続・増進させていくことに加えて，さらに2つの重要な方策を講じる必要がある。すなわち，児童給付の拡大とイギリス全土にわたる学校改革である。

まず第1に，家族手当を求める運動のパイオニアであるエレノア・ラズボーンは，1940年に次のように言っている。「子どもたちは単なる私的な贅沢品ではない。子どもたちはコミュニティの財産であって，そしてコミュニティは，この福祉の供給をただ個人の収入事情に任せておくわけには，もはやいかないのである」。ラズボーンは，母親に対する賃金について賛成していたが，当時よりも現在において，それはより意味をもつ。広がる家族の脆弱さと，その結果としての家族収入の脆弱さの増大は，子どもに対して無条件に給付される手当ての重要性を高めている。こうした背景のもと，児童給付はすべての子どもに対して継続され，増額されるべきなのである。

われわれは，（家庭外就業よりもむしろ家庭内での就業を志向する選択を示す）母親の賃金の即時導入を支持する。CPAG（児童貧困対策グループ）の『子どものコスト──1990年代の生活水準──』のなかで，ブラッドショウ博士は明確な見解を示す。

> 1979年から1991年までの間に，平均生活水準は30％以上も増加した。しかし不平等が劇的に拡大し，有子家族の収入規模は低下しており，多くの家族が所得補助に頼っている現実があり，相対的に，暮らし向きは悪くなっている。このニーズは起こるべくして起こったのではない。政府の税制，給付，そして雇用政策の結果であった。もし，子どもの生活水準の改善に着手し，イギリスで所得補助を受ける相当数の子どもたちを普通世帯から区別することを廃止するべきならば，所得補助を受ける子どもの割合をすぐに増やすべきなのである。

有子家族が，所得補助では，この調査で用いられた（ラウントリーに由来する）最低生活水準にすら達していないことがCPAGの調査で明らかになった。家

族手当を含む所得補助は，大人2人と子ども2人家族で，子ども1人に対する最低コストの78%しか満たさない。また，児童手当の収入援助ではわずか59%，児童給付ではたった35%しか満たさないのである。そうした家族が，児童水準の最低コストに達するためには，子どもの割合に応じた所得補助に家族手当を足したものに加えて，週当たり5.74ポンドの補助を必要とする。

　しかし，児童給付がすべての子どもに対して同じように拡大されるべきであると考えているわけではない。その給付は，特に子どもの最も基本的な時期，つまり5歳以下の時期に，母親(それに，ときには父親)が子どもの世話をするために家にいることを支援し，奨励するために計画的に使われるべきなのである。そこで，われわれはそうした子どもに対する児童給付の割合を引き上げることを提案する。この実施において，女性就業者に対する企業側のニーズと子どものニーズのどちらが優先されるべきかという議論では，われわれはもちろん後者を支持し，主張する。実際，どうしてそういう議論があるのかが全く理解できない。われわれにとっては，公共政策の実施の限りで，子どものニーズが優先されるべきであることは明白である。しかし，母親が働きたいと望んでいるのに，母親は働きに出るべきではないなどと言っているわけではない。外へ働きに出なければならない母親にかかる経済的圧迫が改善されるべきであると主張しているのである。そのプレッシャーは，ひとり親にとって最も過酷なものである。両親の揃っている家庭の子どもの4人に1人は貧困の縁で生活しているのと比較して，ひとり親家庭の子どもの4人のうち3人近くが貧困すれすれの状態にある。5歳以下の子どもに対する児童給付を引き上げることは，資産調査(ミーンズテスト)を受けることなく，申請者全員に対して最も必要とされるところへの給付を目的としている。

　シングルマザーは，いや，実際いかなる母親であっても，子どもがまだ幼いときには働かなくてもよいはずである。子どもは5歳をこえれば日中は学校にいるので，働くかどうかの選択は大きな問題ではなくなる。そこで，児童給付の二段階システムを設けるべきであり，すべての子どもに対して手当の拡大をなすべきなのであるが，特に5歳以下の児童に対しては相当量の——たとえば2倍の——増加をすべきであるというのがわれわれの提案である。すると，5歳以下の子どもを対象とする児童給付は，児童1人当たり7.25ポンド，第1子1

人当たり 8.25 ポンドという現在の水準に代わって，現在の価格で，週当たり約 15 ポンドか，あるいは 5 歳以下の児童 3 人に対して 45 ポンドぐらいになるだろうか。また，どうしても外に働きに出なければならない母親にも，彼女たちが子どもの世話を頼む人びとに支払いをする場合は，何らかの余分な手当がなされるであろう。

5 歳以下の児童をもつ母親のなかには，働きに出る以外に選択の余地のない者もいる。彼女たちは，「5 歳までの子ども」のための設備をもつ小学校や，「バーナードの家」，子どもの社会 (Children's Society)，国立児童虐待防止協会 (NSPCC) や他のボランティア団体によって運営されてきた新しく，そして非常に期待できる家族センターにおける，託児所，チャイルド・マインダー，プレイグループ，保育園や保育学級から，これまで児童ケアサービスから一律で受けてきた以上のより大きな支援を必要とするだろう。そうしたサービスは，母親の就労の有無にかかわらず必要とされる。賃金労働に就いていない母親であっても，子どもから離れる休息が必要なのである。

小学校は，これら 2 つの人口動態上の変化を背景に考慮されねばならない。家族内での子どもの質はかなり変わってきた。というのも，20 世紀は唯一の「子どもの世紀」ではあるとはいえ，それ以上に個人主義の世紀であって，親らしさからの逃走もまた意味するからである。自然に逆戻りする見込みは殆どなく，現代女性は，家庭的な母親も家の外での独立したキャリアも手に入れたいという強い願望をもつ。ある意味で，小学校はそれを提供するためにつくられたのである。しかし，あらゆる調査が憂鬱な結果を指摘する。平均的な両親とも揃った子どもの方が，ひとり親家庭の子どもより，より健康で，性格がよく，教育達成度も高いというのである。

そこで，第一年齢層や小学校の児童を支援するために第三年齢層を雇うことができるかどうかに関する議論が起きている。われわれは，それは可能であると考える。古い概念は刷新しなければならない。昔ながらの考えは受け継がれるべきであるが，増え続けるマイノリティのためにも，教師はもっと多くの直接的な親の役割を果たすべきであるという考え方をそこに付け加えるべきであろう (Young 1990)。もちろん，教師は既に新しい世の中の要求に応えようとしているし，あるいは，限られた就業時間や責任と矛盾するのであればその要求

は不可能であるというのが，多くの教師の即時的かつ真っ当な反応である。そうした要求は，現代の個人主義的時代の気風全体に反する。それは，学校開放の時間の拡大，通常の登校日と同じように休日も機能すること，家族関係への「介入」などを意味するからである。

　すべてそのとおりである。しかし，子ども期の質の悪化という課題に現実的に取り組もうとするのであれば，新しい考え方が国民に受け容れられなければならない。その解決に不可欠な貢献の一つを，第三年齢層の人びと——祖父母たち——という新たな階層に求めることは実際に可能であると。

　確かに，第三年齢層の人びとは忙しいときもあるが，それは，第四年齢層のより年長の高齢者の世話をする場合のみである。だが，彼らは潜在的な社会的サービスの巨大な宝庫であり，そのいくらかは，放課後の監督，クラブや遊びの援助要員として子どもの生活のために利用されることが可能であるし，また導入されるべきである。多くの学校が，必要なパートナーシップの拡大を率先してきたが，これらの試みは，もはや新しいシステムの不可欠な施策とされるべきである。それは，小学校教諭の新たな専門的リーダーシップの役割を意味し，彼らや第三年齢層の補助員の新たなトレーニングの整備を意味し，子どもの人生経験全体に対する新たな態度，そして，「鍵っ子」の問題の終焉を意味するのである。また，それが実施されれば，教師の地位は向上するだろうし，家族のストレス，特に働く母親の（なかでも殊にシングル・マザーの）ストレスは軽減されるだろう。未来の文明を維持するためには，子ども期の質を守ることを第一とせねばならない。

　親の問題は，子どもが就学したからといって終わるわけではない。ハーフタームホリデイまでは言及しないが，夕方や，何週間，あるいは何ヵ月も続く休暇の間は閉まる学校の慣習に起因する時間やタイミングの問題が一部にある。休日にしても，きょうだいが異なる学校にいる場合は必ずしも一致するわけではない。この慣習は，長期休暇があったり午後にはゲームをして遊んでいたようなパブリック・スクールの影響を公立学校がかなり受けていた時代に由来する，ヴィクトリア朝の奇妙な残存物である。殆どの母親が家庭と仕事を両立する妻ではなく，専業主婦であって，ゆえに子どもが学校から帰ってくる午後はとにかく家にいたし，さらに休日も家にいた当時には，学校の閉鎖時間も，公

立学校においてはいくらか意味があった。母親がドアを開けてくれるので，子どもは鍵っ子にならずにすんだ。しかし，ますます多くの母親が外へ働きに出るようになるにつれ，すべては変わってしまったし，また変わり続けている。新たな状況のなかで，誰もいない家以外にどこにも行く場所がない子どもの数が増加しているときに，学校が門を閉めることはもはや意味をなさないのである。

教育における次の段階は，平日の夕方6時までと休日の間，通常（しかし必ずしもではないが）その構内に，児童のための制度をつくる義務を地方教育局や学校に課すことである。これは，子どもの利益になると同時に親の利益にもなるだろう。学校は，宿題や，あるいはもっとよいのは，ゲームをしたり，授業時間では十分な時間がとれない他のこと——デッサン，絵画，写真，モデルづくり，ドラマ，ダンス，ポップミュージック，コンピューター——をするために，午後に学校に残りたいと思うどんな児童に対しても開放される。

この種のクラブは，現在，学校の活動に参加したがらない子どもにとって，学校を魅力あるものに変える。しかし精神的で，広い意味で教育的な学校機能のそうした拡張のためには新しいスタッフが必要であり，新しい教育支援サービスのなかで組織された，通常の教育スタッフを補佐するための大規模な補助要員を必要とする。

その新しい援助はどこから引き出すのか。2つのよく似たグラフの関連——今日，イギリスで暮らす16歳以下の子どもは約1,200万人であり，そして，約1,000万人の年金受給人口がいること——から，もっともな回答が得られる。多くの引退した人びとが貴重なスキルをもち，残りの人生を健康に過ごしながら，これまでと同じように暮らしている。彼らは，自分たちの成人した子どもたちほど忙しくはないという長所をもつ。あらゆる社会で，子どもを育て上げてきた経験をもつ祖父母は，親の予備としての役割を担ってきたし，親が死亡したり不在の場合には，その代わりとして子育てに介入することができるのである。イギリスでは，祖父母たちがごく近所に住むことはよく知られている。イギリス国内の成人を対象とした最近の調査で，母親が健在な者の53%，祖母が健在な者の47%が，5マイル圏内に居住していることが明らかになった（Henley Centre for Forecasting, *Tabulation from Planning for Social Change*, London, 1990）。祖父母が——祖母と同様に祖父が——，自分たちの孫のためにしていることに関す

る最近の調査はないのだが，彼らが大いに関与していることは明らかである。

　教育援助サービスは，高齢者に新たな機会を提供することによって，子どもたちに対してより多くの機会を提供することになるであろう。短期間の実践訓練の後に，教室の補助要員として，そして，鍵っ子や，車の往来のため通りで遊べなくなったすべての子どもたちのために大規模に必要とされる放課後や休日のクラブの補助としての仕事に対して手当が支払われる。もちろん，たとえ小学生の子どもが対象であっても，高齢者が，すべて自分たちだけで仕事をこなせるはずがない。若干の若いスタッフがまた必要とされる。高齢の補助員は，学校時間外のみに活躍するわけではない。通常の授業時間においてもまた同様に非常に役立つ。オックスフォードシャー州では，高齢者は既に口述史の企画でいくつかの学校で支援しているし，子どもたちが読むのを聞いたり，子どもたちを旅に連れていったり，フットボールグループに稽古をさせたり，刺繍・絵画・料理を教え，読み物を読んだり，話を聞かせたり，詩を朗読したりしている。そして，この種の仕事が増大する余地は十分にある。

　もし子どもたちが，彼らが必要とする注意を全くインフォーマルに他者や親族といった人から得られるならば，それは素晴らしいことである。しかし多くの子どもには頼れる相手がいないのであって，ここが，新たな援助サービスにおいて高齢者が十分な手助けとなりうるところである。だが彼らを，教師が自身でできることの補助として見なすべきではない。少なくとも小学生時代は，悩みを抱える子どもたちが頼りとするのは教師であることが多い。しかし，あらゆる教育レベルで財政難にあるため，通常の教室業務すら負担となり，教師らは疲れきっている。それが改善されない限り，子どもたちに応えることはできない。もっと教員がいれば，そうした精神的な役割を果たす時間を取ることができるのであろうが。

　われわれが提案する時間延長は別として，教育の新たな政策は，一般に，子どものニーズに沿った社会政策の中心に置かれるべきである。窮状が過去25年間さらに悪化している国家の子どもたちのために，根本的な何かが，集団主義の価値を再主張するために必要なのである。そうした努力が，1990年代において再び可能となればと願う。つまり，たとえ採用される活動がベヴァリッジ報告後に取られたものと大きく異なるとしても，機会の社会を目標として，もう

一度仲間意識が確かめられるような集団主義への回帰がこの10年の間に起きるであろうことを，われわれはまだ信じている。

しかし，われわれの将来は子どもたちというより産業に託されると頻繁に耳にする時代に，これは楽観的希望に過ぎないのであろうか。「どうして私が子孫のために何かしなければならないのか。子孫が私のために何かしてくれたか」といった昔ながらの態度がはびこるのだろうか。デイビッド・ヒュームから勇気を得て，われわれは，それよりもより豊かで先を見通す反応を楽しみに待つことにしたい。非常に多くの問題が残っており，今日のブリクストンに住む子どもたちが，ハンティンドンで暮らす子どもたちと同じ程度のチャンスを得るまでは，メージャー首相の「開かれた社会」は達成しないであろう。現状では，家族背景が改善されない限り，多くのイギリスの子どもたちは，どんな梯子への足掛かりも得られないのである。もっと広く言えば，文明の質は現在の子どもの質に大いにかかわっているということを重ねて主張したい。「アダムの原罪」や過労死の手前のつらい単調な労働の必要性から人間を解放することで，大きな進歩が近年なされてきた。そしてさらに急激な変化は，女性，子ども，エスニック・マイノリティ，老人，貧しい人びとを伝統的圧制から自由にすることを新たな挑戦に据える。今後，昔からあるこれら問題を解決するために，教育がこれまでにないほど重要視されるようになると思われる。

訳 注

1) ここでは，1979–97年4月までのサッチャー，メージャー両首相による保守党政権時代をさす。
2) 『人間開発報告書』はUNDP（国連開発計画）によって1990年に創刊されて以降，「人間開発」という指標を経済だけでは測りきれない豊かさで算出するために，1人当たりのGDP，平均寿命，就学率を基本要素として独自の計算方法によって各国の人間開発指数（HDI）を提示している。毎年，重要課題をテーマに設定しているが，本文中で指摘された1990–1993年の各テーマは次の通り。「人間開発の概念と測定」（1990），「人間開発の財政」（1991），「人間開発の地球的側面」（1992），「人々の社会参加」（1993）。
3) 原著ではパーセントであるが，誤植と思われる（Human Development Report 1993: 135参照）。
4) 第三年齢とは，老年前の中高年層の期間を意味し，具体的には，55–70歳ぐらいを指す。

参考文献

Bradshaw, J., and Miller, J. (1991), 'Lone Parent Families in the UK', Department of Social Security Research Report 6 (HMSO).

Brown, J. (1989), 'Why Don't They Go to Work? Mothers on benefit' (Social Security Advisory Committee).

Burghes, L. (1993) [Review of Research Literature for Family Policy Studies Centre].

Crellin, E., Kellmer Pringle, M. L., and West, P. (1971), 'Born Illegitimate' (a report by the National Children's Bureau, National Foundation for Educational Research in England and Wales).

Dennis, N. (1993), *Rising Crime and the Dismembered Family* (IEA).

—— and Erdos, G. (1992), *Families without Fatherhood* (Choice in Welfare No. 12, IEA Health and Welfare Unit).

—— and Halsey, A. H., *English Ethical Socialism* (Oxford: 1988).

Elliot, J., and Richards, M. (1991), 'Children and Divorce: Educational Performance and Behaviour Before and After Parental Separation', *International Journal of Law and the Family*, 258–76.

Furstenberg, F. F., and Cherlin, A. J. (1991), *Divided Families: What Happens to Children when Parents Part* (Cambridge, Mass.: Harvard Univ. Press).

Halsey, A. H. (ed) (1988), *British Social Trends Since 1900* (London: Macmillan).

Hewitt, P. (1993), 'About Time: The Revolution in Work and Family Life' (IPPR/Rivers).

Human Development Report (1993: Oxford University Press).

Kiernan, K. E. (1992), 'The Impact of Family Disruption in Childhood on Transitions Made in Young Adult Life', *Population Studies*, 46.

—— and Estaugh, V. (1993), 'Cohabitation: Extra-Marital Childbearing and Social Policy', Family Policy Studies Centre, Occasional Paper 17.

Kolvin, I., Miller, F.J.W., McI Scott, D., Gatzanis, S.R.M., and Fleeting, M. (1990), 'Continuities of Deprivation? The Newcastle 1000 Study' (ESRC DHSS Studies in Deprivation and Disadvantages: Avebury).

Laslett, P. (1989), *A Fresh Map of Life* (London: Macmillan).

Oldfield, N., and Yu, A.C.S. (1993), *The Cost of a Child: Living Standards for the 1990s* (CPAG).

Schluter, M., and Lee, D. (1992), *The R Factor* (Jubilee Centre, Cambridge).

Wadsworth, M.E.J. (1991), *The Imprint of Time: Childhood, History and Adult Life* (Oxford: Oxford University Press).

Young, M. (1990), The Future of the Family (Economic and Social Research Council).

—— and Halsey, A. H. (1995), *Family and Community Socialism* (IPPR).

編訳者あとがき

　本編訳書は，A. H. ハルゼーらの編集によるリーディングス A. H. Halsey, Hugh Lauder, Phillip Brown, and Amy Stuart Wells (eds.), *Education: Culture, Economy, and Society*, 1997, Oxford University Press, 819 pgs. の抄訳である。52編の収録論文から，編者らによる序論のレビュー論文を含む21編を選び出して訳出した。

　編者の一人ハルゼーは1923年生まれの著名なイギリスの社会学者で，これまでに2冊，教育社会学のリーディングスを編集・刊行している (A. H. Halsey, Jean Floud and C. A. Anderson (eds.), *Education, Economy, and Society: A Reader in the Sociology of Education*, 1961, The Free Press of Glencoe, 625 pgs.; Jerome Karabel and A. H. Halsey (eds.), *Power and Ideology in Education*, 1977, Oxford University Press, 670 pgs.)。いずれも，教育社会学を中心とする教育の社会科学的研究の展開を，時代の社会的文脈の中にバランスよく的確に跡付けて編集されたリーディングスとして，高い評価を得てきた。欧米の大学では，教育学，教育社会学，社会学などの初学者の必読文献としてシラバスに必ず挙げられ，教育の問題に関心を寄せる第一線の社会科学者にとっても，教育研究および教育問題の全体像を把握する拠りどころとして汎く参照されてきた。日本でもこの2冊は，それぞれ，清水義弘監訳『経済発展と教育――現代教育改革の方向』(1963，東京大学出版会) および潮木守一・天野郁夫・藤田英典編訳『教育と社会変動――教育社会学のパラダイム展開』上・下 (1980，東京大学出版会) として，その抄訳が刊行されている。本書はこの2冊に引き続く第3のリーディングスとして編集されたもので，1970年代半ばから1990年代半ばまでの教育研究の動向をカバーしている。本編訳書のサブタイトルを，「第三のソリューション」としたのは，編者序文にも

その位置づけが語られている通り，直接には第三のリーディングスとしての意味からである。

まずは，4名の編者について簡単に紹介しておこう。ハルゼーは，第二次大戦後，ロンドン・スクール・オブ・エコノミクス（LSE）に学び，1962年以来，ナフィールド・カレッジにフェローとして所属し，オックスフォード大学社会・行政研究学科の学科長を長く務めた。1990年に教授職からリタイアし，現在は同大学の名誉教授およびナフィールド・カレッジの名誉フェローである。リタイア後も活発な研究活動を続けており，1997年の本リーディングスのほか，*The Decline of Donnish Dominion*, 1992 (2nd ed. 1995), Clarendon Press, マイケル・ヤングとの共著 *Family and Community Socialism*, 1995, Institute of Public Policy Research, J. ウェッブとの共編著 *Twentieth-Century British Social Trends*, 2000, Macmillan Press などのほか，ごく最近も，*A History of Sociology in Britain: Science, Literature, and Society*, 2004, Oxford University Press を刊行している。

編訳者の一人である吉本は，この翻訳の承諾依頼のためにオックスフォード大学にハルゼー教授を訪問した。ナフィールド・カレッジで宿を提供していただき，カレッジの食堂では，生い立ちの話や戦争中は空軍に従軍し日本軍と戦った話，その後の LSE で学業を再開した話から，なぜファーストネームをイニシャルだけにしておられるのかなど，茶目っ気たっぷりの話を，東方からのほとんど初対面の訪問者に対して愛想よくお話しいただいた。教授の気さくな一面をかいま見ることができたように思った。この人柄は，教授ご自身が自伝（*No Discouragement*, 1996, Macmillan）の中で書いておられるような，戦後の階級移動を伴う典型的なキャリアパターンを辿ってこられたことと関わっており，教授自身がイギリスの教育と社会のダイナミックスの1サンプルとしてみることができるのであろう。

共編者の H. ローダーはバース大学教育学科の教授，P. ブラウンは，原著刊行時はケント大学社会学・社会人類学科の講師，現在はウェールズのカーディフ大学社会科学部の教授である。この2人は，グローバル化した経済の下での資本主義社会や労働市場の行方，スキル形成の問題への関心を共有し，*Capitalism and Social Progress: The Future of Society in a Global Economy*, 2001, Macmillan

や *High Skills: Globalisation, Competitiveness and Skill Formation*, 2001, Oxford University Press など，多くの共著を刊行している。A. S. ウェルズは，4人の編者の中で唯一アメリカの教育社会学者である。1991年にコロンビア大学ティーチャーズ・カレッジで Ph.D を取得し，本書刊行時はカリフォルニア大学ロサンゼルス校（UCLA）の準教授，現在はコロンビア大学ティーチャーズ・カレッジの教授として教育政策を担当している。アメリカの人種政策と教育政策に関心を寄せ，学校における人種隔離撤廃や学校の選択制，チャーター・スクールの導入に関連する政策を研究対象にしている。著書として，*Stepping Over the Color Line: African-American Students in White Suburban Schools*, 1995, Yale University Press（共著）などがある。

　訳出する論文は次の基準にしたがって選択した。原書は，冒頭に編者4人の連名による長いレビュー論文「序論：教育と社会の変容」（本訳書第1章）を置き，それに続いて，51本の論文が第1部から第6部に分類されて収録されている。第1部を除く各部の冒頭にも，それぞれ6頁ほどの編者らによる序論がつけられている。訳出する論文は，編者らのレビュー論文の中で，とくに重要な位置付けが与えられているものという基準を設定していた。そして，吉本がハルゼー教授と面談した際にこの基準と選定数の概要を示して示唆をいただき，そこで例示された章を中心に選定した。この選定いただいた章構成からは，原著刊行当時の執筆者たちの所属がイギリス・アメリカ・カナダであり，一見アングロ・サクソン的バイアスがあると見られるかもしれないが，各章の内容を読んでいただければお分かりの通り，アジアの教育と社会への欧米社会学の関心がきわめて色濃く盛り込まれている。

　また，紙数の制約から，すでになんらかのかたちで翻訳されている論文は除外し，各論文の原注も訳出から省いた。また，各部の序論も，冒頭のレビュー論文で取り上げられている論点について，より詳細に論じている重要な箇所も数多く含まれているが，内容的にやや重複するので残念ながら省略した。したがって，本編訳書では原書の6部構成を踏襲せず，第1章から第21章までの通し番号にして並べてある。その意味では，原著の構成に示されている編者らの編集意図は，必ずしも十分なかたちで本編訳書の構成に反映していないかもしれない。しかし，その点は，冒頭のレビュー論文を読めば補うことができると

思われるので，読者のご寛恕をいただきたい。参考までに，原書の構成と本編訳書のそれとの関係は次のとおりである。

　1. 序論: 教育と社会の変容 ……………………………［本編訳書第 1 章］
第1部　教育・文化・社会（原書2〜8）
　4. 人的資本形成に関わる社会的資本 ………………………………［第 2 章］
　5. ポストモダンの条件 ………………………………………………［第 3 章］
　6. 越境する教育言説 …………………………………………………［第 4 章］
　　　——モダニズム・ポストモダニズム・フェミニズム——
第2部　教育・グローバル経済・労働市場（9〜15）
　10. 教育・グローバリゼーション・経済発展 ………………………［第 5 章］
　12. 教育・技能形成・経済発展 ………………………………………［第 6 章］
　　　——シンガポールの取り組み——
　13. 人的資本の諸概念 …………………………………………………［第 7 章］
　15. 教育が単独でできること …………………………………………［第 8 章］
第3部　国家と教職の再編（16〜23）
　18. 教育における集権化‐分権化と教育達成 ………………………［第 9 章］
　19. 市場化・国家・教職の再編 ………………………………………［第10章］
第4部　政治・市場・学校の有効性（24〜31）
　24. 政治・市場・学校組織 ……………………………………………［第11章］
　25. 教育・民主主義・経済 ……………………………………………［第12章］
　31. 効果的な学校は社会の償いをすることができるのか？ ………［第13章］
第5部　知識・カリキュラム・文化の政治学（32〜41）
　34. 多文化主義とポストモダン批評 …………………………………［第14章］
　　　——抵抗と変革の教育学をめざして——
　39. ポストモダニストが見落としたもの ……………………………［第15章］
　　　——文化資本と公的知識——
　41. 将来は女性の時代か？ ……………………………………………［第16章］
　　　——女性の成功・男性の不利益・教育における
　　　　ジェンダー・パターンの変化——

第 6 部　メリトクラシーと社会的排除（42〜52）
- 42. 高等教育におけるアクセスと公正の趨勢 ……………………［第 17 章］
  ——国際的視座の中のイギリス——
- 44.「メリトクラシー」の諸問題 …………………………………［第 18 章］
- 45. 平等化と改善 ……………………………………………………［第 19 章］
  ——スコットランドにおける総合制への再編成の効果——
- 48. 文化資本と社会的排除 …………………………………………［第 20 章］
  ——教育・雇用・労働市場における最近の傾向に関する
  いくつかの考察——
- 52. 家族と社会正義 …………………………………………………［第 21 章］

　さて，本書はどのような視点から編集され，日本の教育をめぐる諸問題の理解に対して，どのような洞察を与えるのであろうか。本リーディングスの編集に際しての編者らの状況認識と問題意識は「序論」（本編訳書第 1 章）に詳細に示されているが，ハルゼーによる短い「編者序文」の中に，より端的（かつ情熱的）なことばで語られている。それによれば，1961 年のリーディングスは，戦後，ヨーロッパとアメリカで華々しく開花した社会学が産業社会到来のビジョンを提示し，教育の重要性を指摘して教育社会学への関心が高まったころに編まれたものだという。

　その後，1960 年代後半の学生反乱を経て学校教育への懐疑が強まり，産業化を与件とする機能主義的な教育の理解を批判し，教師＝生徒のミクロな関係を権力関係として把握する「新しい教育社会学」の主張が登場した。1976 年のリーディングスは，こうしたミクロな権力関係とマクロな文化的再生産を統合するバーンスティンとブルデューの理論に基づく新たな研究の展開に期待を寄せて編集されたものである。

　ところが，この方向に沿った新たな理論的研究は，以降（＝本リーディングスのフォローしている時期），まったく進展せず，研究関心それ自体も霧消してしまった。1970 年代後半以降，教育をめぐる状況は大きく転換し，経済発展に果たす教育の役割を重視する考え方が急速に再浮上し，高等教育は急速な拡大を遂げた。その結果，女性とマイノリティの進学率が上昇したが，これは手放し

に喜べることではない。国家の教育支出を削減しつつ労働力の質的向上を図るという政策から生み出された副産物に過ぎず，教育費削減の皺寄せは教育のあらゆる局面に現れ，危機的な状況を生み出している。

　ハルゼーは，1970年代後半から1990年代半ばまでの教育を取り巻く状況をこのように把握し，教育社会学を「政治算術」として再構築し，教育を取り巻く現実課題の解決に向けて積極的に関与すべきことを「第三のソリューション」として主張するのである。このような研究上の立場は，「イギリスの倫理的社会主義におけるラディカリズムの継承者」を自認するかれが，初期の頃から一貫して保持している立場である（N. Dennis and A. H. Halsey, *English Ethical Socialism*, 1988, Clarendon Press）。

　これを楽観的とみるかどうかは，意見の分かれるところであろう。1970年代の後半以降，不況にあえいでいたイギリスやアメリカで新自由主義の立場が台頭して政策への影響力を強め，80年代以後の両国の教育は大きな転換期を迎えた。この時期に，とくにイギリスの教育社会学の諸研究は，それまでの知識社会学的視点が優位の研究から政治的視点・政策的関心が前面に出た研究へと研究の重心がシフトし，ハルゼーらとは異なる立場も含めて「実践的」な研究が急激に増えた。

　すなわち，第1の論文集（第一のソリューション）では，タイトルが「教育・経済・社会」であり，教育と経済社会の発展を予定調和的に把握する，いわばナイーブな政治算術の楽観主義が基調となっていた。これに対して，第2の論文集ではこの楽観主義は完全に陰を潜め，民主化の制度としての学校教育とともに教育社会学という学問そのものへの反省・懐疑を基本的なソリューション（第二の）とする「権力とイデオロギー」という題名が付けられるにいたった。

　そして，教育社会学者が「教育と理論への疑い」を深め沈潜していくのと，いわば並行する形で，敵が外に姿を現した。つまり，新自由主義の政治的立場からの教育界への政治介入が実現化したのである。本論文集での第三のソリューションでは，副題には「経済・社会・文化」というシンプルな用語が並列で用いられているが，これまでの論文集と比較すると，「文化」の概念が教育への挑戦者として加えられている。すなわち「ポストモダン」の信念体系への挑戦を含めた教育界への挑戦・介入に対して，どのように教育を再構築してい

くのか，ハルゼーらの，楽観主義を乗り越え，リフレクションを経た「政治算術」への意思を，「第三のソリューション」として読みとることができるのである。

反面では，編訳者としてその流れを見るとき，本論文集では，「第二のソリューション」におけるもっとも重要な要点と思われる「教育と理論への懐疑」ないし「リフレクション」の視点が希薄になり，教育研究への内在的な批判的検討の視点が後退しているのではないかとも思われる。

さて，日本では，英米よりもほぼ10年遅れ，90年代に入ってから教育の大きな転換期を迎え，現在，国立大学の法人化を含め，あらゆる方面での改革ないしは転換が進行している。もちろん，日本の教育改革は，一方で，国家が教育に対して広範な責任を有するという点で欧州の福祉国家と共通する側面を持ちながらも，他方において，もっとも困難な層をどのようにして一定の水準まで引き上げていくのか，という福祉国家的な視点がもともと希薄であり，それは教育の公財政支出水準の低さに如実に現れている。また，本書に収録されているイギリスの論文の多くは，サッチャリズムに始まる教育改革の政治的流れに直接呼応しつつ執筆されてきたものであり，1980，90年代のサッチャリズムと今日の日本の教育における規制緩和と市場原理の議論とをどのように繋げてみていくのか，構造としてきわめて類似している面も多く読みとれるが，慎重な比較が必要であろう。

とはいえ，その意味で，原著の基調には，その政治的な志向性が明確に表明されており，そこにイギリスにおける研究と現実と政策との長く密接な結びつきの歴史の中での，教育社会学研究者が自覚的に選び取っている「価値自由」のスタンスを見ることができる。ひるがえって，日本の教育社会学のいまを見ると，目まぐるしく展開する教育改革動向の中で学問が試される試練の場となっている。試練にさらされているのは，現実と向き合うことから逃げまわる「傍観者」だけではなく，「アクター」としての役割と「認識者」としての役割とが区別されず，「流れに棹さ」して流されている「政策科学」にも及ぶことは言うまでもないだろう。そのような観点から，本書における教育社会学における「第三のソリューション」を眺めてみれば，まさしく，21世紀日本における教育研究にタイムリーな示唆を得られることは確かである。本編訳書がそれに

資することができるのであれば幸いである。

　なお，文献目録の整理などについては，多賀太(久留米大学助教授)，村澤昌崇(広島大学講師)，村山詩帆(佐賀大学専任講師)の3氏にご尽力いただいた。また，九州大学出版会の藤木雅幸氏，永山俊二氏には作業が大変に遅れてご迷惑をおかけした。お詫び申し上げるとともに心よりお礼を申し上げる。

　　2004年10月

　　　　　　　　　　　　　　　　　　　　　　　　　住 田 正 樹
　　　　　　　　　　　　　　　　　　　　　　　　　秋 永 雄 一
　　　　　　　　　　　　　　　　　　　　　　　　　吉 本 圭 一

＊本書は独立行政法人日本学術振興会平成16年度科学研究費補助金(研究成果公開促進費)の交付を受けて刊行されるものである。

訳者一覧（執筆順）

住田正樹*（放送大学教養学部教授）　第 1 章，第 3 章
秋永雄一*（東北大学大学院教育学研究科教授）　第 1 章
吉本圭一*（九州大学大学院人間環境学研究院准教授）　第 1 章，第 2 章

東野充成（九州工業大学工学部講師）　第 4 章
木原　京（鹿児島県庁・宇宙航空研究開発機構主査）　第 5 章
小方直幸（広島大学高等教育研究開発センター准教授）　第 6 章
米澤彰純（東北大学高等教育開発推進センター准教授）　第 7 章，第 8 章
西村史子（共立女子大学家政学部准教授）　第 9 章，第 10 章
内藤隆史（東北大学大学院教育学研究科助教）　第 11 章
藤墳智一（宮崎大学教育研究・地域連携センター准教授）　第 12 章
藤井美保（熊本大学教育学部准教授）　第 13 章
小内　透（北海道大学大学院教育学研究院教授）　第 14 章，第 18 章
村山詩帆（佐賀大学高等教育開発センター准教授）　第 15 章，第 17 章
多賀　太（久留米大学文学部准教授）　第 16 章
村澤昌崇（広島大学高等教育研究開発センター准教授）　第 19 章
稲永由紀（筑波大学大学研究センター講師）　第 20 章
田中理絵（山口大学教育学部准教授）　第 21 章

* は編訳者

<ruby>教育社会学<rt>きょういくしゃかいがく</rt></ruby>――第三のソリューション――	
2005 年 2 月 5 日　初版発行	
2008 年 5 月 1 日　初版 2 刷発行	
編　者	A. H. ハルゼー／H. ローダー／ P. ブラウン／A. S. ウェルズ
	住　田　正　樹
編訳者	秋　永　雄　一
	吉　本　圭　一
発行者	谷　　隆一郎
発行所	（財）九州大学出版会

〒812-0053　福岡市東区箱崎 7-1-146
九州大学構内
電話　092-641-0515　（直　通）
振替　01710-6-3677
印刷・製本　研究社印刷株式会社

© 2005　Printed in Japan　　　　ISBN 978-4-87378-852-4